AF442405

MICROECONOMÍA

EDICIONES UNIVERSIDAD CATÓLICA DE CHILE
Vicerrectoría de Comunicaciones
Av. Libertador Bernardo O'Higgins 390, Santiago, Chile

editorialedicionesuc@uc.cl
www.ediciones.uc.cl

MICROECONOMÍA
Bernardita Vial Lira y Felipe Zurita Lillo

© Inscripción N° 201.946
Derechos reservados
Abril 2011
ISBN N° 978-956-14-2211-7

Segunda Edición ampliada
Marzo 2018

Diseño:
Francisca Galilea y Mónica Widoycovich
Impresor:
Salesianos Impresores S.A.

CIP- Pontificia Universidad Católica de Chile
Vial, Bernardita.
Microeconomía / Bernardita Vial, Felipe Zurita.
Incluye bibliografía.
1. Microeconomía.
2. Microeconomía - Problemas, ejercicios, etc.
3. Conducta del consumidor.
I. Zurita, Felipe.
2011   338.5+ddc22   RCAA2

MICROECONOMÍA

Bernardita Vial / Felipe Zurita

SEGUNDA EDICIÓN AMPLIADA

EDICIONES UC

Para Bernardo, Juan Pablo, Ignacia,
Matías y Florencia.
B. V.

A los grandes modeladores de mis preferencias: mis padres,
Silvia y Salvador, y mis hijos, Mariana y Pablo.
F. Z.

Prólogo

El problema económico de una sociedad es el de producir bienes y servicios a partir de los medios a su alcance –recursos naturales y conocimiento sobre cómo transformarlos–, y de distribuir lo producido entre sus miembros, para su consumo. La **economía** es la ciencia social que estudia el funcionamiento de los **sistemas económicos**[1], esto es, los conjuntos de reglas que regulan la interacción entre los miembros de la sociedad; reglas que definen cómo se accede a los recursos, quién y cómo produce, y quién consume cada bien o servicio consumible.

En un extremo, un **sistema autárquico** es aquél en que no existe cooperación entre los individuos, sino que cada uno se ocupa exclusivamente de sí mismo, se procura sus propios recursos. Piénsese, por ejemplo, en casi cualquier especie vegetal: cada planta se encarga de su propia supervivencia. Lo mismo ocurre con el personaje de Robinson Crusoe (sin Viernes), una metáfora a la que se recurre con alguna frecuencia. En cambio, los sistemas más complejos involucran diversas formas de cooperación, de interacción entre individuos. Casos polares son el de la **economía centralmente planificada** y el de la **economía de mercado**. En el primer caso es el Estado, a través de su autoridad política, quien tiene el derecho a escoger qué se producirá, cómo, y a quiénes se le entregará. En el segundo, el sistema se cimienta sobre una asignación previa de **derechos de propiedad** sobre los recursos y tecnologías, y en que cualquier nueva adjudicación de propiedad se puede dar ya sea por creación como por transferencia, a través del intercambio voluntario. Toda persona se entiende libre de disponer de aquello que fue declarado suyo: cada unidad del bien, insumo o tecnología que tenga puede consumirla, puede venderla, o puede usarla para producir otro bien o servicio, que a su vez puede vender, consumir, o usar para la producción de aún otro bien, etc.

En realidad, ninguna sociedad ha implementado un sistema puro. En toda implementación de economía de mercado, por ejemplo, existen límites a los derechos de propiedad, y en toda economía planificada existen

---

[1] En lenguaje común se le llama "modelo económico" a lo que aquí llamamos sistema. La palabra modelo la reservamos para una representación formal de una teoría.

también un ámbito de actividad descentralizada basada en derechos de propiedad. Los límites a la propiedad son de dos tipos. Por una parte, el *conjunto de objetos* sobre los que es posible establecer derechos de propiedad evoluciona permanentemente. En la antigüedad la práctica de la esclavitud era muy extendida, siendo común el establecimiento de derechos de propiedad sobre humanos de etnias particulares, o de pueblos derrotados en una guerra, o de deudores que no pudieron cumplir con sus promesas; en el mundo moderno, en cambio, no se acepta a los seres humanos como objetos. A su vez, los derechos de copia y de autor (propiedad intelectual) se han ido desarrollando con mucha fuerza recientemente, incorporando una gama cada vez más amplia de creaciones artísticas, métodos (procesos productivos y administrativos), fórmulas (medicamentos, plantas genéticamente modificadas, etc.) y entidades abstractas (nombres, logos, etc.). Antes, eran objetos de propiedad la tierra, los animales, el fruto del trabajo y los objetos manufacturados, pero no las ideas. Así, el conjunto de objetos susceptibles de derecho de propiedad cambia permanentemente. Por otra parte, el *derecho de propiedad no es absoluto*, toda vez que no cualquier uso de lo propio es permitido. Por ejemplo, si bien en las sociedades modernas se entiende que cada persona tiene derecho a usar su propio cuerpo, ese derecho típicamente excluye la posibilidad de vender un órgano; similarmente, el derecho a la vida no necesariamente comporta el derecho a suicidarse.

Hacer operativo un derecho de propiedad requiere de una infraestructura significativa: primero, se requiere de un método de comprobación de que un determinado individuo detenta o no el derecho en cuestión, lo que incluye la mantención de un registro (por ejemplo, en el caso de los bienes raíces esta es la función del Conservador de Bienes Raíces) que, por cierto, tiene como requisito previo la existencia de un lenguaje escrito tanto para la definición del derecho como para la mantención del registro. Segundo, se requiere de un sistema para juzgar si ha habido o no una violación del derecho, y que asigne castigos en caso afirmativo. Tercero, se requiere de un sistema coercitivo con la fuerza necesaria para implementar tales castigos. Mantener un sistema de esta naturaleza, entonces, requiere recursos y de un nivel elevado de organización social: un Estado.

La pregunta permanente de la sociedad es qué sistema es "mejor" –pregunta que la disciplina ha hecho propia–. El estudio de la economía, entonces, no se trata de comparar dos sistemas ("estado versus mercado", como a veces se plantea), sino de entender las consecuencias de un sinnúmero de detalles institucionales, de su interacción, y de su evolución.

Metodológicamente, la economía se distingue de otras ciencias sociales en los siguientes aspectos:

1. Toma como unidad básica de análisis al individuo, entendiendo su comportamiento como una respuesta o reacción a su medio, a sus posibilidades. El comportamiento de un grupo se explica como el resultado de la interacción de los individuos que lo conforman, actuando bajo un conjunto definido de reglas.

2. Asume que el comportamiento de los individuos es "racional", vale decir, está guiado por alguna motivación.

3. Evalúa la bondad de sistemas, instituciones o reglas con criterios explícitos de bienestar social.

De esta forma, el análisis económico descansa metodológicamente en dos pilares: la teoría de la decisión, encargada del análisis de las decisiones individuales, y la teoría del equilibrio, que estudia el resultado agregado del comportamiento de grupos de individuos. Este libro presenta una introducción a ambas, con un énfasis especial en su aplicación al estudio del funcionamiento del mercado como mecanismo de asignación de recursos.

La primera parte, entonces, se aboca al problema de la elección individual. El análisis de una decisión o elección por parte de un individuo es una explicación de por qué tomó un curso de acción determinado, habiendo tenido a su disposición cursos de acción alternativos. El primer capítulo muestra que podemos ocupar la optimización matemática para representar el comportamiento individual, siempre que éste satisfaga ciertos requisitos. La optimización enfatiza la idea que lo que cada persona hace es lo mejor que puede hacer en algún sentido, representado por el objetivo atribuido a esa persona. Un axioma distintivo del análisis económico, que cada persona hace lo mejor para sí misma, provee la base de la teoría del bienestar, acaso uno de los puntos más conocidos y controvertidos de la teoría económica. Los capítulos 1 al 3 aplican estos conceptos a la teoría de la demanda, mientras los capítulos 5 y 6 lo hacen a la teoría de la oferta. El capítulo 7 analiza la decisión de producción de un monopolista, y la decisión de contratación de factores de un monopsonio. El capítulo 8 vuelve sobre el problema de la elección, pero esta vez tomando en cuenta explícitamente la posibilidad de que quien decida ignore las consecuencias de sus actos, que es el tema de la teoría de la incertidumbre. En todos estos temas, la optimización matemática es parte del lenguaje, además de constituir una herramienta fundamental; por ello se incluye un apéndice sobre el tema. El curso presupone, entonces, un conocimiento de cálculo diferencial e integral multivariado.

La segunda parte discute el concepto de bienestar social. Como decíamos, la preocupación central de la disciplina es normativa: se intenta evaluar políticas e instituciones, de modo de mejorar el bienestar social. El criterio central de evaluación es el de la eficiencia. Por qué, y cuáles otros criterios se han propuesto, son los temas del capítulo 9.

La tercera parte desarrolla la teoría de la competencia perfecta, en la que la dimensión social del comportamiento económico se considera por primera vez. La idea del equilibrio apunta a que los procesos sociales se estabilicen al cabo de un tiempo en arreglos predecibles. El economista analiza en cada conjunto de arreglos imaginables la existencia o ausencia de gérmenes de cambio. Las predicciones de lo que cada situación social produzca últimamente se concentran en arreglos sin gérmenes de cambio, a los que denominamos equilibrios de las situaciones estudiadas. La existencia de innumerables nociones de equilibrio evidencia la dificultad de analizar situaciones sociales, y de encontrar puntos comunes en una amplia gama de situaciones.

En particular, el capítulo 10 desarrolla la noción de equilibrio walrasiano, que los capítulos 11 al 16 aplican al análisis de economías perfectamente competitivas. En un equilibrio walrasiano, ningún consumidor o productor tiene algún poder de negociación que le permita conseguir precios mejores que los de mercado. Por eso, los precios de mercado definen sus posibilidades, y los precios son los encargados de producir el equilibrio en la economía como un todo.

La cuarta y última parte aborda el tema del comportamiento estratégico. Por ejemplo, en una economía imperfectamente competitiva, algunos jugadores pueden tener poder de negociación. El monopolista y el monopsonista, estudiados en el capítulo 7, escogen los precios a los que transan. El oligopolista, en cambio, entiende la influencia de sus decisiones en las de sus competidores. La noción de equilibrio apropiada para el estudio de estas situaciones ya no es la de equilibrio walrasiano, sino la de equilibrio de Nash. El capítulo 17 desarrolla esta noción. El capítulo 19 la aplica al análisis del oligopolio.

Una forma de comportamiento estratégico especialmente interesante es la que se da bajo condiciones de información asimétrica; vale decir, cuando un jugador tiene información clave que otro no tiene. El capítulo 20 discute las relaciones laborales, en particular cómo un empleador puede delegar una tarea cuando no tiene posibilidades de vigilar que el delegado la cumpla a cabalidad. Por su parte, el capítulo 21 analiza situaciones en las que no sabe con quién está jugando. Dos fenómenos estudiados por la economía de la información, la selección adversa y la señalización, se desarrollan aquí.

EL MATERIAL cubierto en este libro corresponde al de los cursos de Microeconomía I y II, que hemos han dictado en la Pontificia Universidad Católica de Chile por muchos años. Al preparar estos cursos nos enfrentamos con que existían muy buenos textos introductorios, como Hirshleifer (1994), Varian (2005) y Schotter (2008), y muy buenos textos de postgrado, como Varian (1992), Kreps (1990), Mas-Colell et al. (1995) y Jehle and Reny (2001). Sin embargo, entre estos dos extremos había un gran vacío.

Por otro lado, también nos enfrentamos a un vacío en otra dimensión: el énfasis en la metodología. Nuestro parecer es que con la tremenda expansión que la disciplina ha tenido en las últimas décadas, ya no es posible presentar el área de manera exhaustiva; cualquier intento de cobertura temática necesariamente va a ser infructuoso. En cambio, lo que parece hoy más importante es enfatizar el método de análisis. En este sentido, nos encontramos con que la mayor parte de los textos disponibles de este nivel enfatizan los resultados en aplicaciones particulares y contextos específicos, dejando al alumno la responsabilidad de generalizar. Por ejemplo, esos textos desarrollan el análisis de las decisiones individuales a través de condiciones de primer orden, que no se pueden extrapolar a otros problemas de decisión también interesantes. En cambio, la primera parte de este libro desarrolla la teoría de la decisión individual a través del método de Karush-Kuhn-Tucker, lo que permite abordar aplicaciones muy diversas, más allá de las cubiertas en este libro. De la misma forma, la mayoría de los textos se limita al análisis de mercados competitivos a través del concepto de equilibrio walrasiano, y mencionando el concepto de equilibrio de Nash someramente para mostrar su aplicación en el análisis del oligopolio. En cambio, quisimos en este libro mostrar la riqueza analítica que se consigue con la teoría de juegos, estudiando problemas de información asimétrica e incentivos.

Aun teniendo conciencia de la imposibilidad de conseguir una cobertura temática completa, de todas formas nos sentimos en deuda por no presentar una serie de temas de gran importancia. En particular, hay áreas completas sobre las que a lo sumo hacemos alusiones marginales. Tal es el caso de la teoría de los juegos cooperativos, de la teoría del diseño de mecanismos, y de la economía conductual.

Muchas generaciones de alumnos han colaborado a mejorar este material, ya sea señalando errores, ya sea pidiendo clarificaciones. Felipe Varas ayudó en la selección y clasificación de los ejercicios. Francisco Garrido hizo la programación de los gráficos. A todos ellos, nuestros sinceros agradecimientos.

En otra dimensión, este libro es el resultado de años de estudio, en que los autores se han beneficiado de la influencia de muchos autores, profesores y colegas, cuyos aportes individuales son difíciles de distinguir pero que sin duda fueron determinantes. En particular, reconocen una deuda de gratitud con profesores como Jack Hirshleifer, David Levine, Joseph Ostroy, Ricardo Paredes y John Riley, quienes enseñaron a Felipe Zurita, y con colegas como Gonzalo Edwards y Gert Wagner. Ellos despertaron su interés en estos temas y marcaron profundamente su manera de pensar.

ESTA SEGUNDA EDICIÓN introduce tres cambios importantes: primero, profundiza en la discusión del concepto de bienestar social, llevándola además a un mayor nivel de generalidad; en particular, la separa de la del equilibrio walrasiano y la presenta en un capítulo independiente. Segundo, agrega un capítulo de externalidades y bienes públicos. Tercero, profundiza la discusión de la existencia de un agente representativo, también en un nuevo capítulo. Además hay una serie de cambios menores, fundamentalmente correcciones y aclaraciones, pero también reestructuraciones y cambios notacionales. Esperamos que estos cambios faciliten la lectura y favorezcan la claridad.

Santiago, enero de 2018.

Índice general

I   ELECCIÓN INDIVIDUAL   **1**

1   Decisiones y preferencias   **3**
   1.1   Introducción   3
   1.2   Axiomas de elección   4
   1.3   Algunos ejemplos de elección   11
   1.4   El problema del bienestar individual   41
   Ejercicios   46

2   Teoría del consumidor y la demanda individual   **53**
   2.1   Demanda ordinaria y compensada   53
   2.2   Estática comparativa y elasticidades   61
   2.3   Algunos ejemplos de funciones de utilidad   67
   2.4   Consumidor dotado de una canasta   74
   Ejercicios   77

3   Análisis del bienestar del consumidor   **81**
   3.1   Introducción   81
   3.2   Variación compensatoria   83
   3.3   Variación equivalente   88
   3.4   Excedente del consumidor marshalliano   91
   3.5   Aplicaciones   92
   3.A   Apéndice: excedente del consumidor verdadero   100
   Ejercicios   106

4   Preferencias reveladas   **111**
   4.1   Axiomas de preferencias reveladas   111
   4.2   Aplicaciones   115
   Ejercicios   120

5   Teoría de la producción y de la oferta   **123**
   5.1   Introducción   123

5.2   Funciones de producción   125
5.3   Minimización de costos   133
5.4   Maximización de ganancias y oferta de la empresa   . .   137
5.5   Largo plazo versus corto plazo   142
5.6   Excedente del productor   145
Ejercicios   146

6   DEMANDA POR FACTORES   **151**
6.1   Introducción   151
6.2   Demanda condicionada por factores   152
6.3   Demanda no condicionada por factores   160
6.A   Apéndice: leyes de Marshall   167
Ejercicios   172

7   MONOPOLIO Y MONOPSONIO   **175**
7.1   Introducción   175
7.2   Fuentes de monopolio   180
7.3   Discriminación de precios   182
Ejercicios   189

8   INCERTIDUMBRE   **193**
8.1   Utilidad esperada   193
8.2   Aversión al riesgo   198
8.3   Aplicación: seguros   208
8.4   Aplicación: carteras   212
Ejercicios   214

II   BIENESTAR SOCIAL   **221**

9   BIENESTAR SOCIAL   **223**
9.1   Utilitarismo   224
9.2   Rawls y la justicia social   226
9.3   Eficiencia: el óptimo de Pareto   231
9.4   Relación entre Bentham, Rawls y Pareto   239
9.5   Kaldor y el excedente total   241
9.6   Bienestar en el mundo cuasilineal   244
9.7   Otras consideraciones   253
Ejercicios   257

III MERCADOS BAJO COMPETENCIA PERFECTA — 259

10 Equilibrio walrasiano — 261
- 10.1 Noción de competencia 262
- 10.2 El equilibrio walrasiano 269
- 10.3 Convergencia al equilibrio 276
- Ejercicios 280

11 Demanda y oferta agregadas — 281
- 11.1 Demanda agregada 281
- 11.2 Oferta agregada 287
- Ejercicios 295

12 Equilibrio parcial y aplicaciones — 297
- 12.1 Los triángulos de Harberger 298
- 12.2 Efectos de un impuesto 303
- 12.3 Comercio internacional 307
- Ejercicios 309

13 Equilibrio general: intercambio — 311
- 13.1 Precios y asignación de equilibrio 312
- 13.2 Primer teorema del bienestar 318
- 13.3 Segundo teorema del bienestar 320
- Ejercicios 323

14 Precios de activos financieros — 327
- 14.1 Valor del tiempo 328
- 14.2 Valor del riesgo 331
- Ejercicios 339

15 Equilibrio general: producción — 343
- 15.1 Eficiencia: problema general 343
- 15.2 Equilibrio: problema general 348
- 15.3 Rendimientos constantes a escala 349
- 15.4 Dos factores y dos sectores 355
- 15.5 Estática comparativa 365
- 15.6 Eficiencia y equilibrio 374
- Ejercicios 379

16 Externalidades y bienes públicos — 383
- 16.1 Revisión del primer teorema del bienestar 386

16.2 Asignación eficiente en presencia de externalidades . . 395
Ejercicios 398

IV JUEGOS E INFORMACIÓN 401

17 Equilibrio de Nash 403
17.1 Introducción 403
17.2 Juegos en forma normal 405
17.3 Mejor respuesta y equilibrio de Nash 408
Ejercicios 416

18 Equilibrio perfecto 419
18.1 Juegos en forma extensiva 419
18.2 Juegos repetidos 425
18.3 Juegos de una población y equilibrio evolutivo 431
Ejercicios 435

19 Oligopolio 441
19.1 El modelo de Cournot 441
19.2 El modelo de Bertrand 446
19.3 El modelo de Stackelberg 449
19.4 Colusión y carteles 452
19.5 Entrada 454
Ejercicios 457

20 Contratos y riesgo moral 461
20.1 Introducción 461
20.2 Riesgo moral e incentivos: el problema general 462
20.3 Dos niveles de esfuerzo y dos estados 463
20.4 Dos niveles de esfuerzo y más de dos estados 474
20.5 Esfuerzo y resultado continuos 476
20.6 Riesgo moral y seguros 478
Ejercicios 481

21 Selección adversa 485
21.1 Introducción 485
21.2 Señalización 486
21.3 Señalización competitiva 496
21.4 Autoselección 498
21.5 Autoselección competitiva 499

Ejercicios 505

A APÉNDICE MATEMÁTICO   509
   A.1 Concavidad y convexidad 509
   A.2 Optimización 516
   A.3 Funciones homogéneas 534
   Ejercicios 537

ÍNDICE TEMÁTICO   539

BIBLIOGRAFÍA   545

Índice de figuras

1.1	El conjunto de lo preferido	8
1.2	Transitividad y curvas de indiferencia	9
1.3	Construyendo la función de utilidad	10
1.4	Representación de la tasa marginal de sustitución	13
1.5	Preferencia por variedad	14
1.6	Conjunto de posibilidades	18
1.7	Condiciones de Karush-Kuhn-Tucker	19
1.8	Canastas de consumo subóptimas	22
1.9	Óptimo del consumidor	22
1.10	Dotación en especies	27
1.11	Cambio en precios relativos	28
1.12	Ingreso y ocio	31
1.13	Caso en que el individuo decide no trabajar	32
1.14	Salario de reserva	32
1.15	Salario de reserva con costo fijo de trabajar	33
1.16	Restricción intertemporal	35
1.17	Teorema de separación de Fisher y Hirshleifer	36
1.18	Posibilidades en el problema de la dieta	39
1.19	Elección de cartera	41
2.1	Minimización de gasto del consumidor	55
2.2	Derivación de la demanda ordinaria	57
2.3	Derivación de la demanda compensada	57
2.4	Efectos sustitución e ingreso con bien normal	59
2.5	Curvas de indiferencia: proporciones fijas	68
2.6	Curvas de indiferencia: sustitución perfecta	69
2.7	Preferencias cuasilineales	72
3.1	Cambio en el precio del bien 1	84
3.2	Variación compensatoria	85
3.3	Variación compensatoria en demanda compensada	86

3.4   Variación equivalente   89
3.5   Variación equivalente en demanda compensada . . .   90
3.6   Excedente del consumidor marshalliano, bien normal   93
3.7   Excedente del consumidor marshalliano, bien inferior   93
3.8   Excedente del consumidor   101
3.9   Excedente del consumidor y funciones de gasto . . .   102
3.10   Excedente del consumidor: bien normal   103
3.11   Excedente del consumidor: bien inferior   104
3.12   Comparación de medidas de bienestar, bien normal   104
3.13   Comparación de medidas de bienestar, bien inferior   105

4.1   Axioma débil de preferencias reveladas   113
4.2   Axioma fuerte de preferencias reveladas   114
4.3   Transitividad y axioma fuerte   115
4.4   Índices de precios y preferencias reveladas   117
4.5   Convexidad y axioma débil   119

5.1   Isocuantas y homoteticidad   130
5.2   Isocuanta e isocosto   135
5.3   Oferta de la empresa   139
5.4   Costos en el corto y en el largo plazo   143
5.5   Isocostos de corto y largo plazo   144

6.1   Efecto sustitución negativo   154
6.2   Efectos sustitución y escala   162
6.3   Valor del producto marginal   163

7.1   Ingreso marginal con demanda lineal   177
7.2   Cantidad y precio bajo monopolio   177
7.3   La inexistencia de la oferta del monopolio   178
7.4   Costo marginal de contratación   179
7.5   Costos de un monopolio natural   181
7.6   Discriminación de primer grado   183
7.7   Discriminación de tercer grado   186
7.8   Discriminación de segundo grado   187

8.1   Cara o sello   199
8.2   Aversión al riesgo y curva de indiferencia   202
8.3   Aversión al riesgo y función Bernoulli   206
8.4   Seguro   209
8.5   Máxima prima con cobertura completa   209

8.6   Cobertura óptima   211

9.1   Preferencia utilitarista   225
9.2   Preferencia rawlsiana   228
9.3   Optimalidad en el sentido de Pareto   234
9.4   Caja de Edgeworth   235
9.5   Curva de contrato   238
9.6   Distribuciones de utilidad   239
9.7   Óptimos de Pareto, Bentham y Rawls   240
9.8   Relación entre óptimos según cada criterio   240
9.9   Curva de contrato con preferencias cuasilineales . .   247
9.10   Óptimos en el mundo cuasilineal   248
9.11   La utilidad es transferible en el mundo cuasilineal .   249
9.12   Relación entre criterios en el mundo cuasilineal . . .   250

10.1   Un comprador y un vendedor   263
10.2   Dos compradores y un vendedor   264
10.3   Mercado de muchos con apropiación incompleta . .   266
10.4   Mercado de muchos con apropiación completa . . .   266
10.5   Apropiación completa   268
10.6   Apropiación incompleta en mercado de muchos . . .   269
10.7   Equilibrio inestable: el caso del bien Giffen   277

11.1   Agregación y axioma débil   283
11.2   Costo medio mínimo   291

12.1   El excedente total   298
12.2   Los triángulos de Harberger   301
12.3   El excedente total no es máximo en equilibrio . . .   303
12.4   Costo social de un impuesto sobre el bien ℓ   305
12.5   Importación del bien ℓ   308

13.1   Dotación inicial en la caja de Edgeworth   312
13.2   La curva de oferta-demanda   314
13.3   Equilibrio walrasiano en economía de intercambio .   315
13.4   Equilibrio walrasiano y curvas de oferta-demanda .   316
13.5   Un ejemplo de equilibrios múltiples   316
13.6   Existencia de un equilibrio walrasiano   317
13.7   Existencia de tres precios de equilibrio   318
13.8   Primer teorema del bienestar   319
13.9   Redistribución de dotaciones   321

14.1   Caja de Edgeworth: consumo contingente   329
14.2   Equilibrio walrasiano y consumo intertemporal . . .   330
14.3   Ausencia de riesgo agregado y curva de contrato . .   336
14.4   Distribución eficiente del riesgo   337

15.1   Caja de Edgeworth: producción   344
15.2   El caso de un sector productivo   351
15.3   Isocuanta unitaria   355
15.4   Curva de costo unitario   357
15.5   Intensidad de uso y curvas de costo unitario   358
15.6   Intensidad de uso y curva de contrato   358
15.7   Concavidad de curva de transformación   359
15.8   Curva de transformación   360
15.9   Precios de equilibrio en modelo de 2×2   362
15.10   Producción de equilibrio en modelo de 2×2   363
15.11   Equilibrio en economía cerrada   364
15.12   Efecto del precio de un bien en el salario   367
15.13   Efecto del precio de un bien en la producción   367
15.14   Teorema de Stolper-Samuelson   369
15.15   Teorema de Rybcszynski   371

16.1   Externalidad en el consumo   389

17.1   Utilidad esperada en el dilema del prisionero   409
17.2   Utilidad esperada en la batalla de los sexos   410
17.3   Mejor respuesta de ella en función de p   411
17.4   Mejor respuesta de él en función de p   411
17.5   Equilibrio de Nash en la batalla de los sexos   413

18.1   Forma extensiva del juego: batalla de los sexos . . .   420
18.2   Equilibrio perfecto en subjuegos   423
18.3   Forma extensiva de un juego no secuencial   424
18.4   Negociación del ultimátum   425

19.1   Mejores respuestas en duopolio de Cournot   443
19.2   Funciones de pago en duopolio de Bertrand   447
19.3   Mejores respuestas en duopolio de Bertrand   448
19.4   Mejores respuestas con heterogeneidad de costos . .   450

20.1   Curvas de indiferencia del principal   464
20.2   Curvas de indiferencia del delegado   466

20.3   Contrato con esfuerzo verificable 467

20.4   Utilidad del principal con esfuerzo verificable 468

20.5   Contrato con esfuerzo no verificable 471

20.6   Utilidad del principal con esfuerzo no verificable . . 473

21.1   Juego de señalización 487

21.2   Vino o leche 491

21.3   Garantía como señal de calidad 495

21.4   Inviabilidad del equilibrio agrupador 502

21.5   Contratos en equilibrio separador 503

21.6   El pavo real 506

A.1 $-f(x)$ es el espejo de $f(x)$ 517

A.2   La función $\mathrm{seno}(x)$ 519

A.3   Una función de dos variables y su gradiente 524

Parte I

ELECCIÓN INDIVIDUAL

Capítulo 1

Decisiones y preferencias

1.1. Introducción

Este capítulo presenta un método general para representar el comportamiento de un individuo. Un *individuo* puede referirse a una persona, pero también puede referirse a un grupo u organización en cuyo comportamiento estemos interesados. Por ejemplo, un gobierno o una empresa.

Nos interesa tratar de explicar el comportamiento de un individuo en cuanto nos permite predecirlo; esto es, anticipar lo que hará en situaciones nuevas. Por ejemplo, nos interesa predecir cómo reaccionará el consumidor ante cambios en los precios, cómo reaccionará una empresa ante cambios en la regulación, etc.

Sin embargo, encontrar la razón última del comportamiento de un individuo es una tarea no sólo inconclusa, sino principalmente ajena a la economía. La psicología, la teología y la filosofía buscan explicaciones sobre diversos aspectos del comportamiento de las personas. La psicología social, la sociología y la ciencia política, sobre el comportamiento de grupos de personas. La economía, en cambio, no busca la razón última del comportamiento, sino que se limita a representarlo.

Así, el individuo "se comporta", es decir, escoge cursos de acción cuando es llamado a hacerlo. No tratamos de explicar por qué se comporta de la manera que lo hace, si su acción fue el resultado de un proceso consciente, razonado, de análisis de lo involucrado en la decisión, o si se trató de una reacción emocional, o una instintiva. Para enfatizar esta indiferencia frente a las causas últimas del comportamiento, muchos autores prefieren hablar de "elección individual", un término más neutro que el de "decisión individual", que sugiere algún nivel de conciencia o razonamiento.

No obstante lo anterior, sí nos importa que el comportamiento sea estable. Esto porque si el proceso que genera elecciones fuese cambiante, la información pasada no sería útil para predecir el efecto de nuevas circunstancias sobre el comportamiento. Además de ello, sería extraordinariamente difícil, si no imposible, verificar las teorías.

1.2. Axiomas de elección

En su formulación más abstracta, el problema de la decisión se puede representar imaginando un conjunto $\mathcal{X}$ que contiene el universo de acciones que eventualmente el individuo puede tener a su alcance. Un problema de elección particular es el de escoger una de esas acciones, denotadas genéricamente por x, dentro de un conjunto de posibilidades $X \subset \mathcal{X}$. Si x^* es el elemento escogido, decimos que el problema de elección X se resolvió en x^*.

Es importante notar que $\mathcal{X}$ contiene sólo cursos de acción mutuamente excluyentes. Por ejemplo, $\mathcal{X}$ es el conjunto de todos los pares de zapatos que una persona puede llegar a tener, y X representa los que tiene y puede ponerse en una mañana en particular. O bien, $\mathcal{X}$ es el conjunto de todos los paquetes de cursos que un alumno puede escoger en segundo año de la carrera, y X es el subconjunto de esos paquetes que efectivamente está autorizado a tomar en virtud de los cursos que hasta el momento ha aprobado.

Suponemos cierta estructura en la manera en que la persona escoge, que en lo esencial, asume que el individuo es capaz de jerarquizar los elementos de cualquier conjunto X de posibilidades; esto es, jerarquiza los elementos de $\mathcal{X}$. Las acciones en los primeros lugares de la jerarquía son escogidas siempre que sean alcanzables en ese problema de decisión. Así, la acción en el primer lugar de la jerarquía siempre se escoge, salvo que no esté en X. De no estar el primer lugar, se escoge la acción que está en el segundo lugar, salvo que ésta tampoco esté. Y así sucesivamente.

La idea de la jerarquía contiene la noción de estabilidad a la que hicimos referencia. Esta estabilidad permite predictibilidad. Mejor dicho, permite imaginar predictibilidad, por cuanto para predecir se necesita conocer la jerarquía. Y la jerarquía se construye observando el comportamiento, por cuanto es sólo una representación de él.

Si efectivamente se puede construir una jerarquía con los elementos de $\mathcal{X}$, entonces sus elementos están ordenados por ella. Este ordenamiento se puede representar por medio de una relación entre los elementos de $\mathcal{X}$, a la que llamaremos **relación de preferencias**. En efecto, podemos declarar que la acción x es (débilmente) **preferida** sobre la acción x'

(denotado por $x \succeq x'$) cuando x está antes o en el mismo lugar de la jerarquía que x'; y podemos declarar que x es (estrictamente) preferido sobre x' (denotado por $x \succ x'$) cuando x está antes que x' en la jerarquía.

Preferido es en este contexto un sinónimo de escogido: la jerarquía se construyó poniendo antes aquella acción que es escogida por sobre cualquier otra opción por debajo de ella. En cada problema de decisión, entonces, la acción escogida es la "más preferida" de las opciones.

Resumimos esta estructura en los siguientes axiomas sobre la relación $\succeq$, que se define sobre $\mathcal{X} \times \mathcal{X}$, que hacen de $\succeq$ una relación completa y transitiva, respectivamente:

Axioma 1 (completitud). $x \succeq x' \vee x' \succeq x, \ \forall x, x' \in \mathcal{X}$

Este axioma garantiza que siempre haya una elección: si hay dos alternativas, una de ellas es escogida.

Observe, además, que el axioma de completitud es el que explícitamente dice que las preferencias no dependen del conjunto de posibilidades, ya que el ordenamiento o jerarquía es el mismo para todo X que contenga los elementos x y x'.

Este axioma no excluye la posibilidad de que simultáneamente $x \succeq x'$ y $x' \succeq x$; tratándose de alternativas distintas, decimos que x y x' son **indiferentes** entre sí, y escribimos $x \sim x'$. Esto significa que están en el mismo lugar de la jerarquía. $\sim$ es una **relación de indiferencia** en $\mathcal{X} \times \mathcal{X}$.

Cuando en un problema de decisión hay dos cursos de acción preferidos sobre el resto e indiferentes entre sí, la elección no está determinada. Este tipo de situaciones no ocurre frecuentemente en los modelos que vamos a analizar, y en todo caso, metodológicamente se ha preferido resolver los empates en cada modelo, en su propio mérito, y no al nivel de generalidad que lo analizamos aquí.

Finalmente, tenemos:

Axioma 2 (transitividad). $x \succeq x' \wedge x' \succeq x'' \Rightarrow x \succeq x'' \ \forall x, x', x'' \in \mathcal{X}$

El axioma 2 es llamado a veces de coherencia o racionalidad. El término **racionalidad** lo ocuparemos en distintos sentidos a lo largo del libro, pero con mayor frecuencia en el sentido presente; a saber, la ausencia de contradicciones internas. Considere el siguiente ejemplo: una persona prefiere más peras a menos, y está indiferente entre las siguientes alternativas:

$$
\begin{array}{ccc}
\text{tres peras} & \sim & \text{una sandía} \\
\text{una sandía} & \sim & \text{cuatro duraznos} \\
\text{cuatro duraznos} & \sim & \text{cinco peras}
\end{array}
$$

Si la indiferencia no fuera transitiva, este ordenamiento sería posible. Entonces, si este individuo tuviera cinco peras, aceptaría cambiarlas por cuatro duraznos, éstos por una sandía, y ésta por tres peras. La posición final es claramente menos preferida, pese a que nunca aceptó algo menos preferido. Desde la perspectiva de la persona con la cual transó, la incoherencia de las preferencias de este individuo son una oportunidad de ganancia fácil. El axioma de transitividad, entonces, asume que el comportamiento individual no da cabida a oportunidades de ganancia fácil o arbitraje.

En adelante llamaremos relación de preferencias a una relación que satisfaga estos axiomas. Una relación de preferencias, entonces, resume todas las decisiones a las que la persona se podría ver enfrentada. En efecto, si se encuentra en el problema de elección X, la persona escoge un x^* que satisface $x^* \succeq x \ \forall x \in X$. Esto es, x^* es la acción dentro del conjunto X que está más alta en la jerarquía.

Al describir el comportamiento de un individuo por medio de su relación de preferencias, se observa nítidamente una de las características distintivas del método económico: el buscar la causa del comportamiento individual en eventuales cambios en sus posibilidades. El individuo modifica su decisión si X cambia, de manera que su comportamiento x^* se explica por X; esto es, x^* es una función de X: $x^*(X)$. La persona, entonces, "responde" a sus posibilidades.

Por otra parte, el hecho de que x^* sea la acción de X que está más alta en la jerarquía, abre la pregunta de si existirá una manera de representar esta decisión como un problema de maximización. Parece natural, dado que x^* "maximiza" la preferencia.

Definición 3. *Decimos que la función*

$$
u : \mathcal{X} \to \mathbb{R},
$$

que asocia a cada acto x un valor real $u(x)$, **representa** *a la preferencia $\succeq$ si $\forall x, x' \in \mathcal{X}$*

$$
x \succeq x' \iff u(x) \geq u(x')
$$

Cuando una función u como ésta existe, la llamamos **función de utilidad**. De existir esta función de utilidad, por construcción las decisiones provienen de su maximización, es decir,

$$x^* (X) = \{x^* \in X : x^* \succcurlyeq x \ \forall x \in X\}$$

y

$$x^* (X) = \arg\max_{x \in X} u(x)$$

son maneras equivalentes de expresar la misma idea: no hay supuestos nuevos en esta construcción.[1]

Llamamos **util** a la unidad de medida, o escala, en que esta función está construida. Así, la acción x le genera al individuo $u(x)$ utiles, algún número real.

Sin embargo, la existencia de una función de utilidad que represente una determinada preferencia no está garantizada por estos dos axiomas, para ello es necesario un tercero. Técnicamente, escribimos:

Axioma 4 (continuidad). *Para toda $x \in \mathcal{X}$, los conjuntos $\{x' \in \mathcal{X} : x' \succcurlyeq x\}$ y $\{x' \in \mathcal{X} : x' \preccurlyeq x\}$ son cerrados.*

Para entender qué significa este axioma, recordemos cuál es la característica fundamental de un intervalo cerrado en $\mathbb{R}$: el intervalo cerrado $I = [a, b]$ se define como $I = \{x \in \mathbb{R} : a \leq x \leq b\}$, es decir, como el conjunto de todos los puntos comprendidos entre a y b, *incluyendo los límites que definen el intervalo*, $x = a$ y $x = b$ (en cambio, el intervalo abierto no contiene a sus límites).

Análogamente, lo que pide el axioma de continuidad es que los conjuntos $P(x) \equiv \{x' \in \mathcal{X} : x' \succcurlyeq x\}$ (el conjunto de todas las acciones que son débilmente preferidas a x), y $M(x) \equiv \{x' \in \mathcal{X} : x' \preccurlyeq x\}$ (el conjunto de todas las acciones que son débilmente menos preferidas que x) contengan sus puntos límite. Si ello se cumple, entonces los conjuntos $P(x)$ y $M(x)$ contienen acciones x' tales que el individuo está indiferente entre x y x' (lo que denotamos como $x' \sim a$), lo que nos permite graficar curvas de indiferencia como normalmente lo hacemos.

---

[1] Podría existir más de una acción que maximiza $u(x)$ dentro del conjunto X; en ese caso, tendríamos

$$x^* (X) \in \{x' \in X : x' \succcurlyeq x \ \forall x \in X\}.$$

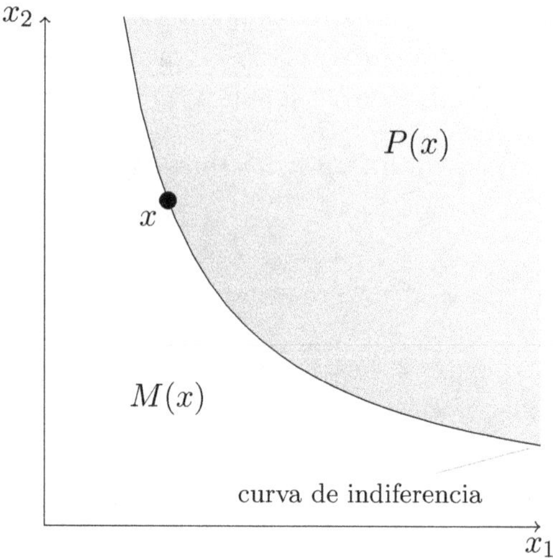

Figura 1.1   El conjunto de lo preferido

Para ilustrar lo anterior, supongamos que las acciones son canastas de dos bienes, es decir, que $\mathcal{X} = \mathbb{R}^2_+$ (donde cada $x = (x_1, x_2)$ muestra la cantidad del bien 1 y la cantidad del bien 2 que hay en la canasta respectivamente). Imaginemos que el conjunto de todas las canastas preferidas sobre x es toda el área al noreste de la curva en la figura 1.1. El límite de ese conjunto es la curva de indiferencia misma, que contiene a todas las canastas x' que cumplen que el individuo está indiferente entre x y x'.

Ahora, supongamos que el individuo siempre prefiere consumir más de un bien que menos (vale decir, no se sacia). Para entender por qué si se cumplen los axiomas 1 al 4, las preferencias se pueden representar mediante una función de utilidad, es útil notar que si trazamos una línea de 45°desde el origen, las canastas que están más lejos del origen sobre esa línea siempre son preferidas sobre las canastas que están más cerca del origen (ya que tienen más de ambos bienes). Los axiomas 1 y 4 aseguran que por cada punto en $\mathcal{X}$ pasa una curva de indiferencia. Notemos que el axioma de transitividad indica que estas curvas de indiferencia no se cruzan. Ello, porque si las curvas de indiferencia se cruzaran como muestra la figura 1.2, tendríamos que $x \sim x'$ y $x' \sim x''$ pero $x \nsim x''$, por lo que se violaría el axioma de transitividad.

Más aún, por cada punto en la línea de 45° pasa una curva de indiferencia distinta, y las curvas más lejanas del origen representan canastas que

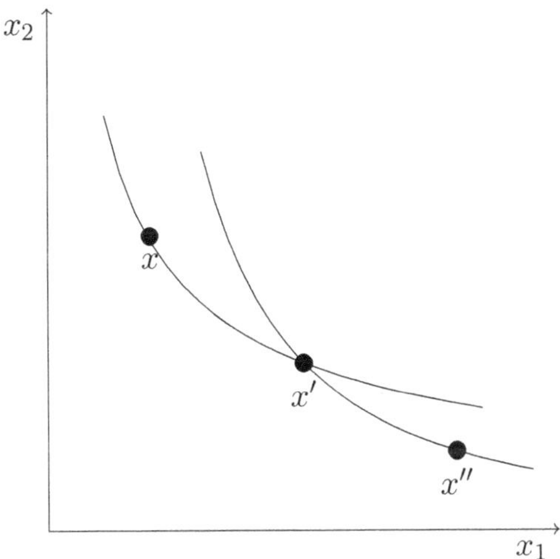

Figura 1.2 Transitividad y curvas de indiferencia

están más arriba en el ordenamiento de preferencias. Todas las canastas tienen que estar sobre alguna curva de indiferencia, que necesariamente tiene que cortar a la línea de 45° en algún punto, como se ilustra en la figura 1.3 (ya que el conjunto de todo lo preferido por sobre esa canasta incluye a todas las canastas que tienen más de alguno de los dos bienes, y ese conjunto siempre pasa por la línea de 45°). Luego, para construir la función u, simplemente podríamos asignarle a cada canasta el número correspondiente a la proyección en el eje horizontal del punto en que se intersecta su curva de indiferencia con la línea de 45°. Lo anterior se ilustra con $u(x)$, $u(x')$, $u(x'')$ y $u(x''')$ en la figura 1.3.

El ejemplo clásico de una situación en la que no es posible construir una función de utilidad es el de las **preferencias lexicográficas**. En este ejemplo, $\mathcal{X} = \mathbb{R}^2_+$, es decir, las acciones son canastas o paquetes de dos características. La preferencia lexicográfica tiene la siguiente forma:

$$(x_1, x_2) \succ \left(x'_1, x'_2\right) \Leftrightarrow x_1 > x'_1 \ \vee \ \left\{x_1 = x'_1 \ \wedge \ x_2 > x'_2\right\}$$

En palabras, una canasta es mejor si tiene más del primer bien o característica, o si teniendo lo mismo del primero, tiene más del segundo. Este ordenamiento de preferencias es similar al ordenamiento que se da en un diccionario: las palabras que comienzan con a van antes que aquellas que empiezan con b, independientemente de su segunda letra, y así sucesivamente. En este caso, vemos que no hay ningún par de canastas distintas

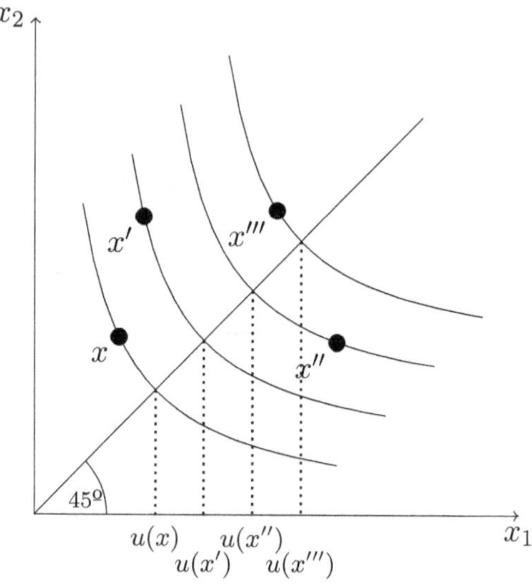

Figura 1.3   Construyendo la función de utilidad

entre las cuales el individuo esté indiferente, por lo que no es posible dibujar curvas de indiferencia (o la curva de indiferencia colapsa en un solo punto: el individuo sólo está diferente entre x y el mismo x).

Teorema 5 (Existencia de una función de utilidad). *Si los axiomas 1, 2 y 4 se satisfacen, entonces existe una función de utilidad $u(a)$, continua, que representa a la preferencia $\succsim$.*

Así, existiendo una función de utilidad, es posible representar el problema de elección como uno de maximización:

$$x^*(X) = \arg\max_{a \in X} u(x),$$

esto es, el curso de acción escogido x^* es aquél que maximiza la función $u(\cdot)$ dentro del conjunto de alternativas X, o el argumento de su maximización.

Es importante notar que esta representación nunca es única. Por ejemplo, si $u(x) > u(x')$, entonces también $u(x) + 2 > u(x') + 2$, de modo que

$$\arg\max_{x \in X} u(x) = \arg\max_{x \in X} [u(x) + 2]$$

Esa preferencia, entonces, se puede representar indistintamente por las funciones $u(x)$ y $\tilde{u}(x) = [u(x) + 2]$. En general, cualquier transformación monótona creciente de $u(x)$ representa la misma preferencia: si $\tilde{u}(x) = f(u(x))$, con $f : \mathbb{R} \to \mathbb{R}$ creciente, entonces $u(x) > u(x') \Rightarrow \tilde{u}(x) > \tilde{u}(x')$.

En este sentido, decimos que la utilidad es **ordinal**, en contraposición a **cardinal**. Es ordinal porque lo único que interesa de ella para los efectos de describir el comportamiento del individuo es el ordenamiento sobre las acciones que representa, y no el nivel de utiles, o valor, que alcance.[2]

1.3. Algunos ejemplos de elección

1.3.a. Consumidor en mercados competitivos

Quizás la aplicación más conocida de la teoría que discutimos es la del comportamiento del consumidor. La situación planteada es la de un individuo (persona o familia), que tiene preferencias descritas sobre canastas de artículos o servicios (x_1, x_2), donde cada x_ℓ es la cantidad del artículo o servicio ℓ que la canasta en cuestión contiene. Como las cantidades a consumir no pueden ser negativas, en este ejemplo $\mathcal{X} = \mathbb{R}_+^2$. Las preferencias, asumiendo los axiomas 1 al 4, se pueden representar por medio de la función de utilidad $u : \mathbb{R}_+^2 \to \mathbb{R}$.

Preferencias

La forma de u depende de qué clase de servicios o artículos estemos considerando. Es posible que el individuo considere que más unidades son preferibles que menos, pero también es posible lo inverso. Esto motiva la siguiente definición:

Definición 6. *El artículo o servicio ℓ se denomina **bien** si $\frac{\partial u}{\partial x_\ell} > 0$, **mal** si $\frac{\partial u}{\partial x_\ell} < 0$ y **neutro** si $\frac{\partial u}{\partial x_\ell} = 0$.*

Es importante notar que la definición es subjetiva, toda vez que depende de las preferencias del individuo considerado. Más aún, para un mismo individuo un artículo puede considerarse bien o mal dependiendo de la cantidad que consuma (considere, por ejemplo, la cantidad de lluvia caída).

---

[2] En el capítulo 9, sin embargo, nos ocuparemos de la comparación de bienestar entre individuos. En ese contexto discutiremos una noción cardinal de utilidad.

El uso de derivadas en la definición no es necesario: un bien se denomina bien si la utilidad es creciente en su cantidad, mal si es decreciente y neutro si es constante. Sin embargo, es cómodo suponer que la función de utilidad tiene derivadas definidas porque abrevia la presentación, y así lo haremos.

En lo que sigue, consideramos el caso de dos bienes, de los cuales el consumidor nunca se sacia. Por **saciedad** entendemos el paso de bien a neutro.

Si partimos de una canasta base, y la modificamos en (dx_1, dx_2), la canasta resultante será evaluada en:

$$du = \frac{\partial u}{\partial x_1}dx_1 + \frac{\partial u}{\partial x_2}dx_2 \qquad (1.1)$$

Como ambos son bienes, esto es $\frac{\partial u}{\partial x_1} > 0$ y $\frac{\partial u}{\partial x_2} > 0$, claramente una canasta que contenga más de ambos bienes es preferida ($dx_1 > 0$ y $dx_2 > 0 \Rightarrow du > 0$) y otra con menos de ambos bienes es considerada peor ($dx_1 < 0$ y $dx_2 < 0 \Rightarrow du < 0$). En cambio, si la nueva canasta contiene más de un bien pero menos del otro, la evaluación que haga la persona dependerá de lo "valioso"que sea cada bien para ella. Una manera muy útil de caracterizar las preferencias cuando éstas son representables por medio de una función de utilidad, es a través de las curvas de indiferencia:

Definición 7. *Una **curva de indiferencia** es un conjunto de canastas* (x_1, x_2) *con la propiedad que todas entregan el mismo nivel de utilidad; esto es,* $u(x_1, x_2) = \overline{u}$.

En una curva de indiferencia, la utilidad es constante, y por lo tanto separa canastas preferidas de canastas no preferidas. La pendiente de la curva de indiferencia se obtiene de diferenciar totalmente la función de utilidad:

$$du = \frac{\partial u}{\partial x_1}dx_1 + \frac{\partial u}{\partial x_2}dx_2 = 0 \qquad (1.2)$$

Despejando, obtenemos:

$$\frac{dx_2}{dx_1} = -\frac{\frac{\partial u}{\partial x_1}}{\frac{\partial u}{\partial x_2}} \qquad (1.3)$$

El valor absoluto de la pendiente recibe el nombre de **tasa marginal de sustitución subjetiva** (*TMSS*), porque indica la máxima cantidad

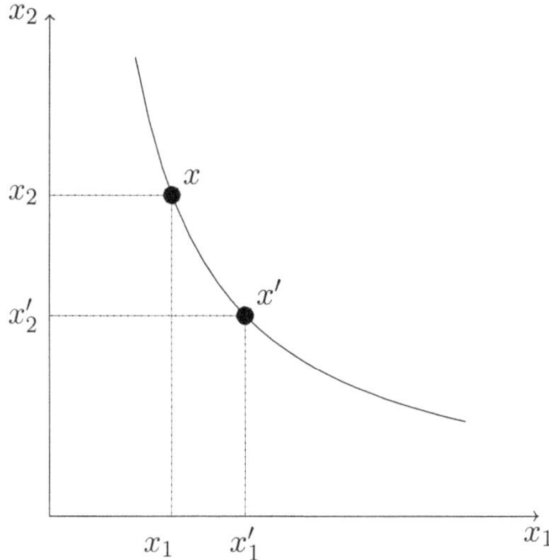

Figura 1.4 Representación de la tasa marginal de sustitución

que el consumidor está dispuesto a entregar del bien 2 en sustitución de una unidad del bien 1:[3]

$$TMSS = \frac{\frac{\partial u}{\partial x_1}}{\frac{\partial u}{\partial x_2}} \equiv \frac{u_1}{u_2}. \tag{1.4}$$

Gráficamente, lo anterior se representa en la figura 1.4.

Es posible que la *TMSS* no exista; esto es, que no exista ninguna cantidad, por grande que sea, que se le pueda entregar de un bien a la persona para que acepte a renunciar por una cantidad infinitesimal del otro. Esto ocurre con las preferencias lexicográficas. Una manera sencilla de verlo es la siguiente. Considere tres canastas: una de referencia, otra más preferida y otra menos preferida que la de referencia. El axioma de continuidad supone que en cualquier circunstancia de estas características, existirá otra canasta intermedia, distinta a la de referencia, que le resulte indiferente. La comparación de las distintas cantidades de cada bien entre ambas canastas indiferentes define una *TMSS*. La inexistencia de una *TMSS*, entonces, significa que el paso de más a menos preferido es violento, porque no atraviesa por la indiferencia.

---

[3] Sea $y = f(x_1, x_2, ...)$ una función cualquiera. En adelante, representaremos la primera derivada de f respecto de x_i como f_i. Las derivadas siguientes se denotarán agregando más subíndices: f_{ii} es la segunda derivada respecto de x_i; f_{ij} es la derivada cruzada, etc.

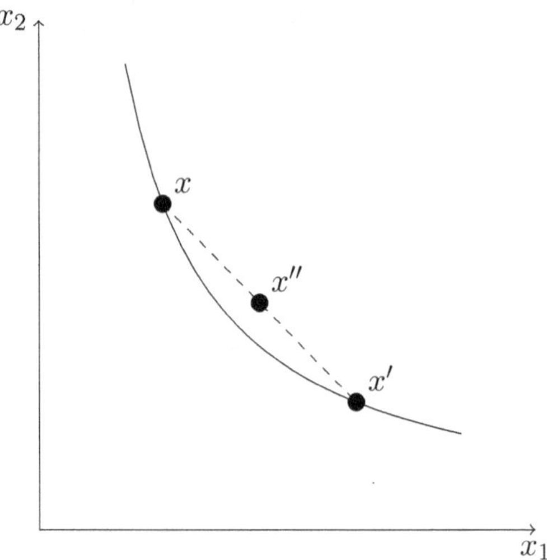

Figura 1.5 Convexidad de las curvas de indiferencia y preferencia por la variedad

En principio, la *TMSS* puede ser decreciente (como en la figura 1.4) o creciente. Decir que la *TMSS* es decreciente significa que al aumentar el consumo de x_1 disminuyendo x_2 de modo que la utilidad permanezca constante, la *TMSS* cae. La *TMSS* es en sí misma una función de x_1 y x_2, esto es, su valor depende de cuál sea la canasta que inicialmente estamos modificando. El que la persona se sienta inclinada a trabajar por un salario bajo si es pobre no significa que también lo hará si es rica.

La convexidad de las curvas de indiferencia, que implica una *TMSS* decreciente, representa una cierta preferencia por la "variedad", en el sentido de que combinaciones de dos canastas consideradas iguales por la persona, son preferidas. En la figura 1.5, por ejemplo, la canasta x'' es estrictamente preferida a cualquiera de las dos canastas a partir de las que fue hecha, x y x'.

Entonces, la *TMSS* es estrictamente decreciente si y sólo si, para cualquier par de canastas x y x' tales que $u(x) = u(x') \equiv \overline{u}$, y para cualquier $\lambda \in (0, 1)$, tenemos:

$$u(\lambda x + (1 - \lambda)x') > \overline{u}. \qquad (1.5)$$

Ahora bien, por definición de concavidad (ver apéndice matemático, sección A.1), cualquier función de utilidad estrictamente cóncava satisface la siguiente condición:

$$u(\lambda x + (1 - \lambda)x') > \lambda u(x) + (1 - \lambda)u(x') \tag{1.6}$$

para cualquier par de canastas $x, x' \in \mathcal{X}$, y para cualquier $\lambda \in (0, 1)$. A partir de esta condición se concluye que, si se escogen x y x' de modo que $u(x) = u(x') \equiv \bar{u}$, cualquier función de utilidad estrictamente cóncava satisface la condición (1.5).

Si la preferencia $\succsim$ muestra preferencia por la variedad, ello se debe reflejar en que cualquier función de utilidad que represente a $\succsim$ tiene curvas de indiferencia convexas (o $TMSS$ decreciente). Pero sabemos que si u representa a la preferencia $\succsim$, también lo hace cualquier transformación monótona creciente de u. Entonces, si u es estrictamente cóncava, cualquier transformación monótona creciente de u –es decir, cualquier función estrictamente cuasicóncava– debe tener curvas de indiferencia convexas.

En efecto, si una función de utilidad u es estrictamente cuasicóncava, satisface la siguiente condición (ver apéndice matemático, sección A.1):

$$u(\lambda x + (1 - \lambda)x') > \text{mín}\{u(x), u(x')\} \tag{1.7}$$

para cualquier par de canastas $x, x' \in \mathcal{X}$, y para cualquier $\lambda \in (0, 1)$. Nuevamente vemos que, si se escogen x y x' de modo que $u(x) = u(x') \equiv \bar{u}$, la condición (1.5) se satisface para u, de manera que u tiene curvas de indiferencia convexas. Esta misma conclusión se puede obtener a partir de la condición de $TMSS$ decreciente, como se muestra a continuación.

Al diferenciar totalmente la $TMSS$, encontramos:

$$\mathrm{d}TMSS = \frac{\partial TMSS}{\partial x_1}\mathrm{d}x_1 + \frac{\partial TMSS}{\partial x_2}\mathrm{d}x_2 \tag{1.8}$$

Reemplazando $TMSS$, tenemos:

$$\mathrm{d}TMSS = \frac{\partial\left(\frac{u_1(x_1,x_2)}{u_2(x_1,x_2)}\right)}{\partial x_1}\mathrm{d}x_1 + \frac{\partial\left(\frac{u_1(x_1,x_2)}{u_2(x_1,x_2)}\right)}{\partial x_2}\mathrm{d}x_2 \tag{1.9}$$

De modo que:

$$\mathrm{d}TMSS = \frac{u_{11}u_2 - u_{21}u_1}{u_2^2}\mathrm{d}x_1 + \frac{u_{21}u_2 - u_{22}u_1}{u_2^2}\mathrm{d}x_2 \tag{1.10}$$

Pero en la curva de indiferencia, $\mathrm{d}x_2 = -\frac{u_1}{u_2}\mathrm{d}x_1$. Reemplazando,

$$\mathrm{d}TMSS = \frac{u_{11}u_2 - u_{21}u_1}{u_2^2}\mathrm{d}x_1 - \frac{u_1}{u_2}\frac{u_{21}u_2 - u_{22}u_1}{u_2^2}\mathrm{d}x_1 \qquad (1.11)$$

Factorizando, se obtiene:

$$\mathrm{d}TMSS = \frac{1}{u_2^3}\left(u_{11}u_2^2 - u_{21}u_2u_1 - \left(u_{21}u_1u_2 - u_{22}u_1^2\right)\right)\mathrm{d}x_1 \qquad (1.12)$$

lo que permite concluir que:

$$\frac{\mathrm{d}TMSS}{\mathrm{d}x_1} = \frac{1}{u_2^3}\left(u_{11}u_2^2 - 2u_{21}u_2u_1 + u_{22}u_1^2\right) \qquad (1.13)$$

Entonces, la $TMSS$ es estrictamente decreciente si y sólo si

$$\left(u_{11}u_2^2 - 2u_{21}u_2u_1 + u_{22}u_1^2\right) < 0 \qquad (1.14)$$

lo que se satisface si u es cóncava. Si v no es cóncava, pero puede ser escrita como $v = f(u)$ con u estrictamente cóncava y $f' > 0$ (de modo que v es estrictamente cuasicóncava), tenemos:

$$v_1 = f'u_1; \quad v_{11} = f''u_1^2 + f'u_{11} \qquad (1.15)$$
$$v_2 = f'u_2; \quad v_{22} = f''u_2^2 + f'u_{22} \qquad (1.16)$$
$$v_{21} = f''u_2u_1 + f'u_{21} \qquad (1.17)$$

Al calcular $\frac{\mathrm{d}TMSS}{\mathrm{d}x_1}$ para v obtenemos:

$$\frac{\mathrm{d}TMSS}{\mathrm{d}x_1} = \frac{1}{v_2^3}\left(v_{11}v_2^2 - 2v_{21}v_2v_1 + v_{22}v_1^2\right) \qquad (1.18)$$

de modo que al reemplazar v_1, v_2, v_{11}, v_{22} y v_{12} llegamos a la siguiente expresión:

$$\frac{\mathrm{d}TMSS}{\mathrm{d}x_1} = \frac{1}{(f'u_2)^3}\left(\left(f''u_1^2 + f'u_{11}\right)\left(f'u_2\right)^2 - \right.$$
$$\left. 2\left(f''u_2u_1 + f'u_{21}\right)f'u_1f'u_2 + \left(f''u_2^2 + f'u_{22}\right)\left(f'u_1\right)^2\right)$$
$$= \frac{1}{(u_2)^3}\left(u_2^2u_{11} - 2u_1u_2u_{21} + u_1^2u_{22}\right) \qquad (1.19)$$

Dado que u es estrictamente cóncava sabemos que en la ecuación (1.19) el numerador es negativo, por lo que v también tiene curvas de indiferencia convexas. En conclusión, la condición de convexidad estricta de las curvas de indiferencia se satisface si la función de utilidad es estrictamente cuasicóncava.

Posibilidades

Las posibilidades del consumidor (el conjunto X) están determinadas por dos elementos: su ingreso y los precios. Para consumir una determinada canasta, debe comprarla. Para comprar una canasta con x_1 unidades del primer bien y x_2 unidades del segundo, debe gastar:

$$\$\,(x_1 p_1 + x_2 p_2)$$

Esta canasta es alcanzable con un ingreso de m sólo si:

$$m \geq x_1 p_1 + x_2 p_2. \tag{1.20}$$

Si el individuo no tiene poder de negociación en ninguno de los mercados en que participa, entonces los precios de los bienes están dados para él, de manera que se pueden considerar parámetros del problema (las condiciones bajo las cuales esto ocurre son el tema del capítulo 10). Así, su problema de elección consiste en buscar la canasta preferida dentro del conjunto:

$$X\,(p_1, p_2, m) = \left\{ (x_1, x_2) \in \mathcal{X} = \mathbb{R}_+^2 : m \geq x_1 p_1 + x_2 p_2 \right\}$$

La figura 1.6 representa el conjunto de posibilidades de este individuo. El área gris corresponde al conjunto de canastas alcanzables a esos precios y con ese ingreso. La frontera superior de este conjunto es la **restricción presupuestaria:**

$$m = x_1 p_1 + x_2 p_2 \tag{1.21}$$

Despejando x_2, queda:

$$x_2 = \underbrace{\frac{m}{p_2}}_{\text{Intercepto}} - \underbrace{\frac{p_1}{p_2}}_{\text{Pendiente}} x_1 \tag{1.22}$$

Geométricamente, es la ecuación de una recta con intercepto $\frac{m}{p_2}$ y pendiente $-\frac{p_1}{p_2}$. El intercepto $\frac{m}{p_2}$ es la máxima cantidad del bien 2 que se puede comprar con m pesos. El intercepto en el eje x_1 es análogo.

El valor absoluto de la pendiente, en cambio, corresponde al **costo de oportunidad** del bien 1 en términos del bien 2 (o **tasa marginal de sustitución de mercado**): la derivada $\frac{\mathrm{d}x_2}{\mathrm{d}x_1} = -\frac{p_1}{p_2}$ indica que para aumentar el consumo del bien 1 en una unidad, se debe disminuir el del 2 en $\frac{p_1}{p_2}$ unidades:

$$\mathrm{d}x_2 = -\frac{p_1}{p_2}\mathrm{d}x_1. \tag{1.23}$$

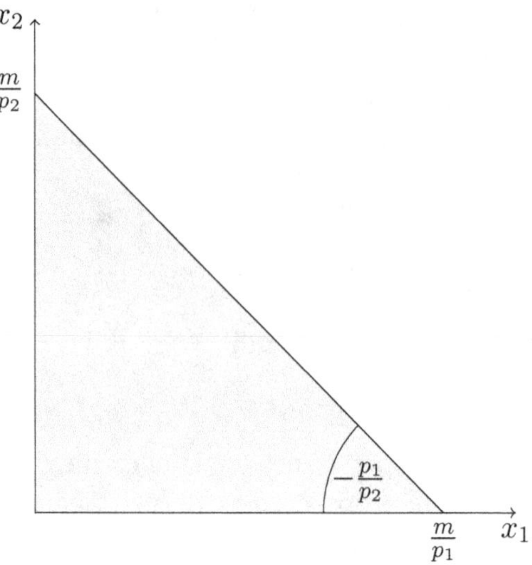

Figura 1.6 Conjunto de posibilidades de un consumidor dotado de un ingreso fijo

Óptimo del consumidor

Para encontrar la decisión, es necesario resolver el problema de optimización con restricciones de desigualdad:

Problema (del consumidor).

$$\max_{x_1, x_2} \quad u(x_1, x_2) \tag{1.24}$$

$$\text{sujeto a: } m \geq x_1 p_1 + x_2 p_2$$

$$x_1, x_2 \geq 0$$

$\square$

Para resolverlo utilizando el método de Karush-Kuhn-Tucker [4] (en adelante, KKT), planteamos el lagrangeano:

$$\mathcal{L} = u(x_1, x_2) + \lambda[m - x_1 p_1 - x_2 p_2]$$

---

[4] El método de Karush-Kuhn-Tucker se explica en el Apéndice A.2.

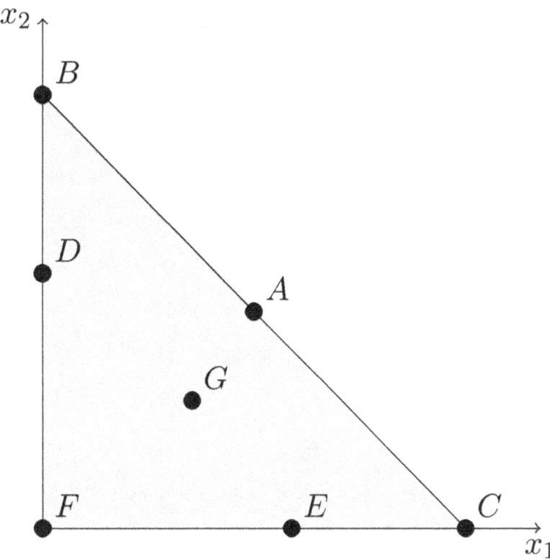

Figura 1.7 Casos posibles para evaluar las condiciones de Karush-Kuhn-Tucker

Las condiciones de KKT son:

$$\frac{\partial \mathcal{L}}{\partial x_1} = \frac{\partial u}{\partial x_1} - \lambda p_1 \leq 0 \qquad \text{c.h.c. } x_1 \frac{\partial \mathcal{L}}{\partial x_1} = 0 \quad (1.25\text{a})$$

$$\frac{\partial \mathcal{L}}{\partial x_2} = \frac{\partial u}{\partial x_2} - \lambda p_2 \leq 0 \qquad \text{c.h.c. } x_2 \frac{\partial \mathcal{L}}{\partial x_2} = 0 \quad (1.25\text{b})$$

$$\frac{\partial \mathcal{L}}{\partial \lambda} = m - x_1 p_1 - x_2 p_2 \geq 0 \qquad \text{c.h.c. } \lambda \frac{\partial \mathcal{L}}{\partial \lambda} = 0 \quad (1.25\text{c})$$

Dependiendo de dónde se encuentre el óptimo, las condiciones de primer y segundo orden variarán. Así, al haber tres restricciones, cada una asociada a dos opciones (que se cumplan con o sin holgura), existen en principio $2^3 = 8$ casos que analizar, que surgen de todas las combinaciones posibles de condiciones satisfechas con o sin holgura. Estos casos se ilustran en la figura 1.7.

En los casos A, B y C se satisface la restricción presupuestaria sin holgura, y con holgura en todo el resto. En los casos C, E y F, se satisface la restricción de no negatividad del bien 2 sin holgura, y con holgura en todo el resto. Análogamente ocurre con los puntos B, D y F respecto del bien 1. En G todas las restricciones se satisfacen con holgura. Observe que no existe ningún punto en que todas se satisfagan con igualdad: no puede ocurrir que se compre cero de cada bien y a la vez se gaste todo el ingreso, si éste es positivo (y es por ello que en el gráfico se ilustran sólo 7 de los 8 casos).

CASO A: $\lambda, x_1, x_2 > 0.$— En este escenario, se deduce que $\frac{\partial \mathcal{L}}{\partial x_1} = \frac{\partial \mathcal{L}}{\partial x_2} = \frac{\partial \mathcal{L}}{\partial \lambda} = 0$ por las condiciones de holgura complementaria. Entonces,

$$\frac{\partial u}{\partial x_1} - \lambda p_1 = 0 \tag{1.26a}$$

$$\frac{\partial u}{\partial x_2} - \lambda p_2 = 0 \tag{1.26b}$$

$$m - x_1 p_1 - x_2 p_2 = 0 \tag{1.26c}$$

De las ecuaciones (1.26a) y (1.26b), obtenemos la condición:

$$TMS = \frac{p_1}{p_2} \tag{1.27}$$

Ésta es la condición de tangencia de una curva de inferencia y la restricción presupuestaria. El óptimo se caracteriza entonces porque el consumidor paga por la última unidad comprada del bien 1 exactamente lo máximo que estaba dispuesto a pagar. Intuitivamente, de valorar más la última unidad, debería seguir comprando, por lo que su posición no sería óptima; de valorarla en menos, compró excesivamente.

Alternativamente, podemos escribir:

$$\underbrace{\frac{1}{p_1}}_{\substack{\text{poder de compra} \\ \text{de \$1 en el bien 1}}} \frac{\partial u}{\partial x_1} = \underbrace{\frac{1}{p_2}}_{\substack{\text{poder de compra} \\ \text{de \$1 en el bien 2}}} \frac{\partial u}{\partial x_2}. \tag{1.28}$$

Esta condición establece que si el consumidor tiene \$1 adicional para gastar, debe estar indiferente entre hacerlo en el bien 1 o el bien 2. En efecto, a cada lado de la igualdad tenemos el valor en utiles de gastar un peso más en cada bien. \$1 gastado en el bien 1 compra $1/p_1$ unidades, cada una de las cuales se traduce en $\partial u/\partial x_1$ utiles. De no cumplirse esta condición, la persona preferiría gastar más en alguno de estos bienes que lo que está haciendo actualmente, lo que implica que la situación original no era óptima.

En el caso que analizamos, $\lambda > 0$. La ecuación (1.26c) indica que todo el presupuesto será gastado:

$$m = x_1 p_1 + x_2 p_2.$$

Para entender por qué si $\lambda > 0$ se gasta todo el ingreso, basta notar que el teorema de la envolvente indica que el multiplicador lagrangeano mide la utilidad marginal del ingreso. En el escenario que nos planteamos supusimos entonces que la utilidad marginal del ingreso era positiva, por lo que todo el ingreso deber ser gastado en el óptimo (en caso contrario, sería posible aumentar u simplemente gastando aquella parte del ingreso que no estaba siendo utilizada).

Verificaremos que $\lambda = \partial u^*/\partial m$. En efecto, el valor que la solución planteada, $x_1^*(p_1, p_2, m)$, $x_2^*(p_1, p_2, m)$ y $\lambda^*(p_1, p_2, m)$ permite alcanzar es:

$$\mathcal{L}^* = u(x_1^*, x_2^*) + \lambda^*(m - x_1^* p_1 - x_2^* p_2). \qquad (1.29)$$

Entonces:

$$\begin{aligned}
\frac{\mathrm{d}\mathcal{L}^*}{\mathrm{d}m} &= \frac{\partial u}{\partial x_1^*}\frac{\partial x_1^*}{\partial m} + \frac{\partial u}{\partial x_2^*}\frac{\partial x_2^*}{\partial m} \\
&\quad + \frac{\partial \lambda}{\partial m}(m - x_1^* p_1 - x_2^* p_2) \\
&\quad + \lambda^*(1 - \frac{\partial x_1^*}{\partial m}p_1 - \frac{\partial x_2^*}{\partial m}p_2).
\end{aligned} \qquad (1.30)$$

Rearreglando,

$$\begin{aligned}
\frac{\mathrm{d}\mathcal{L}^*}{\mathrm{d}m} &= \frac{\partial x_1^*}{\partial m}\left(\frac{\partial u}{\partial x_1^*} - \lambda^* p_1\right) + \frac{\partial x_2^*}{\partial m}\left(\frac{\partial u}{\partial x_2^*} - \lambda^* p_2\right) \\
&\quad + \frac{\partial \lambda}{\partial m}[m - x_1^* p_1 - x_2^* p_2] + \lambda^*.
\end{aligned} \qquad (1.31)$$

Pero x_1^*, x_2^* y λ^* satisfacen (1.26a), (1.26b) y (1.26c), de manera que obtenemos el resultado deseado:

$$\frac{\mathrm{d}\mathcal{L}^*}{\mathrm{d}m} = \lambda^* = \frac{\partial \mathcal{L}}{\partial m} = \frac{\partial u^*}{\partial m}. \qquad (1.32)$$

Las figuras 1.8 y 1.9 describen geométricamente el óptimo. En los puntos x y x' de la figura 1.8, no se cumple la condición de tangencia; en el punto x'', no se gasta todo el ingreso. Para todos ellos es cierto que

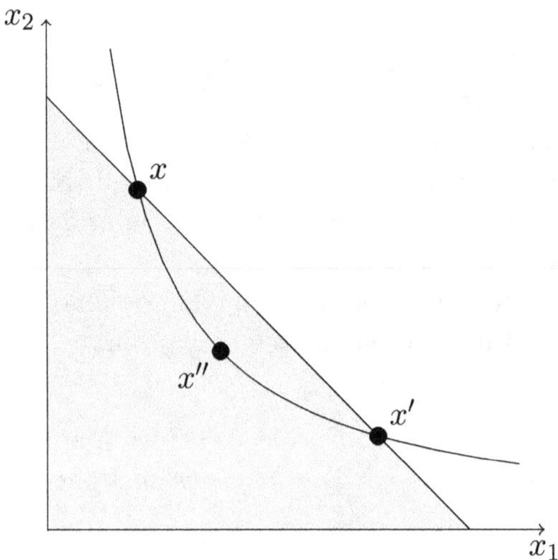

Figura 1.8 Canastas de consumo subóptimas

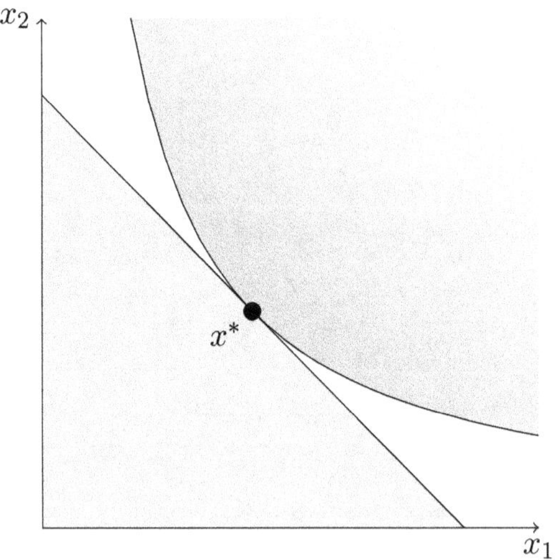

Figura 1.9 Óptimo del consumidor

existen canastas simultáneamente preferidas y alcanzables, por lo que son subóptimas.

En cambio, en el punto x^* de la figura 1.9 se cumplen ambas condiciones. Esta canasta tiene la propiedad que no existe una canasta estrictamente preferida a ella por el consumidor y que, a su vez, sea alcanzable.

En estos dibujos hemos implícitamente supuesto que la *TMSS* es decreciente; esto es, que el mapa de curvas de indiferencia es convexo. Como veremos a continuación, esto es en realidad necesario para que las condiciones de primer orden (en adelante, CPO) sean una guía para encontrar el óptimo.

En el caso que consideramos, el problema de optimización en dos variables se resuelve con una restricción de igualdad, de manera que existe una única condición de segundo orden (en adelante, CSO); a saber, que el determinante del hessiano orlado sea positivo:[5]

$$\left|\overline{H}_{\mathcal{L}}\right| = \begin{vmatrix} 0 & p_1 & p_2 \\ p_1 & u_{11} & u_{12} \\ p_2 & u_{12} & u_{22} \end{vmatrix} > 0$$

Resolviendo por el método de cofactores, tenemos:

$$\begin{aligned} \left|\overline{H}_{\mathcal{L}}\right| &= -p_1\left(p_1 u_{22} - p_2 u_{12}\right) + p_2\left(p_1 u_{12} - p_2 u_{11}\right) \\ &= -p_2^2 u_{11} + p_2 p_1 u_{12} + p_1\left(u_{21} p_2 - u_{22} p_1\right) \end{aligned} \tag{1.33}$$

Pero, de las CPO, tenemos $p_1 = \frac{1}{\lambda}\frac{\partial u}{\partial x_1}$ y $p_2 = \frac{1}{\lambda}\frac{\partial u}{\partial x_2}$. Reemplazando, obtenemos:

$$\left|\overline{H}_{\mathcal{L}}\right| = -\frac{1}{\lambda^2}\left(u_2^2 u_{11} - 2u_2 u_1 u_{12} + u_{22} u_1^2\right) > 0 \tag{1.34}$$

Esta condición es exactamente la que pide que la *TMSS* sea decreciente (o, equivalentemente, que u sea cuasicóncava). Veíamos que esto ocurre si hay una preferencia por la variedad. El cumplimiento de esta condición depende exclusivamente de las preferencias del individuo, por lo que no podemos descartar que existan consumidores para los cuales el caso A no describa su óptimo. Pasamos a analizar otras posibilidades.

---

[5] Véase el apéndice, sección A.2 para el detalle.

CASO B: $x_1 = 0,\ \lambda, x_2 > 0.$— Los supuestos describen una situación en la que la utilidad marginal del ingreso es positiva, pero el individuo no consume del bien 1. Las condiciones de holgura complementaria implican que:

$$m - x_2 p_2 \;=\; 0 \Rightarrow x_2 = \frac{m}{p_2} \tag{1.35a}$$

$$\frac{\partial u}{\partial x_2} - \lambda p_2 \;=\; 0 \Rightarrow \lambda = \frac{\frac{\partial u}{\partial x_2}}{p_2} \tag{1.35b}$$

$$\frac{\partial u}{\partial x_1} - \lambda p_1 \;\leq\; 0 \Rightarrow \lambda \geq \frac{\frac{\partial u}{\partial x_1}}{p_1} \tag{1.35c}$$

A partir de estas condiciones se concluye lo siguiente:

$$\frac{\frac{\partial u}{\partial x_1}}{p_1} \leq \frac{\frac{\partial u}{\partial x_2}}{p_2} \Leftrightarrow TMSS = \frac{\frac{\partial u}{\partial x_1}}{\frac{\partial u}{\partial x_2}} \leq \frac{p_1}{p_2}. \tag{1.36}$$

Esto es, el consumidor no consumirá del bien 1 si su precio es mayor que su disposición a pagar, aún por la primera unidad. Observe que esto no significa que no lo valora, sino sólo que lo valora en menos que lo que cuesta.

La CSO correspondería a la del problema

$$\max_{x_1, x_2} \quad u(x_1, x_2) \tag{1.37}$$

$$\text{sujeto a: } x_2 = 0 \qquad x_1 = \frac{m}{p_1}$$

No hay, entonces, CSO. Esto ocurre porque habiendo dos variables, la existencia de dos restricciones hace que no hayan grados de libertad; hay un único punto que satisface ambas restricciones. El caso C es similar.

CASO G: $\lambda = 0, x_1, x_2 > 0.$— En este caso, la utilidad marginal del ingreso es 0; esto es, el consumidor está saciado de ambos bienes (si sólo estuviera saciado de uno, todavía querría más ingreso para comprar del otro bien). Así, tenemos:

$$\frac{\partial \mathcal{L}}{\partial x_1} \;=\; \frac{\partial u}{\partial x_1} = 0 \tag{1.38a}$$

$$\frac{\partial \mathcal{L}}{\partial x_2} \;=\; \frac{\partial u}{\partial x_2} = 0 \tag{1.38b}$$

$$\frac{\partial \mathcal{L}}{\partial \lambda} \;=\; m - x_1 p_1 - x_2 p_2 \geq 0. \tag{1.38c}$$

Las utilidades marginales del consumo de todos los bienes debe ser 0. Las CSO son las de un problema de dos variables sin restricciones; esto es, la matriz hessiana H_u debe ser negativa definida. En otras palabras, la CSO requiere que $u(\cdot)$ sea estrictamente cóncava:

$$u_{11}, u_{22} < 0 \quad \text{y} \quad u_{12} < \sqrt{u_{11}u_{22}}. \tag{1.39}$$

Los diversos casos analizados, entonces, cubren las diferentes posibilidades que pueden caracterizar las decisiones de distintos tipos de consumidor con ingreso m en mercados perfectamente competitivos. Dependiendo de sus decisiones, podremos inferir si un consumidor valora cada bien o si está saciado de alguno, si valora la variedad, etc.

Aprovechamos la oportunidad para definir un concepto que se usará repetidamente más adelante:

Definición 8. *Le llamaremos **disposición a pagar por z en unidades de y** a la máxima cantidad de y que el consumidor aceptaría entregar a cambio de recibir z.*

Así, por ejemplo, la $TMSS$ es la disposición a pagar por 1 unidad del bien 1 en unidades del bien 2. En general, le llamamos simplemente **disposición a pagar** por el bien ℓ a la máxima cantidad de *dinero* que el individuo está dispuesto a entregar para conseguir x_ℓ unidades del bien ℓ, y la denotamos por $T(x_\ell)$.

1.3.b. Consumidor dotado de una canasta

Nuevamente consideramos un consumidor en mercados competitivos. La única diferencia de este caso con el anterior es la manera en que se definen las posibilidades: en el caso anterior suponíamos que el consumidor disponía de un ingreso m, exógeno, mientras que en este caso suponemos que dispone de una canasta inicial de bienes $(\overline{x}_1, \overline{x}_2)$ que puede transar en el mercado a los precios p_1 y p_2.

Preferencias

Al igual que en el ejemplo anterior, las preferencias de este individuo se definen sobre canastas de consumo (x_1, x_2). Supondremos que estas preferencias se pueden representar mediante una función de utilidad u, exactamente como lo hicimos en el ejemplo anterior.

Posibilidades

Las posibilidades del consumidor (el conjunto X) están determinadas por dos elementos: su canasta inicial y los precios. Para consumir más de un determinado bien, debe vender parte de su dotación a los precios de mercado. Su dotación valorada a los precios de mercado se denota por

$$m(p_1, p_2, \overline{x}) \equiv \overline{x}_1 p_1 + \overline{x}_2 p_2,$$

que ahora pasa a ser su ingreso. Así, para comprar una canasta con x_1 unidades del primer bien y x_2 unidades del segundo, debe gastar $(x_1 p_1 + x_2 p_2)$. Esta canasta es alcanzable con un dotación inicial $\overline{x} = (\overline{x}_1, \overline{x}_2)$ sólo si:

$$m(p_1, p_2, \overline{x}) \geq x_1 p_1 + x_2 p_2. \tag{1.40}$$

Como en el ejemplo anterior, consideramos los precios como parámetros del problema. Así, su problema de elección consiste en buscar la canasta más preferida dentro del conjunto:

$$X(p_1, p_2, \overline{x}) = \left\{ (x_1, x_2) \in \mathcal{X} = \mathbb{R}_+^2 : \ m(p_1, p_2, \overline{x}) \geq x_1 p_1 + x_2 p_2 \right\}$$

El conjunto de posibilidades de este consumidor se representa en la figura 1.10.

El área gris de la figura 1.10, entonces, corresponde al conjunto de canastas alcanzables a esos precios y con esa dotación inicial. La frontera superior de este conjunto es la **restricción presupuestaria**:

$$m(p_1, p_2, \overline{x}) = x_1 p_1 + x_2 p_2 \tag{1.41}$$

Geométricamente, es la ecuación de una recta con intercepto $(\overline{x}_1 p_1 + \overline{x}_2 p_2)/p_2$ y pendiente $-\frac{p_1}{p_2}$. El intercepto $(\overline{x}_1 p_1 + \overline{x}_2 p_2)/p_2$ es la máxima cantidad del bien 2 que se puede comprar con la venta de la dotación inicial de bienes. El intercepto en el eje x_1 es análogo. La pendiente nuevamente corresponde al **costo de oportunidad** del bien 1 en términos del bien 2: la derivada $dx_2/dx_1 = -p_1/p_2$ indica que para aumentar el consumo del bien 1 en una unidad, se debe disminuir el del 2 en $\frac{p_1}{p_2}$ unidades.

En este ejemplo tenemos preferencias representadas exactamente igual que en el caso anterior, y una restricción presupuestaria que se ve exactamente igual también, por lo que el óptimo del consumidor se caracteriza de manera análoga. Una diferencia fundamental con el caso anterior, sin

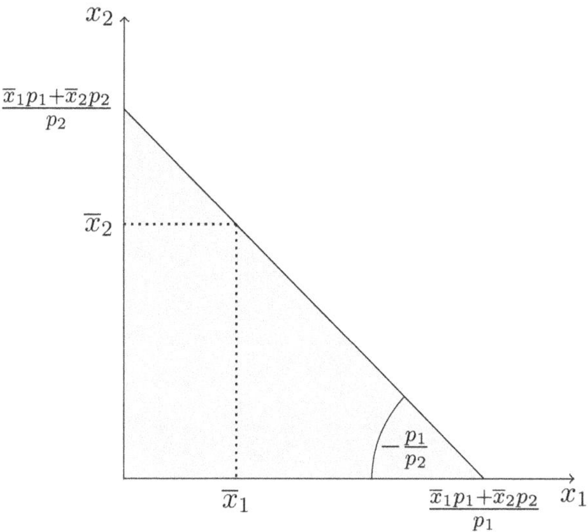

Figura 1.10 Restricción presupuestaria para un consumidor dotado de una canasta

embargo, es la siguiente: cuando baja el precio bien 1, por ejemplo, en el caso en que el consumidor disponía de un ingreso fijo m es claro que el conjunto de posibilidades simplemente se hace más amplio (o más pequeño, en el caso de que aumente el precio de un bien). En este caso, no obstante, el conjunto de posibilidades no se amplía simplemente, sino que se modifica de la forma como se representa en la figura 1.11.

Esto es, se ganan posibilidades de consumo en un tramo, pero se pierden en el otro. El cambio será percibido como positivo o negativo, dependiendo de si el consumidor era comprador o vendedor neto del bien cuyo precio cayó, respectivamente.

1.3.c. La oferta de trabajo

Cuando analizamos la elección de horas de trabajo y de ocio de un consumidor que enfrenta precios, utilizamos el mismo instrumental desarrollado para la teoría del consumidor. En este caso consideramos un individuo que valora el consumo de bienes (x), y el tiempo en el hogar (u ocio, h).

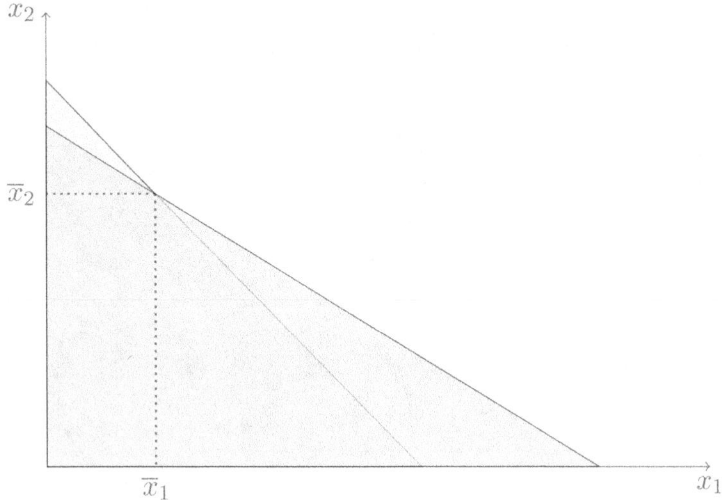

Figura 1.11   Cambio en la restricción presupuestaria
al modificarse el precio relativo

Preferencias

Suponemos que las preferencias de este individuo se pueden representar mediante una función de utilidad de la forma: $u = u(x, h)$, que suponemos cumple con las siguientes condiciones: $\partial u/\partial x = u_x > 0$, $\partial u/\partial h = u_h > 0$ (no saciedad), y $u_{xx}u_h^2 - 2u_x u_h u_{xh} + u_{hh}u_x^2 < 0$ (convexidad de las curvas de indiferencia).

Posibilidades

El conjunto de posibilidades de este individuo está determinado por:

i. Su disponibilidad de ingreso no laboral (z) y por el salario de mercado, o pago al trabajo (w_ℓ), que junto con el precio de los bienes (p) determinan la restricción presupuestaria.

ii. Su disponibilidad de tiempo total (T), que puede dedicar al trabajo (ℓ) o al ocio (h).

Esto determina la restricción de tiempo de este individuo. La elección de x y h está restringida por las siguientes condiciones:

$$px \leq z + \ell w_\ell \tag{1.42a}$$

$$\ell + h = T \tag{1.42b}$$

$$x, \ell, h \geq 0 \tag{1.42c}$$

o, alternativamente,

$$px + hw_\ell \leq z + Tw_\ell \tag{1.43a}$$

$$x, (T - h), h \geq 0 \tag{1.43b}$$

Esta segunda forma de escribir las restricciones presupuestaria y temporal en una sola, de la forma $px + hw_\ell \leq z + Tw_\ell$, enfatiza el hecho que el ingreso que obtendría este individuo si dedicara todo su tiempo disponible a trabajar sería $z + Tw_\ell$, lo que denominamos "ingreso completo" (*full income*). A partir de ello, el ocio se puede considerar como consumo, con un precio ocio de w_ℓ, que corresponde a lo que se deja de ganar por el hecho de no trabajar. En otras palabras, el individuo tiene una dotación inicial de tiempo T (como en la sección 1.3.b), y un ingreso no laboral z que se suma a $Tw\ell$ para obtener su ingreso completo. Pero además de la restricción presupuestaria y restricciones de no-negatividad usuales, el individuo tiene una restricción de tiempo de la forma $h \leq T$.

Óptimo del consumidor

El problema de elección de este individuo se puede representar como:

$$\max_{x,h} \quad u = u(x, h) \tag{1.44}$$

$$\text{sujeto a: } px + hw_\ell \leq z + Tw_\ell$$

$$x, (T - h), h \geq 0$$

Utilizaremos las condiciones de KKT para encontrar la asignación óptima de ocio-trabajo. Para ello escribimos el lagrangeano como:

$$\mathcal{L} = u(x, h) + \lambda_1 (z + Tw_\ell - px - hw_\ell) + \lambda_2 (T - h) \tag{1.45}$$

29

Las condiciones de KKT son entonces:

$$\frac{\partial \mathcal{L}}{\partial x} = u_x - \lambda_1 p \leq 0 \qquad \text{c.h.c. } x\frac{\partial \mathcal{L}}{\partial x} = 0 \qquad (1.46\text{a})$$

$$\frac{\partial \mathcal{L}}{\partial h} = u_h - \lambda_1 w_\ell - \lambda_2 \leq 0 \qquad \text{c.h.c. } h\frac{\partial \mathcal{L}}{\partial h} = 0 \qquad (1.46\text{b})$$

$$\frac{\partial \mathcal{L}}{\partial \lambda_1} = z + Tw_\ell - px - hw_\ell \geq 0 \text{ c.h.c. } \lambda_1\frac{\partial \mathcal{L}}{\partial \lambda_1} = 0 \qquad (1.46\text{c})$$

$$\frac{\partial \mathcal{L}}{\partial \lambda_2} = T - h \geq 0 \qquad \text{c.h.c. } \lambda_2\frac{\partial \mathcal{L}}{\partial \lambda_2} = 0 \qquad (1.46\text{d})$$

Dado el supuesto de no saciedad, sabemos que la restricción presupuestaria se cumple con igualdad en el óptimo. Dado que estamos estudiando la oferta de trabajo, nos concentraremos en los casos en que $x > 0$ (por lo que se debe cumplir que $u_x - \lambda_1 p = 0$), y en que $h > 0$ (por lo que se debe cumplir que $u_h - \lambda_1 w_\ell - \lambda_2 = 0$), para analizar los dos casos posibles respecto de las horas de ocio: $h = T$ ó $h < T$. Es decir, nos centramos en la pregunta de si el individuo decide trabajar ($h < T$) o no ($h = T$).

Gráficamente, el problema se puede representar como la búsqueda de la curva de indiferencia más alta que se puede alcanzar, dada las restricciones de presupuesto y de tiempo descritas, que se representan en la figura 1.12.

CASO A: $h < T$.— En este caso sabemos que $\lambda_2 = 0$, por lo que obtenemos las condiciones $u_h - \lambda_1 w_\ell = 0$ y $u_x - \lambda_1 p = 0$, y como es usual estas dos condiciones se pueden reescribir como:

$$\frac{u_h}{u_x} = \frac{w_\ell}{p} \qquad (1.47)$$

Es decir, nuevamente la solución óptima es aquélla en que se iguala la *TMSS* al costo de oportunidad. Gráficamente, lo que buscamos entonces es la tangencia entre curva de indiferencia y restricción, tal como ocurría en la solución interior del problema del consumidor.

CASO B: $h = T$ (o $\ell = 0$).— En este caso sabemos que $\lambda_2 \geq 0$. Luego, la condición $u_h - \lambda_1 w_\ell - \lambda_2 = 0$ ahora implica: $u_h - \lambda_1 w_\ell = \lambda_2 \geq 0$. De modo que, al considerar la primera condición $u_x - \lambda_1 p = 0$, obtenemos:

$$\frac{u_h}{u_x} \geq \frac{w_\ell}{p} \qquad (1.48)$$

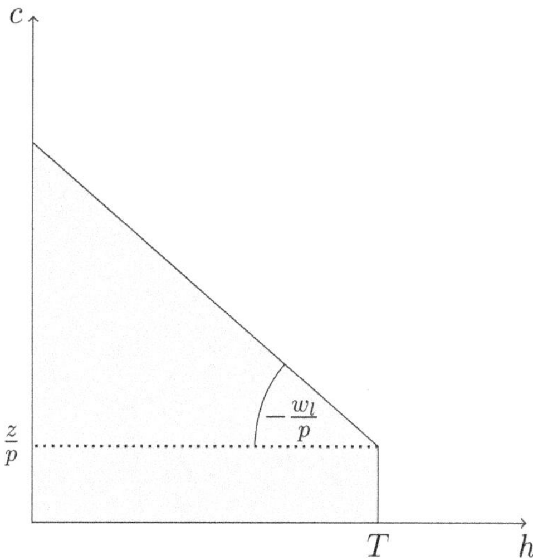

Figura 1.12 Restricción presupuestaria en elección de horas de trabajo

Esto implica que el individuo no trabaja si la tasa marginal de sustitución subjetiva es más alta (o a lo sumo igual) que la tasa marginal de sustitución de mercado de ocio por consumo en el tramo relevante, como se representa en la figura 1.13.

Existe un nivel de salario w_ℓ^* que define el paso del caso A al caso B: para cualquier salario real w_ℓ/p mayor que w_ℓ^*/p el individuo decide trabajar, mientras que para cualquier salario menor el individuo decide no trabajar (y a ese salario está indiferente entre trabajar o no hacerlo). Dicho nivel de salario recibe el nombre de **salario de reserva**. En el caso que estamos considerando el salario real de reserva w_ℓ^*/p corresponde a la tasa marginal de sustitución subjetiva evaluada en el punto $(h = T, x = z/p)$, ya que para cualquier salario más alto decide trabajar, y para cualquier salario más bajo decide no trabajar, como se aprecia en la figura 1.14 : si el salario es mayor al salario correspondiente a la *TMSS* evaluada en $(h = T, x = z/p)$, vemos que el individuo decide trabajar (línea punteada superior). Si es menor, decide no trabajar (línea punteada inferior).

En casos más generales, mantenemos la definición de salario de reserva: aquel salario tal que, para un mayor salario el individuo decide trabajar, y para uno menor decide no trabajar. Así, por ejemplo, si suponemos que existe un costo fijo f asociado a trabajar, tendremos que el salario de reserva será más alto que el indicado por la *TMSS* evaluada en

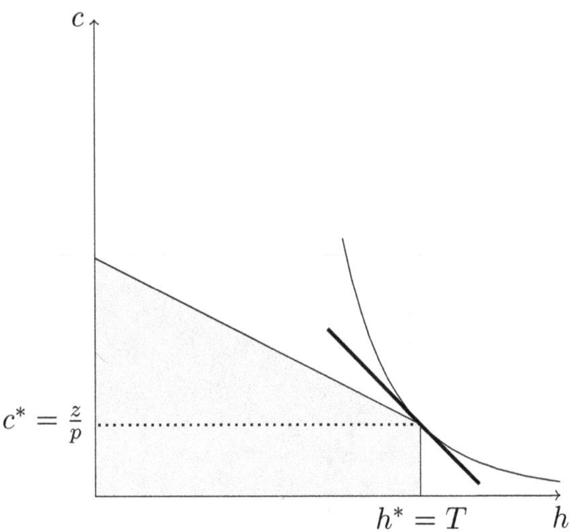

Figura 1.13 Caso en que el individuo decide no trabajar

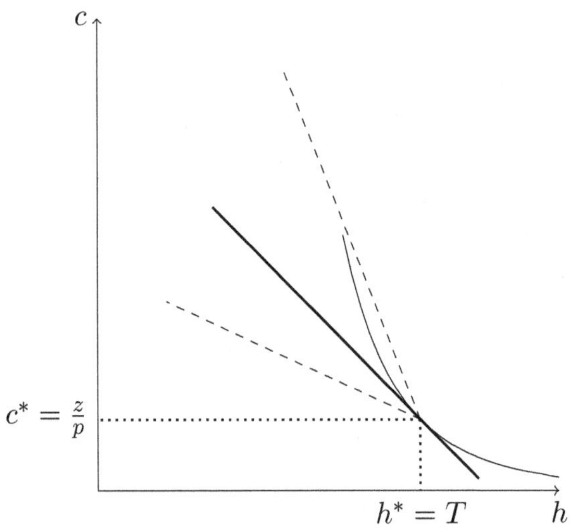

Figura 1.14 Salario de reserva

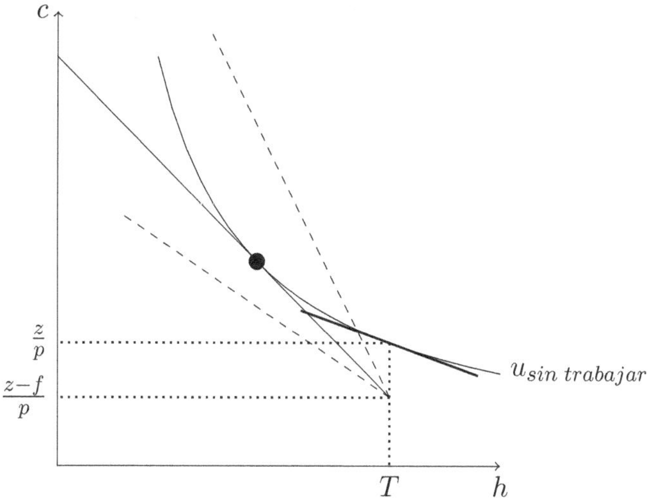

Figura 1.15 Salario de reserva con costo fijo de trabajar

$(h = T, x = z/p)$, como se ilustra en la figura 1.15.

Un ejemplo de costo fijo asociado a trabajar es el costo de transporte, el que (normalmente) no depende de las horas trabajadas. La predicción sería entonces que mientras mayor sea el costo fijo de transporte, mayor será el salario de reserva. Se esperaría entonces que en ciudades muy congestionadas o con altos costos monetarios de transporte, la tasa de participación laboral fuera menor (todo lo demás constante, incluyendo el salario de mercado).

Otro contexto en que puede existir un costo fijo asociado a trabajar es cuando existen transferencias monetarias que son condicionales en que el ingreso (individual o familiar) sea bajo: si por el hecho de trabajar se pierde la transferencia, en la práctica ésta opera como costo fijo asociado a trabajar. Mientras más alta sea la transferencia que se pierde, más alto será el salario de reserva. En otras palabras, una transferencia (subsidio) muy alta desincentiva la participación laboral.

1.3.d. Consumo intertemporal

Cuando pensamos en un problema de consumo intertemporal, el énfasis está en que el individuo vive por dos o más períodos, y es posible que prefiera no gastar todo su ingreso en cada período, sino ahorrar algunos períodos, para desahorrar en otros (y poder gastar más que su ingreso en aquellos períodos).

Preferencias

En este caso, normalmente agregamos el consumo en el período t en un bien compuesto que denotamos c_t (cuyo precio podemos normalizar en 1), y las preferencias se definen sobre planes de consumo $c = (c_0, c_1, ...c_t, ..., c_T)$, donde T es el período final. Supondremos que $T = 1$, de modo que sólo hay dos períodos. Nuevamente supondremos que estas preferencias se pueden representar mediante una función de utilidad u.

Posibilidades

Si denotamos el ingreso del individuo en el período t como m_t, las posibilidades del individuo se definen por su dotación (m_0, m_1) y por la tasa a la que podemos traspasar ingreso presente a ingreso futuro y viceversa. Por ejemplo, si el individuo recibe su ingreso en un bien perecible que no se puede vender en el mercado, no hay manera de traspasar parte del ingreso presente al futuro. Si recibe su ingreso en un bien que es almacenable pero no se puede vender en el mercado, puede traspasar todo su ingreso presente al futuro, pero no obtiene ningún retorno por su ahorro. En cambio, si recibe su ingreso en dinero (o en un bien que puede vender y transformar en dinero), y al ahorrar \$1 gana un interés de r, sabemos que en el período siguiente recibe $\$(1 + r)$ por cada peso ahorrado. Respecto de la capacidad de traspasar ingreso futuro al presente, es claro que ello depende de las posibilidades de endeudamiento de este individuo: si se puede endeudar a tasa r, sabemos que en el período siguiente tiene que entregar $\$(1 + r)$ por cada peso en que se haya endeudado en el período inicial (y si quiere entregar \$1 en $t = 1$, en $t = 0$ se debe endeudar en $\$1/(1+r)$). Entonces, si el individuo puede ahorrar o endeudarse a una tasa r en el mercado financiero, tenemos que si no consume nada en $t = 1$, en $t = 0$ el individuo podía consumir como máximo $m_0 + m_1/(1+r)$; esto es, el **valor presente** (VP) o **valor actual** (VA) de los ingresos de su vida activa. A su vez, si consume c_1 en $t = 1$, en $t = 0$ puede consumir como máximo $m_0 + (m_1-c_1)/(1+r)$. De esta última condición se desprende que el conjunto de posibilidades de consumo intertemporal se define por:

$$c_0 + \frac{c_1}{1 + r} \leq m_0 + \frac{m_1}{1 + r}, \qquad (1.49)$$

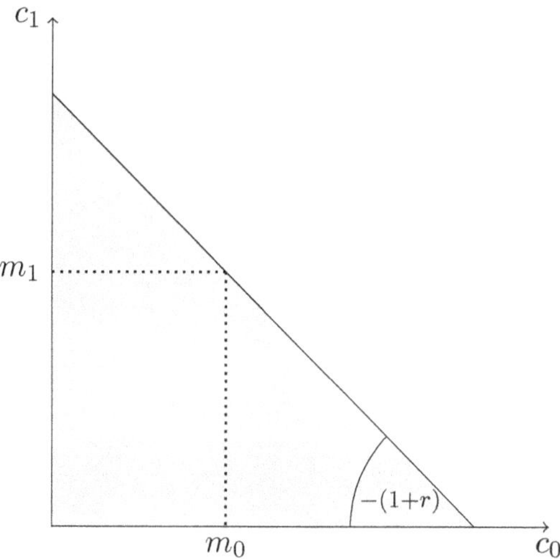

Figura 1.16 Conjunto de posibilidades en el problema del consumo intertemporal

esto es, el valor presente del consumo no puede superar al del ingreso.

La frontera superior de este conjunto define la **restricción presupuestaria intertemporal:**

$$c_0 + \frac{c_1}{1+r} = m_0 + \frac{m_1}{1+r}, \tag{1.50}$$

la que es similar en su forma a la restricción presupuestaria del consumidor dotado de una canasta (m_0, m_1), como se muestra en la figura 1.16, donde el precio relativo del consumo en $t = 1$ es $1/(1+r)$.

Este modelo también ha sido utilizado para entender la decisión de inversión. Si un inversionista dispone de un ingreso inicial y_0 y de un proyecto o conjunto de ellos, su ejecución generará un conjunto de posibilidades de consumo en el plano (c_0, c_1), digamos, de forma:

$$c_1 \leq g\left(y_0 - c_0\right) \tag{1.51}$$

donde $g(x)$ es una función (posiblemente creciente) que indica cuánto dinero se obtiene en $t = 1$ si se invierten $\$x$ en $t = 0$. El monto invertido en $t = 0$ corresponde a la diferencia entre el ingreso disponible y el consumo en dicho período, $(y_0 - c_0)$.

La forma de este conjunto dependerá de las características del proyecto: si es divisible, tendrá una frontera continua; si el proyecto tiene rendi-

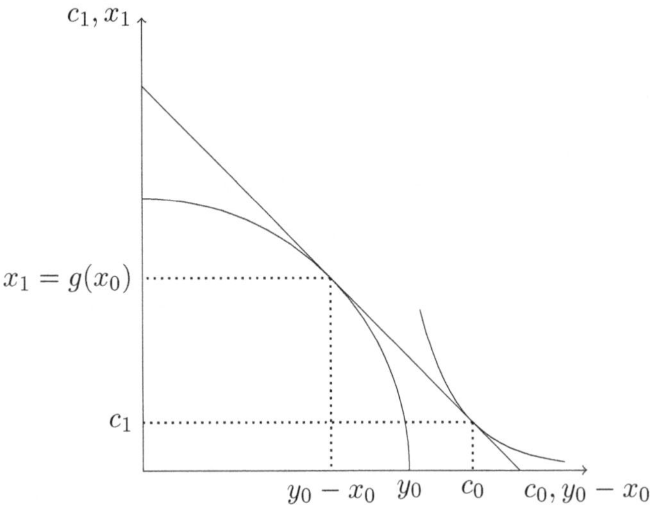

Figura 1.17 Teorema de separación de Fisher y Hirshleifer

mientos decrecientes, su frontera será cóncava. El inversionista, entonces, escogerá el punto que maximice su utilidad.

Si, además de los proyectos que definen este conjunto, el inversionista tiene acceso al mercado de capitales, pudiendo endeudarse o prestar a la misma tasa de interés r, tenemos un resultado tremendamente importante, que provee la base conceptual de la evaluación de proyectos: el **teorema de separación de Fisher y Hirshleifer**. Este teorema establece que las preferencias del inversionista son irrelevantes para determinar la inversión óptima. Si definimos x_0 como la cantidad que invierte en $t = 0$ y x_1 la cantidad que obtiene en $t = 1$ producto de dicha inversión, notamos que el mayor conjunto de posibilidades de consumo se logra escogiendo el proyecto (o nivel de inversión inicial, x_0) que maximiza la siguiente expresión:

$$(y_0 - x_0) + \frac{x_1}{1 + r}, \; \text{ó} \; (y_0 - x_0) + \frac{g(x_0)}{1 + r}.$$

Lo más conveniente para el inversionista es elegir el proyecto que genera un mayor conjunto de posibilidades de consumo, y luego escoger dentro de ese conjunto la canasta de consumo óptima. Lo anterior se representa en la figura 1.17.

Esto implica que todo inversionista expuesto a esas posibilidades escoge el proyecto que maximiza el **valor actual neto** (VAN, esto es, el valor actual de los flujos netos de la inversión), que corresponde a $-x_0 + g(x_0)/(1+r)$, y escoge su plan de consumo favorito por la vía de prestar o endeudarse, dependiendo de si el proyecto le entrega más o menos consumo presente que lo que prefería.

1.3.e. La dieta: el modelo de los atributos de Lancaster

Consideremos el problema de un consumidor que valora los atributos de los alimentos que consume (por ejemplo, vitaminas, V, y proteínas, P), y no los alimentos en sí mismos. Los alimentos se pueden adquirir en el mercado (y con ello indirectamente se adquieren atributos), pero los atributos no pueden ser comprados directamente. Los alimentos tienen distintos atributos: por ejemplo, la carne entrega x_c^V vitaminas y x_c^P proteínas; las frutas entregan x_f^V vitaminas y x_f^P proteínas, etc.

Preferencias

Las preferencias del individuo se definen sobre combinaciones de atributos, (V, P) en nuestro ejemplo. Suponemos nuevamente que estas preferencias se pueden representar mediante una función de utilidad u.

Posibilidades

Las posibilidades ahora dependen del ingreso del individuo (que suponemos fijo e igual a m), de los precios de los bienes (alimentos) que puede comprar en el mercado, y del contenido vitamínico y proteico de estos bienes.

Consideremos el caso de dos bienes: carne y frutas, con precios p_c y p_f, respectivamente. Entonces, las restricciones son las siguientes:

$$
\begin{aligned}
p_f f + p_c c &\leq m & \text{(1.52a)} \\
V &= f a_f^V + c a_c^V & \text{(1.52b)} \\
P &= f a_f^P + c a_c^P & \text{(1.52c)}
\end{aligned}
$$

La primera restricción es la presupuestaria, indica qué canastas de frutas y carne se pueden comprar con m pesos. Las dos siguientes indican cuántas vitaminas y cuántas proteínas se obtienen de una canasta (f, c).

Si no se alcanza el punto de saciedad en alguno de los atributos valorados, entonces la restricción presupuestaria se satisfará sin holgura. Reemplazándola en las otras dos podemos conseguir el conjunto de calorías y proteínas alcanzables. En efecto, a partir de la restricción presupuestaria podemos despejar f como $\frac{m-p_c c}{p_f}$, y al reemplazar en V obtenemos:

$$V = \left(\frac{m - p_c c}{p_f}\right) a_f^V + c a_c^V.$$

Luego,

$$c = \frac{V p_f - a_f^V m}{a_c^V p_f - a_f^V p_c}, \tag{1.53}$$

y por lo tanto:

$$f = \frac{m - p_c \left(\frac{V p_f - a_f^V m}{a_c^V p_f - a_f^V p_c}\right)}{p_f} = \frac{m}{p_f} - \frac{p_c}{p_f}\left(\frac{V p_f - a_f^V m}{a_c^V p_f - a_f^V p_c}\right). \tag{1.54}$$

Reemplazando en P se obtiene entonces:

$$\begin{aligned}
P &= f a_f^P + c a_c^P \\
&= \left(\frac{m}{p_f} - \frac{p_c}{p_f}\left(\frac{V p_f - a_f^V m}{a_c^V p_f - a_f^V p_c}\right)\right) a_f^P + \left(\frac{V p_f - a_f^V m}{a_c^V p_f - a_f^V p_c}\right) a_c^P
\end{aligned} \tag{1.55}$$

Luego, podemos describir el conjunto de posibilidades como una ecuación lineal en el plano (V, P):

$$P = \left(\frac{a_f^P m a_c^V - a_c^P a_f^V m}{a_c^V p_f - a_f^V p_c}\right) - V\left(\frac{a_f^P p_c + a_c^P p_f}{a_c^V p_f - a_f^V p_c}\right) \tag{1.56}$$

Como la carne tiene más proteínas que los vegetales en términos relativos, esto es:

$$\frac{a_f^P}{a_f^V} < \frac{a_c^P}{a_c^V}, \tag{1.57}$$

entonces la mayor cantidad posible de proteínas se consigue gastando todo el ingreso en carne. Eso corresponde al punto:

$$(V, P) = \left(\frac{m}{p_c} a_c^V, \frac{m}{p_c} a_c^P\right)$$

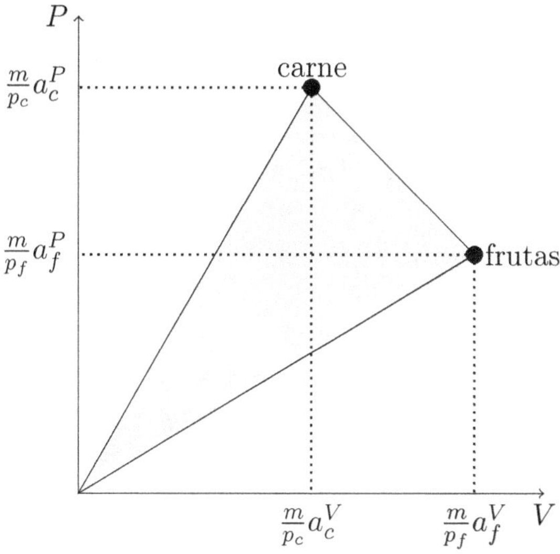

Figura 1.18 Conjunto de posibilidades en el problema de la dieta

Similarmente, si todo el ingreso se gasta en vegetales, se obtiene la máxima cantidad posible de vitaminas:

$$(V, P) = \left(\frac{m}{p_f}a_f^V, \frac{m}{p_f}a_f^P \right)$$

Combinaciones de ambos dan origen a puntos intermedios. Geométricamente, entonces, el conjunto de posibilidades de consumo de vitaminas y proteínas es un triángulo, cuyos vértices corresponden al $(0,0)$ y a los dos puntos indicados arriba, como se muestra en la figura 1.18.

Parte del atractivo de este ejemplo es que en cierto sentido permite pensar en la teoría del consumidor en general como la "forma reducida" de un problema más complejo, en que las personas satisfacen necesidades anteriores (salud, estética, espiritualidad, tranquilidad, etc.) de manera indirecta por la vía de comprar carne, pinturas, libros, etc.

Por otro lado, nos hace pensar que podemos "descomponer" cada bien en pedazos cuyo valor acaso sea más fácil de valorar que el paquete entero. Piénsese por ejemplo en una casa. Sin duda, todas las casas son distintas: difieren no sólo en su tamaño y forma, distribución, tamaño y disposición de su terreno, materiales, antigüedad, etc., sino además en su ubicación, y los servicios públicos que ello conlleva (accesos, seguridad, etc.) Así, es virtualmente imposible pensar en mercados perfectamente competitivos de casas, puesto que por cierto no se trata de bienes homogéneos. Sin embargo, si los atributos de una casa se resumen en un conjunto reducido de características, entonces podemos pensar en mercados perfectamente competitivos de esas características, y en ese caso, el valor (precio perfectamente competitivo de la casa) sería simplemente la suma de los valores de sus atributos.

Otro ejemplo en el que esta idea se ha explotado significativamente es en el del mercado de los activos financieros: si se piensa cada activo financiero como un paquete de promesas de pago contingentes en la ocurrencia de diversos eventos (que el producto sea un éxito, que llueva de manera que la demanda sea baja, que no haya huelga, etc.), entonces el valor de cada activo puede inferirse de los valores de cada componente. Esta idea es, de hecho, la base de la mayor parte de los modelos de valoración de activos con que contamos actualmente, y sobre ella volveremos en el capítulo 14. A continuación, en cambio, usaremos la idea de los atributos en una adaptación diferente.

1.3.f. El problema de la cartera

Una **cartera** de activos puede ser valorada por sus atributos. Una teoría simple propone que hay dos atributos relevantes desde la perspectiva de un inversionista: la rentabilidad esperada (esto es, la esperanza de la tasa de variación que la riqueza experimente en el período) y el riesgo, usualmente medido como la desviación estándar de la rentabilidad (o volatilidad).

Cada activo $k = 1, 2$ entonces está representado por los siguientes números: su retorno esperado μ_k, la varianza de su retorno σ_k^2, y las covarianzas de su tasa de retorno con la de los otros activos, $\sigma_{kk'}$.

Si sólo hay dos activos, la varianza de una cartera en que $\alpha\%$ está invertida en el activo 1 y $(1-\alpha)\%$ en el 2 está dada por

$$\sigma^2 = \sigma_1^2 \alpha^2 + \sigma_2^2 (1-\alpha)^2 + 2\alpha(1-\alpha)\sigma_{12}, \qquad (1.58)$$

y su retorno esperado por

$$\mu = \alpha\mu_1 + (1-\alpha)\mu_2. \qquad (1.59)$$

Siendo la varianza una función cuadrática de α y la media una función lineal, el conjunto de combinaciones de media y desviación estándar que se

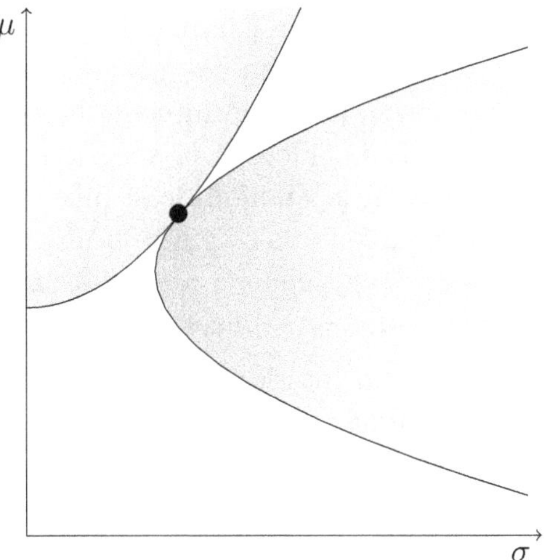

Figura 1.19 Elección de cartera

pueden conseguir está dado por una forma cuadrática, como se muestra en la figura 1.19. Luego, un inversionista para quien el riesgo (desviación estándar) sea un mal y el retorno esperado (media) un bien, tendrá entonces que escoger una cartera que entregue los atribuos (μ, σ) como la que se muestra en la figura 1.19.

1.4. EL PROBLEMA DEL BIENESTAR INDIVIDUAL

La mayor parte del interés en la ciencia económica proviene de la capacidad que demuestre de contribuir últimamente a mejorar el bienestar de la humanidad, de un país, o de un grupo de personas. En efecto, más allá del valor estético de la ciencia, su utilidad proviene de la capacidad que tenga de proveernos de buenos consejos, que permitan mejorar nuestra calidad de vida. El bienestar de individuos y grupos, entonces, ocupa un lugar central en el análisis económico. En esta sección abordamos el bienestar de un individuo; el capítulo 9 discute el bienestar de un grupo de individuos.

Hasta ahora, sin embargo, nos hemos limitado a *describir* el comportamiento de individuos, con un fin no más (ni menos) ambicioso que el de predecir lo que cada persona hará. En esta sección, en cambio, nos hacemos cargo de la pregunta de si lo que elige un individuo es o no una de las alternativas más deseables o de mayor bienestar.

La noción de bienestar es sin duda compleja. Una persona ciertamente no se siente bien si no ha satisfecho sus necesidades básicas (comida, abrigo, salud, descanso, etc.), pero seguramente la lista no acaba ahí. El bienestar también está relacionado con la seguridad, con las relaciones afectivas que establezca, con la opinión de sí misma (autoestima), etc. Pero el bienestar de una persona no se refiere a un paquete específico de bienes como éstos que podamos enumerar, sino a una sensación interior quizás fácilmente reconocible por sí misma pero de difícil descripción.

Tratándose de una sensación interior, no es fácilmente observable por terceras personas. Normalmente juzgamos cómo tal o cual evento debe haber afectado a una persona que conocemos, sin realmente ver su efecto, sino más bien imaginándolo en un acto de empatía, proyectando a partir de la experiencia personal. En la medida en que unos y otros seamos similares ("semejantes"), tal ejercicio de proyección puede ser perfectamente válido como método de predicción del bienestar ajeno ("¡Qué alegría siento por Ana! Si lo que le pasó a ella me pasara a mí, estaría inmensamente feliz"). En cambio, en la medida en que seamos distintos, tal ejercicio nos dará un entendimiento parcial y a menudo equívoco.

En el análisis del comportamiento del consumidor, por ejemplo, se enfatiza la heterogeneidad de las canastas que unas y otras personas compran. Si las personas actúan distinto, quizás no sólo difieran en sus posibilidades, sino también en sus preferencias, y por ende en el bienestar que consiga de un bien o hecho.

La profesión ha adoptado un criterio en cierta medida pragmático, pero razonable al menos en una amplia gama de aplicaciones de interés para el economista, si bien no en general. Este criterio consiste en suponer, por una parte, que el bienestar es una sensación interior, inobservable por terceros, y por otra, que ninguna persona actúa en contra de su propio bienestar.

Observe que, combinados, estos supuestos significan que el bienestar de una persona es medible a partir del nivel de utilidad que alcance, puesto que la función de utilidad resume el comportamiento de la persona. Observe también que la única forma de saber qué le da mayor bienestar a una persona es observando su comportamiento. Este planteamiento es central en el análisis económico, por lo que a su formalización la llamaremos "Axioma 0" ó "Axioma fundamental del bienestar".

Axioma 0 (fundamental del bienestar). *Todo individuo se comporta de manera coherente con su bienestar y, por tanto, su bienestar aumenta si* *y sólo si su utilidad lo hace.*

El axioma 0 es probablemente el responsable de la visión económica del ser humano, u *homo economicus* como algunos autores prefieren llamarlo. La expresión "el hombre maximiza" apunta a la idea de que el hombre voluntariosamente intenta hacer lo que más le conviene con los medios a su alcance. Que no haga algo imposible –fuera de su alcance– es tautológico; que haga algo ("se comporte") también, puesto que de lo contrario no tendría un problema de elección. Que lo que haga sea lo mejor para sí mismo es obviamente algo que no puede comprobarse sin conocer qué es mejor para ese individuo; si aceptáramos el axioma 0, entonces esta frase también sería tautológica.

Por otro lado, para evitar ambigüedades, es importante que la evaluación que cada persona haga del bienestar propio sea la misma en todo momento del tiempo. En caso contrario, sería necesario apelar a una noción trascendente de bienestar, y el axioma 0 perdería su relevancia. Que una persona haga lo mejor para sí misma no significa mucho si esa persona cambia constantemente de opinión respecto de qué es mejor para sí. En cambio, si esa persona mantiene los mismos objetivos durante toda su vida, siempre puede evaluar su comportamiento con base en los mismos parámetros, coherententemente. Observe que el suponer que una persona mantiene siempre la misma noción de bienestar implica, bajo el axioma 0, que esa persona mantiene siempre las mismas preferencias o función de utilidad. En este caso, decimos que la persona es intertemporalmente coherente.

Como todo supuesto, el axioma 0 puede no ser válido en muchas situaciones. De ser cierto, por ejemplo, no existiría el arrepentimiento. Cuando una persona mira hacia atrás y desea haber actuado distinto, está reconociendo que existía otro curso de acción en el momento en que escogió, disponible y a la vez superior. Esto podría ocurrir porque su conocimiento mejoró en el intertanto, y en ese caso no tildaríamos de incoherente al arrepentido, porque la razón por la que escogió una alternativa inferior era la ignorancia de la existencia de una mejor alternativa. Presumiblemente, por ejemplo, ésta es la razón por la que los padres toman las decisiones a nombre de los hijos: cuando son muy pequeños, éstos no conocen sus opciones; cuando son algo mayores, no tienen claridad o no toman en cuenta las consecuencias de sus acciones, o bien sólo consideran las consecuencias inmediatas. Cuando alcanzan la edad adulta, idealmente agradecen las decisiones que los padres tomaron por ellos, contrariando sus preferencias de entonces.

Si el arrepentimiento no va acompañado de un mayor conocimiento, sin embargo, sí estaríamos en presencia de una persona que "no maximizó" (violando el axioma 0), o alternativamente cambió la manera en que evalúa su propio bienestar; esto es, cambió su función de utilidad (y por tanto actúa de manera incoherente en el tiempo). No es muy difícil imaginar situaciones de este tipo. Considérese, por ejemplo, el caso del drogadicto que se somete al tratamiento en contra de su voluntad, pero que *a posteriori* lo agradece. Claramente evalúa de manera diferente la situación antes y después de rehabilitarse.

En las últimas décadas, este axioma y el de coherencia (axioma 2) han sido objeto de intenso estudio empírico por parte de una rama de la disciplina, la **economía de la conducta**. Similarmente, la **neuroeconomía** estudia las bases neurológicas del proceso biológico de toma de decisiones.

En efecto, se han llevado a cabo numerosos experimentos para probar la racionalidad de la conducta humana, tanto en el sentido de coherencia del comportamiento como en el sentido de bienestar, en una gama amplia de decisiones, etiquetándose como "anómalo" al comportamiento que se aparta de lo predicho por la teoría estándar. Por cierto, la coherencia no se puede testear de manera pura, sino dentro de un contexto específico y con determinados supuestos complementarios. Aún así, esta literatura ha acumulado una buena cantidad de hallazgos.

Por ejemplo, los humanos parecieran decidir con un sesgo en favor del *statu quo*: una persona puede querer evitar una situación, pero cuando llega a ella, no intenta abandonarla. Esto significaría que la preferencia cambia dependiendo de cuál es la situación desde la que se decide. Así, en un experimento se repartió a cada participante una de dos cosas: un boleto de lotería, y dinero por un monto equivalente al valor del boleto. Más tarde se les ofreció la posibilidad de cambiar lo que recibieron por la otra alternativa; muy pocos quisieron hacerlo. Si se juzga como poco probable que una asignación al azar le dé a cada uno lo que prefería, parece que la preferencia en este caso no es entre boletos de lotería y dinero, sino entre boleto de lotería y dinero cuando se está en posesión del boleto de lotería, y entre boleto de lotería y dinero cuando se está en posesión del dinero. Este ejemplo también muestra por qué algunos investigadores entienden que el sentido de esta línea de investigación no es realmente un test de la racionalidad de la conducta humana, sino que la búsqueda de precisión en la definición de los objetos de elección, como los individuos lo perciben. Por ejemplo, seguramente la elección entre platos alternativos para una comida está influenciada por la historia reciente de platos que hemos consumido –nos gusta la variedad–. Entonces, el test simple de si una persona siempre prefiere el plato A sobre el B seguramente va a fallar; quizás prefiere A sobre B cuando el último plato consumido fue B, y al revés cuando el último fue A. La conclusión en ese caso no sería que el individuo es irracional, sino que escoge *secuencias* o historias de platos, no platos en aislación.

Es interesante observar que el axioma 0 es coherente con dos visiones filosóficas distintas del hombre: el liberalismo y el utilitarismo. De acuerdo al liberalismo, el ser humano sólo puede desarrollarse en plenitud en libertad, por lo que el resguardo de la libertad individual se convierte en un valor de suma importancia. El utilitarismo, en cambio, sostiene que el objetivo de la sociedad debiera ser la búsqueda del mayor bienestar posible para la humanidad, siendo este bienestar la suma del bienestar de cada uno de los individuos que la componen. Bajo el axioma 0, lo que cada persona hace en libertad de hecho es lo mejor para sí misma. En la medida en que esto sea cierto, el utilitarista querrá preservar la libertad individual, pues ello es instrumental al objetivo de conseguir la mayor utilidad posible. Así, el utilitarista y el liberal apoyarán las mismas medidas. Sin embargo, sin el axioma 0, aun cuando una persona pueda cometer errores y dañarse a sí misma, el liberal seguirá apoyando el ejercicio de su libertad, mientras que el utilitarista preferirá ejercer la coerción para evitar la pérdida de bienestar. La profesión, gracias al axioma 0, se ha mantenido cercana a ambas visiones. Por otra parte, las discusiones que ocurren en su interior, frecuentemente se pueden caracterizar en términos de estas dos posturas. Sobre este tema volveremos al discutir la noción de bienestar social, en el capítulo 9.

A lo largo de este libro, entonces, recurriremos al axioma 0 cada vez que queramos referirnos al bienestar de un individuo, suponiendo por tanto que es bueno para cada individuo satisfacer sus propias preferencias. Es importante tener presente este hecho, especialmente si a ratos llegamos a conclusiones normativas que desafíen la intuición.

EJERCICIOS

1. (*) El conjunto $\mathcal{X} = \{a, b, c, d\}$ representa cursos de acción mutuamente excluyentes. Se observa que un individuo escogió de la siguiente forma:

Cuando sus posibilidades fueron:	Escogió
$X = \{c, d, b\}$	c
$X = \{b, d\}$	d
$X = \{a, b, c, d\}$	a

   a) Construya una relación de preferencias consistente con este comportamiento.

   b) Construya una función de utilidad $u(\cdot)$ que represente esas preferencias.

   c) Demuestre que cualquier transformación monótona creciente de $u(\cdot)$ representa las mismas preferencias. Explique.

   d) Prediga el comportamiento del individuo en las siguientes situaciones. Explique su razonamiento.

     1) $X = \{b, c\}$

     2) $X = \{a, b, d\}$

     3) $X = \{d\}$

     4) $X = \{a, c\}$

2. (*) Dibuje la restricción presupuestaria para los dos bienes x e y que consume un individuo en las situaciones descritas a continuación. Sea preciso y explique claramente su respuesta en cada caso:

   a) El individuo tiene un ingreso de 2000, y paga un precio $p_x = 10$ por el bien x. El bien y no está disponible en el mercado.

   b) El individuo tiene un ingreso de 2000, y paga un precio $p_x = 10$ por el bien x. El precio del bien y es $p_y = 20$ por las primeras 10 unidades, y $p_y = 10$ si $y > 10$.

   c) El individuo tiene un ingreso de 2000, y paga un precio $p_x = 10$ por el bien x. El bien y sólo se puede comprar en paquetes de 10 unidades, cuyo precio es $p_{\bar{y}} = 150$ (donde $\bar{y}$ es el paquete de 10 unidades de y).

   d) El individuo tiene un ingreso de 2000, y paga un precio $p_x = 10$ por el bien x. El bien y sólo se puede comprar en paquetes de 10 unidades, cuyo precio es $p_{\bar{y}} = 150$ (donde $\bar{y}$ es el paquete de 10 unidades de y), pero además cada paquete de y viene con una unidad de x de regalo.

3. (*) Sufriday Agotada sólo piensa en sus próximas vacaciones, seguramente una espléndida combinación de días de playa (x_1) y días de paseo (x_2). Cada día de playa cuesta \$3.000, mientras que cada día de paseo cuesta \$6.000. Sufriday cuenta con un presupuesto de \$45.000 y dispone de 10 días de vacaciones. Sus preferencias, por otro lado, son representables por medio de la función de utilidad

$$u(x_1, x_2) = 2\ln x_1 + 3\ln x_2$$

    a) Plantee un problema de optimización que le permita predecir cómo organizará Sufriday sus vacaciones; esto es, cuántos días paseará y cuántos días irá a la playa. En su respuesta, suponga perfecta divisibilidad de los días.

    b) Grafique el conjunto de posibilidades de Sufriday. Asigne en el gráfico una letra a cada caso posible, y explique en cada caso qué restricciones se satisfacen con holgura.

    c) Resuelva el problema por el método de KKT. Preocúpese de explicar su procedimiento, y sea explícito respecto de condiciones de primer y de segundo orden.

    d) Explique por qué su respuesta no cambiaría si la función de utilidad de Sufriday hubiese, en cambio, sido:

$$v(x_1, x_2) = \sqrt{x_1^{\frac{2}{5}} x_2^{\frac{3}{5}}} - \ln\left(\frac{\pi}{2}\right)$$

Explique, asimismo, por qué su respuesta tampoco cambiaría si Sufriday no maximizara utilidad, sino que minimizara el índice:

$$I(x_1, x_2) = \frac{1}{e^{x_1^2 x_2^3}}$$

4. (*) Un consumidor valora el consumo de dos bienes, libros (L) y comida (C), y enfrenta precios $p_L = 25$ y $p_C = 3$ respectivamente. El ingreso mensual de este individuo es fijo e igual a $m = 100$. Las preferencias de este individuo se pueden representar mediante la siguiente función de utilidad: $u(L, C) = L^{1/4}C^{3/4}$

    a) Plantee el problema de optimización del consumidor, y resuelva, explicando brevemente el procedimiento, y verificando las condiciones de segundo orden correspondientes. En su respuesta debe graficar el conjunto de oportunidades del consumidor, mostrando en el gráfico todos los casos posibles y explicando por qué descarta todos excepto uno.

    b) Suponga ahora que una nueva ley para promover la lectura obliga a todos los consumidores a comprar al menos dos libros al mes. Plantee el problema de optimización y resuelva usando las condiciones de KKT. En su respuesta debe mostrar el procedimiento completo (justificando cada uno de los casos que descarte como solución), mostrando cómo cambia el conjunto de posibilidades del consumidor y mostrando en el gráfico cuáles son los nuevos casos posibles a verificar.

   c) ¿Aumentó o disminuyó la utilidad del consumidor al incorporar esta nueva restricción? ¿Por qué?

5. (*) Ana valora el consumo de vitaminas (V) y proteínas (P), atributos que no pueden ser adquiridos directamente en el mercado, sino a través de los alimentos (que puede combinar como ella quiera). Suponga que ella tiene un ingreso de \$5.000 y puede elegir entre tres alimentos posibles: X, B y C. Cada unidad de X cuesta \$1000 y entrega 20 unidades de V y 5 unidades de P. Cada unidad de B cuesta \$500 y entrega 2 unidades de V y 10 unidades de P. Cada unidad de C cuesta \$250 y entrega 3 unidades de V y 3 unidades de P. Muestre en un gráfico el conjunto de posibilidades de consumo de Ana (en el plano (V,P)), explicando brevemente.

6. (**) Paula tiene que elegir cuántos kilos de carne (c) y cuántos kilos de verdura (v) comprar. La función de utilidad que representa las preferencias de Paula es:

$$u\left(c,v\right) = \frac{v}{\left(1+c\right)}$$

El precio del kilo de carne es $p_c = 10$, y el precio del kilo de verduras es $p_v = 5$. El ingreso de Paula es 100, de modo que su restricción presupuestaria es:

$$10c + 5v \leq 100$$

Plantee el problema de optimización y resuelva usando las condiciones de KKT. En su respuesta debe mostrar el procedimiento completo (justificando cada uno de los casos que descarte como solución). Explique la intuición de su resultado.

7. (**) Juan valora el consumo de bienes (x) y ocio (h). Sus preferencias se representan mediante la función:

$$u = xh$$

Él dispone de 100 horas para el ocio o trabajo (ℓ), de modo que su restricción de tiempo es de la forma $h + \ell = 100$. Además, dispone de un ingreso no salarial de \$500, y recibe un salario de w por hora. El precio de los bienes es $p = 1$.

   a) Suponga que $w = 10$. Plantee el problema de optimización, y resuelva usando las condiciones de KKT (fundamente brevemente por qué descarta los casos que correspondan). Recuerde verificar el cumplimiento de las condiciones de segundo orden correspondientes.

     b) Encuentre el salario de reserva, explicando claramente a qué corresponde este concepto. Apoye su respuesta en un gráfico.

     c) Suponga ahora que si Juan trabaja, su tiempo total disponible para el ocio y trabajo cae a 80 horas (gasta 20 horas en traslado al trabajo, lo que no constituye ocio ni trabajo). ¿Es su nuevo salario de reserva mayor o menor que el anterior? Explique claramente y grafique (no es necesario calcular).

8. (*) Un aumento de la tasa de interés reduce la riqueza de todos y, por tanto, empeora el bienestar de ahorrantes y deudores. Comente.

9. (**) Considere un individuo que vive dos períodos, $t = 0$ y $t = 1$, y cuyas preferencias se pueden representar mediante la función $u\,(c_0, c_1) = c_0 c_1$, donde c_t denota el consumo en el período t. Su dotación consiste en un ingreso de \$100 en $t = 0$ y nada en $t = 1$. Además, existe un mercado de crédito que permite prestar (ahorrar en $t = 0$) o pedir prestado (endeudarse en $t = 0$) a la tasa de interés $r = 10\,\%$.

     a) ¿Cuál será el nivel de consumo de este individuo en cada período? Plantee el problema de maximización correspondiente y resuélvalo mostrando su resultado en un gráfico (sea cuidadoso al graficar).

     b) Suponga ahora que en $t = 0$ este individuo tiene la posibilidad de invertir en uno de los siguientes dos proyectos (mutuamente excluyentes):

$$
\begin{array}{lll}
\text{Proyecto 1:} & \qquad\qquad & g\,(x) = 10x^{\frac{1}{2}} \\
\text{Proyecto 2:} & \qquad\qquad & g\,(x) = 20x^{\frac{1}{4}}
\end{array}
$$

     donde por \$$x$ de inversión en $t = 0$, el proyecto entrega \$$g\,(x)$ en $t = 1$. Ambos proyectos son perfectamente divisibles.

     ¿Cuál proyecto escogerá? ¿Cuál será el monto de la inversión y el nivel de consumo de este individuo en cada período? Explique intuitivamente su resultado, mostrando la situación en un gráfico.

10. (***) Severo Fierro es una persona ordenada, inflexible, incluso algo neurótica según algunos. Independientemente de si eso es cierto o no, Severo cree en el balance, en el equilibrio, y se ha impuesto la disciplina de no consumir hoy un peso adicional si no puede garantizarse a sí mismo que podrá también hacerlo en el futuro. De este modo, su comportamiento de consumo intertemporal se puede representar por medio de la siguiente función de utilidad:

$$
u(c_1, c_2) = \min\,\{c_1, c_2\}
$$

donde c_1 es consumo presente y c_2 consumo futuro. Siendo también un hombre imaginativo y de visión, tiene tres proyectos de inversión independientes e indivisibles en carpeta, como se indica en el siguiente cuadro:

Proyecto	Inversión	Retorno
α	10	20
β	10	10
γ	20	30

Severo, por otro lado, tiene una dotación de $(\bar{c}_1, \bar{c}_2) = (200, 0)$, y no tiene acceso al mercado de crédito.

a) Caracterice su conjunto de posibilidades de consumo. Sea extremadamente cuidadoso al indicar qué puntos de la frontera pertenecen y cuáles no pertenecen al conjunto.

b) Verifique que Severo podría escoger un perfil de consumo como $(c_1^*, c_2^*) = (60, 60)$.

c) Lo anterior significa que Severo desperdiciaría hasta 100 unidades de consumo en el presente, lo que ha llevado a sus críticos a tildarlo de "irracional". Existen diversos sentidos que se le pueden atribuir a la palabra irracional. Por ejemplo, fallar el axioma de transitividad, o bien fallar el axioma 0. Explique qué significa ser irracional en ambos casos. ¿Es Severo una persona irracional en el sentido del axioma de transitividad? ¿Y en el sentido del axioma 0?

d) No obstante lo anterior, es indudable que el comportamiento de Severo escapa a lo normal. Su amigo Miope Apuretti, por otro lado, tiene la siguiente preferencia:

$$(\widehat{c}_1, \widehat{c}_2) \;\succ\; (\widetilde{c}_1, \widetilde{c}_2) \Leftrightarrow$$
$$\{\widehat{c}_1 > \widetilde{c}_1\} \; \text{ó} \; \{\widehat{c}_1 \;=\; \widetilde{c}_1 \text{ y } \widehat{c}_2 > \widetilde{c}_2\}$$

1) ¿Qué haría Miope si estuviese en el lugar de Severo?

2) ¿Es irracional Miope en alguno de los sentidos mencionados en (c)?

e) Suponga en cambio que se abre un mercado de crédito, en donde se puede prestar o pedir prestado a la tasa de $r = 10\,\%$.

1) Determine el nuevo conjunto de posibilidades de consumo.

2) ¿Qué hará Severo en esta nueva situación? ¿Desechará algo de consumo en alguna fecha?

3) ¿Qué haría Miope si estuviera en los zapatos de Severo?

f) Imagine que, finalmente, Miope y Severo llegan a viejos, y se juntan en su bar favorito a conversar sobre sus experiencias. Miope, muerto de sed y envidiando con toda su alma la cerveza que Severo toma, le confiesa que se arrepiente de haber actuado de la manera que lo hizo, con total descuido por su futuro. Severo, a propósito, es economista; quizás por eso le dice con toda seguridad: "no te creo". ¿Es acaso Severo un fiel devoto del axioma 0? Suponga que Miope actuó y habló honestamente siempre, ¿es su comportamiento compatible con el axioma 0?

COMENTARIOS BIBLIOGRÁFICOS

La teoría de la utilidad tiene una historia larga. Jeremy Bentham (1824), fundador de la corriente filosófica conocida como utilitarismo, pensaba que las decisiones humanas se podían explicar con base en el placer y el dolor que causaran. La forma matemática de la teoría nació, sin embargo, en el movimiento conocido como la Revolución Marginalista, en que William Jevons (1871) en Inglaterra, Carl Menger (1871) en Alemania y León Walras (1874) en Francia, introdujeron independientemente la idea de la utilidad marginal.

En los años siguientes se discutió si la utilidad era o no una magnitud medible, y si se trataba de una magnitud ordinal o cardinal. La importancia de esta pregunta tiene que ver con (1) la posibilidad de estudiar científicamente la utilidad de manera directa, y (2) la posibilidad de comparar la utilidad de dos personas, para evaluar su bienestar relativo. Esto último es especialmente importante cuando se estudian las consecuencias para un conjunto de personas de determinadas políticas públicas, como discutiremos en el capítulo 9. Aunque los fundadores de hecho concibieron a la utilidad como una magnitud cardinal medible, la visión moderna es la contraria. Por una parte, los intentos de los economistas de desarrollar una psicología hedonística no fueron fructíferos. Por otra, Hicks and Allen (1934) observaron que bastaba con imaginar la utilidad como una magnitud ordinal para desarrollar una teoría coherente de la conducta. Ésa es la visión que adoptamos en la mayor parte de este libro.

Es interesante observar la lentitud con que los economistas comenzaron a ocupar las matemáticas en general, y el cálculo infinitesimal en particular. Recuerde que el cálculo fue desarrollado por Leibnitz y Newton doscientos años antes. De hecho, Jevons (1871) creyó necesario, en un apéndice de su libro, hacer una defensa del uso de las matemáticas en el análisis económico. Aunque para la segunda mitad del siglo XX ya se había consolidado como el lenguaje ordinario de la disciplina, algunos economistas, notablemente de la Escuela Austríaca, lo desestiman hasta el día de hoy.

El sitio `http://www.ucl.ac.uk/Bentham-Project`, que es mantenido

por el University College London, contiene información sobre el trabajo
de Jeremy Bentham.

52

Capítulo 2

Teoría del consumidor y la demanda individual

En este capítulo profundizamos el análisis del comportamiento de un consumidor en mercados competitivos que comenzamos en el capítulo anterior. Para ello nos centramos en el caso en que las preferencias se pueden representar mediante una función de utilidad cuasicóncava, de modo que las curvas de indiferencia son convexas, en que no hay saciedad, y la solución al problema de optimización es interior, de manera que se consume algo de cada bien. En este contexto, definimos la función de demanda ordinaria, que surge del problema de maximización de la utilidad sujeto a la restricción de presupuesto, y la función de demanda compensada, que surge del problema dual: minimización del gasto necesario para alcanzar un determinado nivel de utilidad. Se estudian las interrelaciones entre ambas demandas, y la estática comparativa, que consiste en analizar las consecuencias asociadas al cambio en alguno de los parámetros que explican la cantidad demandada (precios e ingreso).

2.1. Demanda ordinaria y compensada

A partir de la maximización de utilidad, obtenemos las cantidades de ambos bienes (x_1 y x_2) que el individuo escoge dentro de su conjunto de posibilidades. En otras palabras, encontramos la cantidad consumida del bien ℓ (con $\ell = 1, 2$) para cada nivel de ingreso del individuo y precios de los bienes.

Definición 4. *La **demanda ordinaria** o **marshalliana** por el bien ℓ es una función[1] que asigna, para cada nivel de ingreso m y precios de los bienes p_1, p_2, la cantidad consumida de x_ℓ que permite alcanzar el mayor*

---

[1] Estrictamente hablando, la demanda marshalliana en algunos casos no es una función, sino una correspondencia. Esto ocurre cuando, para ciertos precios, el consumidor está indiferente entre distintas combinaciones de x_ℓ y $x_{\ell'}$. Por ejemplo, si hay

nivel de utilidad posible, dado el conjunto de posibilidades del individuo. Denotamos esta función como $x_\ell^M = x_\ell(p_1, p_2, m)$.

De ahora en adelante suponemos (salvo que se indique expresamente lo contrario) que estamos en una solución interior sin saciedad. Entonces, la función de demanda ordinaria surge de la maximización de la utilidad individual sujeta a la restricción presupuestaria. Es decir, la función $x_\ell^M = x_\ell(p_1, p_2, m)$ se obtiene de resolver el sistema de ecuaciones que surge de las condiciones de primer orden del siguiente problema de optimización:

$$\max_{x_1, x_2} u(x_1, x_2)$$

$$\text{sujeto a } m = x_1 p_1 + x_2 p_2$$

Ahora bien, supongamos que la máxima utilidad que se obtiene para un determinado nivel de ingreso $\overline{m}$ y precios $\overline{p}_1$ y $\overline{p}_2$ es $\overline{u}$. Nos podemos preguntar qué pasaría si buscamos las cantidades de x_1 y x_2 que permitan obtener el nivel de utilidad $\overline{u}$ al mínimo gasto posible, para los mismos precios $\overline{p}_1$ y $\overline{p}_2$ –un problema que es el *dual* del del consumidor–:

Problema (dual del consumidor).

$$\min_{x_1, x_2} \quad x_1 p_1 + x_2 p_2 \qquad (2.1)$$

$$\text{sujeto a: } \overline{u} \le u(x_1, x_2)$$

$$x_1, x_2 \ge 0$$

$\square$

Debería ser cierto que las cantidades encontradas con este procedimiento coinciden con las obtenidas a partir de la maximización de la utilidad dado ingreso $\overline{m}$, y que el mínimo gasto posible de alcanzar $\overline{u}$ a dichos precios es justamente $\overline{m}$. Gráficamente en la figura 2.1 vemos que, siendo convexas las curvas de indiferencia, el mínimo gasto posible de alcanzar el nivel de utilidad $\overline{u}$ no puede ser otro que el asociado a la canasta $(\overline{x}_1, \overline{x}_2)$, que cuesta $\overline{m}$.

En general, podemos buscar las cantidades de x_1 y x_2 que permiten obtener un determinado nivel de utilidad u al mínimo gasto posible, dados los precios de los bienes p_1 y p_2.

---

sustitución perfecta entre los bienes 1 y 2, cuando el precio relativo $\frac{p_1}{p_2}$ es igual a la razón de utilidades marginales $\frac{u_1}{u_2}$ el individuo está indiferente entre gastar todo su ingreso en el bien 1, en el bien 2, o en cualquier combinación entre ellos.

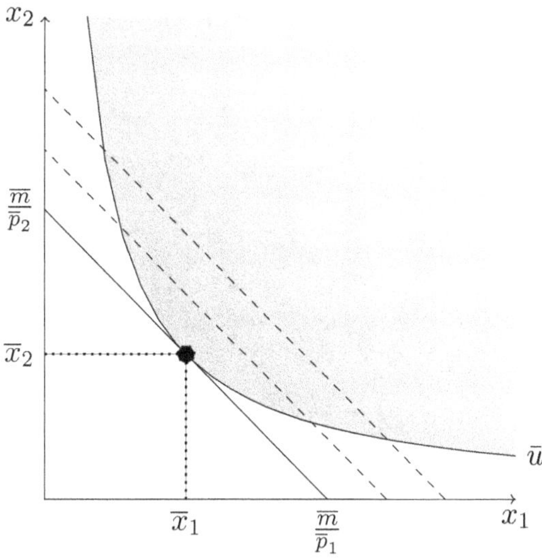

Figura 2.1 El problema de minimización de gasto
del consumidor

Definición 5. *La **demanda compensada** o **hicksiana** por el bien ℓ
es una función[2] que asigna, para cada nivel de utilidad u y precios de los
bienes p_1, p_2, la cantidad consumida de x_ℓ que permite alcanzar el nivel
de utilidad u al mínimo gasto posible. Denotamos esta función como
$x_\ell^H = x_\ell(p_1, p_2, u)$.*

Entonces, la función de demanda compensada surge de la minimización
de gasto, sujeto a un determinado nivel de utilidad. Es decir, la función $x_\ell^H = x_\ell(p_1, p_2, u)$ se obtiene de resolver el siguiente problema de
optimización:

$$\min_{x_1, x_2} G = x_1 p_1 + x_2 p_2 \tag{2.2}$$

$$\text{sujeto a } u = u(x_1, x_2)$$

En este caso, el lagrangeano es:

$$\mathcal{L} = x_1 p_1 + x_2 p_2 + \gamma(u - u(x_1, x_2)) \tag{2.3}$$

---

[2] Nuevamente, estrictamente hablando la demanda hicksiana podría ser una correspondencia, como en el caso de sustitución perfecta.

de modo que las condiciones de primer orden son:

$$\frac{\partial \mathcal{L}}{\partial x_1} = p_1 - \gamma \frac{\partial u}{\partial x_1} = 0 \tag{2.4a}$$

$$\frac{\partial \mathcal{L}}{\partial x_2} = p_2 - \gamma \frac{\partial u}{\partial x_2} = 0 \tag{2.4b}$$

$$\frac{\partial \mathcal{L}}{\partial \lambda} = u - u(x_1, x_2) = 0 \tag{2.4c}$$

De estas condiciones, como era de esperar, se obtiene nuevamente la condición de tangencia:

$$TMSS = \frac{p_1}{p_2} \tag{2.5}$$

Si reemplazamos en la función de utilidad $u = u(x_1, x_2)$ las funciones de demanda ordinaria encontradas, obtenemos la **función de utilidad indirecta**, que indica el máximo nivel de utilidad que se puede alcanzar para cada nivel de ingreso m y precios de los bienes p_1 y p_2. A su vez, si reemplazamos en la función de gasto $G = x_1 p_1 + x_2 p_2$ las funciones de demanda compensada encontradas, obtenemos la **función de gasto mínimo** $G^*(p_1, p_2, u)$, que indica el mínimo gasto al que se puede alcanzar el nivel de utilidad u a los precios de los bienes p_1 y p_2.

Ejercicio 1. Considere una función de utilidad de la forma $u(x_1, x_2) = x_1 x_2$. Encuentre las demandas marshalliana y hicksiana por los bienes 1 y 2, y muestre que la función de utilidad indirecta resultante es de la forma: $v(p_1, p_2, m) = \frac{m^2}{4p_1 p_2}$, mientras que la función de mínimo gasto es de la forma: $G^*(p_1, p_2, u) = 2\sqrt{u p_1 p_2}$. $\qquad\square$

Si graficamos las *curvas* de demanda ordinaria y compensada por el bien ℓ, obtendremos dos curvas distintas. Al graficar la curva de demanda ordinaria por el bien 1, por ejemplo, dejamos constantes p_2 y m, como se observa en la figura 2.2. En cambio, al graficar la curva de demanda compensada por el bien 1, dejamos constantes p_2 y u, como se ve en la figura 2.3.

Nos interesa entender los efectos sobre la cantidad consumida que tienen diversos cambios en el conjunto de posibilidades del consumidor.

Cuando baja el precio de un bien, las posibilidades cambian en dos aspectos. Por una parte, hay nuevas canastas alcanzables, y en este sentido el individuo es "más rico" (en términos reales); por otra, cambian los precios relativos de los bienes, y por tanto su costo de oportunidad. Conceptualmente, entonces, podemos descomponer la respuesta del

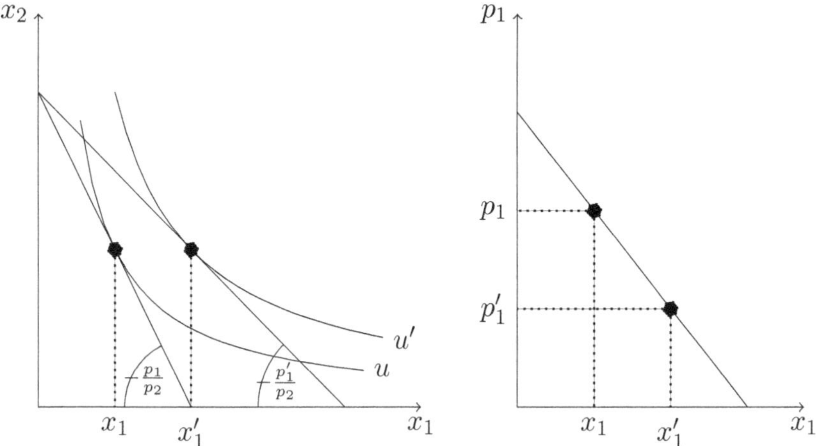

Figura 2.2 Derivación de la demanda ordinaria

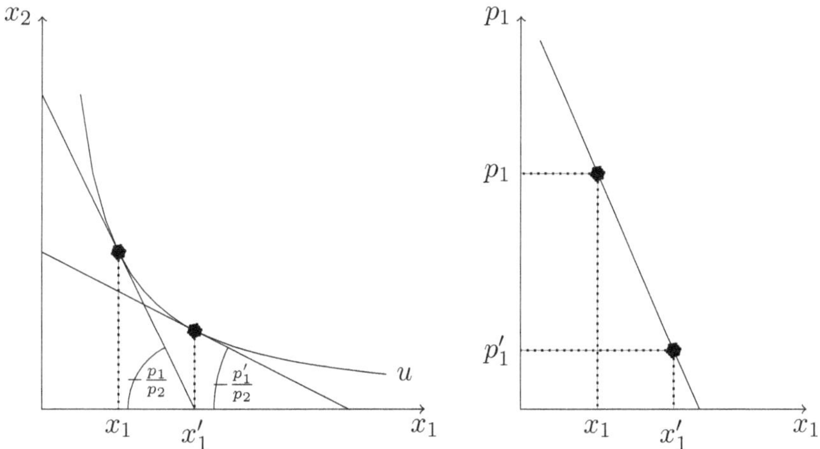

Figura 2.3 Derivación de la demanda compensada

consumidor entre lo que denominaremos efectos ingreso (o riqueza) y sustitución (precio relativo).

Decimos que el **efecto sustitución** es el cambio en la cantidad consumida de un bien al cambiar su precio, manteniendo constantes el precio de los demás bienes *y el nivel de utilidad* u_0 (lo que se refleja en la demanda compensada). A su vez, el **efecto ingreso** indica el cambio en la cantidad consumida de un bien ante un cambio en el ingreso, manteniendo los precios de todos los bienes constantes.

La convexidad de las curvas de indiferencia asegura que al aumentar el precio de un bien, su cantidad consumida necesariamente debe caer si mantenemos el nivel de utilidad constante, de modo que la curva de demanda hicksiana debe tener pendiente negativa. La *TMSS* es decreciente, por lo que un aumento en $\frac{p_1}{p_2}$ requiere de una disminución en x_1 para que la *TMSS* también aumente.

Gráficamente es fácil ver que si el efecto ingreso es positivo (el bien es normal), entonces la demanda ordinaria es más elástica que la demanda compensada (ver la figura 2.4). A su vez, si el efecto ingreso es negativo (el bien es inferior), la demanda ordinaria es más inelástica que la compensada; mientras que si el efecto ingreso es nulo (el bien es neutro), la elasticidad de la demanda ordinaria y de la demanda compensada coinciden.

Estas conclusiones se pueden obtener a partir de un análisis gráfico (tal como en la figura anterior para el caso del bien normal), y también algebraicamente a través de la **ecuación de Slutsky**.

Para derivar la ecuación de Slutsky, necesitamos derivar primero las relaciones que hay entre las demandas ordinaria y compensada. Ya sabemos que las funciones de demanda ordinaria y compensada se pueden obtener a partir de la maximización de utilidad y minimización de gasto respectivamente, y a partir de ellas, se puede obtener también el valor de la función objetivo evaluada en el óptimo (función de utilidad indirecta y función de mínimo gasto, respectivamente). Pero a partir de estas últimas funciones podemos volver a obtener las demandas, como se explica a continuación.

En primer lugar, aplicando el teorema de la envolvente sabemos que $\frac{\partial v(p_1,p_2,m)}{\partial p_1} = \frac{\partial \mathcal{L}}{\partial p_1} = -\lambda x_1$, mientras que $\frac{\partial v(p_1,p_2,m)}{\partial m} = \frac{\partial \mathcal{L}}{\partial m} = \lambda$ (utilidad

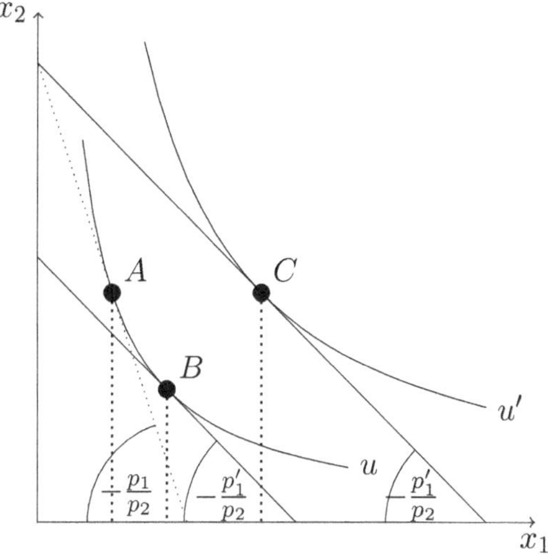

Figura 2.4 Efectos sustitución (A-B) e ingreso (B-C): el caso de un bien normal

marginal del ingreso). Con esto obtenemos:

$$x_1^M\,(p_1, p_2, m) = -\frac{\frac{\partial v(p_1, p_2, m)}{\partial p_1}}{\frac{\partial v(p_1, p_2, m)}{\partial m}}. \tag{2.6}$$

Esta identidad nos permite pasar de la función de utilidad indirecta a la demanda ordinaria, y se conoce como **identidad de Roy**.

Asimismo, aplicando el teorema de la envolvente a la función de mínimo gasto, vemos que $\frac{\partial G^*(p_1, p_2, u)}{\partial p_1} = \frac{\partial \mathcal{L}}{\partial p_1} = x_1$. Con esto podemos obtener directamente la función de demanda compensada a partir de la función de mínimo gasto:

$$x_1^H\,(p_1, p_2, u) = \frac{\partial G^*\,(p_1, p_2, u)}{\partial p_1}. \tag{2.7}$$

lo que se conoce como **lema de Shephard**.

Ejercicio 2. Muestre que a partir de la función de utilidad indirecta puede obtener la demanda marshalliana usando la Identidad de Roy en el ejercicio 1. Análogamente, muestre que puede obtener la demanda compensada a partir de la función de mínimo gasto en el mismo ejercicio.

$\square$

Ahora bien, si $\bar{u}$ es el máximo nivel de utilidad posible si el individuo enfrenta precios p_1 y p_2 y cuenta con un nivel de ingreso m, entonces enfrentando esos mismos precios el mínimo gasto al que se puede alcanzar $\bar{u}$ es justamente dicho nivel de ingreso. Igualmente, si $\bar{m}$ es el mínimo gasto necesario para alcanzar un determinado nivel de utilidad u a determinados precios, entonces el máximo nivel de utilidad que el individuo puede alcanzar si enfrenta a esos mismos precios y se dispone de un ingreso $\bar{m}$ es justamente dicho nivel de utilidad. Todo lo anterior se resume en las siguientes ecuaciones:

$$G^* \left(p_1, p_2, v\left(p_1, p_2, m\right)\right) = m \tag{2.8}$$

$$v\left(p_1, p_2, G^* \left(p_1, p_2, u\right)\right) = u \tag{2.9}$$

Lo anterior implica que si despejamos u de la función de mínimo gasto (y dejamos G^* como m), obtenemos la función de utilidad indirecta. Asimismo, si despejamos m de la función de utilidad indirecta (y dejamos v como u), obtenemos la función de mínimo gasto.

Ejemplo 1. En el ejemplo desarrollado en el ejercicio 1, si despejamos el ingreso en la función de utilidad indirecta obtenemos: $m = 2\sqrt{vp_1p_2}$, que corresponde a la función de mínimo gasto si llamamos G^* a m, y si llamamos u a v. Lo propio ocurre si despejamos u en la función de mínimo gasto: $u = \left(\frac{G^*}{2\sqrt{p_1p_2}}\right)^2$. $\quad\square$

Por el argumento anterior, si en la función de demanda compensada reemplazamos u por la función de utilidad indirecta, obtenemos la función de demanda ordinaria:

$$x_1^M \left(p_1, p_2, m\right) = x_1^H \left(p_1, p_2, v\left(p_1, p_2, m\right)\right) \tag{2.10}$$

Esto se debe a que, al reemplazar u por la función de utilidad indirecta, lo que hacemos es equivalente a variar el nivel de utilidad de referencia en la minimización de gasto cada vez que cambia el ingreso, de modo que la utilidad de referencia siempre sea la máxima alcanzable dados los precios y el ingreso. Es decir, es equivalente a maximizar la utilidad sujeto a la restricción de presupuesto.

De la misma forma, si en la función de demanda ordinaria reemplazamos m por la función de mínimo gasto, obtenemos la función de demanda compensada:

$$x_1^H \left(p_1, p_2, u\right) = x_1^M \left(p_1, p_2, G^* \left(p_1, p_2, u\right)\right) \tag{2.11}$$

Ejercicio 3. Con las funciones obtenidas en el ejercicio 1 muestre que se puede llegar a la demanda marshalliana a partir de la demanda compensada y la función de utilidad indirecta, y lo propio con la demanda hicksiana. □

De acuerdo a lo anterior, entonces, en general podemos escribir:

$$x_\ell^H (p_1, p_2, u) = x_\ell^M (p_1, p_2, G^* (p_1, p_2, u)) \tag{2.12}$$

Luego, derivando respecto de $p_{\ell'}$ (y aplicando la regla de la cadena) obtenemos la ecuación de Slutsky:

$$\frac{\partial x_\ell^H (p_1, p_2, u)}{\partial p_{\ell'}} = \frac{\partial x_\ell^M (p_1, p_2, m)}{\partial p_{\ell'}} + \frac{\partial x_\ell^M (p_1, p_2, m)}{\partial m} \frac{\partial G^*}{\partial p_{\ell'}}$$

$$= \frac{\partial x_\ell^M (p_1, p_2, m)}{\partial p_{\ell'}} + \frac{\partial x_\ell^M (p_1, p_2, m)}{\partial m} x_{\ell'}^H, \tag{2.13}$$

en que la segunda igualdad proviene de la aplicación del lema de Shephard.

2.2. Estática comparativa y elasticidades

La elasticidad mide el cambio porcentual en la variable de interés ante un determinado cambio porcentual en el parámetro en cuestión. En esta sección nos interesan las elasticidades precio propia de las demandas ordinaria y compensada (a la que comúnmente nos referimos como "la" elasticidad de la demanda), las elasticidades cruzadas y la elasticidad ingreso.

Definición 6. *La **elasticidad precio** propia de la demanda corresponde al cambio porcentual en la cantidad demandada del bien ℓ ante un cambio porcentual en el precio del mismo bien, p_ℓ: $\eta_{\ell\ell} = \frac{\partial \ln x_\ell}{\partial \ln p_\ell} = \frac{\triangle \% x_\ell}{\triangle \% p_\ell}$. La elasticidad precio de la demanda ordinaria incluye el efecto ingreso y el efecto sustitución, mientras que la elasticidad precio de la demanda compensada sólo incluye el efecto sustitución.*

*La **elasticidad cruzada** de la demanda corresponde al cambio porcentual en la cantidad demandada del bien ℓ ante un cambio porcentual en el precio de otro bien ℓ', $p_{\ell'}$: $\eta_{\ell\ell'} = \frac{\partial \ln x_\ell}{\partial \ln p_{\ell'}} = \frac{\triangle \% x_\ell}{\triangle \% p_{\ell'}}$. Cuando esta elasticidad es positiva, decimos que el bien ℓ es **sustituto** de ℓ'; mientras que si es negativa, decimos que el bien ℓ es **complemento** de ℓ'. A su vez,* *al referirnos a la elasticidad cruzada de la demanda ordinaria, decimos que el bien ℓ es sustituto o complemento **bruto** de ℓ'; mientras que al referirnos a la elasticidad cruzada de la demanda compensada, decimos que el bien ℓ es sustituto o complemento **neto** de ℓ'.*

*La **elasticidad ingreso** corresponde al cambio porcentual en la cantidad demandada del bien ℓ ante un cambio porcentual en el ingreso, m: $\eta_{\ell m} = \frac{\partial \ln x_\ell}{\partial \ln m} = \frac{\Delta \% x_\ell}{\Delta \% m}$. Cuando esta elasticidad es positiva, decimos que ℓ es un bien **normal**; cuando es positiva y mayor que uno, decimos que es un bien de lujo; cuando es nula, decimos que es un bien **neutro**, y cuando es negativa, decimos que es un bien **inferior**.*

Ejercicio 4. Considere la demanda marshalliana por el bien 1 que se obtiene en el ejercicio 1 $x_1^M = \frac{m}{2p_1}$. Muestre que es posible obtener la elasticidad precio $\eta_{11} = -1$ derivando x_1 respecto de p_1 y multiplicando por $\frac{p_1}{x_1^M}$, o bien aplicando logaritmo y derivando $\ln x_1 = \ln m - \ln p_1 - \ln 2$. $\qquad\qquad\square$

2.2.a. Descomposición de Slutsky

Al multiplicar por $\frac{p_{\ell'}}{x_\ell}$ a ambos lados de la igualdad en la ecuación de Slutsky, obtenemos:

$$\frac{\partial x_\ell^H}{\partial p_{\ell'}} \frac{p_{\ell'}}{x_\ell} = \frac{\partial x_\ell^M}{\partial p_{\ell'}} \frac{p_{\ell'}}{x_\ell} + \frac{\partial x_\ell^M}{\partial m} \frac{p_{\ell'}}{x_\ell} x_{\ell'} \tag{2.14}$$

Esta es la ecuación de Slutsky en la forma de elasticidades de las demandas:

$$\eta_{\ell\ell'}^H = \eta_{\ell\ell'}^M + \frac{\partial x_\ell^M}{\partial m} \frac{m}{x_\ell} \frac{x_{\ell'} p_{\ell'}}{m}. \tag{2.15}$$

Multiplicando y dividiendo por m en la última expresión, y definiendo $\alpha_{\ell'} \equiv \frac{x_{\ell'} p_{\ell'}}{m}$, que corresponde a la proporción del ingreso gastada en el bien ℓ', se obtiene finalmente:

$$\eta_{\ell\ell'}^H = \eta_{\ell\ell'}^M + \frac{\partial x_\ell^M}{\partial m} \frac{m}{x_\ell} \frac{x_{\ell'} p_{\ell'}}{m} = \eta_{\ell\ell'}^M + \alpha_{\ell'} \eta_{\ell m} \tag{2.16}$$

Esta fórmula es general: ℓ' puede ser igual a ℓ o distinto de ℓ (en el primer caso obtendremos la elasticidad precio propia, y en el segundo caso obtendremos una elasticidad cruzada).

De manera que la ecuación de Slutsky indica que $\eta_{\ell\ell'}^M = \eta_{\ell\ell'}^H - \alpha_{\ell'}\eta_{\ell m}$, por lo que nuevamente podemos concluir que si el efecto ingreso es positivo, entonces la demanda ordinaria es más elástica que la demanda compensada; si el efecto ingreso es negativo, la demanda ordinaria es más inelástica que la compensada; mientras que si el efecto ingreso es nulo, las elasticidades de la demanda ordinaria y de la demanda compensada coinciden.

Ejercicio 5. Demuestre que $\eta_{\ell\ell'}^M = \eta_{\ell\ell'}^H - \alpha_{\ell'}\eta_{\ell m}$ en el caso desarrollado en el ejercicio 1 y subsiguientes. $\qquad\square$

2.2.b. Agregación de Engel

A partir de la restricción presupuestaria, sabemos que se debe cumplir (para la demanda ordinaria):

$$m = \sum_{\ell=1}^{n} p_\ell x_\ell \tag{2.17}$$

Derivando la expresión anterior respecto de m, obtenemos:

$$1 = \sum_{\ell=1}^{n} p_\ell \frac{\partial x_\ell^M (p_1, ...p_n, m)}{\partial m},$$

de modo que al multiplicar y dividir por $\frac{x_i}{m}$ y reordenar obtenemos:

$$
\begin{aligned}
1 &= \sum_{\ell=1}^{n} \left(\frac{x_\ell p_\ell}{m}\right) \left(\frac{\partial x_\ell^M (p_1, ...p_n, m)}{\partial m} \frac{m}{x_\ell}\right) \\
&= \sum_{\ell=1}^{n} \alpha_\ell \eta_{\ell m}.
\end{aligned}
\tag{2.18}
$$

Esto es, la suma ponderada de las elasticidades ingreso de los distintos bienes debe ser uno. Esto implica, por ejemplo, que no todos los bienes pueden ser neutros (la suma ponderada de las elasticidades sería cero). La intuición de este resultado es que si todos los bienes fueran neutros, diríamos que al aumentar el ingreso del individuo, no aumenta su consumo en ninguno de los bienes; es decir, si antes del cambio estaba gastando todo su ingreso, después del cambio le estará sobrando ingreso, lo que no es consistente con la no saciedad (recordemos que no hemos incorporado la decisión de ahorrar en el problema; es decir, la parte del ingreso que no se gasta, simplemente no se usa).

Ejercicio 6. Demuestre que $\sum\limits_{\ell=1}^{n} \alpha_\ell \eta_{\ell m} = 1$ en el caso desarrollado en el ejercicio 1 y subsiguientes. $\qquad\square$

2.2.c. Agregación de Cournot

Siguiendo con la restricción presupuestaria, si la derivamos respecto de $p_{\ell'}$ obtenemos:

$$0 \;=\; x_{\ell'} + \sum_{\ell=1}^{n} p_\ell \frac{\partial x_\ell^M (p_1, ... p_n, m)}{\partial p_{\ell'}}, \qquad (2.19)$$

de modo que al multiplicar por $\frac{p_{\ell'}}{m}$ y multiplicar y dividir por x_ℓ dentro de la suma, se obtiene:

$$\begin{aligned}
0 \;=\;& \frac{x_{\ell'} p_{\ell'}}{m} + \sum_{\ell=1}^{n} \frac{p_\ell}{m} p_{\ell'} \frac{\partial x_\ell^M (p_1, ... p_n, m)}{\partial p_{\ell'}} \\
=\;& \frac{x_{\ell'} p_{\ell'}}{m} + \sum_{\ell=1}^{n} \left(\frac{p_\ell x_\ell}{m} \right) \left(\frac{\partial x_\ell^M (p_1, ... p_n, m)}{\partial p_{\ell'}} \frac{p_{\ell'}}{x_\ell} \right) \qquad (2.20)
\end{aligned}$$

lo que corresponde en términos de elasticidades a la siguiente ecuación, conocida como **agregación de Cournot**:

$$0 \;=\; \alpha_{\ell'} + \sum_{\ell=1}^{n} \alpha_\ell \eta_{\ell\ell'}^{M}. \qquad (2.21)$$

Si tenemos sólo dos bienes, al derivar respecto de p_1 lo anterior se reduce a $\alpha_1 + \alpha_1 \eta_{11}^{M} + \alpha_2 \eta_{21}^{M} = 0$. Lo anterior implica, por ejemplo, que si $\eta_{21}^{M} = 0$, entonces $\eta_{11}^{M} = -1$. La intuición detrás de esto es que si cae el precio del bien 1 y la cantidad demandada del bien 2 no cambia, entonces el gasto en el bien 1 debe permanecer constante: si p_1 cae en $a\,\%$, x_1 debe aumentar en el mismo $a\,\%$ (si no, no sería cierto que se gasta todo el ingreso, lo que no sería consistente con la no saciedad).

Ejercicio 7. Demuestre que $\alpha_{\ell'} + \sum\limits_{\ell=1}^{n} \alpha_\ell \eta_{\ell\ell'}^{M} = 0$ en el caso desarrollado en el ejercicio 1 y subsiguientes. $\qquad\square$

2.2.d. Simetría de Hicks

A partir del Lema de Shephard sabemos que:

$$x_\ell^H (p_1, p_2, u) = \frac{\partial G^* (p_1, p_2, u)}{\partial p_\ell}. \tag{2.22}$$

Derivando respecto de $p_{\ell'}$, obtenemos entonces

$$\begin{aligned}
\frac{\partial x_\ell^H (p_1, p_2, ..., p_n, u)}{\partial p_{\ell'}} &= \frac{\partial^2 G^* (p_1, p_2, ..., p_n, u)}{\partial p_\ell \partial p_{\ell'}} \\
&= \frac{\partial^2 G^* (p_1, p_2, ..., p_n, u)}{\partial p_{\ell'} \partial p_\ell},
\end{aligned} \tag{2.23}$$

de manera que:

$$\frac{\partial x_\ell^H (p_1, p_2, ..., p_n, u)}{\partial p_{\ell'}} = \frac{\partial x_{\ell'}^H (p_1, p_2, ..., p_n, u)}{\partial p_\ell}. \tag{2.24}$$

Es decir, en las demandas compensadas los efectos cruzados son simétricos. Multiplicando a ambos lados de la igualdad por $\frac{p_\ell p_{\ell'}}{m}$, y reordenando, se obtiene:

$$\left(\frac{x_\ell p_\ell}{m} \right) \left(\frac{\partial x_\ell^H}{\partial p_{\ell'}} \frac{p_{\ell'}}{x_\ell} \right) = \left(\frac{x_{\ell'} p_{\ell'}}{m} \right) \left(\frac{\partial x_{\ell'}^H}{\partial p_\ell} \frac{p_\ell}{x_{\ell'}} \right), \tag{2.25}$$

lo que permite escribir la siguiente igualdad:

$$\alpha_\ell \eta_{\ell\ell'}^H = \alpha_{\ell'} \eta_{\ell'\ell}^H. \tag{2.26}$$

En el caso de la demanda hicksiana, si el bien 1 es sustituto del bien 2, el bien 2 también debe ser sustituto del bien 1 (y lo mismo si son complementos). En ese caso, entonces, podemos simplemente decir que los bienes son "sustitutos entre sí" (o complementos).

A partir de (2.16) y (2.24) obtenemos:

$$\alpha_\ell \left(\eta_{\ell\ell'}^M + \alpha_{\ell'} \eta_{\ell m} \right) = \alpha_{\ell'} \left(\eta_{\ell'\ell}^M + \alpha_\ell \eta_{\ell' m} \right). \tag{2.27}$$

Luego, en el caso de la demanda marshalliana puede ocurrir que el bien 1 sea sustituto del bien 2 (i.e., $\eta_{12}^M > 0$), y sin embargo el bien 2 sea complemento del bien 1 (i.e., $\eta_{21}^M < 0$).

Ejercicio 8. Demuestre que $\alpha_\ell \eta_{\ell\ell'}^H = \alpha_{\ell'} \eta_{\ell'\ell}^H$ en el caso desarrollado en el ejercicio 1 y subsiguientes. $\square$

2.2.e. Homogeneidad de grado cero de las demandas

Demanda ordinaria

Al no modificarse la restricción presupuestaria, debe ser cierto que si los precios de todos los bienes y el ingreso cambian en igual proporción, la cantidad demandada de cada uno de los bienes no cambia. Es decir,

$$x_\ell^M = x_\ell\left(p_1, p_2, ..., p_n, m\right) = x_\ell\left(\lambda p_1, \lambda p_2, ..., \lambda p_n, \lambda m\right) \qquad (2.28)$$

Esto indica que la demanda ordinaria es homogénea de grado cero[3] en precios e ingreso. Pero el teorema de Euler indica que si una función $f = f\left(z_1, ...z_n\right)$ es homogénea de grado r en $z_1, ...z_n$, entonces:

$$\sum_{k=1}^{n} \frac{\partial f}{\partial z_k} z_k = rf. \qquad (2.29)$$

Aplicado a este caso, lo anterior implica:

$$\sum_{\ell'=1}^{n} \frac{\partial x_\ell^M}{\partial p_{\ell'}} p_{\ell'} + \frac{\partial x_\ell^M}{\partial m} m = 0 \qquad (2.30)$$

y dividiendo por x_ℓ es posible obtener la siguiente igualdad:

$$\sum_{\ell'=1}^{n} \eta_{\ell\ell'}^{M} + \eta_{\ell m} = 0 \qquad (2.31)$$

Ejercicio 9. Suponga que aumentan los precios p_1 y p_2 y el ingreso m en igual proporción. Muestre que la homogeneidad de grado 0 de las demandas marshallianas implica que la función de utilidad indirecta es homogénea de grado 0. $\qquad\qquad\square$

Demanda compensada

Al no modificarse los precios relativos, debe ser cierto que si los precios de todos los bienes cambian en igual proporción, la cantidad demandada de cada uno de los bienes no cambia si mantenemos constante un determinado nivel de utilidad $\overline{u}$. Es decir,

$$x_\ell^H = x_\ell\left(p_1, p_2, ..., p_n, \overline{u}\right) = x_\ell\left(\lambda p_1, \lambda p_2, ..., \lambda p_n, \overline{u}\right) \qquad (2.32)$$

---

[3] La función $f\left(x_1, ..., x_n\right)$ se dice **homogénea de grado** r si $f\left(\lambda x_1, ..., \lambda x_n\right) = \lambda^r f\left(x_1, ..., x_n\right)$. Véase el Apéndice A.3.

Esto indica que la demanda compensada es homogénea de grado 0 en precios. Por el teorema de Euler tenemos entonces que:

$$\sum_{\ell'=1}^{n} \frac{\partial x_\ell^H}{\partial p_{\ell'}} p_{\ell'} = 0, \tag{2.33}$$

y dividiendo por x_ℓ obtenemos ahora:

$$\sum_{\ell'=1}^{n} \eta_{\ell\ell'}^H = 0. \tag{2.34}$$

Si sólo existen dos bienes, la homogeneidad de grado 0 de la demanda compensada implica que éstos deben ser sustitutos netos. En efecto:

$$\left. \begin{array}{c} \eta_{11}^H + \eta_{12}^H = 0 \\ \eta_{11}^H \leq 0 \end{array} \right\} \Rightarrow \eta_{12}^H \geq 0 \tag{2.35}$$

donde $\eta_{11}^H \leq 0$ por la convexidad de la curva de indiferencia.

Ejercicio 10. Demuestre que $\sum_{\ell'=1}^{n} \eta_{\ell\ell'}^M + \eta_{\ell m} = 0$ y $\sum_{\ell'=1}^{n} \eta_{\ell\ell'}^H = 0$ en el caso desarrollado en el ejercicio 1 y subsiguientes.

Suponga que aumentan los precios p_1 y p_2 en igual proporción. Muestre que la homogeneidad de grado 0 de las demandas hicksianas implica que la función de mínimo gasto es homogénea de grado 1 en precios. $\square$

2.3. Algunos ejemplos de funciones de utilidad

2.3.a. Función de utilidad de proporciones fijas

Como su nombre lo indica, en este caso el consumidor valora el consumo de los bienes en proporciones fijas. Un ejemplo clásico de estas preferencias es el de los zapatos: una persona que tenga sus dos piernas normalmente no valora un zapato izquierdo a menos que tenga también el zapato derecho; si ya tiene ambos zapatos, no valora un tercero, a menos que venga acompañado de un cuarto con el que forma otro par. La función de utilidad que representa estas preferencias es de la forma:

$$u(x_1, x_2) = \text{mín} \{a_1 x_1, a_2 x_2\}$$

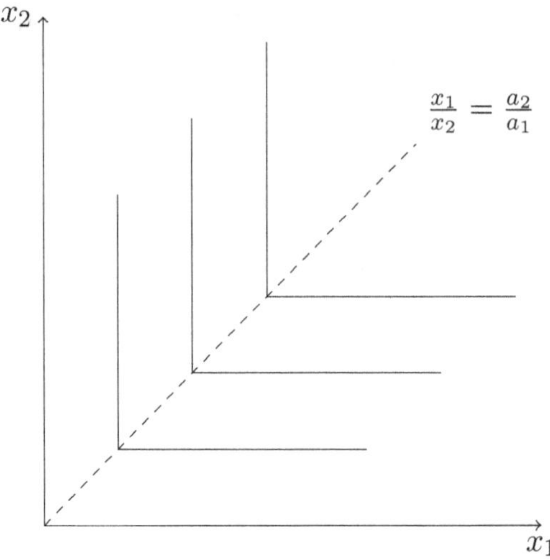

Figura 2.5 Curvas de indiferencia: el caso de las proporciones fijas

Así, en el ejemplo de los zapatos, si x_1 es el número de zapatos del pie derecho y x_2 es el número de zapatos del pie izquierdo, $a_1 = a_2$. Esto implica que si $x_1 = 2$ y $x_2 = 1$, la utilidad es la misma que si $x_1 = 1$ y $x_2 = 1$. Las curvas de indiferencia tendrán forma de L, como se ilustra en la figura 2.5 para el caso general.

Para encontrar la solución al problema de optimización de este individuo ya no podemos usar la condición de tangencia de curva de indiferencia y restricción presupuestaria (ya que la *TMSS* no está definida en este caso). Pero para resolverlo basta notar que si el precio de los bienes es positivo, el consumidor nunca querrá comprar más unidades de un bien si su valoración marginal es nula. Luego, en el óptimo siempre querrá comprar las cantidades de x_1 y x_2 que satisfacen:

$$\begin{aligned} a_1 x_1 &= a_2 x_2 = u \\ p_1 x_1 + p_2 x_2 &= m \end{aligned}$$

Resolviendo, encontramos que la demanda condicionada es totalmente inelástica, es decir, no hay efecto sustitución:

$$\begin{aligned} x_1^* \left(p_1, p_2, u\right) &= x_1^* \left(u\right) = \frac{u}{a_1} \\ x_2^* \left(p_1, p_2, u\right) &= x_2^* \left(u\right) = \frac{u}{a_2} \end{aligned}$$

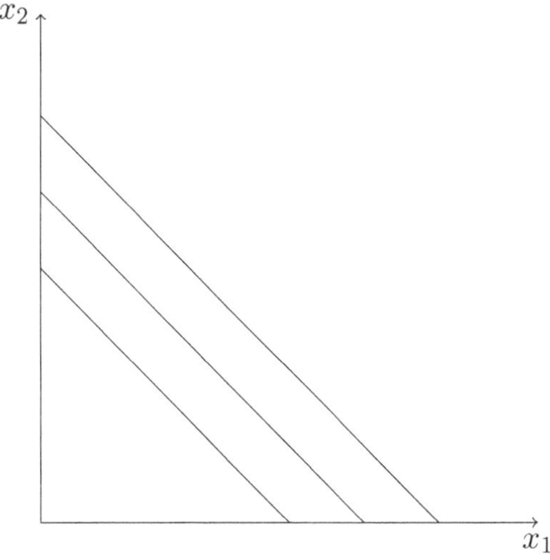

Figura 2.6 Curvas de indiferencia: el caso de sustitución perfecta

La demanda ordinaria, sin embargo, sí cambia al cambiar el precio. Es decir, si bien no hay efecto sustitución, sí hay un efecto ingreso asociado al cambio en el precio:

$$x_1^* \left(p_1, p_2, m\right) = \frac{m}{\left(p_1 + p_2 \frac{a_1}{a_2}\right)}$$

$$x_2^* \left(p_1, p_2, m\right) = \frac{m}{\left(p_1 \frac{a_2}{a_1} + p_2\right)}$$

2.3.b. Función de utilidad de sustitución perfecta

Tal como su nombre lo indica, este caso es el opuesto al anterior: la sustitución es perfecta. Lo fundamental es que en este caso, a diferencia del anterior, la utilidad marginal de un bien no depende de la cantidad consumida del otro bien, como se representa con la siguiente función de utilidad:

$$u \left(x_1, x_2\right) = a_1 x_1 + a_2 x_2$$

En este caso, la utilidad marginal de ambos bienes es constante, y $TMSS = \frac{a_1}{a_2}$, por lo que las curvas de indiferencia son líneas rectas de pendiente $-\frac{a_1}{a_2}$, como se muestra en la figura 2.6.

Dado que *TMSS* es constante al igual que la relación de precios, en este caso la condición de tangencia tampoco nos indica cuál es la cantidad óptima a consumir de ambos bienes. Repasando las condiciones de KKT (y/o mirando cuidadosamente la figura) vemos que en este caso la solución al problema del consumidor es generalmente de esquina:

$$x_1^*(p_1, p_2, m) = \frac{m}{p_1} \quad \text{y} \quad x_2^*(p_1, p_2, m) = 0 \quad \text{si} \quad \frac{a_1}{a_2} \geq \frac{p_1}{p_2}$$

$$x_1^*(p_1, p_2, m) = 0 \quad \text{y} \quad x_2^*(p_1, p_2, m) = \frac{m}{p_2} \quad \text{si} \quad \frac{a_1}{a_2} \leq \frac{p_1}{p_2}$$

En el caso particular en que $\frac{a_1}{a_2} = \frac{p_1}{p_2}$ la cantidad óptima queda indeterminada (aunque siempre sobre la restricción presupuestaria).

2.3.c. Función de utilidad Cobb-Douglas

La función de utilidad Cobb-Douglas es ampliamente utilizada, debido a la facilidad para operar con ella. En este caso, la función de utilidad es de la forma:

$$u\left(x_1, x_2\right) = x_1^{a_1} x_2^{a_2}$$

Es fácil mostrar que en este caso las curvas de indiferencia resultantes son convexas. Un caso particular de utilidad Cobb-Douglas es el desarrollado en el ejercicio 1.

Ejercicio 11. Demostrar que la función de utilidad Cobb-Douglas es cuasicóncava, o alternativamente, que las curvas de indiferencia son convexas. $\qquad\square$

Luego, ahora sí tiene sentido utilizar la condición de tangencia para resolver el problema de optimización. La función de demanda marshalliana resultante será

$$x_1^M = \left(\frac{a_1}{a_1 + a_2}\right) \frac{m}{p_1}$$

Ejercicio 12. Considere la siguiente transformación de u:

$$\tilde{u}\left(x_1, x_2\right) = a_1 \ln x_1 + a_2 \ln x_2$$

muestre que con esta función de utilidad se obtiene la misma función de demanda. ¿Qué relación tiene este resultado con la ordinalidad de la función de utilidad? $\qquad\square$

Una particularidad de las demandas ordinarias que resultan de esta función es que la elasticidad ingreso de ambas demandas es unitaria. Esto significa que la proporción del ingreso que se dedica al pago del bien ℓ es siempre la misma.

Ejercicio 13. Demostrar que en el caso de la utilidad Cobb-Douglas la proporción del ingreso que se gasta en el bien 1 es siempre la misma e igual a $\frac{a_1}{a_1+a_2}$. Notar que estas preferencias se pueden representar también mediante la función $u(x_1, x_2) = x_1^{\alpha} x_2^{1-\alpha}$, en cuyo caso la proporción del ingreso que se dedica al pago del bien 1 es α, mientras que la proporción que se dedica al pago del bien 2 es $1 - \alpha$. $\qquad\square$

2.3.d. Función de utilidad cuasilineal, o de métrica monetaria

La función de utilidad se dice cuasilineal si puede escribirse como:

$$u(x_1, ..., x_n) = \phi(x_1, ..., x_{n-1}) + x_n,$$

donde el consumidor valora $n \geq 2$ bienes. A esta función de utilidad también se la conoce como de "métrica monetaria" cuando el precio del último bien –el que entra linealmente en la función– es unitario, vale decir, cuando ese bien es el *numerario* o unidad de cuenta, y cuando además el ingreso no es demasiado chico (esto se hará preciso en un instante). En ese caso, si el consumidor gasta $p_1 x_1 + ... + p_{n-1} x_{n-1}$ en el resto de los bienes, le queda su ingreso menos esa cantidad para comprar del bien n. Pero siendo su precio unitario, podemos escribir

$$u(x_1, ..., x_{n-1}, m - (p_1 x_1 + ... + p_{n-1} x_{n-1}))$$
$$= \phi(x_1, ..., x_{n-1}) + m - (p_1 x_1 + ... + p_{n-1} x_{n-1}),$$

bajo la condición de que $x_n = m - (p_1 x_1 + ... + p_{n-1} x_{n-1}) \geq 0$. La obtención de las demandas marshallianas en este caso es muy sencilla: si m no es demasiado chico, de la condición de primer orden se obtiene para cada bien distinto al numerario la condición

$$-p_\ell + \frac{\partial \phi}{\partial x_\ell} = 0.$$

En otras palabras, la (inversa de la función de) demanda *es* la utilidad marginal del consumo del bien, siempre y cuando ésta sea decreciente.

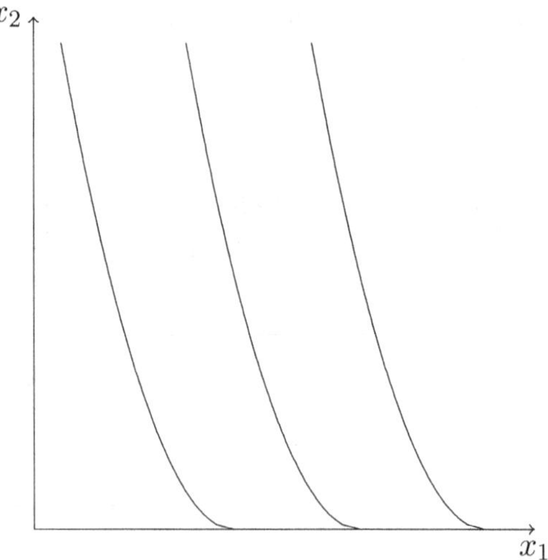

Figura 2.7 Preferencias cuasilineales

Decimos que m es demasiado chico cuando no alcanza para financiar el gasto que comprar la canasta que resuelve el sistema de ecuaciones (2.3.d) requiere. Si m es mayor que esa cifra, entonces la utilidad marginal del ingreso es 1; dicho de otra forma, los utiles están medidos en pesos, o la unidad de cuenta de que se trate: la utilidad tiene una métrica monetaria.[4]

Esta función de utilidad tiene otras características muy especiales. Sus curvas de indiferencia son paralelas horizontalmente entre sí, tal como se muestra en la figura 2.7. Esto tiene una implicancia: mientras el enésimo bien (el numerario) es normal, todos los demás bienes son neutros[5]. Este hecho hace que la función de utilidad de métrica monetaria tenga un lugar importante en el análisis de bienestar, como veremos en los capítulos 3 y 9.

Por su parte, la función $\phi(\cdot)$ es la que define la convexidad de las curvas de indiferencia. Entonces, el nombre de utilidad *cuasilineal* proviene del hecho que el numerario entra en forma lineal en la función de utilidad.

---

[4] Si, en cambio, m es menor, entonces el sistema de ecuaciones (2.3.d) no entrega las demandas, porque ese sistema no satisfaría la condición de no negatividad de x_1; en ese caso, la utilidad marginal del ingreso sería mayor que 1, y el consumidor no consumiría del bien 1.

[5] Esto, asumiendo que el consumo del bien n sea positivo o, equivalentemente, que la utilidad marginal del ingreso sea unitaria.

Esto, a diferencia del caso de sustitución perfecta, en que todos los bienes entran en forma lineal.

Un ejemplo de preferencias cuasilineales es el siguiente:

$$u(x_1, x_2) = \sqrt{x_1} + x_2.$$

En este caso las curvas de indiferencia son convexas, debido a que $\phi(x_1) = \sqrt{x_1}$ es cóncava. Al resolver por el método de KKT, encontramos la siguiente condición a partir de la CPO en el caso en que $x_1, x_2, \lambda > 0$:

$$TMSS = \frac{1}{2\sqrt{x_1}} = \frac{p_1}{p_2}$$

De esta igualdad podemos obtener directamente la demanda por el bien 1 (que no depende del ingreso), y reemplazando en la restricción presupuestaria, la demanda por el bien 2. En el caso en que $x_1, \lambda > 0$ y $x_2 = 0$, obtenemos las condiciones:

$$\frac{1}{2\sqrt{x_1}} - \lambda p_1 = 0$$

$$1 - \lambda p_2 \leq 0$$

$$x_1 p_1 = m$$

Resolviendo, entonces, las funciones de demanda quedan de la forma:

$$x_1^*(p_1, p_2, m) = \begin{cases} \left(\frac{p_2}{2p_1}\right)^2 & \text{si } \frac{m}{p_2} > \frac{p_2}{4p_1}, \\ \frac{m}{p_1} & \text{si no.} \end{cases}$$

$$x_2^*(p_1, p_2, m) = \begin{cases} \frac{m}{p_2} - \frac{p_2}{4p_1} & \text{si } \frac{m}{p_2} > \frac{p_2}{4p_1}, \\ 0 & \text{si no.} \end{cases}$$

La demanda por el bien 1 no depende del ingreso (es neutro) siempre que la cantidad consumida del bien 2 sea positiva. En ese caso, la demanda por el bien 2 sí depende del ingreso, y de hecho este bien es de lujo.

A su vez, la función de utilidad indirecta es de la forma:

$$v(p_1, p_2, m) = \begin{cases} \frac{m}{p_2} + \frac{p_2}{4p_1} & \text{si } \frac{m}{p_2} > \frac{p_2}{4p_1}, \\ \sqrt{\frac{m}{p_1}} & \text{si no.} \end{cases}$$

Observe que si $p_2 = 1$ y $m > 1/4p_1$, entonces la utilidad marginal del ingreso es 1, como se afirmó. Cuando el ingreso es menor, entonces no se compra del bien 2 y la utilidad marginal del ingreso es $1/p_1$ veces la utilidad marginal del consumo del bien 1 (lo que es mayor que 1). Visto así, el plan del consumidor es gastar cada peso en el bien que tenga la mayor utilidad marginal: todos sus primeros pesos los gasta en el bien 1 hasta que su utilidad marginal caiga a 1 y, de ahí en adelante, gasta todo ingreso adicional en el bien 2.

2.4. Consumidor dotado de una canasta

Todo el análisis anterior supone que el consumidor tiene un ingreso m que no se ve afectado por los precios. En algunos contextos, sin embargo, es natural pensar que el individuo no tiene un ingreso monetario fijo, sino una dotación inicial de bienes (o una combinación de ambos). Así por ejemplo, en el capítulo anterior describíamos la oferta de trabajo de un individuo que debe elegir su nivel de ocio h y consumo de bienes x, partiendo de una dotación de tiempo T y un ingreso no laboral z. Puede "consumir" directamente su tiempo (eligiendo $h > 0$) o dedicarlo al trabajo y recibir un salario w_ℓ por hora trabajada que le permite aumentar su ingreso para comprar bienes en el mercado (eligiendo $x > 0$). Asimismo, describíamos la decisión de consumo intertemporal de un individuo que tiene una dotación inicial de ingreso m_t en cada período y debe elegir el consumo c_t. Puede "consumir" directamente su dotación de cada período, o traspasar consumo de un período a otro, ahorrando (eligiendo $c_0 < m_0$ y $c_1 > m_1$) o endeudándose (eligiendo $c_0 > m_0$ y $c_1 < m_1$) a tasa r. Por último, en el equilibrio general de una economía de intercambio que estudiaremos más adelante, nos interesa analizar situaciones en que los individuos no tienen un ingreso monetario fijo, sino una dotación inicial de bienes que pueden intercambiar con otros individuos. En ese caso, el valor monetario de la dotación inicial depende de los precios de los bienes.

Considere en general el caso de un consumidor con una dotación de bienes denotada por $\overline{x} = (\overline{x}_1, \overline{x}_2)$. El conjunto de posibilidades de este individuo es entonces definido por

$$x_1 p_1 + x_2 p_2 \leq m(p_1, p_2, \overline{x}),$$

donde $m(p_1, p_2, \overline{x}) \equiv \overline{x}_1 p_1 + \overline{x}_2 p_2$ es su dotación valorada a los precios de mercado (su "ingreso"). La demanda marshalliana depende entonces del vector de precios y de su dotación inicial, y se puede escribir como

$x_\ell(p_1, p_2, m(p_1, p_2, \overline{x}))$, o alternativamente como $x_\ell(p_1, p_2, \overline{x})$. Si la preferencia de cada individuo se representa mediante una función de utilidad u estrictamente creciente, esta demanda se obtiene de:

$$\max_{x_1, x_2} u(x_1, x_2)$$

$$\text{sujeto a } m(p_1, p_2, \overline{x}) = x_1 p_1 + x_2 p_2$$

Decimos que el individuo es comprador neto del bien ℓ si $x_\ell > \overline{x}_\ell$ (es decir, si consume más unidades del bien ℓ que las unidades de su dotación inicial), y que es vendedor neto de ese bien en caso contrario. Note que el individuo debe ser vendedor neto de un bien para poder ser comprador neto de otro. En este contexto la demanda marshalliana es homogénea de grado cero en precios: si se mantiene constante la dotación $\overline{x}$ y cambian todos los precios en la misma proporción, su dotación valorada $m(p_1, p_2, \overline{x})$ también aumenta en esa misma proporción.

El efecto del cambio en el precio de un bien sobre su demanda se obtiene a partir de:

$$\frac{\partial x_\ell^M(p_1, p_2, m(p_1, p_2, \overline{x}))}{\partial p_\ell} = \left. \frac{\partial x_\ell^M(p_1, p_2, m)}{\partial p_\ell} \right|_{m \text{ fijo}}$$

$$+ \frac{\partial x_\ell^M(p_1, p_2, m)}{\partial m} \frac{\partial m(p_1, p_2, \overline{x})}{\partial p_\ell}, \quad (2.37)$$

usando regla de la cadena.

Como $\frac{\partial m(p_1, p_2, \overline{x})}{\partial p_\ell} = \overline{x}_\ell$, la expresión anterior se puede escribir como

$$\frac{\partial x_\ell^M(p_1, p_2, m(p_1, p_2, \overline{x}))}{\partial p_\ell} = \left. \frac{\partial x_\ell^M(p_1, p_2, m)}{\partial p_\ell} \right|_{m \text{ fijo}} + \overline{x}_\ell \frac{\partial x_\ell^M(p_1, p_2, m)}{\partial m}.$$

Pero ya sabemos que:

$$\left. \frac{\partial x_\ell^M(p_1, p_2, m)}{\partial p_\ell} \right|_{m \text{ fijo}} = \frac{\partial x_\ell^H(p_1, p_2, u)}{\partial p_\ell} - x_\ell \frac{\partial x_\ell^M(p_1, p_2, m)}{\partial m},$$

por lo que finalmente obtenemos la descomposición de Slutsky:

$$\frac{\partial x_\ell^M(p_1, p_2, m(p_1, p_2, \overline{x}))}{\partial p_\ell} = \frac{\partial x_\ell^H(p_1, p_2, u)}{\partial p_\ell}$$

$$- (x_\ell - \overline{x}_\ell) \frac{\partial x_\ell^M(p_1, p_2, m)}{\partial m}. \quad (2.38)$$

Esta descomposición nos muestra que el efecto total de un cambio en el precio del bien ℓ sobre su demanda tiene en este caso tres componentes: además del efecto sustitución y del efecto ingreso tradicionales, se agrega un **efecto dotación**. El efecto dotación captura el cambio en $m(p_1, p_2, \overline{x})$ ante un cambio en p_ℓ. Si el individuo no tenía unidades del bien ℓ en su dotación inicial, entonces p_ℓ no afecta su "ingreso". Pero si él era dueño de algunas unidades del bien ℓ, al aumentar p_ℓ aumenta también su dotación valorada.

Si un bien es normal, la suma del efecto ingreso y efecto dotación va en dirección opuesta al efecto sustitución si el individuo es un vendedor neto del bien (i.e., $x_\ell < \overline{x}_\ell$). En efecto, si el ingreso fuera fijo el conjunto de posibilidades se reduciría al aumentar p_ℓ, pero en este caso, el "ingreso" neto del individuo aumenta con el aumento en p_ℓ, y por lo tanto el individuo es "más rico", lo que aumenta su consumo del bien ℓ si éste es normal. El signo del efecto total depende de la magnitud de estos distintos efectos.

En la aplicación de la oferta de trabajo, por ejemplo, el individuo no puede ser comprador neto de horas de ocio: $h \leq T$. Un aumento en el pago por hora trabajada w_ℓ no necesariamente reduce su nivel de ocio, entonces. Si bien el ocio se hace relativamente más caro (lo que reduce su demanda por ocio por efecto sustitución), la dotación valorada o "ingreso completo" del individuo aumenta con el aumento en w_ℓ (lo que aumenta su demanda por ocio si este es un bien normal). Es por esto que, para niveles altos de w_ℓ, la oferta de trabajo podría tener pendiente negativa aún cuando el ocio sea bien normal.

En la aplicación de consumo intertemporal, en cambio, el individuo podría ser comprador o vendedor neto de consumo en t. Si aumenta r, el consumo en 0 se hace relativamente más caro (lo que reduce su demanda por c_0 por efecto sustitución). Si es deudor neto (comprador neto de c_0), este efecto se verá reforzado por un efecto ingreso y efecto dotación que en total va en la misma dirección del efecto sustitución. Pero si es ahorrante neto (vendedor neto de c_0), la suma del efecto ingreso y efecto dotación va en la dirección opuesta al efecto sustitución.

EJERCICIOS

1. (*) Suponga que las preferencias de un individuo se pueden representar como

$$u\left(x_1, x_2\right) = \min\left\{x_1, 2x_2\right\}$$

(proporciones fijas). ¿Cuál es la elasticidad precio de la demanda compensada por x_1 y la elasticidad ingreso por x_1? ¿Cuál es entonces la elasticidad precio de la demanda marshalliana por x_1? Calcule, explique la intuición de su resultado (no la matemática que utilice), y apoye su respuesta en un gráfico.

2. (**) Los mil habitantes de Talismán son fanáticos fotógrafos. Cada uno de ellos ha recibido al nacer una cámara fotográfica, la que usan para sacar cuantas fotos pueden, dejando por cierto una parte de su ingreso para cubrir sus otras necesidades. En particular, todos tienen preferencias idénticas dadas por

$$u(x_1, x_2) = A\ln(1 + x_1) + x_2$$

donde x_1 es consumo del resto de los bienes, y x_2 el número de fotografías. El costo de una fotografía es \$$p_2$, y el de una unidad de consumo del resto de los bienes es \$1. El habitante i tiene un ingreso de m_i ($i = 1, 2, ..., 1000$), y $\sum_{i=1}^{1000} m_i = M$.

   a) Obtenga las demandas individuales por ambos bienes. Obtenga también las demandas agregadas, suponiendo que todos están en solución interior.

   b) Compruebe en el bien 2 que la identidad de Roy se satisface a nivel individual. Compruebe, asimismo, que la agregación de Engel se cumple tanto a nivel individual como agregado.

   c) Suponga que inicialmente para el talismán 125, $m_{125} = 200$, $A = 101$ y $p_2 = 1$. Si p_2 sube en un 10 %, ¿en cuánto cambia la cantidad demandada? ¿Qué parte de ese cambio obedece al efecto sustitución?

3. (**) Considere la siguiente función de utilidad:

$$u\left(x_1, x_2\right) = 2\sqrt{x_1} + x_2$$

En lo que sigue, m representa al ingreso, p_1 el precio del bien 1 y p_2 el del 2.

   a) Caracterice las preferencias que representan, dibujando cuidadosamente el mapa de curvas de indiferencia que generan. ¿Se trata de dos bienes? ¿Tiene esta persona preferencias por la variedad?

$b)$ Verifique, sin olvidar eventuales condiciones de segundo orden, que las demandas ordinarias (o marshallianas) por cada bien son respectivamente:

$$x_1^* = \begin{cases} \left(\frac{p_2}{p_1}\right)^2 & \text{si } m \geq \frac{p_2^2}{p_1} \\ \frac{m}{p_1} & \text{si } m < \frac{p_2^2}{p_1} \end{cases}$$

$$x_2^* = \begin{cases} \frac{m}{p_2} - \frac{p_2}{p_1} & \text{si } m \geq \frac{p_2^2}{p_1} \\ 0 & \text{si } m < \frac{p_2^2}{p_1} \end{cases}$$

$c)$ Explique claramente por qué esta persona no consumiría del bien 2 si su ingreso fuese menor que $\frac{p_2^2}{p_1}$. ¿Acaso no lo valora?

$d)$ Determine si cada bien es normal, inferior o neutro.

$e)$ Encuentre el valor del multiplicador lagrangeano. Explique, entonces, por qué a este tipo de función de utilidad se le conoce como de métrica monetaria".

$f)$ Encuentre la función de gasto mínimo $G^* (p_1, p_2, u)$, y derive a partir de ella las demandas compensadas (o hicksianas) por cada bien. Recuerde que el lema de Shephard establece que:

$$\frac{\partial G^*}{\partial p_{\ell'}} = x_{\ell'}^*$$

$g)$ Verifique el cumplimiento de la ecuación de Slutsky, esto es:

$$\frac{\partial x_1^M (p_1, p_2, m)}{\partial p_1} = \frac{\partial x_1^H (p_1, p_2, u)}{\partial p_1} - \frac{\partial x_1^M (p_1, p_2, m)}{\partial m} x_1^M (p_1, p_2, m)$$

Explique su significado.

4. (**) Suponga que todas las familias pobres son iguales, y consumen dos bienes: L (leche) y OB (otros bienes). Inicialmente las familias consumen L_0 litros de leche, a un precio p_{L_0}.

Usted se encuentra evaluando un proyecto destinado a asegurar un consumo mínimo de leche de las familias pobres (L^*, donde $L^* > L_0$). Para cumplir con este objetivo se evalúan dos posibilidades:

i) entregar a la familia el monto de dinero necesario para comprar la cantidad de leche que necesita para alcanzar L^*, es decir, entregarles un regalo de $(L^* - L_0) \cdot p_{L_0}$

ii) venderles leche a un precio menor (p_{L_1}), de manera que el gasto de la familia necesario para consumir la cantidad L^* deseada siga siendo $GL_0 = L_0 \cdot p_{L_0} = $ gasto inicial en leche

$a)$ Grafique la nueva restricción presupuestaria de la familia en cada una de las dos posibilidades, y compare con la restricción inicial.

$b)$ Analice cómo tendría que ser la elasticidad ingreso de los otros bienes ($\eta_{OB,I}$) para que la familia efectivamente consuma el nivel L^* con el regalo de i). ¿Cómo tendría que ser entonces la elasticidad ingreso de la leche para que así fuera?

$c)$ Analice cómo tendría que ser la elasticidad cruzada de los otros bienes respecto de la leche ($\eta_{OB,L}$) para que con el cambio de precios en ii) la familia efectivamente consumiera el nivel L^*; ¿cómo tendría que ser entonces la elasticidad precio de la demanda ordinaria por otros bienes y de la demanda por leche para que así fuera?

5. (**) La función de utilidad de José es de la forma $U(F,O) = 2\ln F + 2\ln O$, donde F son partidos de fútbol y O son otros bienes. Si José se inscribe en el Club de Amigos del Fútbol, debe pagar una cuota de \$$m$, que le da derecho a una rebaja de un $19\,\%$ de descuento en las entradas a los partidos. Encuentre la máxima cuota, como porcentaje de su ingreso, que se podría cobrar a José por entrar al club ($\frac{m}{I_0}$).

6. (***) Mónica sólo valora el café y los libros. Con un ingreso monetario de m, y con precios de café y libros dados por p_1 y p_2 respectivamente, obtiene una utilidad de

$$
v(m,p_1,p_2) = \begin{cases} \ln 10\frac{p_1}{p_2} + \frac{1}{10p_1}\left(m - 10p_1\right) & \text{si } \frac{m}{10} \geq p_1 \\ \ln \frac{m}{p_2} & \text{si } \frac{m}{10} < p_1 \end{cases}
$$

Si inicialmente $(m,p_1,p_2) = (100,1,2)$ y el fisco repentinamente decidiera recaudar \$1 de parte de Mónica en impuestos, ¿qué clase de impuestos preferiría ella que le cobraran? ¿Un impuesto al ingreso, al consumo de libros o al consumo de café (todos ellos por cierto recaudando el mismo monto)? Justifique con cifras.

7. (***) Considere un individuo cuyas preferencias se pueden representar por la función $u = \sqrt{x_1 x_2}$. Los precios de los bienes son $p_1 = 1$ y $p_2 = 4$ respectivamente, y su ingreso es $m = 100$. Suponga que el gobierno quiere que los individuos reduzcan su consumo de x_1 a la mitad, pero sin afectar su bienestar (imagine por ejemplo que x_1 es electricidad, y el gobierno teme que si no se reduce su consumo ahora, las reservas de agua sean insuficientes para proveer electricidad en el futuro). Para ello el gobierno decide poner un impuesto de monto t al consumo de x_1 (de manera que el nuevo precio sería $p_1' = 1 + t$) y dar un subsidio de monto fijo a los consumidores (de modo que el nuevo ingreso sería $m' = 100 + z$).

Encuentre cuál es el monto de t y z que cumpliría con los objetivos del gobierno (es decir, que reduzca el consumo de x_1 a la mitad pero sin cambiar el nivel de utilidad del individuo). Explique la intuición de su procedimiento, indicando por qué la función de utilidad indirecta y/o la función de mínimo gasto nos da una información útil en este caso.

Comentarios bibliográficos

Otra consecuencia de la aceptación de la utilidad como una magnitud ordinal es que, por ese hecho, queda relegada a un segundo plano, siendo la preferencia el elemento básico, o primitivo, de la teoría. Éste fue el punto de partida del trabajo de Evgeny Slutsky (1915), y la conexión entre la demanda y la preferencia fue completamente entendida recién a partir del trabajo del premio Nobel Gerard Debreu (1954; 1959). La teoría de la demanda, en tanto, fue desarrollada en propiedad por Alfred Marshall (2009) (cuya primera edición es de 1895). El desarrollo de la estática comparativa de la decisión del consumidor tuvo como propósito entender qué restricciones sobre el comportamiento impone el supuesto de la existencia de una relación de preferencias.

Capítulo 3

Análisis del bienestar del consumidor

3.1. Introducción

En el capítulo anterior estudiamos el efecto que tiene sobre la cantidad demandada de los bienes un cambio en el precio de algún bien o del ingreso. Pero para contestar algunas preguntas interesantes no basta con eso; muchas veces queremos además saber si ante un determinado cambio, el individuo queda en una mejor o peor situación que la original, y cuánto ha cambiado su bienestar. Por ejemplo, al evaluar un proyecto que consiste en la construcción de una carretera, quisiéramos medir de alguna manera quiénes ganan y quiénes pierden, y cuánto ganan o pierden, para tomar una decisión.

Para aproximarnos a una respuesta a estas preguntas, lo primero que normalmente asumimos es que las personas hacen lo mejor para sí mismas (axioma 0). Con este axioma adicional, la función de utilidad no sólo representa un ordenamiento de preferencias, sino que además podemos decir que si la utilidad asociada a una determinada acción es mayor que aquella asociada a otra acción, entonces la primera es "mejor" para el individuo, o le da un mayor bienestar. Esta aproximación nos es útil para decir, por ejemplo, que si después del cambio el individuo aún puede escoger la acción que elegía antes del cambio, y sin embargo prefiere otra, entonces está mejor luego del cambio.

En el caso particular de la función de utilidad cuasilineal o de métrica monetaria, estudiada en el capítulo 2, estas preguntas tienen una respuesta simple porque la utilidad está directamente medida en pesos, o unidad de cuenta. En efecto, decir que el consumidor, producto de algún cambio, está \$100 peor tiene un sentido claro, a saber, que se le deben entregar al menos \$100 para que acepte ese cambio. Similarmente, si está dispuesto a pagar \$500 por obtener 10 unidades de un bien, y se le cobran solamente \$200, entonces obtiene una ganancia neta de \$300. Utilidad, excedente y disposición a pagar, todos se miden en la misma unidad.

Esto, sin embargo, no es general. Para cualquier otra función de utilidad, saber que un individuo está 100 utiles peor no nos dice mucho sobre *cuánto* peor está. Esto, porque la utilidad se puede medir en infinitas escalas diferentes. En efecto, el problema fundamental con que nos encontramos para tener una noción de la magnitud del cambio en bienestar es el que la función de utilidad es ordinal: si una determinada función de utilidad es una buena representación del ordenamiento de preferencias de un individuo, también lo es cualquier transformación monótona de la misma, por lo que no tiene sentido calcular la diferencia en utiles para cuantificar el cambio en el bienestar. Necesitamos de alguna manera llevar el cambio en la utilidad a una unidad de medida cardinal, como pesos, para que la cuantificación tenga sentido.

Una manera simple y ampliamente usada de llevar el cambio en la utilidad a una unidad de medida cardinal es a través del **excedente del consumidor marshalliano**. La idea intuitiva detrás de esta medida proviene de la interpretación de la curva de demanda como **disposición a pagar** (véase la Definición 8): cada vez que el consumidor compra una unidad a un precio menor a su disposición a pagar, ganaría la diferencia para sí. El área entre la curva de demanda y el precio (esto es, la integral) nos entrega esa ganancia acumulada, o excedente del consumidor. Sin embargo, veremos en este capítulo que en general la integral de la curva de demanda no mide exacta sino solo aproximadamente la disposición a pagar. Por otro lado, el excedente no está definido para cambios en más de un precio a la vez, lo que en muchas aplicaciones es la norma y no la excepción, ni tampoco para cambios en otras variables, cuyo efecto sobre el bienestar quisiéramos medir en otras aplicaciones (como el nivel de contaminación, la disponibilidad de transporte público, etc.).

A lo largo de este capítulo derivaremos otras medidas de bienestar, la variación compensatoria (sección 3.2) y la variación equivalente (sección 3.3), que resuelven este problema del excedente del consumidor marshalliano. Cuando estudiemos estas medidas de bienestar, nos vamos a centrar en la exposición en el cambio en el bienestar asociado a un cambio en el precio de un bien (o de varios de ellos). Sin embargo, estas medidas pueden ser utilizadas en contextos mucho más generales, para medir el efecto de un cambio en cualquier otra variable que afecte el bienestar del individuo.

Al examinar las diferencias entre estas medidas veremos que es el efecto ingreso el que complica el análisis. El valor monetario que el consumo de una cierta cantidad de un bien tenga para un individuo, en el sentido de disposición a pagar, dependerá como regla general de cuánto sea el poder de compra de su ingreso, o ingreso real. Veremos que son frases equivalentes decir "un aumento del ingreso hace que el consumidor quiera comprar más del bien" y decir "cuando el consumidor tiene un mayor ingreso, está dispuesto a pagar más por consumir el bien". Como consecuencia, el valor del consumo en general dependerá de la situación en que el consumidor se encuentre. Se sigue, entonces, que si un bien es neutro, su valor no depende del ingreso real. Este es el caso, nuevamente, de la función de utilidad cuasilineal, o de métrica monetaria.

Relacionado con lo anterior, veremos que la interpretación del excedente del consumidor marshalliano como la diferencia entre la disposición a pagar y el monto gastado en el bien, es exacta sólo en el caso en que el bien es neutro. En la sección 3.4 analizamos la relación entre las distintas medidas de bienestar cuando hay efecto ingreso.[1]

En la exposición ocuparemos bastante el instrumental gráfico. Para ello utilizaremos la siguiente simplificación: si estamos evaluando el efecto en el bienestar del cambio en el precio del bien 1, y el individuo consume n bienes (donde todos los demás bienes mantienen sus precios constantes), agregaremos los $n-1$ bienes restantes en una canasta que llamaremos "bien 2", cuyo precio se normaliza a 1.

3.2. Variación compensatoria

Digamos que el individuo tiene un ingreso de m, y alcanza inicialmente un nivel de utilidad u, como se muestra en la figura 3.1. Nos preguntamos cómo cambia el bienestar del individuo al caer el precio del bien 1 desde p_1 hasta p_1'.

Al caer el precio del bien 1, manteniéndose constantes el precio de los otros bienes y el ingreso del individuo, sabemos que debe estar mejor. Queremos tener una medida en pesos de *cuánto* aumentó su bienestar. Para ello, una primera pregunta que nos podemos hacer es: ¿cuánto ingreso podríamos quitarle al individuo de modo que, luego del cambio, quede con el nivel de utilidad inicial u?

Definición 7. *La **variación compensatoria** (VC) responde a la siguiente pregunta: ¿cuánto podría disminuir el ingreso del individuo para*

---

[1] Adicionalmente, en el apéndice se deriva gráficamente el excedente del consumidor ("verdadero", para diferenciarlo del marshalliano), y se compara con las demás medidas de bienestar mencionadas.

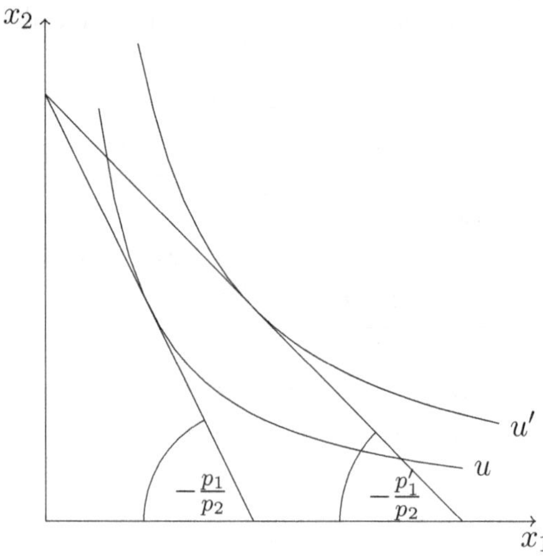

Figura 3.1 Cambio en el precio del bien 1

que, habiendo ocurrido el cambio, quede igual como si no hubiera ocurrido (i.e., quede en el nivel de utilidad inicial u)?

En otras palabras, la variación compensatoria mide cuánto es lo máximo que estaría dispuesto a pagar o entregar de su ingreso el individuo para que ocurriera el cambio (observe que la respuesta a esta pregunta coincide con la respuesta a la pregunta planteada en la definición). Es por esa razón que creemos que puede ser una buena medida del cambio en el bienestar.

Para contestar esta pregunta hacemos uso de la función de gasto mínimo: sabemos que el mínimo gasto necesario para alcanzar el nivel de utilidad u a los precios p_1' y p_2 (es decir, habiendo ocurrido el cambio), es $G^*\left(p_1',p_2,u\right)$. Además, sabemos que el ingreso inicial m coincide con el mínimo gasto necesario para alcanzar el nivel de utilidad u a los precios p_1 y p_2 (precios iniciales), $G^*\left(p_1,p_2,u\right)$, o alternativamente, con el mínimo gasto necesario para alcanzar el nivel de utilidad u' a los precios finales. Luego, la respuesta a la pregunta es:

$$\begin{aligned}
VC &= G^*\left(p_1,p_2,u\right) - G^*\left(p_1',p_2,u\right) \\
&= G^*\left(p_1',p_2,u'\right) - G^*\left(p_1',p_2,u\right)
\end{aligned} \tag{3.1}$$

Lo anterior se ilustra en la figura 3.2.

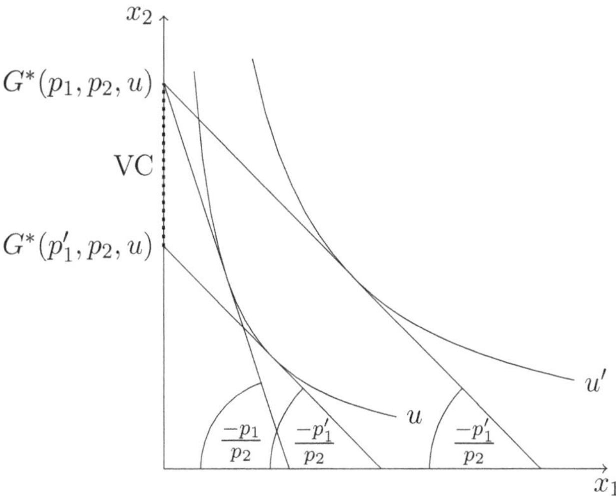

Figura 3.2 Variación compensatoria:
$$G^*\left(p_1,p_2,u\right) - G^*\left(p'_1,p_2,u\right)$$

Ahora, esto también podemos llevarlo a las curvas de demanda: sabemos por el lema de Shephard que:

$$\frac{\partial G^*\left(p_1,p_2,u\right)}{\partial p_1} = x_1^H\left(p_1,p_2,u\right) \tag{3.2}$$

Luego, podemos escribir la variación compensatoria como:

$$\begin{aligned} VC &= G^*\left(p_1,p_2,u\right) - G^*\left(p'_1,p_2,u\right) \\ &= \int_{p'_1}^{p_1} \frac{\partial G^*\left(p_1,p_2,u\right)}{\partial p_1}dp_1 = \int_{p'_1}^{p_1} x_1^H\left(p_1,p_2,u\right) dp_1 \end{aligned} \tag{3.3}$$

Es decir, la variación compensatoria se puede medir como el área bajo la curva de demanda compensada para el nivel de utilidad u, entre el precio inicial y el final, como se ilustra en la figura 3.3.

Ejercicio 14. Considere las funciones de utilidad presentadas en la sección 2.3.c:

$$\begin{aligned} u\left(x_1,x_2\right) &= x_1^\alpha x_2^{1-\alpha} \\ v\left(x_1,x_2\right) &= \alpha \ln x_1 + (1-\alpha)\ln x_2 \end{aligned}$$

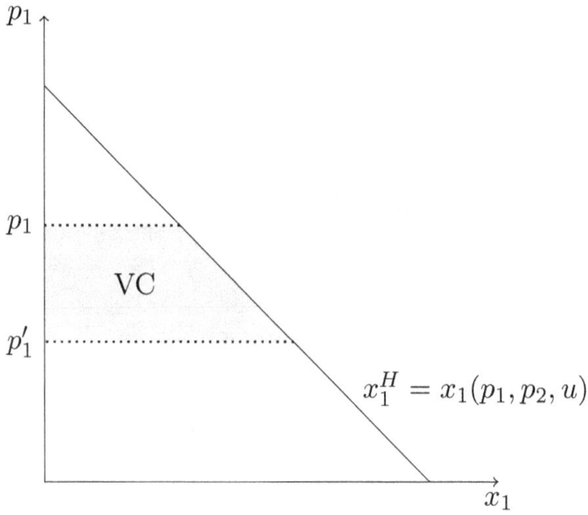

Figura 3.3   Variación compensatoria en demanda compensada

Muestre que, aun cuando las funciones de gasto mínimo que se derivan a partir de ellas son diferentes, si calculamos la variación compensatoria asociada a un cambio en el precio p_1, obtendremos el mismo resultado en ambos casos. $\square$

Esta medida no sólo es válida para una caída en el precio de un bien. Si éste aumentara, el análisis sería análogo, y la medida la misma: $VC = G^* (p_1, p_2, u) - G^* (p_1', p_2, u)$. La diferencia radica en que en este caso el bienestar *cae*, y eso se ve reflejado en una VC negativa: si nos preguntamos cuánto es lo máximo que podemos quitarle al individuo de su ingreso para que, habiendo ocurrido el alza en el precio, quede como si no hubiera ocurrido, nos damos cuenta de que dicho monto debe ser negativo (es decir, debemos darle más ingreso, ya que el precio aumentó).

Por otra parte, si cambia el precio de más de un bien al mismo tiempo, el análisis anterior sigue siendo totalmente válido. Al ver la variación compensatoria como el área bajo las demandas, tenemos dos opciones igualmente válidas. La primera se obtiene de sumar y restar $G^* (p_1', p_2, u)$ en la expresión anterior, con lo que obtenemos:

$$VC = \left[G^* (p_1, p_2, u) - G^* (p_1', p_2, u) \right]$$
$$+ \left[G^* (p_1', p_2, u) - G^* (p_1', p_2', u) \right] \quad (3.4)$$

Reemplazando,

$$VC = \left[\int_{p'_1}^{p_1} \frac{\partial G^* (p_1, p_2, u)}{\partial p_1} dp_1\right] + \left[\int_{p'_2}^{p_2} \frac{\partial G^* (p'_1, p_2, u)}{\partial p_2} dp_2\right] \quad (3.5)$$

Aplicando el lema de Shephard, conseguimos:

$$VC = \left[\int_{p'_1}^{p_1} x_1 (p_1, p_2, u)\, dp_1\right] + \left[\int_{p'_2}^{p_2} x_2 (p'_1, p_2, u)\, dp_2\right] \quad (3.6)$$

En este caso la variación compensatoria corresponde a la suma de: i) el área bajo la demanda compensada por el bien 1 entre su precio inicial y el final, manteniendo el precio del bien 2 en p_2 (precio inicial del bien 2), y ii) el área bajo la demanda compensada por el bien 2 entre su precio inicial y el final, manteniendo el precio del bien 1 en p'_2 (precio final del bien 1).

La segunda alternativa se obtiene de manera análoga, sumando y restando $G^* (p_1, p'_2, u)$, con lo que obtenemos:

$$VC = \left[G^* (p_1, p_2, u) - G^* (p_1, p'_2, u)\right]$$
$$+ \left[G^* (p_1, p'_2, u) - G^* (p'_1, p'_2, u)\right] \quad (3.7)$$

Siguiendo un procedimiento similar, se obtiene:

$$VC = \left[\int_{p'_2}^{p_2} x_2 (p_1, p_2, u)\, dp_2\right] + \left[\int_{p'_1}^{p_1} x_1 (p_1, p'_2, u)\, dp_1\right] \quad (3.8)$$

En este caso la variación compensatoria corresponde a la suma de: i) el área bajo la demanda compensada por el bien 1 entre su precio inicial y el final, manteniendo el precio del bien 2 en p'_2 (precio final del bien 2), y ii) el área bajo la demanda compensada por el bien 2 entre su precio inicial y el final, manteniendo el precio del bien 1 en p_1 (precio inicial del bien 1).

3.3. Variación equivalente

Nuevamente nos ponemos en el caso en que cae el precio del bien 1, manteniéndose constante el precio de los otros bienes (que agrupamos en un bien 2) y el ingreso del individuo, en que sabemos que el individuo debe estar mejor. Otra pregunta posible para obtener una medida en pesos de *cuánto* aumentó su bienestar, es cuánto ingreso tendríamos que darle al **individuo** de modo que, sin haber ocurrido el cambio, quede con el nivel de utilidad u'.

Definición 8. *La **variación equivalente** (VE) responde a la siguiente pregunta: ¿cuánto debería aumentar el ingreso del individuo para que, sin que haya ocurrido el cambio, quede igual como si hubiera ocurrido (i.e., quede en u')?*

En otras palabras, la variación equivalente mide cuánto es lo mínimo que estaría dispuesto a aceptar el individuo (el mínimo monto que le deberían pagar) para que no ocurra el cambio (observe que la respuesta a esta pregunta coincide con la respuesta a la pregunta planteada en la definición). Es por esa razón que creemos que esta puede ser otra buena medida del cambio en el bienestar.

Para contestar esta pregunta hacemos uso de la función de gasto mínimo: sabemos que el mínimo gasto necesario para alcanzar el nivel de utilidad u' a los precios p_1 y p_2 (es decir, si no ha ocurrido el cambio), es $G^* (p_1, p_2, u')$. Además, sabemos que el ingreso inicial m coincide con el mínimo gasto necesario para alcanzar el nivel de utilidad u' a los precios p_1' y p_2 (precios finales), es decir, $G^* (p_1', p_2, u')$ (o alternativamente, con $G^* (p_1, p_2, u)$). Así, la respuesta a la pregunta es:

$$
\begin{aligned}
VE &= G^* \left(p_1, p_2, u'\right) - G^* \left(p_1', p_2, u'\right) \\
&= G^* \left(p_1, p_2, u'\right) - G^* \left(p_1, p_2, u\right)
\end{aligned} \tag{3.9}
$$

Lo anterior se ilustra en la figura 3.4.

Esto también podemos llevarlo a las curvas de demanda: sabemos por el lema de Shephard que

$$
\frac{\partial G^* \left(p_1, p_2, u'\right)}{\partial p_1} = x_1^H \left(p_1, p_2, u'\right) \tag{3.10}
$$

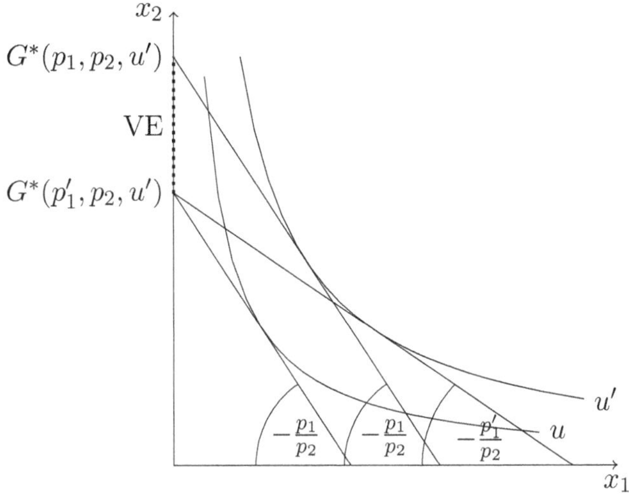

Figura 3.4 Variación equivalente:
$$G^* \left(p_1, p_2, u'\right) - G^* \left(p_1', p_2, u'\right)$$

Luego, podemos escribir la variación equivalente como:

$$VE = G^* \left(p_1, p_2, u'\right) - G^* \left(p_1', p_2, u'\right)$$

$$= \int_{p_1'}^{p_1} \frac{\partial G^* \left(p_1, p_2, u'\right)}{\partial p_1} dp_1 = \int_{p_1'}^{p_1} x_1^H \left(p_1, p_2, u'\right) dp_1 \quad (3.11)$$

Es decir, la variación equivalente se puede medir como el área bajo la curva de demanda compensada para el nivel de utilidad u', entre el precio inicial y el final, como se representa en la figura 3.5.

Al ver la variación compensatoria y equivalente en términos de áreas, es fácil deducir que si el bien 1 es normal, la variación equivalente es mayor que la variación compensatoria; si es un bien inferior, la variación equivalente es menor que la variación compensatoria y si es neutro, ambas medidas coinciden.

Nuevamente, tal como en el caso de la variación compensatoria, si hay un alza en p_1 se aplica el mismo análisis, y la única diferencia con el caso en que el precio cae, es que al subir el precio el bienestar *cae*, por lo que el resultado es que la *VE* es negativa (es decir, tendrían que quitarle ingreso al individuo para que, sin haber ocurrido el cambio, quede como si hubiera ocurrido). Nuevamente también, si tenemos dos bienes cuyos

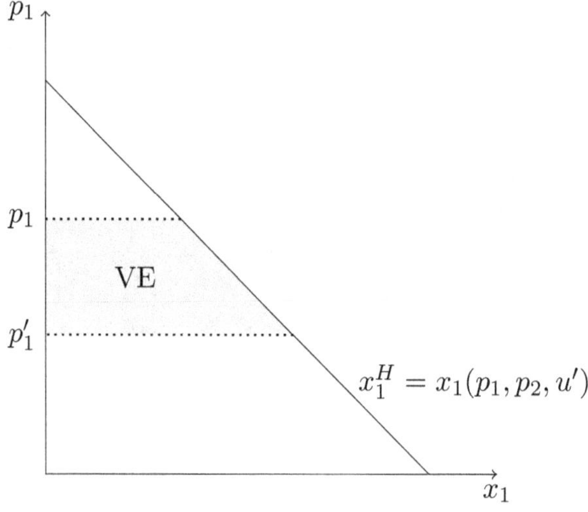

Figura 3.5 Variación equivalente en demanda compensada

precios cambian simultáneamente, obtenemos que $VE = G^* \left(p_1, p_2, u'\right) - G^* \left(p_1', p_2', u'\right)$. Aplicando un razonamiento similar al anterior, podemos escribir la VE en términos de áreas, ya sea como:

$$VE = G^* \left(p_1, p_2, u'\right) - G^* \left(p_1', p_2', u'\right)$$

$$= \left[\int_{p_1'}^{p_1} x_1 \left(p_1, p_2, u'\right) dp_1\right] + \left[\int_{p_2'}^{p_2} x_2 \left(p_1', p_2, u'\right) dp_2\right] \qquad (3.12)$$

o también como:

$$VE = \left[\int_{p_2'}^{p_2} x_2 \left(p_1, p_2, u'\right) dp_2\right] + \left[\int_{p_1'}^{p_1} x_1 \left(p_1, p_2', u'\right) dp_1\right] \qquad (3.13)$$

Ambas medidas, la variación compensatoria y la variación equivalente, son útiles también en otros contextos. Suponga que hay un parámetro α que afecta directamente la utilidad del individuo. Se puede encontrar entonces el gasto mínimo de alcanzar un determinado nivel de utilidad para cada nivel de α. La variación compensatoria asociada a un cambio desde α_0 a α_1, está dada por:

$$VC = G^* \left(\alpha_0, p_1, p_2, u\right) - G^* \left(\alpha_1, p_1, p_2, u\right) \qquad (3.14)$$

y mide cuánto estaría dispuesto a entregar el individuo para que ocurra dicho cambio. De la misma forma, la variación equivalente es:

$$VE = G^* \left(\alpha_0, p_1, p_2, u'\right) - G^* \left(\alpha_1, p_1, p_2, u'\right) \tag{3.15}$$

que mide cuánto se le debería entregar si el cambio no ocurriera, para dejarlo en una situación equivalente. Así por ejemplo, en Azqueta (1994) se analizan distintos métodos para medir los cambios en el bienestar individual asociados a la calidad ambiental.

3.4. EXCEDENTE DEL CONSUMIDOR MARSHALLIANO

Una tercera medida de bienestar es el **excedente del consumidor**. Para medir el bienestar asociado a la posibilidad de consumir la cantidad elegida a los precios actuales nos preguntamos cuánto es lo máximo que el individuo estaría dispuesto a pagar por esa cantidad, y lo comparamos con el monto que efectivamente paga. Un cambio en el bienestar producto de un cambio en p_1 se mide entonces calculando el cambio en el excedente del consumidor.

Digamos que al precio actual $\overline{p}_1$, el individuo escoge una cantidad $\overline{x}_1$, y obtiene un nivel de utilidad $\overline{u}$ (en todo este análisis, el precio de los otros bienes es siempre $p_2 = 1$).

Para calcular el **excedente del consumidor marshalliano** (ECM), simplemente calculamos el área bajo la curva de demanda marshalliana hasta el precio $\overline{p}_1$, es decir, $ECM = \int_{\overline{p}_1}^{\infty} x_1 \left(p_1, p_2, \overline{m}\right) dp_1$, como se ilustra en la figura 3.6 para el caso de un bien normal. Su gran ventaja proviene de que sólo necesitamos conocer o estimar la demanda marshalliana para obtener esta medida de bienestar, y no la demanda hicksiana o la función de gasto mínimo.

La razón por la cual calculamos el ECM como el área bajo la demanda marshalliana hasta el precio $\overline{p}_1$ es porque interpretamos la demanda inversa como la disposición a pagar por el bien. Si el consumidor no compra nada cuando $p_1 = 100$, pero compra 1 unidad cuando p_1 baja a 90, interpretamos que está dispuesto a pagar 90 por esa primera unidad; si al bajar a 80 compra 2 unidades, interpretamos que está dispuesto a pagar 80 por esa unidad adicional, y así sucesivamente. Podríamos obtener así su disposición a pagar por cada unidad hasta $\overline{x}_1$; la diferencia entre la suma de su disposición a pagar por las distintas unidades que consume y lo que efectivamente paga (que corresponde a $\bar{p}_1 \bar{x}_1$) es justamente el área bajo la demanda hasta $\bar{p}_1$.

El problema del procedimiento descrito, sin embargo, es que si el consumidor efectivamente pagara 90 por la primera unidad (y no $\bar{p}_1$ como efectivamente paga), tendría un ingreso más bajo para comprar la segunda unidad. Luego, si hay efecto ingreso, su disposición a pagar por la segunda unidad no sería realmente 80 (de hecho, sería menos de 80 si el bien es normal, y más de 80 si es inferior), y así sucesivamente con las unidades restantes. Entonces, la diferencia entre lo máximo que el individuo está dispuesto a pagar por $\bar{x}_1$ y lo que efectivamente paga coincide exactamente con el ECM sólo en el caso del bien neutro.[2]

Si bien el ECM no siempre entrega exactamente la diferencia entre lo máximo que el individuo está dispuesto a pagar por $\bar{x}_1$ y lo que efectivamente paga, su valor está acotado por la VC y VE asociadas al cambio desde un precio al que no consume nada del bien hasta $\bar{p}_1$. En ese sentido, el ECM es una buena aproximación del "verdadero" excedente. Si definimos u_0 como la utilidad que alcanzaría el consumidor si no comprara el bien (si $p_1 = \infty$, o $p_1 \geq 100$ en nuestro ejemplo), la variación compensatoria asociada a un cambio desde $p_1 = \infty$ a $\bar{p}_1$ es menor que el ECM, que a su vez es menor que la variación equivalente asociada al mismo cambio: $VE > ECM > VC$ (ver figura 3.6). En el caso de un bien neutro, la curva de demanda marshalliana coincide con la hicksiana para el nivel de utilidad u y también para el nivel de utilidad $\bar{u}$, por lo que todas las medidas coinciden. En el caso de un bien inferior, tendremos que $VC > ECM > VE$, como se puede verificar a partir de la figura 3.7. Es decir, en todos los casos el ECM se encuentra entre la VC y la VE.

3.5. Aplicaciones

En las aplicaciones que se desarrollan a continuación se analiza en mayor profundidad la relación entre las distintas formas de medir cambios en bienestar.

En la primera aplicación se considera el caso de la utilidad cuasilineal, en que se muestra en detalle por qué al ser neutro el bien 1 todas las medidas de cambio en bienestar asociadas a un cambio en p_1 coinciden.

---

[2] Si el bien es normal, el ECM sobreestima el "verdadero" excedente, mientras que si es inferior lo subestima. Ver análisis detallado en el Apéndice.

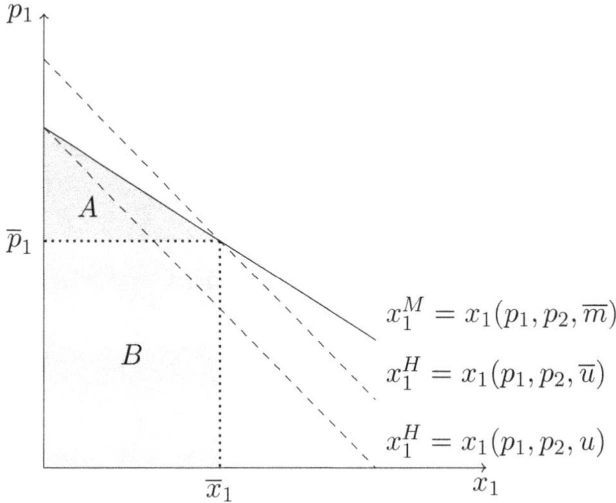

Figura 3.6 Excedente del consumidor marshalliano para un bien normal: $ECM = A$

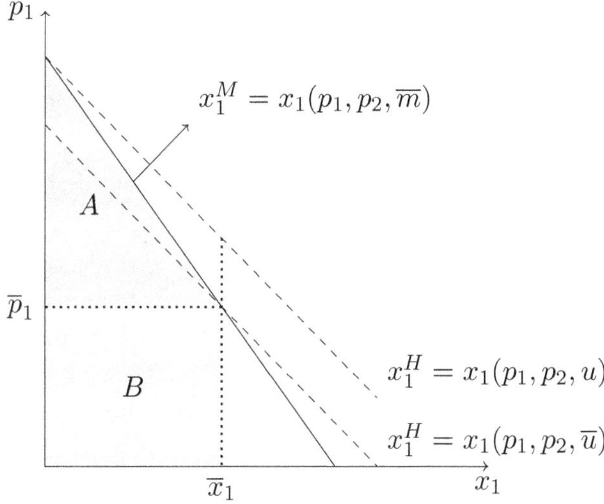

Figura 3.7 Excedente del consumidor marshalliano para bien inferior: $ECM = A$

En la segunda aplicación se analiza el efecto en bienestar que tendría el compensar a los individuos luego de ocurrido un cambio en precios de acuerdo a distintos índices de precios. Los distintos índices de precios se construyen tomando distintos niveles de utilidad o canastas de referencia. En este caso ya no es cierto que bajo utilidad cuasilineal todo coincide. Pero sí es posible establecer equivalencias cuando la función de utilidad es homogénea.

3.5.a. Bienestar individual y utilidad cuasilineal

Suponga que la preferencia de un individuo se representa mediante la siguiente función de utilidad:

$$u(x_1, x_2) = \phi(x_1) + x_2, \tag{3.16}$$

con $\phi' > 0$ y $\phi'' < 0$ (lo que asegura que la utilidad es cóncava). Desarrollaremos este ejemplo en detalle para verificar que en el caso del bien neutro todas las medidas de cambio en bienestar convergen a una sola.

Al resolver el problema del consumidor, para una solución interior encontramos que la demanda marshalliana por el bien 1 no depende del nivel de ingreso del individuo, y la demanda hicksiana no depende del nivel de utilidad de referencia. De hecho, en la solución interior las demandas marshalliana y hicksiana por el bien 1 coinciden, y corresponden a la inversa de la utilidad marginal del bien 1 evaluada en el precio relativo:

$$x_1^M(p_1, p_2, m) = x_1^H(p_1, p_2, u) = \phi'^{-1}\left(\frac{p_1}{p_2}\right). \tag{3.17}$$

Como la demanda hicksiana evaluada en cualquier nivel de u es la misma en la solución interior, esto significa que al medir el cambio en bienestar asociado a un cambio en p_1 a través de la VC y VE se obtiene el mismo resultado. Y como las demandas hicksiana y marshalliana coinciden, el ECM coincide también con la VC y VE asociadas a un cambio en p_1 desde ∞ a $\bar{p}_1$.

Ejemplo 2. Si $u(x_1, x_2) = \sqrt{x_1} + x_2$, entonces en el tramo de la solución interior la demanda por el bien 1 es

$$x_1^M(p_1, p_2, m) = x_1^H(p_1, p_2, u) = \frac{1}{4}\left(\frac{p_2}{p_1}\right)^2, \tag{3.18}$$

y las funciones de gasto y de utilidad indirecta son respectivamente:

$$G^*(p_1, p_2, u) = p_2 u - \frac{(p_2)^2}{4p_1} \tag{3.19}$$

$$v(p_1, p_2, m) = \frac{m}{p_2} + \frac{p_2}{4p_1}. \tag{3.20}$$

Es así como obtenemos:

$$G^*(p_1, p_2, u) - G^*(p_1', p_2', u) = \frac{(p_2^0)^2}{4p_1^1} - \frac{(p_2^0)^2}{4p_1^0}, \tag{3.21}$$

que corresponde tanto a la VC como a la VE (ya que la diferencia no depende del nivel u de referencia). Más aún, al evaluar la ecuación 3.21 en $p_1^0 = \infty$ y $p_\ell^1 = \overline{p}_\ell$ se obtiene $\frac{\overline{p}_2^2}{4\overline{p}_1}$, que corresponde exactamente al ECM (integral de la demanda marshalliana hasta $\overline{p}_1$). $\qquad\square$

3.5.b. Índices de precio

Un número índice es un indicador que se elabora para medir la evolución de alguna variable a través del tiempo. Estos índices se ocupan, por ejemplo, para describir la evolución de la actividad de un país (índice de cantidad), o establecer reajustes mínimos de salarios (índice de precios). Para la elaboración de un número índice se debe definir un período base, al cual se asigna un índice de 100.

Los índices de precios suelen utilizarse para compensar a los individuos por variaciones en los precios de los bienes que ellos compran para así mantener su poder adquisitivo. Una manera natural de definir un índice de precios surge entonces a partir de la variación compensatoria: si se compensara el ingreso del individuo de acuerdo a VC, por definición sabemos que él podría alcanzar el nivel de utilidad inicial u_0 después del cambio en los precios. Este mismo concepto se puede generalizar para mantener la utilidad en cualquier nivel de referencia. Un índice de cambio en el costo de vida, en efecto, compara el gasto necesario para alcanzar un determinado nivel de utilidad entre un período y otro (y le llamamos Índice de Precios Verdadero, IPV). Por ejemplo, si pasamos de una lista de precios $p_1, p_2, ..., p_n$, a otra $p_1', p_2', ..., p_n'$, podríamos calcular un índice de cambio en el costo de vida para el nivel de utilidad u o para el nivel u' (nivel de utilidad que se alcanza en el período inicial y final respectivamente) como:

$$IPV\left(u\right) \;=\; 100 \times \frac{G^*\left(p_1', p_2', ..., p_n', u\right)}{G^*\left(p_1, p_2, ..., p_n, u\right)} \qquad (3.22)$$

$$IPV\left(u'\right) \;=\; 100 \times \frac{G^*\left(p_1', p_2', ..., p_n', u'\right)}{G^*\left(p_1, p_2, ..., p_n, u'\right)} \qquad (3.23)$$

En la sección 2.3.d del capítulo anterior se obtuvo la función de utilidad indirecta para el caso de la utilidad cuasilineal. A partir de ella se puede obtener la función de gasto mínimo $G^*\left(p_1, p_2, ..., p_n, u\right)$, que no es multiplicactivamente separable en u. Esto significa que al calcular $IPV(u_0)$ e $IPV(u_1)$ se obtendrían resultados distintos. En cambio, si la utilidad fuera homogénea, la función de gastos sería multiplicativamente separable en u, de modo que $IPV(u_0)$ e $IPV(u_1)$ entregarían el mismo resultado.

Ejemplo 3. En la sección 2.3.c se desarrolla el ejemplo de una utilidad Cobb-Douglas, que es una función homogénea de grado $a_1 + a_2$. La función de gastos en ese caso es:

$$G^*\left(p_1, p_2, u\right) = (a_1 + a_2)u^{\frac{1}{a_1+a_2}}\left(\frac{p_1}{a_1}\right)^{\frac{a_1}{a_1+a_2}}\left(\frac{p_2}{a_2}\right)^{\frac{a_2}{a_1+a_2}},$$

lo que significa que

$$IPV\left(u\right) = IPV\left(u'\right) = \left(\frac{p_1^0}{p_1^1}\right)^{\frac{a_1}{a_1+a_2}}\left(\frac{p_2^0}{p_2^1}\right)^{\frac{a_2}{a_1+a_2}}.$$

$\square$

Construir un IPV requiere conocer las preferencias de los individuos, por lo que en la práctica resulta muy difícil de aplicar. En esta sección estudiaremos dos aproximaciones, los índices de precios de Laspeyres y de Paasche. Para calcular estos índices sólo es necesario conocer las cantidades consumidas y los precios iniciales y finales.

Calcular un índice de precios requiere ponderar cambios en los precios de los distintos bienes de acuerdo a la importancia relativa de cada una en la canasta de consumo del individuo. La dificultad surge porque el individuo cambia la composición de su canasta al modificarse los precios relativos. Si existiera un solo bien, la única compensación que le permitiría comprar el número de unidades que anteriormente compraba (y por ende, alcanzar el mismo nivel de utilidad) es un reajuste de su ingreso en la misma proporción en que aumentó el precio:

$$m\left(\frac{p'}{p}\right) = xp\left(\frac{p'}{p}\right) = xp' = m'$$

$$\Rightarrow \quad \frac{m'}{m} = \frac{p'}{p} \tag{3.24}$$

Lo mismo ocurre si, habiendo muchos bienes, todos los precios cambian en la misma proporción (puesto que no cambian los precios relativos, y al recuperarse el poder adquisitivo inicial, la persona escoge la misma canasta anterior). O, si aun cambiando los precios relativos, el individuo nunca cambia la composición de la canasta que consume (esto es, su función de utilidad es del tipo Leontief), en cuyo caso la compensación corresponde al promedio ponderado de todos los cambios de precio, donde la ponderación corresponde al porcentaje del presupuesto destinado a cada bien $\left(\alpha_i = \frac{x_i p_i}{m}\right)$:

$$m\left(\sum_{i=1}^{n} \alpha_i \left(\frac{p_i'}{p_i}\right)\right) = \sum_{i=1}^{n} x_i p_i' = m' \tag{3.25}$$

de manera que:

$$\frac{m'}{m} = \sum_{i=1}^{n} \alpha_i \left(\frac{p_i'}{p_i}\right) = \frac{\sum\limits_{i=1}^{n} x_i p_i'}{\sum\limits_{i=1}^{n} x_i p_i} \tag{3.26}$$

En cambio, si la canasta es distinta después del cambio en los precios, surge la pregunta de cuál canasta utilizar para ponderar las distintas variaciones de precio: si la inicial, la final o alguna otra.

El Índice de Precios de Laspeyres (*IPL*) utiliza las cantidades consumidas en el período inicial para ponderar los cambios en los precios: aquellos bienes que tenían una mayor proporción en el gasto inicial reciben una mayor ponderación.

$$IPL = 100 \times \frac{\sum\limits_{i=1}^{n} x_i p_i'}{\sum\limits_{i=1}^{n} x_i p_i} = 100 \times \frac{\sum\limits_{i=1}^{n} x_i p_i'}{m}$$

$$= 100 \times \sum_{i=1}^{n} \left(\frac{x_i p_i}{m}\right)\left(\frac{p_i'}{p_i}\right) = 100 \times \sum_{i=1}^{n} \alpha_i \left(\frac{p_i'}{p_i}\right) \tag{3.27}$$

donde $\alpha_i = \frac{x_i p_i}{m}$ representa la proporción en el gasto total que corresponde al gasto en el bien i.

El Índice de Precios de Paasche (IPP) utiliza las cantidades consumidas en el período final para ponderar los cambios en los precios.

$$IPP \;=\; 100 \times \frac{\sum\limits_{i=1}^{n} x_i' p_i'}{\sum\limits_{i=1}^{n} x_i' p_i} = 100 \times \frac{m'}{\sum\limits_{i=1}^{n} x_i' p_i}$$

$$=\; 100 \times \frac{1}{\sum\limits_{i=1}^{n} \left(\frac{x_i' p_i'}{m'}\right)\left(\frac{p_i}{p_i'}\right)} = 100 \times \frac{1}{\sum\limits_{i=1}^{n} \alpha_i' \left(\frac{p_i}{p_i'}\right)} \qquad (3.28)$$

Es claro que si la canasta inicial y la final coinciden ($x_i' = x_i$ para todo i), entonces ambos índices son iguales:

$$\frac{\sum\limits_{i=1}^{n} x_i' p_i'}{\sum\limits_{i=1}^{n} x_i' p_i} = \frac{\sum\limits_{i=1}^{n} x_i p_i'}{\sum\limits_{i=1}^{n} x_i p_i} \qquad (3.29)$$

Para evaluar si el IPL es una buena aproximación del cambio en el costo de vida, notamos que $G^*\left(p_1, p_2, ..., p_n, u\right) = m = \sum\limits_{i=1}^{n} x_i p_i$. Entonces, resulta claro que podemos escribir el IPL como:

$$IPL \;=\; 100 \times \frac{\sum\limits_{i=1}^{n} x_i p_i'}{\sum\limits_{i=1}^{n} x_i p_i} = 100 \times \frac{\sum\limits_{i=1}^{n} x_i p_i'}{G^*\left(p_1, p_2, ..., p_n, u\right)}$$

$$\approx\; 100 \times \frac{G^*\left(p_1', p_2', ..., p_n', u\right)}{G^*\left(p_1, p_2, ..., p_n, u\right)} = IPV\left(u\right) \qquad (3.30)$$

De modo que si los cambios de precio son pequeños, la aproximación debería ser precisa. Estamos utilizando la siguiente aproximación: $\sum\limits_{i=1}^{n} x_i p_i' \approx G^*\left(p_1', p_2', ..., p_n', u\right)$. Es decir, aproximamos el gasto necesario para alcanzar la *utilidad* inicial a los precios nuevos como el gasto necesario para alcanzar la *canasta* inicial a los precios nuevos. Pero sabemos que posiblemente existe otra canasta que permite alcanzar el mismo nivel de utilidad a los precios nuevos (permitiendo sustitución), por lo que sabemos que $\sum_{i=1}^{n} x_i p'_i \geq G^* (p'_1, p'_2, ..., p'_n, u)$; es decir, $IPL \geq IPV(u)$. Entonces, el IPL sobreestima el cambio en el costo de vida asociado a la utilidad inicial.

Para evaluar si el IPP es una buena aproximación del cambio en el costo de vida, consideramos el nivel de utilidad de referencia final. Sabemos que $G^* (p_1, p_2, ..., p_n, u) = m$ y que $G^* (p'_1, p'_2, ..., p'_n, u') = m'$. Entonces, resulta claro que podemos escribir el IPP como:

$$
\begin{aligned}
IPP &= 100 \times \frac{\sum_{i=1}^{n} x'_i p'_i}{\sum_{i=1}^{n} x'_i p_i} = 100 \times \frac{G^* (p'_1, p'_2, ..., p'_n, u')}{\sum_{i=1}^{n} x'_i p_i} \\[2mm]
&\approx 100 \times \frac{G^* (p'_1, p'_2, ..., p'_n, u')}{G^* (p_1, p_2, ..., p_n, u')} = IPV \left(u' \right)
\end{aligned}
\qquad (3.31)
$$

De modo que si los cambios son pequeños, la aproximación debería ser precisa. En este caso utilizamos la siguiente aproximación:

$$
\sum_{i=1}^{n} x'_i p_i \approx G^* \left(p_1, p_2, ..., p_n, u' \right).
$$

Es decir, aproximamos el gasto necesario para alcanzar la utilidad final a los precios iniciales como el gasto necesario para alcanzar la canasta final a los precios iniciales. Pero nuevamente debe ser cierto que $\sum_{i=1}^{n} x'_i p_i \geq G^* (p_1, p_2, ..., p_n, u')$; es decir, $IPP \leq IPV(u')$. Por lo tanto, el IPP subestima el cambio en el costo de vida asociado a la utilidad final. Si la función de utilidad fuera homogénea, podríamos establecer entonces el siguiente orden: $IPP \leq IPV(u') = IPV(u) \leq IPL$.

En la práctica, mayoritariamente se utiliza el Índice de Precios al Consumidor (IPC) para determinar los reajustes salariales. El IPC es un índice de Laspeyres que considera un número reducido de bienes, a los que se les asignan ponderaciones provenientes de una encuesta de presupuesto familiar, que en Chile, por ejemplo, se realiza aproximadamente cada diez años. Es decir, las ponderaciones asignadas a cada bien no corresponden a las de ninguna familia en particular, ni se recalculan con la periodicidad con que se reajustan los salarios. Por ello, no es claro si para una determinada familia el reajuste recibido sobre o subestima el indicado por el IPV.

3.A. Apéndice: excedente del consumidor verdadero

El **excedente del consumidor** trata de medir el aumento del bienestar asociado a la posibilidad de consumir una determinada cantidad del bien a los precios actuales. Para formalizar esto y comparar con las medidas de bienestar descritas antes, nos preguntamos cuánto estaría dispuesto a entregar de su ingreso para poder consumir la cantidad actualmente consumida de este bien, y lo comparamos con el monto que efectivamente paga.

Definición 9. *El **excedente del consumidor** es la diferencia entre lo máximo que el individuo está dispuesto a pagar por la cantidad que actualmente consume del bien, y lo que efectivamente paga.*

Sea $\overline{x}_1$ la cantidad escogida por el individuo al precio actual $\overline{p}_1$, alcanzando un nivel de utilidad $\overline{u}$ (con $p_2 = 1$). Lo máximo que el individuo está dispuesto a pagar por $\overline{x}_1$ corresponde a la suma de dinero $\$T(\overline{x}_1)$ que lo dejaría indiferente entre su situación actual, y una situación en que no consume nada del bien 1, pero gasta todo su ingreso en los otros bienes. Evidentemente, para que esta pregunta tenga una respuesta interesante, debe ser cierto que si el individuo no consume nada del bien 1 y gasta todo su ingreso en el consumo de otros bienes obtiene algún nivel de utilidad distinto de cero (si no, estaría dispuesto a pagar todo su ingreso). Llamaremos u al nivel de utilidad que obtiene si no consume nada de x_1 y gasta todo su ingreso en el consumo de otros bienes. Entonces, el máximo monto que el individuo está dispuesto a pagar por la cantidad actualmente consumida es la diferencia entre el ingreso actual $\overline{m}$, y el nivel m que tendría que gastar en 2, para poder alcanzar el nivel de utilidad u al consumir m unidades del bien 2 y $\overline{x}_1$ unidades del bien 1: $T(\overline{x}_1) = \overline{m} - m$.

La cantidad que efectivamente paga es $\overline{x}_1\overline{p}_1$. Pero de la restricción presupuestaria sabemos que:

$$\begin{aligned} \overline{x}_1\overline{p}_1 + \overline{x}_2 &= \overline{m} \\ \Rightarrow \overline{x}_1\overline{p}_1 &= \overline{m} - \overline{x}_2 \end{aligned} \tag{3.32}$$

De esta forma, el excedente del consumidor (EC) corresponde a

$$\begin{aligned} EC &= (\overline{m} - m) - (\overline{m} - \overline{x}_2) \tag{3.33} \\ &= \overline{x}_2 - m. \tag{3.34} \end{aligned}$$

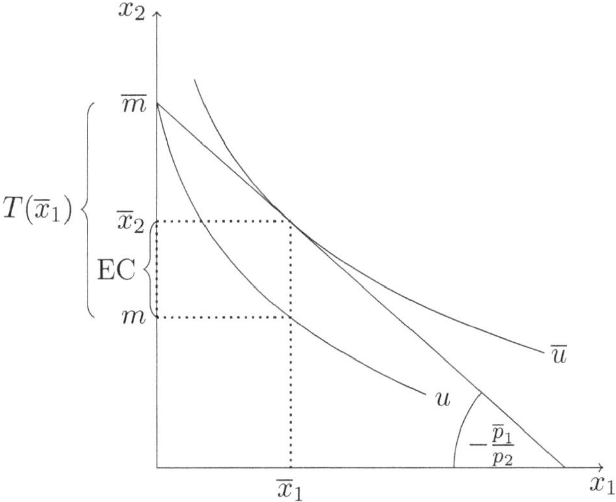

Figura 3.8 Excedente del consumidor: $\overline{x}_2 - m$

Lo anterior se representa en la figura 3.8.

3.A.a. Excedente del consumidor como área bajo la curva de demanda

Para poder expresar este monto como áreas bajo las curvas de demanda, nuevamente haremos uso del lema de Shephard. Para ello, necesitamos escribir el excedente del consumidor en términos de diferencia entre funciones de gasto mínimo, para lo cual vamos a descomponer la disposición a pagar $T(\overline{x}_1) = (\overline{m} - m)$ en dos partes. En primer lugar, sabemos que $\overline{m} = G^* (\overline{p}_1, p_2, \overline{u})$, pero también es cierto que $\overline{m}$ es el gasto mínimo al que se puede alcanzar el nivel de utilidad u a un precio p_1 tal que el consumo de $x_1 = 0$, por lo que $\overline{m} = G^*(p_1 = \infty, p_2, u)$. Además, si las curvas de indiferencia son convexas, hay algún precio p_1' al cual el individuo consumiría $\overline{x}_1$ alcanzando el nivel de utilidad u, y que corresponde al precio implícito en la restricción presupuestaria que es tangente a la curva de indiferencia de nivel u en el punto en que $x_1 = \overline{x}_1$. Notar que p_1' coincide con $\overline{p}_1$ sólo si el bien 1 es neutro; si el bien 1 es normal, entonces $p_1' < \overline{p}_1$, mientras que si es inferior, entonces $p_1' > \overline{p}_1$. Con esto definimos m' como $m' = G^* (p_1', p_2, u)$, como se ve en la figura 3.9 (que corresponde al caso de un bien normal).

Por último, la diferencia entre m' y m corresponde a $p_1'\overline{x}_1$ (ya que esta

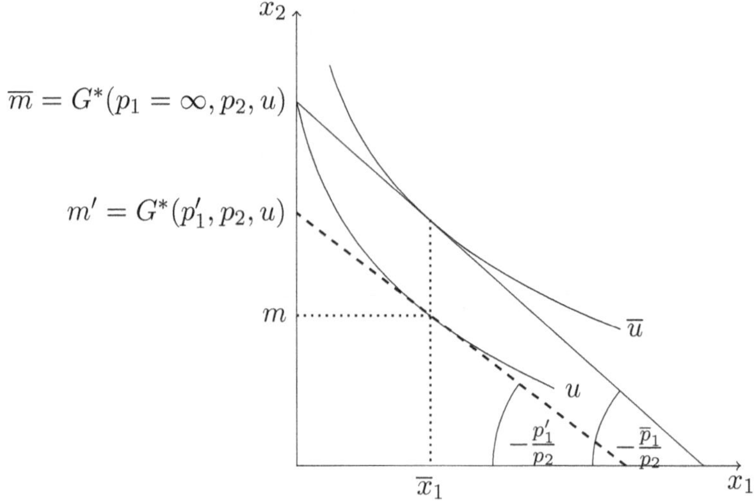

Figura 3.9 Derivación del excedente del consumidor a partir de funciones de gasto

vez tenemos que $m' = p'_1\overline{x}_1 + m$). Luego, podemos escribir $T(\overline{x}_1)$ como:

$$T(\overline{x}_1) = \left[\overline{m} - m'\right] + \left[m' - m\right] \tag{3.35}$$

Reemplazando,

$$T(\overline{x}_1) = \left[G^*\left(p_1 = \infty, p_2, u\right) - G^*\left(p'_1, p_2, u\right)\right] + \left[p'_1\overline{x}_1\right] \tag{3.36}$$

Escribiendo la diferencia de gastos como integral, tenemos:

$$T(\overline{x}_1) = \left[\int_{p'_1}^{\infty} \frac{\partial G^*\left(p_1, p_2, u\right)}{\partial p_1} dp_1\right] + p'_1\overline{x}_1 \tag{3.37}$$

Finalmente, aplicando el lema de Shephard conseguimos:

$$T(\overline{x}_1) = \int_{p'_1}^{\infty} x_1\left(p_1, p_2, u\right) dp_1 + p'_1\overline{x}_1. \tag{3.38}$$

Entonces, cuando representamos el excedente del consumidor como áreas bajo las curvas de demanda, tendremos que la disposición a pagar es la

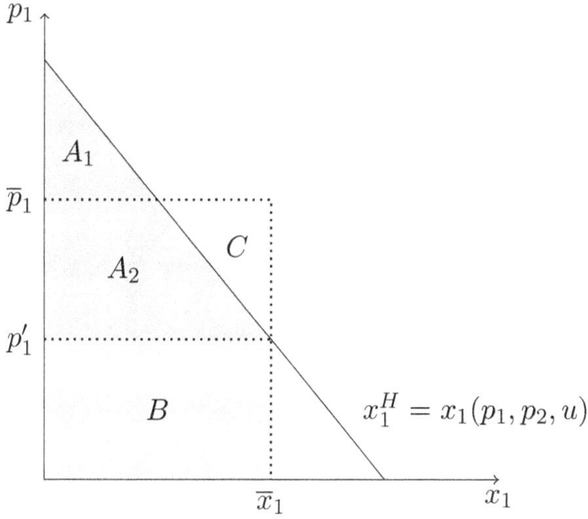

Figura 3.10 Excedente del consumidor en demanda compensada: el caso de un bien normal

suma de $A + B$, con $A = A_1 + A_2 = \int\limits_{p_1'}^{\infty} x_1(p_1, p_2, u)\, dp_1$ y $B = p_1'\overline{x}_1$.

Luego, para obtener el excedente del consumidor, a esta suma le debemos restar $\overline{p}_1\overline{x}_1$, por lo que $EC = A_1 - C$ como se ve en la figura 3.10, que corresponde al caso de un bien normal.

En el caso del bien neutro, dado que $p_1' = \overline{p}_1$, no hay nada que restar al área A_1. En el caso del bien inferior, en que $p_1' > \overline{p}_1$, tendremos que la máxima disposición a pagar es la suma $A + B + C$, con $A = \int\limits_{p_1'}^{\infty} x_1(p_1, p_2, u)\, dp_1$ y $B + C = p_1'\overline{x}_1$. Entonces, para obtener el excedente del consumidor, a esta suma le debemos restar $C = \overline{p}_1\overline{x}_1$, por lo que $EC = A + B$, como se ve en la figura 3.11.

Si comparamos el excedente del consumidor con la variación compensatoria y la variación equivalente asociadas al cambio de un precio $p_1 = \infty$ hasta $p_1 = \overline{p}_1$, vemos que en el caso del bien normal $VE > VC > EC$ como se ve en la figura 3.12. Dado que el excedente del consumidor marshalliano está acotado por VC y VE, obtenemos: $VE > ECM > VC > EC$.

En el caso de un bien inferior, el excedente del consumidor es menor que la variación compensatoria, pero mayor que la variación equivalente:

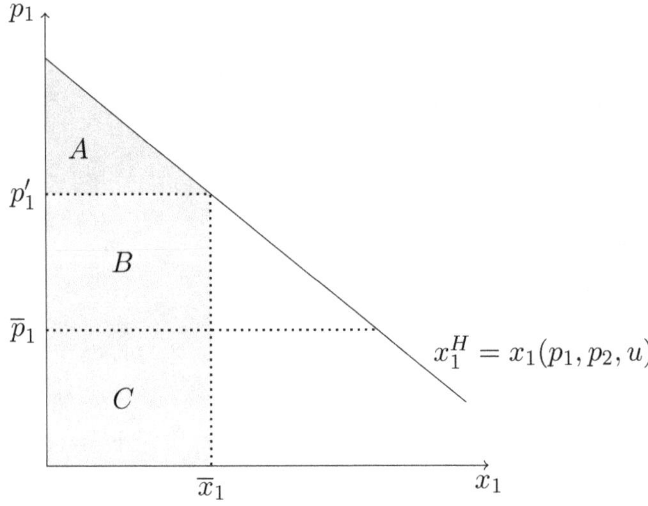

Figura 3.11 Excedente del consumidor en demanda compensada: el caso de un bien inferior

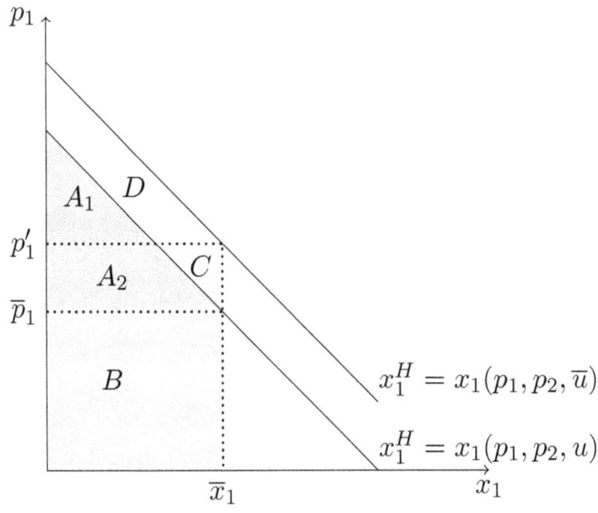

Figura 3.12 Comparando medidas de bienestar en el caso de un bien normal: $EC = A_1 - C$, $VC = A_1$ y $VE = A_1 + D$

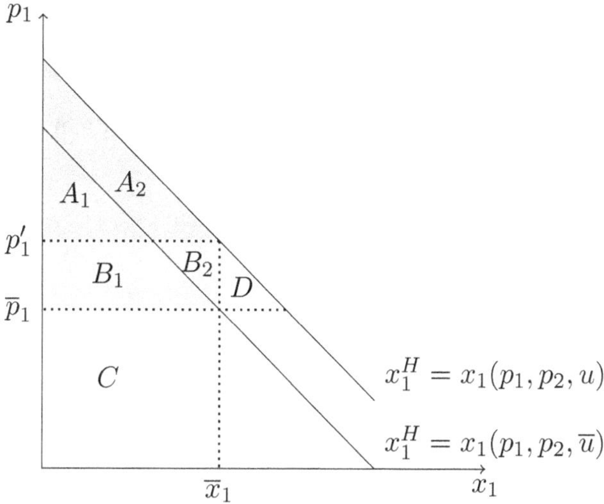

Figura 3.13 Comparando medidas de bienestar en el caso de un bien inferior: $EC = A_1 + A_2 + B_1 + B_2$, $VC = A_1 + A_2 + B_1 + B_2 + D$ y $VE = A_1 + B_1$

$VC > EC > VE$. Lo anterior se ilustra en la figura 3.13.

Ejercicio 15. Muestre que en el caso de un bien inferior $EC > ECM$, de modo que obtenemos $VC > EC > ECM > VE$. $\square$

Ejercicios

1. (*) Juan recibe un ingreso fijo de m y enfrenta precios p_1 y p_2 por los bienes 1 y 2 respectivamente. Las preferencias de Juan se pueden representar por la siguiente función de utilidad:

$$u\left(x_1, x_2\right) = \left(x_1 + 100\right)\left(x_2\right)$$

   a) Con los supuestos enunciados:

   1) Encuentre la demanda marshalliana de Juan por x_1.

   2) Suponga que Juan tiene un ingreso de 1000, y enfrenta precios $p_1 = 1 = p_2$. Encuentre la cantidad de x_1 consumida por Juan (llamaremos a esa cantidad $\overline{x_1}$).

   b) Encuentre el excedente de Juan por el consumo de $\overline{x_1}$: para ello calcule cuánto es lo máximo que Juan estaría dispuesto a pagar por consumir $\overline{x_1}$, y reste lo que efectivamente paga.

2. (**) En el país B se planea extender la línea de Metro (tren rápido), de manera que éste pasaría por la comuna X. Usted debe evaluar el impacto que tendría sobre el bienestar de los residentes de la comuna X la materialización de este proyecto. Para ello, suponga que todos los individuos de la comuna son idénticos, y que sus preferencias se pueden representar como:

$$u = \frac{x_1^{1/2} x_2^{1/2}}{t}$$

donde x_1 y x_2 representan la cantidad consumida de los bienes 1 y 2 respectivamente, y t representa el tiempo de traslado. Los precios de los bienes 1 y 2 son $p_1 = 1 = p_2$. El ingreso de cada individuo es \$2.000. Si se materializara el proyecto, t caería desde $t = 2$ a $t = 1$ (mientras que el ingreso y los precios de los bienes permanecerían constantes).

   a) Estime el cambio en el bienestar del individuo, midiendo la variación compensatoria y la variación equivalente.

   b) ¿Cuál es el cambio en p_1 que generaría el mismo cambio en el bienestar que se produce con la extensión de la línea de Metro a la comuna X? Es decir, debe calcular cuánto tendría que cambiar p_1 para que, si no se extendiera la línea de Metro, los residentes de X vieran aumentado su bienestar en la misma magnitud que al extenderse la línea, permaneciendo todo lo demás constante.

   c) En base a su respuesta en b), indique cómo estimaría el cambio en bienestar calculado en a) usando curvas de demanda (sólo indique cómo lo haría, sin resolver).

3. (**) Considere el caso de un individuo que debe escoger entre dos empleos: uno de ellos es entretenido (E), y tiene un sueldo I_E, mientras que el otro aburrido (A) y tiene un sueldo I_A. Suponga que el individuo valora el consumo de bienes, x_1 y x_2 (cuyos precios en el mercado son $p_1 = p_2 = 1$), y la entretención, que medimos con un índice e. El trabajo E tiene un valor de $e = 100$, mientras que el trabajo A tiene un valor de $e = 1$. Las preferencias se pueden representar como: $u = \sqrt{x_1 x_2 e}$

    a) Si $I_A = 1.000$, ¿cuál es el valor de I_E que deja al individuo indiferente entre ambos empleos?

    b) Suponga ahora que en ambos empleos el sueldo es 100, pero en el empleo A se subsidia el consumo de x_1 en un $z\,\%$, de modo que por cada unidad de x_1 los trabajadores de A pagan de su bolsillo sólo $(1 - z)$; ¿cuál es el valor de z que deja al individuo indiferente entre ambos empleos?

    c) Indique qué relación tienen las medidas calculadas en *a*) y *b*) con los conceptos de variación equivalente y compensatoria vistos en clases, y con la forma como medimos cambio en bienestar usando curvas de demanda. Debe explicar claramente.

4. (**) Gonzalo tiene un ingreso inicial I_0 y consume dos bienes: comida en restaurantes (x_1) y otros bienes (x_2), cuyos precios son p_1 y p_2 respectivamente. Las preferencias de Gonzalo se pueden representar por la siguiente función de utilidad: $u\,(x_1, x_2) = x_1^{0,2} x_2^{0,8}$.

    a) A Gonzalo le ofrecen una cuponera, que tiene una cantidad ilimitada de cupones con descuentos para comer en restaurantes (la cantidad de cupones es ilimitada debido a que puede pedir todo lo que desee). Cada cupón le daría derecho a un $50\,\%$ de descuento. Los cupones no se pueden revender. Calcule cuánto es lo máximo que está dispuesto a pagar Gonzalo por la cuponera como porcentaje de su ingreso inicial I_0.

    b) Suponga que $I_0 = 100$, los precios de los bienes son $p_1 = p_2 = 1$ y que el precio de la cuponera es 10. Estime mediante la variación compensatoria el cambio en el bienestar de Gonzalo asociado a la posibilidad de comprar esta cuponera. Explique su procedimiento (debe explicar el razonamiento detrás del procedimiento).

5. (**) Considere el caso de un consumidor con función de utilidad indirecta:

$$v\,(p_1, p_2, m) = \frac{0,2^{0,2}0,8^{0,8}m}{p_1^{0,2}p_2^{0,8}} = \frac{km}{p_1^{0,2}p_2^{0,8}}$$

donde $k = \frac{1}{5}4^{\frac{4}{5}}$. Su ingreso es de $m = 100$, e inicialmente enfrenta los precios $p_1 = 1$ y $p_2 = 2$. El gobierno estudia la posibilidad de regular ciertos aspectos de la producción del bien 1 (en particular, la contaminación que genera), pero está preocupado por el daño que la consecuente alza en el precio tendría sobre los consumidores. De aprobarse la regulación en estudio, el precio del bien 1 subiría a 2. Hay 100 consumidores del bien 1, todos iguales al consumidor descrito arriba.

Las siguientes preguntas se refieren a un consumidor individual:

a) Encuentre su demanda por el bien 1.

b) ¿Qué pasaría con la cantidad demandada del bien 1 si el precio subiera de 1 a 2?

c) Si el gobierno lo quisiera compensar por el aumento en el precio causado por la regulación, ¿cuánto tendría que pagarle?

d) Por su parte, ¿cuánto estaría dispuesto a pagar el consumidor para evitar que la regulación no se aprobara?

e) Calcule la variación del excedente del consumidor marshalliano.

f) Comente sobre el origen de la diferencia entre sus respuestas a c) y a d).

g) Suponga, en cambio, que Ud. no conoce la función de utilidad indirecta ni las demandas, sino solamente sabe que las cantidades demandadas a los precios de 1 y de 2 son las que calculó en b), y que de disponer de \$1 adicional de ingreso, el consumidor compraría $\frac{4}{10}$ unidades más del bien 2. Intente una aproximación a c), d) y e) (por ejemplo, suponiendo que las demandas son lineales). Explique claramente su procedimiento.

6. (**) Cuando Rita vivía en Carahue era realmente feliz: con una mesada de \$100.000 mensuales hubiera podido arrendar una casa de 400 m^2, o bien bajar 10 veces el río Imperial en balsa, su pasatiempo favorito. Por eso, cuando su familia le pidió que se viniera a Santiago (donde el arriendo del metro cuadrado (x_1) cuesta el doble, y la bajada del río Maipo (x_2) –equivalente para ella al Imperial– lo mismo), no estuvo muy contenta. Decidió, como buena economista, poner a prueba a su familia: si ellos estaban dispuestos a compensarla, vendría; si no, no. Pero no les dijo el monto de la compensación, y pese a que todos saben que las preferencias de Rita son $U(x_1, x_2) = x_1 + 40 \ln x_2$, las opiniones de los familiares están divididas:

La mamá: "Debemos darle lo suficiente como para que viva en las mismas condiciones que antes, es decir, que tenga el mismo departamento y el mismo número de bajadas de río que en Carahue".

El papá: "Debemos darle su variación compensatoria".

La abuela: "Debemos darle su variación equivalente".

El hermano: "Debemos darle su excedente del consumidor".

a) Explique en el contexto de este ejemplo a qué corresponde cada proposición.

b) Calcule la compensación adecuada; esto es, la más barata que logre convencerla de venir.

c) Calcule una de las compensaciones inadecuadas propuestas, y explique claramente por qué es mayor/menor/igual que la calculada en b).

7. (***) Considere un individuo cuyas preferencias se pueden representar como $u = x_1 x_2 x_3$, donde x_1 y x_2 son bienes que se compran en el mercado, y cuyos precios son $p_1 = p_2 = 1$. La variable x_3 es un índice de calidad del aire que respira. Mientras más lejos esté la vivienda de este individuo de la zona industrial, mejor es la calidad del aire que respira. Así, si d es la distancia entre la vivienda del individuo y la zona industrial, sabemos que $x_3 = 100d$. El individuo recibe todos los meses un ingreso de \$1.500, pero debe pagar inmediatamente el monto que gasta en el arriendo de su vivienda, p_v. Luego, su ingreso disponible para la compra de x_1 y x_2 es $m = 1.500 - p_v$.

a) Suponga que este individuo puede elegir su lugar de residencia, y que el arriendo (precio de la vivienda) es $p_v = 10d$ (es decir, las viviendas que están más lejos de la zona industrial tienen un precio más alto). Encuentre la máxima utilidad que puede alcanzar este individuo dados los precios que enfrenta. Ayuda: el individuo maximiza utilidad escogiendo x_1, x_2 y d.

b) Suponga ahora que el precio de la vivienda se duplica, pasando a ser $p_v = 20d$. Calcule el cambio en el bienestar asociado a este cambio en el precio de la vivienda, usando la variación compensatoria. Explique la intuición de su procedimiento.

Capítulo 4

Preferencias reveladas

4.1. Axiomas de preferencias reveladas

Hasta el momento hemos estudiado el comportamiento de un consumidor a partir del conocimiento de sus preferencias. En este capítulo nos preguntamos qué podemos averiguar de esas preferencias por medio de la observación de su comportamiento; esto es, qué nos *revela* su comportamiento.

Una pregunta fundamental, y acaso anterior, es si el comportamiento del individuo de hecho puede pensarse como proveniente de alguna jerarquía o preferencia. Esto es, si volvemos hacia atrás y somos momentáneamente excépticos respecto de cualquier regularidad en ese comportamiento, ¿será compatible con los axiomas de la preferencia 1, 2 y 4? A continuación identificaremos qué tipo de comportamiento es compatible con esos axiomas, y cuál no lo es.

Supongamos que observamos diversas decisiones de un individuo. Si vemos que escoge el acto x cuando x' también es factible, decimos que para él x **se revela directamente preferido** a x', y lo denotamos por $x \overset{d}{\succ} x'$. No confunda $\overset{d}{\succ}$ con $\succ$: al observar la decisión definimos $\overset{d}{\succ}$, pero sin más información no podemos inferir que futuras decisiones del individuo serán compatibles con alguna preferencia $\succ$.

La principal característica de la preferencia es la transitividad. Si vemos que el individuo escoge el acto x cuando x' también es factible, y si escoge el acto x' cuando x'' también es factible, decimos que para él x **se revela indirectamente preferido** a x'', y lo denotamos por $x \overset{i}{\succ} x''$. Note que no hemos observado la elección de x cuando x'' es factible, por lo que nunca vimos a la persona actuar así. La diferencia, entonces, entre la revelación directa y la indirecta es que la primera corresponde a una elección real, mientras la segunda no. Que escogería x pudiendo escoger x'' es meramente una conjetura de nuestra parte, pero que resultaría correcta en caso que su comportamiento fuera coherente con una preferencia $\succ$. De la misma forma, utilizaremos el símbolo $\overset{d/i}{\succ}$ para referirnos a preferencia revelada directa o indirectamente.

Podemos, entonces, pensar en dos niveles de inferencia, dados por:

Axioma 10 (Débil de preferencias reveladas). *Si* $x \overset{d}{\succ} x' \Rightarrow x' \overset{d}{\not\succ} x$.

Axioma 11 (Fuerte de preferencias reveladas). *Si* $x \overset{d/i}{\succ} x' \Rightarrow x' \overset{d/i}{\not\succ} x$.

El axioma débil de preferencias reveladas supone la estabilidad necesaria en el comportamiento: si una vez actuó de tal forma, siempre que se enfrente a las mismas opciones lo hará de la misma forma. El axioma fuerte de preferencias reveladas, en tanto, agrega al débil el requerimiento de transitividad (o coherencia) en el comportamiento. La figura 4.1 ilustra decisiones de un individuo que satisface (a) y de otro que no satisface (b) el axioma débil. En efecto, la figura 4.1.(a) muestra que la canasta $x = (x_1, x_2)$ fue escogida cuando la canasta $x' = (x'_1, x'_2)$ no era alcanzable, y viceversa, por lo que el axioma débil no restringe en forma alguna esas decisiones. En cambio, la figura 4.1.(b) muestra que x fue escogida cuando x' sí era alcanzable (de manera que x se reveló directamente preferida por sobre x'), y que x' fue escogida cuando x también era alcanzable (por lo que x' se reveló directamente preferida por sobre x), contradiciendo al Axioma Débil.

Los gráficos de la figura 4.2 ilustran decisiones de un individuo que satisface (a) y de otro que no satisface (b) el axioma fuerte. El gráfico 4.2.(a) muestra que x se reveló directamente preferida por sobre x' y x'', puesto que ambas eran alcanzables cuando x fue escogida, y que x' se reveló directamente preferida por sobre x'' por la misma razón. El axioma fuerte establece en este caso, entonces, que no deberíamos observar que x' sea escogida si x es alcanzable, ni que x'' sea escogida cuando alguna de las otras dos sea alcanzable, pero nunca observamos estas circunstancias, por lo que el axioma no es contradicho. En cambio, el gráfico 4.2.(b) muestra que la canasta x se reveló directamente preferida por sobre x' y que x' lo hizo sobre x'', de manera que x se reveló indirectamente preferida por sobre x''; no obstante, cuando x'' fue escogida, x era alcanzable, por lo que x'' se reveló directamente preferida por sobre x, contradiciendo al axioma fuerte.

En el caso ilustrado en la figura 4.2.(b), no sólo no se cumple el axioma fuerte, sino que tampoco se cumple el axioma débil. Ahora bien, si la canasta contiene tres o más bienes, es posible que se cumpla el axioma

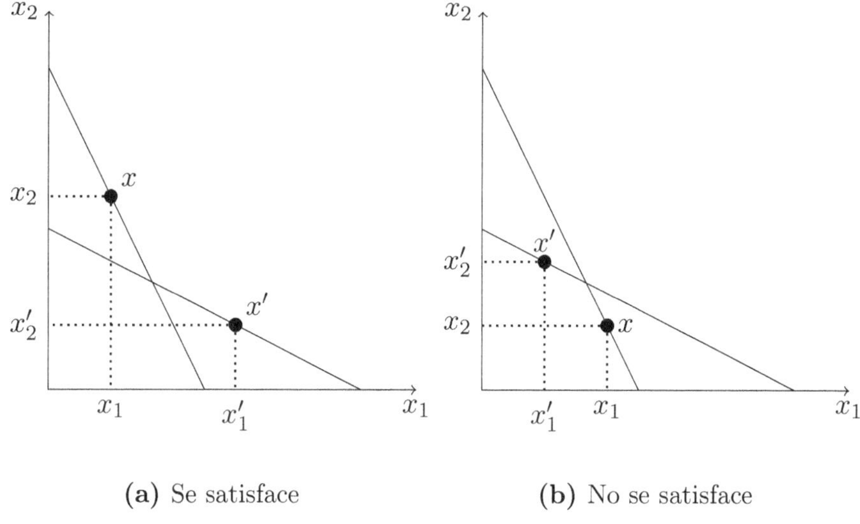

(a) Se satisface   (b) No se satisface

Figura 4.1   Axioma débil de preferencias reveladas

	Canasta en t			Precios en t		
	x_1	x_2	x_3	p_1	p_2	p_3
Fecha $t = A$	9	10	10	1	1	1
Fecha $t = B$	8	12	9	2	1	1
Fecha $t = C$	3	15	12	2	2	1

Cuadro 4.1   Canastas escogidas y precios en cada período t

débil y no el fuerte. En general, entonces, el cumplimiento del axioma fuerte implica que también se cumple el débil, pero no a la inversa.

Ejemplo 4. Suponga que usted observa el comportamiento de un individuo en tres fechas t distintas (A, B y C): observa la canasta escogida a cada lista de precios (cantidades x_1, x_2 y x_3 a los precios p_1, p_2 y p_3 para los bienes $1, 2$ y 3 respectivamente). El comportamiento observado se representa en el cuadro 4.1 (por ejemplo, en la fecha A los precios de los tres bienes son 1, y el individuo escoge 9 unidades del bien 1, 10 unidades del bien 2 y 10 unidades del bien 3). Se verifica que $x^A \overset{d}{\not\succeq} x^B$, $x^B \overset{d}{\not\succeq} x^C$ y $x^C \overset{d}{\not\succeq} x^A$, y que el comportamiento de este individuo es consistente con el axioma débil de preferencias reveladas. Sin embargo, dado que $x^A \overset{i}{\succ} x^C$ y $x^C \overset{d}{\not\succeq} x^A$, el axioma fuerte de preferencias reveladas no se satisface. $\qquad\square$

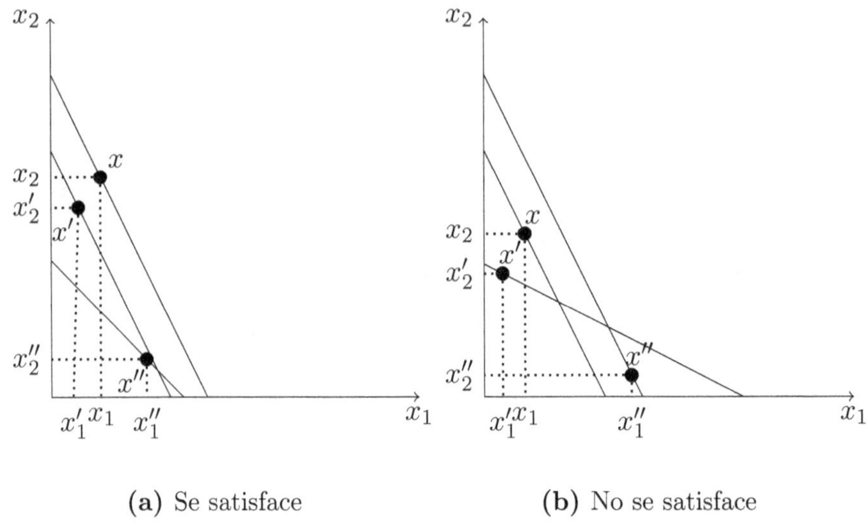

(a) Se satisface   (b) No se satisface

Figura 4.2   Axioma fuerte de preferencias reveladas

Es claro que si el comportamiento de un individuo se ajusta a una preferencia, entonces satisface ambos axiomas. Por otro lado, ¿existe alguna otra regularidad que su comportamiento tenga, no capturada en los axiomas débil y fuerte? La respuesta a esta pregunta es, quizás sorprendentemente, negativa. Resulta ser que el comportamiento de un individuo puede pensarse como proviniendo de una relación de preferencias si y sólo si obedece el axioma fuerte de preferencias reveladas: nada más ni nada menos puede deducirse del hecho que el individuo jerarquiza sus opciones.

Para entender este resultado, note que si las funciones de demanda satisfacen el axioma débil, entonces para cada conjunto de posibilidades de consumo imaginable, podemos suponer que la canasta escogida es la que está más arriba en la jerarquía dentro de ese conjunto de posibilidades (es preferida por sobre las demás canastas factibles): el axioma débil asegura que nunca se va a escoger una canasta distinta con las mismas posibilidades. Más aún, el axioma fuerte asegura que la relación de preferencias que podemos formar a partir de esa jerarquía es transitiva. Esto a su vez permite comparar cada par de canastas entre sí (lo que indica que la relación de preferencias así formada es completa), ya que aunque nunca se revelara directamente que una es preferida por sobre la otra, siempre podemos encontrar una canasta "intermedia"que permita estas-

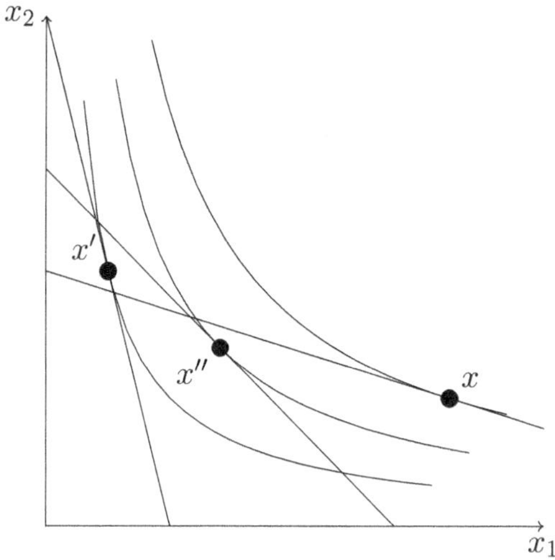

Figura 4.3 Transitividad y axioma fuerte

blecer el ordenamiento. Así, por ejemplo, en la figura 4.3 vemos que al comparar la canasta x con la x', nunca se revela directamente que una es preferida sobre la otra (ya que cuando se escoge x, x' no está disponible y viceversa). Pero la canasta x'' permite, con el axioma fuerte, asegurar que la canasta x no puede ser preferida sobre la x': decimos que $x \succ x''$ y $x'' \succ x'$, por lo que la transitividad (que se deriva del axioma fuerte) implica que $x \succ x'$.

Un uso común de la idea de preferencias reveladas es el encontrar cotas para la reacción probable de un individuo en situaciones nuevas. No es posible obtener predicciones precisas observando un conjunto reducido de decisiones, porque las preferencias son un resumen de todas las decisiones imaginables. Sin embargo, en muchas situaciones es suficiente saber que un efecto "es a lo sumo de tal magnitud", o "es al menos de tal otra".

4.2. Aplicaciones

Tomando como punto de partida la definición de revelación directa e indirecta y los axiomas de preferencias reveladas es posible obtener nuevas conclusiones a partir de los patrones de comportamiento observados, como se describe en las dos aplicaciones a continuación.

4.2.a. Revelación directa de preferencias e índices de precio

El concepto de preferencias reveladas nos da otra perspectiva para comprender las diferencias entre tipos de índices de precio como método de reajuste de salarios y sus consecuencias sobre el bienestar. Los gráficos de la figura 4.4 ilustran distintas posibilidades para un individuo que consume una canasta inicial x, y una final x' después de que los precios de los bienes cambian de (p_1, p_2) a (p'_1, p'_2). En el gráfico (a), vemos que aun pudiendo escoger la canasta x, el individuo escoge x'. En otras palabras, la canasta final se revela directamente preferida sobre la canasta inicial (note que podemos afirmar que se revela preferida, aun cuando en el período final consume más unidades de x_1 pero menos de x_2). En el gráfico (b), vemos que aun pudiendo escoger la canasta x', el individuo escogía x, por lo que esta última se revela directamente preferida. En el gráfico (c), en cambio, no hay revelación directa. Este tipo de argumento permite preguntarnos si es posible afirmar que el individuo revela directamente que prefiere la situación del período inicial o final cuando su ingreso se reajusta en un determinado porcentaje, de acuerdo a un índice de precios.

En primer lugar, si su ingreso se reajusta al menos en lo indicado por su IPL, podemos decir que la canasta del período final se revela directamente preferida por sobre la canasta inicial. En efecto, como $m' = \sum_{i=1}^{n} x'_i p'_i$ y $m = \sum_{i=1}^{n} x_i p_i$, tenemos:

$$100 \times \frac{m'}{m} = 100 \times \frac{\sum_{i=1}^{n} x'_i p'_i}{\sum_{i=1}^{n} x_i p_i} \geq IPL = 100 \times \frac{\sum_{i=1}^{n} x_i p'_i}{\sum_{i=1}^{n} x_i p_i} \tag{4.1}$$

Luego, $\sum_{i=1}^{n} x'_i p'_i \geq \sum_{i=1}^{n} x_i p'_i$, por lo que podemos concluir que la canasta inicial es factible a los precios finales (y sin embargo no es la escogida), por lo que la canasta final se revela directamente preferida por sobre la inicial. En ese sentido, al reajustar de acuerdo al IPL se sobreestima el cambio en el costo de vida asociado a la utilidad de la situación inicial. Por otra parte, si el reajuste no es superior al indicado por el IPP, la

116

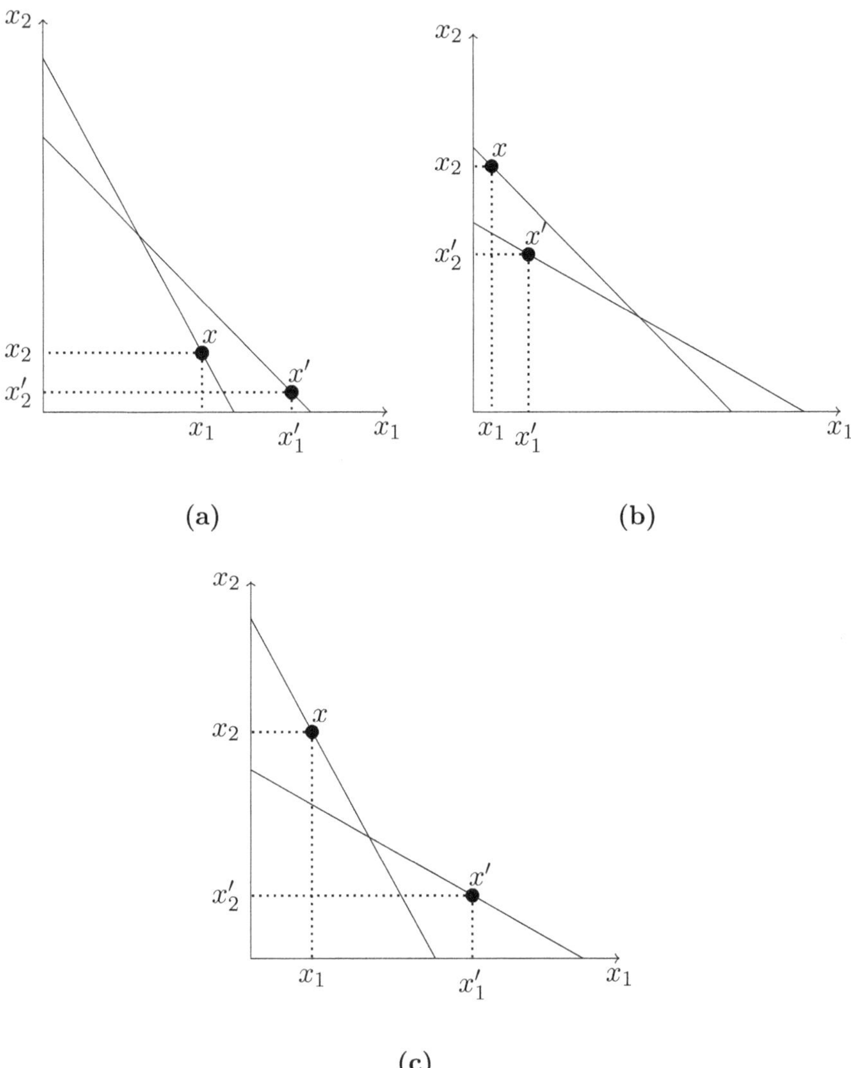

Figura 4.4 Índices de precios y preferencias reveladas

canasta inicial se revela directamente preferida por sobre la final:

$$100 \times \frac{m'}{m} = 100 \times \frac{\sum_{i=1}^{n} x_i' p_i'}{\sum_{i=1}^{n} x_i p_i} \leq IPP = 100 \times \frac{\sum_{i=1}^{n} x_i' p_i'}{\sum_{i=1}^{n} x_i' p_i} \qquad (4.2)$$

Luego, $\sum_{i=1}^{n} x_i' p_i \leq \sum_{i=1}^{n} x_i p_i$, por lo que podemos concluir que la canasta final era factible a los precios iniciales (y sin embargo no era escogida). En ese sentido, al reajustar de acuerdo al *IPP* se subestima el cambio en el costo de vida asociado a la utilidad de la situación final.

De esta forma, utilizando el concepto de preferencias reveladas, llegamos a una conclusión similar a la que obteníamos en la sección 3.5.b, pero prescindiendo de la función de gasto mínimo.

4.2.b. Axioma débil y convexidad de las curvas de indiferencia

Decíamos en el contexto de la preferencia que la convexidad de las curvas de indiferencia denotaban una cierta preferencia por la variedad. Aquí queremos invertir el argumento: supongamos que un consumidor escoge siempre una canasta "balanceada"; esto es, que no se especializa en el consumo de uno de los bienes. De ese hecho podemos inferir que sus curvas de indiferencia son convexas, como lo muestra la figura 4.5.

El razonamiento es como sigue: suponga que el consumidor compró la canasta x, por lo que ésta se reveló directamente preferida por sobre todas las canastas en el área gris. Si el precio relativo del bien 1 subiera, pero a la vez se compensara al consumidor de manera de que todavía pueda comprar x, él no escogería una canasta a la derecha de x, puesto que todas aquellas que a los nuevos precios son alcanzables, pertenecen al área gris. La nueva canasta tiene que ser entonces una como x'. Pero si se escoge x' siendo x alcanzable, entonces x' se revela directamente preferida por sobre x. Luego, x' debe estar en un nivel más alto en la jerarquía (esto es, de mayor utilidad) que x. Como x está por encima de todas las canastas del área gris, se sigue que entre la canasta más alta del área gris que contiene las x_1' unidades del bien 1 (que es peor que x) y x' (que es mejor que x) debe haber una tercera canasta que es indiferente con x. Luego, la curva de indiferencia que pasa por x también

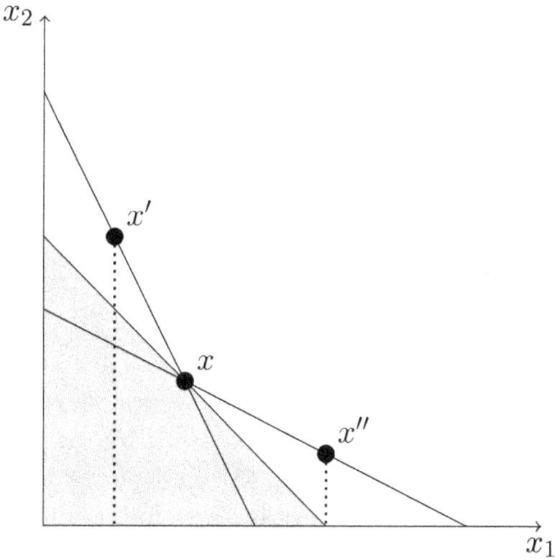

Figura 4.5 Convexidad de las curvas de indiferencia
y preferencias reveladas

pasa por esa tercera canasta. Repitiendo este argumento ahora para una
caída en el precio del bien 1, concluimos que la nueva canasta debiera ser
una como x''. Nuevamente podemos decir que hay una canasta entre x y
x'' que contiene las mismas unidades x_1'' del bien 1, y que es indiferente
con x. Luego, la curva de indiferencia que une a x con todas las demás
canastas indiferentes a ella, debe ser convexa.

Ejercicios

1. (*) Determine si las siguientes decisiones satisfacen los axiomas débil y fuerte de preferencias reveladas:

		Canasta		
		A	B	C
Precios	A	108	123	98
	B	96	96	102
	C	146	105	123

donde cada celda contiene la canasta indicada valorada al precio indicado (por ejemplo, en la celda (A, B) se indica que cuando los precios son A el gasto asociado a comprar la canasta B es 123), y las canastas efectivamente consumidas a los distintos precios son las de la diagonal (al precio A se consume la canasta A, etc.).

2. (**) El consumidor α compró la canasta $(x_1, x_2) = (1, 9)$ cuando los precios eran $(p_1, p_2) = (1, 1)$, y la canasta $(5, 6)$ cuando los precios fueron $(2, 1)$. En cambio, el consumidor β compró en el primer caso la canasta $(7, 3)$, y la $(7, 2)$ en el segundo.

   a) ¿Son compatibles esas decisiones con la hipótesis de la maximización de (alguna función de) utilidad? Esto es, satisfacen los axiomas fuerte y débil de preferencias reveladas? Explique claramente.

   b) Considere a α y a β como miembros del grupo "consumidores". ¿Es coherente el comportamiento del grupo de consumidores con los axiomas fuerte y débil de preferencias reveladas? Discuta.

3. (**) Imagine que una universidad selecciona a sus alumnos con el siguiente procedimiento: acepta a aquellos que tienen el mayor puntaje en la prueba de selección, y si dos personas tienen el mismo puntaje y queda una vacante, escoge al de mejor promedio en la enseñanza media. Si un observador externo quisiera aplicar la teoría de la preferencia para entender su política de admisión, ¿cree usted que el comportamiento observado satisfaría los axiomas débil y fuerte de preferencias reveladas?

4. (**) Considere una economía compuesta por dos consumidores, 1 y 2, cuyas preferencias se representan mediante las funciones:

$$u(x_{1i}, x_{2i}) = (x_{1i})^{\alpha_i} (x_{2i})^{1-\alpha_i},$$

con $\alpha_1 = 0{,}2$ y $\alpha_2 = 0{,}8$.

   a) Derive las demandas individuales y la demanda agregada por los bienes 1 y 2.

$b)$ Inicialmente ambos consumidores tienen un ingreso idéntico de $m_1 = m_2 = 100$, y enfrentan los precios $p_1 = p_2 = 1$. Después, el ingreso del consumidor 1 es $m_1 = 180$, y el ingreso del consumidor 2 es $m_2 = 20$ (de modo que el ingreso total sigue siendo $M = 200$). Muestre que si p_1 cayera (junto con ocurrir la redistribución del ingreso), la cantidad total consumida también podría caer, a pesar de que el ingreso total no ha cambiado (muestre explícitamente para qué niveles de p_1 ocurriría eso). ¿Significa esto que el bien 1 es un bien Giffen? Fundamente.

$c)$ Suponga ahora que, junto a la redistribución del ingreso descrita en (b), los precios de los bienes 1 y 2 cambian a $p_1 = 0,8$ y $p_2 = 1,2$ respectivamente. ¿Se cumple en este caso el axioma débil de preferencias reveladas a nivel agregado (es decir, considerando la cantidad total demandada de ambos bienes y el ingreso total)? ¿Qué relación tiene esto con la existencia de un agente representativo?

Capítulo 5

Teoría de la producción y de la oferta

5.1. Introducción

En este capítulo estudiaremos la teoría del comportamiento de empresas que operan en ambientes perfectamente competitivos; esto es, los determinantes de las decisiones de contratación de insumos (que en virtud de la simplicidad restringimos a las nociones vagas de capital y trabajo, pero cuyo espíritu es amplio, abarcando decisiones como localización, inversión, etc.), de producción y de venta.

A diferencia del caso del consumidor, en que en principio se considera a la preferencia como un factor completamente subjetivo, en el caso de la empresa se supone un objetivo particular, el de la maximización de las ganancias.

En cierta medida, este supuesto es necesario para mantener la coherencia con la teoría del consumidor. En efecto, supongamos que el consumidor es una persona (y no, por ejemplo, una familia). Ese consumidor es probablemente a la vez un trabajador o un empresario. ¿Qué significa que su comportamiento en estos otros roles sea coherente con su comportamiento como consumidor? Entre otras cosas, significa que si como consumidor no está saciado, entonces en sus otros roles optará por decisiones que le permitan conseguir un mayor nivel de consumo en tanto ello no interfiera con otros objetivos. Así, el trabajador escogerá la ocupación que le ofrezca el mayor ingreso total (entendido como ingreso monetario más valor del ocio), y el empresario tomará decisiones tendientes a conseguir el mayor ingreso neto (ganancia) de su empresa.

Esto, en tanto no valoren o no le preocupen otros aspectos relacionados con el trabajo o la empresa, en cuyo caso estas otras características competirían con el ingreso del trabajador o con las ganancias del empresario. Que el trabajador tenga una preferencia que depende sólo del ocio y del consumo significa que no tiene preferencias por tipos de trabajo, lo que seguramente no se ajusta a la realidad. Quizás los artistas, por ejemplo, mayoritariamente sienten que están renunciando a mayores niveles de consumo a cambio de dedicarse a actividades que los llenan de satisfacción. Como toda teoría, el propósito de la teoría de la oferta de trabajo aludida es puntual, y no dice relación con estos aspectos. En virtud de la simplicidad, entonces, se sacrifican (grandes) cuotas de realismo descriptivo en aspectos de menor importancia respecto del problema que interesa analizar. En cambio, esos aspectos son incorporados cuando se consideran importantes para el problema que se analiza. Así, por ejemplo, la incorporación de los gustos por determinadas actividades es el centro de la teoría de las diferencias igualizantes.

De igual manera, que el empresario busque exclusivamente maximizar ganancias significa que le son indiferentes la tasa de mortalidad de empleados por accidentes laborales, vender automóviles con desperfectos mecánicos o causar un desastre ecológico, en tanto esas decisiones generen mayores ganancias que las alternativas, lo que ciertamente no describe adecuadamente el comportamiento ético de un gran número de empresarios. Para el análisis de situaciones en que las preferencias por conductas éticas son importantes, es relativamente sencillo complicar el análisis que desarrollamos en este capítulo. El modelo simple del que nos ocupamos ahora, en cambio, es útil para el análisis de decisiones éticamente neutrales.

Se debe enfatizar que estas simplificaciones no suponen una negación de los aspectos de la realidad que se dejan de lado, sino sólo su congelamiento momentáneo para lograr claridad en otros aspectos a través de la condición *ceteris paribus*.

Existe otra complejidad relacionada con las ya mencionadas, cuyo análisis postergamos de la misma forma: la pregunta acaso anterior de si la empresa **puede** o no maximizar ganancias. Puede ser que los dueños de una empresa quieran conseguir la mayor ganancia o lucro posible, pero ya sea por la necesaria especialización en las tareas o en razón del tamaño de las operaciones, se vean obligados a delegar buena parte de las decisiones. Es perfectamente imaginable que la delegación de tareas sea imperfecta, y que redunde en que muchas decisiones no sean las que el o los dueños preferirían hubiesen sido (un ejemplo inmediato: el gasto de papel, luz y teléfono en las oficinas). En el capítulo 20 se aborda directamente este problema. Note, sin embargo, que si bien en este capítulo suponemos que los dueños de las empresas tienen un control total sobre los insumos, es posible incorporar en cierta medida los costos de la delegación al describir las posibilidades tecnológicas del empresario.

Matemáticamente, entonces, suponemos que las decisiones de contratación de insumos, de producción y de venta del (único) bien o servicio que la empresa ofrece, provienen de:

Problema (de la empresa con fines de lucro).

$$\max_{q,z_1,\ldots,z_n} \pi = (pq) - (w_1 z_1 + \ldots + w_n z_n) \tag{5.1}$$

$$\text{sujeto a} \quad 0 \leq q \leq f(z_1, \ldots, z_n)$$

$$z_1, z_2, \ldots, z_n \geq 0,$$

$\square$

donde q es el número de unidades del bien vendidas al precio unitario de p, z_j el número de unidades del insumo j $(j = 1, 2, \ldots, n)$ contratadas o empleadas en la producción del bien, w_j el precio unitario del insumo j, y $f(z_1, \ldots, z_n)$ es el máximo número de unidades del bien que, con la tecnología disponible y la canasta de insumos $(z_1, \ldots, z_n)$, la empresa puede producir.

La ganancia (π) corresponde a la diferencia entre el ingreso total por ventas y los costos de producción. Estos costos incluyen no sólo el dinero que el empresario debe desembolsar para el pago de los factores que contrata (trabajadores, insumos, maquinarias, etc.), sino también el costo de oportunidad de los insumos de los cuales él es dueño directamente, como es el valor de su propio tiempo, el pago que podría recibir si arrendara sus instalaciones o terrenos a terceros, etc. Es decir, la ganancia "económica" no necesariamente corresponde a la utilidad contable de la empresa, sino que corresponde a lo que denominamos el "excedente del productor" . El supuesto de competencia se manifiesta en que los precios de insumos y del producto se toman como dados; esto es, no hay negociación posible sobre esos valores.

Este capítulo, entonces, estudia la forma de la solución del problema (5.1). En la próxima sección se ahonda (y abunda) en la descripción de la restricción. En la siguiente se estudian los costos en conexión con las posibilidades. La última sección estudia la solución en forma global.

5.2. FUNCIONES DE PRODUCCIÓN

En concordancia con el método delineado en los dos capítulos anteriores, entender un problema de decisión parte por entender el conjunto de posibilidades a que el individuo se enfrenta.

Una visión simple de la empresa la imagina como una caja negra, en la que por algún proceso no especificado, el uso de determinados insumos resulta en la generación de un determinado producto. Quizás existen diversas maneras de generar el mismo nivel de producto, o quizás el uso de una misma canasta de insumos puede resultar en diversos niveles de producto. Lo que sin duda es cierto es que independientemente de la tecnología con que se combinen los insumos, la cantidad de producto que se obtiene de una canasta finita de insumos debe ser finita. Considerando que otras canastas de insumos probablemente tienen otros límites máximos de producción, escribimos formalmente:

$$q \leq f(z_1, ..., z_n) \tag{5.2}$$

La **función de producción** describe el límite (o frontera) de estas posibilidades. Matemáticamente, es una función que asigna a cada combinación de factores $z_1, z_2, ..., z_n$ el máximo nivel de producto posible (lo que considera de manera implícita la tecnología existente como un dato). Si (5.2) describe las posibilidades, la función de producción:

$$q = f(z_1, ..., z_n) \tag{5.3}$$

describe su frontera.

En general en este libro consideraremos el caso de dos factores, que usualmente llamaremos capital y trabajo, y denotaremos por K y L respectivamente.

Podemos, al igual que en el caso de la función de utilidad, caracterizar la función de producción en términos de sus derivadas parciales (gradiente) y de sus curvas de nivel (llamadas en este contexto **isocuantas**). A diferencia de la función de utilidad, sin embargo, consideramos a la función de producción como cardinal; esto es, cualquier transformación de f genera posibilidades distintas. En términos del gráfico en tres dimensiones, su altura absoluta es importante. De hecho, le llamamos **progreso técnico** al crecimiento de esta frontera.

Existen diversas preguntas que nos podemos hacer respecto de la tecnología existente, o función de producción, que en último término la caracterizan, a saber: (1) qué ocurre con la cantidad producida al variar K o L; (2) qué ocurre con la cantidad producida si cambian ambos factores a la vez; y (3) cuál es el grado de sustituibilidad entre los factores. Analizaremos cada una de estas tres preguntas por separado.

126

5.2.a. Productividad de los factores.

La noción de **productividad** se refiere a la relación entre el nivel del producto obtenido y los insumos que se ocuparon en generarlo. Un insumo se hace más productivo cuando la misma cantidad de insumo genera más unidades de producto. Existen, sin embargo, diversas maneras en las que podemos pensar en productividad, y conviene distinguirlas. Se define la **productividad marginal** (o el producto marginal) de un factor j como:

$$PMg_j = \frac{\partial f}{\partial z_j} \equiv f_j. \qquad (5.4)$$

Así, la productividad marginal corresponde al (máximo) número de unidades de producto que se pueden conseguir si se aumenta el insumo j en una unidad, y sólo el insumo j. Observe que el que se trate de una derivada parcial significa que existe una condición de *ceteris paribus* sobre el resto de los insumos. Es importante notar que, por la misma razón, la productividad marginal de un insumo depende de la cantidad usada de cada uno de los otros insumos. Así, por ejemplo, la productividad del trabajo depende de la cantidad de capital que se emplee, y viceversa. En el caso en que la función de producción sea diferenciable dos veces, tenemos además la siguiente condición de simetría:

$$\begin{aligned}
\frac{\partial f_i}{\partial z_j} &= \frac{\partial^2 f}{\partial z_j \partial z_i} \\
&= \frac{\partial^2 f}{\partial z_i \partial z_j} = \frac{\partial f_j}{\partial z_i}. \qquad (5.5)
\end{aligned}$$

Cuando $\frac{\partial f_i}{\partial z_j} > 0$ decimos que los factores son complementarios en la producción o **q-complementarios**, mientras que cuando $\frac{\partial f_i}{\partial z_j} < 0$ decimos que son **q-anticomplementarios**.

La **productividad media**, en cambio, corresponde a la simple razón entre el número de unidades de producto que (en promedio) se consiguen a partir del número de unidades del insumo empleado:

$$PMe_j = \frac{q}{z_j}.$$

Observe que la productividad media depende del nivel de contratación del insumo. En particular, tenemos:

$$\frac{\partial PMe_j}{\partial z_j} = \frac{f_j z_j - f(z_1, z_2)}{z_j^2}$$

$$= \frac{1}{z_j}\left(f_j - \frac{q}{z_j}\right), \qquad (5.6)$$

lo que se puede reescribir como:

$$\frac{\partial PMe_j}{\partial z_j} = \frac{1}{z_j}\left(PMg_j - PMe_j\right) \qquad (5.7)$$

Luego, la productividad media de un factor es creciente cuando la productividad marginal es mayor que ella, decreciente cuando es menor, y constante cuando ambas son iguales. El cambio porcentual en q ante un cambio porcentual en uno de los factores corresponde a la **elasticidad insumo-producto** (ε_{q,z_i}):

$$\varepsilon_{q,z_i} = \frac{\partial f}{\partial z_i}\frac{z_i}{q} = \frac{PMg_i}{PMe_i}. \qquad (5.8)$$

5.2.b. Rendimientos a escala

¿Qué ocurriría con el nivel de producción si se aumentara la contratación de todos los insumos en la misma proporción $(\lambda - 1)$ %? Si el nivel de producción aumenta en $(\lambda - 1)$ %, decimos que la tecnología en q_0 es de **rendimientos constantes a escala**; si aumenta en menos, decimos que en q_0 es de **rendimientos decrecientes a escala**, y si lo hace en más, que en q_0 es de **rendimientos crecientes a escala**. Tenemos:

$$f \text{ tiene rendimientos} \left\{ \begin{array}{c} \text{crecientes} \\ \text{constantes} \\ \text{decrecientes} \end{array} \right\} \text{a escala si}$$

$$\text{si } \forall \lambda > 1 : \frac{q_1 - q_0}{q_0} \equiv \frac{f(\lambda z_1, \lambda z_2)}{f(z_1, z_2)} - 1 \left\{ \begin{array}{c} > \\ = \\ < \end{array} \right\} (\lambda - 1).$$

Esencialmente, una tecnología es de rendimientos constantes a escala si es posible "repetir" un negocio o fracción de él: dos fábricas idénticas consiguen el doble de producto que cada una de ellas por separado. Mucha gente prefiere pensar que si se toma literalmente el término "idéntica",

128

debiera ser *siempre* el caso que se consigue duplicar la producción; esto es, que todas las tecnologías son de rendimientos constantes a escala. Sin embargo, es igualmente claro que en la producción de muchos bienes o servicios es imposible duplicar (o aumentar en la misma proporción) *todos* los insumos. No podemos, por ejemplo, montar dos fábricas en la misma ubicación, o pedirle a Madonna que dé dos conciertos en países distintos a la misma hora. Siempre existen insumos (esto es, variables que afectan el resultado de la producción) insustituibles, replicables sólo parcialmente, o limitados. Luego, si bien una descripción completa de la tecnología consideraría a todos los factores que afectan el proceso productivo, en la práctica se suele optar por descripciones parciales, en que la producción es función fundamentalmente de insumos variables o controlables por la empresa. Así, si bien en una descripción completa el conocimiento sería un insumo (aunque fijo en el corto plazo), en las descripciones habituales está fuera de la función, y explica los cambios en ella cuando el conocimiento crece (progreso técnico).

Observe el parecido entre la definición de rendimientos a escala y la definición de función homogénea de grado 1. En efecto, la función de producción es homogénea de grado 1 si y sólo si tiene rendimientos constantes a escala *en todo q*. En general, una función de producción no tiene por qué ser homogénea.

Las funciones de producción homogéneas, en todo caso, tienen algunas características interesantes. Dos de ellas son las siguientes:

1. Si la función de producción es homogénea de grado r, entonces tiene rendimientos crecientes a escala si $r > 1$, constantes si $r = 1$, y decrecientes si $r < 1$. En efecto, si f es homogénea de grado r satisface:

$$f\left(\lambda z_1, \lambda z_2\right) = \lambda^r f\left(z_1, z_2\right)$$

   Luego,

$$\frac{f\left(\lambda z_1, \lambda z_2\right)}{f\left(z_1, z_2\right)} = \lambda^r$$

   Pero $\lambda^r > \lambda$ si y sólo si $r > 1$.

2. Si la función de producción es homogénea de grado r, la razón de productividades marginales entre factores depende sólo de la razón de uso entre factores, y no del nivel de uso de cada uno por separado (ver Apéndice matemático, sección A.3, de funciones homogéneas). Es decir, para cualquier función de producción homogénea sabemos que la pendiente de la isocuanta es la misma

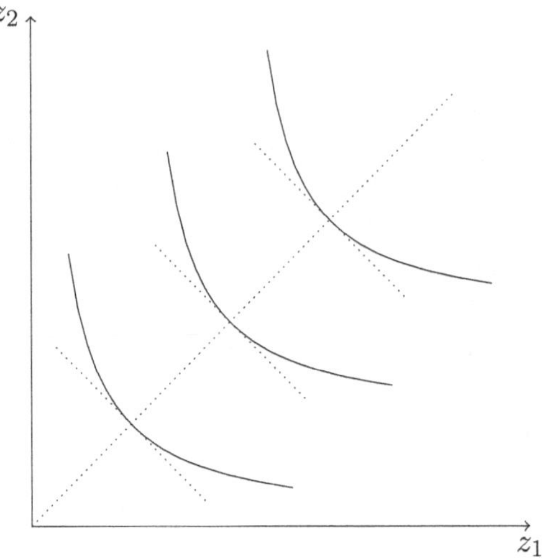

Figura 5.1 Mapa de isocuantas de una función de producción homotética

mientras la razón de uso de factores no cambie. Esta propiedad es común a cualquier función homotética (esto es, funciones homogéneas o transformaciones crecientes de funciones homogéneas). En la figura 5.1 se presenta un mapa de isocuantas para una función de producción homotética.

Por otro lado, se define la **elasticidad producto total** ε_{PT} como el cambio porcentual en q ante un cambio equiproporcional en todos los factores de $a\,\%$.

$$\varepsilon_{PT} = \frac{\triangle\%q}{a\,\%}, \tag{5.9}$$

donde $\triangle\%z_1 = \triangle\%z_2 = a\,\%$. Entonces, tenemos lo siguiente:

$$
\begin{aligned}
\triangle\%q \;&=\; \frac{dq}{q} = \frac{f_1 dz_1 + f_2 dz_2}{q} = f_1\frac{dz_1}{z_1}\frac{z_1}{q} + f_2\frac{dz_2}{z_2}\frac{z_2}{q} \\
&=\; a\,\%\left(\frac{f_1}{PMe_1} + \frac{f_2}{PMe_2}\right) \\
&=\; a\,\%\left(\varepsilon_{q,z_1} + \varepsilon_{q,z_2}\right). \tag{5.10}
\end{aligned}
$$

De modo que obtenemos

$$\varepsilon_{PT} = \left(\varepsilon_{q,z_1} + \varepsilon_{q,z_2}\right). \tag{5.11}$$

De esta forma, f tiene rendimientos crecientes a escala si y sólo si $\varepsilon_{PT} > 1$; rendimientos constantes a escala si y sólo si $\varepsilon_{PT} = 1$, y rendimientos decrecientes a escala si $\varepsilon_{PT} < 1$.

Nuevamente en el caso de las funciones homogéneas de grado r, sabemos por Euler que:

$$
\begin{aligned}
f_1 z_1 + f_2 z_2 &= rq \\
&\Rightarrow \varepsilon_{PT} = r,
\end{aligned}
\tag{5.12}
$$

de modo que la elasticidad producto total es igual al grado de homogeneidad de la función. En la figura 5.1 veíamos que en el caso de las funciones de producción homotéticas, al aumentar el uso de ambos factores en un determinado porcentaje (manteniendo la misma razón de uso), la forma de la isocuanta se mantiene. La particularidad de las funciones homogéneas, como su nombre lo sugiere, es que ante dicho aumento en el uso de factores, la tasa a la cual aumenta la producción es siempre la misma.

5.2.c. Sustituibilidad entre factores (movimiento a través de la isocuanta)

Se define la isocuanta de la manera siguiente:

Definición 12. *Una **isocuanta** es un conjunto de combinaciones de factores (z_1, z_2), con la propiedad que todas entregan el mismo número de unidades producidas, esto es, $f(z_1, z_2) = \overline{q}$.*

La pendiente de la isocuanta se obtiene a partir del diferencial total de $f(z_1, z_2)$, notando que en la isocuanta el nivel de producto no cambia:

$$
\mathrm{d}q = 0 = f_1 dz_1 + f_2 dz_2,
\tag{5.13}
$$

de modo que al despejar obtenemos:

$$
\left. \frac{dz_2}{dz_1} \right|_{q\,\text{constante}} = -\frac{f_1}{f_2}
\tag{5.14}
$$

El valor absoluto de la pendiente de la isocuanta, que llamaremos **tasa marginal de sustitución técnica** ($TMST$), indica cuántas unidades adicionales de capital es necesario contratar para mantener el nivel de producción si se deja de contratar una unidad de L.

La forma de la isocuanta indica el grado de sustituibilidad entre factores en la producción de ese bien determinado: si la pendiente de la isocuanta es constante, decimos que los factores son sustitutos perfectos (sustituibilidad infinita); si la función es de proporciones fijas, decimos que no hay posibilidad de sustitución (sustituibilidad nula). Esto se puede representar a través de la **elasticidad de sustitución** directa entre factores:

$$\sigma \ = \ \frac{\triangle\,\%\,(z_2/z_1)}{\triangle\,\%\,(f_1/f_2)} = \frac{\partial \ln\,(z_2/z_1)}{\partial \ln\,(f_1/f_2)} \tag{5.15}$$

o alternativamente:

$$\sigma \ = \ -\frac{\triangle\,\%\,(z_1/z_2)}{\triangle\,\%\,(f_1/f_2)} = -\frac{\partial \ln\,(z_1/z_2)}{\partial \ln\,(f_1/f_2)} \tag{5.16}$$

Los casos extremos son el de la función de producción de proporciones fijas, cuya ecuación es $q = \text{mín}\,\{a_K K, a_L L\}$, y el de la función de producción lineal o de sustitución perfecta, con ecuación $q = a_K K + a_L L$.

La tecnología se encuentra, entonces, resumida en la función de producción. Ésta indica el límite de las posibilidades. Una inspección rápida del problema que nos ocupa (ecuación (5.1)) revela que salvo en el caso extremo en que el óptimo sea no producir, el empresario preferirá estar en el límite de sus posibilidades. El no producir lo máximo posible con los insumos que se emplean significa dejar pasar la oportunidad de ganar más sin aumentar los costos, lo que evidentemente no sería coherente con la maximización de ganancias. Por eso, la restricción referida a q se satisfará sin holgura (observe que $f(0,...,0) = 0$), pudiendo el problema reescribirse como:

$$\begin{aligned} \max_{q,z_1,...,z_n} \pi \ &= \ (pq) - (w_1 z_1 + ... + w_n z_n) \tag{5.17}\\ \text{sujeto a} \quad q \ &= \ f(z_1,...,z_n)\\ z_1, z_2, ..., z_n \ &\geq \ 0 \end{aligned}$$

o, equivalentemente, como:

$$\max_{z_1,...,z_n} \pi = pf(z_1,...,z_n) - (w_1 z_1 + ... + w_n z_n) \tag{5.18}$$

$$\text{sujeto a} \quad z_1, z_2, ..., z_n \geq 0$$

Por otro lado, resulta pedagógico dividir este problema de optimización en dos etapas:

i.   Buscar, para un nivel de producto fijo, la combinación de insumos que resulta más barata. Analíticamente, esto corresponde a:

$$\min_{z_1,\dots,z_n} \left(w_1 z_1 + \dots + w_n z_n \right) \qquad (5.19)$$

$$\text{sujeto a} \quad f\left(z_1, \dots, z_n\right) \geq q$$

Denote por $C\left(q\right)$ al mínimo costo resultante, esto es, $C\left(q\right) = w_1 z_1^* + \dots + w_n z_n^*$.

ii.   Buscar, conociendo el mínimo costo de cada nivel de producto, la cantidad que conviene producir. Analíticamente:

$$\max_{q \geq 0} \left(pq - C\left(q\right) \right) \qquad (5.20)$$

Éste es el camino que recorremos a continuación.

5.3. MINIMIZACIÓN DE COSTOS

Deseamos encontrar el mínimo costo al que la empresa puede producir cada nivel de q, dada la tecnología y los precios de los factores. Para ello es necesario encontrar la combinación óptima de factores para cada nivel de q, entendiendo "óptima" como aquella combinación de mínimo costo para cada nivel de producción.

Gráficamente, lo que buscamos es la combinación de K y L que permite alcanzar una isocuanta al mínimo costo posible. El conjunto de combinaciones de K y L que involucran el mismo costo total se representa en la curva de **isocosto**. Dado que suponemos en esta parte del curso que las empresas son tomadoras de precios, la isocosto será una línea recta. La pendiente de la isocosto se obtiene de:

$$dC \quad = \quad 0 = w_1 dz_1 + w_2 dz_2 \qquad (5.21)$$

$$\Rightarrow \quad \left(\frac{dz_2}{dz_1} \right)_{C \text{ constante}} = -\frac{w_1}{w_2} \qquad (5.22)$$

El valor absoluto de la pendiente de la isocosto, que llamaremos **tasa marginal de sustitución de mercado** ($TMSM$), corresponde al costo de oportunidad de z_1 en términos de z_2. De manera que el problema consiste en encontrar la combinación de z_1 y z_2 perteneciente a una determinada isocuanta que pertenezca a la isocosto más baja (o de menor costo).

Formalmente, el problema es el siguiente:

$$\min_{\{z_1, z_2\}} C = w_1 z_1 + w_2 z_2 \tag{5.23}$$
$$\text{sujeto a} \quad : \quad f(z_1, z_2) = q$$

Para resolver el problema de optimización usamos el lagrangeano:

$$\mathcal{L} = w_1 z_1 + w_2 z_2 + \lambda (q - f(z_1, z_2)) \tag{5.24}$$

de modo que las condiciones de primer orden son:

$$\frac{\partial \mathcal{L}}{\partial L} = w_1 - \lambda f_1 = 0 \tag{5.25a}$$

$$\frac{\partial \mathcal{L}}{\partial K} = w_2 - \lambda f_2 = 0 \tag{5.25b}$$

$$\frac{\partial \mathcal{L}}{\partial \lambda} = q - f(z_1, z_2) = 0 \tag{5.25c}$$

De las CPO se desprende la siguiente condición:

$$\frac{w_1}{w_2} = \frac{f_1}{f_2} \tag{5.26}$$

Esta condición indica entonces que se deben igualar la pendiente de la isocosto a la pendiente de la isocuanta, o la *TMSM* a la *TMST*, como se observa en la figura 5.2.

Consideremos la intuición detrás de esta condición de óptimo. Si por ejemplo tenemos que *TMSM*= a y *TMST*= b, con $a < b$, sabemos que se puede aumentar z_1 en una unidad reduciendo z_2 en a unidades y manteniendo el costo constante; pero para mantener la producción, sabemos que si z_1 aumenta en una unidad, podemos disminuir z_2 hasta en b unidades. Dado que $b > a$, esto implica que es posible disminuir el costo sin afectar la producción (entregando b unidades de z_2), por lo que es claro que la situación inicial no era óptima (alternativamente, es posible aumentar la producción sin modificar el costo reduciendo z_2 en a unidades).

La condición de segundo orden de este problema es similar a la que obteníamos en la teoría del consumidor, y análogamente exige la convexidad

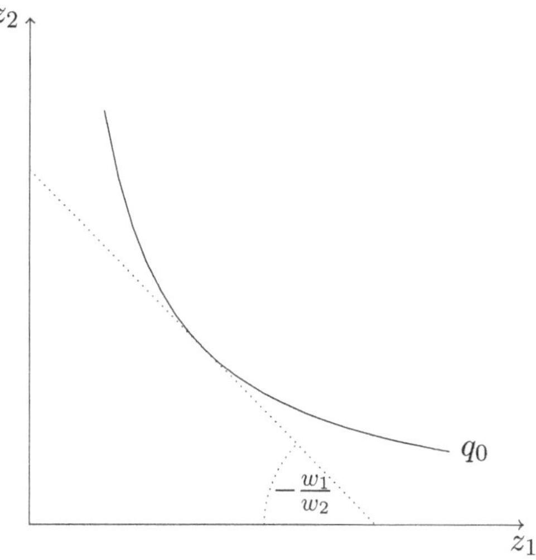

Figura 5.2 Isocuanta e isocosto

de las isocuantas, o que la función de producción sea cuasicóncava. Es decir, la CSO (que se obtiene del hessiano orlado) es la siguiente:

$$f_{11}\left(f_2\right)^2 + f_{22}\left(f_1\right)^2 - 2f_{12}f_1f_2 \leq 0$$

Entonces, al resolver el sistema de ecuaciones que se obtiene de las tres condiciones de primer orden, obtenemos la cantidad de factores demandada por la empresa para cada nivel de precios de los factores y de producto: $z_i^* = z_i\left(w_1, w_2, q\right)$. Estas funciones son las llamadas **funciones de demanda condicionada de factores** (condicionada en el nivel de q). Además, del sistema de ecuaciones obtenemos $\lambda^* = \lambda\left(w_1, w_2, q\right)$. Al reemplazar las funciones de demanda condicionadas de factores dentro de la función objetivo, obtenemos la **función de mínimo costo**, $C^* = C\left(w_1, w_2, q\right)$, o **función de costos** de la empresa:

$$C^* = w_1 z_1\left(w_1, w_2, q\right) + w_2 z_2\left(w_1, w_2, q\right).$$

Si existiera algún costo fijo CF, este debería sumarse al costo de los factores variables para obtener el costo total. Así, en general obtenemos:

$$C^* = w_1 z_1\left(w_1, w_2, q\right) + w_2 z_2\left(w_1, w_2, q\right) + CF.$$

A partir del teorema de la envolvente obtenemos el **costo marginal** como:

$$CMg = \frac{\partial C(w_1, w_2, q)}{\partial q} = \lambda^*\left(w_1, w_2, q\right). \tag{5.27}$$

El **costo medio** o costo unitario se obtiene a su vez como:

$$CMe = \frac{C(w_1, w_2, q)}{q}.$$ (5.28)

Luego

$$\frac{\partial CMe}{\partial q} = \frac{\frac{\partial C(w_1, w_2, q)}{\partial q}}{q} - \frac{C(w_1, w_2, q)}{q^2},$$ (5.29)

lo que se puede reescribir como:

$$\frac{\partial CMe}{\partial q} = \frac{CMg - CMe}{q}.$$ (5.30)

Luego, el costo medio crece cuando $CMg > CMe$, decrece cuando $CMg < CMe$ y permanece constante cuando ambos son iguales.

5.3.a. Economías de escala

Si el costo medio crece a medida que aumenta q, es decir, $\frac{\partial CMe}{\partial q} > 0$, decimos que hay deseconomías de escala. Si a la inversa, el costo medio cae a medida que aumenta q, es decir, $\frac{\partial CMe}{\partial q} < 0$, decimos que hay economías de escala. Otra forma de ponerlo: si el costo total aumenta en mayor proporción que el aumento en el producto, tenemos deseconomías de escala; si aumenta menos que el producto, tenemos economías de escala. Para medir lo anterior podemos calcular entonces la elasticidad costo total:

$$\varepsilon_{CT} = \frac{\Delta\%CT}{\Delta\%q} = \frac{\partial C^*}{\partial q}\frac{q}{C^*} = \frac{CMg}{CMe}.$$ (5.31)

Entonces, si $CMg > CMe$, el costo total crece proporcionalmente más que el producto, por lo que el costo medio aumenta con q.

Cuando la función de producción es homotética[1], los conceptos de rendimientos a escala y de economías de escala coinciden: si la elasticidad producto total es mayor que la unidad (rendimientos a escala crecientes), quiere decir que si aumentan los dos factores en un $a\%$, el producto aumenta en un porcentaje más alto ($b\% > a\%$). Luego, el costo aumentó

---

[1] Es decir, cuando la senda de expansión es una recta que pasa por el origen, puesto que la razón de productividades marginales depende sólo de la razón de uso de factores, de modo que si no cambian los precios relativos, entonces la razón de uso óptima no puede cambiar. Ver Apéndice 2.A.

en un $a\%$ y el producto en $b\% > a\%$, por lo que la elasticidad costo total es menor que uno, y hay economías de escala.

De este modo, la función de costos tiene una forma que refleja las características de la tecnología, que a su vez se resume en la función de producción. El problema de decisión del empresario está, entonces, condicionado por ésta.

5.4. Maximización de ganancias y oferta de la empresa

Volvemos entonces al problema original de la empresa. Decíamos que existen dos maneras equivalentes de pensarlo:

1. Maximizar ganancias eligiendo el nivel de producto, dado que ya se definió cuál es la combinación óptima de factores para cada nivel de q (es decir, considerando la función de costo total $C^*(w_1, w_2, q)$ encontrada antes). En este caso el énfasis está en la cantidad óptima a producir, y la cantidad de factores a utilizar se puede obtener de las demandas condicionadas, una vez que determinemos q^*. De aquí se obtiene la función de oferta de la empresa.

2. Maximizar ganancias eligiendo el nivel de uso de factores. En este caso llegamos a la misma condición de óptimo que antes, pero ahora obtenemos la **función de demanda no condicionada de factores** (que se estudiará en más detalle en el capítulo siguiente). Luego, el énfasis está en el uso de factores que maximiza las ganancias, y de los factores utilizados se infiere la cantidad óptima de producto.

En la primera formulación, tenemos el siguiente problema de maximización:

$$\max_{q} \pi = pq - C(w_1, w_2, q). \tag{5.32}$$

La condición de primer orden es:

$$\frac{\partial \pi}{\partial q} = p - \frac{\partial C(w_1, w_2, q)}{\partial q} = 0. \tag{5.33}$$

Es decir, la cantidad óptima a producir es aquella en que se iguala el precio al costo marginal.

Este punto crítico es efectivamente un máximo local si se cumple la CSO:

$$\frac{\partial^2 \pi}{\partial q^2} = -\frac{\partial^2 C(w_1, w_2, q)}{\partial q^2} = -\frac{\partial CMg}{\partial q} < 0, \tag{5.34}$$

por lo que se requiere que el costo marginal sea creciente. De esto se desprende que la curva de oferta (si existe) debe tener pendiente positiva.

Además, si existe la opción de no producir, para que convenga producir debe ser cierto que la utilidad obtenida con producción es mayor (o igual) que sin producción. Al producir, la empresa ganaría $pq^* - C^* \left(w_1, w_2, q^*\right)$; sin producir, perdería el costo fijo CF si este costo fijo es inevitable. Si hay costos inevitables, esto implica que se debe dar la siguiente condición:

$$pq^* - C(w_1, w_2, q^*) \geq -CF_I, \tag{5.35}$$

donde q^* denota la cantidad encontrada de la CPO, y CF_I denota el costo fijo inevitable (esto es, la parte del costo fijo que se debe pagar aunque no se produzca). Nos referiremos a esta desigualdad como **condición de no cierre**.

Si separamos el costo total $C(w_1, w_2, q^*)$ en la parte evitable (que denotamos $C_E \left(w_1, w_2, q^*\right)$) de la inevitable, la condición de no cierre se transforma en:

$$pq^* - C_E \left(w_1, w_2, q^*\right) - CF_I \geq -CF_I, \tag{5.36}$$

o lo que es igual:

$$p \geq \frac{C_E \left(w_1, w_2, q^*\right)}{q^*} \equiv CMe_E. \tag{5.37}$$

Mientras produzca, la empresa lo hace igualando $p = CMg$, por lo que la condición anterior va a ser cierta siempre que $CMg \geq CMe_E$. Luego, para que la empresa no cierre se requiere que el costo marginal sea mayor (o igual) que el costo medio evitable.

Definición 13. *La **oferta** de la empresa es una función[2] que asigna, para cada precio del producto p y precios de los factores w_1, w_2, la cantidad ofrecida por la empresa q que permite alcanzar el mayor nivel de ganancia posible al productor. Denotamos esta función como $q^* = q\left(w_1, w_2, p\right)$.*

---

[2] Estrictamente hablando, la oferta en algunos casos no es una función, sino una correspondencia. Esto ocurre cuando, para ciertos precios del bien y de factores, la empresa está indiferente entre producir un nivel q^* y no producir. En ese caso, la oferta no asigna un solo nivel de producto, sino dos niveles posibles: 0 y q^*.

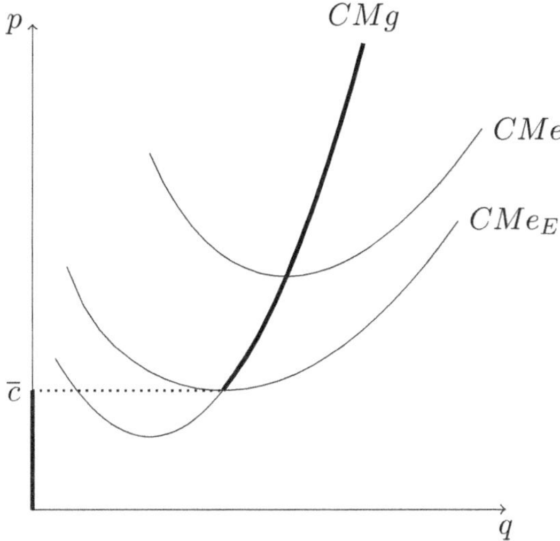

Figura 5.3 Oferta de la empresa

La función que indica la máxima ganancia que puede obtener la empresa para distintos precios de insumos y del bien es $\pi^* = \pi(w_1, w_2, p_\ell)$, que se define como

$$\pi(w_1, w_2, p) = pq(w_1, w_2, p) - C(w_1, w_2, q(w_1, w_2, p)). \tag{5.38}$$

Observe que el costo medio evitable alcanza su punto más bajo cuando se iguala al costo marginal, como se ilustra en la figura 5.3. Sea $\bar{c}$ el nivel del costo medio evitable mínimo: $CMg < CMe_E$ si $CMg < \bar{c}$. Entonces, la condición de no cierre implica que la curva de oferta puede ser discontinua: la oferta es la cantidad q en que se iguala el costo marginal (creciente) al precio si $p > \bar{c}$; es cero si $p < \bar{c}$; y puede ser cualquiera de ambas si $p = \bar{c}$. Lo anterior se representa en la figura 5.3, donde la curva de oferta está marcada con un trazo grueso.

Note para evaluar la decisión de **cierre**, la empresa compara el ingreso total con el costo evitable. Sin embargo, si una empresa que no se encuentra produciendo estuviera evaluando la decisión de **entrar** a una industria, compararía el ingreso total con el costo total, ya que al momento de entrar no hay costos inevitables.

En la segunda formulación, tenemos el siguiente problema de maximización:

$$\max_{z_1, z_2} \pi = pf(z_1, z_2) - w_1 z_1 - w_2 z_2 \tag{5.39}$$

Luego, las CPO son de la forma:

$$\frac{\partial \pi}{\partial z_1} = pf_1 - w_1 = 0 \qquad (5.40a)$$

$$\frac{\partial \pi}{\partial z_2} = pf_2 - w_2 = 0 \qquad (5.40b)$$

De estas condiciones se obtiene nuevamente la condición de tangencia que obteníamos de la minimización de costos: $TMSM = TMST$. Pero además se obtiene la condición de igualdad del valor del producto marginal de cada factor con su precio: $pf_i = w_i$. El punto crítico encontrado con las CPO es máximo si se cumple la CSO:

$$H = \begin{pmatrix} \pi_{11} & \pi_{12} \\ \pi_{12} & \pi_{22} \end{pmatrix} = p \begin{pmatrix} f_{11} & f_{12} \\ f_{12} & f_{22} \end{pmatrix} \text{ definida negativa,}$$

o lo que es equivalente:

$$f_{11}, f_{22} < 0 \text{ y } f_{11}f_{22} - f_{12}^2 > 0. \qquad (5.41)$$

A las CPO y CSO tendríamos que agregar además una condición de no cierre como la que se obtuvo en la sección anterior; ello, por cuanto nos interesa ver el máximo global. La solución a este problema de maximización entrega las **demandas (no condicionadas) de factores** $z_i^* = (w_1, w_2, p)$, que dependen de los precios de los insumos y del bien. A partir de esta formulación se obtiene nuvamente la función de ganancia de la empresa, que en este caso se define como

$$\pi(w_1, w_2, p) = pf(z_1(w_1, w_2, p), z_2(w_1, w_2, p))$$
$$- w_1 z_1(w_1, w_2, p) - w_2 z_2(w_1, w_2, p). \qquad (5.42)$$

Note que para que se cumpla la CSO de este problema es necesario que la función de producción sea cóncava. En cambio, al minimizar el costo y luego obtener la oferta $q(w_1, w_2, p)$ se requiere cuasiconcavidad de la función de producción y que el costo marginal sea creciente. Ocurre que es el costo marginal creciente lo que asegura que la función de producción no sólo será cuasicóncava (CSO de la minimización de costos) sino cóncava.

De hecho, lo que la CSO de este problema está señalando es que los rendimientos crecientes a escala son incompatibles en cierta medida con el supuesto de competencia perfecta. En competencia perfecta, ninguna empresa puede vender más caro que el precio de mercado porque nadie le compraría, ni le conviene vender a un precio menor, porque no necesita rebajar el precio para vender toda su producción. Pero si el costo medio es decreciente (lo que ocurre cuando hay rendimientos crecientes a escala y los precios de los insumos están dados), cada vez que el empresario aumenta la escala de producción aumenta también su margen unitario, por lo que a un precio determinado quisiera vender infinitas unidades. Esto evidentemente es imposible, porque en algún momento toparía con la demanda; cuando eso ocurra, tendría que rebajar el precio para aumentar las unidades vendidas, y en ese caso ya no es tomador de precios.

Ahora bien, si la función de producción es de rendimientos constantes a escala, no se cumple la CSO. En este caso, el costo medio y el marginal son constantes e iguales entre sí, por lo que la cantidad óptima a producir no queda determinada a partir de la CPO. En efecto, si el costo unitario es c, entonces para $p > c$ la empresa obtiene una ganancia positiva si produce, y esta ganancia es estrictamente creciente en q –por lo que la empresa querría producir una cantidad ilimitada–; si $p = c$ la empresa está indiferente entre producir o no producir –e indiferente entre producir cualquier nivel de q–, mientras que si $p < c$ no le conviene producir. Por lo anterior, decimos que en este caso la oferta es infinitamente elástica, y la escribimos de la forma:

$$q^* \begin{cases} = \infty & \text{si } p > c \\ \in [0, \infty) & \text{si } p = c \\ = 0 & \text{si } p < c \end{cases}$$

Note además que la demanda no condicionada difiere de la demanda condicionada, ya que esta última incluye sólo **efecto sustitución**, mientras que la demanda no condicionada incluye además el efecto escala. El **efecto escala** indica cuánto cambia la cantidad demandada de cada factor al cambiar la cantidad producida de q. Entonces, si por ejemplo estamos considerando la demanda por el insumo 1, sabemos que al cambiar w_1 no sólo va a cambiar z_1 por efecto sustitución (movimiento a través de la isocuanta: demanda condicionada), sino que además cambia el costo marginal de producción, y al mismo precio p eso indica que cambia la cantidad producida del bien, por lo que se modifica también la cantidad demandada de insumo por efecto escala. Así, si aumenta w_1 y por esa razón aumenta el costo marginal, la empresa querrá reducir la contratación del insumo 1 por efecto sustitución, pero además querrá reducir su producción y por esa razón disminuye la contratación del insumo 1 por efecto escala.

5.5. Largo plazo versus corto plazo

Hasta aquí hemos supuesto que la empresa puede escoger libremente la cantidad de factores a contratar. Sin embargo, en algunos procesos productivos la contratación de insumos es bastante inflexible en el corto plazo: por ejemplo, en algunas industrias un aumento en la capacidad de producción requiere de la construcción de plantas y compra de maquinarias de gran envergadura, cuya producción e instalación requiere de tiempo, y que después no puede ser desmantelada fácilmente. Asimismo, los contratos de arriendos de maquinaria, e incluso contratos laborales, frecuentemente establecen plazos mínimos. En estos casos, una vez contratado el factor, la empresa debe seguir pagando por él, independientemente de su uso, lo que introduce un costo fijo de producción.

En esta sección consideramos este caso, suponiendo que es el factor 2 el que no puede ser fácilmente modificado en el corto plazo. Entonces, si se contrata un nivel de capital $\bar{z}_2$ óptimo para el nivel de producción $\bar{q}$, ¿cómo es el costo total, medio y marginal de producción para niveles de producción distintos de $\bar{q}$? De la respuesta a esta pregunta depende cómo es la oferta de la empresa de corto plazo.

Existen (al menos) dos casos que se pueden dar, dependiendo de las condiciones de la producción. En el primero, la empresa no puede contratar más del insumo 2 (maquinarias, por ejemplo), pero puede dejar capacidad sin usar:

$$\max_{z_1,z_2} \pi = pf(z_1, z_2) - w_1 z_1 - w_2 z_2 \qquad (5.43)$$
$$\text{sujeto a: } z_2 \leq \bar{z}_2$$

Este sería el caso de una empresa que no puede ampliar el tamaño de la planta en el corto plazo, pero sí puede dejar parte de la planta inutilizada (sin tener que incurrir en un costo por ello).

En el segundo, en cambio, la empresa debe usar la cantidad de que dispone:

$$\max_{z_1,z_2} \pi = pf(z_1, z_2) - w_1 z_1 - w_2 z_2 \qquad (5.44)$$
$$\text{sujeto a: } z_2 = \bar{z}_2$$

142

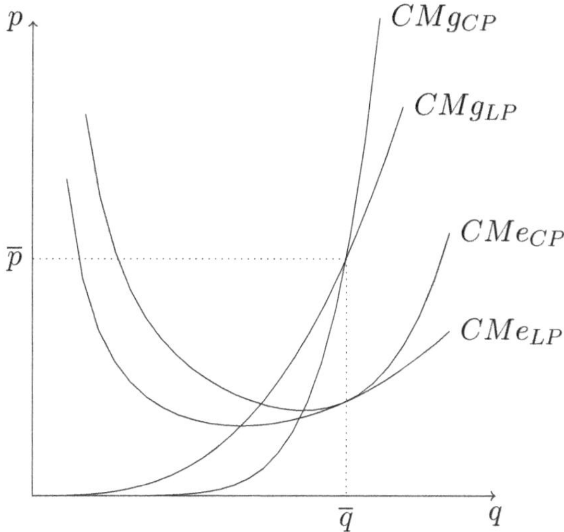

Figura 5.4 Costos de corto plazo (CP) y largo plazo (LP)

En ambos casos, necesariamente el costo total de producción es mayor que en ausencia de la restricción. Esto se explica por el argumento ya familiar de que las restricciones disminuyen los conjuntos de posibilidades, y las posibilidades no pueden hacer daño.

En el segundo caso, de hecho tenemos que la restricción transforma al problema en uno de una variable:

$$\max_{z_1} \pi = pf(z_1, \overline{z}_2) - w_1 z_1 - w_2 \overline{z}_2 \tag{5.45}$$

Entonces, el costo del insumo 2 se convierte en un costo fijo. Si es evitable o no, depende de si se debe pagar en caso de escoger un nivel nulo de producción. Se sigue también que el costo medio será superior al de largo plazo, salvo en aquel nivel de producción para el cual ese nivel $\overline{z}_2$ es óptimo; esto es, $\overline{q}$. Lo anterior se ilustra en la figura 5.4.

Por ello, distintas curvas de costo medio de corto plazo comparten un punto con la curva de costo medio de largo plazo; es decir, esta última es la envolvente inferior de ellas.

Los costos marginales, en cambio, no se comportan de la misma forma. Por ejemplo, un exceso de capacidad instalada puede significar costos totales muy altos para la empresa, pero a la vez generar costos marginales de producción muy bajos –o menores a los que tendría si adaptara

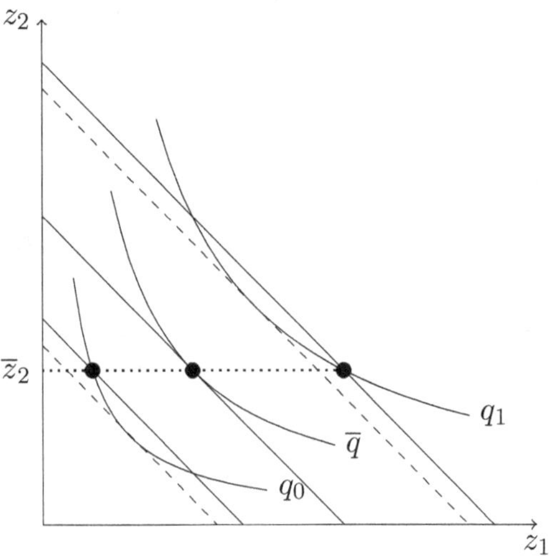

Figura 5.5 Isocostos de corto plazo con $z_2 = \bar{z}_2$ (línea continua) y de largo plazo con z_2 variable (línea discontinua)

la capacidad instalada a la escala actual de producción. Similarmente, la falta de capacidad puede forzar un costo marginal de producción más alto, pues obliga a la contratación de mayores unidades del insumo variable que de otra forma se requeriría. Lo anterior se representa en la figura 5.5: para un nivel de producción $q_0 < \bar{q}$ el costo total es más alto en el corto plazo (isocosto marcada con línea continua) que en el largo plazo (isocosto marcada con línea punteada), pero el *aumento* en el costo asociado a un aumento en la producción hasta $\bar{q}$ es menor en el corto plazo que en el largo plazo.

Así, en la figura 5.4 se observa que el costo marginal de corto plazo es menor que el de largo plazo para niveles de producción inferiores a $\bar{q}$, y mayor que el de largo plazo para niveles de producción mayores que $\bar{q}$. Esto implica que, partiendo de un precio $\bar{p}$, si el precio disminuye la empresa reduce su producción en el corto plazo, pero esta reducción es menor que la que ocurriría si la empresa tuviera completa flexibilidad para escoger el uso de factores (largo plazo). A su vez, si el precio aumenta la cantidad ofrecida también aumenta en el corto plazo, pero menos que en el largo plazo. En otras palabras, la oferta de corto plazo es más inelástica que la de largo plazo.

5.6. Excedente del productor

Decíamos en la introducción de que la ganancia "económica" no necesariamente corresponde a la utilidad contable de la empresa, sino que corresponde al excedente del productor. Al analizar el cambio en el bienestar de un consumidor, y dada la naturaleza ordinal de la función de utilidad, se hacía necesario buscar alguna manera de expresar el cambio en "utiles" en unidades de bienes o en pesos, para lo cual se desarrollaron varias medidas de bienestar alternativas. En este caso, sin embargo, y dado la ganancia ya está expresada en pesos, no es necesario buscar medidas alternativas para evaluar su bienestar.

El excedente del productor se define como la diferencia entre la ganancia que la empresa obtiene si produce, con la que obtendría si no lo hace. Así, si no existen costos fijos el excedente del productor es exactamente igual a su ganancia $\pi(w_1, w_2, p)$. Si existiera un costo inevitable, y dado que dicho costo se debe pagar independientemente de si el empresario decide producir o no, el excedente del productor es la diferencia entre el ingreso total y el costo evitable $(pq^* - C_E(w_1, w_2, q^*))$.

En resumen, la condición de no cierre implica que el excedente del productor es siempre no-negativo: un excedente negativo induciría a la empresa a cerrar (dejar de producir).

Ejercicios

1. (*) Determine si las siguientes funciones de producción presentan rendimientos a escala crecientes, constantes o decrecientes:

$$q = A\sqrt{K} + B\sqrt{L}$$
$$q = \min\{K, 2L\}$$

2. (*) Suponga que la función de producción agregada para la economía en su conjunto puede caracterizarse por $q = K^{0,25}L^{0,75}$. Explique por qué, si los mercados de factores fuesen perfectamente competitivos, los trabajadores recibirían un 75 % del PGB como ingreso.

3. (*) Suponga que la función de producción de una empresa se puede escribir como: $q = A(t)\,f(K,L)$, donde las variaciones de A a través del tiempo representan el progreso técnico. Muestre que en este caso el progreso técnico es neutral (es decir, no afecta las combinaciones relativas de factores de la empresa).

4. (*) Considere una empresa competitiva cuya tecnología se representa mediante la siguiente función de producción: $q = F(K,L) = K^{0,2}L^{0,2}$. Los precios de los factores y del producto son w_K, w_L y p_q respectivamente. Independientemente de si produce o no, la empresa debe pagar un costo fijo de monto F.

   a) Derive la demanda condicionada por K y calcule su elasticidad precio (η_{KK}^{cond}). Encuentre además la función de costo marginal.

   b) Derive la demanda no condicionada por K y calcule su elasticidad ($\eta_{KK}^{no\,cond}$). Explique por qué ambas elasticidades difieren, refiriéndose explícitamente a la dirección del efecto escala.

   c) Calcule el excedente del productor si los precios de los factores y del bien fueran $w_L = w_K = 100$ y $p_q = 4.000$ respectivamente, y $F = 10.000$.

5. (*) Considere el caso de una empresa con una tecnología descrita por:

$$q = T\sqrt{L}$$

   donde T es el tamaño de la planta (medido en metros cuadrados), L el número de trabajadores, y q el número de unidades de producto. El metro cuadrado de planta cuesta \$$w_T$, y a cada trabajador se le paga \$$w_L$. El tamaño de la planta no es posible cambiarlo en el corto plazo; más aún, considérelo fijo en un nivel de T_0.

   a) ¿Cuántos trabajadores se deben contratar para producir q unidades del bien?

b) Explique por qué la función de costos (de corto plazo) es:

$$C\left(q, w_L, w_T\right) = w_L \frac{q^2}{T^2} + w_T T$$

c) Caracterice y dibuje las funciones de costo medio y costo marginal. En particular, establezca si son crecientes o decrecientes, y si una es superior a la otra.

d) Explique cuánto querría vender el dueño de esta empresa si pudiese vender la cantidad que quisiera al precio p, y si su motivación fuese únicamente lucrar. Sea claro y preciso. Considere de ahora en adelante que el tamaño de la planta es variable.

e) Si el precio p es tal que en la situación anterior la empresa obtenía ganancias, ¿querría ampliar el tamaño de la planta? Fundamente.

f) ¿Diría Ud. que la tecnología de esta empresa tiene rendimientos decrecientes a escala? Fundamente.

g) Obtenga la función de costos de largo plazo. Caracterice y dibuje las funciones de costo medio y marginal.

h) Explique cuánto querría vender el dueño de esta empresa si pudiese vender la cantidad que quisiera al precio p, y si su motivación fuese únicamente lucrar. Sea claro y preciso.

6. (**) Considere una empresa competitiva con tecnología de rendimientos constantes a escala que emplea hoy 24 unidades de capital a un precio de \$14 por unidad, y 25 unidades de trabajo a un salario de \$10 por unidad.

a) Si el precio del producto es de \$10 por unidad, ¿cuál es el costo marginal de producción?

b) Explique por qué una tecnología de rendimientos constantes a escala implica que la función de producción es homogénea de grado 1 y que el costo medio y marginal son iguales.

c) Utilizando el teorema de Euler, podemos concluir entonces que

$$PMg_L L + PMg_K K = q.$$

¿A cuánto asciende la producción de la empresa? ¿Los beneficios netos?

d) Suponga que si sube el salario a \$12 por unidad, y si se decidiera producir lo mismo que inicialmente, las cantidades contratadas de capital y trabajo cambiarían a 26 y 23 unidades respectivamente. ¿Cuál es la elasticidad de sustitución de la función de producción de la empresa?

7. (**) Considere una empresa tomadora de precios, cuya función de producción es $q = K^{1/2} + L^{1/2}$. Los precios de los factores K y L son w_K y w_L respectivamente.

   a) ¿Cómo son los rendimientos a escala y las economías de escala de esta empresa?

   b) Derive la función de demanda condicionada por L (L en función de precios de factores y q), y encuentre una expresión para su elasticidad precio. AYUDA: para llegar a una expresión para la elasticidad conviene utilizar la definición $\varepsilon = \frac{\partial L^*}{\partial w_L} \frac{w_L}{L^*}$, no aplicar logaritmo.

   c) ¿Es normal, neutro o inferior el factor L? (justifique su respuesta). ¿Qué ocurre entonces con el costo marginal cuando aumenta w_L? Explique la intuición de su respuesta.

   d) Derive la función de demanda no condicionada por L (L en función de precios de factores y p), y calcule su elasticidad.

   e) Compare las elasticidades calculadas en d) y en b), indicando cuál de ellas es mayor en valor absoluto; explique por qué difieren, refiriéndose explícitamente a la dirección del efecto escala en este caso particular.

   f) ¿Cambiaría la función de demanda no condicionada por L si K estuviera fijo (corto plazo de la empresa)? Explique la intuición de su respuesta.

8. (**) Una empresa competitiva produce Y, cuyo precio inicial es P_Y^0, utilizando dos insumos, M y N, cuyos precios iniciales son w_M^0 y w_N^0 respectivamente. El precio de M aumentó en un 21 %, y el gobierno quiere evitar que por esta razón disminuya la cantidad producida de Y. Por ello, decide dar un subsidio a la empresa de z % sobre el precio inicial de Y (es decir, $P_Y^1 = (1 + z\%) \cdot P_Y^0$). Si la función de producción de esta empresa es: $Y = (M)^{1/4} \cdot (N)^{1/4}$, ¿en qué porcentaje z % debe aumentar el precio de Y para que la cantidad producida de Y no cambie?

9. (**) Considere una empresa tomadora de precios, que tiene disponible dos tecnologías (mutuamente excluyentes) para fabricar el bien q. Sea L el número de trabajadores contratados, y K el número de máquinas contratadas. Si elige la tecnología A, su función de producción es de la forma: $q = K_A^{1/4} L^{1/4}$. Si elige la tecnología B, su función de producción es de la forma $q = K_B^{1/2} L^{1/4}$. Los precios de los factores son $w_L = 1$, $w_{K_A} = 1$, $w_{K_B} = 2$ (las máquinas para producir con la tecnología B son más caras que las de A), y el precio de q es $p_q = 100$. No hay costos fijos de producción. SE PIDE: Indique qué tecnología le conviene usar a la empresa, fundamentando claramente su respuesta.

10. (**) Producir cososos requiere de una fábrica y de operarios. Existen, sin embargo, fábricas de distinto tamaño. La productividad marginal del

trabajo está, en una fábrica de tamaño T (metros cuadrados), dada por:

$$\frac{1}{4}T^{\frac{1}{4}}L^{-\frac{3}{4}}$$

donde L es el número de operarios.

a) Determine cuál es la manera más barata de producir q unidades de cososos, cuando el metro cuadrado de planta cuesta \$2, y cada operario \$8. Explique cuidadosamente su procedimiento.

b) Determine, entonces, la curva de oferta de largo plazo de la empresa. Explique.

c) Imagine que, siendo el precio de cada cososo $P = 2.400$, la empresa escoge un nivel óptimo de insumos. Si en el corto plazo no fuese posible alterar el tamaño de la planta, encuentre la función de costos de corto plazo asociada a la decisión anterior.

d) Determine, entonces, la curva de oferta de corto plazo. Compare con (b). Explique.

COMENTARIOS BIBLIOGRÁFICOS

El supuesto de maximización de ganancias de las empresas como noción de racionalidad de estas entidades ha sido objeto permanente de controversia. Armen Alchian (1950) considera la posibilidad de que aunque las empresas no maximicen conscientemente las ganancias, el proceso evolutivo seleccione aquellas empresas que ex-post tomaron mejores decisiones, de modo que el comportamiento de las sobrevivientes se podría entender como si maximizaran utilidades. El punto de fondo es que, aun cuando el lucro no fuese un objetivo explícito, o al menos no el único, la sobrevivencia económica de la empresa depende de su capacidad de generar ganancias. Sin embargo, Prajit Dutta y Roy Radner (1999; 1995) insisten en que, aun cuando lo anterior imprime una tendencia pro ganancias en la conducta de las empresas, el argumento evolutivo no es suficiente para justificar al lucro como único objetivo de la empresa: en un mundo con incertidumbre, casi seguramente las empresas que sobreviven en el largo plazo siguen otras reglas de decisión. La gran ventaja de la teoría desarrollada en este capítulo no es su apego estricto a la realidad (es, después de todo, una teoría), sino su simplicidad y su grado de abstracción.

Esta teoría permite identificar fuerzas, efectos, direcciones a las que apunta el sesgo pro ganancias en los distintos planos de acción de la empresa: producción, ventas y contratación de insumos.

Capítulo 6

Demanda por factores

6.1. Introducción

En este capítulo se estudia en detalle la demanda por factores a nivel de la empresa, analizando cuidadosamente la estática comparativa. En el desarrollo del capítulo analizaremos primero la demanda condicionada de factores. Esta demanda incluye sólo el efecto sustitución asociado a cambios en los precios de factores, puesto que indica cuál será la cantidad demandada de factores a distintos precios, pero suponiendo el nivel de producción constante. Sin embargo, al cambiar los precios de factores normalmente cambiará también el costo marginal de producción, modificándose por tanto la cantidad producida del bien. Es por esto que la demanda condicionada de factores no muestra el efecto completo asociado a un cambio en precios de factores: es necesario considerar, además del efecto sustitución, el efecto escala.

En la segunda parte del capítulo se analizará la demanda no condicionada de factores, que indica cuál será la cantidad demandada de factores para distintos niveles de precios de factores y del precio del bien. Si el precio del bien permanece constante y cambia el precio de un factor, el cambio en la cantidad demandada del factor que muestra la demanda no condicionada incluirá, además del efecto sustitución asociado, el efecto escala. Veremos que esta demanda es siempre más elástica que la demanda condicionada, excepto en el caso en que el efecto escala es inexistente.

En todo este análisis, la productividad de cada trabajador es independiente de cualquier acción que pudiera tomar, por lo que los contratos no juegan un rol más allá de fijar una remuneración. Este supuesto se levanta en el capítulo 20, donde se estudia la influencia que el contrato tiene sobre el comportamiento del trabajador. Por otro lado, también se supone que la productividad de cada trabajador es conocida de antemano. El capítulo 21 estudia la situación más compleja en que el empleador no observa esta variable con antelación a la contratación.

6.2. Demanda condicionada por factores

En el capítulo anterior escribíamos el problema de minimización de costos de la empresa como sigue:

$$\min_{z_1, z_2} C = w_1 z_1 + w_2 z_2 \tag{6.1}$$

$$\text{sujeto a } f(z_1, z_2) = q$$

Utilizando el lagrangeano:

$$\mathcal{L} = w_1 z_1 + w_2 z_2 + \lambda(q - f(z_1, z_2)) \tag{6.2}$$

obteníamos las siguientes condiciones de primer orden:

$$\frac{\partial \mathcal{L}}{\partial z_1} = w_1 - \lambda f_1 = 0 \tag{6.3a}$$

$$\frac{\partial \mathcal{L}}{\partial z_2} = w_2 - \lambda f_2 = 0 \tag{6.3b}$$

$$\frac{\partial \mathcal{L}}{\partial \lambda} = q - f(z_1, z_2) = 0 \tag{6.3c}$$

De las condiciones de primer orden (CPO) de este problema se desprende la condición de tangencia de la isocuanta con la isocosto:

$$\frac{w_1}{w_2} = \frac{f_1}{f_2} \tag{6.4}$$

Tal como ocurría en teoría del consumidor, la condición de segundo orden de este problema exige la convexidad de las isocuantas, o que la función de producción sea cuasicóncava.

Al resolver el sistema de ecuaciones que se obtiene de las tres condiciones de primer orden, obtenemos la cantidad de z_1 y z_2 demandada por la empresa para cada nivel de precios de los factores y de producto: $z_i^* = z_i(w_1, w_2, q)$. Estas funciones son las llamadas *funciones de demanda condicionada de factores* (condicionada en el nivel de q).

Definición 14. *La demanda condicionada por el factor i es una función que asigna, para cada nivel de producción q y precios de los factores w_1, w_2, la cantidad demandada de z_i que permite alcanzar el menor nivel de costo posible al productor. Denotamos esta función como* $z_i^C = z_i(w_1, w_2, q)$.

Además, del sistema de ecuaciones obtenemos $\lambda^* = \lambda(w_1, w_2, q)$. Al reemplazar las funciones de demanda condicionada de factores dentro de la función objetivo, obtenemos la función de mínimo costo, o función de costos de la empresa:

$$C^* = w_1 z_1(w_1, w_2, q) + w_2 z_2(w_1, w_2, q)$$
$$= C(w_1, w_2, q) \tag{6.5}$$

6.2.a. Estática comparativa

Elasticidad precio de la demanda condicionada

Aplicando el teorema de la envolvente, obtenemos las demandas por factores (lema de Shephard):

$$\frac{\partial C^*}{\partial w_i} = z_i^*(w_1, w_2, q) \tag{6.6}$$

La elasticidad precio de esta demanda (que incluye sólo efecto sustitución), es de la forma:

$$\eta_{ii}^S = \frac{\partial z_i^*(w_1, w_2, q)}{\partial w_i} \frac{w_i}{z_i} = \frac{\partial \ln z_i^*(w_1, w_2, q)}{\partial \ln w_i} \tag{6.7}$$

Sabemos que la demanda condicionada es homogénea de grado cero en precios de factores. Esto se debe a que, al cambiar w_1 y w_2 en igual proporción, la pendiente de la isocosto no cambia, por lo que al dejar q constante debemos encontrar el mismo punto de tangencia original. Luego, obtenemos (por teorema de Euler):

$$\frac{\partial z_i}{\partial w_i} w_i + \frac{\partial z_i}{\partial w_j} w_j = 0 \tag{6.8}$$

de manera que la suma de elasticidades (propia y cruzada) es cero:

$$\eta_{ii}^S + \eta_{ij}^S = 0 \tag{6.9}$$

En primer lugar, es importante notar que, dada la convexidad de las isocuantas, η_{ii}^S es siempre negativa (o cero cuando no hay posibilidad de sustitución). Si por ejemplo consideramos el caso de $i = 1$, con un aumento en w_1, la *TMSM*, y por lo tanto el nuevo punto de tangencia

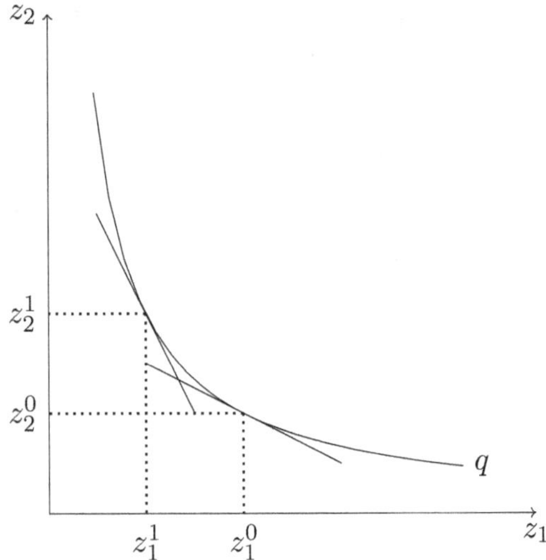

Figura 6.1   Efecto sustitución negativo

debe ocurrir a una mayor $TMST$: la única manera de encontrar un punto en la misma isocuanta con una mayor $TMST$ es disminuyendo la cantidad contratada del factor 1 y aumentado la del factor 2. Lo anterior se representa en la figura 6.1.

De esto se desprende que, si hay sólo dos factores de producción, ellos deben ser sustitutos netos (o sustitutos Hicks-Allen, definiendo sustitución neta como $\eta_{ij}^S > 0$: al aumentar w_j, aumenta el uso de z_i).

A su vez, aplicando el teorema de la envolvente obtenemos que los efectos cruzados son simétricos:

$$\frac{\partial z_i}{\partial w_j} \;=\; \frac{\partial^2 C^*}{\partial w_i \partial w_j} = \frac{\partial z_j}{\partial w_i} \tag{6.10}$$

o en elasticidades:

$$\alpha_i \eta_{ij}^S = \alpha_j \eta_{ji}^S \tag{6.11}$$

Definimos la elasticidad de sustitución como el cambio porcentual en la razón de uso de factores ante un cambio porcentual en la $TMST$, manteniendo el nivel de producto constante. Usando las demandas condicionadas (y dado que en ellas podemos dejar el producto constante), podemos redefinir la elasticidad de sustitución como:

$$\sigma = \frac{\partial \ln \left(z_j / z_i \right)}{\partial \ln \left(f_i / f_j \right)} = \frac{\partial \ln \left(z_j^* / z_i^* \right)}{\partial \ln \left(w_i / w_j \right)} \tag{6.12}$$

En el caso particular de rendimientos constantes a escala(es decir, el caso en que la función de producción homogénea de grado 1), sabemos que la razón de uso z_j^*/z_i^* sólo depende de los precios relativos de factores w_i/w_j, y no del nivel de producto ni de los precios en nivel. Luego, podemos escribir:

$$\sigma = \frac{\partial \ln z_j^*}{\partial \ln (w_i/w_j)} - \frac{\partial \ln z_i^*}{\partial \ln (w_i/w_j)} \tag{6.13}$$

Pero la elasticidad cruzada de la demanda condicionada de cualquier factor j se puede expresar también como:

$$\eta_{ji}^S = \frac{\partial \ln z_j^*}{\partial \ln (w_i/w_j)} \frac{\partial \ln (w_i/w_j)}{\partial \ln w_i} \tag{6.14}$$

y dado que $\frac{\partial \ln(w_i/w_j)}{\partial \ln w_i} = 1$, esta elasticidad se puede reescribir como:

$$\eta_{ji}^S = \frac{\partial \ln z_j^*}{\partial \ln (w_i/w_j)} \tag{6.15}$$

Análogamente obtenemos:

$$\eta_{ii}^S = \frac{\partial \ln z_i^*}{\partial \ln (w_i/w_j)} \tag{6.16}$$

y así podemos escribir la elasticidad de sustitución como:

$$\sigma = \eta_{ji}^S - \eta_{ii}^S \tag{6.17}$$

Entonces, en este caso la elasticidad precio de la demanda condicionada por factores se puede escribir como:

$$\eta_{ii}^S = -\eta_{ij}^S = -\frac{\alpha_j}{\alpha_i} \left(\sigma + \eta_{ii}^S \right) \tag{6.18}$$

y despejando obtenemos:

$$\eta_{ii}^S = -\alpha_j \sigma \tag{6.19}$$

Ejemplo 5. El caso de las proporciones fijas:
Consideremos ahora el caso de la función de producción de proporciones fijas, de la forma:

$$q = \min \{a_1 z_1, a_2 z_2\}$$

En este caso claramente la combinación de factores que minimiza el costo de producir un determinado nivel de q es la que se obtiene de igualar ambos argumentos de la función al nivel de q deseado:

$$q = a_1 z_1 = a_2 z_2$$

Despejando las demandas condicionadas, obtenemos entonces:

$$z_i^* = \frac{q}{a_i}$$

Luego, la elasticidad precio de esta demanda es nula. $\qquad\square$

Ejemplo. El caso de la sustitución perfecta:
Consideremos el caso de la función de producción de sustitución perfecta:

$$q = b_1 z_1 + b_2 z_2$$

En este caso, la *TMST* es fija e igual a $\frac{b_1}{b_2}$, por lo que nuevamente no podemos usar condición de tangencia para encontrar el óptimo. En este caso, vemos que el mínimo costo al que se puede alcanzar el nivel de producción q es aquel en que el uso de factores es el siguiente:

$$z_i^* \begin{cases} = \frac{q}{b_i} & \text{si } \frac{w_i}{w_j} < \frac{b_i}{b_j} \\ \in \left[0, \frac{q}{b_i}\right] & \text{si } \frac{w_i}{w_j} = \frac{b_i}{b_j} \\ = 0 & \text{si } \frac{w_i}{w_j} > \frac{b_i}{b_j} \end{cases}$$

Luego, en torno a $\frac{w_i}{w_j} = \frac{b_i}{b_j}$ la elasticidad precio de la demanda es $-\infty$. $\quad\square$

Elasticidad cruzada de la demanda condicionada

Por homogeneidad de grado cero en la demanda sabemos que $\eta_{ij}^S = -\eta_{ii}^S$. Luego, en el caso de rendimientos constantes a escala, podemos escribir además:

$$\eta_{ij}^S = -\eta_{ii}^S = \alpha_j \sigma \tag{6.20}$$

Para derivar una expresión exacta de esta elasticidad notamos que en el óptimo se deben cumplir las condiciones de primer orden:

$$w_1 - \lambda f_1\left(z_1^*\left(w_1, w_2, q\right), z_2^*\left(w_1, w_2, q\right)\right) = 0 \tag{6.21a}$$
$$w_2 - \lambda f_2\left(z_1^*\left(w_1, w_2, q\right), z_2^*\left(w_1, w_2, q\right)\right) = 0 \tag{6.21b}$$
$$q - f\left(z_1^*\left(w_1, w_2, q\right), z_2^*\left(w_1, w_2, q\right)\right) = 0 \tag{6.21c}$$

Derivando estas condiciones respecto de w_2 tenemos entonces:

$$-\frac{\partial \lambda}{\partial w_2} f_1 - \lambda f_{11} \frac{\partial z_1^*}{\partial w_2} - \lambda f_{12} \frac{\partial z_2^*}{\partial w_2} = 0 \qquad (6.22a)$$

$$1 - \frac{\partial \lambda}{\partial w_2} f_2 - \lambda f_{21} \frac{\partial z_1^*}{\partial w_2} - \lambda f_{22} \frac{\partial z_2^*}{\partial w_2} = 0 \qquad (6.22b)$$

$$-f_1 \frac{\partial z_1^*}{\partial w_2} - f_2 \frac{\partial z_2^*}{\partial w_2} = 0 \qquad (6.22c)$$

Despejando $\frac{\partial z_2^*}{\partial w_2}$ de la tercera igualdad, encontramos:

$$\frac{\partial z_2^*}{\partial w_2} = -\frac{f_1}{f_2} \frac{\partial z_1^*}{\partial w_2} \qquad (6.23)$$

Luego, las dos primeras igualdades se pueden escribir como:

$$-\frac{\partial \lambda}{\partial w_2} f_1 f_2 - \lambda f_{11} f_2 \frac{\partial z_1^*}{\partial w_2} + \lambda f_{12} f_2 \left(\frac{f_1}{f_2} \frac{\partial z_1^*}{\partial w_2} \right) = 0 \quad (6.24a)$$

$$f_1 - \frac{\partial \lambda}{\partial w_2} f_2 f_1 - \lambda f_{21} f_1 \frac{\partial z_1^*}{\partial w_2} + \lambda f_{22} f_1 \left(\frac{f_1}{f_2} \frac{\partial z_1^*}{\partial w_2} \right) = 0 \quad (6.24b)$$

e igualando obtenemos:

$$\frac{\partial z_1^*}{\partial w_2} = -\frac{f_1 f_2}{\lambda \left(f_{11} f_2^2 + f_{22} f_1^2 - 2 f_{21} f_1 f_2 \right)} \qquad (6.25)$$

Entonces, dado que f_1 y f_2 son positivas, y recordando que por condición de segundo orden el denominador de la expresión anterior es negativo, obtenemos que $\frac{\partial z_1^*}{\partial w_2} \geq 0$. Este resultado es el esperado, ya que la demanda condicionada incluye sólo el efecto sustitución; ciertamente, al aumentar el precio de z_2 disminuye el uso del factor 2, por lo que para mantener el nivel de producción constante debe concretarse el incremento en el uso del factor 1.

Cambio en la cantidad demandada del factor al cambiar el nivel de producto deseado

Por último, nos falta analizar qué ocurre con la cantidad demandada del factor si cambia el nivel de producción. Definimos un **factor normal** como aquel en que aumenta la cantidad contratada al aumentar la cantidad producida del bien; un **factor inferior** como aquel en que la cantidad contratada cae al aumentar la cantidad producida del bien, y un **factor neutro** como aquel en que la cantidad contratada no cambia al cambiar la producción. En términos de la demanda no condicionada, entonces, tenemos que el factor z_i es normal cuando la derivada $\frac{\partial z_i^*(w_1, w_2, q)}{\partial q}$ es positiva, inferior cuando es negativa, y neutro cuando es nula.

Claramente, no pueden ser ambos factores inferiores, ya que para aumentar q debe aumentar el uso de al menos uno de los dos factores.

Si un factor es inferior, entonces la senda de expansión tiene pendiente negativa. Luego, si la función de producción es homotética (como es el caso de las funciones homogéneas), ninguno de los dos factores puede ser inferior.

Ahora bien, hay una relación entre la q-complementariedad de los factores y el hecho que sean normales o inferiores. Para verificar esta relación, notamos que en el óptimo se deben cumplir las condiciones de primer orden:

$$w_1 - \lambda f_1\left(z_1^*\left(w_1, w_2, q\right), z_2^*\left(w_1, w_2, q\right)\right) = 0 \qquad (6.26\text{a})$$

$$w_2 - \lambda f_2\left(z_1^*\left(w_1, w_2, q\right), z_2^*\left(w_1, w_2, q\right)\right) = 0 \qquad (6.26\text{b})$$

$$q - f\left(z_1^*\left(w_1, w_2, q\right), z_2^*\left(w_1, w_2, q\right)\right) = 0 \qquad (6.26\text{c})$$

Derivando cada una de estas expresiones respecto de q, obtenemos:

$$-\frac{\partial \lambda}{\partial q} f_1 - \lambda f_{11} \frac{\partial z_1^*}{\partial q} - \lambda f_{12} \frac{\partial z_2^*}{\partial q} = 0 \qquad (6.27\text{a})$$

$$-\frac{\partial \lambda}{\partial q} f_2 - \lambda f_{21} \frac{\partial z_1^*}{\partial q} - \lambda f_{22} \frac{\partial z_2^*}{\partial q} = 0 \qquad (6.27\text{b})$$

$$1 - f_1 \frac{\partial z_1^*}{\partial q} - f_2 \frac{\partial z_2^*}{\partial q} = 0 \qquad (6.27\text{c})$$

Despejando $\frac{\partial z_2^*}{\partial q}$ de la tercera condición, obtenemos:

$$\frac{\partial z_2^*}{\partial q} = \frac{1}{f_2} - \frac{f_1}{f_2} \frac{\partial z_1^*}{\partial q} \qquad (6.28)$$

Luego, las dos primeras condiciones se transforman en:

$$-\frac{\partial \lambda}{\partial q} f_1 f_2 - \lambda f_{11} f_2 \frac{\partial z_1^*}{\partial q} - \lambda f_{12} + \lambda f_{12} f_1 \frac{\partial z_1^*}{\partial q} = 0 \quad (6.29\text{a})$$

$$-\frac{\partial \lambda}{\partial q} f_1 f_2 - \lambda f_{21} f_1 \frac{\partial z_1^*}{\partial q} - \lambda f_{22} \frac{f_1}{f_2} + \lambda f_{22} \frac{(f_1)^2}{f_2} \frac{\partial z_1^*}{\partial q} = 0 \quad (6.29\text{b})$$

e igualando obtenemos finalmente:

$$\frac{\partial z_1^*}{\partial q} = \frac{f_{22}f_1 - f_{12}f_2}{\left(f_{11}\left(f_2\right)^2 - 2f_{12}f_1f_2 + f_{22}\left(f_1\right)^2\right)} \tag{6.30}$$

Asimismo, obtenemos que:

$$\frac{\partial z_2^*}{\partial q} = \frac{f_{11}f_2 - f_{12}f_1}{\left(f_{11}\left(f_2\right)^2 - 2f_{12}f_1f_2 + f_{22}\left(f_1\right)^2\right)} \tag{6.31}$$

Consideremos el caso en que las productividades marginales de los factores son decrecientes (lo que forma parte de la condición de segundo orden para la maximización de utilidad). Dado que el denominador de las dos expresiones anteriores es siempre negativo (por condición de segundo orden de la minimización de costos), se concluye que si $f_{12} \geq 0$ ambos factores deben ser normales. Por otra parte, si $f_{12} < 0$, el factor 1 puede ser normal o inferior. En todo caso, sabemos que la única forma de que el factor 1 sea inferior, es cuando $f_{12} < 0$.

Por otro lado, sabemos también que no pueden ser ambos factores inferiores: si por ejemplo el factor 1 es inferior, es porque $(f_{22}f_1 - f_{12}f_2) > 0$. Pero sabemos por condición de segundo orden que:

$$(f_{22}f_1 - f_{12}f_2)\, f_1 + (f_{11}f_2 - f_{12}f_1)\, f_2$$
$$= f_{22}\left(f_1\right)^2 - 2f_{12}f_1f_2 + f_{11}\left(f_2\right)^2 < 0 \tag{6.32}$$

por lo que debe ser cierto que $(f_{11}f_2 - f_{12}f_1) < 0$, lo que implica que el factor 2 es normal. La intuición de este resultado es que para aumentar la producción, debe aumentar el uso de al menos uno de los dos factores.

La intuición del primer resultado (esto es, que la única forma de que el factor 1 sea inferior es que $f_{12} < 0$) es la siguiente: si el factor 1 es inferior, quiere decir que al aumentar q disminuye el uso de ese factor. Si la productividad marginal de los factores es decreciente, ello implica que aumenta f_1. Pero en el nuevo óptimo (con q más alto) debe ser cierto que $\frac{f_1}{f_2}$ sigue siendo igual a los mismos precios relativos de antes $\frac{w_1}{w_2}$. Luego, si aumenta f_1 debe ser cierto que f_2 también aumenta, y ello sólo puede ocurrir por la q-anticomplementariedad de los factores (ya que z_2 debe aumentar, y ello llevaría a que f_2 disminuya en vez de aumentar).

159

6.3. Demanda no condicionada por factores

El problema de maximización de ganancia de la empresa se puede escribir como:

$$\max_{z_1, z_2} \pi = pf(z_1, z_2) - w_1 z_1 - w_2 z_2 \tag{6.33}$$

Luego, las CPO son de la forma:

$$\frac{\partial \pi}{\partial z_1} = pf_1 - w_1 = 0 \tag{6.34a}$$

$$\frac{\partial \pi}{\partial z_2} = pf_2 - w_2 = 0 \tag{6.34b}$$

De estas condiciones se obtiene nuevamente la condición de tangencia que obteníamos de la minimización de costos: $TMSM = TMST$. Pero además se obtiene la condición de igualdad del valor del producto marginal de cada factor con su precio: $pf_i = w_i$. El punto crítico encontrado con las CPO es máximo si se cumple la condición de segundo orden, que exige que la función de producción sea cóncava.

De las dos CPO obtenemos un sistema de ecuaciones, y al resolverlo encontramos la demanda no condicionada por factores.

Definición 15. *La **demanda no condicionada** por el factor i es una función que asigna, para cada precio del producto p y precios de los factores w_1, w_2, la cantidad demandada de z_i que permite alcanzar el mayor nivel de utilidad posible al productor. Denotamos esta función como $z_i^{NC} = z_i(w_1, w_2, p)$.*

6.3.a. Relación con la demanda condicionada por factores

Esta demanda difiere de la demanda condicionada, ya que esta última incluye sólo efecto sustitución, mientras que la demanda no condicionada incluye además el efecto escala. El efecto escala indica cuánto cambia la cantidad demandada de cada factor al variar la cantidad producida de q.

Si por ejemplo estamos considerando la demanda por z_1, sabemos que al cambiar w_1 no sólo va a cambiar z_1 por efecto sustitución (movimiento a través de la isocuanta: demanda condicionada), sino que además cambia el costo marginal de producción, y al mismo precio p, eso indica que cambia la cantidad producida del bien, por lo que pasamos a una nueva isocuanta. Eso significa que se modifica nuevamente la cantidad demandada de z_1 por efecto escala.

La demanda no condicionada de factores se puede obtener reemplazando en la demanda condicionada, la cantidad q que entrega la oferta. Es decir, siempre podemos escribir:

$$z_i^{NC}(w_1, w_2, p) = z_i^C(w_1, w_2, q^*(w_1, w_2, p)) \tag{6.35}$$

derivando y ocupando el teorema de la envolvente, obtenemos una expresión similar a la ecuación de Slutsky de la teoría del consumidor:

$$\frac{\partial z_i^{NC}}{\partial w_i} = \frac{\partial z_i^C}{\partial w_i} + \frac{\partial z_i^C}{\partial q^*}\frac{\partial q^*}{\partial w_i} \tag{6.36}$$

donde el primer término corresponde al efecto sustitución, y el segundo término corresponde al efecto escala.

Para analizar el signo del efecto escala es necesario saber cuánto cambia el costo marginal al cambiar el precio del factor, y cuánto cambia la cantidad demandada del factor al cambiar la cantidad producida. Aplicando el teorema de la envolvente tenemos:

$$\frac{\partial z_i(w_1, w_2, q)}{\partial q} = \frac{\partial^2 C(w_1, w_2, q)}{\partial w_i \partial q} = \frac{\partial CMg}{\partial w_i} \tag{6.37}$$

Luego, si el factor es normal, al aumentar w_i aumenta el costo marginal, por lo que cae la cantidad producida de q, y cae también la cantidad demandada de z_i, de modo que el efecto escala va en la misma dirección del efecto sustitución. Lo anterior se representa en la figura 6.2, en que al aumentar w_1 cae el uso del factor 1 desde z_1^0 a z_1^1. Este movimiento se descompone por una parte en el efecto sustitución, que es el paso del punto A al B, y por otra en el efecto escala, que es el paso del punto B al C.

En el caso del factor inferior, a su vez, al aumentar w_i disminuye el costo marginal, por lo que aumenta la cantidad producida y esto lleva a que nuevamente caiga la cantidad demandada de z_i, de modo que el efecto escala también va en la misma dirección del efecto sustitución en este caso. La intuición detrás de la caída del costo marginal al aumentar el precio del factor inferior es que si se quiere disminuir la cantidad producida, el costo cae menos que antes del alza en el precio, porque al reducir la cantidad producida se contrata más de ese factor (inferior) que ahora es más caro (y se contrata menos que otros factores cuyo precio no ha cambiado).

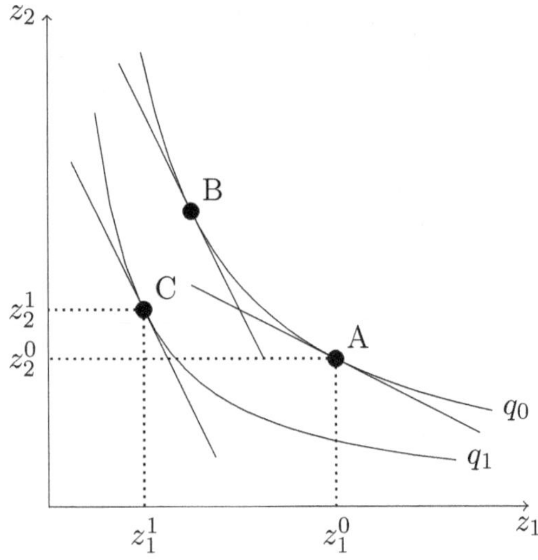

Figura 6.2 Efectos sustitución y escala de un aumento en w_1

6.3.b. Relación con la curva de VPMg

Vimos que la condición de primer orden del problema de maximización exige que en el óptimo se iguale el valor producto marginal del factor con su precio: $pf_i = w_i$. ¿Podemos decir entonces que la curva de demanda del factor es la curva del valor producto marginal? La respuesta es genéricamente negativa, ya que el valor producto marginal del factor i depende del uso del factor j. Luego, si el precio del factor i cambia, no necesariamente nos quedaremos en la misma curva de valor producto marginal.

En efecto, si los factores son q-complementarios, al aumentar w_i disminuye z_i (movimiento a través de la curva de $VPMg$), por lo que disminuye la productividad marginal de z_j, lo que reduce el uso de z_j, y a su vez reduce la productividad marginal de z_i, lo que provoca una caída aún mayor el uso de z_i. Lo anterior se refleja en la figura 6.3: al aumentar w_1 cae el uso del factor 1, lo que reduce el $VPMg$ del factor 2, reduciéndose su uso, lo que a su vez reduce el $VPMg$ del factor, por lo que vuelve a caer su uso, y así sucesivamente.

Por otra parte, si los factores son q-anticomplementarios, al aumentar w_i disminuye z_i (movimiento a través de la curva de $VPMg$), por lo que aumenta la productividad marginal de z_j, lo que aumenta el uso de z_j,

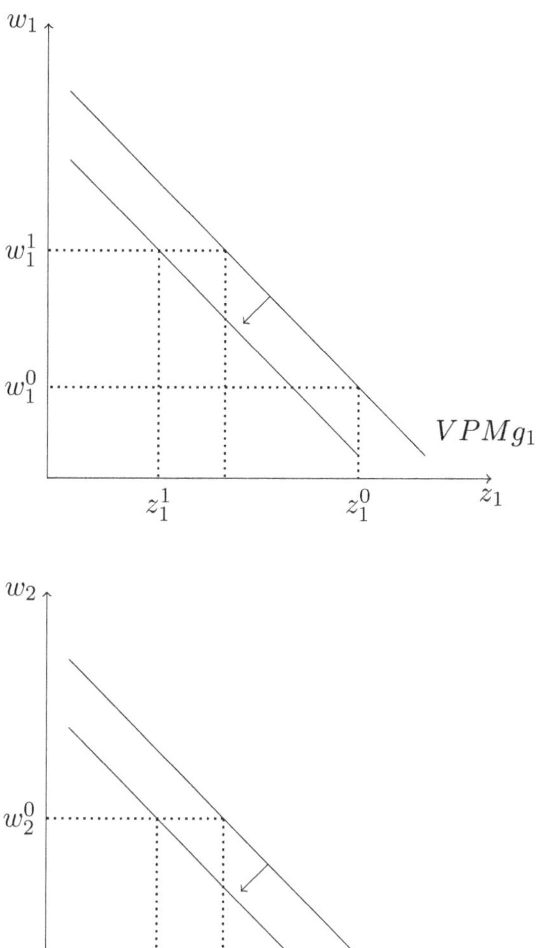

Figura 6.3 Movimiento a través de la curva de valor producto marginal ($VPMg$) y desplazamiento de la misma

y a su vez reduce la productividad marginal de z_i, por lo que se reduce aún más el uso de z_i.

Ejercicio 16. Represente este caso gráficamente, como se hizo en la figura 6.3. $\square$

En conclusión, la demanda no condicionada de factores es más elástica que la curva de valor producto marginal, a menos que los factores sean q-independientes, caso en que ambas coinciden.

6.3.c. Estática comparativa

Elasticidad precio de la demanda no condicionada

Sabemos que en el óptimo se deben cumplir las condiciones de primer orden del problema de maximización. Estas condiciones son:

$$pf_1 \;=\; w_1 \qquad\qquad (6.38a)$$

$$pf_2 \;=\; w_2 \qquad\qquad (6.38b)$$

Derivando estas condiciones respecto de w_1 obtenemos:

$$pf_{11}\frac{\partial z_1}{\partial w_1} + pf_{12}\frac{\partial z_2}{\partial w_1} \;=\; 1 \qquad\qquad (6.39a)$$

$$pf_{21}\frac{\partial z_1}{\partial w_1} + pf_{22}\frac{\partial z_2}{\partial w_1} \;=\; 0 \qquad\qquad (6.39b)$$

Luego, tenemos que:

$$pf_{11}\frac{\partial z_1}{\partial w_1} + pf_{12}\left(-\frac{f_{21}}{f_{22}}\frac{\partial z_1}{\partial w_1}\right) = 1 \qquad\qquad (6.40)$$

por lo que se concluye:

$$\frac{\partial z_1}{\partial w_1} = \frac{f_{22}}{p\left(f_{11}f_{22} - (f_{12})^2\right)} < 0 \qquad\qquad (6.41)$$

Entonces, la elasticidad precio de la demanda no condicionada es negativa, como esperábamos.

Elasticidad cruzada de la demanda no condicionada

Derivando las condiciones de primer orden respecto de w_2 obtenemos:

$$pf_{11}\frac{\partial z_1}{\partial w_2} + pf_{12}\frac{\partial z_2}{\partial w_2} = 0 \tag{6.42a}$$

$$pf_{21}\frac{\partial z_1}{\partial w_2} + pf_{22}\frac{\partial z_2}{\partial w_2} = 1 \tag{6.42b}$$

Luego, tenemos que

$$pf_{21}\frac{\partial z_1}{\partial w_2} + pf_{22}\left(-\frac{f_{11}}{f_{12}}\frac{\partial z_1}{\partial w_2}\right) = 1 \tag{6.43}$$

y se concluye:

$$\frac{\partial z_1}{\partial w_2} = -\frac{f_{12}}{p\left(f_{11}f_{22} - (f_{12})^2\right)} \tag{6.44}$$

A diferencia de lo que encontrábamos en el caso de la demanda condicionada, en que el nivel de producción se suponía constante, al considerar ahora la demanda no condicionada obtenemos un efecto cruzado que puede ser positivo o negativo, dependiendo del signo de f_{12}. Si los factores son q-complementarios, la derivada es negativa: al aumentar w_2 sabemos que se reduce z_2 (movimiento a través de la curva de VPMg), lo que disminuye la productividad marginal de z_1, por lo que disminuye también la demanda de z_1, y vuelve a caer z_2 (ya que disminuye su PMg), y así sucesivamente.

Si los factores son q-anticomplementarios, la derivada es positiva: al reducirse z_2 aumenta la productividad marginal de z_1, por lo que aumenta el uso de z_1, lo que lleva a que disminuya la productividad marginal de z_2, y se reduzca aún más su consumo, y así sucesivamente. Luego, la elasticidad cruzada puede ser positiva o negativa.

Cambio en la demanda no condicionada ante un cambio en el precio del producto final

Derivando las condiciones de primer orden respecto de p obtenemos:

$$pf_{11}\frac{\partial z_1}{\partial p} + pf_{12}\frac{\partial z_2}{\partial p} + f_1 = 0 \tag{6.45a}$$

$$pf_{21}\frac{\partial z_1}{\partial p} + pf_{22}\frac{\partial z_2}{\partial p} + f_2 = 0 \tag{6.45b}$$

Luego, tenemos que:

$$pf_{11}\frac{\partial z_1}{\partial p} + pf_{12}\left(-\frac{f_2}{pf_{22}} - \frac{f_{21}}{f_{22}}\frac{\partial z_1}{\partial p}\right) + f_1 = 0 \qquad (6.46)$$

y a partir de ello se concluye:

$$\frac{\partial z_1}{\partial p} = \frac{f_2 f_{12} - f_1 f_{22}}{p\left(f_{11}f_{22} - (f_{12})^2\right)} \qquad (6.47)$$

$$\frac{\partial z_2}{\partial p} = \frac{f_1 f_{12} - f_2 f_{11}}{p\left(f_{11}f_{22} - (f_{12})^2\right)} \qquad (6.48)$$

La condición de segundo orden del problema de maximización implica que el denominador de esta expresión es positivo. Luego, el signo de esta derivada depende del signo de $f_2 f_{12} - f_1 f_{22}$: si $f_{12} \geq 0$, entonces la derivada es positiva; si $f_{12} < 0$, la derivada puede ser positiva o negativa. La intuición detrás de este resultado es que al aumentar p, sabemos que aumentan z_1 y z_2 (ya que se desplaza hacia afuera la curva de VPMg de ambos factores). Si $f_{12} > 0$, el hecho que aumente z_2 lleva a que aumente la productividad marginal de z_1, por lo que aumenta aún más su demanda, y lo mismo con z_2. Pero si $f_{12} < 0$, el hecho que aumente z_2 hace que caiga la productividad marginal de z_1, y ello lleva a que caiga el uso de z_1, por lo que el efecto final sobre z_1 puede ser positivo o negativo (y lo mismo con z_2).

Otra manera de ver la intuición de este resultado es que, tal como derivamos en la sección previa, si $f_{12} > 0$ ambos factores son normales. Eso implica que al aumentar p y aumentar por tanto la cantidad producida, aumenta la demanda de ambos factores. Por otra parte, si $f_{12} < 0$, es posible que uno de los dos factores sea inferior, por lo que al aumentar p y aumentar por tanto la cantidad producida, puede disminuir la demanda de dicho factor.

En todo caso, debe ser cierto que el uso de al menos uno de los dos factores aumenta al aumentar p, ya que sabemos que la producción aumenta. Tal como en la sección previa, esto se demuestra de la siguiente forma: si z_1 disminuye, es porque $f_2 f_{12} - f_1 f_{22} < 0$ (con $f_{22} < 0$). El signo de $\frac{\partial z_2}{\partial p}$ depende del signo de $(f_1 f_{12} - f_2 f_{11})$. Pero por condición de segundo orden de la minimización de costos sabemos que:

$$(f_2 f_{12} - f_1 f_{22})\, f_1 + (f_1 f_{12} - f_2 f_{11})\, f_2$$
$$= 2f_1 f_2 f_{12} - (f_1)^2 f_{22} f_1 - (f_2)^2 f_{11} > 0 \qquad (6.49)$$

Luego, si $(f_2 f_{12} - f_1 f_{22}) < 0$, debe ser cierto que el segundo término es positivo, de modo que $(f_1 f_{12} - f_2 f_{11}) > 0$ y por lo tanto $\frac{\partial z_2}{\partial p} > 0$. A la inversa, si z_2 disminuyera (por lo que $(f_1 f_{12} - f_2 f_{11}) < 0$), debe ser cierto que z_1 aumentaría (o que $(f_2 f_{12} - f_1 f_{22}) > 0$).

6.A. APÉNDICE: LEYES DE MARSHALL

Elasticidad de la demanda por factores de una industria de rendimientos constantes

Las leyes de Marshall muestran una descomposición de la elasticidad de la demanda agregada por factores en una industria de rendimientos constantes a escala. Consideramos entonces una industria compuesta por N empresas competitivas e idénticas, todas con una función de producción $f(z_1, z_2)$ homogénea de grado 1.

El hecho de que la función de producción de cada empresa sea homogénea de grado 1 tiene varias consecuencias que simplifican la derivación. Así por ejemplo, sabemos que la razón de uso óptima no depende de q, sino sólo de w_1/w_2. Esto a su vez implica que, dados los precios de los factores, si el producto aumenta en $a\,\%$, la cantidad demandada de z_1 y z_2 aumenta en el mismo $a\,\%$. Es decir, si $z_i^C = z_i(w_1, w_2, q)$ es la demanda condicionada por el factor i, podemos escribir:

$$z_i(w_1, w_2, (1 + a\,\%)\,q) = (1 + a\,\%)\,z_i(w_1, w_2, q) \qquad (6.50)$$

Luego, podríamos escribir la demanda condicionada de factores como:

$$z_i(w_1, w_2, q) = q z_i(w_1, w_2, 1) \qquad (6.51)$$

(notar que esto sólo es válido para funciones de producción homogéneas de grado 1).

Por otra parte, sabemos también que el costo marginal es constante (e igual al precio del bien en equilibrio si se produce de este bien), y las empresas no obtienen ganancias en equilibrio. Si la demanda de mercado es de la forma $X^d = X(p)$, entonces la cantidad total producida en la industria es $X(c)$, donde c es el costo marginal. Sin embargo, la cantidad producida por cada empresa queda indeterminada. Supondremos que en equilibrio todas las empresas producen la misma cantidad, es decir, $q = \frac{X(c)}{N}$.

La demanda por factores a nivel de la industria es la suma horizontal de demandas individuales. Dado que las empresas tienen igual tecnología, enfrentan los mismos precios de factores, y producen la misma cantidad, sabemos que la cantidad demandada por todas las empresas es idéntica. Es decir, la cantidad demandada por la industria es:

$$Z_i = Nz_i\left(w_1, w_2, \frac{X(c)}{N}\right)$$
$$= z_i\left(w_1, w_2, N\left(\frac{X(c)}{N}\right)\right)$$
$$= z_i\left(w_1, w_2, X(c)\right) \tag{6.52}$$

donde la penúltima igualdad surge de que al multiplicar el q por N, obtenemos que la cantidad demandada del factor también se multiplica por N. Esta condición indica entonces que la demanda por factores a nivel de la industria es exactamente igual a la demanda por factores de cada empresa evaluada en la cantidad total producida en la industria. Asimismo, la producción a nivel de la industria se puede escribir como:

$$X = Nq = Nf(z_1, z_2) = f(Nz_1, Nz_2) = f(Z_1, Z_2) \tag{6.53}$$

donde la penúltima igualdad surge de la homogeneidad de grado uno de la función de producción. Luego, la cantidad producida en la industria se puede obtener a partir de evaluar la función de producción de cada empresa en la cantidad total de factores contratada en la industria (notar que si la función no es homogénea de grado uno, esto no es cierto).

De todo lo anterior se concluye que al ser la función homogénea de grado 1, podemos considerar a la industria como una sola gran empresa que enfrenta precios de factores y del producto (cobra un precio igual al costo marginal), y que obtiene cero utilidades.

6.A.a. Oferta del factor cooperante infinitamente elástica

En este caso, suponemos que el precio del factor cooperante no se ve afectado, aun cuando cambie la cantidad utilizada de este factor a nivel de la industria.

En primer lugar, dado que podemos escribir la demanda por el factor i a nivel de la industria como

$$Z_i = z_i\left(w_1, w_2, X(c)\right) \tag{6.54}$$

podemos descomponer el efecto del cambio en el precio de un factor sobre la demanda de la industria como sigue:

$$\frac{\partial Z_i}{\partial w_i} = \left[\frac{\partial z_i\left(w_1, w_2, X\left(c\right)\right)}{\partial w_i}\right]$$
$$+ \left[\frac{\partial z_i\left(w_1, w_2, X\left(c\right)\right)}{\partial X\left(c\right)} \frac{\partial X\left(c\right)}{\partial c} \frac{\partial c}{\partial w_i}\right] \tag{6.55}$$

El primer término corresponde al efecto sustitución (ya que se busca el cambio en la demanda ante un cambio en el precio de factor, manteniendo la producción constante), y el segundo corresponde al efecto escala.

En términos de elasticidades, tenemos entonces:

$$\eta_{ii}^T = \frac{\partial Z_i}{\partial w_i} \frac{w_i}{Z_i}$$
$$= \left[\frac{\partial z_i}{\partial w_i} \frac{w_i}{Z_i}\right] + \left[\left(\frac{\partial X\left(c\right)}{\partial c} \frac{c}{X\left(c\right)}\right)\left(\frac{\partial z_i}{\partial X\left(c\right)} \frac{X\left(c\right)}{Z_i}\right)\left(\frac{\partial c}{\partial w_i} \frac{w_i}{c}\right)\right] \tag{6.56}$$

por lo que se concluye:

$$\eta_{ii}^T = \left[\eta_{ii}^S\right] + \left[\eta_{xx}\left(\frac{\partial c}{\partial w_i} \frac{w_i}{c}\right)\right] = \left[-\alpha_j\sigma\right] + \left[\eta_{xx}\left(\frac{\partial c}{\partial w_i} \frac{w_i}{c}\right)\right] \tag{6.57}$$

donde η_{ii}^T denota la elasticidad de la demanda total por el factor i en la industria; η_{ii}^S denota la elasticidad de la demanda condicionada (sólo efecto sustitución), y η_{xx} denota la elasticidad de la demanda de mercado por x. La segunda igualdad surge de que:

$$z_i\left(w_1, w_2, X\left(c\right)\right) = X\left(c\right) z_i\left(w_1, w_2, 1\right) \tag{6.58}$$

y derivando:

$$\frac{\partial z_i}{\partial X\left(c\right)} = z_i\left(w_1, w_2, 1\right) = \frac{z_i\left(w_1, w_2, X\left(c\right)\right)}{X\left(c\right)} \tag{6.59}$$

por lo que se concluye:

$$\frac{\partial z_i}{\partial X\left(c\right)} \frac{X\left(c\right)}{Z_i} = 1 \tag{6.60}$$

Pero por teorema de la envolvente,

$$\frac{\partial c}{\partial w_i} = z_i^*\left(w_1, w_2, 1\right) = \frac{z_i^*\left(w_1, w_2, X\left(c\right)\right)}{X} \tag{6.61}$$

169

de manera que obtenemos:

$$\frac{\partial c}{\partial w_i}\frac{w_i}{c} = \frac{z_i^*\left(w_1, w_2, X\left(c\right)\right)}{X}\frac{w_i}{c}$$

$$= \frac{z_i^* w_i}{C^*} \equiv \alpha_i \tag{6.62}$$

y finalmente se concluye que:

$$\eta_{ii}^T = \left[-\alpha_j \sigma\right] + \left[\alpha_i \eta_{xx}\right] \tag{6.63}$$

Luego, la elasticidad de la demanda por el factor i a nivel de la industria depende de la elasticidad de la demanda del producto final, de la elasticidad de sustitución, y del porcentaje del costo total dedicado al pago del factor. La intuición que está detrás de los dos primeros resultados es la siguiente:

- Dado que un alza en w_i genera un alza en el precio del producto, a mayor elasticidad de la demanda de mercado por x, es mayor la caída en la cantidad demandada de x ante esta alza en el precio, y por lo tanto es mayor la caída en la cantidad demandada del factor.

- Dado que un alza en w_i con w_j constante implica un cambio en los precios relativos, a mayor elasticidad de sustitución es mayor la caída en el uso relativo del factor i asociado (dado un nivel de q fijo).

La elasticidad cruzada queda:

$$\eta_{ij}^T \frac{\partial Z_i}{\partial w_j}\frac{w_j}{Z_i} = \left[\frac{\partial z_i}{\partial w_j}\frac{w_j}{Z_i}\right] +$$

$$\left(\frac{\partial X\left(c\right)}{\partial c}\frac{c}{X\left(c\right)}\right)\left(\frac{\partial z_i}{\partial X\left(c\right)}\frac{X\left(c\right)}{Z_i}\right)\left(\frac{\partial c}{\partial w_j}\frac{w_j}{c}\right) \tag{6.64}$$

o alternativamente:

$$\eta_{ij}^T = \left[\eta_{ij}^S\right] + \left[\eta_{xx}\left(\frac{\partial c}{\partial w_j}\frac{w_j}{c}\right)\right] = \left[\alpha_j \sigma\right] + \left[\alpha_j \eta_{xx}\right] \tag{6.65}$$

6.A.b. Oferta del factor cooperante con elasticidad finita

En este caso, tenemos un efecto adicional asociado al cambio en w_i: al cambiar el uso de z_j a nivel de la industria, es posible que cambie w_j. Se puede mostrar que en este caso la elasticidad queda[1]:

$$\eta_{ii}^T = \frac{\sigma\eta_{xx} + \varepsilon_{jj}\left(\alpha_i\eta_{xx} - \alpha_j\sigma\right)}{\varepsilon_{jj} + \alpha_i\sigma - \alpha_j\eta_{xx}} \tag{6.66}$$

Si la cantidad ofrecida del factor cooperante fuera fija (es decir, si $\varepsilon_{jj} = 0$), la elasticidad sería:

$$\eta_{ii}^T = \frac{\sigma\eta_{xx}}{\alpha_i\sigma - \alpha_j\eta_{xx}} \tag{6.67}$$

o lo que es equivalente:

$$\frac{1}{\eta_{ii}^T} = \frac{\alpha_i}{\eta_{xx}} - \frac{\alpha_j}{\sigma} \tag{6.68}$$

---

[1] Ver Layard et al. (1978).

Ejercicios

1. (*) Suponga que una empresa produce utilizando dos factores, K y L. Si L es un factor inferior (es decir, la cantidad contratada de dicho factor cae al aumentar la cantidad producida), la función de producción no puede ser homotética. Comente, apoyando su explicación con un gráfico.

2. (*) Considere una empresa que produce x en un mercado perfectamente competitivo, utilizando dos factores, K y L. La función de producción de la empresa es de la forma: $x = K^{1/4}L^{1/4}$. La empresa enfrenta precios de factores w_K y w_L respectivamente.

   a) Encuentre la elasticidad de sustitución σ y derive la demanda condicionada por L. Demuestre que la elasticidad precio de la demanda condicionada es idéntica a $-\alpha_k\sigma$

   b) Derive la demanda no condicionada por L, y demuestre que es más elástica que la demanda condicionada (es decir, que la elasticidad precio de la demanda condicionada es menor en valor absoluto que la de la demanda no condicionada), explicando la intuición de su resultado. En su respuesta debe indicar explícitamente si los factores son normales o inferiores en este caso, y la consecuencia de ello. Apoye su respuesta con un gráfico.

   c) Encuentre la demanda no condicionada por L en caso que K sea fijo en un nivel $\overline{K}$. Compare la elasticidad precio de esta demanda con la encontrada en b), explicando la intuición de su resultado. En su respuesta debe indicar explícitamente si los factores son q-complementarios o anticomplementarios, y la consecuencia de ello. Apoye su respuesta con un gráfico.

3. (*) En las negociaciones de salario mínimo, la discusión solía centrarse en torno a dos parámetros: la inflación anticipada para el año y el aumento de la productividad del trabajo. Si el salario nominal se reajustaba en "inflación más productividad", se creía, no se generaría un aumento en el desempleo.

   a) Explique en qué se basa la creencia de que el salario es igual al valor de la productividad marginal del trabajo.

   b) Explique, entonces, por qué reajustes nominales del salario mínimo en los términos descritos arriba no debieran −ceteris paribus− aumentar el desempleo.

4. (**) Considere una industria compuesta por empresas competitivas e idénticas. Cada empresa produce x utilizando dos factores (1 y 2, con precios w_1 y w_2 respectivamente), con una tecnología como la descrita en la siguiente función de producción: $x = z_1^{1/2} + z_2^{1/2}$. Las empresas exportan su producto, cuyo precio internacional es $p^* = 100$.

a) Si se pone un impuesto a la exportación de \$10 por unidad, de modo que ahora la empresa recibe \$90 por cada unidad vendida, ¿aumenta o se reduce la cantidad contratada de ambos factores en cada empresa? Fundamente claramente su respuesta, explicando la intuición detrás de ella (no es necesario calcular).

b) Suponga ahora que el gobierno quiere evitar que debido a la introducción de este impuesto, cambie la cantidad contratada del factor 1 respecto de la situación inicial sin impuesto (por ejemplo, si z_1 es trabajo, el gobierno quiere que se mantenga la cantidad contratada de trabajadores en esta industria). Para ello, pone un subsidio a la contratación del factor 1 de $z\,\%$, de modo que ahora la empresa debe pagar un precio $w_1\,(1 - z\,\%)$ por este factor. Calcule el valor que debe tomar $z\,\%$ para que se logre el objetivo buscado.

5. (**) Por razones que no son del todo claras, ciertos gremios han conseguido obtener el control o la administración de las instituciones que proveen sus servicios. Por ejemplo, los gerentes de los hospitales son médicos, los administradores del poder judicial son abogados, y los directores de los colegios son profesores. En caso de conseguir el control, es probable que esas instituciones no solo no maximicen ganancias, sino que en cambio actúen como cooperativas gremiales, maximizando el pago total a médicos, abogados o profesores que trabajan en la institución.

Para ser concretos, imagine que la provisión de servicios médicos (q) requiere de médicos (L_1) y otros profesionales (enfermeras, kinesiólogos, optometristas, etc.) (L_2). Considere el caso de una clínica bajo dos regímenes alternativos:

a) Su dueño no es médico, y su objetivo es el lucro. Esto es, su comportamiento se obtiene de:

$$\max_{L_1, L_2, q} \pi = pq - (w_1 L_1 + w_2 L_2)$$

$$\text{s/a} \quad q = f\,(L_1, L_2)$$

b) Su dueño es la cooperativa de médicos de la misma clínica, de manera que las utilidades se reparten entre ellos. A la cooperativa le interesa que el grupo de médicos reciba el mayor ingreso posible, pero la clínica se debe autofinanciar. Esto es, su comportamiento se obtiene de:

$$\max_{L_1, L_2, q} \pi + w_1 L_1 = pq - w_2 L_2$$

$$\text{s/a} \quad q = f\,(L_1, L_2)$$

$$\pi \geq 0 \quad \text{(autofinanciamiento)}$$

El lagrangeano asociado es:

$$\mathcal{L} = pf\,(L_1, L_2) - w_2 L_2 + \lambda\,(pf\,(L_1, L_2) - w_1 L_1 - w_2 L_2)$$

Compare las decisiones de contratación de médicos (L_1), contratación de otros profesionales (L_2), y cantidad de servicios provistos (q) bajo ambos regímenes, suponiendo que los precios de todos los insumos y del producto están dados y que $f(L_1, L_2)$ es homogénea de un grado $r < 1$. Explique clara e intuitivamente sus resultados.

Capítulo 7

Monopolio y monopsonio

7.1. Introducción

Cuando hablamos del monopolio, nos referimos al caso en que hay un único vendedor del bien en cuestión. Hablamos de monopsonio cuando hay un único comprador. En ambos casos ya no suponemos que son tomadores de precios en el mercado correspondiente, puesto que los precios a los cuales puedan transar dependen directamente de las cantidades que decidan comprar o vender. En consecuencia, debemos revisar en este nuevo contexto las implicancias del supuesto del objetivo de lucro. Consideremos primero el caso de una empresa que compra insumos en mercados perfectamente competitivos, pero es monopolista en el mercado del producto final. Denotamos por $p(q)$ al precio al cual los consumidores comprarían q unidades del producto; esto es, a la inversa de la función de demanda. El problema del monopolista es, entonces:

Problema (del monopolista).

$$\max_{q} \pi = p(q)\,q - C(q) \tag{7.1}$$

$\square$

De la maximización de utilidad, obtenemos la siguiente condición de primer orden:

$$\left(p + q\frac{\partial p}{\partial q}\right) - \frac{\partial C}{\partial q} = 0 \tag{7.2}$$

El primer término en la derivada corresponde al ingreso marginal (IMg), es decir, al cambio en el ingreso total que produce la venta de una unidad adicional. Este ingreso marginal tiene dos partes:

- p: el precio unitario, que la empresa consigue por la venta de la última unidad, y

- $q\frac{\partial p}{\partial q}$: la caída en los ingresos por ventas debido a que, para vender la unidad adicional, hubo que reducir el precio de venta de todas las unidades. Este segundo término marca la diferencia con el competidor perfecto: un competidor perfecto es tomador de precios; esto es, puede vender la cantidad que desee al precio vigente. El monopolista, al haber "topado" en la curva de demanda, necesita rebajar el precio para vender más.

El *IMg* puede reescribirse de la siguiente forma:

$$IMg = p\left(1 + \frac{q}{p}\frac{\partial p}{\partial q}\right) = p\left(1 + \frac{1}{\eta}\right) \qquad (7.3)$$

donde η es la elasticidad precio de la curva de demanda. Si la demanda fuera infinitamente elástica, entonces la empresa no necesitaría rebajar el precio para vender más –ése es precisamente el caso del competidor perfecto–. Observe que en el caso general, la elasticidad de la demanda es negativa, por lo que el *IMg* es siempre inferior al precio. Observe también que, como todas y cada una de las unidades se venden a p, entonces p es el ingreso promedio. Si la demanda es decreciente en la cantidad, entonces el ingreso medio es decreciente; que el ingreso medio sea decreciente, por otro lado, significa que el ingreso marginal debe ser inferior a éste. En la figura 7.1 se ilustra esta relación para el caso en que la demanda es lineal; esto es, de la forma $p = a - bq$.

Volviendo a la condición de primer orden, vemos que la recomendación consiste en una condición de indiferencia en el margen: la empresa debe estar indiferente entre vender o no una unidad más. Si $IMg > CMg$ (produciendo una cantidad menor que q^M en la figura 7.2), entonces la empresa aumentaría sus ganancias si aumentara su producción, toda vez que el margen de ganancias es en el margen la diferencia $IMg - CMg$. Lo contrario ocurriría si $IMg < CMg$.

Revisemos la condición de segundo orden, que corresponde a:

$$\frac{\partial IMg}{\partial q} - \frac{\partial CMg}{\partial q} < 0, \qquad (7.4)$$

lo que equivale a:

$$\frac{\partial CMg}{\partial q} > \frac{\partial IMg}{\partial q} \qquad (7.5)$$

La concavidad de la función objetivo se obtiene, por ejemplo, si el *IMg* es decreciente y el *CMg* creciente. Pero esto no es necesario. Esta condición

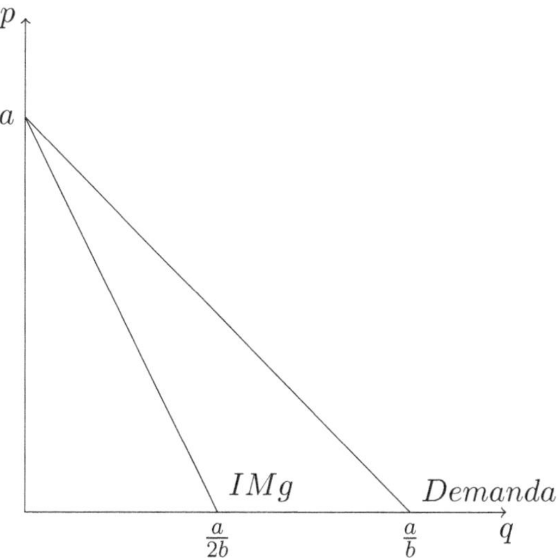

Figura 7.1 Ingreso marginal con demanda lineal

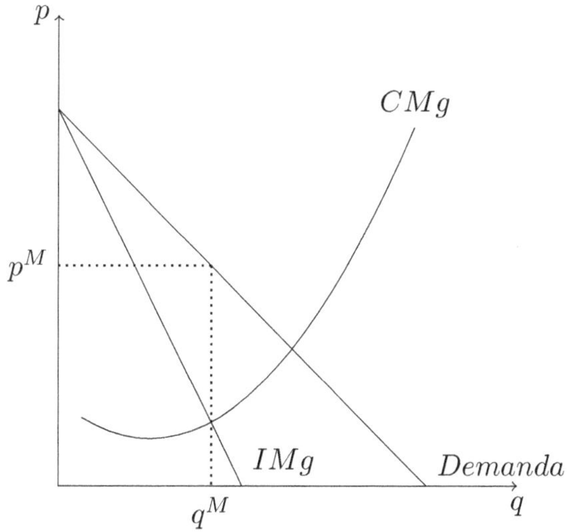

Figura 7.2 Cantidad producida y precio cobrado en monopolio

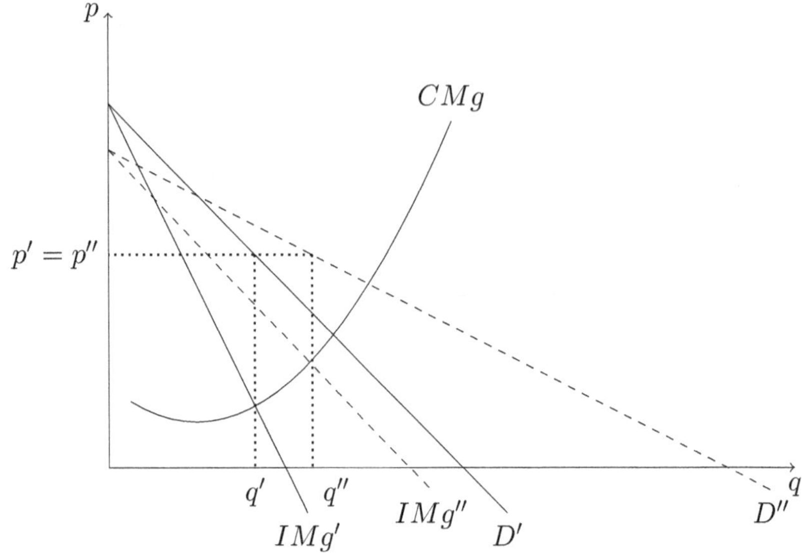

Figura 7.3 La inexistencia de la oferta del monopolio

se puede cumplir aún si el *CMg* es decreciente; en tal caso, sólo pedimos que el *IMg* corte al *CMg* desde arriba. En ese caso, menores niveles de producción le reportan a la empresa una caída en el ingreso mayor que el ahorro en costos, por lo que no le conviene. Similarmente, un aumento en la producción genera un aumento en el ingreso por ventas menor que el aumento en los costos, por lo que tampoco le conviene.

Así, de la regla $IMg = CMg$ deducimos la decisión del monopolista. Notamos, eso sí, que en el caso del monopolio no podemos encontrar una *función de oferta*: no hay una relación única entre precio y cantidad, como se muestra en la figura 7.3, en que el mismo precio es coherente con dos cantidades distintas.

Similarmente, si una empresa es tomadora de precios en el mercado de bienes, pero es monopsonista en el mercado de uno de los factores que utiliza (digamos z_1), de la maximización de utilidad obtenemos:

$$\max_{z_1,z_2} \pi \;=\; pf(z_1, z_2) - w_1(z_1)\,z_1 - w_2 z_2 \qquad (7.6)$$

La condición de primer orden para z_1 es entonces:

$$p\frac{\partial f_1}{\partial z_1} - w_1 - z_1\frac{\partial w_1}{\partial z_1} = 0, \qquad (7.7)$$

178

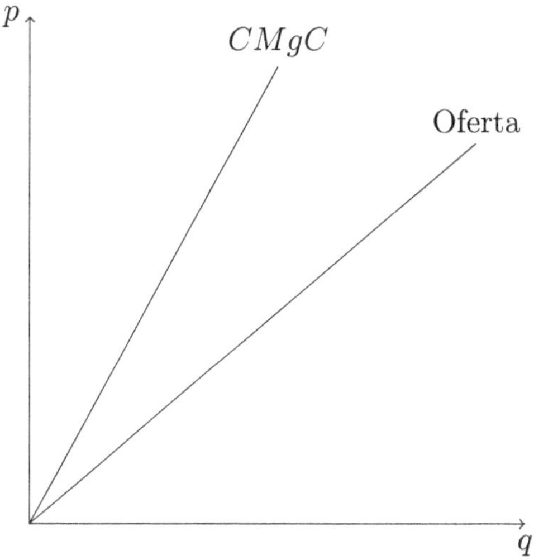

Figura 7.4   Oferta y costo marginal de contratación
del monopsonio

Esta condición de primer orden indica que el monopsonista contratará unidades de este insumo hasta que el valor de su producto marginal ($VPMg_1$, que corresponde a $p\frac{\partial f_1}{\partial z_1}$), se iguale al costo marginal de contratarlo, que corresponde a:

$$CMgC_1 = w_1 + z_1\frac{\partial w_1}{\partial z_1} \tag{7.8}$$

Es así como, reescribiendo la condición de primer orden, obtenemos:

$$VPMg_1 = CMgC_1 = w_1\left(1 + \frac{z_1}{w_1}\frac{\partial w_1}{\partial z_1}\right) = w_1\left(1 + \frac{1}{\varepsilon_{11}}\right) \tag{7.9}$$

Dado que la elasticidad de oferta del insumo ε_{11} es positiva, el costo marginal de contratarlo es mayor que el precio del factor, lo que se explica porque para contratar una unidad adicional se debe pagar más por las unidades anteriores también. Esto se ilustra en la figura 7.4. Paralelamente al caso del monopolista, en este caso vemos que no es posible trazar una curva de demanda por el factor.

7.2. Fuentes de monopolio

En la sección anterior vimos el problema de decisión de un empresario que por sí mismo debe abastecer al mercado completo, y enfatizamos sus diferencias con el problema de decisión del mismo empresario puesto en un ambiente perfectamente competitivo. Nuestro punto de partida, sin embargo, fue la suposición de que no existían competidores. El empresario simplemente era monopolista, y su poder no estaba amenazado por terceros. El origen de este poder era absolutamente inexplicado: se trataba de un monopolista por "pura suerte". En esta sección nos preguntamos, en cambio, bajo qué condiciones es razonable esperar que un mercado tenga una estructura monopólica. Como veremos, el tomar en cuenta la existencia de competidores potenciales puede revertir algunas de las conclusiones que obtuvimos en la sección anterior. Ello, por cuanto la existencia de competidores potenciales restringe el poder de negociación del empresario aun cuando éste se mantenga como el único productor activo.

Existen diversas razones que podemos imaginar para la existencia de monopolios. Por ejemplo, una empresa puede haber creado un producto o servicio; esta empresa será la única que lo venda hasta que otras empresas logren desarrollarlo o copiarlo. Este período puede verse extendido por una protección legal, como es el caso de las patentes. La ley de propiedad intelectual busca precisamente crear monopolios. En casos como este decimos que se trata de un **monopolio legal**: el productor del bien protegido por esta ley cuenta con la ayuda del Estado para combatir a sus competidores potenciales.

Existe también la posibilidad de que alguna característica particular de la empresa no sólo le permita producir con costos más bajos que otros, sino además que esa característica no sea reproducible, de modo que la ventaja sea permanente. Este sería el caso, por ejemplo de una empresa cuyo dueño la administre con un talento especial, ya sea formando equipos o motivando a sus colaboradores; o el de una empresa que posea derechos exclusivos sobre algún recurso natural, etc. La ventaja de costos, sin embargo, no implica necesariamente la posesión de un poder de mercado como el descrito en la sección anterior. Si el precio que quisiera fijar el productor de menores costos, p^*, fuese suficiente para inducir a otras empresas a entrar al mercado, entonces el problema de decisión está mal descrito por (7.1). Por ejemplo, si el resto de los productores potenciales tuviera costos medios constantes e iguales a $\overline{p}$, entonces

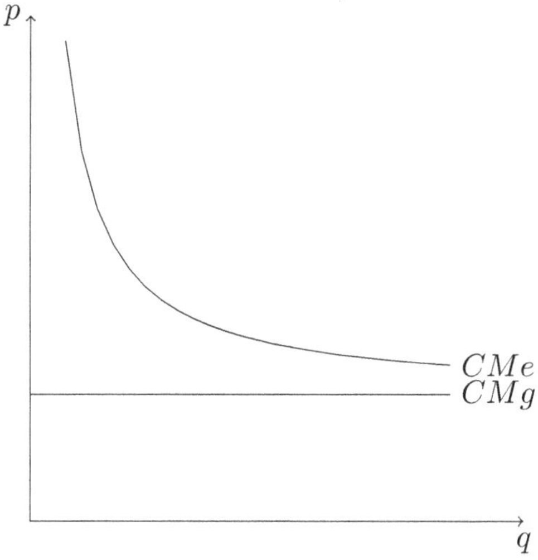

Figura 7.5 Costos de un monopolio natural

el productor aventajado podría cobrar un precio monopólico siempre y cuando no supere esa barrera. Su problema sería entonces el de un monopolista, pero restringido a que el precio no puede superar el precio al cual el resto entraría al mercado; el lagrangeano asociado sería:

$$\mathcal{L} = p(q)q - C(q) + \lambda[\bar{p} - p(q)]. \tag{7.10}$$

Si la restricción se satisface con holgura, el problema es el mismo que (7.1). Si no, entonces el monopolista cobraría $\bar{p}$, el precio que evita la entrada de los competidores, que evidentemente significan menores ganancias. Su poder de mercado está restringido por la amenaza de los competidores. Un mercado con estas características se dice que es "contestable".

Es también posible imaginar que un productor tenga ventajas de costos no porque distintas empresas tengan funciones de costos distintas, sino porque la tecnología sea de rendimientos crecientes a escala, y su escala de producción sea mayor. Por ejemplo, si el costo marginal de producción fuese constante, pero hubiera un costo fijo inicial muy fuerte, tendríamos una estructura de costos como la que se ilustra en la figura 7.5.

A mayor escala, menor costo medio. Empresas de mayor tamaño podrían cobrar precios menores, y por esa vía, eventualmente monopolizar el mercado. En este caso decimos que se trata de un **monopolio natural**.

La fuente del monopolio es tecnológica. La existencia de un monopolio, sin embargo, tampoco en este caso es suficiente para establecer que el poder monopólico sea completo. Si muchos tienen acceso a la misma tecnología, entonces precios muy altos atraerían entrada. De hecho, la razón por la que pensamos que sólo una empresa va a sobrevivir, es que siempre la empresa de mayor tamaño puede cobrar precios que sus competidores no pueden igualar. En este caso, aun cuando no podamos dar una forma precisa a la restricción que genera la posibilidad de la entrada de competidores, sabemos que la amenaza de entrada también puede restringir las decisiones del monopolista.

Finalmente, en los casos en que la protección legal puede conseguirse con trabajo y recursos (por ejemplo, en *lobby*), o en que las capacidades especiales se pueden cultivar (por ejemplo, invirtiendo en educación), es razonable pensar que parte de las ganancias del monopolista serán invertidas en estas actividades de protección del poder monopólico.

7.3. Discriminación de precios

Hasta aquí hemos caracterizado a la decisión del monopolista como una de escala de producción, donde el precio resultante depende de esa escala. El supuesto implícito es que debe cobrar el mismo precio a todos los consumidores. En el caso de competencia perfecta, esto no es un supuesto sino un resultado: si un vendedor quisiera cobrar a un consumidor un precio mayor que el de mercado, éste rehusaría la transacción. Por otro lado, no le convendría cobrar más barato, porque al precio de mercado puede vender la cantidad que quiera. Así, todos los consumidores terminan pagando el mismo precio en el equilibrio competitivo. A este resultado se le solía llamar Ley del Precio Único.

En el caso del monopolista esto no tiene por qué ser así. Siendo el único vendedor, el cliente al que se le cobre un precio mayor no tiene la alternativa de comprarle a otro; si rehúsa la transacción, se queda sin el bien. En ese contexto, un monopolista que conozca su demanda cobrará un precio distinto por cada unidad, siguiendo la disposición a pagar de sus clientes. En este caso hablamos de **discriminación perfecta** de precios, o de **primer grado**. Ahora bien, recuerde del capítulo 3 que la disposición a pagar $T(q)$ se calcula a partir de la curva de demanda hicksiana de cada consumidor, no de la marshalliana (aunque ambas coincidirían para cada consumidor para quien el bien sea neutro). Al cobrar un pre-

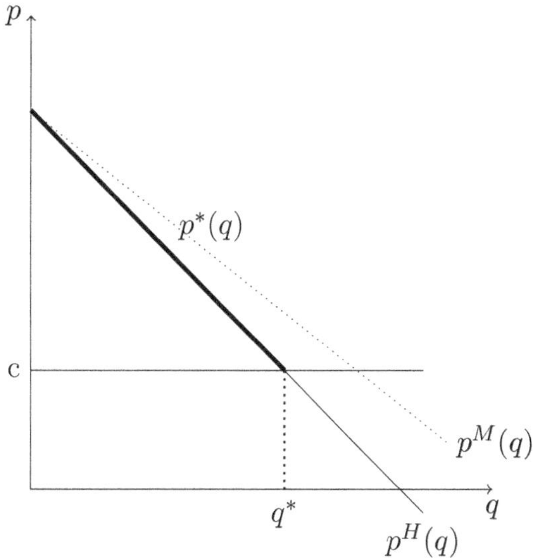

Figura 7.6 Discriminación de primer grado
El monopolista discriminador cobra la disposición a pagar, o integral de la demanda hicksiana inversa. A modo de referencia, se incluye en el gráfico en línea punteada una demanda marshalliana inversa, para el caso en que el bien sea normal.

cio distinto por cada unidad, el discriminador perfecto tiene un IMg que coincide entonces con la curva de demanda hicksiana, como se ilustra en la figura 7.6. Su problema de optimización es entonces:

$$\max_{q} \pi = T(q) - C(q) = \int_0^q p^H(x)dx - C(q) \qquad (7.11)$$

La condición de primer orden asociada es:

$$p^H(q) = \frac{\partial C}{\partial q} \qquad (7.12)$$

El óptimo ocurre en la intersección del CMg y la demanda hicksiana (su IMg).

El supuesto implícito en este ejercicio, además de la información completa del monopolista respecto de la disposición a pagar de cada consumidor, es que la reventa del bien o servicio es imposible, o de mayor costo que las diferencias de precio. En cambio, si la reventa del bien o servicio fuera posible y no tuviera costos asociados, entonces cada consumidor debería pagar el mismo precio por cada unidad comprada, y el mismo que cada uno del resto de los consumidores. De no ser así, los consumidores que accedan a los menores precios podrían comprar más que lo que quieren consumir, y revender el exceso a un precio superior al que ellos pagan pero todavía inferior al que el monopolista le cobra a otros consumidores. Cualquier diferencia de precios crea en este ambiente oportunidades de arbitraje. Si el costo de la reventa es nulo, entonces, no existen oportunidades de arbitraje sólo cuando el monopolista cobra un precio uniforme, y recuperamos la Ley del Precio Único.

Un caso intermedio es el de la **discriminación de tercer grado**. Un ejemplo es el de un monopolista que vende en dos zonas geográficas distintas. Por simplicidad, imaginemos que al interior de cada zona no hay costos de transporte ni de otra índole que dificulten la reventa, de manera que al interior de cada zona deban haber precios uniformes. Sin embargo, cuesta t transportar una unidad del bien de una zona a la otra. Sean A y B las zonas, y $p_A(q_A)$ y $p_B(q_B)$ las funciones de demanda inversa.

La posibilidad de la reventa, entonces, se introduce en el problema del monopolista a través de la restricción de que la diferencia de precios entre ambas zonas no puede superar al costo de transporte:

$$|p_A - p_B| \leq t \Leftrightarrow$$
$$(p_A - p_B)^2 \leq t^2$$

porque $t > 0$. Así, el monopolista puede discriminar precios entre zonas, pero restringido por la posibilidad de la reventa.

Su problema está asociado al siguiente lagrangeano:

$$\mathcal{L} = p_A(q_A)\,q_A + p_B(q_B)\,q_B - C(q_A + q_B) \qquad (7.13)$$
$$+\lambda\left[t^2 - (p_A(q_A) - p_B(q_B))^2\right]$$

Las CPO para el caso en que convenga abastecer ambos mercados son:

$$\frac{\partial p_A}{\partial q_A}q_A + p_A - \lambda 2(p_A - p_B)\frac{\partial p_A}{\partial q_A} - \frac{\partial C}{\partial q} = 0 \qquad (7.14a)$$
$$\frac{\partial p_B}{\partial q_B}q_B + p_B + \lambda 2(p_A - p_B)\frac{\partial p_B}{\partial q_B} - \frac{\partial C}{\partial q} = 0 \qquad (7.14b)$$

En el caso en que le convenga vender en ambas zonas y que la restricción sea activa, la CPO es una versión modificada de la usual regla

$IMg = CMg$. Para vender una unidad más en un mercado, digamos el A, el precio debe rebajarse. Ahora hay dos situaciones posibles. En la primera, el mercado A es el de mayor precio ($p_A - p_B > 0$). Rebajar el precio comporta la caída de ingreso típica del monopolio regular, pero también el beneficio de relajar la restricción, permitiendo cobrar un precio menor en el mercado B. En la segunda, el mercado B es el de mayor precio ($p_A - p_B < 0$). Rebajar el precio del bien en el mercado A significa apretar aún más la restricción, obligando a una rebaja del precio también en el otro mercado, lo que es un costo. Entonces, en el caso del mercado de mayor precio, el beneficio marginal consiste en el IMg, más el beneficio de la mayor ganancia en el otro mercado. En el otro caso, del mercado de menor precio, el costo marginal incluye CMg y la caída en las ganancias del otro mercado.

Si la restricción no fuera activa (lo que ocurriría, por ejemplo, si el costo de transporte fuera muy alto), el monopolista simplemente cobraría el precio monopólico en cada mercado, como se ilustra en la figura 7.7. En esta figura se muestra que el monopolista escoge las cantidades q_A y q_B de modo de igualar el IMg en cada mercado, y a su vez igualarlo al CMg asociado a la producción de $(q_A + q_B)$ unidades. Es por ello que en el gráfico de la derecha se señala la elección de cantidad donde el CMg se iguala a la suma horizontal de ingresos marginales de cada mercado (lo que se denota por ΣIMg).

Debemos revisar también las condiciones de no negatividad de KKT, porque si una región tiene una demanda muy pequeña y la otra muy grande, es perfectamente posible que el monopolista prefiera no abastecer al mercado pequeño si el costo de hacerlo es mantener un precio bajo en la otra zona. Por ejemplo, si A fuera el mercado grande y B el pequeño, la condición para no abastecer a B sería

$$\frac{\partial p_A}{\partial q_A} q_A + p_A = \frac{\partial C}{\partial q} \geq p_B(0),$$

esto es, que el máximo precio que se podría cobrar en B sea menor que el ingreso marginal en A, o el costo marginal.

Existen otras formas, quizás más sutiles, de discriminación de precios. En esencia, siempre tenemos un monopolista intentando apropiarse del excedente de los consumidores. Qué logre hacer depende, como hemos visto, de lo que la tecnología y otras condiciones le permitan hacer. Una tercera forma de discriminación, conocida como **discriminación de se-**

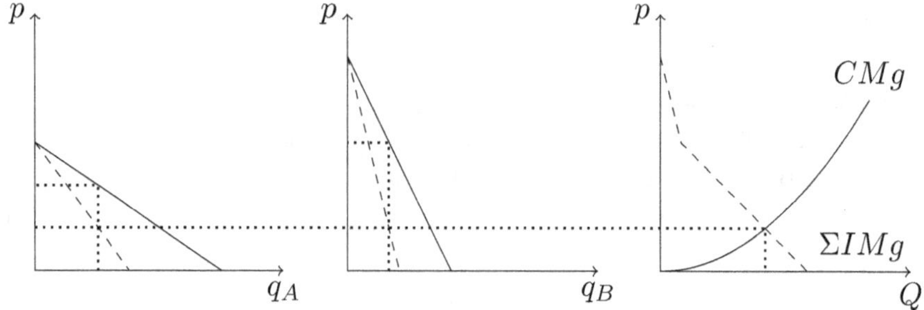

Figura 7.7 Discriminación de tercer grado con $\lambda = 0$ y $q_A^*, q_B^* > 0$
El monopolista cobra precios distintos en las zonas A y B, por lo que no enfrenta una demanda total, o "suma de demandas", como el monopolista que debe cobrar precios uniformes. En cambio, escoge repartir la producción entre ambos mercados igualando sus ingresos marginales. La producción total óptima ocurre cuando el CMg se iguala a la suma horizontal de ingresos marginales. En este dibujo se supone que la diferencia de precios resultante es menor que el costo de transporte, de manera que la restricción pertinente se satisface con holgura ($\lambda = 0$), y corresponde a una solución interior ($q_A^*, q_B^* > 0$)

gundo grado, consiste en cobrar en función del volumen comprado. Los descuentos por volumen constituyen un ejemplo.

Un caso particularmente interesante es el cobro de tarifas en dos partes: un cargo fijo, más un cobro en función del consumo. Este tipo de cobros es común, por ejemplo, en los servicios como electricidad, teléfono y gas. Para entender cómo funciona, imaginemos una situación en que el monopolista enfrenta a n consumidores idénticos, cada uno de los cuales está dispuesto a pagar $T(q)$ en total por q unidades del bien. En ese caso, el problema del monopolista es:

$$\max_q n(T(q) - cq) \tag{7.15}$$

donde por simplicidad suponemos nuevamente que los costos medios son constantes, y también que la disposición a pagar está bien medida por la demanda marshalliana (vale decir, que el bien es neutro para todos los consumidores). En este caso, $T(q) = \int_0^q p(x)\,dx$, y (7.15) equivale a (7.11), por lo que la cantidad por consumidor que maximiza las ganancias del monopolista, q^*, es la que iguala a la demanda con el CMg. Ahora bien, existen al menos tres formas equivalentes de recaudar $\$T(q^*)$ y entregarle q^* unidades del bien a cambio a cada comprador:

1. Ofrecer solamente el paquete: no se vende el bien por unidades, sino sólo en paquetes de q^* unidades, donde el precio del paquete

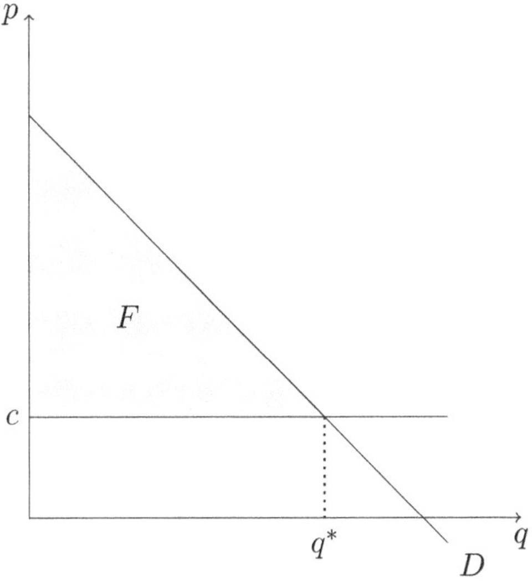

Figura 7.8 Discriminación de segundo grado

es $\$T\left(q^{*}\right)$.

2. Cobrar un cargo fijo de $\$F = \left(T\left(q^{*}\right) - cq^{*}\right)$, y $\$c$ por unidad, como se muestra en la figura 7.8.

   En este caso, el consumidor quiere comprar q^{*} unidades si el precio es $\$c$. Sin cargo fijo, su excedente sería de $T\left(q^{*}\right) - cq^{*}$, la diferencia entre lo que estaba dispuesto a pagar y lo que pagó. Luego, si para acceder a la posibilidad de comprar este bien a ese precio debe pagar, a lo sumo pagaría su excedente (observe aquí el uso del supuesto de ausencia de efectos ingreso: sin él, deberíamos hablar de variación compensatoria y no de excedente). Se sigue que si el monopolista cobra un cargo fijo de ese monto, se habrá apropiado de todo el excedente del consumidor.

3. Cobrar $p\left(q\right)$ por cada unidad vendida: discriminar en primer grado.

El método (3) tiene, como decíamos, el problema que no es factible con posibilidades de reventa. En cambio, la venta por paquetes es inmune al arbitraje, porque todos pagan el mismo precio.

El caso de la tarifa en dos partes es ligeramente distinto: cada uno de los consumidores que pagó la tarifa puede comprar unidades adicionales al mismo precio, pero de hecho podrían comprar a $\$c$ y vender a un precio mayor a consumidores que no hayan pagado el cargo fijo, y que por tanto no transen con el monopolista. La efectividad de la tarifa en dos partes, entonces, también depende de que el arbitraje sea difícil o imposible, como por ejemplo en el caso de la electricidad, el gas de cañería, etc.

En el caso en que los consumidores son heterogéneos, pero separables en grupos de individuos distinguibles cuya demanda sea parecida –por ejemplo, niños y adultos, o mujeres y hombres, etc.– el cobro fijo puede ser distinto. Si no hay posibilidad de reventa, entonces la tarifa en dos partes es un método de extracción de excedente tan efectivo como la discriminación perfecta. Si, en cambio, no hay características que permitan diferenciar a los consumidores, entonces los métodos de discriminación de precios lograrán una apropiación incompleta del excedente del consumidor.

El mensaje central es que no es posible hacer un análisis cabal de las consecuencias económicas del monopolio sin una comprensión de sus posibilidades de apropiación, las que dependen de la capacidad de distinguir entre consumidores con diferentes disposiciones a pagar, de las características del producto, de la ubicación geográfica de los consumidores, entre otras variables.

EJERCICIOS

1. (*) Un monopolista tiene costos totales y demanda dados por:

$$\begin{aligned} C(q) &= 120q \\ P &= 800 - 2q \end{aligned}$$

   a) Encuentre la cantidad óptima a producir, el precio a cobrar y las utilidades del monopolista.

   b) Compare su resultado en términos de precio, cantidad y eficiencia, con una situación en la que hubiese competencia perfecta a los mismos costos.

   c) Imagine ahora que el monopolista es capaz de distinguir dos mercados claramente diferenciados dados por

$$\begin{aligned} P_A &= 1{,}000 - 4q_A \\ P_B &= 600 - 4q_B \end{aligned}$$

   Muestre que estas demandas son consistentes con la anterior.

   d) Determine el nuevo óptimo del productor bajo el supuesto de que no exista posibilidad de arbitrar entre ambos mercados.

   e) Calcule las ganancias del monopolista y el excedente total en ambos mercados. Compare ambos con las que se obtenía sin discriminar. Explique intuitivamente sus resultados.

   f) Explique en qué sentido la posibilidad de reventa limitaría las posibilidades de discriminar.

2. (**) Un monopolista con función de costos $C(q) = \frac{1}{2}q^2$ enfrenta a dos consumidores, uno con una demanda inversa de $p(q_1) = 10 - q_1$, y otro de $p(q_2) = 20 - 2q_2$. Determine los precios, cantidades a producir y vender, y las ganancias del monopolista en los siguientes casos:

   a) El bien puede ser revendido a costo cero entre los consumidores, y tecnológicamente es imposible venderlo en paquetes de más de una unidad.

   b) Ambas posibilidades existen: la de la reventa a costo cero y la del empaquetamiento en paquetes de tamaño arbitrario.

   c) La reventa es posible, pero a un costo t por unidad.

   d) El bien es de hecho un servicio: personal e intransferible.

   e) Repita el análisis anterior, pero esta vez bajo el supuesto de que los costos están dados por $C(q) = q$ con la restricción de capacidad $q \le 8$.

3. (**) Una empresa productora de y tiene la siguiente función de producción: $y = K^{1/4}L^{3/4}$, donde K y L son factores cuyos precios son w_K y w_L respectivamente. Si decide producir, esta empresa debe pagar un costo fijo $F = 650$.

   a) Encuentre la función de costo medio y marginal de la empresa.

   b) Suponga que los precios de los factores son $w_K = w_L = 1$. Además, esta empresa enfrenta una demanda agregada que en el tramo relevante es de la forma: $y = 400 - 40p$. ¿Cuánto produce la empresa? Fundamente su respuesta.

   c) Ahora suponga que la demanda de la pregunta b) está compuesta por dos tipos de consumidores: i) 10 consumidores tipo A, cuyas demandas *individuales* son: $y^A = 13 - p$ ii) 10 consumidores tipo B, cuyas demandas *individuales* son: $y^B = 27 - 3p$. Suponga que la empresa puede separar mercados (discriminación de precios de tercer grado). Encuentre el precio y cantidad óptimas para el monopolista en cada mercado. Compare sus resultados con los de b), explicando claramente por qué difieren o no difieren sus resultados, y la importancia que esto tiene desde el punto de vista del bienestar social.

4. (**) Gary Becker (1959) discute diversas medidas del poder monopólico de un sindicato. Una de ellas es la diferencia de salarios entre los miembros del sindicato y los trabajadores no afiliados, para el mismo grado de calificación. Aboga, sin embargo, por esta otra: el valor de la cuota de incorporación cobrada al trabajador. Discuta comparativamente la racionalidad económica de estas medidas.

5. (**) Una autopista responde completamente al estereotipo del monopolio natural: costos fijos muy altos (su construcción) y muy bajos costos marginales de operación. Sin embargo, Demsetz (1968) argumentaría que ello no es suficiente para concluir que no es posible conseguir un resultado competitivo. En efecto, si bien la estructura de costos le facilitaría al operador de la autopista la consecución de rentas monopólicas, el gobierno puede licitar el cargo de operador, induciendo competencia entre diversos operadores potenciales. Dependiendo de las reglas de la licitación, es posible que (1) el gobierno se apropie de las rentas monopólicas, o bien que (2) el gobierno induzca un resultado eficiente. Explique claramente cómo podría alcanzar estos objetivos.

6. (**) Discuta en los siguientes casos si encuentra fundamentos para presumir la existencia de rentas monopólicas:

   a) Conservador de bienes raíces

   b) Notarías

   c) Oftalmólogos

7. (**) Un monopolista enfrenta la demanda $P = 10 - Q$. Sus costos dependen de cuántas plantas tenga en operación. En particular, cada planta está caracterizada por la función de producción

$$q_i = \sqrt{L_i}$$

donde q_i y L_i son la cantidad de producto e insumo de la planta i. El monopolista enfrenta una oferta infinitamente elástica de trabajo al precio $w = 1$. Determine cuánto producirá, qué precio cobrará y cuántas plantas tendrá en operación.

COMENTARIOS BIBLIOGRÁFICOS

El uso del poder de negociación tiene efectos en toda clase de situaciones. Becker (1959), por ejemplo, presenta un análisis de los incentivos que los sindicatos tienen para restringir la contratación de la empresa.

Ahora bien, Demsetz (1968) argumenta que aun cuando una empresa pueda tener poder de mercado en un determinado momento, es posible conseguir que sus decisiones sean las eficientes. Por ejemplo, considérese el caso de la distribución eléctrica. La tecnología hace que sea un monopolio natural, porque es muy caro mantener un segundo tendido eléctrico que facilite la competencia. Pero esto ocurre *ex-post*. *Ex-ante*, en cambio, es posible hacer competir a un conjunto de empresas, que luchan por adjudicarse el monopolio. Diseñando juiciosamente las bases de la licitación, argumenta Demsetz, es posible obtener una provisión competitiva del servicio. Demsetz (2002), por otro lado, insiste en el poder de las ganancias para generar incentivos.

Capítulo 8

Incertidumbre

8.1. Utilidad esperada

El capítulo 1 desarrolló una teoría general de la decisión, que luego desde el capítulo 2 al 4 se aplicó al estudio de la demanda del consumidor, mientras que el 5 y el 6 lo hicieron al de la oferta y la demanda de insumos de la empresa. Este capítulo extiende la teoría general al caso en que la decisión es tomada en condiciones de **incertidumbre** o ignorancia; esto es, se preocupa de decisiones cuyas consecuencias son desconocidas al momento de elegir.

Por cierto, virtualmente toda decisión real cabe en esta categoría. Por ejemplo, ningún alumno sabe al entrar si la carrera le gustará; el jefe no sabe al contratarlo si el empleado será adecuado para las necesidades de la empresa; el consejo del Banco Central no sabe qué efecto tendrá la baja en la tasa de interés en el IPC del mes siguiente, etc. Desde el punto de vista de la modelación, sin embargo, agregar realismo es costoso, por lo que la utilización de la metodología que desarrollamos en este capítulo es recomendable solo en casos en que sea *esencial* para el análisis del problema en cuestión.

Seguimos imaginando que el comportamiento de un individuo es representable por medio de la maximización de una función de utilidad: la acción seleccionada es la que está más arriba en la jerarquía, dentro de las posibilidades. En ese sentido, el problema no es diferente al de los capítulos anteriores.

La diferencia, entonces, radica en que ahora nos preocupamos explícitamente de las **consecuencias** que los actos acarreen. En ese sentido, aspiramos a caracterizar una toma de decisiones **racional** en el sentido de que los actos del individuo propendan a consecuencias consideradas mejores (más preferidas).

Puesto de otra forma: un problema de decisión se considera de certidumbre si asociado a cada acto existe una única consecuencia posible. Podemos pensar que la relación de preferencias desarrollada en el capítulo anterior está definida sobre las consecuencias, y por esa vía sobre los actos. En un problema de decisión bajo incertidumbre, en cambio, un acto tiene consecuencias inciertas. Es factible distinguir, entonces, entre preferencias por actos y preferencias por consecuencias. En el momento de tomar la decisión (*ex-ante*), la persona debe evaluar los actos a su alcance. Pero en ese momento la persona no sabe cuál será la consecuencia final del acto; sólo imagina cuáles son las consecuencias posibles. Por esa razón, la evaluación que haga de un acto en particular dependerá a su vez de la valoración de cada una de las consecuencias asociadas a dicho acto. Sólo tiempo después de escogida la acción, se revelará la consecuencia efectiva, momento en el cual también puede juzgar (*ex post*) si lo conseguido era más o menos preferido que otras alternativas que haya considerado posibles.

De acuerdo al axioma 2, de racionalidad o coherencia, en un problema bajo certidumbre el individuo escoge de manera de conseguir la mejor consecuencia dentro de las alcanzables. En un problema bajo incertidumbre, en cambio, escoge sin saber si la consecuencia *a posteriori* (o *ex-post*) resultará la mejor de acuerdo a su jerarquía.

Así, en este contexto se puede asociar la palabra **racionalidad** con un concepto distinto al implicado por el axioma 2: que las acciones escogidas propendan, en algún sentido, a conseguir consecuencias mejores de acuerdo a su jerarquía subjetiva. Siendo las consecuencias desconocidas, la evaluación sólo puede depender de lo que el individuo considere posible, y acaso del grado de confianza que tenga en la verosimilitud de uno u otro escenario que pueda imaginar[1].

Una decisión racional en este segundo sentido, entonces, está basada en las consecuencias posibles de cada acto, y en las **creencias** o grado de confianza depositado en la ocurrencia de cada consecuencia.

---

[1] Observe que le atribuimos al individuo la capacidad de *imaginar* consecuencias, de *entender* la conexión entre los actos y sus consecuencias, y de atribuir grados de *confianza* a la ocurrencia de uno u otro escenario, todas cualidades que asociamos al razonamiento consciente. Éste es un tercer sentido en que podemos ocupar la palabra "racional": el del uso de la razón. No obstante, estas atribuciones las hacemos fundamentalmente en un sentido retórico y no literal, puesto que también las haremos en ejemplos en los cuales los individuos sean, por ejemplo, plantas u otros seres vivos comúnmente considerados incapaces de razonar.

194

Es posible pensar en un conjunto de escenarios o **estados de la naturaleza**, digamos $\mathcal{S}$. Cada escenario o estado involucra una descripción de todas las variables que le importan al individuo, de acuerdo a su preferencia sobre las consecuencias, pero que están fuera de su control (metafóricamente, determinadas por la naturaleza). Las consecuencias de una misma acción son en general distintas entre estados de la naturaleza, y para un mismo estado de la naturaleza, dos acciones pueden tener consecuencias distintas. Por ejemplo, un estado de la naturaleza puede ser "llueve sobre Santiago", y otro estado "no llueve sobre Santiago". La decisión "llevar el paraguas al salir" tiene consecuencias distintas dependiendo de cuál de esos estados se materializa. Es posible que la persona se arrepienta al final del día de haberlo llevado si no llovió; de haber sabido que no llovería (esto es, de haber conocido el estado de la naturaleza), se habría podido evitar la desagradable consecuencia de acarrear todo el día el paraguas en vano. No obstante, cada vez que crea que es suficientemente posible (*probable*) que llueva lo llevará de nuevo.

Bajo esta formulación, un problema de decisión bajo incertidumbre se representa por medio del conjunto de actos $\mathcal{X}$, un conjunto de consecuencias $\mathcal{C}$, un conjunto de estados de la naturaleza $\mathcal{S}$ (denotamos por S su número de elementos), y una función $\pi : \mathcal{S} \to \mathbb{R}$, explicitando el grado de confianza que el individuo deposita en la ocurrencia del escenario s. Asociado a cada acto, entonces, existen consecuencias distintas en cada escenario s: el acto x está asociado a las consecuencias $\{c_1^x, ..., c_S^x\}$, teniendo cada una de ellas, respectivamente, un grado de confianza de $\{\pi_1, ..., \pi_S\}$ (independiente de x).

Ejemplo. Un automovilista que viaja por la carretera encuentra una bomba de bencina. En ese momento puede optar entre dos acciones: parar a llenar el estanque (llamémosle x_1) o seguir (llamémosle x_2). Digamos que le faltan 200 km de viaje, que sabe que no existe otra bomba en el camino, pero que no sabe si la bencina que le queda es suficiente para los 200 km o no. Si para, llega atrasado a una reunión importante; si se le acaba la bencina, no llega.
Es natural pensar en dos escenarios: la bencina que tiene "sí es suficiente" (estado s_1), y "no es suficiente" (s_2). Ambos escenarios claramente son mutuamente excluyentes. Las consecuencias de cada acto son: de x_1, llegar atrasado (llamémosle consecuencia c_1), independientemente de si era o no suficiente la bencina que ya tenía. Vale decir, la consecuencia es la misma en los dos escenarios; de x_2, llegar a la hora (consecuencia c_2), lo que ocurriría en el escenario s_1, y no llegar (consecuencia c_3), lo que

ocurriría en el escenario s_2.

Supongamos que el automovilista tiene las siguientes preferencias sobre las consecuencias: $c_2 \succ c_1 \succ c_3$. Ingredientes de su problema de decisión son, entonces, la evaluación o utilidad de las acciones, $U(x_1)$ y $U(x_2)$, que está relacionada con las valoraciones de las consecuencias $u(c_1)$, $u(c_2)$ y $u(c_3)$, y con sus creencias respecto de la verosimilitud de cada escenario, π_1 y π_2 (que naturalmente son subjetivas, porque ¿cómo podría tener una creencia objetiva sobre la duración de la bencina que tiene en el estanque?). $\square$

Dijimos que imaginaríamos preferencias tanto sobre actos como sobre consecuencias. Imaginemos que ambas son representables por funciones de utilidad, digamos:

$$U : \mathcal{X} \to \mathbb{R}$$
$$: x \to U(x) \tag{8.1}$$

en el primer caso, y

$$u : \mathcal{C} \to \mathbb{R}$$
$$: c \to u(c). \tag{8.2}$$

La racionalidad en el primer sentido, el del axioma 3 (esto es, transitividad de la preferencia) está garantizada por la transitividad de U. La racionalidad en el segundo sentido (esto es, que los actos sean juzgados por sus consecuencias probables) sugiere una relación entre U y u del siguiente estilo:

$$U(x) = f(u(c_1^x), ..., u(c_S^x); \pi_1, ..., \pi_S)$$

Una de tales funciones es la llamada función de **utilidad esperada**, o de **Von Neumann-Morgenstern**, llamada así en honor a sus creadores[2], el matemático John von Neumann (también conocido por su rol protagónico en el desarrollo del computador) y el economista Oskar Morgenstern:

$$U(x) = \sum_{s=1}^{S} \pi_s u(c_s^x) \tag{8.3}$$

---

[2] En rigor, no son sus creadores (esta función fue usada en el mismo contexto por otros autores más de cien años antes, como veremos más adelante), sino quienes le dieron una justificación formal como método de decisión.

donde π_s tiene la interpretación de una probabilidad que el individuo asocia a la consecuencia s.

La función que evalúa la consecuencia, $u(c_s^x)$, recibe el nombre de **función de Bernoulli** o **función de felicidad**. En la mayoría de las aplicaciones que veremos en este curso, c_s^x corresponde al nivel de consumo que alcanzaría el individuo si escogiera el acto x y se materializara el estado s. En la mayoría de las aplicaciones, también, analizaremos para facilitar la exposición el caso en que sólo hay dos estados de la naturaleza:

$$U(c_1, c_2) = \pi_1 u(c_1) + \pi_2 u(c_2) \tag{8.4}$$

Entonces, la función de utilidad esperada es el valor esperado de la "felicidad" o función de Bernoulli. Se debe enfatizar que el valor esperado de la función Bernoulli no es lo mismo que el valor esperado del consumo o consecuencia que se obtenga.

Ejemplo. En el ejemplo del automovilista, una evaluación de utilidad esperada sería la siguiente:

$$\begin{aligned}
U(x_1) &= \pi_1 u(c_1) + \pi_2 u(c_1) = u(c_1) \text{ y} \\
U(x_2) &= \pi_1 u(c_2) + \pi_2 u(c_3).
\end{aligned}$$

Luego,

$$\begin{aligned}
x_1 &\succeq x_2 \Leftrightarrow u(c_1) \geq \pi_1 u(c_2) + (1 - \pi_1)u(c_3) \\
&\Leftrightarrow \pi_1 \leq \frac{u(c_1) - u(c_3)}{u(c_2) - u(c_3)} \equiv \pi_1^*.
\end{aligned}$$

Así, parar a llenar el estanque es la mejor decisión para esta persona si la probabilidad de que le alcance la bencina es suficientemente baja: $\pi_1 \leq \pi_1^*$. Qué tan baja debe ser para que convenga parar, depende de la comparación entre qué tan importante es llegar atrasado a la reunión $(u(c_1) - u(c_3))$, y de qué tan importante es no llegar $(u(c_2) - u(c_3))$. $\square$

Algunas propiedades de la función de utilidad esperada son:

1. Es una generalización de la teoría del capítulo 1: bajo certidumbre, el acto x tiene una única consecuencia posible; esto es, independiente del escenario, $c_s^x = c_{s'}^x$ para todo $s, s' \in \mathcal{S}$. Se sigue entonces que $U(x) = u(c_s^x) \sum_{s=1}^{S} \pi_s = u(c^x)$; vale decir, la utilidad de la acción y la de la consecuencia son la misma, como

habíamos dicho, por lo que la distinción entre acciones y consecuencias no era necesaria. Alternativamente, si una persona está completamente segura de la ocurrencia de un estado, digamos el s, entonces le atribuye probabilidad 0 a todos los otros, y $U(x) = 0 * u(c_1^x) + ... + 1 * u(c_s^x) + ..,0 * u(c_S^x) = u(c_s^x)$.

2. La evaluación de los actos es racional en el sentido 1 (por la transitividad), y en el sentido 2 porque no sólo depende de las consecuencias y las creencias, sino que "propende" a actos con mejores consecuencias, evaluadas según $u(c)$. Si dos actos entregan las mismas consecuencias en todo escenario salvo uno, entonces el acto con la mejor consecuencia es también el de mayor U.

3. Finalmente, la aditividad de la función implica que la evaluación de una consecuencia no depende de lo que habría ocurrido bajo ese acto en escenarios alternativos. Sobre este punto volveremos más adelante.

En lo que sigue nos concentraremos en el caso en que las consecuencias se refieren a niveles de consumo de un único bien o canasta. En diversas aplicaciones –notablemente en finanzas– es interesante entender el efecto de la incertidumbre en las decisiones. Por ejemplo, el efecto del riesgo en las decisiones de inversión. Para ello es útil caracterizar las preferencias $U(x)$, a lo que nos abocamos a continuación.

8.2. Aversión al riesgo

Considere la siguiente situación: en una conversación entre dos amigos surge la idea de hacer una apuesta simple. Cada uno de ellos escoge decir "cara" o "sello". Se lanza una moneda al aire, y si sale cara, quien dijo "sello" le paga a quien dijo "cara"$1.000, mientras que si sale sello, quien dijo "cara" paga los $1.000.

En nuestra gramática, esta situación se "escribe" de la siguiente forma: cada persona enfrenta una decisión en $\mathcal{X} = \{$no participar, participar y decir cara, participar y decir sello$\}$, con las consecuencias asociadas, en términos de la cantidad de dinero con que terminen, de $\mathcal{C} = \{m + 1000, m, m - 1000\}$, donde m es la cantidad que tiene antes de la apuesta. Los estados de la naturaleza son $\mathcal{S} = \{$cara, sello$\}$. En la figura 8.1 se representan gráficamente las acciones posibles en el espacio del consumo contingente en la ocurrencia de cada estado (esto es, el nivel de consumo que el individuo alcanzaría de darse cada estado posible).

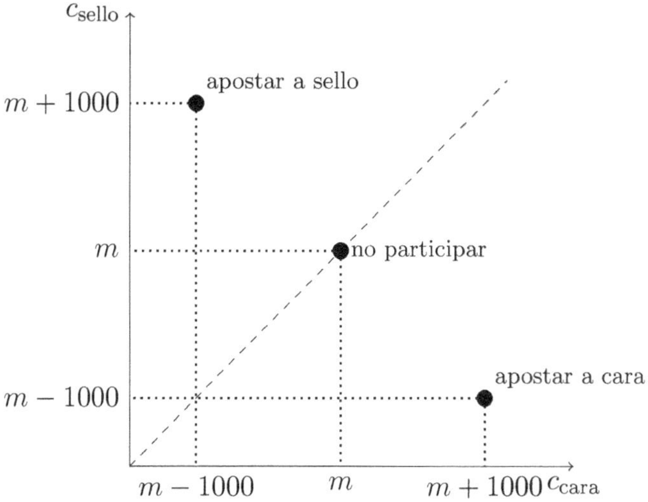

Figura 8.1   Cara o sello

La línea creciente, de 45°, se denomina **línea de certeza**, puesto que muestra el conjunto de perfiles de consumo libres de riesgo, vale decir, aquellos cuyo valor no depende del estado de la naturaleza que se materialice.

Tenemos dos preguntas en mente:

1. Si estuviesen obligados a jugar, ¿preferirían decir cara, sello o estarían indiferentes?

2. Pudiendo escoger libremente sobre qué apostar, ¿preferirían jugar o no participar?

La primera pregunta se refiere a la probabilidad que cada persona le asocie a que la moneda salga cara o sello. En efecto, la utilidad esperada de apostar a cada alternativa es:

$$U(\text{apostar a cara}) = \pi_{\text{cara}} u(m + 1000) + \pi_{\text{sello}} u(m - 1000)$$
$$U(\text{apostar a sello}) = \pi_{\text{cara}} u(m - 1000) + \pi_{\text{sello}} u(m + 1000)$$

Cara es mejor que sello si

$$U(\text{apostar a cara}) \geq U(\text{apostar a sello}) \Leftrightarrow$$
$$\pi_{\text{cara}} \geq \pi_{\text{sello}}$$

Si no hay razón para suponer que un resultado es más probable que otro (esto es, si $\pi_{cara} = \pi_{sello} = \frac{1}{2}$), entonces, la persona debiera estar indiferente sobre a qué apostar. Si la moneda tuviera los dos lados iguales (por ejemplo, dos caras), una persona obligada a apostar a sello lo encontraría injusto porque perdería seguro. Si se le obligara apostar a cara, sería injusto para su contraparte. Decimos que esta apuesta es justa si el individuo está indiferente entre apostar cara o sello. Observe que si la apuesta es justa, tiene un valor esperado de 0. En el ejemplo, con probabilidad $\frac{1}{2}$, la persona gana \$1000, y con probabilidad $\frac{1}{2}$ los pierde, de manera que si y es la ganancia o pérdida como consecuencia de la apuesta, obtenemos:

$$E[y] = \frac{1}{2} * 1000 + \frac{1}{2} * (-1000) = 0 \tag{8.5}$$

En general, decimos que una apuesta es **justa** si su pago tiene un valor esperado de 0. Por otra parte, se le llama **juego justo** a cualquier lotería o perfil de pagos riesgosos tales que su valor esperado es 0. Se le llama **línea de juegos justos** a todos los perfiles de consumo contingente que se pueden generar a partir de alterar un determinado perfil por la vía de agregarle juegos justos.

Imagine, por ejemplo, una persona con un perfil de consumo libre de riesgo $c_1 = c_2 = \bar{c}$. Si esta persona acepta una lotería que paga m_1 en el estado 1 y m_2 en el estado 2, entonces su nuevo perfil de consumo es:

$$c_1 = \bar{c} + m_1 \quad c_2 = \bar{c} + m_2$$

Si la lotería es un juego justo, su valor esperado es 0:

$$\pi_1 m_1 + \pi_2 m_2 = 0,$$

de modo que podemos despejar m_2 en este caso para obtener:

$$m_2 = -\frac{\pi_1}{\pi_2} m_1.$$

Reemplazando en c_2 obtenemos entonces:

$$c_2 = \bar{c} + m_2$$
$$= \bar{c} - \frac{\pi_1}{\pi_2} m_1$$

por lo que al recordar que $c_1 = \bar{c} + m_1$ podemos escribir c_2 en función de c_1 como sigue:

$$c_2 = \bar{c} - \frac{\pi_1}{\pi_2}(c_1 - \bar{c})$$

Entonces, el conjunto de todas las combinaciones posibles de consumo en los estados 1 y 2 que es posible generar a partir de $\bar{c}$ por medio de la aceptación de juegos justos es:

$$c_2 = \frac{\bar{c}}{\pi_2} - \frac{\pi_1}{\pi_2}c_1 \tag{8.6}$$

Este conjunto corresponde a la **línea de juegos justos**. Observe que todos estos perfiles de consumo entregan el mismo valor esperado del consumo, aunque con distintos niveles de riesgo.

La segunda pregunta, entonces, la podemos reescribir como sigue: ¿está dispuesta una persona con un consumo seguro de m a entrar en un juego justo? Es decir, ¿está dispuesta a dejar la seguridad de m, y reemplazarla por la posibilidad de ganar o perder, sin haber ganancia *ex-ante* en valor esperado?

La respuesta es por cierto subjetiva, de manera que nos limitamos a clasificar y etiquetar las posibilidades:

Definición 16. *Una persona se dice **aversa al riesgo** si, partiendo de un consumo libre de riesgo, prefiere no jugar un juego justo. Se dice amante si lo prefiere, y neutral si está indiferente.*

En el ejemplo, como apostar a cara y a sello le son indiferentes, ambos puntos pasan por la misma curva de indiferencia. La pregunta de la aversión al riesgo, entonces, se traduce en una de convexidad de la curva de indiferencia, como lo muestran los gráficos en la figura 8.2.

Así, un mapa de curvas de indiferencia convexo representa a un averso al riesgo, uno cóncavo a un amante del riesgo, y uno lineal a una persona neutral al riesgo. Recordando nuestra discusión del capítulo 1, un individuo averso al riesgo tiene una función de utilidad esperada $U(c_1, c_2)$ cuasicóncava y una TMS decreciente. Uno neutral al riesgo, por su parte, tiene una TMS constante, que no depende del nivel de riesgo asumido ni tampoco de su nivel de consumo. Observe que TMS constante equivale a decir $u'(c)$ es constante (¿por qué?), digamos:

$$u'(c) = a \tag{8.7}$$

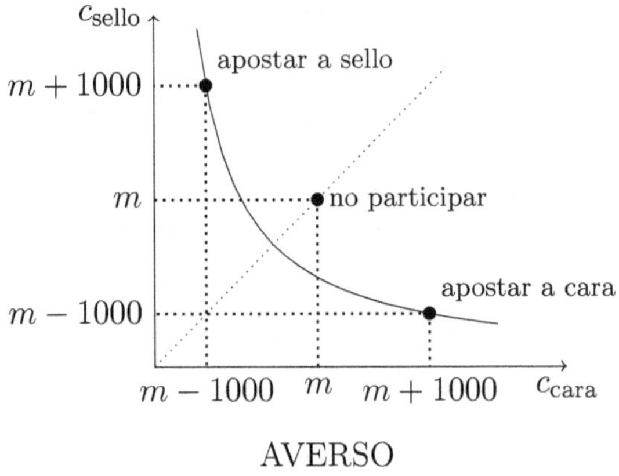

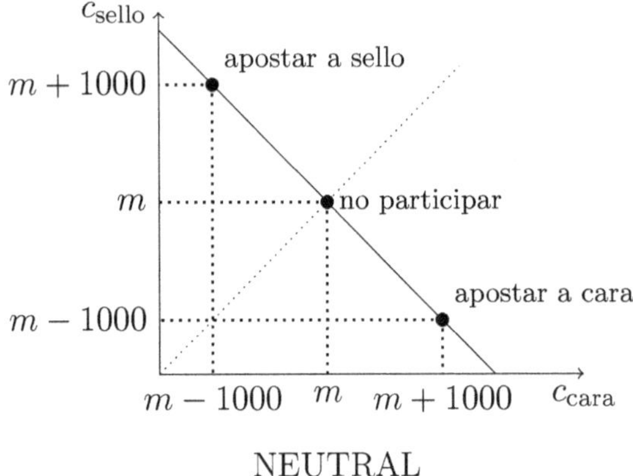

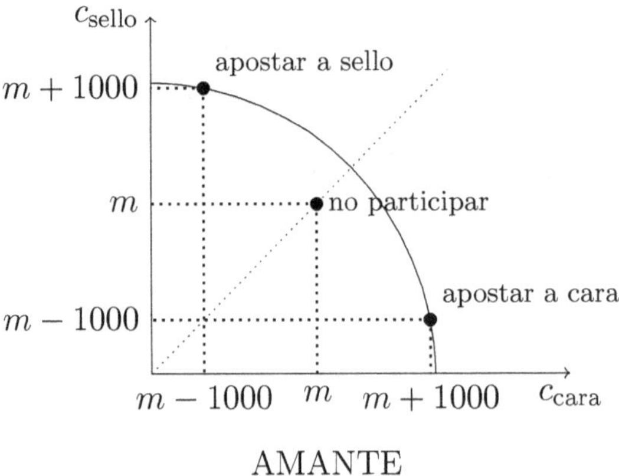

Figura 8.2 Aversión al riesgo y convexidad de la curva de indiferencia

Entonces,

$$u(c) = ac + b \tag{8.8}$$

es la forma general de la función Bernoulli de una persona neutral al riesgo.

Es importante notar que la curva de indiferencia de cualquier individuo, sea averso, amante o neutral al riesgo, es tangente a la línea de juegos justos en la línea de certeza. En efecto, la pendiente de la curva de indiferencia se obtiene a partir del diferencial total de U, notando que a través de la curva, $dU = 0$:

$$dU = \pi_1 u'(c_1)dc_1 + \pi_2 u'(c_2)dc_2 = 0 \tag{8.9}$$

de modo que al despejar se obtiene:

$$dc_2 = -\frac{\pi_1 u'(c_1)}{\pi_2 u'(c_2)}dc_1, \tag{8.10}$$

y por lo tanto, la tasa marginal de sustitución (*TMSS*) corresponde en este caso a:

$$TMSS \;=\; \frac{\pi_1}{\pi_2}\frac{u'(c_1)}{u'(c_2)}. \tag{8.11}$$

Se concluye entonces que cuando $c_1 = c_2$, la *TMSS* es siempre $\frac{\pi_1}{\pi_2}$.

Esto significa que, partiendo de una posición sin riesgo, localmente toda persona (independientemente de sus preferencias) está indiferente entre aceptar o no un juego justo; es decir, localmente es neutral al riesgo.

En el caso de certidumbre, decíamos que la función de utilidad $U(x)$ era ordinal; esto es, que cualquier transformación monótona creciente de ella representaba las mismas preferencias. Lo mismo es cierto de la función de utilidad esperada, que también juzga acciones, pero no de la función Bernoulli, que juzga consecuencias, como veremos a continuación. En este caso, sólo una transformación lineal preserva el orden de preferencias.

En efecto, cualquier transformación lineal de la función Bernoulli representa la misma preferencia:

$$\sum_s \pi_s u(c_s^*) > \sum_s \pi_s u(\overline{c}_s)$$

$$\Leftrightarrow \alpha\left(\sum_s \pi_s u(c_s^*)\right) + \beta > \alpha\left(\sum_s \pi_s u(\overline{c}_s)\right) + \beta$$

$$\Leftrightarrow \sum_s \pi_s(\alpha u(c_s^*) + \beta) > \sum_s \pi_s(\alpha u(\overline{c}_s) + \beta) \tag{8.12}$$

si α es positivo.

Ejemplo 6. Si la función Bernoulli $u(c) = \ln(c)$ representa la preferencia de un individuo y hay dos estados de la naturaleza, escribimos la utilidad esperada como:

$$
\begin{aligned}
U(x) &= \pi_1 \ln(c_1^a) + \pi_2(\ln c_2^a) \\
&= \ln(c_1^a)^{\pi_1} + \ln(c_2^a)^{\pi_2}
\end{aligned}
\tag{8.13}
$$

Entonces, la función:

$$
\begin{aligned}
\tilde{U}(a) &= e^{U(a)} \\
&= e^{\ln(c_1^a)^{\pi_1} + \ln(c_2^a)^{\pi_2}} \\
&= (c_1^a)^{\pi_1}(c_2^a)^{\pi_2}
\end{aligned}
\tag{8.14}
$$

representa a la misma preferencia. $\qquad\square$

Ejemplo 7. En el ejemplo del automovilista, vemos que cualquier transformación lineal de u sigue entregando el mismo valor crítico $\pi_1^* \equiv \frac{u(c_1)-u(c_3)}{u(c_2)-u(c_3)}$ a partir del cual conviene seguir de largo: si $\tilde{u}(c) = \alpha + \beta u(c)$, entonces

$$
\begin{aligned}
\frac{\tilde{u}(c_1) - \tilde{u}(c_3)}{\tilde{u}(c_2) - \tilde{u}(c_3)} &= \frac{\alpha + \beta u(c_1) - (\alpha + \beta u(c_3))}{\alpha + \beta u(c_2) - (\alpha + \beta u(c_3))} \\
&= \frac{\beta u(c_1) - \beta u(c_3)}{\beta u(c_2) - \beta u(c_3)} \\
&= \frac{u(c_1) - u(c_3)}{u(c_2) - u(c_3)} = \pi_1^*
\end{aligned}
$$

$\qquad\square$

Por otro lado, esta argumentación implica que $u(c) = c$ define a un neutral al riesgo, de manera que

$$
E[u(c_s)] = \sum_s \pi_s u(c_s) = \sum_s \pi_s c_s = E[c_s],
\tag{8.15}
$$

y por lo tanto en este caso la utilidad esperada coincide con el nivel de consumo esperado, y con la utilidad de dicho nivel de consumo.

Por el contrario, si $u(c_s)$ es cóncava, entonces $E[u(c_s)] < u(E[c_s])$ y la *TMSS* es decreciente. En efecto,

$$
\frac{\mathrm{d}TMSS}{\mathrm{d}c_1} = \frac{\pi_1}{\pi_2} \frac{u''(c_1)u'(c_2) - u''(c_2)\frac{\mathrm{d}c_2}{\mathrm{d}c_1}u'(c_1)}{[u'(c_2)]^2}
\tag{8.16}
$$

de modo que $\dfrac{\mathrm{d}TMSS}{\mathrm{d}c_1} < 0$ si y sólo si:

$$\frac{\pi_1}{\pi_2}\frac{u''(c_1)u'(c_2) - u''(c_2)u'(c_1)\frac{-\pi_1 u'(c_1)}{\pi_2 u'(c_2)}}{[u'(c_2)]^2} < 0 \tag{8.17}$$

o alternativamente:

$$u''(c_1) + u''(c_2)\frac{\pi_1[u'(c_1)]^2}{\pi_2[u'(c_2)]^2} < 0 \tag{8.18}$$

Esto, a su vez, ocurre si y sólo si $u''(\cdot) < 0$.

Así, una función Bernoulli cóncava representa a un averso al riesgo, una lineal a un neutral y una convexa a un amante, como se representa en la figura 8.3.

Una transformación cóncava de $u(c_s^x)$ produce una función más cóncava, y por lo tanto representa a una persona más aversa; esto es, a otra preferencia. En otras palabras, en el caso de la función Bernoulli no es cierto que cualquier transformación monótona creciente de ella represente las mismas preferencias, por lo que no basta que la función Bernoulli sea cuasicóncava para afirmar que el individuo es averso al riesgo[3].

Es por esto que las medidas del grado de aversión al riesgo son en realidad medidas del grado de concavidad de la función Bernoulli. Hay dos medidas locales de aversión al riesgo que se ocupan comúnmente: el **grado de aversión absoluta al riesgo**, y el **grado de aversión relativa al riesgo**, definidos respectivamente por las fórmulas:

$$A(c) \equiv -\frac{u''(c)}{u'(c)} \tag{8.19}$$

$$R(c) \equiv -\frac{u''(c)}{u'(c)}c \tag{8.20}$$

8.2.a. La paradoja de San Petersburgo

El riesgo es comúnmente considerado un mal: los individuos típicamente prefieren la certidumbre. El siguiente es un argumento ofrecido por el

---

[3] En el caso de la función de utilidad esperada $U(c_1, c_2)$, sin embargo, sí basta con su cuasiconcavidad. Es decir, podemos afirmar que el individuo es averso al riesgo si su función Bernoulli es cóncava, o alternativamente, si su función de utilidad esperada es cuasicóncava.

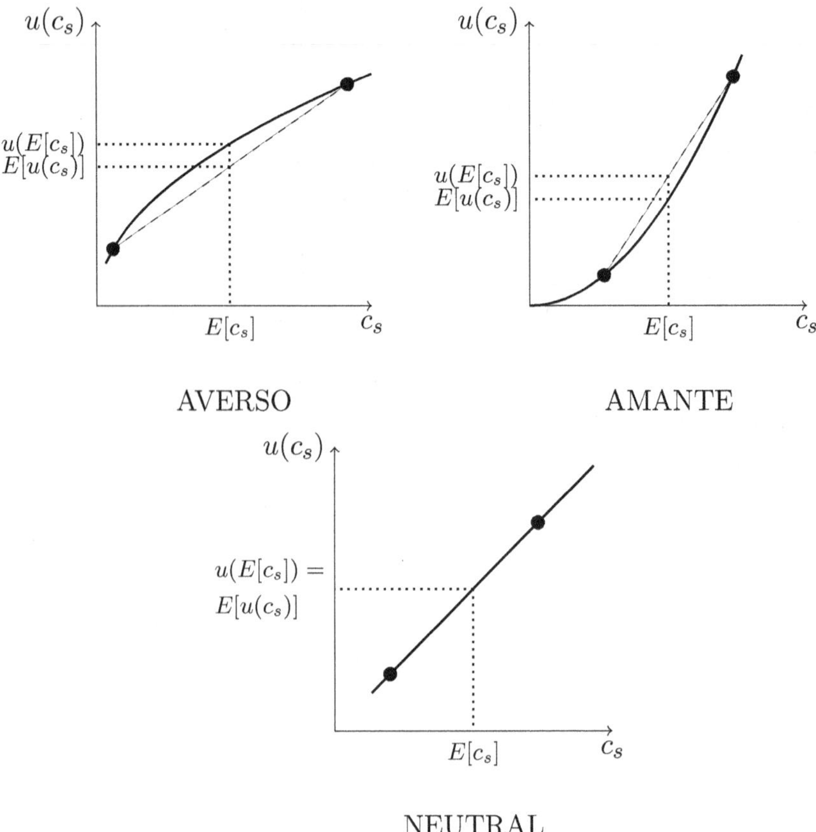

Figura 8.3 Aversión al riesgo y concavidad de la función Bernoulli

matemático Daniel Bernoulli para justificar la concavidad de las funciones Bernoulli (por supuesto él no las llamó de ese modo), y por tanto, de acuerdo a nuestra discusión anterior, la aversión al riesgo como actitud universal de la gente.

Bernoulli propuso en 1738 –dos siglos antes del desarrollo de la utilidad esperada– la siguiente paradoja: se le ofrece a una persona la posibilidad de participar (previo pago) en una lotería. La lotería consiste en que la persona debe lanzar una moneda al aire; si sale sello, recibe un premio de \$2. Si sale cara, lanza la moneda de nuevo. Cada vez que lanza la moneda, el premio en caso de sello se duplica.

La pregunta es cuánto debiera estar dispuesta a pagar una persona por el derecho a participar en esta lotería.

Para un matemático (probabilista) como Bernoulli, la pregunta de si una persona debiera estar dispuesta a pagar o no el valor esperado de la lotería tenía sentido como punto de referencia, toda vez que el valor de \$1 con probabilidad 1 ciertamente es \$1; esto es, el valor esperado bajo certidumbre es intuitivo.

Los infinitos resultados posibles de la lotería son de la forma {sello en el primer lanzamiento, sello en el segundo, sello en el tercero, ...}. Sea k la variable aleatoria "número del lanzamiento" en que sale sello por primera vez. Entonces, el premio en k es 2^k, y la probabilidad de que sea k es $(1/2)^k$. El valor esperado de la lotería es entonces:

$$E[c] = \sum_{k=1}^{\infty} 2^k \left(\frac{1}{2}\right)^k = \sum_{k=1}^{\infty} 1, \tag{8.21}$$

vale decir, infinito. Ésa es la paradoja: si no parece razonable que una persona pague \$500 millones por entrar a una lotería en que va a ganar menos que eso con una probabilidad tan alta, mucho menos pagar 500 veces esa suma. Pero de acuerdo al cálculo anterior, cualquier suma finita es una subestimación del valor de la lotería.

La solución que Bernoulli propone consiste en representar el valor que la persona le atribuye al premio no directamente, sino evaluado por una función $u(2^k)$. Si esa función es cóncava, entonces la suma converge y, de hecho, el valor de la lotería puede ser pequeño e intuitivamente razonable. Por ejemplo, si $u(c) = \sqrt{c}$, la utilidad esperada de la lotería es:

$$E[u] = \sum_{k=1}^{\infty} 2^{\frac{k}{2}} \left(\frac{1}{2}\right)^k = \sum_{k=1}^{\infty} 2^{-\frac{k}{2}} \approx 2{,}41 \tag{8.22}$$

Dos pesos y medio es sin duda una cifra más razonable que infinito como valor de la lotería. La función $u(c)$ es, naturalmente, la función Bernoulli.

8.3. Aplicación: seguros

Consideremos el caso de un individuo averso al riesgo que debe decidir si contratar un seguro que cubra total o parcialmente la pérdida asociada a la ocurrencia de un siniestro (robo, incendio, etc.). El individuo tiene un ingreso o riqueza "inicial" W_0 (antes de que se revele el estado de la naturaleza). Los estados de la naturaleza son $\mathcal{S} = \{$no ocurre el siniestro, ocurre el siniestro$\}$, y las creencias son $\{\pi_1, \pi_2\} = \{\pi_1, (1 - \pi_1)\}$. En s_2 el individuo pierde un monto L.

Imaginemos que una compañía de seguros ofrece un seguro a este individuo, que le entrega una indemnización de monto z en caso de que ocurra el siniestro, a cambio de una prima p[4]. Entonces, denotaremos el "contrato de seguro" como un par $\langle z, p \rangle$ que especifica cuál es el monto que la compañía de seguros se compromete a entregar al asegurado en caso que ocurra el siniestro, y la prima que debe pagar el asegurado por ello. Analizaremos primero el caso de un seguro que devuelve la totalidad de la pérdida al asegurado en caso que ocurra el siniestro, al que denominamos **seguro de cobertura completa**. En la figura 8.4 se presenta la situación del individuo sin seguro, y su situación cuando toma este contrato de seguro, que es de forma $\langle L, p \rangle$.

Cualquier individuo, sea amante, neutral o averso al riesgo, estaría dispuesto a pagar algo por este seguro, ya que es una promesa de un cheque en caso de accidente. La máxima prima que el individuo está dispuesto a pagar por el seguro, que denotamos $p_{\text{máx}}$, es aquella que lo deja indiferente entre comprar/no comprar el seguro; es decir, el valor de p que satisface

$$\pi_1 u(W_0) + \pi_2 u(W_0 - L) = u(W_0 - p) \tag{8.23}$$

Definimos el ingreso **equivalente cierto** (EC) como aquel nivel de ingreso cierto que deja al individuo con el mismo nivel de utilidad esperada que sin seguro. Gráficamente, en la figura 8.5 vemos que en el caso descrito, $p_{\text{máx}}$ corresponde a la diferencia entre la riqueza inicial del individuo y el equivalente cierto: $(W_0 - EC)$.

---

[4] La prima del seguro corresponde al monto de dinero que debe pagarse a la compañía

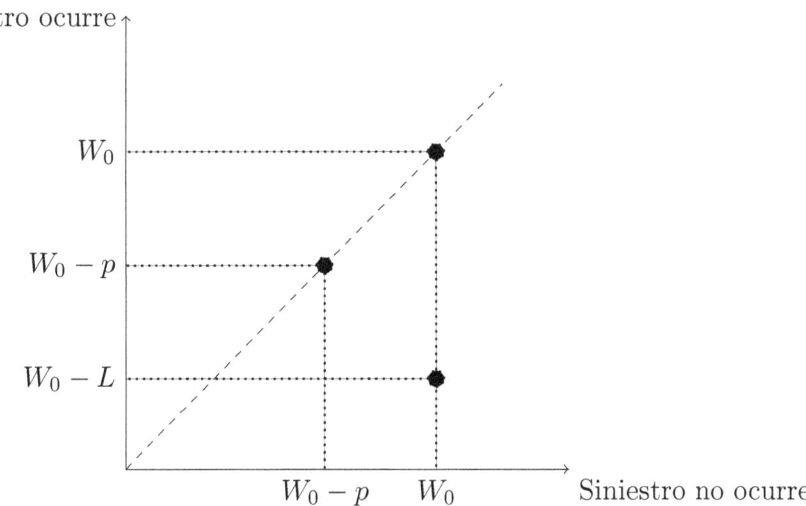

Figura 8.4 Seguro

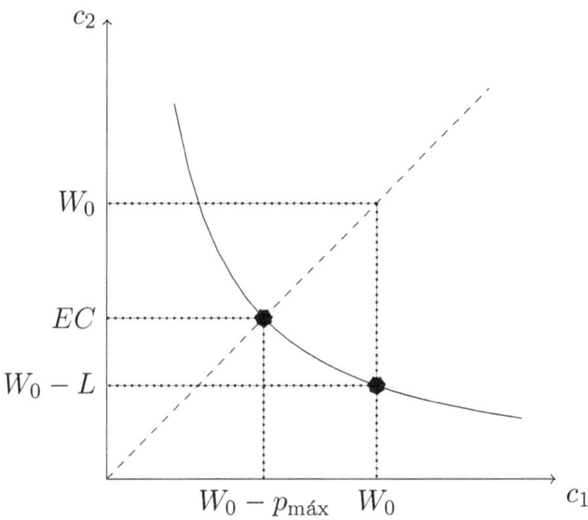

Figura 8.5 Máxima prima a pagar por el seguro: el caso de la cobertura completa

Ahora bien, $p_{\text{máx}}$ corresponde a $(W_0 - EC)$ sólo en este caso particular, en que el seguro es de cobertura completa. Esto es así porque con cobertura completa, una vez contratado el seguro el nivel de ingreso que se obtiene es siempre el mismo, independiente del estado de naturaleza. Por ello en este caso tiene sentido comparar la utilidad sin seguro (con incertidumbre) con la utilidad que entrega un nivel de ingreso cierto (con seguro, sin incertidumbre). Sin embargo, en muchos casos de interés los seguros no ofrecen cobertura completa, sino sólo parcial. En estos casos debemos comparar la utilidad sin seguro (con incertidumbre), con la utilidad esperada con seguro, que sigue siendo con incertidumbre. Por lo tanto, el equivalente cierto ya no cumple ningún rol en el cálculo de la máxima prima que el individuo está dispuesto a pagar.

Ejercicio 17. Represente en un gráfico la situación con y sin seguro, cuando el seguro cubre la pérdida sólo parcialmente, porque un deducible de \$$D$ es de cargo del asegurado. ¿Cómo encuentra $p_{\text{máx}}$ en este caso? $\square$

En conclusión, la regla general es que $p_{\text{máx}}$ es la prima que satisface:

$$\pi_1 u(W_0) + \pi_2 u(W_0 - L) = \pi_1 u(W_0 - p) + \pi_2 u(W_0 - p - L + z) \quad (8.24)$$

donde z es la indemnización pagada por el seguro en caso que ocurra el siniestro (es decir, $z = L - D$ en el caso del deducible).

Ahora consideremos el caso más general. Imaginemos que una compañía de seguros ofrece un seguro que en caso de que ocurra el siniestro, le devuelve un monto z (indemnización) y cobra q por cada peso de indemnización, de modo que el contrato es de la forma $\langle z, qz \rangle$. El individuo puede escoger el monto z que desee comprar (aunque lo más que puede pagar es $z = \frac{W_0 - L}{q}$). Entonces, el problema de optimización del individuo (para una solución interior) se puede escribir como:

$$\max_{z} \pi_1 u(W_0 - qz) + \pi_2 u(W_0 - L + z - qz) \quad (8.25)$$

La condición de primer orden es:

$$\pi_1 u'(c_1)(-q) + \pi_2 u'(c_2)(1 - q) = 0 \quad (8.26)$$

A partir de ella podemos encontrar la siguiente condición:

$$\frac{\pi_1 u'(c_1)}{\pi_2 u'(c_2)} = \frac{(1 - q)}{q} \quad (8.27)$$

---

de seguros, independientemente del estado de la naturaleza que se realice.

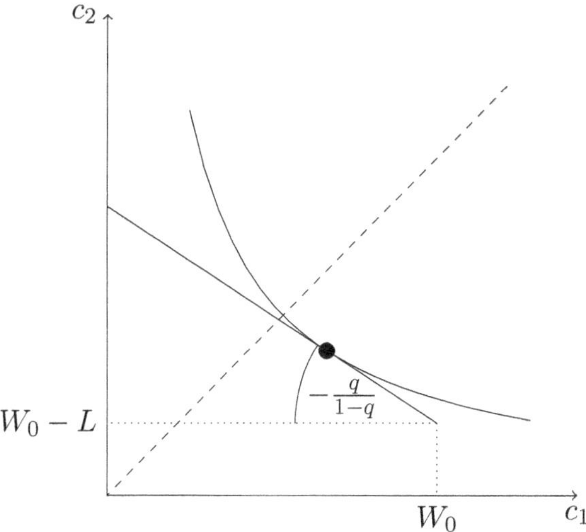

Figura 8.6 Cobertura óptima

La primera expresión corresponde a la tasa marginal de sustitución, como lo vimos antes. La segunda corresponde a la tasa marginal de sustitución de mercado (*TMSM*). Para verificar lo anterior basta despejar z en $c_1 = W_0 - qz$:

$$z = \frac{W_0 - c_1}{q}, \tag{8.28}$$

de modo que c_2 se puede escribir como:

$$c_2 = W_0 - L + \frac{W_0 - c_1}{q}(1 - q). \tag{8.29}$$

De lo anterior se desprende que la pendiente de la recta presupuestaria que se forma con la posibilidad de comprar este seguro es:

$$\frac{dc_2}{dc_1} = -\frac{(1 - q)}{q}, \tag{8.30}$$

y por lo tanto, TMSM $= \frac{(1-q)}{q}$. La solución se muestra en la figura 8.6.

Dado que estamos considerando un individuo averso al riesgo, las curvas de indiferencia son convexas, por lo que la CSO está asegurada.

Al analizar la condición que surge de la CPO, vemos que si $q = \pi_2$, obtenemos como resultado que lo óptimo para este individuo es contratar un seguro tal que $c_1 = c_2$; es decir, un seguro de cobertura completa.

Cuando la prima se obtiene de $q = \pi_2$, es decir, cuando la prima es igual al gasto esperado para la compañía de seguros por concepto de pago de indemnización, decimos que es una **prima actuarialmente justa**. Este concepto se relaciona directamente con el concepto de juego justo, ya que una prima actuarialmente justa genera un conjunto de perfiles de consumo con la propiedad de que todos tienen el mismo consumo esperado. Entonces, es una consecuencia natural de la definición de aversión al riesgo el que el individuo escoja el seguro de cobertura completa (lo que se puede reinterpretar como que rechaza todos los demás perfiles de consumo posibles, que constituirían un juego justo).

En el caso en que $q > \pi_2$ (es decir, cuando la prima es mayor que el gasto esperado), en la línea de certeza la TMS es mayor que la $TMSM$. Luego, dada la convexidad de las curvas de indiferencia, es claro que el óptimo se da con $z < L$; es decir, con un seguro de cobertura incompleta.

Hay dos temas relacionados a los seguros que surgen de asimetrías en la información. El primero es el peligro de abuso (o riesgo moral, traducciones de *moral hazard*), que tiene relación con el hecho que una vez contratado el seguro, los individuos pueden realizar o dejar de realizar acciones que son difíciles de monitorear para la compañía de seguros (por esa razón, este tipo de asimetrías en la información se ha clasificado como de "acción oculta"). El segundo es la selección adversa, que surge debido a que al momento de contratar el seguro el consumidor tiene (o puede tener) más información que la compañía de seguros, y no necesariamente tiene los incentivos para revelarla verazmente. Ambos problemas dificultan la operación del mercado de seguros, como se discute en los capítulos 20 y 21.

8.4. Aplicación: carteras

Una segunda mirada al problema de la cartera entiende las decisiones de compra de activos no como la elección de un nivel de riesgo y una rentabilidad esperada, como se vio en el ejemplo del capítulo 1 (subsección 1.3.f), sino como la elección indirecta de perfiles de consumo riesgoso.

Suponga que existen dos activos, A y B, con precios q_A y q_B, y dos estados de la naturaleza (1 y 2, correspondientes a "lluvia" y "no lluvia" si se quiere). Más aún, digamos que al activo A le va muy bien en el primer estado, pagando \$10, pero mal en el segundo, cuando paga \$2; y que al activo B le va igual en ambos estados (esto es, es libre de riesgo), pagando \$5.

Si la persona compra x_A unidades del activo A y x_B del activo B, entonces el nivel de consumo que alcanza en cada estado es:

$$
\begin{aligned}
c_1 &= 10x_A + 5x_B & (8.31) \\
c_2 &= 2x_A + 5x_B & (8.32)
\end{aligned}
$$

Por otro lado, si el inversionista dispone de \W para comprar en activos, las carteras que puede comprar satisfacen:

$$
q_A x_A + q_B x_B \leq W \tag{8.33}
$$

Observe la similitud de este problema con el modelo de los atributos de Lancaster. Esencialmente, estamos diciendo que una cartera se juzga de acuerdo a sus atributos; esto es, de acuerdo al perfil de consumo contingente que genera. El problema del inversionista entonces está dado por:

$$
\max_{x_A, x_B} \pi_1 u(c_1) + \pi_2 u(c_2) \tag{8.34}
$$
$$
\text{sujeto a } c_1 = 10x_A + 5x_B
$$
$$
c_2 = 2x_A + 5x_B
$$
$$
q_A x_A + q_B x_B \leq W
$$

Ejercicio 18. Encuentre las condiciones que satisfacen la solución de este problema. $\qquad\square$

Ejercicios

1. (*) Robinson Crusoe vive solo en una isla. Su alimento son los cocos que producen las palmeras de la isla, sin costo para Robinson. La función de utilidad es igual a $\sqrt{c_1 c_2}$ donde c_1 es el número de cocos que consume en el primer año y c_2 es el número de cocos que consume en el segundo año. Este año las palmeras produjeron 100 cocos. Él estima que la probabilidad que el próximo año produzcan 100 cocos es $0,6$ y que la probabilidad que produzcan 70 cocos es $0,4$.

   El problema de Robinson es decidir cuántos cocos de este año guardar para el próximo año. Él tiene dos cajas donde podría guardar cocos sin que se deterioren y que sirven para exactamente 10 cocos cada una (no se pueden guardar menos de 10 cocos en una caja porque se echarían todos a perder). Se pide:

   Determine si a Robinson le conviene guardar 0, 10 ó 20 cocos de la cosecha de este año hasta el próximo año. Explique claramente su respuesta.

2. (*) Juan trabaja en la empresa A, que le paga un sueldo fijo de $\$10.000$ y un bono de $\$4.400$ si logra cumplir sus metas de venta. Es decir, si logra las metas recibe un ingreso total de $\$14.400$, y si no las logra, un ingreso de $\$10.000$. La probabilidad de que cumpla las metas es p (probabilidad que él no puede modificar).

   La función de utilidad de Juan, asociada al consumo en el estado de la naturaleza i, es de la forma $u_i = \sqrt{c_i}$ (donde i es un sub índice que toma valor 1 si alcanza las metas y cero si no). El precio de la canasta de consumo c es $p_c = 1$.

   a) La empresa le propone cambiar el contrato por uno en que sólo paga un sueldo fijo $\$12.100$ (sin bono). Determine cómo debería ser la probabilidad p para que el individuo acepte este cambio de contrato.

   b) Suponga que $p = 0{,}5$. Ahora la empresa B ofrece a Juan un trabajo que le paga un sueldo fijo de $\$16.900$, pero es riesgoso en el sentido de que puede tener un accidente que le obligaría a gastar (de su bolsillo) un monto $\$12.000$ para recuperarse. La probabilidad de accidente es $0{,}4$. ¿Acepta Juan esta oferta? (suponga que no puede comprar un seguro de accidente).

   c) Juan sigue con las mismas opciones anteriores (contrato variable en A, contrato fijo en A o contrato fijo en B, con probabilidad de accidente de $0{,}4$). Sin embargo, ahora puede comprar un seguro que le cubra todos sus gastos en caso de accidente; ¿cuál es la máxima prima que está dispuesto a pagar Juan por este seguro?

3. (*) Timor Ato está feliz con su trabajo: las horas que pasa en su oficina realmente no le molestan, y el ingreso que obtiene ($m = 100$) le resulta

muy valioso: $u(m) = \sqrt{m}$. Sin embargo, lo inquieta la posibilidad de perder su trabajo y con ello su ingreso. A esta posibilidad le atribuye una probabilidad de 10 %.

a) ¿Cuánto estaría dispuesto a pagar por el derecho a contratar un seguro de desempleo por el monto que desee, en que por cada peso a recibir en caso de siniestro se paga un precio $p = \frac{1}{9}$?

b) Imagine que este seguro existe, y que $p = \frac{1}{9}$. ¿A cuánto asciende el excedente de Timor?

c) Compare sus respuestas en a) y b). Explique intuitivamente.

4. (**) Imagine dos pueblos A y B vecinos. Todos los años hay un huracán en uno de estos dos pueblos, pero nunca en ambos al mismo tiempo. En un año determinado, la probabilidad de que pase por el pueblo A es 0,5, y la probabilidad de que pase por el pueblo B es 0,5. Si no hay huracán, la cosecha anual del pueblo (A o B) es de 40.000 unidades. Si hay huracán, la cosecha se reduce a la cuarta parte (es sólo de 10.000 unidades).

Las preferencias son iguales en ambos pueblos: la función de utilidad Bernoulli del consumidor del pueblo A o B es de la forma $u = \sqrt{c}$, con $c = consumo$ (son aversos al riesgo). La única fuente de consumo es lo que se obtiene de la cosecha, que no es almacenable. Inicialmente ambos pueblos no están conectados (no saben de la existencia de sus vecinos).

a) Imagine ahora que ambos pueblos se conocen, y alguien propone firmar un contrato mediante el cual cada año después del paso del huracán, se junta la cosecha de ambos pueblos y divide el total en partes iguales (25.000 unidades para cada pueblo). ¿Aceptarán firmar este contrato ambos pueblos?

b) Relacione su resultado en a) con la definición de un individuo averso al riesgo de acuerdo a si acepta o no un juego justo (no basta con dar la definición; debe explicar cómo se aplica en este caso particular, mostrando todos los cálculos que sean necesarios).

c) Explique en qué se parece este contrato a un seguro (explicando si se parece a un seguro de cobertura completa o incompleta). Imaginando que el ingreso inicial es 40.000 y que la posible pérdida es 30.000 (de acuerdo a los datos del enunciado), indique cuál sería en este caso la prima del seguro, y muestre si esta sería una prima actuarialmente justa o no.

5. (**) José tiene un ingreso mensual de \$500.000 y debe escoger una casa para arrendar. Tiene dos alternativas posibles: una casa en el barrio A u otra casa en el barrio B.

Ambas casas son idénticas, pero los barrios difieren en su seguridad: en el barrio A la probabilidad que (un mes cualquiera) entren y le roben

$100.000 es $p = 0,2$; en el barrio B dicha probabilidad es 0 (el barrio B es totalmente seguro, nunca entran a robar).

La función de utilidad (Bernoulli) de José es $u = \sqrt{w}$.

a) Si el arriendo de la casa en el barrio A cuesta $200.000 mensuales, ¿cuál es el máximo arriendo que Juan está dispuesto a pagar por la casa en el barrio B? Explique brevemente la intuición de su resultado.

b) Suponga ahora que si José arrienda la casa en el barrio A, puede contratar un servicio de vigilancia que reduce la probabilidad de robo a cero. Suponga que el arriendo de la casa en el barrio A cuesta $200.000 mensuales, y el de la casa en el barrio B cuesta más de $500.000 mensuales.

   1) ¿Cuánto es lo máximo que José está dispuesto a pagar por el servicio de vigilancia mensualmente?; ¿y cuál sería la máxima prima que estaría dispuesto a pagar por un seguro de cobertura completa (que le devolviera los $100.000 en caso de robo), si no existiera el servicio de vigilancia?

   2) Compare y relacione sus respuestas a la pregunta a) y a las dos preguntas en b)1.

c) Por último, suponga ahora que José puede contratar un seguro eligiendo el monto de la indemnización z. El costo por peso de indemnización es $q = 0,3$ (es decir, la prima es $0,3z$). Encuentre cuál es el monto de indemnización óptimo para Juan. Explique por qué si el seguro fuera actuarialmente justo, Juan querría contratar $z^* = 100.000$ (no es necesario demostrar, sino explicar la intuición), y por qué en este caso (con $q = 0,3$) no es óptimo para Juan contratar un seguro de cobertura completa. En su respuesta suponga nuevamente que el arriendo de la casa B cuesta más de $500.000 mensuales.

6. (**) Don Juan, experto en macroeconomía y análisis de coyuntura, cree que el año 2012 viene difícil. Él asigna las siguientes probabilidades a las distintas tasas de crecimiento del producto interno bruto.

Tasa de crecimiento	Probabilidad
0 %	50 %
2 %	40 %
3 %	10 %

Don Juan tiene una riqueza inicial de $100.000 y su función de utilidad es de la forma $u = \sqrt{W}$ donde W es su riqueza final.

Suponga que una empresa ha decidido contratar a don Juan para que les dé una predicción de la tasa de crecimiento para el año 2012. El informe dirá "la tasa de crecimiento para el año 2012 será de x por ciento", donde x puede tomar cualquier valor (incluso puede tener varios decimales). El pago que recibirá por el informe será:

$$\text{Pago} = 25.000 - 5.000(TC - x)^2$$

donde TC es la tasa de crecimiento efectiva.

A modo de ejemplo, si dice $x = 1,5\%$ y la tasa de crecimiento es de 2%, entonces recibiría:

$$\begin{aligned}
\text{Pago} &= 25.000 - 5.000(2 - 1,5)^2 \\
&= 25.000 - 1.250 = 23.750
\end{aligned}$$

Obviamente, el pago se haría una vez conocida la tasa de crecimiento efectiva del año 2012.

Plantee un problema de optimización que permita obtener el valor de x que maximiza la utilidad de don Juan.

7. (**) Un alumno valora su nota en el examen (E) sólo cuando aprueba, es decir:

$$u(E) = \left\{ \begin{array}{ll} 0 & \text{si } E < \overline{E} \\ E - \overline{E} & \text{si } E \geq \overline{E} \end{array} \right. .$$

La aprobación ocurre cuando en el examen obtiene una nota mayor que la de presentación $(\overline{E})$. La nota es impredecible porque nunca se sabe qué va a preguntar el profesor. Por ejemplo, una buena nota se puede obtener con mucha suerte (estudiar justo lo que se pregunta) o con mucho estudio (saber todos los temas en profundidad), pero esto último es muy costoso y lo primero muy improbable. Explique por qué una persona será más arriesgada (por ejemplo, estudiando en profundidad unos pocos temas en lugar de saber un poco menos de cada tema pero cubrirlos todos) en la medida en que "necesite" más nota en el examen.

8. (**) En invierno lloverá sobre la ciudad de Santiago fuerte con una probabilidad de π, y lloverá suave con una probabilidad de $(1 - \pi)$. La infraestructura de la ciudad tiene un valor de 100.000 millones. Una lluvia suave no alterará su valor, mientras que una lluvia fuerte generará pérdidas por 2.000 millones. Estas pérdidas, sin embargo, se podrían evitar construyendo colectores de aguas lluvia; la construcción de estos colectores cuesta 1.000 millones.

Imagine la existencia de un agente representativo para la ciudad de Santiago, con preferencias dadas por

$$u(c_s) = \ln c_s$$

donde c_s es el valor de la infraestructura en el evento de una lluvia de tipo s ($s = 1$ es lluvia fuerte, $s = 2$ es una lluvia suave) en miles de millones.

a) Determine si este agente representativo es o no averso al riesgo, y en qué grado.

b) Determine si la construcción del colector es o no un juego justo. Grafique estas posibilidades en el plano (c_1, c_2), indicando claramente la situación inicial, la situación con colector y la línea de juegos justos.

c) Determine qué probabilidad de lluvia fuerte debería haber para que la construcción del colector sea preferida.

d) En este escenario, ¿qué recomendaría si supiese que una lluvia fuerte ocurre cada cien años?

9. (**) Lustro Zapata es el dueño de una fábrica de zapatos; su único afán es el lucro. Su gran experiencia le permite predecir al comienzo de cada semestre el precio al cual podrá vender cada unidad del único modelo que fabrica. Con ese antecedente, decide sobre la contratación de trabajadores y otros insumos, que arregla en la forma de contratos semestrales. El sueldo semestral de un trabajador es de 120, y el valor de la contratación de otros insumos por un semestre de 120 también. La tecnología de que dispone puede resumirse como

$$q = \ln L + \ln M$$

donde L es el número de trabajadores, y M el resto de los insumos; todas las cantidades están medidas en base semestral.

En vista del hecho que su capacidad predictiva es buena sólo para períodos semestrales, Lustro espera el comienzo de cada semestre para decidir qué hará en ese período.

a) Encuentre la función de costos de Lustro, y su mejor política de contratación de insumos en función de q.

b) Encuentre las mejores políticas de producción y contratación de trabajadores y otros insumos, en función de P, el precio de los zapatos.

c) Imagine que una legislación forzara a Lustro a hacer contratos de trabajo de al menos un año de duración. En concreto, suponga que Lustro sabe que el precio de los zapatos en el primer semestre será de 400, y le atribuye una probabilidad de un 50 % a que en el segundo semestre sea de 800 y de 50 % a 200. Si Lustro es neutral al riesgo, ¿a cuántos trabajadores contratará?

d) Compare la situación en *b)* con lo que hubiera hecho en ausencia de esta obligación. Explique claramente.

10. (***) Considere el caso de un empresario que debe escoger entre dos tecnologías para la fabricación de un producto, el que vende en un mercado

perfectamente competitivo. La tecnología A requiere una inversión fuerte, pero permite producir con costos marginales más bajos que la B. En particular, las funciones de costo (incluyendo la inversión) asociadas a ambas tecnologías son las siguientes:

$$C_A(q) = 10000 + 20q + \frac{1}{2}q^2$$
$$C_B(q) = 10 + 20q + 2q^2$$

$a)$ Calcule el precio de venta del producto p a partir del cual al empresario le conviene escoger la tecnología A. Compruebe entonces, que al precio de $p = 100$ preferiría la B, mientras que al precio de $p = 200$ preferiría la A.

$b)$ El problema de decisión se complica por el hecho de que la tecnología debe ser escogida antes de saber si la demanda será alta ($p = 200$) o baja ($p = 100$) [pero no la cantidad, que sigue pudiendo escogerse después de conocer el precio de venta]. Si el empresario tuviera una riqueza inicial de 7.000 y fuera neutral al riesgo, ¿cuál es la mínima probabilidad que debiera asociarle al estado de la naturaleza en que la demanda es alta para preferir la tecnología A?

$c)$ Suponga, en cambio, que hay dos empresarios aversos al riesgo, idénticos entre ellos en cuanto a riqueza y posibilidades. Uno de ellos optó por A y el otro por B (donde sus diferentes decisiones se explican por las diferentes probabilidades que le asocian a cada evento). ¿Existe algún acuerdo que ambos pudieran suscribir, bajo el cual cada uno de ellos se compromete a mandarle un cheque al otro en estados distintos, y que deje a ambos en una posición libre de riesgo? Explique claramente.

COMENTARIOS BIBLIOGRÁFICOS

Si bien el problema conceptual que la incertidumbre aporta al análisis de las decisiones ha acompañado a la teoría de la utilidad desde sus comienzos, no fue sino hasta el libro de John von Neumann y Oskar Morgenstern, *La teoría de los juegos y el comportamiento económico* (1947), en que desarrollaron axiomáticamente la función de utilidad esperada, que su análisis formal fue posible. Posteriormente, Savage (1954) extendió la teoría al caso de creencias subjetivas. Son subproductos de este desarrollo no sólo la teoría de juegos no cooperativos y sus aplicaciones (gran parte de la microeconomía moderna, y buena parte de la ciencia política y la sociología), sino también subdisciplinas completas como la economía financiera. La importancia de este desarrollo es de hecho tan monumental, que con certeza habrían recibido un premio Nobel de haber existido uno en ciencias sociales en esos años (el primero en economía se otorgó en 1969) o en matemáticas.

Jack Hirshleifer (1958; 1961; 1965; 1966) fue pionero en sus aplicaciones en economía financiera. Su teorema de separación dio una base conceptual a las técnicas de evaluación de proyectos.

Parte II

BIENESTAR SOCIAL

Capítulo 9

Bienestar social

Un ánimo central de la economía es la evaluación de decisiones, políticas e instituciones, con vistas a conseguir el mayor bienestar posible para la sociedad. Sin embargo, cuando se intenta ir más allá de unas pocas comparaciones básicas, como pensar que la abundancia es preferible a la hambruna, y que la salud a la pandemia, se encuentran dificultades conceptuales en el concepto de bienestar, y surgen diferencias de opinión. En efecto, qué es el bienestar social (esto es, del colectivo o grupo de individuos), qué objetivos debería perseguir una sociedad, o qué estándares deberíamos exigir de las políticas públicas son preguntas al menos tan difíciles como la del bienestar de un individuo. ¿Es distinto el bienestar del grupo del de la suma de los individuos que lo componen? O incluso anterior, ¿es importante el bienestar de un individuo para el bienestar del grupo? Este tipo de preguntas han y siguen ocupando un lugar central en filosofía, y no tienen respuestas indiscutidas. Sin embargo, hay ciertas respuestas de relativo consenso entre economistas, que, aunque insatisfactorias en muchos aspectos, han permitido una discusión relativamente ordenada al interior de la profesión.

En este capítulo presentaremos los criterios y las herramientas comúnmente ocupadas por los economistas en el análisis normativo, así como algunas de sus limitaciones. En concreto, consideraremos una sociedad de n individuos, indizados por $i \in I = \{1, ..., n\}$. $\mathcal{X}$ es un conjunto de cursos de acción para la sociedad como un todo, en que cada alternativa $x \in \mathcal{X}$ es una "decisión colectiva". El conjunto de decisiones colectivas factibles es $X \subset \mathcal{X}$. Cada individuo tiene una valoración de cada alternativa expresada en su función de utilidad, $u_i(x)$. De esta forma, a cada alternativa se asocia una distribución de bienestar $(u_1(x), ..., u_n(x))$. Denotamos por $\mathcal{B}$ al conjunto de distribuciones posibles de bienestar que genera el conjunto de decisiones colectivas factibles X.

9.1. Utilitarismo

El utilitarismo plantea que la sociedad debiera actuar de modo de conseguir "el mayor bienestar para el mayor número de personas". El ideario utilitarista es entonces el de maximizar la suma de las utilidades de todos los miembros de la sociedad:

$$U_B(x) = \sum_{i=1}^{n} u_i(x), \tag{9.1}$$

donde el subíndice B alude a Jeremy Bentham, uno de sus mayores proponentes. Lo que importa es entonces la suma total de utiles que se consiguen, y *no su distribución*. En este sentido, el utilitarismo tiene una propuesta concreta para operacionalizar la idea de "bien común", situando a todos los individuos al mismo nivel. La función de utilidad social (9.1) induce un mapa de curvas de indiferencia lineal en el plano (u_A, u_B), como lo muestra la figura 9.1.

Ejemplo 8 (División utilitarista). Una torta de tamaño 1 se debe dividir entre dos personas ($i = A, B$), asignándole una porción $x_i \geq 0$ a cada una. Las divisiones factibles entonces satisfacen $x_A + x_B \leq 1$ y $x_A, x_B \geq 0$. Consideremos tres configuraciones de preferencias: (a) Utilidad lineal.— Si las funciones de utilidad fueran $u_i(x_i) = x_i$, entonces las distribuciones posibles de bienestar estarían dadas por el triángulo definido por $u_A + u_B \leq 1$ y $u_A, u_B \geq 0$. En ese caso, la recomendación utilitarista sería distribuir completamente la torta ("que no queden migas"), sin importar quién reciba cuál proporción. (b) Utilidad marginal decreciente.—En cambio, si la utilidad marginal de la torta fuera decreciente para cada uno, y ambos tuvieran la misma función de utilidad, digamos $u_i = \sqrt{x_i}$, entonces la recomendación utilitarista sería distribuir la torta en partes iguales. En efecto, de maximizar $\sqrt{x_A} + \sqrt{x_B}$ sujeto a $x_A + x_B \leq 1$ y $x_A, x_B \geq 0$ se obtiene $x_A^* = x_B^* = {}^1\!/_2$. Esto, por cuanto la sociedad obtiene cada vez menos utiles de cada fracción que le entrega a la misma persona. La persona que tiene poco tiene una utilidad marginal muy alta, por lo que la sociedad obtiene más utiles dándole a ésta que a quien tiene mucho. En este ejemplo, la distribución óptima es la que iguala la utilidad marginal de la torta entre todos los individuos. Una asignación no igualitaria desperdiciaría utiles, porque quien tiene menos obtiene más utiles de los mismos bienes que quien tiene más. (c) Utilidad heterogénea.— Ahora bien, si un individuo valora más la torta que el otro, por ejemplo $u_A = 2\sqrt{x_A}$ y $u_B = \sqrt{x_B}$, entonces la distribución

224

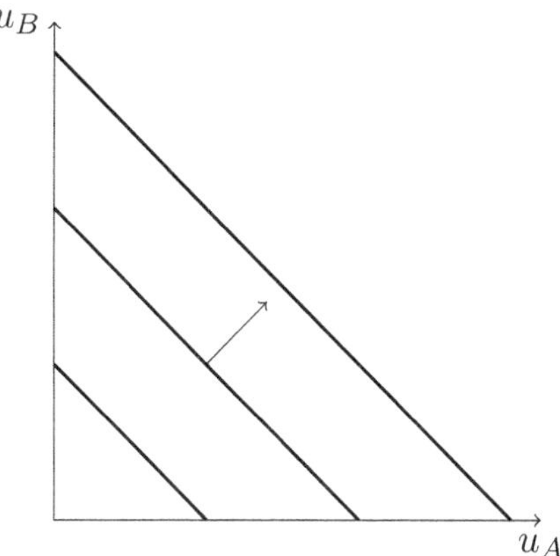

Figura 9.1 Preferencia utilitarista

óptima de acuerdo con el criterio utilitarista sería $x_A = 4/5$ y $x_B = 1/5$. El mismo principio que sugería una distribución igualitaria pide una no equitativa cuando las preferencias son distintas. □

La recomendación de una distribución igualitaria no es una conclusión general del utilitarismo. En el ejemplo 8.b es crucial que ambos individuos tengan la misma función de utilidad. Si uno de ellos tuviera una función de utilidad mayor, como en 8.c, sería favorecida una distribución que le dé más a aquél. Dicho de manera cruda, se favorecería a los individuos que tuvieran mayor capacidad de obtener placer.

Este hecho deja en evidencia una característica crucial del criterio utilitarista, a saber, que se basa en una noción **cardinal** de la utilidad. En otras palabras, supone que la utilidad es algo más que una representación de la preferencia –separándose en ese respecto de la teoría de la demanda–. En efecto, sabemos del capítulo 1 que si una preferencia es representable por una función de utilidad, también los es por infinitas otras: cualquier transformación monótona creciente de la función original. Por ejemplo, $u(x)$ y $2u(x)$ representan a la misma preferencia. Pero al comparar las alternativas b y c en el ejemplo 8 vemos que si reemplazamos la utilidad de una persona por el doble de ella, habremos *de facto* cambiado la preferencia social, duplicando la importancia de esa persona, poniendo su satisfacción por sobre la del resto.

Luego, sólo una de las funciones de utilidad que representan la preferencia de cada persona tiene sentido que sea utilizada en la función de utilidad social, toda vez que solamente una de ellas tendría la "escala" correcta que la haría comparable a la utilidad de las otras personas. Para los proponentes de esta teoría, permanece abierta la pregunta de cómo identificar la función de utilidad que sea válida para comparaciones interpersonales.[1]

Se debe destacar que hay un segmento importante de la profesión que rechaza la idea de la utilidad cardinal, afirmando en cambio que la utilidad no es más que ordinal, y que en consecuencia las comparaciones interpersonales de utilidad no tienen sentido –"la mente humana es inescrutable", dicen–. Para este segmento de la profesión, entonces, el criterio utilitarista no está bien definido por la ecuación (9.1).

Otros pensadores no se oponen a la utilidad cardinal, sino a considerar que la suma de las utilidades sea un criterio apropiado. Para John Rawls, por ejemplo, la distribución del bienestar debiera ser una preocupación central de una sociedad que aspire a la justicia.

9.2. Rawls y la justicia social

Por justicia entendemos, en general, que cada uno obtenga lo que merece. Las teorías de justicia difieren en dos dimensiones: (i) qué es lo que se reparte, y (ii) cómo se justifica el mérito, vale decir, qué es lo que hace que una persona sea o no merecedora de aquello que se reparte. En el ámbito criminal, por ejemplo, pensamos que es justo que el culpable sea castigado, y que el inocente no lo sea. Si de calificaciones de los alumnos de un curso se trata, pensamos que es justo que quien sabe más, o quien tenga mayor dominio de la técnica que se enseña, tenga una mayor nota, y consideramos injusto un sistema que discrimina a los alumnos por su religión, género o edad. Cuando de justicia social se trata, normalmente la preocupación es la distribución del ingreso, aunque también preocupan la distribución de la riqueza, de las oportunidades, del acceso a la educación y a la salud, etc. Así, una teoría de la justicia explica de qué variables y en qué cuantía, depende lo que reciba cada individuo. En un nivel abstracto, tiene sentido pensar que la justicia social se refiere a la repartición de bienestar o utilidad.

John Rawls propone en su Teoría de la Justicia que la sociedad tiene un

---

[1] Véase, no obstante, la sección 2.3.d al final de este capítulo.

deber especial para con los más desventajados. Específicamente, Rawls propone que la justicia social se basa en los siguientes principios:

- Primer Principio: Toda persona tiene un mismo derecho al sistema más extenso de libertad básica que sea compatible con un sistema similar para todos.

- Segundo Principio: Las desigualdades sociales y económicas deben satisfacer dos condiciones:

  - Igualdad de Oportunidades: deben estar asociadas a posiciones abiertas a todos bajo las condiciones de justa igualdad de oportunidades, y

  - Principio de la Diferencia: tienen que trabajar para el mayor beneficio de los miembros más desventajados de la sociedad.

Rawls justifica su propuesta apelando a la figura del "velo de la ignorancia". En efecto, muy seguido ocurre que más allá de nuestro egoísmo natural, nuestras visiones están teñidas por nuestras circunstancias particulares. Nacemos en una determinada familia, en cierta clase social, en cierta zona geográfica, y tenemos vínculos con determinada gente; cuando evaluamos decisiones colectivas, no sólo le damos más importancia a nuestra propia situación, sino también le damos preferencia al bienestar de nuestros familiares, de nuestro grupo etáreo, o a quienes comparten nuestras creencias. La justicia, en cambio, requiere de imparcialidad. Para juzgar si una sociedad es justa o no, argumenta Rawls, uno debería despojarse de todos los condicionantes conocidos que podrían sesgar su juicio; debería evaluar detrás del velo de la ignorancia. Si fuéramos ignorantes de nuestras características, seríamos imparciales y empáticos: podríamos estar en los zapatos de cualquiera. En esa condición, Rawls piensa que si evaluamos a la sociedad desde la perspectiva de nuestro interés propio, haremos un juicio justo. Rawls piensa que en tal condición, lo racional sería que nos preocupemos particularmente de la posición del más desfavorecido, sabiendo que nosotros podríamos ocupar ese lugar.

Una interpretación sintética de su proposición, particularmente del Principio de la Diferencia, sería plantear una función de utilidad social del

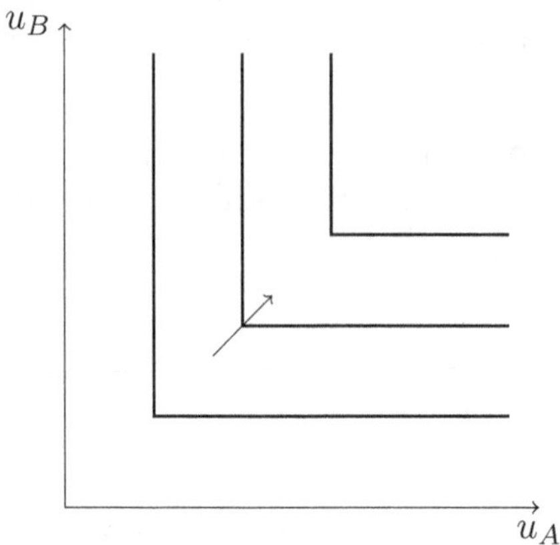

Figura 9.2 Preferencia rawlsiana

tipo:[2]

$$U_R(x) = \min\{u_1(x), ..., u_n(x)\} \tag{9.2}$$

Esta función de utilidad social reprensenta una preferencia con un sesgo fuerte hacia la igualdad: en general, frente a cualquier frontera de posibilidades de utilidad con pendiente negativa, ella selecciona la distribución igualitaria de bienestar. Si bien para Rawls la desigualdad sí es permisible, ella debe justificarse: la desigualdad es aceptable solamente en tanto mejore la posición del más desventajado.

Esta no es la única teoría que se preocupa especialmente de los más desposeídos; Immanuel Kant, por ejemplo, plantea también el respeto universal de condiciones mínimas de dignidad humana. Pero mientras otros fijan restricciones en orden a que los más desfavorecidos al menos alcancen un mínimo, para Rawls los más desfavorecidos están al centro de su preocupación.

Una distribución igualitaria de bienestar no implica una distribución igualitaria del bien que se reparte. En el ejemplo 8.c, la igualdad de

---

[2] Es quizás más apropiado decir que Rawls aboga por una preferencia social lexicográfica, en que las necesidades de quien está peor están primero, de quien está en la segunda peor posición después, etc. Sin embargo, en muy pocas comparaciones se llega a diferentes conclusiones con una u otra preferencia, por lo que podemos justificar el uso de esta función de utilidad como una aproximación. Por otro lado, se debe tener presente que la función planteada es una interpretación despojada de la complejidad y sutileza de los argumentos de Rawls, y en ese sentido, caricaturesca.

utiles se alcanza con la división en que A obtiene $x_A = {}^1/_5$ de la torta, mientras que B, $x_B = {}^4/_5$, porque $2\sqrt{{}^1/_5} = \sqrt{{}^4/_5}$. Observe que esta distribución es la inversa a la propuesta por el criterio utilitarista: quien tiene mayor capacidad de gozo aquí recibe menos, porque necesita menos para conseguir los mismos utiles. En cambio, el criterio utilitarista prefería darle más a quien tenía mayor capacidad de gozo, porque a través de esa persona era posible obtener una mayor suma de utiles.

En otro ejemplo, si para fabricar la torta se requiriera del esfuerzo o trabajo de quienes finalmente gozarán de ella, entonces la igualdad de utilidad requerirá que quien se esfuerce más también reciba más torta, pero donde la diferencia debería compensar exactamente el costo del esfuerzo. Dicho de otro modo: si en la sociedad existe una lista de roles, en que en cada uno hay un beneficio (por ejemplo, consumo) y un costo (por ejemplo, trabajo), y todos tienen la misma función de utilidad, entonces una distribución es igualitaria si toda persona está indiferente entre ocupar su rol o cambiarse a cualquier otro. A esta condición se le suele denominar "ausencia de envidia". Diversos autores, entre los que por ejemplo se encuentra el filósofo John Locke, conjeturaron que una distribución es justa cuando nadie envidia la parte que le toca a alguna otra persona. Cuando todos evalúan de la misma forma, entonces, la justicia es indiferencia entre roles. En cambio, cuando las funciones de utilidad de los individuos son diferentes, entonces lo que es una compensación exacta del costo del esfuerzo para una persona puede ser excesiva o deficitaria para otra persona. En este caso, no es claro en general que exista una distribución en que nadie envidie.

Hasta ahora hemos discutido el problema de la justicia social en el contexto del problema de la distribución de recursos escasos. Sin embargo, estos conceptos se aplican a una gama mucho más amplia de problemas, como el siguiente ejemplo ilustra.

Ejemplo 9 (Emparejamiento y bienestar). Considere el siguiente problema de formación de parejas: hay cuatro personas, $i \in \{A,B,E,C\}$, siendo las vocales hombres y las consonantes, mujeres. Todos buscan emparejarse con una persona del sexo opuesto. La siguiente tabla muestra la utilidad que cada uno obtendría si se emparejara con cada una de las personas del sexo opuesto:

$$
\begin{array}{c}
\text{Mujeres} \\
\end{array}
$$

	(u_i, u_j)	B	C
Hombres	A	4, 4	6, 6
	E	6, 6	9, 9

Hay dos asignaciones de parejas posibles: $x = ((A,B), (E,C))$ (la diagonal principal en la tabla) y $x' = ((A,C), (E,B))$ (la diagonal ascendente), con las siguientes distribuciones de bienestar: $(u_A(x), u_B(x), u_E(x), u_C(x)) = (4, 4, 9, 9)$ y $(u_A(x'), u_B(x'), u_E(x'), u_C(x')) = (6, 6, 6, 6)$, respectivamente. El conjunto de asignaciones alcanzables es $X = \{x, x'\}$. En x E y C están mejor que en x', y en x' A y B están mejor que en x. El criterio de Rawls sugiere que la asignación x' es mejor, porque el individuo menos favorecido está mejor que el menos favorecido de x. Observe que x' es una asignación igualitaria: todos ganan lo mismo. El criterio de Bentham, en cambio, prefiere a la asignación x:

$$4 + 4 + 9 + 9 = 26 > 24 = 6 + 6 + 6 + 6.$$

$\square$

Al igual que la ecuación (9.1), la fórmula (9.2) obliga a tener una noción cardinal de la utilidad, toda vez que en ella es central encontrar al grupo de los más desfavorecidos de la sociedad. Considere nuevamente el ejemplo 9. Para apreciar que en esto hay una evaluación cardinal del bienestar, considere la siguiente variación:

$$
\begin{array}{c}
\text{Mujeres} \\
\end{array}
$$

	(u_i, u_j)	B	C
Hombres	A	4, 4	7, 7
	E	7, 7	9, 9

Con estos nuevos números sigue siendo cierto que los individuos A y B prefieren la asignación x' mientras que E y C prefieren la x, por lo que las nuevas funciones de utilidad representan a las mismas preferencias. Sin embargo, ahora la utilidad total de x' es 28, mayor que la de la asignación x; esto hace que Bentham ahora prefiera x', coincidiendo con Rawls.

Quienes rechazan la idea de que la comparabilidad interpersonal de utilidad sea posible, entonces, rechazan tanto el criterio utilitarista como el rawlsiano. No obstante, a veces se aplican los mismos principios a la distribución del ingreso en lugar de de la utilidad; de hecho, el mismo Rawls no pensaba en distribución de utilidad, sino de bienes. Ahora bien, la pregunta de quién es el más desfavorecido de la sociedad seguramente no se puede contestar mirando de manera exclusiva el ingreso. Típicamente los estudiantes tienen un ingreso nulo o bajo, pero no diríamos que su situación es de las peores en la sociedad. ¿Nos referimos acaso al nivel de consumo que pueden sostener? El ingreso es una medida de flujo, que fácilmente puede alcanzar el valor 0 en un período corto de tiempo, incluso para un rico. ¿Quizás debiéramos mirar la capacidad de generación de ingresos de largo plazo? Crecientemente, en especial a partir del trabajo de Amartya Sen, se ha buscado construir un concepto multidimensional de pobreza o riqueza, que intenta capturar las oportunidades que una persona tiene de alcanzar una vida buena, teniendo en mente preguntas como ¿puede trabajar?, ¿goza de buena salud?, o ¿puede educarse? En la práctica, el enfoque que se está consolidando es el de medir una serie de variables o indicadores de calidad de vida, y agregarlas de alguna manera. Pero el proceso de agregar indicadores es similar al de construir una función de utilidad, que implícitamente se le estaría imputando a la sociedad.

Debido a las dificultades mencionadas, la profesión quiso fundar sus juicios en un criterio de bienestar social basado en una noción ordinal de la utilidad. Tal es el criterio de Pareto.

9.3. EFICIENCIA: EL ÓPTIMO DE PARETO

La eficiencia es sin lugar a dudas uno de los conceptos más importantes en economía. *Grosso modo*, una decisión es eficiente u óptima en el sentido de Pareto si no desperdicia *utiles*, si no desaprovecha los recursos disponibles. En la base está la idea de que el objetivo de la sociedad es obtener el mayor bienestar posible para sus miembros, y en que el bienestar de cada individuo se supone bien medido por su propia utilidad (axioma 0). Una decisión se dice ineficiente si había otra alternativa que no dejaba a nadie peor (de acuerdo con su propia evaluación), y dejaba al menos a una persona mejor. Si no se tomara esa otra alternativa se desperdiciarían utiles. Así, el criterio de la eficiencia supone que la sociedad está mejor cuando todos, de acuerdo con su propia evaluación, están mejor.

9.3.a. Definición general

Existen dos nociones básicas que van a ser centrales en nuestro análisis. Ambas nociones están íntimamente conectadas, pero no son iguales, y entender la diferencia resulta muy importante.

Definición 17 (Mejora paretiana). *La decisión colectiva x' es **mejor en el sentido de Pareto** que x, o x' es una **mejora paretiana** de x, si x' deja a algún individuo estrictamente mejor que x, y a nadie peor:*

$$\forall i \in I : u_i(x') \geq u_i(x), \ y$$
$$\exists i \in I : u_i(x') > u_i(x).$$

Denotamos por $P(x)$ al conjunto de mejoras paretianas de x. Observe que no necesariamente todas las decisiones colectivas de X son comparables entre sí bajo este orden. En general sólo algunas de ellas son comparables, porque es perfectamente posible que una acción beneficie a algunos pero perjudique a otros. Decimos, entonces, que el orden de Pareto es un orden incompleto; esto, a diferencia de la preferencia individual, sobre la que exigíamos que fuera capaz de comparar todo par de alterativas (recuérdese el axioma 1 de elección, de completitud).

Definición 18 (Óptimo de Pareto). *Si X es un conjunto de decisiones colectivas factibles, entonces la decisión colectiva x es **óptima en el sentido de Pareto**, o **eficiente**, si no admite mejoras paretianas. Esto es, si no existe otra acción factible que le dé un nivel de bienestar mayor o igual a cada uno de los individuos, y estrictamente mayor a al menos uno.*

En términos formales, x es óptima en el sentido de Pareto si cualquier mejora paretiana de x es inalcanzable:

$$P(x) \cap X = \emptyset.$$

El criterio de Pareto es un concepto ordinal. En efecto, aún cuando la definición 18 hace referencia a las funciones de utilidad de los individuos, es sencillo comprobar lo siguiente:

Teorema 19. *Considere, para cada individuo, dos funciones de utilidad que representen su preferencia, $u_i(x)$ y $\tilde{u}_i(x)$. Entonces, x es eficiente de acuerdo al perfil $(u_1(x), ..., u_n(x))$ si y sólo si x es eficiente de acuerdo al perfil $(\tilde{u}_1(x), ..., \tilde{u}_n(x))$.*

Efectivamente, si una decisión colectiva x^* aparece como eficiente con un conjunto de funciones de utilidad, y luego reemplazamos las funciones de utilidad por otras que representen a las mismas preferencias, entonces x^* todavía va a ser eficiente. Eso ocurre porque este criterio usa solamente la información de la preferencia, y no la información cardinal de las funciones de utilidad. Esto, en contraposición a los criterios de Bentham y de Rawls discutidos previamente. Observe, por otra parte, que tanto el criterio de Bentham como el de Rawls prefieren alternativas eficientes, toda vez que ambos criterios seleccionan distribuciones de bienestar en la frontera.

La idea de mejora paretiana es esencial para entender un óptimo paretiano: una situación es óptima si no tiene mejoras paretianas alcanzables. Decíamos, sin embargo, que es común confundir ambas nociones. El error más común es pensar que el paso de una situación ineficiente a otra eficiente comporta necesariamente una mejora paretiana. Esto no es así: decir que una situación es eficiente sólo dice que no admite mejoras paretianas, pero no que esa situación es una mejora paretiana de cualquier otra, aunque sea ineficiente. En la figura 9.3 podemos apreciar que el paso del punto b al punto a deja peor al individuo 1, por lo que no es una mejora paretiana (de hecho, los puntos a y b no son comparables bajo el orden de Pareto, porque un individuo gana y el otro pierde), y no obstante el punto b es ineficiente mientras que el a eficiente.

En el ejemplo 8, son eficientes todas las maneras de repartir la torta en que no existan desperdicios. Así, la eficiencia requiere "que no dejen migas" sobre la mesa, y nada más que eso. En efecto, si cada pedazo de la torta es consumida por alguien, entonces la única forma de aumentar el bienestar de una persona es quitándole a la otra. Observe que este es el caso en las tres variantes del ejemplo; recuerde que en las variantes (b) y (c) lo único que hacíamos era tomar transformaciones monótonas crecientes de las funciones de utilidad de la variante (a) y nada cambia, tal como esperaríamos de un criterio basado solamente en utilidad ordinal.

Pareto, entonces, prefiere alguna acción eficiente por sobre una ineficiente: todo óptimo paretiano es una mejora paretiana de alguna otra decisión colectiva factible. Ahora bien, entre óptimos paretianos, Pareto no se pronuncia, porque no son comparables bajo su criterio –alguien pierde y alguien gana al pasar de uno a otro–.

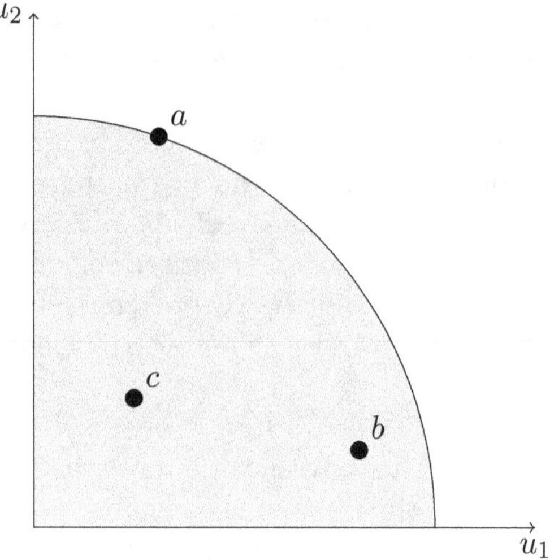

Figura 9.3 Optimalidad en el sentido de Pareto
a es eficiente, b y c no lo son.

9.3.b. Distribución eficiente de bienes

Si se quiere distribuir una canasta de dos bienes (1 y 2) entre las personas A y B, habiendo $(\overline{x}_1, \overline{x}_2)$ unidades en total, entonces las asignaciones alcanzables están dadas por el siguiente conjunto:

Definición 20. *El conjunto de asignaciones factibles es*

$$\left\{ (x_{1A}, x_{1B}, x_{2A}, x_{2B}) \in \mathbb{R}_+^4 : x_{1A} + x_{1B} \leq \overline{x}_1,\ x_{2A} + x_{2B} \leq \overline{x}_2 \right\}.$$

La caja de Edgeworth provee una representación gráfica de las asignaciones alcanzables:

Caja de Edgeworth.– La caja consiste en un rectángulo, cuya base es la cantidad total del bien 1 que hay para repartir, y su altura la del bien 2. El origen habitual del plano euclidiano es el origen para la persona A, O_A. Un punto en la caja, cuando es leído desde el origen de A, representa cuántas unidades de cada bien se le entrega a A. En el extremo opuesto (es decir, en el vértice superior derecho del rectángulo) se ubica el origen para B, O_B; mirado desde ese ángulo, un punto en la caja representa cuántas unidades de cada bien recibe B; esa canasta es mayor mientras más se aleje del origen de B. Si todo lo que existe se

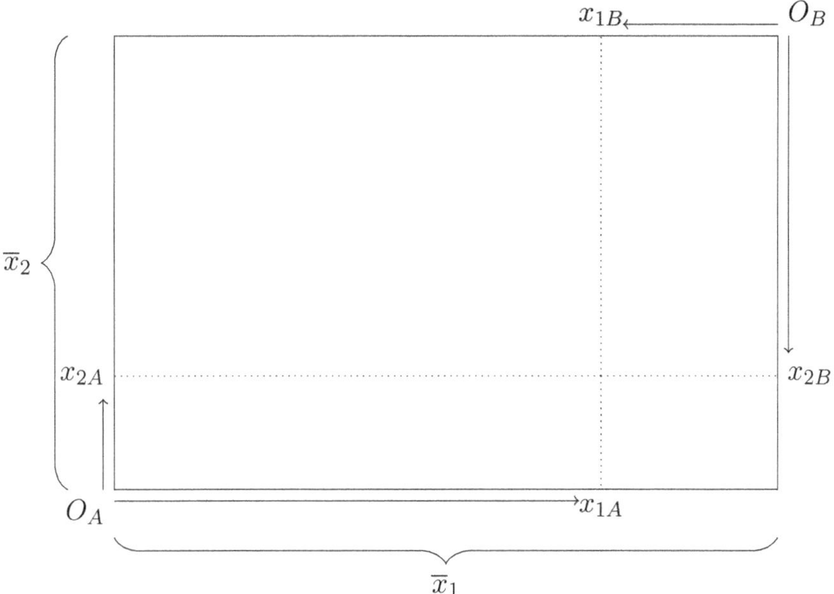

Figura 9.4 Caja de Edgeworth

Las dimensiones de la caja están dadas por la disponibilidad de bienes: la base es el número de unidades del bien 1, $\overline{x}_1$, y la altura el número de unidades del bien 2, $\overline{x}_2$. O_A es el origen para la persona A, vale decir, el punto en que recibe 0 de cada bien. La cantidad que reciba del bien 1 se mide en el eje horizontal, y del bien 2 en el vertical. Por su parte, O_B es el origen para la persona B; la cantidad que reciba del bien 1 se mide en la línea horizontal superior, y la cantidad del bien 2 en la vertical de la derecha, en que se aumenta hacia la izquierda y hacia abajo, respectivamente. Si todas las unidades de ambos bienes son asignadas a alguien, entonces la asignación se representa como un punto en la caja. Si no todas las unidades son asignadas, entonces se requiere un punto para indicar la canasta que A recibe, y otro para la de B.

distribuye completamente entre las personas A y B, entonces un punto en la caja señala simultáneamente lo que reciben A y B, donde la primera canasta se lee desde el vértice inferior izquierdo, y el segundo desde el vértice superior derecho. Esto se representa en la figura 9.4.

El problema de encontrar las distribuciones eficientes se puede plantear de la siguiente forma:

Problema (de Pareto).

$$\max_{x_{1A},x_{2A},x_{1B},x_{2B}} u_B(x_{1B}, x_{2B}) \tag{9.3}$$

$$\text{sujeto a } \quad u_A(x_{1A}, x_{2A}) \geq u_A$$

$$x_{1A} + x_{1B} \leq \overline{x}_1$$

$$x_{2A} + x_{2B} \leq \overline{x}_2$$

$$x_{1A}, x_{2A}, x_{1B}, x_{2B} \geq 0.$$

$\square$

En efecto, además de las restricciones que indican la disponibilidad de bienes a repartir, fijamos como restricción que el individuo A debe obtener al menos u_A utiles –un nivel arbitrario de utilidad–. El objetivo planteado es entonces obtener la mayor utilidad posible para B, pero manteniendo a A al menos en u_A. Siendo u_A un parámetro, de este problema obtenemos en realidad la ecuación de la frontera $u_B = f(u_A)$: para cada nivel posible de u_A, sabemos cuál es la máxima utilidad que se le puede dar a B.

Para resolver el problema de Pareto con el método KKT, planteamos el lagrangeano

$$\mathcal{L} = u_B(x_{1B}, x_{2B}) + \lambda(u_A(x_{1A}, x_{2A}) - u_A)$$
$$+ \gamma_1(\overline{x}_1 - x_{1A} - x_{1B}) + \gamma_2(\overline{x}_2 - x_{2A} - x_{2B}). \tag{9.4}$$

En el caso en que ambas funciones de utilidad son crecientes, cuasicóncavas y diferenciables, tenemos que tanto las restricciones de utilidad mínima para A como las de recursos se satisfacen sin holgura y, por tanto, sus multiplicadores λ, γ_1 y γ_2, son positivos. Combinando las respectivas condiciones de primer orden obtenemos la condición

$$\frac{\partial u_A/\partial x_{1A}}{\partial u_A/\partial x_{2A}} = \frac{\partial u_B/\partial x_{1B}}{\partial u_B/\partial x_{2B}}. \tag{9.5}$$

La ecuación (9.5) es una condición de tangencia entre las curvas de indiferencia de A y de B. Pide, en efecto, que la disposición a pagar por una unidad más del bien 1 sea igual entre ambas personas. Esto, porque si por ejemplo A estuviese dispuesta a pagar más que B, entonces habría

236

una mejora paretiana: que B le transfiera una unidad del bien 1 a A, y que A le transfiera a B el número de unidades del bien 2 que corresponda a su disposición a pagar. Con tal transacción, A queda igual que antes porque paga exactamente su disposición a pagar, mientras que B queda mejor porque recibe más que la suya.

El conjunto de todas las asignaciones eficientes se llama conjunto de Pareto:

Definición 21. *El **conjunto de Pareto** o **curva de contrato** es el conjunto de todas la asignaciones factibles que son óptimas en el sentido de Pareto.*

Entonces, si las funciones de utilidad son crecientes, cuasicóncavas y diferenciables, este conjunto es el lugar geométrico de todos los puntos de tangencia entre curvas de indiferencia en las soluciones interiores, como se ilustra con la línea gruesa en la figura 9.5.

Son las asignaciones eficientes las que definen la **frontera** del conjunto de distribuciones de utilidad alcanzables $\mathcal{B}$. Observe que resolviendo el problema de Pareto bajo el método KKT, obtenemos, por el teorema de la envolvente, que el multiplicador de la restricción de utilidad mínima para A es la pendiente de esta frontera en valor absoluto:

$$\frac{\mathrm{d}u_B}{\mathrm{d}u_A} = -\lambda.$$

Así, una asignación que deja a A con una mayor utilidad necesariamente deja a B con una utilidad más baja en la frontera. En efecto, si partiendo del punto a fuera posible aumentar la utilidad de A y B, a no estaría en la frontera.

Ejemplo 10 (Distribución eficiente). Suponga que una sociedad de dos personas ($i \in \{A, B\}$) dispone de 2 unidades del bien 1, y 2 del bien 2. Ambos bienes son privados (o rivales en el consumo) y perfectamente divisibles. Las funciones de utilidad de los individuos están dadas por:

$$u_A(x_{1A}, x_{2A}) = x_{1A}^{1/4} x_{2A}^{1/4}, \text{ y}$$
$$u_B(x_{1B}, x_{2B}) = x_{1B}^{1/4} x_{2B}^{1/4}.$$

Las distribuciones factibles de la canasta total satisfacen $x_{1A} + x_{1B} \leq 2$ y $x_{2A} + x_{2B} \leq 2$. Asociada a cada distribución de bienes $(x_{1A}, x_{2A}, x_{1B}, x_{2B})$

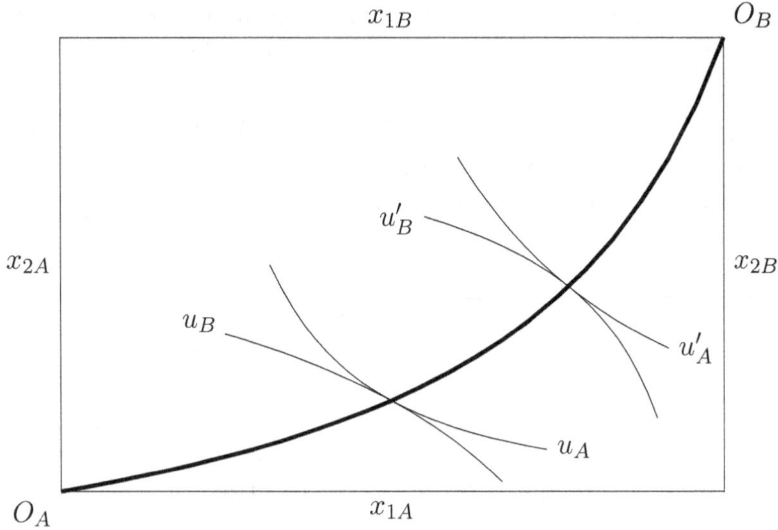

Figura 9.5 Curva de contrato

existe una distribución de bienestar (u_A, u_B). Aplicando el método de KKT, obtenemos la ecuación de la curva de contrato:

$$x_{2A} = x_{1A},$$

vale decir, la diagonal de la caja. Esto ocurre en este ejemplo porque los individuos tienen preferencias idénticas y homotéticas, pero no es una propiedad general de la curva de contrato. Evaluando en las asignaciones eficientes, obtenemos la frontera del conjunto de distribuciones de bienestar alcanzables

$$u_B = \sqrt{2 - u_A{}^2},$$

como se ilustra en la figura 9.6. Observe que en este ejemplo, ambos individuos valoran el consumo de ambos bienes. Existen innumerables distribuciones posibles de bienes, cada una con una consecuencia distinta sobre la distribución de bienestar. Por ejemplo, darle 0 utiles a ambos es factible (basta con no darle nada a nadie) pero no es eficiente: cualquier alternativa en que se entregue algo a alguien deja a quien reciba, mejor, y a nadie peor. Por otra parte, entregarle todo a una persona sí es eficiente: no existe manera de mejorar su bienestar porque no hay más para darle. Darle la mitad a cada uno también es eficiente, porque las preferencias son idénticas; esta distribución de bienestar corresponde al punto m en

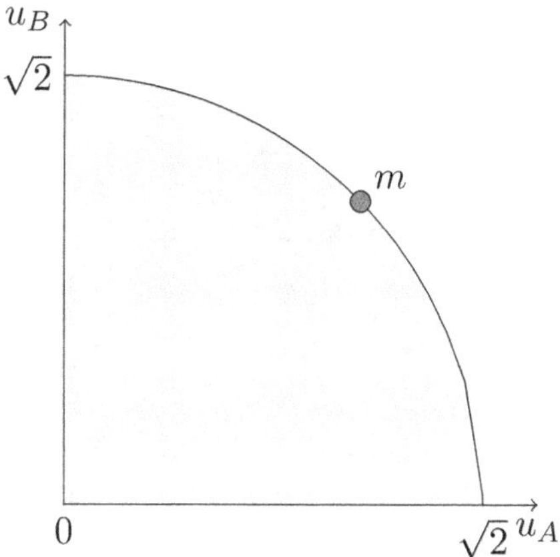

Figura 9.6 Distribuciones de utilidad alcanzables
en el ejemplo 10

la figura 9.6. El conjunto de perfiles de bienestar alcanzables entonces está definido por el sistema $u_B \leq \sqrt{2 - u_A^2}$ y $u_A \in [0, \sqrt{2}]$. $\square$

Ejercicio 19. Considere una economía compuesta por dos consumidores, A y B, con preferencias representadas por: $u_A = x_{1A}^{\alpha} x_{2A}^{1-\alpha}$ y $u_B = x_{1B}^{\beta} x_{2B}^{1-\beta}$. Derive la curva de contrato, expresándola como una función de la forma $x_{2A} = g(x_{1A})$. Muestre que la curva de contrato tiene la forma descrita en la figura 9.5 si $\alpha > \beta$. $\square$

9.4. Relación entre Bentham, Rawls y Pareto

Las funciones de utilidad social descritas en las ecuaciones 9.1 y 9.2 (que representan propuestas de Bentham y Rawls respectivamente) se pueden expresar en función de la distribución de utilidad entre individuos. Esto es, es posible definir $U_B : \mathcal{B} \to \mathbb{R}$ y $U_R : \mathcal{B} \to \mathbb{R}$ como $U_B(u_1, ..., u_n) = \sum_{i=1}^{n} u_i$ y $U_R(u_1, ..., u_n) = \mathrm{mín}\{u_1, ..., u_n\}$ respectivamente.

La frontera del conjunto $\mathcal{B}$ tiene pendiente negativa. Es claro entonces que al maximizar U_B o U_R se obtendría un punto sobre la frontera. En otras palabras, tanto el criterio utilitarista como el de Rawls seleccionan óptimos paretianos, puesto que la frontera está formada a partir de las asignaciones factibles que son óptimas en el sentido de Pareto. En este

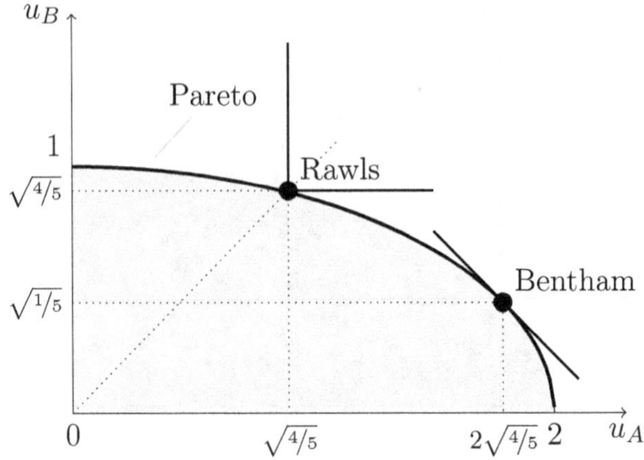

Figura 9.7 Relación entre óptimos de Pareto, Bentham y Rawls

Los datos son los del ejemplo 8.c: una torta de tamaño 1 se divide entre las personas A y B, cada una obteniendo una porción x_A y x_B, respectivamente. Las funciones de utilidad son $u_A = 2\sqrt{x_A}$ y $u_B = \sqrt{x_B}$. Todas las reparticiones completas (es decir, tales que $x_A + x_B = 1$) son óptimas en el sentido de Pareto, correspondiendo a la frontera del conjunto de posibilidades de utilidad. Rawls prefiere $(x_A, x_B) = (^1/_5, ^4/_5)$ porque conduce a una distribución igualitaria de utilidad: $(u_A, u_B) = (2\sqrt{^1/_5}, \sqrt{^4/_5})$. Bentham prefiere $(x_A, x_B) = (^4/_5, ^1/_5)$ porque conduce a la distribución de utilidad $(u_A, u_B) = (2\sqrt{^4/_5}, \sqrt{^1/_5})$ que maximiza la suma de utilidades.

Figura 9.8 Relación entre óptimos según cada criterio

sentido, ambos criterios coinciden con Pareto en que no se deben desperdiciar recursos. Pareto, sin embargo, no se pronuncia entre óptimos paretianos: todos son eficientes, pero Pareto no puede decir si uno es "mejor" que otro. En otras palabras, si una decisión colectiva es óptima para Bentahm o para Rawls, sabemos que también es óptima en el sentido de Pareto. Pero no cualquier óptimo paretiano es una decisión colectiva óptima para Bentahm o para Rawls. Entre todas las asignaciones en la frontera, la que maximiza U_B es aquella en que se maximiza la suma de utilidades de los distintos individuos, mientras que la que maximiza U_R es aquella que maximiza la utilidad del individuo más desventajado. Este es el sentido de la figura 9.8. La figura 9.7 ilustra estos conceptos en el contexto del ejemplo 8.c.

240

9.5. Kaldor y el excedente total

Los criterios de Bentham y de Rawls ofrecen una respuesta a la pregunta de qué es mejor para la sociedad, pero lo hacen recurriendo a una noción cardinal de utilidad. El criterio de Pareto, en cambio, usa una noción ordinal de utilidad, pero con frecuencia se manifiesta incapaz de pronunciarse en la comparación de dos alternativas. El criterio de Kaldor quiere avanzar sobre el de Pareto, ganando comparabilidad en decisiones en que Pareto es silente, pero manteniendo una noción ordinal de utilidad.

La sugerencia de Kaldor es preguntarse qué decisiones resultarían del criterio de Pareto si la situación bajo análisis se pudiera complementar con un sistema de transferencias que permitiera indirectamente que los ganadores compensen a los perdedores. Si t_i es la transferencia que recibe la persona i (donde $t_i > 0$ significa que recibe \$$t_i$, y $t_i < 0$ significa que aporta esa cifra) y $u_i(x, t_i)$ la utilidad de i si se implementa la alternativa x, entonces:

Definición 22 (Mejora kaldoriana). *La decisión colectiva x' es una **mejora en el sentido de Kaldor de** x si existe un sistema de transferencias $(t_1, ..., t_n)$ tal que:*

$$\forall i \in I : u_i(x', t_i) \geq u_i(x, 0)$$
$$\exists i \in I : u_i(x', t_i) > u_i(x, 0), \; y$$
$$\sum_{i=1}^{n} t_i \leq 0.$$

La idea intuitiva es que la sociedad gana tomando una medida si su beneficio es mayor que su costo. Por ejemplo, si un tratado de libre comercio beneficia a todos los consumidores y perjudica a los agricultores de una determinada región, el criterio de Pareto no entrega una respuesta sobre la conveniencia de suscribirlo porque hay perdedores además de ganadores, mientras que el de Kaldor lo recomienda si y sólo si la ganancia de los consumidores es mayor que la pérdida de los agricultores de esa región. Sabremos que las ganancias superan a las pérdidas cuando quienes ganan sean capaces de compensar a quienes pierden. Así, es crucial en la definición pedir que el sistema sea autofinanciado, vale decir, cualquier compensación que reciba un individuo debe venir de un aporte hecho por otra persona. De esta manera, la pregunta última es si los que ganan al pasar de x a x', ganan más de lo que pierden quienes pierden.

Es claro que si el sistema de transferencias existiese y no absorbiera recursos, el criterio de Kaldor sería igual al de Pareto, toda vez que el sistema de transferencias sería parte de la definición del conjunto de alternativas factibles.

Pero Kaldor va más allá. El salto conceptual respecto de Pareto ocurre cuando se usa la posibilidad *hipotética* de la compensación para fundamentar una decisión. En este sentido, el criterio de Kaldor busca extender la preferencia incompleta de Pareto, transigiendo donde Pareto no estuvo dispuesto a comparar.

Ejemplo 11 (División de la torta con transferencias). Retomemos las condiciones del ejemplo 8, pero incorporando un segundo bien que ambos valoran. Sean

$$u_A(x_{1A}, x_{2A}) = \frac{3}{2}\ln(1 + x_{1A}) + x_{2A} \text{ y}$$
$$u_B(x_{1B}, x_{2B}) = \ln(1 + x_{1B}) + x_{2B}$$

las funciones de utilidad, donde el bien 1 es la torta y el bien 2 es dinero (el numerario, de manera que $p_2 = 1$). Sea m_i es el ingreso de i, donde se asume que m_i es suficientemente grande como para que la utilidad marginal del ingreso sea unitaria.[3] Entonces, las disposiciones a pagar por x_{1i} unidades del bien 1 son

$$T_A(x_{1A}) = \frac{3}{2}\ln(1 + x_{1A}) \quad \text{y} \quad T_B(x_{1B}) = \ln(1 + x_{1B}),$$

respectivamente. Vemos que si el problema fuera el de decidir a quién entregar la torta completa, sería el individuo A quien debería recibirla puesto que está dispuesto a pagar más que el B por ella ($(3/2)\ln 2 > \ln 2$). Por otro lado, si la torta fuera perfectamente divisible, si cada miga se la quisiéramos entregar a quien más la valorara (en el sentido de disposición a pagar), lo que querríamos de hecho sería maximizar la suma de las disposiciones a pagar, obteniendo

$$x^*_{1A} = \frac{4}{5} \quad \text{y} \quad x^*_{1B} = \frac{1}{5}.$$

$\square$

Aún si se aceptara la equivalencia normativa entre una compensación efectiva y una hipotética, el criterio de Kaldor adolesce de una dificultad importante, derivada del hecho que, como veíamos en el capítulo 3,

---

[3] Para recordar lo que esto significa, vea la sección 3.5.a del capítulo 3.

las disposiciones a pagar y a aceptar no se pueden definir en general al margen de la distribución del ingreso. En efecto, como regla general, las disposiciones a pagar y a aceptar dependen de la situación puntual del individuo (su ingreso real o utilidad), pudiendo también ser afectadas por la propia decisión que se evalúa, dando origen a reversiones o ambigüedades. Como veremos prontamente, puede ser que un individuo esté dispuesto a pagar más por obtener un objeto si y sólo si ese objeto le es entregado; vale decir, que cualquier asignación sea óptima en el sentido de que quien reciba el objeto sea quien está dispuesto a pagar más por él. En efecto, solamente en el caso de la función de utilidad cuasilineal la disposición a pagar es la misma para distintos niveles de ingreso, y solamente para los bienes que entren no linealmente en la utilidad. Por ejemplo, si $u(x_1, x_2) = \phi(x_1) + x_2$, entonces la disposición a pagar por el bien 1 es independiente del ingreso, pero la disposición a pagar por el 2 sí depende de él.

En efecto, la disposición a pagar depende del ingreso toda vez que el bien no sea neutro. Como la agregación de Engel nos dice que el promedio ponderado de las elasticidades ingreso debe ser 1, la elasticidad nula es la excepción, no la regla. Esto es un problema si la disposición a pagar se quiere asimilar al valor social de los bienes, porque significa que ese valor social no es inmutable. Esto implica que en ciertas aplicaciones el criterio de Kaldor puede entregar respuestas ambiguas y contradictorias.

Ejemplo 12 (División con efecto ingreso). Retomemos el ejemplo anterior, pero ahora consideremos el caso en que es la torta el bien que entra linealmente en la función de utilidad del individuo A:

$$u_A(x_{1A}, x_{2A}) = x_{1A} + \frac{3}{2}\ln(1 + x_{2A}), \text{y}$$
$$u_B(x_{1B}, x_{2B}) = \ln(1 + x_{1B}) + x_{2B}$$

Veíamos que la disposición a pagar del individuo B por la torta completa era $T_B(1) = \ln 2 \approx 0,69$. El individuo A, por su parte, tiene ahora una disposición a pagar que depende de su ingreso:

$$T_A(1) = (1 + m_A)\left(1 - \frac{1}{e^{2/3}}\right) \approx 0,49(1 + m_A).$$

Frente a la pregunta de a quién entregarle la torta completa, la respuesta sería a la persona A si su ingreso fuera mayor que $0,42$, y a la persona B en caso contrario, poniéndonos en la incómoda situación de tener que pronunciarnos sobre qué distribución del ingreso queremos antes de saber a quién darle la torta. De hecho, la situación es aún peor: supongamos que el ingreso de la persona A es $0,4$, menor que $0,42$, pero que le entregamos a ella de todos modos la torta, pese a que debiéramos habérsela entregado a la B por tener ella una mayor valoración. Si ahora le preguntáramos a la persona A en cuánto habría que compensarla por quitarle la torta, nos respondería $2,72$, mucho más que los $0,69$ de la valoración de B. En otras palabras: si A no tiene la torta, entonces deberíamos entregársela a B porque ella la valora más, pero si A la tiene, entonces él debería quedársela porque él la valora más. $\qquad\square$

El ejemplo 12 ilustra las ambigüedades y paradojas a las que el criterio de Kaldor nos lleva cuando la disposición a pagar depende del ingreso. En ese contexto, identificar la disposición a pagar de un individuo con el valor social del bien de alguna manera significa darle un estatus especial a la distribución del ingreso existente: no solamente sería la distribución que hay, sino también sería la que *debería haber*. De lo contrario, la disposición a pagar no sería relevante para determinar el "valor social" de las alternativas. Pero hay un caso particular en que el criterio de Kaldor se comporta bien: el del mundo cuasilineal.

9.6. Bienestar en el mundo cuasilineal

En el capítulo 2, subsección 2.3.d, discutimos la función de utilidad cuasilineal, o de métrica monetaria, en el contexto de la teoría del consumidor. En esa oportunidad vimos que una particularidad de esta función es que genera demandas sin efecto ingreso en todos los bienes salvo el numerario.[4] A su vez, vimos en el capítulo 3 que la ausencia de efecto ingreso en un bien permite definir *la* disposición a pagar por él, vale decir, la disposición a pagar es independiente de las circunstancias en que el individuo se encuentre.[5] En general esto no es así: cuánto está dispuesta a pagar una persona por un bien depende de qué ingreso tenga. El efecto

---

[4] Recuerde que, por la agregación de Engel, el promedio ponderado de las elasticidades ingreso de las demandas debe ser 1, por lo que no existe una función de utilidad creciente tal que *todas* sus demandas tengan efecto ingreso nulo. Dicho de otra forma, no todos los bienes pueden ser neutros para un consumidor.

[5] La ausencia de efecto ingreso también hace que las demandas marshalliana y hicksiana coincidan, razón por la que la disposición a pagar por un bien está bien medida por la integral de su demanda, y todas las medidas de bienestar discutidas (variación equivalente, variación compensatoria y excedentes) coinciden.

ingreso, como vimos en la sección pasada, hace que la disposición a pagar sea un instrumento con problemas cuando la decisión que se evalúa tiene consecuencias distributivas.

9.6.a. Frontera del conjunto de distribuciones de utilidad alcanzables

En el mundo cuasilineal, es decir, cuando todos los individuos involucrados en la decisión tienen funciones de utilidad cuasilineal y comparten el mismo numerario, existe siempre una manera de transferir un util de una persona a otra: se le transfiere una unidad del numerario. Esto significa que la frontera del conjunto de posibilidades de utilidad es lineal. En otros contextos, a esta propiedad se le conoce como de **utilidad transferible**. La transferibilidad de la utilidad se alcanza porque el concepto de utilidad es cardinal, y porque la utilidad de todos está medida en la misma unidad: dinero.

En efecto, al resolver el problema de Pareto cuando la utilidad de los individuos es de la forma

$$u_A(x_{1A}, x_{2A}) = \phi_A(x_{1A}) + x_{2A} \text{ y}$$
$$u_B(x_{1B}, x_{2B}) = \phi_B(x_{1B}) + x_{2B},$$

la condición de optimalidad (9.5) queda

$$\phi'_A(x_{1A}) = \phi'_B(x_{1B}),$$

con $x_{1A} + x_{1B} = \overline{x}_1$. Cuando las funciones de utilidad marginal del consumo del bien 2 son decrecientes, existe una única asignación de este bien que satisface esta ecuación, digamos (x^*_{1A}, x^*_{1B}). Vale decir, todo óptimo paretiano interior[6] considera esta misma distribución del bien 1. Los valores de x^*_{1A} y x^*_{1B} dependen de la dotación total del bien 1, $\overline{x}_1$. Esto significa que la frontera del conjunto de posibilidades de utilidad asociada a la solución interior es lineal, dada por:

$$u_B = \phi_A(x^*_{1A}) + \phi_B(x^*_{1B}) + \overline{x}_2 - u_A$$

---

[6] Las condiciones de KKT en realidad definen tres tipos de solución: la interior, en que las cantidades de ambos bienes son estrictamente positivas para ambos consumidores, y las de bordes, en que la restricción de no-negatividad del bien 2 se activan, una para cada consumidor. Revise el ejemplo 13 para ver los detalles.

Luego, la máxima suma de utilidades obtenible depende de la distribución del bien 1 (x_{1A}^* y x_{1B}^*) y de la disponibilidad de ambos bienes ($\overline{x}_1$ y $\overline{x}_2$), pero no depende de la distribución del bien 2 (numerario). Se sigue que en este tramo, la distribución de utilidad entre las personas A y B se puede escoger de manera libre, sin afectar la utilidad total, redistribuyendo el numerario.

Ejemplo 13 (División en el mundo cuasilineal). Reconsideremos el problema del ejemplo 8.c, de la distribución de una torta de tamaño 1, entre los individuos A y B, pero ahora con un segundo bien (por ejemplo, dinero) del que hay 2 unidades, y con funciones de utilidad cuasilineales, con numerario común. Específicamente, suponga que las funciones de utilidad de los individuos A y B sobre sus canastas de consumo de los bienes 1 (torta) y 2 (dinero) son:

$$u_A(x_{1A}, x_{2A}) = 2\sqrt{x_{1A}} + x_{2A}, \text{ y}$$
$$u_B(x_{1B}, x_{2B}) = \sqrt{x_{1B}} + x_{2B},$$

siendo el 2 el numerario. La curva de contrato se grafica en la figura 9.9. Ésta consta de tres segmentos: partiendo desde O_A, el primero es horizontal. Si A no tiene nada, lo eficiente para darle su primera cantidad infinitesimal de utilidad es darle del bien 1, porque su utilidad marginal es mucho mayor que la de B. Cuando A consume $4/5$ y B $1/5$ del bien 1, las utilidades marginales del consumo del bien 1 de A y B se equiparan, por lo que el segundo segmento es vertical. En este segmento, A obtienen una utilidad en el intervalo $[4/\sqrt{5}, 2 + 4/\sqrt{5}]$, y la suma de las utilidades de ambos es constante, de $2 + \sqrt{5}$. Pasado ese umbral, ahora que A tiene todo lo que existe del bien 2, la única forma de mejorar el bienestar de A es quitándole a B de lo que tenga del bien 1, que ahora él valora más en el margen que A. Se sigue entonces que la frontera del conjunto de posibilidades de utilidad tiene tres segmentos, a saber:

$$u_B = \begin{cases} \sqrt{1 - \frac{1}{4}(u_A - 2)^2} & \text{si } u_A \in (2 + 4/\sqrt{5}, 4] \\ 2 + \sqrt{5} - u_A & \text{si } u_A \in (4/\sqrt{5}, 2 + 4/\sqrt{5}] \\ 2 + \sqrt{1 - \frac{1}{4}u_A^2} & \text{si } u_A \in [0, 4/\sqrt{5}] \end{cases}$$

Por su parte, la suma de sus utilidades es

$$u_A + u_B = 2\sqrt{x_{1A}} + \sqrt{x_{1B}} + x_{2A} + x_{2B}.$$

En esta expresión, la distribución que se le dé a la cantidad de que se dispone del bien 2 no afecta a la suma de las utilidades; por el contrario,

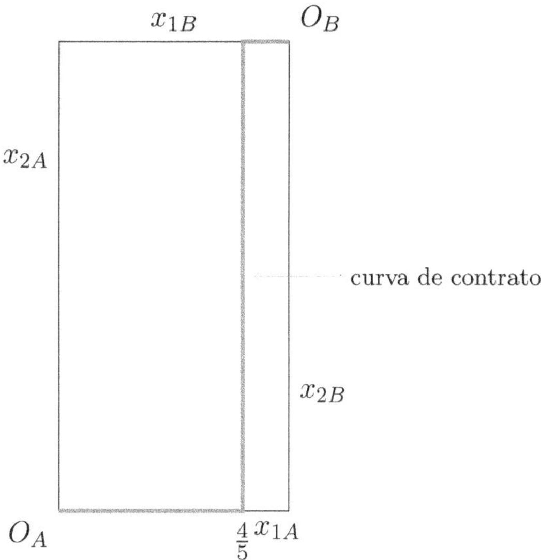

Figura 9.9 Curva de contrato en el mundo cuasilineal
Los datos son los del ejemplo 13. Si los consumidores pudieran recibir cantidades negativas del bien 2, entonces la cantidad del bien 1 sería la misma en todas las asignaciones eficientes. Si no, como en este gráfico, para que A reciba una utilidad menor que $4/\sqrt{5}$ se le debe dar menos que $4/5$ del bien 1. Similarmente, para que B reciba una utilidad menor que $1/\sqrt{5}$ se le debe dar menos que $1/5$ del bien 1.

hay una sola distribución del bien 1 que maximiza la suma de las utilidades, a saber, $x_{1A} = 4/5$ y $x_{1B} = 1/5$, obteniéndose la ecuación de la frontera del conjunto de posibilidades de utilidad asociada a la solución interior de KKT:

$$u_B = 2 + \sqrt{5} - u_A.$$

Esto se ilustra en la figura 9.10. $\quad\square$

Observe, entonces, que en este mundo cuasilineal, la elección de la distribución del bien que no es el numerario y la distribución de bienestar que finalmente se alcance son decisiones independientes. El criterio de eficiencia nos pide escoger la distribución del bien 2 que maximiza la utilidad total, vale decir, que nos lleva a la frontera de posibilidades de utilidad.

Más aún, el criterio de eficiencia paretiana es equivalente al criterio utilitarista, porque en las asignaciones eficientes se maximiza la suma de

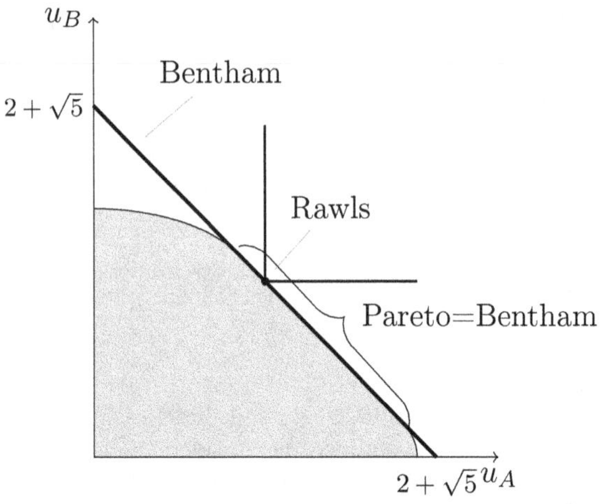

Figura 9.10   Relación entre óptimos de Pareto, Bentham y Rawls en el mundo cuasilineal

Los datos son los del ejemplo 13. La máxima suma de utilidades se alcanza dividiendo la torta según $(x_{1A}, x_{1B}) = (^4/_5, ^1/_5)$, lo que entrega $4\sqrt{^1/_5}$ y $\sqrt{^1/_5}$ utiles a A y a B, respectivamente, o $\sqrt{5}$ en total. Habiendo 2 unidades del bien 2, la máxima utilidad total es de $2 + \sqrt{5}$. Rawls prefiere la distribución igualitaria $(u_A, u_B) = ((2+\sqrt{5})/2, (2+\sqrt{5})/2)$. En cambio, Bentham está indiferente entre todos los óptimos paretianos del segmento lineal de la frontera. $\square$

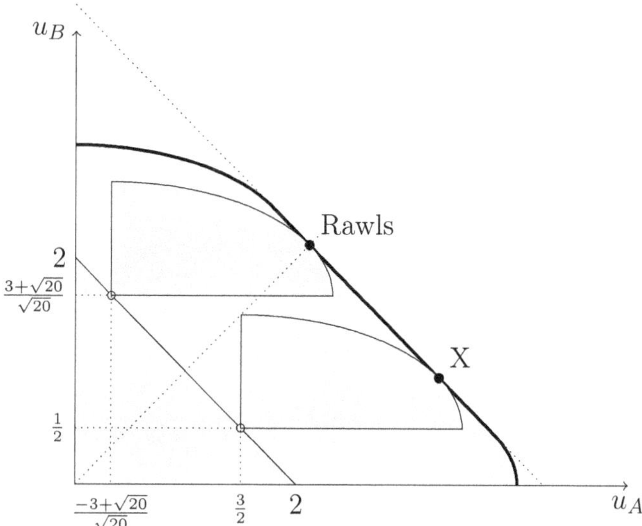

Figura 9.11   La utilidad es transferible en el mundo cuasilineal

Los datos son los del ejemplo 13. Cada punto del segmento lineal de la frontera de posibilidades de utilidad se obtiene con la misma división de la torta (a saber, $(x_{1A}, x_{1B}) = (4/5, 1/5)$, lo que entrega $4\sqrt{1/5}$ y $\sqrt{1/5}$ utiles a A y a B, respectivamente, ó $\sqrt{5}$ en total) y con divisiones alternativas del dinero. Rawls, por ejemplo, prefiere la distribución de utilidad $(u_A, u_B) = ((2+\sqrt{5})/2, (2+\sqrt{5})/2)$. Para alcanzarla, se divide el bien 2 según $(x_{2A}, x_{2B}) = ((-3+\sqrt{20})/\sqrt{20}, (3+\sqrt{20})/\sqrt{20})$, compensando exactamente la desigualdad en la división de la torta. Los otros puntos de la frontera de posibilidades de utilidad se obtienen dividiendo de todas las maneras posibles el bien 2. Por ejemplo, el punto X se consigue con la misma división de la torta, y con la siguiente distribución de dinero: $(x_{2A}, x_{2B}) = (3/2, 1/2)$. Los segmentos no lineales corresponden a situaciones en que todo el dinero disponible ya está en manos del consumidor más favorecido, por lo que las transferencias de utilidad se consiguen redistribuyendo solamente el bien 1, cuya utilidad marginal es decreciente.

Nota: el dibujo supone que no es posible entregar cantidades negativas del bien 2; si esto fuera posible, entonces la frontera sería lineal de eje a eje, según lo indica la línea punteada. □

Figura 9.12 Relación entre óptimos según cada criterio en el mundo cuasilineal

las utilidades. Por otro lado, como Rawls también prefiere una asignación eficiente, Rawls, Bentham y Pareto están de acuerdo al escoger la distribución del bien 1. Respecto del bien 2, Rawls tiene en mente una distribución específica, que Bentham no objeta por estar indiferente entre todas las eficientes. La figura 9.12 resume esta relación, válida únicamente en el mundo cuasilineal.

En resumen, en un mundo cuasilineal de dos bienes, la asignación óptima desde el punto de vista social del bien neutro (que no es el numerario) es la misma bajo cualquiera de los criterios, y es la cantidad que permite alcanzar la frontera del conjunto de distribuciones de utilidad posibles. En cambio, la asignación óptima del otro bien (numerario) no está definida para Pareto, Bentham o Kaldor, pero sí para Rawls.

9.6.b. Los triángulos de Harberger

Este mundo cuasilineal es el que fundamenta el conocido análisis de bienestar de equilibrio parcial, basado en excedentes, que postula Arnold Harberger, y que forma parte del contenido de todo curso introductorio a la disciplina. Recordemos el contexto: tenemos el mercado perfectamente competitivo de un bien, en que los deseos de los participantes están definidos por sus curvas de demanda marshalliana $\{x_i(p)\}$ y de oferta $\{q_j(p)\}$. Si para todos los consumidores el bien en cuestión es neutro (es decir, si tienen funciones de utilidad cuasilineal con un numerario común distinto al del bien en cuestión), entonces:

- la demanda de cada consumidor es a la vez su demanda marshalliana y su demanda hicksiana porque el bien es neutro, y es también la utilidad marginal del consumo del bien (véase la sección 3.5.a del capítulo 3).

- la disposición a pagar de cada consumidor es la integral de su curva de demanda (ibíd.);

- el excedente del consumidor mide exactamente en cuánto habría que compensarlo si se le negara el acceso al bien (ibíd.); finalmente,

- el excedente de los productores entra en el lugar del numerario en su función de utilidad, también cuasilineal.

De acuerdo con este análisis, la cantidad óptima de este bien desde el punto de vista social es única. El hecho de que la demanda no dependa ni del nivel ni de de la distribución del ingreso permite pensar en ella como "el valor social" del bien, a saber, la disposición a pagar que la sociedad completa tiene por el bien. De la misma forma, el costo marginal de producción representa el sacrificio monetario en que la sociedad debe incurrir para obtener una unidad más del bien. El excedente total mide, entonces, el aumento de la utilidad total que se consigue al producir la cantidad que se produce del bien. Ese excedente es máximo cuando su costo marginal de producción se iguala a la utilidad marginal de su consumo. En efecto, de producirse una cantidad menor habría consumidores que podrían ofrecerle a algunos productores una compensación a cambio de mayor producción, y en que la compensación sería tal que dejaría a productores y consumidores mejor. Similarmente, de producirse una cantidad mayor, los productores podrían devolver parte de los ingresos por venta a los consumidores, dejándolos indiferentes, y disminuir la producción para aumentar sus ganancias. Por otra parte, como la utilidad marginal es la función de demanda, y el costo marginal la función de oferta, en el equilibrio walrasiano del mercado se produce exactamente esa misma cantidad. En otras palabras, para cualquier cantidad distinta a la del equilibrio walrasiano existe una mejora paretiana. Más aún, en *todo* óptimo paretiano se produce la misma cantidad del bien. Esto, porque como vimos en la sección anterior, en el mundo cuasilineal maximizar la suma de las utilidades es lo mismo que maximizar el excedente total. Estos argumentos se revisan en detalle en la sección 12.1.

9.6.c. Resumen

En suma, vemos que el mundo cuasilineal es muy especial. En él:

- Existe una noción cardinal de utilidad, cuya unidad de medida es el dinero.

- La utilidad es transferible, vale decir, es posible quitarle utiles a un individuo y entregárselos a otro, sin pérdida, a una tasa constante, uno a uno; por ello,

- El problema de la eficiencia y el problema distributivo son separables; es posible pensar que el problema de decisión colectiva se resuelva en dos partes: la primera parte, la "técnica", sería la que se refiere a la eficiencia; la segunda, la "política", sería la pregunta distributiva. La actitud general del economista durante el último siglo ha sido entender su rol en la sociedad como el de resolver la pregunta técnica, de señalar cuál es la opción eficiente, y de dejar al mundo político la de resolver cuál distribución de bienestar alcanzar. En efecto, en la arena política se enfrentarán los criterios de Rawls y de Bentham, las diferentes concepciones de la justicia social o del bien común, para escoger una determinada distribución de bienestar, pero idealmente siempre dentro del conjunto de alternativas eficientes identificadas por los economistas.

- El criterio de Kaldor está bien definido, toda vez que la disposición a pagar es única, e igual a la integral de la utilidad marginal del consumo –vale decir, la utilidad–.

- Los criterios utilitarista y de Kaldor coinciden: maximizar la suma de las utilidades es lo mismo que maximizar el excedente total verdadero.

- Los criterios utilitarista y de Pareto coinciden, en el siguiente sentido: todo óptimo de Pareto consigue la máxima suma posible de utilidad para la sociedad, y toda decisión colectiva que entregue la máxima suma de utilidades es un óptimo de Pareto.[7]

- Los triángulos de Harberger miden la pérdida de utilidad total, o de excedente total, cuando la decisión tomada es ineficiente.

- Rawls y Bentham no se contraponen, porque hay una división igualitaria de la utilidad dentro de las de máxima suma total de utilidades.

El mundo cuasilineal es, entonces, el mundo en que el análisis de bienestar es más simple y coherente: aunque las personas tengan ideales distintos para la sociedad, no existe una incompatibilidad fundamental entre sus diferentes objetivos que las ponga en conflicto. Si la sociedad busca la asignación eficiente que sea igualitaria, nadie se opone. A Bentham no le preocupa la desigualdad, pero tampoco le molesta la igualdad; y no se

---

[7] Los criteros no coinciden, en cambio, en el siguiente sentido: mientras Bentham está indiferente entre todos los óptimos de Pareto, Pareto no se pronuncia sobre cuál de ellos es mejor. De hecho, ningún óptimo de Pareto es comparable con ningún otro óptimo de Pareto bajo la preferencia de Pareto: ningún óptimo de Pareto es una mejora paretiana de algún otro.

opone porque la alternativa escogida es una de las que satisfacen el ideal utilitarista.

Fuera de ese mundo, sin embargo, las cosas se vuelven complicadas y conflictivas, y ninguna de estas conclusiones se mantiene: aunque se aceptara una noción de utilidad cardinal, no existe una unidad de cuenta natural común; la utilidad en general no se puede transferir a la misma tasa, por lo que el problema de la eficiencia y el distributivo no son separables; el criterio de Kaldor puede ser ambiguo e incluso contradictorio, y por eso mismo, no coincide con el criterio de Bentham; el criterio de Pareto suele dejar muchas alternativas sobre la mesa; los triángulos de Harberger no miden exactamente la variación del excedente total verdadero, puesto que existen efectos ingreso; y, finalmente, la búsqueda de la equidad típicamente requerirá sacrificios de utilidad total, de manera que rawlsianos y benthamitas se opondrán entre sí.

9.7. Otras consideraciones

Hasta el momento hemos discutido las principales nociones de bienestar social consideradas por la economía, haciendo un contrapunto entre ellas para comprender sus diferencias. No obstante, estas nociones comparten una mirada común sobre ciertos elementos básicos, a saber, son consecuencialistas, bienestaristas y antropocéntricas. ¿Hay algo más allá? Por ejemplo, ¿puede haber un criterio racional que no respete el principio de Pareto?

9.7.a. Más allá del consecuencialismo

Por **consecuencialismo** entendemos la doctrina de que las acciones se deben juzgar por sus resultados, sin importar los caminos que llevaron a esos resultados. En contraste, la **ética del deber** plantea que la sociedad debe hacer "lo correcto" aún cuando eso se obtenga a un costo en bienestar para sus miembros. La teoría de Immanuel Kant, por ejemplo, es que hay ciertas acciones que la sociedad no debe emprender, independientemente de las consecuencias que tengan. En efecto, aun cuando el bienestar de la sociedad esté ligado de alguna forma al de sus miembros, también lo está al respeto de un conjunto de valores, respeto que debiera ser anterior a la búsqueda de la satisfacción de las preferencias. Considérese las discusiones públicas sobre la pena de muerte y sobre la tortura; para muchas personas, la sociedad no debe recurrir a estas acciones porque son inmorales, sin importar si de ellas se esperaría obtener algún bien, como la disuasión del crimen o información útil en el combate del terrorismo. Estas personas quizás aceptarían la maximización de alguna función de utilidad social como criterio de decisión pública, pero ciertamente sujeta a un conjunto de restricciones.

En el mismo tenor, a muchas personas les parece que no es igual llegar a una misma decisión colectiva por unanimidad que por el dictamen de un tirano. El **liberalismo**, por ejemplo, plantea que la libertad es un bien superior que debe defenderse. Esta idea aparece en el primer principio de Rawls –no es casualidad que nuestra exposición del criterio de Rawls se basara exclusivamente en su segundo principio–. John Stuart Mill sostiene que el valor de la libertad proviene en parte de que permite al humano acercarse a lo mejor que puede ser, a realizarse, y que obstruir la libertad de individuo es obstruir su desarrollo. Si bien algunas versiones del liberalismo pueden tener una frontera difusa con algunas versiones del utilitarismo, en tanto el valor de la libertad provendría de su efecto último en el bienestar humano –"no existe la cárcel feliz"–, de todos modos un liberal puro sostendría que la sociedad debe velar por el respeto de la libertad del ser humano, incluso al costo de la insatisfacción de las preferencias. Piénsese, por ejemplo, en la prohibición de poner saleros en las mesas de los restoranes; desde el punto de vista de la salud pública, se justificaría si hubiera una ganancia en la salud de la población. Pero, ¿no tienen acaso los individuos también el derecho a equivocarse? El liberalismo, en general, se opone a todas las formas de paternalismo que surgen de ideas utilitaristas.

9.7.b. Más allá del bienestarismo

Amartya Sen le llama **bienestaristas** a las teorías de bienestar que parten de la base que el bienestar de la sociedad depende del bienestar del conjunto de sus miembros, aceptando el criterio de Pareto (a saber, que la sociedad está mejor si todos sus miembros están mejor), y donde el bienestar de cada individuo se mide por la utilidad que obtenga (nuestro axioma 0).

No obstante, se puede argumentar que en ocasiones es incorrecto moralmente respetar algunas preferencias, aunque sean racionales o coherentes. Por ejemplo, si las personas A y B se envidian, o se desean mutuamente el mal, entonces toda asignación es eficiente –no existe manera de mejorar a una sin empeorar a la otra–. Pero, ¿debiera la envidia ser una variable a respetar cuando se escogen políticas públicas? Similarmente, ¿debiera juzgarse mejor la situación en que el adicto consigue drogas, porque él lo prefiere? Hay algunas preferencias que pueden considerarse equivocadas, no válidas desde la perspectiva del bien común, que la sociedad no debiera intentar satisfacer. Es sin duda un juicio de valor intentar excluir ciertas preferencias, o ciertas actitudes o bienes, de la evaluación social; sin embargo, de la misma manera es un juicio de valor abogar por la satisfacción de la preferencia de toda persona, cualquiera ella sea.

9.7.c. Más allá del axioma 0

En la economía de la conducta se estudia hasta qué punto el *homo sapiens* se equivoca, comete errores. Si lo hace, su conducta no necesariamente promueve su bienestar. Por otro lado, en la teoría evolutiva existe una noción objetiva de bienestar: adaptabilidad, capacidad de sobrevivir, de multiplicarse. La conducta, en cambio, es el resultado de un proceso estocástico de herencia y de mutación, y es la selección natural la que se encarga de que las conductas demasiado dañinas desaparezcan del conjunto de genes presente en la especie. Si bien la población o la especie *tienden* hacia el bienestar del individuo, es su genoma y no su bienestar lo que guía la conducta del individuo.

Sin el axioma 0, deberíamos pensar en dos funciones de utilidad, una **utilidad normativa** y una **utilidad conductual**, donde la primera mediría el bienestar y la segunda caracterizaría el comportamiento (en la medida en que éste se mantenga coherente). Entonces, el análisis de bienestar se debería re-escribir en términos de las funciones de utilidad normativa de los individuos. Por cierto, lo primero en perderse serían los teoremas del bienestar.

9.7.d. Más allá del antropocentrismo

Todos los conceptos de bienestar social acá discutidos son antropocéntricos. En efecto, lo único que toman en cuenta, a lo que le asignan valor, es al bienestar subjetivo del grupo de humanos que sean considerados parte de la sociedad. Todo el resto de lo que existe en la biósfera, a saber el resto de las especies animales y vegetales, se entienden como objetos a ser disfrutados por algún humano. El cuidado del ambiente, o la biodiversidad, tiene valor *en tanto* sea valorado por algunos humanos, y no lo tendría en caso contrario –esto es, su valor es instrumental, no intrínseco–. Los ecologistas superficiales, como han sido llamados, son aquellos que quieren alcanzar la sustentabilidad de la vida en la Tierra porque se preocupan del bienestar de las generaciones futuras de humanos. Esta visión antropocéntrica está enraizada en la cultura occidental, presente al menos desde Aristóteles, así como en la tradición judeo-cristiana. En contraposición, los ecologistas profundos proponen un "igualitarismo biosférico", a saber, que todos los seres vivientes tienen valor en sí mismos, independientemente de su utilidad hacia otros. Cabe acotar que Jeremy Bentham argumentó que la suma total de utilidad debía incorporar *todo* el placer y el dolor, y, por tanto, tomar en cuenta a todos los seres vivos capaces de experimentar placer y dolor. Bentham no era antropocentrista pero tampoco ecologista profundo; quizás, "animalista superior": los seres vivos que no tienen un sistema nervioso central, que no tienen la capacidad de sentir, serían los que solamente tendrían un valor instrumental.

EJERCICIOS

1. (***) Una sociedad de dos personas debe tomar una decisión colectiva, escogiendo un valor para x dentro del intervalo cerrado $X = [0, 15]$. Si gusta, puede pensar en x como un bien público. Por ejemplo, x puede ser el número de hectáreas de parques que se desea construir en una comuna, o el número de horas por día que dos vecinos contratan conjuntamente de patrullaje de una empresa de seguridad. Lo importante es que sólo pueden escoger un valor para x. Todos los beneficios y costos de cada posibilidad para cada individuo están resumidos en sus funciones de utilidad, $u_1(x)$ y $u_2(x)$, respectivamente, según se muestra en el siguiente dibujo:

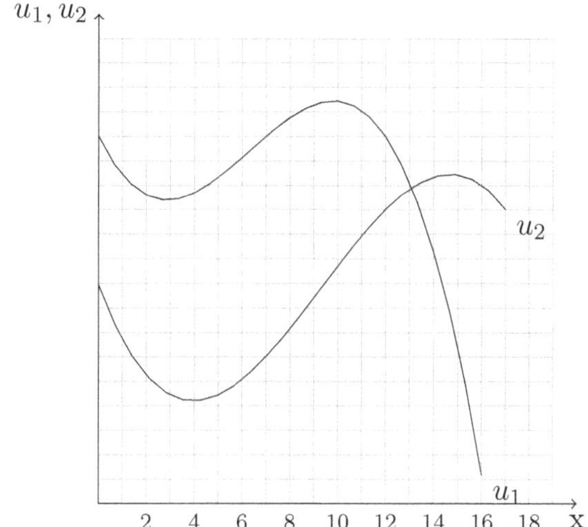

Determine el conjunto de asignaciones eficientes (u óptimas en el sentido de Pareto). Explique claramente su razonamiento.

MERCADOS BAJO COMPETENCIA PERFECTA

Capítulo 10

Equilibrio walrasiano

Este capítulo analiza en detalle la operación de un mercado en condiciones de competencia perfecta. Una economía en competencia perfecta es aquella en la que los esfuerzos de los individuos que la pueblan por conseguir mejores precios para los productos que compran o venden se han desplegado a tal nivel, que es imposible conseguir mejoras adicionales. Esto es, se ha negociado hasta el punto en que todos enfrentan ofertas y demandas infinitamente elásticas: nadie le compraría a un vendedor si cobrara más caro que sus competidores, ni a él le convendría cobrar menos porque no necesita hacerlo para vender toda su producción. Simétricamente, al consumidor le es imposible conseguir un precio menor para los bienes que compra, porque si intenta hacerlo el productor prefiere venderle a terceros. En escenarios como éste, la noción de equilibrio apropiada es la de Walras.

En cursos introductorios se suelen mencionar condiciones para la competencia perfecta, como que el número de individuos sea grande a ambos lados del mercado, que todos los individuos estén informados de lo mismo, etc. En realidad, esas condiciones no son ni necesarias ni suficientes para que la economía produzca un ambiente perfectamente competitivo, aunque sea dable pensar que con ellas sea altamente factible conseguirlo. Lo desafortunado de esta manera de presentar la idea de la competencia perfecta es que su ingrediente fundamental, el esfuerzo desplegado por los individuos para mejorar su situación (o actividad competitiva), aparece relegado a un segundo plano o incluso queda invisible.

En este capítulo desarrollamos la noción de competencia perfecta, siguiendo la modelación de Makowski and Ostroy (2001), y de equilibrio walrasiano como método de representarla. Para ello definimos el equilibrio walrasiano en un mercado en forma aislada primero (equilibrio parcial), y luego considerando a todos los mercados en forma simultánea (equilibrio general). La convergencia al equilibrio y la estabilidad del mismo se discuten a continuación. Posteriormente se analiza el problema de la agregación; esto es, bajo qué condiciones podemos tratar la demanda y la oferta agregadas como el resultado de un problema de maximización de un "agente representativo". Discutimos además nociones generales de bienestar social, que luego aplicamos al estudio del equilibrio walrasiano. El resultado principal, conocido como **primer teorema del bienestar**, establece que la asignación de recursos de una economía en equilibrio walrasiano es eficiente en el sentido de Pareto.

10.1. Noción de competencia

Considere un mercado simple, en que un conjunto de n compradores potenciales quisieran comprar una (y sólo una) unidad del bien en caso de ser suficientemente barato, y donde un conjunto de m dueños del bien (cada uno posee una unidad) estarían dispuestos a vender en caso de ser suficientemente atractivo. En particular, digamos que el comprador i está dispuesto a pagar a lo sumo \$$c_i$ por una unidad del bien (y \$0 por cualquiera adicional), y que el vendedor j lo vendería si se le pagara un precio de al menos \$$v_j$. Supongamos también que $n \geq m$. Así, la información de los compradores se resume en $C = \{c_1, ..., c_n\}$ y la de los vendedores en $V = \{v_1, ..., v_m\}$. Para ahorrar en notación, usaremos la valoración de cada uno para nombrarlos.

Imagine inicialmente que sólo hubiera un vendedor y un comprador, como se muestra en la figura 10.1.

No tenemos todavía un argumento que nos permita predecir con algún grado de confianza qué pasaría si estos dos individuos se sientan a negociar; esto es, a qué precio cerrarían la transacción. Sin embargo, sí tenemos claridad sobre algunos puntos, a saber:

1. Existe un rango de precios $p \in [v_1, c_1]$ con la propiedad de que si la transacción se celebra a alguno de esos precios, ambos individuos están mejor que en su situación inicial. En cambio, cualquier precio fuera de ese intervalo deja a alguno de ellos peor que si no participara en este mercado. Entonces, si bien no sabemos qué precio acordarán, si acuerdan alguno tiene que ser uno de este intervalo.

2. En esta situación existen ganancias sociales del intercambio. En efecto, bajo el criterio de que es deseable que las oportunidades de que un miembro de la economía gane sin que otro pierda sean aprovechadas (el criterio de Pareto, que discutiremos en profundidad hacia el final de este capítulo), esta transacción es deseable desde

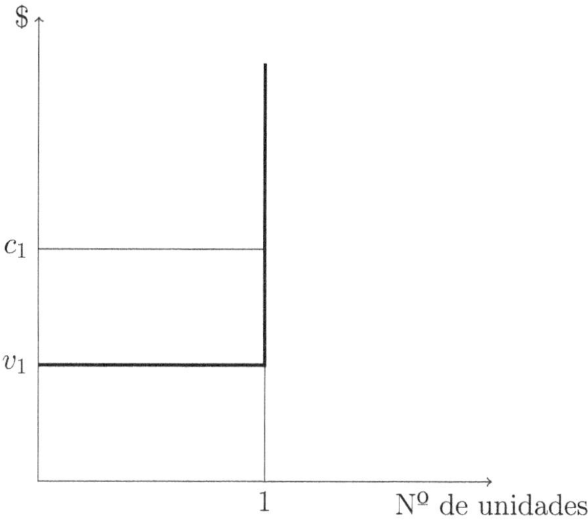

Figura 10.1 Un comprador y un vendedor

una perspectiva social. Una medida monetaria de la ganancia de que esta transacción se realice es la diferencia en las valoraciones (medidas por las disposiciones a pagar) de uno u otro. Si el objeto cambia de manos desde el vendedor hacia el comprador, el valor que la persona que lo consuma le asigna cambia de v_1 a c_1. En este sentido, una medida de la ganancia social de la transacción es la diferencia, $c_1 - v_1$.

Podemos, entonces, ver esta situación de la siguiente forma: existe una torta a repartir de tamaño $g = c_1 - v_1$, llamada ganancias del intercambio o **excedente total**. Si el proceso de negociación termina con el acuerdo de transar a un precio p, el hecho que el acuerdo sea voluntario nos indica que $p \in [v_1, c_1]$, de manera que en realidad es una propuesta de división de la torta: el comprador se queda con una fracción $\frac{c_1 - p}{g}$ y el vendedor con una fracción $\frac{p - v_1}{g}$ de g. Le llamamos **excedente del consumidor** al pedazo del excedente total del que se apropia el comprador, y **excedente del vendedor** (o productor si ese fuera el caso) al pedazo del que se apropia el vendedor. Denotaremos al excedente del individuo i (sea comprador o vendedor) por π_i.

Es importante observar que en la generación de esta torta intervinieron ambos individuos. Una pregunta que surge naturalmente es cuánto aportó cada uno, y si ese aporte tiene alguna conexión con el tamaño del

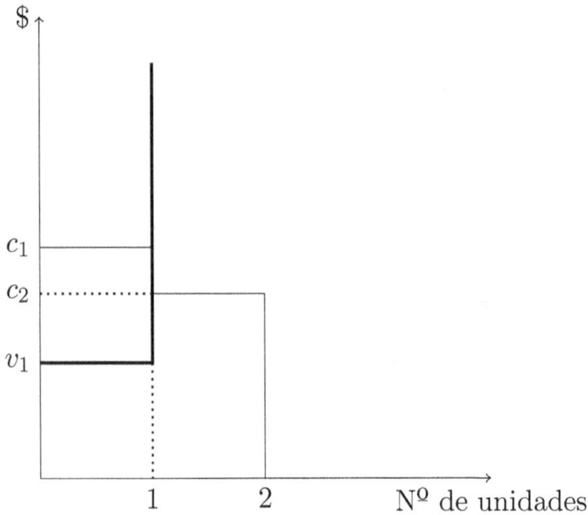

Figura 10.2   Dos compradores y un vendedor

pedazo que le tocó. Es natural también pensar en el aporte del individuo como la diferencia entre la situación actual con aquella que se hubiera producido de no haber estado (o de sustraerse) de la economía. Llamémosle g_{-i} al excedente total que habría en otra economía idéntica a la actual salvo porque en esa otra falta el individuo i. Entonces, al aporte del individuo i se puede medir por la diferencia $(g - g_{-i})$. Intuitivamente, que g sea igual a g_{-i} significa que la torta hubiera sido igual sin que i estuviera, de manera que su aporte es 0: i no era necesario para hacer g. Denotamos al aporte de i por a_i.

En nuestro ejemplo, sin embargo, observamos que si el comprador no hubiera estado, no se podría haber generado el excedente, y lo mismo ocurre con el vendedor. Tenemos: $a_{c_1} = g - 0 = g$ y $a_{v_1} = g - 0 = g$. ¡La suma de los aportes de cada uno de los miembros de la economía es mayor que la torta que se formó! Es, entonces, evidentemente imposible crear un sistema en que cada individuo reciba como pago el valor total de su aporte. Como veremos más adelante, esto es una conclusión general que admite una sola excepción.

Modifiquemos el ejemplo, introduciendo un segundo comprador. Sin pérdida de generalidad, supongamos que su valoración es menor que la del primero (en caso contrario, sólo es necesario revertir sus nombres), como se representa en la figura 10.2.

La aparición de un competidor para c_1 genera dos cambios importantes. En primer lugar, el rango de precios a los cuales la transacción se podría celebrar se achica, pasando de $[v_1, c_1]$ a $[c_2, c_1]$. Ello, porque ahora el vendedor siempre puede amenazar a c_1 con venderle a c_2, quien aceptaría eventualmente comprar a cualquier precio inferior a su valoración. Si c_1 quiere quedarse con el objeto, debe pagar al menos la valoración de c_2. Esto es, la competencia entre compradores mejora la posición negociadora del vendedor.

En segundo lugar, pese a que la torta no ha cambiado, sí cambió el aporte de c_1. En efecto, si él desapareciera, todavía habría un comprador y se podría hacer una torta (aunque de menor tamaño). Así, $a_{c_1} = (c_1 - v_1) - (c_2 - v_1) = c_1 - c_2$. Lo interesante es que, entonces, el aporte de cada individuo tiene quizás algo que ver con sus características personales (en esta economía, su valoración), pero mucho que ver con las características de los demás: c_1 puede ser "muy bueno" (en algún sentido), pero su aporte es pequeño si hay algún sustituto cercano de él.

Por otro lado, sigue siendo cierto que la suma de los aportes es mayor que la torta misma. Diremos que en esta economía hay **apropiación incompleta** si la recompensa (excedente) de cada individuo es inferior a su aporte; esto es, si $\pi_i \leq a_i$ para todos, y con desigualdad estricta para al menos un individuo. En cambio, diremos que en la economía hay **apropiación completa** si $a_i = \pi_i$ para todos.

En el caso más general, estas conclusiones se mantienen: la aparición de sustitutos empeora la posición negociadora para cada individuo y, recíprocamente, la aparición de competidores al otro lado del mercado la mejora. En consecuencia, a mayor competencia, más pequeño es el rango de precios a los que se podrían cerrar las transacciones. Por otro lado, generalmente se tiene apropiación incompleta: el excedente de cada participante es inferior a su aporte. Lo anterior se grafica en la figura 10.3.

Pero imagine una situación ligeramente distinta, en la que la transacción marginal se hace sin excedente; esto es, la valoración del comprador activo más pequeña coincide con la mayor valoración entre los vendedores activos, y en que además cada uno de estos individuos tiene un sustituto perfecto en el margen (existe alguien idéntico a cada uno de ellos), como se ilustra en la figura 10.4.

En este caso, el precio de venta está completamente determinado: ningún comprador puede conseguir un precio más bajo porque cualquier

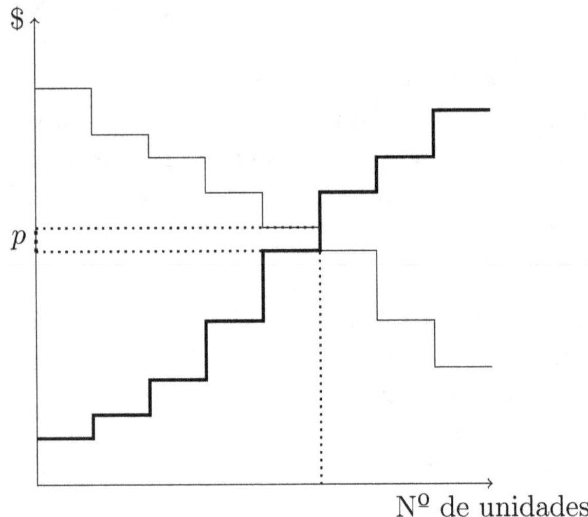

Figura 10.3 Muchos compradores y vendedores, con apropiación incompleta

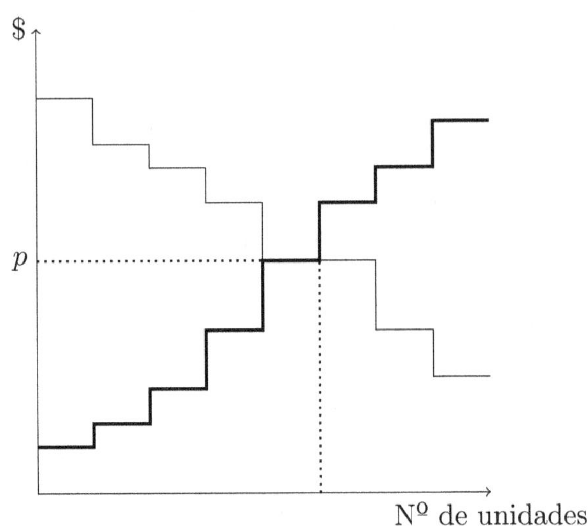

Figura 10.4 Muchos compradores y vendedores, con apropiación completa

vendedor podría conseguir p vendiendo al comprador marginal. Ningún vendedor puede conseguir un precio mayor, porque todo comprador puede comprar a p del comprador marginal. La división de la torta, entonces, está completamente determinada, de manera que nadie tiene poder de negociación. Observe que el número de unidades transadas está indeterminado toda vez que los individuos en el margen están indiferentes entre transar o no hacerlo.

En esta economía no sólo todos enfrentan ofertas y demandas perfectamente elásticas (en el sentido de que el precio no es negociable), sino que también cada individuo es recompensado exactamente en el valor de su aporte. El efecto de que un individuo se retire de la economía es una reducción en el excedente total igual a su excedente individual, de manera que hay apropiación completa. Entonces, las nociones de la completitud de la apropiación (esto es, la posibilidad de distribuir la torta de acuerdo a los aportes de cada individuo) y de la incapacidad de negociar las condiciones de la transacción están íntimamente ligadas. Cada vez que falla la condición de apropiación completa veremos que hay espacio para la negociación. Una economía en competencia perfecta es, entonces, no una en la que los individuos son tan pasivos que no se molestan en intentar mejorar las condiciones del intercambio en su favor, sino una en la que la configuración del mercado no deja espacio para que tales intentos sean fructíferos.

De lo anterior se desprende que no es necesario que exista un gran número de individuos para que haya competencia perfecta. Por ejemplo, si sólo existen dos compradores y un vendedor pero ambos compradores son idénticos, hay apropiación completa y por ende competencia perfecta, como se ilustra en la figura 10.5.

En efecto, en este caso el precio es $p = c_1 = c_2$; ningún comprador estaría dispuesto a pagar un precio mayor, mientras que un precio menor no sería aceptado por el vendedor, que iría a ofrecerle el producto al otro comprador potencial. El vendedor tiene todo el poder de negociación porque su mejor opción alternativa es igual a la oferta que toma.

En este caso hay apropiación completa: $a_{c_1} = a_{c_2} = 0$ porque de no estar alguno de los compradores, el excedente total sería el mismo, y $a_{v_1} = g$, porque de no estar el vendedor no habría transacción. La suma de los aportes coincide con g. Cada aporte, además, coincide con el excedente de cada uno: $\pi_{c_1} = c_1 - p = 0$, $\pi_{c_2} = 0$ y $\pi_{v_1} = p - v_1 = g$.

Así, con tres individuos es posible que haya competencia perfecta. Por

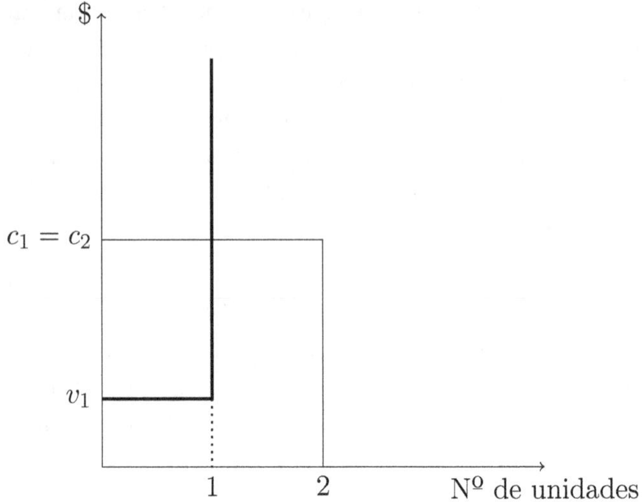

Figura 10.5 Dos compradores y un vendedor, con apropiación completa

otro lado, también es posible que con un gran número de ellos no la haya, como ocurre en el ejemplo que se ilustra en la figura 10.6.

En él, existe igual número (de tamaño arbitrario) de compradores y vendedores. Todos los compradores son iguales entre sí, y lo mismo ocurre con los vendedores. Desde el punto de vista de la determinación de las condiciones de la transacción y de la incompletitud de la apropiación esta situación es idéntica a la primera que analizamos, en que sólo había un individuo a cada lado del mercado.

Aunque un gran número de compradores y vendedores no es una condición ni necesaria ni suficiente para que la economía se encuentre en competencia perfecta, el último ejemplo nos da la pista de que en cierto modo es más "probable" que se dé la competencia perfecta en mercados grandes. En efecto, si tenemos un gran número de compradores y vendedores heterogéneos, muy posiblemente la diferencia entre las valoraciones de los marginales va a ser pequeña, y además éstos van a tener sustitutos cercanos aunque tal vez no perfectos.

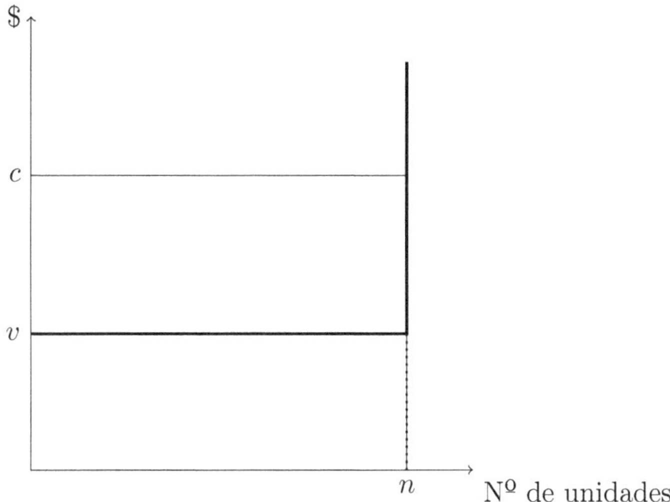

Figura 10.6 Muchos compradores y vendedores, con apropiación
incompleta

10.2. EL EQUILIBRIO WALRASIANO

Veíamos que en una situación de competencia perfecta, existe un único
precio al cual todos los individuos activos transan, y nadie de los que
estarían dispuesto a hacerlo a ese precio está excluido del mercado. Esto
implica que en el equilibrio de un mercado competitivo las cantidades
ofrecidas y demandadas coinciden, puesto que de lo contrario existiría
alguien que deseaba transar a ese precio y no consiguió hacerlo.

Entonces, si $x_{\ell 1}(p), x_{\ell 2}(p), ..., x_{\ell I}(p)$ son las demandas de los I consumidores por el bien ℓ, y $q_{\ell 1}(p), q_{\ell 2}(p), ..., q_J(p)$ las ofertas de los J productores evaluadas en el vector de precios denotado por p, al precio p^* que
se transa en equilibrio competitivo de se cumple que:

$$\sum_{i=1}^{I} x_{\ell i}(p^*) = \sum_{j=1}^{J} q_{\ell j}(p^*) \tag{10.1}$$

Definición 23. *Se dice que un mercado está en **equilibrio walrasiano**
si al precio p^* el exceso de demanda es nulo. Alternativamente, el **equilibrio walrasiano** del mercado del bien ℓ es un precio p^* y una asignación
de cantidades consumidas $x_{\ell 1}, x_{\ell 2}, ..., x_{\ell I}$ entre los I consumidores y de
cantidades producidas $q_{\ell 1}, q_{\ell 2}, ..., q_{\ell J}$ entre los J vendedores, con las pro-*

piedades de que las cantidad que cada participante recibe es la que querría comprar o vender al precio vigente, y que la suma de las cantidades consumidas coincide con la de las producidas.

A la suma de las demandas se le conoce como **demanda agregada**, y similarmente a la de las ofertas como **oferta agregada**[1]:

$$X_\ell(p) \;=\; \sum_{i=1}^{I} x_{\ell i}(p) \tag{10.2}$$

$$Q_\ell(p) \;=\; \sum_{j=1}^{J} q_{\ell j}(p) \tag{10.3}$$

Su diferencia es la **función de exceso de demanda**:

$$E_\ell(p) = X_\ell(p) - Q_\ell(p) \tag{10.4}$$

En realidad, al escribir la función $X_\ell(p)$ omitimos una serie de variables que la afectan. Por ejemplo, en el modelo simple del consumidor que estudiamos en el capítulo 2 habíamos establecido que la demanda individual depende de los precios de todos los bienes que puede comprar (no sólo de aquél cuya demanda estudiamos) y además del ingreso. Se sigue que la suma de esas demandas depende de los ingresos de cada consumidor y de los precios del resto de los bienes. Entonces, si hay dos bienes e I consumidores, tenemos:

$$X_\ell = X_\ell(p_1, p_2, m_1, ..., m_I) \tag{10.5}$$

Llama la atención el hecho de que no sólo el ingreso, sino también su distribución, afectan a la demanda agregada. En efecto, no podemos escribir en general:

$$X_\ell = X_\ell(p_1, p_2, M)$$

con $M = \sum_{i=1}^{I} m_i$, salvo en circunstancias muy particulares. Una mera redistribución del mismo ingreso entre los consumidores normalmente cambia la cantidad demandada total, de manera que cuando M cambia no podemos anticipar su efecto en la demanda agregada a menos que

---

[1] No confundir con el significado que estos mismos términos reciben en macroeconomía, en que la agregación se hace a través de los bienes y servicios, además de a través de los individuos.

además sepamos cómo se distribuye ese cambio entre los consumidores. El capítulo 11 se ocupa de este análisis.

Similarmente, la función $Q_\ell(p)$ también depende de otros factores, que afectan al costo marginal de producción de cada empresa. Para simplificar la notación supondremos en adelante que las empresas utilizan dos insumos, L y K. En general, tenemos entonces:

$$Q_\ell = Q_\ell(w_L, w_K, p_\ell) \tag{10.6}$$

de manera que el precio de equilibrio p^* del mercado del bien ℓ se obtiene de:

$$X_\ell(p_1, p_2, m_1, ..., m_I) - Q_\ell(w_L, w_K, p_\ell) = 0 \tag{10.7}$$

Llamamos análisis de **equilibrio parcial** al estudio del equilibrio de un mercado, sin prestar atención a lo que ocurre en otros mercados por la vía de la condición *ceteris paribus*; esto es, imaginando que los otros precios no cambian. Sin embargo, es claro que si los precios de los otros bienes afectan a la demanda de cada uno, y si los precios de los insumos afectan a la oferta de cada bien, no puede ser literalmente cierto que un cambio en un mercado no tendrá alguna manifestación en otro. Por ejemplo, un cambio en el mercado laboral va a afectar el nivel y la distribución del ingreso y por tanto la estructura completa de demandas por bienes y servicios.

En cambio, decimos que **una economía** está en equilibrio si los excesos de demanda de **todos y cada uno de los mercados** (tanto de bienes finales como de insumos) son nulos. Ello, porque sólo en ese caso no hay fuerzas que muevan los precios en alguna dirección. Cuando el análisis toma este hecho en consideración, decimos que es de **equilibrio general**.

Consideremos primero el caso de una **economía de intercambio puro**, esto es, una en la que no hay producción. Cada consumidor está dotado de una determinada canasta de bienes $(\overline{x}_{1i}, \overline{x}_{2i})$ o servicios, que puede intercambiar en mercados perfectamente competitivos. El valor de esa dotación a los precios (p_1, p_2) es $m_i = p_1\overline{x}_{1i} + p_2\overline{x}_{2i}$, por lo que el consumidor i puede comprar canastas que cuesten menos; esto es, cualquier (x_{1i}, x_{2i}) con la propiedad que $p_1 x_{1i} + p_2 x_{2i} \leq m_i$. Observe que en esta descripción el ingreso de los consumidores ya no es exógeno, sino el resultado de la escasez relativa de su dotación. Sea (x_{1i}^*, x_{2i}^*) la canasta que i escoge:

$$(x_{1i}^*, x_{2i}^*) = \arg \max_{x_{1i}, x_{2i}} \{ u_i(x_{1i}, x_{2i}) :$$

$$px_{1i} + p_2 x_{2i} \leq p_1 \overline{x}_{1i} + p_2 \overline{x}_{2i} \} \quad (10.8)$$

Observe que para cada bien, la cantidad demandada depende de los precios de ambos bienes. La cantidad demandada de un bien ℓ por un consumidor i puede diferir de su dotación inicial de ese bien: cuando la supera, decimos que i es un demandante neto del bien ℓ, y en caso contrario decimos que es un oferente neto de dicho bien. El exceso de demanda por el bien ℓ se define como la diferencia entre la cantidad total demandada y la dotación total de dicho bien:

$$E_\ell(p_1, p_2; \overline{x}_{\ell 1,\ldots}, \overline{x}_{\ell n}) = \sum_{i=1}^{n} x_{\ell i}^*(p_1, p_2) - \sum_{i=1}^{n} \overline{x}_{\ell i}. \quad (10.9)$$

Definición 24. *Se dice que una economía de intercambio está en un* **equilibrio walrasiano** *si a los precios (p_1^*, p_2^*) los excesos de demanda son nulos. Alternativamente, el* **equilibrio walrasiano** *de una economía es una lista de precios (p_1^*, p_2^*) y una asignación de cantidades consumidas $\{(x_{1i}^*, x_{2i}^*)\}$ para cada uno de los n consumidores con la propiedad que las cantidades demandadas totales de cada bien son las que cada consumidor querría comprar a los precios vigentes, y que la suma de las cantidades consumidas coincide con la de las dotaciones:*

$$\sum_{i=1}^{n} x_{1i}^*(p_1, p_2) = \sum_{i=1}^{n} \overline{x}_{1i}, \quad (10.10a)$$

$$\sum_{i=1}^{n} x_{2i}^*(p_1, p_2) = \sum_{i=1}^{n} \overline{x}_{2i}. \quad (10.10b)$$

León Walras observó lo siguiente: como la canasta que demanda cada consumidor está en la frontera de posibilidades, ésta satisface:

$$p_1 x_{1i}^*(p_1, p_2) + p_2 x_{2i}^*(p_1, p_2) = p_1 \overline{x}_{1i} + p_2 \overline{x}_{2i} \quad (10.11)$$

Pero esto es cierto para todo i, por lo que si sumamos sobre i a ambos lados tenemos:

$$p_1 \sum_{i=1}^{n} x_{1i}^*(p_1, p_2) + p_2 \sum_{i=1}^{n} x_{2i}^*(p_1, p_2) = p_1 \sum_{i=1}^{n} \overline{x}_{1i} + p_2 \sum_{i=1}^{n} \overline{x}_{2i} \quad (10.12)$$

Arreglando:

$$p_1 \left(\sum_{i=1}^{n} x_{1i}^{*}(p_1, p_2) - \sum_{i=1}^{n} \overline{x}_{1i} \right)$$

$$+ p_2 \left(\sum_{i=1}^{n} x_{2i}^{*}(p_1, p_2) - \sum_{i=1}^{n} \overline{x}_{2i} \right) = 0 \quad (10.13)$$

Esto es, la suma valorada de los excesos de demanda de cada mercado debe ser nula, donde la valoración se hace a los precios de mercado. Este hecho es conocido como **ley de Walras**. Ella implica que si un mercado está en equilibrio, el otro también debe estarlo; en general, si existen k mercados y todos salvo uno están en equilibrio, entonces el $k-$ésimo también debe estarlo. La importancia de este resultado reside en que nos facilita el análisis significativamente. Si sólo hay dos mercados, el análisis de equilibrio parcial equivale al de equilibrio general. Si hay k bienes, necesitamos mirar $k-1$ mercados para entender el equilibrio general de la economía.

La ley de Walras nos indica que al resolver el sistema de ecuaciones para encontrar los precios de equilibrio, habrán sólo $k-1$ ecuaciones linealmente independientes[2]. Luego, sólo podremos resolver para $k-1$ incógnitas: los precios relativos de los bienes. En el caso de dos bienes, encontraremos $p \equiv \frac{p_1}{p_2}$, pero nunca p_1 y p_2 por separado.

En una **economía con producción**, el equilibrio walrasiano igualmente exige que los excesos de demanda sean nulos, y la ley de Walras se satisface del mismo modo. Existe una sola complejidad adicional en términos de su definición: necesitamos explicitar quiénes son los dueños de las empresas, puesto que por ejemplo mayores ganancias de una empresa se deben traducir últimamente en mayor ingreso del dueño de la empresa en su calidad de consumidor. Lo propio ocurre con los insumos. Para simplificar supondremos que cada empresa produce sólo un bien, de modo que la ganancia en el mercado ℓ de la empresa j, denotada por $\pi_{\ell j}(w_L, w_K, p_\ell)$, es cero si esa empresa no participa en dicho mercado.

Digamos que el consumidor i tiene derechos sobre una fracción α_{ij} de las ganancias de la empresa j, y que posee $\overline{K}_i \geq 0$ unidades de capital y

---

[2] Recuerde que n funciones $f_1(x)$, ..., $f_n(x)$ son linealmente independientes si la ecuación

$$\lambda_1 f_1(x) + \lambda_2 f_2(x) + ... + \lambda_n f_n(x) = 0$$

se satisface para todo x sólo si $\lambda_1 = \lambda_2 = ... = \lambda_n = 0$.

$\overline{L}_i \geq 0$ unidades de trabajo. Entonces, el consumidor i escoge:

$$\max_{x_{1i}, x_{2i}} u\left(x_{1i}, x_{2i}\right) \quad \text{sujeto a} \qquad (10.14)$$

$$x_{1i}p_1 + x_{2i}p_2 \leq \overline{x}_{1i}p_1 + \overline{x}_{2i}p_2 + w_L\overline{L}_i + w_K\overline{K}_i$$

$$+ \sum_{j=1}^{J} \alpha_{ij}\pi_{\ell j}\left(w_L, w_K, p_\ell\right)$$

El valor de la canasta que compre no puede exceder el valor de los recursos de que dispone: su dotación de bienes, su dotación de insumos y las ganancias de las empresas en las que tiene participación. Las empresas, por su parte, en el mercado ℓ en que participan resuelven:

$$\max_{q_{\ell j}, L_j, K_j} \pi_{\ell j} = p_\ell q_{\ell j} - \left(w_L L_j + w_K K_j\right) \quad \text{sujeto a} \qquad (10.15)$$

$$0 \leq q_{\ell j} \leq f_j\left(L_j, K_j\right)$$

Entonces, una economía se encuentra en un equilibrio walrasiano si a los precios de bienes (p_1^*, p_2^*) y de insumos (w_L, w_K) los excesos de demanda en todos los mercados (de bienes y de insumos) son 0:

$$\sum_{i=1}^{I} x_{1i}^* = \sum_{i=1}^{I} \overline{x}_{1i} + \sum_{j=1}^{J} q_{1j}^* \qquad (10.16a)$$

$$\sum_{i=1}^{I} x_{2i}^* = \sum_{i=1}^{I} \overline{x}_{2i} + \sum_{j=1}^{J} q_{2j}^* \qquad (10.16b)$$

$$\sum_{j=1}^{J} L_j^* = \sum_{i=1}^{I} \overline{L}_i \qquad (10.16c)$$

$$\sum_{j=1}^{J} K_j^* = \sum_{i=1}^{I} \overline{K}_i \qquad (10.16d)$$

Las primeras dos ecuaciones señalan que la cantidad total que se consuma de cada bien tiene que coincidir con la que hay, que proviene de dos fuentes: dotaciones y producción. Las últimas dos señalan que se deben ocupar todos los recursos disponibles: la cantidad total demandada de insumos por parte de las empresas coincide con la suma de las dotaciones.

Definición 25. *Se dice que una economía con producción está en un* **equilibrio walrasiano** *si a los precios* (p_1^*, p_2^*, w_L, w_K) *los excesos de demanda son nulos. Alternativamente, el* **equilibrio walrasiano** *de una economía es una lista de precios* (p_1^*, p_2^*, w_L, w_K) *y una asignación de cantidades consumidas de bienes* $\{(x_{1i}^*, x_{2i}^*)\}$ *y cantidades vendidas de insumos* $\{(\overline{L}_i, \overline{K}_i)\}$ *para cada uno de los* n *consumidores, y cantidades producidas de bienes y contratadas de insumos por cada una de las empresas* $\left\{\left(q_{1j}^*, q_{2j}^*, L_j^*, K_j^*\right)\right\}$, *con la propiedad de que las cantidades demandadas totales de cada bien son las que cada consumidor querría comprar a los precios vigentes, que las cantidades totales de cada insumo son las que las empresas querrían comprar a los precios vigentes, y que la suma de las cantidades consumidas coincide con la suma de las dotaciones más las producidas.*

Observe, por otro lado, que si sumamos las restricciones presupuestarias (que en el óptimo se satisfacen con igualdad) de los I consumidores obtenemos:

$$p_1 \sum_{i=1}^{I} x_{1i} + p_2 \sum_{i=1}^{I} x_{2i} = p_1 \sum_{i=1}^{I} \overline{x}_{1i} + p_2 \sum_{i=1}^{I} \overline{x}_{2i} + w_L \sum_{i=1}^{I} \overline{L}_i$$

$$+ w_K \sum_{i=1}^{I} \overline{K}_i + \sum_{i=1}^{I} \sum_{j=1}^{J} \alpha_{ij} \pi_{\ell j} (w_L, w_K, p_\ell) \quad (10.17)$$

Pero recordando que $\sum_{i=1}^{I} \alpha_{ij} = 1$ para cada j, obtenemos que:

$$\sum_{i=1}^{I} \sum_{j=1}^{J} \alpha_{ij} \pi_{\ell j} (w_L, w_K, p_\ell) = \sum_{j=1}^{J} \pi_{\ell j} (w_L, w_K, p_\ell)$$

$$= \sum_{j=1}^{J} \left(p_1 q_{1j}^* + p_2 q_{2j}^* - w_L L_j^* - w_K K_j^*\right) \quad (10.18)$$

Al reemplazar lo anterior y reordenar la ecuación 10.17 obtenemos finalmente:

$$p_1 \left(\sum_{i=1}^{I} x_{1i} - \sum_{i=1}^{I} \overline{x}_{1i} - \sum_{j=1}^{J} q_{1j}^* \right)$$

$$+ p_2 \left(\sum_{i=1}^{I} x_{2i} - \sum_{i=1}^{I} \overline{x}_{2i} - \sum_{j=1}^{J} q_{2j}^* \right)$$

$$+ w_L \left(\sum_{j=1}^{J} L_j^* - \sum_{i=1}^{I} \overline{L}_i \right) + w_K \left(\sum_{j=1}^{J} K_j^* - \sum_{i=1}^{I} \overline{K}_i \right) = 0 \quad (10.19)$$

Es claro, entonces, que la ley de Walras se satisface: si tres de los cuatro mercados mencionados están en equilibrio, el cuarto también debe estarlo.

10.3. CONVERGENCIA AL EQUILIBRIO

Decíamos que un mercado está en equilibrio al precio p^* cuando a ese precio el exceso de demanda es nulo; esto es, cuando $X_\ell(p^*) - Q_\ell(p^*) = 0$. Imaginemos que la economía se encuentra en alguna fecha t en una situación de desequilibrio. Digamos que la cantidad demandada del bien ℓ sobrepasó a la producción; es decir, $X_\ell(p^t) - Q_\ell(p^t) > 0$, donde p^t denota el vector de precios en t. ¿Qué esperaríamos que ocurriera en las fechas siguientes? Observemos que algunos consumidores quedaron frustrados en t al no poder comprar; si algunos de ellos se hubieran topado con un productor que cobra un precio mayor que el resto, es posible que le hubiese comprado de todos modos. En otras palabras, si un productor sigue en $t+1$ la política de desviarse del resto y cobrar más caro, es posible que venda toda su producción y gane más que si no lo hace. En este período de ajuste, entonces, ya no es necesariamente cierto que todos cobran el mismo precio. Para retener la simplicidad, sin embargo, supongamos que existe un único precio por cada bien en toda fecha. Aunque no sabemos su cuantía, sí sabemos que un exceso de demanda por ℓ impulsa el precio p_ℓ al alza, y un exceso de oferta a la baja. Esto es:

$$X_\ell\left(p^t\right) - Q_\ell\left(p^t\right) > 0 \Rightarrow p_\ell^{t+1} > p_\ell^t \qquad (10.20a)$$

$$X_\ell\left(p^t\right) - Q_\ell\left(p^t\right) < 0 \Rightarrow p_\ell^{t+1} < p_\ell^t \qquad (10.20b)$$

276

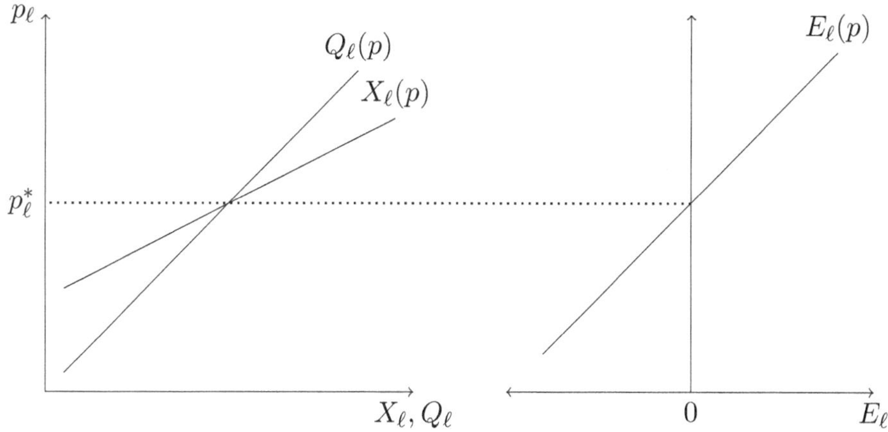

Figura 10.7   Equilibrio inestable: el caso del bien Giffen

Entonces, el precio no cambiará sólo en caso que no existan excesos de demanda (positivos o negativos) que lo impulsen a cambiar. Ésa es la noción de equilibrio walrasiano: una situación en la cual no hay fuerzas que provoquen un cambio en la economía (en nuestro caso, en el precio del bien ℓ).

Observe, sin embargo, que el pensar en esta motivación del equilibrio walrasiano invita a exigir más que lo que se enuncia en la definición. En efecto, imagine un mercado inicialmente en equilibrio, en el que por algún motivo la demanda aumenta. Este aumento en la demanda provoca un exceso de demanda, y el exceso de demanda lleva a que el precio suba. Pero, ¿disminuye esa alza en el precio el exceso de demanda, o lo aumenta? La respuesta no es completamente clara: si la demanda tuviese pendiente positiva (lo que ocurriría si para un número suficientemente grande de consumidores fuese un bien Giffen) y menor que la curva de oferta, como se ilustra en la figura 10.7, en realidad el exceso de demanda se agravaría, conduciendo a un aumento perpetuo en el precio de acuerdo al razonamiento anterior. Esto ocurre cada vez que la función de exceso de demanda, $E_\ell(p)$, tiene pendiente positiva. Esto es, si el equilibrio es un punto de reposo de un sistema dinámico, entonces predecir que una economía llegará a ese punto supone preocuparse de que el sistema de hecho converja a él. En otras palabras, de que el equilibrio sea estable.

Ahora bien, este ejemplo tiene una característica incómoda (además de recurrir a la idea del bien Giffen): en la zona en que la cantidad ofrecida es menor que la demandada, ocurre que la disposición a pagar por cada unidad (medida por la altura de la curva de demanda) es siempre inferior que su costo de producción (medido por la altura de la curva de oferta). Desde esta perspectiva, la predicción de que el precio va a subir es absurda, y mucho más que lo vaya a hacer a perpetuidad. En cambio, la predicción de que eventualmente la cantidad volverá al punto que se corresponda con p_ℓ^* parece del todo razonable: no se producirán unidades que no son valoradas por los consumidores, y todas las unidades por las que alguien está dispuesto a pagar más que su costo de producción será producida. Si $p_\ell\left(X_\ell\right)$ y $p_\ell\left(Q_\ell\right)$ son las inversas de las funciones de demanda y oferta respectivamente, la predicción sobre el cambio fuera del equilibrio debería enunciarse como:

$$p_\ell\left(X_\ell^t\right) > p_\ell\left(Q_\ell^t\right) \Rightarrow Q_\ell^{t+1} > Q_\ell^t \qquad (10.21a)$$

$$p_\ell\left(X_\ell^t\right) < p_\ell\left(Q_\ell^t\right) \Rightarrow Q_\ell^{t+1} < Q_\ell^t \qquad (10.21b)$$

Esta última de hecho corresponde al análisis marshalliano que enfatiza las brechas entre disposición a pagar y costo como fuerzas de cambio en el mercado, en contraposición con el análisis walrasiano, que enfatiza los excesos de demanda o de oferta como fuerzas de cambio. Es por Alfred Marshall y su manera de entender la naturaleza del (des)equilibrio que dibujamos habitualmente las inversas de las curvas de oferta y de demanda y no las primitivas, como el análisis de León Walras sugeriría. No obstante, debe observarse que:

1. Ambos criterios coinciden con curvas de demanda y de oferta "bien comportadas"; esto es, con demanda con pendiente negativa y oferta con pendiente positiva. Entonces, en el caso común no sería necesario distinguir entre "equilibrio walrasiano" y "equilibrio marshalliano"aun cuando acuñáramos el segundo concepto.

2. Cuando queramos analizar el equilibrio de dos o más mercados simultáneamente, el enfoque de Marshall va a ser inviable. De hecho, mientras Marshall es considerado el mayor promotor del análisis de equilibrio parcial (el estudio de mercados en aislación), Walras es considerado el padre del análisis de equilibrio general.

Finalmente, debe enfatizarse que la teoría del comportamiento del mercado como un todo es una teoría de equilibrio. Si bien detrás de toda teoría de equilibrio existe una historia sobre qué pasaría fuera del equilibrio que lo justifica, como la que recién discutimos, ese movimiento en el desequilibrio no es una parte formal de la teoría. Recuerde, por ejemplo, nuestra insinuación de que la ley de un solo precio no tendría por qué cumplirse en un mercado en desequilibrio. Por otro lado, las mismas curvas (funciones) de oferta y demanda responden a la pregunta de qué harían productores y consumidores si no pudieran afectar los precios (lo que ocurre sólo en equilibrio) y suponiendo que a esos precios puedan vender o comprar lo que quieran (lo que es cierto sólo en equilibrio), sin jamás haber una expectativa frustrada (lo que ocurre frecuentemente en desequilibrio).

Ejercicios

1. (*) ¿Bajo qué circunstancias es razonable predecir que un mercado se estabilizará en un equilibrio walrasiano? En particular:

   a) ¿Se requiere un gran número de participantes en el mercado?

   b) ¿Se requiere que a precios mayores al de equilibrio haya un exceso de oferta, y a precios inferiores un exceso de demanda?

2. (*) Considere el mercado de un bien indivisible, del que cada individuo quisiera comprar o vender sólo una unidad. Imagine, en particular, que las valoraciones de los dos compradores potenciales están dadas por $C = \{10, 6\}$ mientras que las de los tres vendedores potenciales por $V = \{2, 5, 10\}$.

   a) Determine qué transacciones se van a hacer, y a qué precio (o rango de precios). Determine los aportes de cada individuo al excedente total. ¿Existe apropiación completa o incompleta?

   b) Considere, en cambio, una situación en que los compradores son los mismos, pero los vendedores tienen valoraciones de $V = \{2, 6, 10\}$. Responda lo mismo que en a).

   c) Explique, entonces, la noción de competencia perfecta, relacionándola con la idea de apropiación completa.

3. (*) Valeria, Víctor y Valentín tienen cada uno un reloj TEMPO ZX de 16mm, último modelo, que valoran respectivamente en 5.000, 35.000 y 12.000. Carola, Constanza y Carlos no tienen reloj, y quisieran comprar uno; sus valoraciones respectivas son 42.000, 13.000 y 8.000. Todos ellos se reúnen un lunes, después de su clase favorita, a discutir la(s) posible(s) compraventa(s) de relojes.

   a) Prediga en qué resulta este proceso de negociación, en términos de precio y número de transacciones. Explique claramente.

   b) Encuentre el excedente total generado y su descomposición en excedentes individuales. Encuentre los aportes de cada persona al excedente total. ¿Qué relación existe entre el aporte de cada persona y su excedente?

   c) ¿Qué ocurriría si Valentín revisa su valoración, pasando de 12.000 a 13.000?

Capítulo 11

Demanda y oferta agregadas

En los capítulos 2 a 6 se estudiaron en detalle las propiedades de las demandas de un consumidor en forma aislada, así como las de la oferta de una empresa individual. En este capítulo abordamos la demanda y oferta del mercado como un todo, o demanda y oferta agregadas, introducidas en el capítulo 10.

La demanda agregada por el bien ℓ es simplemente la suma horizontal (es decir, la suma de cantidades demandadas) de las demandas de los distintos consumidores que compran el bien ℓ a los distintos precios, con la distribución del ingreso vigente, como se aprecia en la ecuación (10.2). Sin embargo, las propiedades de las demandas individuales no se traspasan necesariamente a la demanda agregada. De hecho, veremos que sólo bajo algunas condiciones específicas es posible describir la demanda agregada como lo haríamos si existiera un "consumidor representativo".

Por su parte, la oferta agregada por el bien ℓ es simplemente la suma horizontal (es decir, la suma de cantidades ofrecidas) de las ofertas de las distintas empresas que producen el bien ℓ a los distintos precios, como se aprecia en la ecuación (10.3). En este caso veremos que es más sencillo pensar en una tecnología agregada de una "empresa representativa".

11.1. Demanda agregada

La **demanda agregada** corresponde a la suma de las demandas individuales por un bien. Comenzaremos analizando la demanda agregada en un caso general, para un bien que no necesariamente es neutro. Si hay dos bienes e I consumidores, la demanda agregada por el bien ℓ es:

$$X_\ell \left(p_\ell, p_{\ell'}, m_1, ..., m_I\right) = \sum_{i=1}^{I} x_{\ell i} \left(p_\ell, p_{\ell'}, m_i\right). \qquad (11.1)$$

Es inmediato observar que la demanda agregada depende de todos y cada uno de los ingresos de los consumidores, y que redistribuciones del mismo ingreso agregado $M \equiv \sum_{i=1}^{I} m_i$ en general sí tendrán efectos sobre ella. Vale decir, la demanda agregada en general no depende del ingreso agregado. Por esto, en general no está definida la "elasticidad ingreso" de la demanda agregada, y consecuentemente la demanda agregada no satisface las propiedades que dedujimos para la demanda individual en el capítulo 2. Esta regla general admite algunas excepciones, que discutimos a continuación.

11.1.a. Agregación de preferencias y consumidor representativo

En muchas aplicaciones en que se juzga como adecuada la descripción de la economía como un grupo de consumidores y productores interactuando a través del sistema de precios, surge la pregunta de si es posible describir la demanda agregada en función de los precios y del ingreso agregado, M. Más aún, una pregunta aún más importante es si es posible imaginar al grupo de consumidores como teniendo una determinada preferencia o función de utilidad. Esto es, si a la demanda agregada puede pensársele como el resultado de la maximización de una función U sujeto a una restricción presupuestaria agregada. X_1 y X_2 son las cantidades agregadas que se demandan de los bienes 1 y 2, respectivamente. Si lo fuera, todas las propiedades de la demanda individual estudiadas en el capítulo 2 serían válidas también respecto de la demanda agregada. Queremos saber entonces si X_1 y X_2 son la solución a un problema de la forma:

Problema (del consumidor representativo).

$$\max_{X_1, X_2} U\left(X_1, X_2\right) \tag{11.2}$$

$$\text{sujeto a } X_1 p_1 + X_2 p_2 \leq M$$

$$X_1, X_2 \geq 0$$

$\square$

En caso afirmativo, el análisis se simplifica considerablemente, puesto que se hace posible trabajar sólo con las variables agregadas. Este tipo de simplificación es usada comúnmente, por ejemplo, en macroeconomía

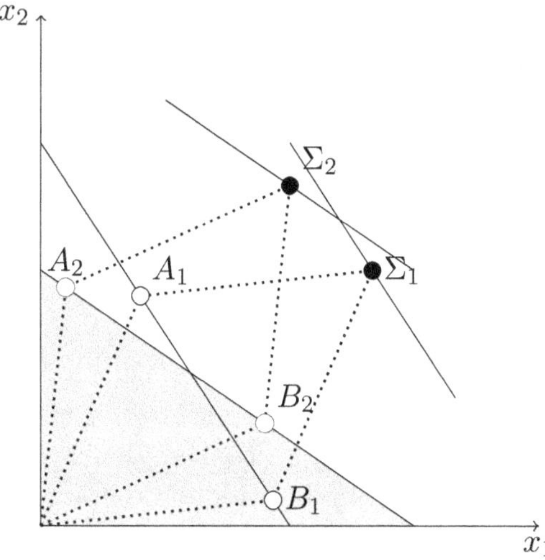

Figura 11.1 Agregación y axioma débil

para entender los efectos de las fluctuaciones de la producción agregada, y en finanzas para entender los determinantes de los precios de los activos.

Desafortunadamente, sin embargo, la respuesta es en general negativa. Una manera sencilla de ver por qué es la siguiente: dijimos antes (capítulo 4) que el comportamiento de un individuo puede pensarse como proviniendo de una relación de preferencias si y sólo si obedece el axioma fuerte de preferencias reveladas. En otras palabras, la demanda del consumidor puede pensarse como el resultado de la maximización de una función de utilidad si y sólo si el comportamiento satisface los axiomas débil y fuerte de preferencias reveladas. Pues bien, aun cuando las demandas de dos individuos los satisfagan, la suma de sus demandas no necesariamente lo hace, como se muestra en la figura 11.1.

Los puntos A_1 y B_1 representan las elecciones iniciales de los consumidores A y B, respectivamente. La suma de las canastas demandadas (esto es, la canasta que demandan en conjunto) es Σ_1. Luego de un cambio en los precios e ingresos, sus decisiones son revisadas a A_2 y B_2, respectivamente, cuya suma corresponde a Σ_2. Observe las decisiones individuales: cuando A escogió A_2, A_1 no era alcanzable, por lo que su decisión es compatible con el axioma débil de preferencias reveladas. Lo mismo ocurre con B. Sin embargo, en el agregado no: cuando Σ_1 fue escogida, Σ_2 era alcanzable (por lo que Σ_1 se revela directamente preferida sobre Σ_2), pero cuando Σ_2 fue escogida, Σ_1 también era alcanzable (por lo que Σ_2 se revela directamente preferida sobre Σ_1), violando el axioma débil.

El impedimento fundamental para construir un agente representativo de la economía como un todo son los efectos ingreso. Cada consumidor toma decisiones coherentes con una preferencia, pero la decisión agregada es una suma ponderada de las decisiones individuales. Cuando cambian los precios, o cuando cambia la distribución del ingreso monetario, cambian los ponderadores asociados a cada consumidor, por lo que al agregar se pierde la coherencia presente en las decisiones individuales.

Salvo, por cierto, que el efecto ingreso sea el mismo para todos, o que no lo haya. Por ejemplo, si todos los consumidores tuvieran preferencias Cobb-Douglas, con una función de utilidad de la forma

$$u\left(x_1, x_2\right) = x_1^{\alpha} x_2^{1-\alpha}, \tag{11.3}$$

sus demandas serían

$$x_{1i}^{*} = \alpha_i \frac{m_i}{p_1}, \text{ y} \tag{11.4a}$$

$$x_{2i}^{*} = \left(1 - \alpha_i\right) \frac{m_i}{p_2}, \tag{11.4b}$$

y las agregadas

$$X_1 = \sum_{i=1}^{I} \alpha_i \frac{m_i}{p_1}, \text{ y} \tag{11.5a}$$

$$X_2 = \sum_{i=1}^{I} \left(1 - \alpha_i\right) \frac{m_i}{p_2}. \tag{11.5b}$$

En particular, si todos gastaran las mismas proporciones en cada bien, tendríamos:

$$X_1 = \alpha \sum_{i=1}^{I} \frac{m_i}{p_1} = \alpha \frac{M}{p_1}, \text{ y} \tag{11.6a}$$

$$X_2 = \left(1 - \alpha\right) \sum_{i=1}^{I} \frac{m_i}{p_2} = \left(1 - \alpha\right) \frac{M}{p_2}, \tag{11.6b}$$

por lo que la demanda agregada sí puede imaginarse como proviniendo del agente representativo con preferencias $U(X_1, X_2) = X_1^{\alpha} X_2^{(1-\alpha)}$. Sin

284

embargo, si todos gastaran fracciones distintas de su ingreso en cada bien, ya no habría agente representativo.

Por su parte, si todos tuvieran preferencias cuasilineales, la demanda agregada por el bien no numerario, digamos el bien 1, cuya demanda es independiente del ingreso, evidentemente no depende de la distribución del ingreso:

$$X_1 = \sum_{i=1}^{I} x_{1i}\,(p_1, p_2) \tag{11.7}$$

A su vez, las demandas individuales del numerario, el bien 2, toman la forma:

$$x_{2i}(p_1, p_2, m_i) = \frac{m_i}{p_2} - \frac{p_1}{p_2} x_{1i}\,(p_1, p_2) \tag{11.8}$$

por lo que al agregar tenemos:

$$\begin{aligned}
\sum_{i=1}^{I} x_{2i}(p_1, p_2, m_i) &= \sum_{i=1}^{I} \left[\frac{m_i}{p_2} - \frac{p_1}{p_2} x_{1i}\,(p_1, p_2) \right] \\
&= \frac{M}{p_2} - \frac{p_1}{p_2} X_1\,(p_1, p_2) \tag{11.9}
\end{aligned}$$

Luego, también en este caso es posible representar las demandas agregadas como proviniendo de la maximización de una función de utilidad cuasilineal $U(X_1, X_2) = \phi(X_1) + X_2$, del consumidor representativo.

Entonces, si bien existen otras excepciones, en general la demanda agregada no depende del ingreso agregado sino del conjunto de ingresos: quién tiene el poder de compra importa.

Consumidor representativo positivo vs. normativo.— Existe, entonces, un consumidor representativo cuando hay una función de utilidad $U(X_1, X_2)$ de la cual se obtienen las demandas agregadas. De existir, ¿qué interpretación se le daría a la magnitud U? En el caso del consumidor individual *supusimos*, a través del axioma 0, que esa utilidad mide su bienestar; es tentador hacer lo mismo en el caso de un grupo, vale decir, pensar que $U(X_1, X_2)$ nos da una medida del bienestar que la sociedad alcanza. Pero en el capítulo 9 discutimos una serie de alternativas, así como también la posibilidad de que simplemente no fuera posible definir una utilidad social. Y si quisiéramos quedarnos con alguna de las alternativas propuestas, ¿con cuál? Podemos inmediatamente descartar el criterio de Rawls, porque éste le asigna un valor crucial a la distribución del bienestar entre los miembros de la sociedad, lo que evidentemente no está considerado en la medida agregada $U(X_1, X_2)$. Para un rawlsiano, entonces, la magnitud U no mide nada interesante; la función $U(X_1, X_2)$ solamente es útil para caracterizar el *comportamiento* del grupo de consumidores que representa. Lo mismo es cierto de cualquier economista que considere que las funciones de utilidad son ordinales, es decir, que rechace las comparaciones interpersonales de utilidad como Pareto, porque cualquier agregación de utilidad comporta comparaciones interpersonales. En cambio, son los utilitaristas quienes consideran no solamente que es posible comparar las utilidades de diferentes individuos, sino además postulan como objetivo normativo la maximización de la suma de esas utilidades. Tenemos, entonces que distinguir: le llamamos **consumidor representativo positivo** a un consumidor representativo de quien solamente nos interesa su conducta (la predicción positiva), mientras que le llamamos **consumidor representativo normativo** a un consumidor representativo de quien nos interesan tanto su conducta como su bienestar, que se entiende representa el bienestar de la sociedad. En los siguientes dos ejercicios se le pide que verifique que la utilidad del agente representativo encontrado de hecho coincide con la suma de las utilidades de todos los consumidores, por lo que para un utilitarista se trataría de agentes representativos normativos. Se debe acotar que esto no ocurre en general, por lo que la interpretación de la utilidad del agente representativo, aún en los raros casos en que existe, es dudosa.

Ejercicio 20. Verifique que cuando todos los consumidores tienen las mismas funciones de utilidad Cobb-Douglas (esto es, con los mismos coeficientes), aunque posiblemente diferentes ingresos, la utilidad del consumidor representativo coincide con la suma de las utilidades de todos los consumidores. Observe también que esto ya no es cierto si reemplaza las funciones de utilidad de algunos consumidores por alguna de sus transformaciones monótonas. $\square$

Ejercicio 21. Muestre que en el ejemplo de preferencias cuasilineales del capítulo 2, $u(x_1, x_2) = \sqrt{x_1} + x_2$, la demanda agregada de I consumidores con idénticas preferencias pero cuyo ingreso difiere (y denotamos por m_i), se puede obtener a partir de la maximización de la utilidad $U(X_1, X_2) = \sqrt{IX_1} + X_2$. Más aún, muestre que esta función de utilidad coincide con la suma de las utilidades de todos los consumidores. $\square$

11.1.b. Elasticidades de la demanda agregada

Decíamos en el capítulo 2 que la demanda por el bien ℓ del individuo i depende de los precios de todos los bienes que puede comprar (no sólo de aquél cuya demanda estudiamos) además de su ingreso. Se sigue, entonces, que la suma de esas demandas depende de los ingresos de cada consumidor y de los precios del resto de los bienes.

Al cambiar el precio del bien ℓ, el efecto sobre la demanda agregada se obtiene a partir de la suma de los efectos sobre las demandas individuales para cada consumidor i:

$$\frac{\partial X_\ell}{\partial p_\ell} = \sum_{i=1}^{n} \frac{\partial x_{\ell i}\left(p_\ell, p_{\ell'}, m_i\right)}{\partial p_\ell} \tag{11.10}$$

de manera que la **elasticidad precio de la demanda agregada** corresponde a:

$$\eta_{X_\ell, p_\ell} = \frac{\partial X_\ell}{\partial p_\ell} \frac{p_\ell}{X_\ell}, \tag{11.11}$$

por lo que al multiplicar y dividir por $x_{\ell i}$ y reordenar obtenemos:

$$\eta_{X_\ell, p_\ell} = \sum_{i=1}^{n} \left(\frac{x_{\ell i}}{X_\ell}\right)\left(\frac{\partial x_{\ell i}}{\partial p_\ell}\frac{p_\ell}{x_{\ell i}}\right) = \sum_{i=1}^{n} \left(\frac{x_{\ell i}}{X_\ell}\right) \eta^i_{x_\ell, p_\ell} \tag{11.12}$$

Esto es, la elasticidad precio de la demanda agregada es un promedio ponderado de las elasticidades de las demandas individuales, donde la ponderación corresponde a la importancia de cada consumidor en el consumo total.

Un cálculo similar se puede hacer respecto de la elasticidad cruzada. Por su parte, decíamos que la elasticidad ingreso en general no está definida.

11.2. Oferta agregada

11.2.a. Agregación de tecnologías

La pregunta paralela a la de la existencia de un consumidor representativo visto en la sección 11.1.a es la de la existencia de una función de producción agregada. Esto es, ¿será posible resumir el comportamiento de una industria compuesta por un grupo de empresas, cada una con su propia tecnología y con fines de lucro, como si actuaran colectivamente para maximizar la ganancia de la industria, dotada de una tecnología grupal? Tal como en el caso de la demanda, para muchos propósitos eso permitiría simplificar el análisis del mercado, puesto que la oferta agregada se obtendría de la curva de costo marginal que la función de producción agregada generara.

A diferencia del caso de la demanda, en que los efectos ingreso complican considerablemente el análisis, las ofertas sí son agregables (salvo por problemas de discontinuidades, que por el momento obviamos). En efecto, si la oferta agregada del bien ℓ se interpreta como un costo marginal agregado, su integral nos da la función de costo total de la industria. Entonces, existe una función de producción agregada si podemos encontrar una función de producción o tecnología para la cual la manera más barata de producir cada nivel de producto coincida con la función de costo total de la industria. Formalmente, si $C\left(Q_\ell\right)$ es el costo total de la industria (obtenido de integrar el costo marginal agregado), entonces $C\left(Q_\ell\right)$ es la solución de:

$$\min_{\{L_\ell, K_\ell\}} w_L L_\ell + w_K K_\ell \tag{11.13}$$

$$\text{sujeto a } \ F\left(L_\ell, K_\ell\right) = Q_\ell$$

donde $L_\ell = \sum_{j=1}^{J} L_j$ y $K_\ell = \sum_{j=1}^{J} K_j$, donde L_j y K_j denotan la cantidad de L y K utilizada por cada empresa j que produce el bien ℓ.

En efecto, observe que desde la perspectiva de la industria, la pregunta de cuál es la manera más barata de producir Q_ℓ unidades de producto se podría formular como:

$$\min_{\{K_1,\ldots,K_J,L_1,\ldots,L_J\}} w_L \sum_{j=1}^{J} L_j + w_K \sum_{j=1}^{J} K_j \tag{11.14}$$

$$\text{sujeto a } Q_\ell = \sum_{j=1}^{J} q_{\ell j}$$

$$0 \leq q_{\ell j} \leq f^j\left(K_j, L_j\right) \quad j = 1, \ldots, J$$

donde $f^j\left(K_j, L_j\right)$ denota la función de producción de la empresa j.

Formando un lagrangeano, tenemos:

$$\mathcal{L} = - \left(w_L \sum_{j=1}^{J} L_j + w_K \sum_{j=1}^{J} K_j \right)$$
$$+ \sum_{j=1}^{J} \theta^j \left(f^j \left(K_j, L_j \right) - q_{\ell j} \right) + \lambda \left(\sum_{j=1}^{J} q_{\ell j} - Q_\ell \right) \qquad (11.15)$$

Las condiciones de primer orden de este problema son para todo j:

$$\frac{\partial \mathcal{L}}{\partial L_j} = -w_L + \theta^j \frac{\partial f^j}{\partial L_j} = 0 \qquad (11.16a)$$

$$\frac{\partial \mathcal{L}}{\partial K_j} = -w_K + \theta^j \frac{\partial f^j}{\partial K_j} = 0 \qquad (11.16b)$$

$$\frac{\partial \mathcal{L}}{\partial \theta^j} = f^j \left(K_j, L_j \right) - q_{\ell j} = 0 \qquad (11.16c)$$

donde θ^j es el multiplicador lagrangeano asociado a la tecnología de la empresa j. Observe que estas condiciones implican lo que sabíamos que cada empresa hace; a saber, producir al mínimo costo posible dada su tecnología: para cada j tenemos $\theta^j f_L^j = w_L$ y $\theta^j f_K^j = w_K$, por lo que en el óptimo se iguala $\frac{f_L^j}{f_K^j}$ a $\frac{w_L}{w_K}$. Además, tenemos para cada j la CPO:

$$\frac{\partial \mathcal{L}}{\partial q_{\ell j}} = -\theta^j + \lambda = 0 \qquad (11.17)$$

Por el teorema de la envolvente sabemos que λ es el costo marginal de producción de la industria (el efecto que un aumento de Q_ℓ en 1 tendría sobre el costo total) y que θ^j es el costo marginal de producción de la empresa j (el efecto que un aumento de $q_{\ell j}$ en 1 tendría sobre el costo total). Luego, la manera más barata para la industria de producir Q_ℓ unidades de producto requiere que cada empresa produzca al mínimo costo de producción que su tecnología le permite (lo que toda empresa con fines de lucro hace) y que cada empresa produzca hasta que su costo marginal se iguale al de todas las otras (lo que ocurre si operan en un mercado perfectamente competitivo, todas enfrentando un mismo precio). Es decir, se replican las mismas condiciones que habíamos obtenido antes. Observe también que estas son las mismas reglas que un empresario con muchas plantas $j = 1, ..., J$ seguiría si quisiera maximizar sus ganancias.

Concluimos entonces que sí tiene sentido resumir lo que ocurre en una industria planteando el problema como si existiera una función de producción agregada $F(L_\ell, K_\ell)$. Esta función se podría obtener indirectamente de saber que $C(Q_\ell)$ es la solución de:

$$\min_{\{K,L\}} \; w_L L_\ell + w_K K_\ell \qquad (11.18)$$

$$\text{sujeto a } F\left(L_\ell, K_\ell\right) = Q_\ell$$

Luego, si queremos analizar qué ocurre con la producción y/o la contratación de factores agregada en una industria al cambiar un precio, podemos alternativamente preguntarnos qué ocurre en cada empresa particular (de acuerdo a su función de producción $f^j(L_j, K_j)$ y su función de costos particular) y después agregar, o bien preguntarnos qué ocurriría si fuera una gran empresa tomadora de precios y con tecnología $F(L_\ell, K_\ell)$ la que enfrentara este cambio en el precio. Por ambas vías llegaremos a la misma respuesta, ya que $F(L_\ell, K_\ell)$ se construye justamente de modo que así ocurra.

Un aspecto interesante de $F(L_\ell, K_\ell)$ es que no tiene por qué parecerse a alguna de las funciones individuales $f^j(L_j, K_j)$ que la "conforman". Por ejemplo, suponga que todas las funciones de producción de las empresas son iguales entre sí y más aún, que tienen rendimientos crecientes a escala en un tramo inicial de producción y decreciente después. Llámele $\overline{q}_\ell$ al nivel de producto en que los rendimientos crecientes se han agotado; esto es, donde el costo medio de producción es mínimo e igual al costo marginal, como se ilustra en la figura 11.2. A partir de ese punto, cada empresa individualmente tiene rendimientos decrecientes a escala. Sin embargo, eso no es cierto para la industria: la manera más barata de producir $Q = \overline{q}$ unidades de producto es haciendo que una empresa produzca ese volumen y todo el resto 0; similarmente, la manera más barata de producir $Q = n\overline{q}$ es haciendo que n empresas produzcan $\overline{q}$ cada una, y 0 todo el resto, y así sucesivamente. Pero el costo medio en todos estos casos es el mismo, igual a $\overline{c}$. Luego, si J es el número (fijo) de empresas en la industria, para volúmenes de producción que sean múltiplos de $\overline{q}$ e inferiores a $J\overline{q}$, la tecnología agregada es de rendimientos constantes a escala; en tanto, para aumentar la producción a niveles más altos que $J\overline{q}$ la tecnología agregada es de rendimientos decrecientes a escala, puesto que todas las empresas estaban produciendo $\overline{q}$, por lo que nuevos aumentos en la producción fuerzan a cada empresa a producir más, con mayor costo medio.

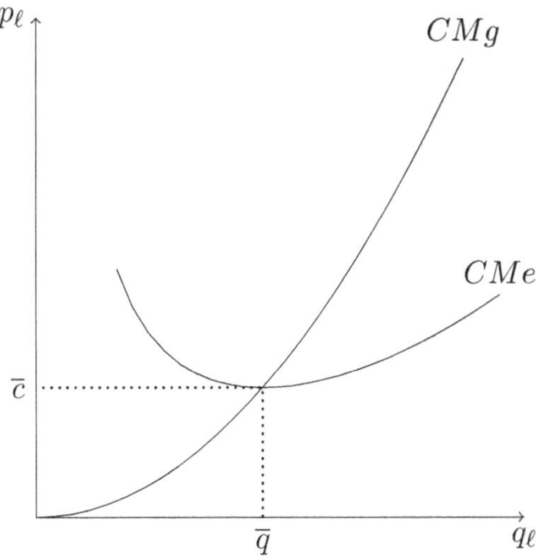

Figura 11.2 Costo medio mínimo

Más aún, si en la industria hay libertad de entrada de nuevas empresas, y existe un número amplio de empresas que podría entrar con la misma tecnología individual, entonces la tecnología agregada es de rendimientos constantes a escala para cualquier nivel de producción (en rigor, para niveles que sean múltiplos de $\bar{q}$). Detrás de esta argumentación hay una dinámica implícita: aunte un aumento en la demanda, habría inicialmente un aumento del precio que induciría a nuevas empresas a entrar; este flujo se detendría una vez que el precio volviera al costo medio mínimo $\bar{c}$. El resultado es que la producción aumenta pero el precio no cambia. Es decir, a nivel de la industria el costo medio de producir cualquier múltiplo de $\bar{q}$ es el mismo.

Entonces, en una industria con estas características en que no hay un límite al número de empresas y en que la tecnología puede ser copiada por cualquier persona sin costo alguno, decimos que **la tecnología agregada es de rendimientos constantes a escala** o que la función de producción agregada es homogénea de grado 1, aun cuando toda empresa individualmente tenga rendimientos decrecientes que le hagan inconveniente aumentar su tamaño.

11.2.b. La elasticidad precio de la oferta agregada

En análisis anterior nos sugiere que para describir la respuesta de la oferta a cambios en el precio, debemos distinguir las situaciones de número fijo o número variable de empresas.

Número de empresas fijo

Consideremos una industria compuesta por J empresas competitivas que producen el bien ℓ, cada una con una función de oferta que llamamos $q_{\ell j}(w_1, w_2, p_\ell)$. La oferta agregada es entonces

$$Q_\ell(w_1, w_2, p_\ell) = \sum_{j=1}^{J} q_{\ell j}(w_1, w_2, p_\ell). \tag{11.19}$$

Entonces, el efecto de un cambio en p_ℓ sobre la oferta agregada se obtiene a partir de la suma de los efectos sobre las ofertas individuales para cada empresa j:

$$\frac{\partial Q_\ell}{\partial p_\ell} = \sum_{j=1}^{J} \frac{\partial q_{\ell j}(w_1, w_2, p_\ell)}{\partial p_\ell}. \tag{11.20}$$

La elasticidad de la oferta agregada es

$$\varepsilon_{Q_\ell, p_\ell} = \frac{\partial Q_\ell}{\partial p_\ell}\frac{p_\ell}{Q_\ell}, \tag{11.21}$$

de manera que multiplicando y dividiendo por $q_{\ell j}$, y reordenando, se obtiene:

$$\varepsilon_{Q_\ell, p_\ell} = \sum_{j=1}^{J}\left(\frac{q_{\ell j}}{Q_\ell}\right)\left(\frac{\partial q_{\ell j}}{\partial p_\ell}\frac{p_\ell}{q_{\ell j}}\right) = \sum_{j=1}^{J}\left(\frac{q_{\ell j}}{Q_\ell}\right)\varepsilon_{q_{\ell j}, p_\ell}. \tag{11.22}$$

Luego, la elasticidad de la oferta agregada es el promedio ponderado de las elasticidades individuales, donde los ponderadores corresponden a la participación de mercado de cada empresa j.

La elasticidad de la oferta agregada con libre entrada: oferta de largo plazo

Suponer que el número de empresas que componen la industria es fijo es razonable en un plazo corto. Por ejemplo, para entrar en la industria puede ser necesario construir una nueva planta, formar un equipo de profesionales, desarrollar una nueva tecnología, etc., todo lo cual toma tiempo. Sin embargo, en un horizonte más largo nuevos competidores podrán cumplir estas etapas y entrar a la industria –a menos que existan restricciones legales, como patentes comerciales, o de alguna otra índole. Si hay libertad para que ingresen nuevas empresas a la industria, éstas lo harán en tanto obtengan ganancias. Entonces, al definir el equilibrio de largo plazo de la industria se debe agregar una nueva condición, que requiere que la empresa marginal (esto es, la empresa con mayores costos) esté indiferente entre entrar a producir o no:

Definición 26. *Dada una demanda agregada* $X_\ell\,(p_\ell, p_{\ell'}, m_1, ..., m_I)$, *una función de ganancia de cada empresa* $\pi_j(w_1, w_2, p)$, *y una oferta de cada empresa* $q_{\ell j}\,(w_1, w_2, p_\ell)$, *el equilibrio de largo plazo está formado por una asignación de producción y consumo, un precio* p_ℓ^* *y un número de empresas* J^* *que satisfacen:*
i) exceso de demanda nulo: $X_\ell\,(p_\ell^*, p_{\ell'}, m_1, ..., m_I) = \sum_{j=1}^{J^*} q_{\ell j}\,(w_1, w_2, p_\ell^*)$;
ii) condición de libre entrada: $\pi_{j'}(w_1, w_2, p_\ell^*) = 0$ *para la empresa* j' *marginal.*

Si la tecnología puede ser gratuitamente copiada por cualquier empresa, el equilibrio de largo plazo requiere que todas las empresas tengan ganancia nula. El nivel de producción de cada empresa es aquél en que el costo marginal se iguala al precio; para que cada empresa tenga ganancia nula debe ser cierto además que el precio de equilibrio de largo plazo es igual al costo medio, por lo que debe ser cierto que ese precio es el nivel del costo marginal que coincide con el costo medio (lo que ocurre cuando el costo medio es el mínimo).

Sea $\bar{c}$ el nivel de costo medio mínimo. En una industria con estas características, entonces, el precio de equilibrio de largo plazo será $p_\ell^* = \bar{c}$. Partiendo de una situación de equilibrio de largo plazo, si aumenta la demanda de mercado el precio de equilibrio puede aumentar transitoriamente mientras no entren nuevas empresas. Pero este mayor precio permite que cada empresa obtenga una ganancia positiva, lo que induce a nuevas empresas a entrar a la industria. La entrada de empresas hace que aumente la oferta agregada, y por consiguiente que baje el precio nuevamente. Al ajustarse J^* el precio de equilibrio debería volver a su nivel de equilibrio de largo plazo, $\bar{c}$. Es por esto que decimos que en este caso la oferta de largo plazo de la industria es **completamente elástica** (sin considerar discontinuidades) en el nivel en que el costo medio es mínimo. Esto es evidentemente coincidente con los que se dijo antes: la tecnología agregada en este caso es de rendimientos constantes a escala.

Si la tecnología no puede ser copiada sin costo, de modo que las potenciales entrantes tienen costos más altos de producción, van a seguir entrando nuevas empresas a la industria mientras la empresa marginal obtenga una ganancia positiva. En este caso, si las nuevas entrantes tienen un costo medio mínimo más alto que las existentes, la oferta de largo plazo no será completamente elástica. Esto implica que aun en el largo plazo de la industria algunas empresas obtendrán ganancias (aquellas que tienen el recurso escaso y no replicable que es el responsable de sus menores costos: buenos investigadores, ubicación geográfica, etc.). Esta ganancia de largo plazo recibe el nombre de **renta ricardiana**. Dado que es el factor escaso que permite reducir costos el causante de la renta ricardiana, es esperable que dicha renta se refleje en el precio del recurso (el salario de los ejecutivos, costo del terreno, etc.), por lo que finalmente son los dueños de dicho factor escaso quienes reciben la renta.

EJERCICIOS

1. (*) Preguntas cortas

   a) La curva de oferta agregada corresponde a la suma horizontal de curvas de costo marginal. Comente.

   b) Si en una industria todos los productores operan con rendimientos decrecientes a escala, entonces la tecnología agregada también sería de rendimientos decrecientes. Comente.

   c) Una empresa que desee maximizar sus ganancias debe necesariamente minimizar sus costos de producción. Comente.

   d) Explique por qué una empresa que opera en un mercado perfectamente competitivo se comporta como amante del riesgo frente a la incertidumbre respecto del precio al cual podría vender el bien.

   e) Explique por qué una industria con rendimientos crecientes no puede ser perfectamente competitiva.

2. (*) Considere una industria compuesta por N empresas competitivas e idénticas, cada una con una función de producción de la forma:

$$q = aK^{1/4}L^{1/4}$$

   Donde a es un parámetro que mide la tecnología disponible para la empresa. Sea p el precio del producto final, y w_K y w_L los precios de los factores K y L respectivamente.

   a) Derive la curva de oferta de cada empresa si puede elegir libremente la cantidad de factores a contratar (*largo plazo de la empresa*), y calcule su elasticidad precio $\varepsilon_{q,p}$.

   b) Derive la curva de oferta de cada empresa si el capital está fijo en un nivel $\overline{K}$ (*corto plazo de la empresa*), y calcule su elasticidad precio $\varepsilon_{q,p}$. Compare con su resultado en *a*) y explique por qué son diferentes ambas elasticidades (intuición).

   c) Suponga ahora que, si produce, la empresa debe pagar una patente de monto $F = 100$ (fijo). Encuentre la curva de oferta de la empresa, e indique cuál será el precio que prevalecerá en el *largo plazo de la industria* (en que pueden entrar libremente nuevas empresas a la industria, y salir de ella). En su respuesta suponga que todos los factores son variables, y que $a = 1 = w_L = w_K$. Justifique claramente su respuesta.

3. (**) Considere una industria compuesta por J empresas idénticas, con funciones de producción de la forma $q = AK^{1/4}L^{1/4}$, donde A es un parámetro que la empresa no puede afectar, q es la cantidad producida por la empresa (y Q la cantidad producida por la industria). Los precios

de los factores K y L son $w_K = w_L = 1$. Si produce, la empresa debe pagar una patente de monto 50 (es decir, este es un costo fijo evitable). La empresa enfrenta un precio p por el producto.

$a)$ Derive la curva de oferta de la empresa cuando K y L son variables, y grafíquela. En su respuesta debe expresar la oferta como q en función del precio p.

$b)$ Suponga que $A = 2$. Describa y grafique la curva de oferta de la industria cuando hay libertad de entrada y salida de empresas a la industria (largo plazo de la industria).

4. (**) En un mercado competitivo, el costo de la empresa k está dado por:

$$C(q_k) = 200 + 10q_k + 2q_k^2$$

La demanda inicialmente es:

$$P = 100 - \frac{1}{8}Q$$

Inicialmente, existen 40 empresas, cada una de las cuales produce 10 unidades, que son vendidas a un precio unitario de \$50. Determine qué ocurriría si la demanda, producto de un aumento en el ingreso, se desplazara hasta

$$P = 200 - \frac{1}{8}Q$$

En su respuesta, distinga claramente entre efectos inmediatos sobre precio y cantidades, y efectos a largo plazo (con entrada).

CAPÍTULO 12

EQUILIBRIO PARCIAL Y APLICACIONES

El análisis de equilibrio parcial se concentra en un único mercado, resumido en las funciones de oferta y demanda agregadas. El análisis supone que los cambios que pudieran ocurrir en este mercado no afectan al resto de la economía y que, por tanto, no tienen consecuencias intermediadas por cambios en precios de otros bienes, servicios o insumos. En efecto, invocamos la condición *ceteris paribus* –todo lo demás constante– para suponer que los precios de los otros bienes y de los insumos no cambian como resultado de lo que pase en el mercado bajo análisis. Evidentemente esto es una simplificación; el análisis de equilibrio general prescinde de ella. Ahora bien, esta simplificación puede entregar una buena aproximación en algunos casos. Por ejemplo, si el mercado en cuestión representara una proporción pequeña de la economía como un todo, variaciones importantes de la producción del bien no afectarían de manera apreciable los mercados de insumos. Además, si el bien representara una fracción minúscula del gasto de los consumidores, entonces fluctuaciones de su precio no tendrían efectos apreciables sobre el ingreso real de los consumidores. Si estas condiciones no se cumplieran, en cambio, la aproximación sería de peor calidad pues sólo nos mostraría los efectos de primer orden, ignorando los efectos indirectos, también llamados efectos de equilibrio general.

Por otra parte, el análisis de bienestar que típicamente se hace en equilibrio parcial se basa en los cambios de los excedentes de los participantes, medibles directamente a partir de las funciones de oferta y demanda agregadas. Este análisis, postulado por Arnold Harberger, forma parte del currículo habitual de los cursos de introducción a la economía. En este capítulo quisiéramos hacer dos cosas: (i) ejercitar estos conceptos en la variedad habitual de aplicaciones, y (ii) precisar su estatus con relación con la teoría de la demanda y las teorías de bienestar discutidas en el capítulo 9. Comenzamos por lo segundo.

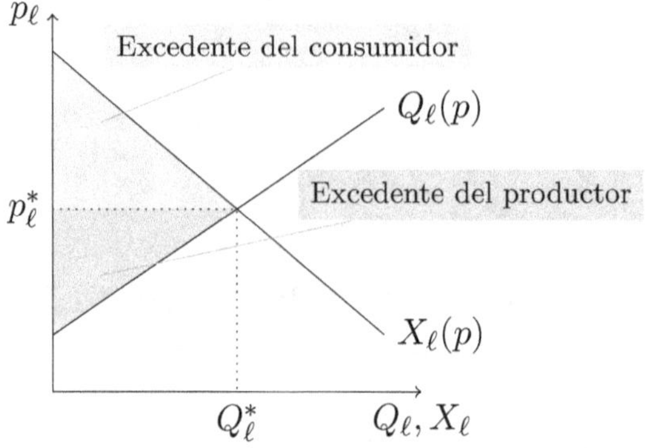

Figura 12.1 El excedente total

12.1. Los triángulos de Harberger

El punto de **equilibrio** (walrasiano) del mercado es aquella combinación de precio y cantidad total producida del bien ℓ, en que la oferta y demanda agregadas son iguales (vale decir, donde las funciones se cruzan). El **excedente del consumidor** (marshalliano) es la integral bajo la función de demanda inversa, hasta el precio, e intenta medir la diferencia entre lo máximo que los consumidores estaban dispuestos a pagar por el bien y lo que efectivamente pagaron. El **excedente del productor** es la integral entre el precio y la función de oferta inversa, y mide la ganancia conjunta de la industria cuando no existen costos fijos. El **excedente total** es la suma de los anteriores, e intenta medir la ganancia para la sociedad de la producción del bien ℓ en cuestión, medida en la unidad de cuenta. Este excedente es máximo precisamente en el punto de equilibrio, por lo que se suele decir que en equilibrio se produce el "óptimo social". Hablamos de triángulos porque cuando las funciones de oferta y demanda son lineales, tanto el excedente total como los del consumidor y del productor tienen forma triangular, como se aprecia en el gráfico 12.1.

Sin embargo, sabemos del capítulo 3 que el excedente del consumidor marshalliano no mide correctamente la disposición a pagar, correspondiendo ésta, en cambio, a la integral de la demanda hicksiana. Pero esto admite una excepción: el del bien neutro. En efecto, si el bien fuera neutro para todos los consumidores, entonces el excedente del consumidor marshalliano coincidiría con el excedente del consumidor verdadero, y la medida sería correcta. Por esa razón, supondremos en lo que resta del capítulo que el bien en cuestión es neutro, salvo que se indique lo contrario.

Por otro lado, cuando sugerimos que el excedente total mide la ganancia de la sociedad, implícitamente estamos suponiendo que la sociedad gana lo mismo sin importar cómo se distribuye ese excedente. Esto equivale al criterio utilitarista en el mundo cuasilineal, en el que, coincidentemente, todo bien salvo el numerario es neutral. En efecto, maximizar la utilidad total y maximizar el excedente total son equivalentes si todos los consumidores tienen funciones de utilidad cuasilineal con un numerario común.

Veamos estas ideas en mayor detalle. Por simplicidad, imaginemos que hay n réplicas del mismo consumidor y n réplicas del mismo productor –esto, con el único fin de simplificar los gráficos sin necesidad de recurrir al agente representativo, que por lo demás sabemos que existe en este mundo cuasilineal–. Cada consumidor (persona de tipo A) tiene una función de utilidad $u_A(x_{1A}, x_{2A}) = \phi_A(x_{1A}) + x_{2A}$; a su vez, cada productor (persona de tipo B) tiene una función de utilidad $u_B(x_{2B}, x_{3B}) = x_{2B} + \phi_B(x_{3B})$. Introducimos el bien 3 simplemente para no darles a los productores del bien 1 el interés de, además, consumir del bien que fabrican, evitando así que tengan dos roles. Suponemos que las funciones $\phi_i(\cdot)$ son crecientes, cóncavas y diferenciables. Cada consumidor toma su ingreso m y lo gasta: $p_1 x_{1A}$ en el bien 1, y el resto en el 2 (con precio $p_2 = 1$), de manera que su nivel de utilidad si compra x_{1A} unidades del bien es

$$u_A(x_{1A}, m - x_{1A}p_1) = m - x_{1A}p_1 + \phi_A(x_{1A}),$$

y su función de demanda $x_{1A}(p_1)$ satisface la condición

$$\frac{du}{dx_{1A}} = -p_1 + \phi'_A(x_{1A}) = 0. \tag{12.1}$$

Por su parte, el ingreso del productor son sus ganancias: $\pi(q_1) \equiv p_1 q_1 - C(q_1)$, donde $C(\cdot)$ es su función de costos, que imaginamos creciente y convexa. Luego, la utilidad de cada productor cuando produce q_1 unidades del bien 1 y vende su producción al precio p_1, es

$$u_B(p_1 q_1 - C(q_1) - x_{3B}p_3, x_{3B}) = p_1 q_1 - C(q_1) - x_{3B}p_3 + \phi_B(x_{3B}),$$

por lo que su función de oferta $q_1(p_1)$ satisface la condición que conocemos:

$$\frac{\partial u_B}{\partial q_1} = p_1 - C'(q_1) = 0. \tag{12.2}$$

El excedente total cuando cada oferente produce, y cada demandante consume, q unidades del bien 1 es entonces

$$ET = n\left(\underbrace{\int_0^q (\phi_A'(t) - p_1)dt}_{\text{excedente de cada consumidor}} + \underbrace{\int_0^q (p_1 - C'(t))dt}_{\text{excedente de cada productor}} \right)$$

Simplificando y resolviendo, obtenemos:

$$ET = n\int_0^q (\phi_A'(t) - C'(t))dt = n(\phi_A(q) - C(q))$$

Compárese con el criterio utilitarista: la suma de las utilidades es

$$U = n(u_A + u_B) \tag{12.3}$$
$$= n(m - x_{1A}p_1 + \phi_A(x_{1A}) - p_1 q_1 - C(q_1) - x_{3A}p_3 + \phi_B(x_{3A})),$$

en que si reemplazamos $q = x_{1A} = q_1$ y retiramos las "constantes" (es decir, los términos no relacionados con q) queda

$$U(q) = n(\phi_A(q) - C(q)).$$

Se verifica, entonces, nuestra aseveración previa, en cuanto a que maximizar el excedente total es exactamente el criterio utilitarista en el mundo cuasilineal. A su vez, el excedente total es máximo cuando se produce hasta que el costo marginal se iguala a la utilidad marginal del consumo del bien.

Por otro lado, este mercado está en un equilibrio walrasiano cuando las cantidades demandada y ofrecida totales son iguales:

$$nx_1(p_1) = nq_1(p_1)$$

En este equilibrio, de combinar las ecuaciones (12.1) y (12.2) sabemos que la utilidad marginal de todos los consumidores es igual al precio y, por su intermedio, igual al costo marginal de producción de cada productor. Luego, hay un solo nivel de producción y consumo q_1^* que es eficiente (criterio de Pareto), que maximiza la suma de las utilidades de todos los consumidores y productores (criterio utilitarista), y que maximiza el

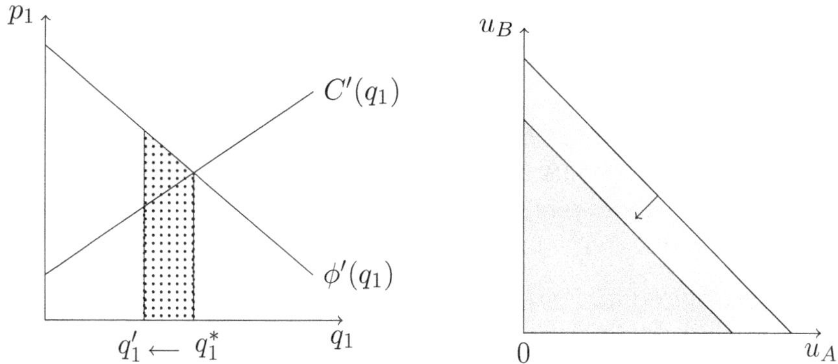

(a) Pérdida de excedente total $\qquad$ (b) Pérdida de utilidad total

En el equilibrio walrasiano, se producen q^* unidades del bien. Eso es óptimo desde las perspectivas utilitarista, de Kaldor y de Pareto. Si se produjera, por ejemplo, q'_1, los consumidores estarían dispuestos a pagar el área punteada del panel (a), bajo la curva de demanda, para conseguir $q^*_1 - q'_1$ unidades adicionales; a esa petición accederían con gusto los productores si se les pagara más que el costo de producción, medido bajo el área de la curva de oferta, o costo marginal. El no producir esas unidades entonces significa sacrificar excedente total o, equivalentemente, sacrificar utilidad total, como se muestra en el panel (b).

Figura 12.2   Los triángulos de Harberger

excedente total (criterio de Kaldor), todo a la vez, a saber, la cantidad que se produce en el equilibrio walrasiano.

Si la sociedad escogiera una cantidad menor a la que maximiza la utilidad total, habría una "pérdida social", o "pérdida irrecuperable". La figura 12.2 ilustra la pérdida de bienestar de producir una cantidad q'_1 menor que la de equilibrio, por simplicidad para el caso en que el número de productores y consumidores es igual, de modo que sea posible dibujar la demanda de un consumidor representativo contra la oferta de un productor representativo. El triángulo formado por la diferencia con la cantidad q^*_1, y atrapado entre las funciones de demanda y oferta, es un **triángulo de Harberger** (que llamamos así aún cuando no lo sea literalmente, ya sea porque la demanda o la oferta no sean lineales), y corresponde al excedente total que se pierde por no producir la cantidad óptima.[1]

Respecto de la distribución final de bienestar, siendo transferible la uti-

---

[1] En este punto quizás le sea útil recordar el ejemplo 13 del capítulo 9.

lidad, cualquier distribución de bienestar se puede alcanzar transfiriendo dinero entre los participantes, como viéramos en la sección 2.3.d. Desde el punto de vista utilitarista, así como del de Kaldor, tales transferencias son neutras para el bienestar social, porque la suma total de las utilidades de todos es siempre la misma. Desde el punto de vista de Rawls, en cambio, no hay nada neutral en esas transferencias, toda vez que hay un solo esquema de transferencias que maximiza el bienestar social, a saber, el que deja a todos con el mismo nivel de utilidad.

¿Podríamos reproducir este argumento si las funciones de utilidad no fueran cuasilineales? ¿Y si las funciones de utilidad no fueran cardinales sino meramente ordinales? Parecería en principio que sí, porque la disposición a pagar no es un concepto cardinal. Sin embargo, es crucial en la justificación de la cantidad de equilibrio como óptima en el sentido de maximizar el excedente total verdadero el supuesto de que el bien en cuestión sea neutro para todos los consumidores. De lo contrario, *la cantidad de equilibrio no maximizaría el excedente total verdero*. Esto se ilustra en la figura 12.3, para el caso de un bien normal. La disposición a pagar es la integral bajo la curva de demanda hicksiana. El excedente total verdadero, entonces, es máximo cuando cada productor produce q_1' unidades; en cambio, en el equilibrio, en que se producen q_1^* unidades, se maximiza el excedente total marshalliano. La discrepancia se produce porque la disposición a pagar se mide en la demanda hicksiana, no en la marshalliana. No obstante, el equilibrio competitivo sí produce una asignación eficiente, como veremos en extenso en los capítulos 13 y 15.

En suma, vemos que en el mundo cuasilineal:

- El excedente total verdadero y el marshalliano coinciden.

- Los criterios utilitarista y de Kaldor coinciden: maximizar la suma de las utilidades es lo mismo que maximizar el excedente total verdadero.

- Los triángulos de Harberger miden la pérdida de utilidad total, o de excedente total, cuando la decisión tomada es ineficiente.

Se sigue que el análisis de excedentes, o de triángulos de Harberger, tiene validez exacta en el mundo cuasilineal y bajo una concepción utilitarista del bienestar social. Fuera del mundo cuasilineal, su lógica sigue siendo utilitarista, pero su validez es solamente aproximada aún al margen de los efectos de equilibrio general.

Pasamos ahora a revisar las aplicaciones habituales de este método.

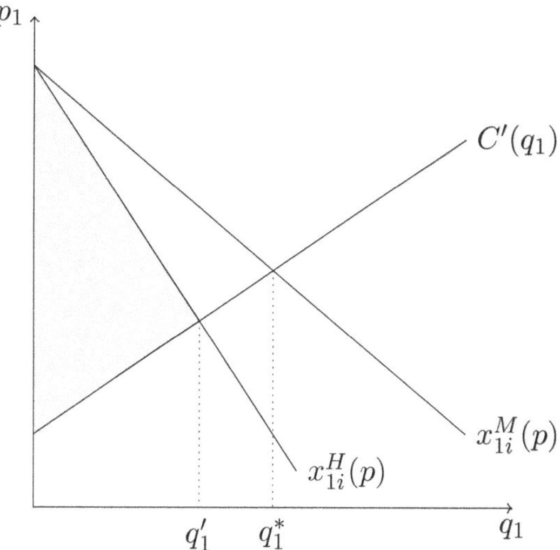

Figura 12.3 El excedente total verdadero no es máximo en el equilibrio walrasiano

12.2. EFECTOS DE UN IMPUESTO

Al introducir un impuesto de monto t sobre la producción o el consumo del bien ℓ, el precio que enfrentarán los demandantes será distinto del recibido por los oferentes. Si llamamos p_ℓ^p al precio recibido por los productores y p_ℓ^c al precio pagado por los consumidores, tenemos:

$$p_\ell^c \;=\; p_\ell^p + t \tag{12.4}$$

de modo que:

$$dp_\ell^c = dp_\ell^p + dt. \tag{12.5}$$

12.2.a. Precios y cantidades de equilibrio

El efecto de un cambio en t sobre los precios y cantidades producidas y consumidas en equilibrio depende de la elasticidad de la demanda y oferta agregada.

Con y sin impuesto, en equilibrio la cantidad ofrecida debe ser igual a la demandada. Luego, al introducir el impuesto el cambio en la cantidad

303

producida debe ser igual al cambio en la cantidad demandada:

$$\mathrm{d}X_\ell(p_\ell^c, p_{\ell'}, m_1, ..., m_I) = \mathrm{d}Q_\ell(w_1, w_2, p_\ell^p). \tag{12.6}$$

Multiplicando y dividiendo por $\mathrm{d}p_\ell^c$, p_ℓ^c y X_ℓ al lado izquierdo, y por $\mathrm{d}p_\ell^p$, por p_ℓ^p y Q_ℓ al lado derecho, podemos reescribir la igualdad anterior en función de las elasticidades η_{X_ℓ, p_ℓ} y $\varepsilon_{Q_\ell, p_\ell}$:

$$\left(\frac{\mathrm{d}X_\ell}{\mathrm{d}p_\ell^c} \frac{p_\ell^c}{X_\ell}\right) \frac{X_\ell}{p_\ell^c} \mathrm{d}p_\ell^c = \eta_{X_\ell, p_\ell} \frac{X_\ell}{p_\ell^c} \mathrm{d}p_\ell^c$$

$$= \varepsilon_{Q_\ell, p_\ell} \frac{Q_\ell}{p_\ell^p} \mathrm{d}p_\ell^p = \left(\frac{\mathrm{d}Q_\ell}{\mathrm{d}p_\ell^p} \frac{p_\ell^p}{Q_\ell}\right) \frac{Q_\ell}{p_\ell^p} \mathrm{d}p_\ell^p.$$

Recordando que $\mathrm{d}p_\ell^c = \mathrm{d}p_\ell^p + \mathrm{d}t$, obtenemos en general:

$$\eta_{X_\ell, p_\ell} \frac{X_\ell}{p_\ell^c} \left(\mathrm{d}p_\ell^p + \mathrm{d}t\right) = \varepsilon_{Q_\ell, p_\ell} \frac{Q_\ell}{p_\ell^p} \mathrm{d}p_\ell^p. \tag{12.7}$$

En el caso particular en que $t = 0$ originalmente, podemos evaluar la expresión anterior en $p_\ell^p = p_\ell^c$ y $Q_\ell = X_\ell$, por lo que al reordenar obtenemos simplemente:

$$\frac{\mathrm{d}p_\ell^p}{\mathrm{d}t} = \frac{\eta_{X_\ell, p_\ell}}{\varepsilon_{Q_\ell, p_\ell} - \eta_{X_\ell, p_\ell}} < 0 \tag{12.8}$$

Para encontrar el cambio en p_ℓ^c asociado, basta recordar que $\frac{\mathrm{d}p_\ell^c}{\mathrm{d}t} = \frac{\mathrm{d}p_\ell^p}{\mathrm{d}t} + 1$, de modo que obtenemos:

$$\frac{\mathrm{d}p_\ell^c}{\mathrm{d}t} = \frac{\varepsilon_{Q_\ell, p_\ell}}{\varepsilon_{Q_\ell, p_\ell} - \eta_{X_\ell, p_\ell}} > 0 \tag{12.9}$$

Es decir, partiendo de una situación con $t = 0$ en que $p_\ell^c = p_\ell^p$, si se incorpora un impuesto de monto $t > 0$ el precio de oferta disminuye y el precio de demanda aumenta, en magnitudes que dependen de la elasticidad de la oferta y la demanda agregada. Así, por ejemplo, si la demanda agregada es completamente inelástica, el precio de oferta no cambia (de modo que el impuesto es pagado íntegramente por los consumidores): con una demanda inelástica la cantidad producida de equilibrio no puede cambiar, por lo que los productores deben seguir recibiendo el mismo precio que recibían originalmente. En cambio, si la demanda es completamente elástica, el precio de demanda no cambia (y el impuesto es pagado por los productores): si el precio pagado por los consumidores aumentara ellos no comprarían en este caso, por lo que para seguir vendiendo su producto las empresas deben aceptar un menor precio (neto de impuesto).

304

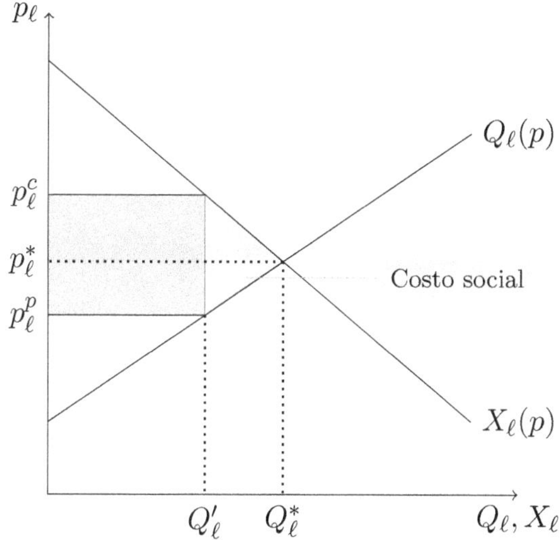

Figura 12.4 Costo social de un impuesto sobre el bien ℓ

12.2.b. Bienestar e incidencia

Supondremos nuevamente que el bien ℓ es neutro. Entonces, el cambio en bienestar de consumidores y productores puede ser evaluado directamente a través del cambio en el excedente del consumidor marshalliano y en el excedente del productor, respectivamente. Al poner un impuesto en general el bienestar de ambos cae: los consumidores deben pagar un precio más alto, y los productores reciben (neto de impuesto) un precio menor que el inicial.

Más aún, al cambiar la cantidad consumida y producida en equilibrio ya no se maximiza el excedente total, y no se logra una asignación eficiente. La contraparte de esto es que sólo una parte de la pérdida de bienestar de consumidores y productores corresponde a la ganancia del fisco (lo recaudado con este impuesto), mientras que otra parte no es "recuperable". Dicha pérdida de bienestar que no es compensada por la ganancia del fisco es lo que se ha denominado **costo social** del impuesto. Así, aun si el fisco decidiera devolver a los consumidores y productores lo que ellos contribuyeron con su pago del impuesto (definiendo esta contribución como $(p_\ell^c - p_\ell^*)\,\mathrm{d}X_\ell$ en el caso de los consumidores y $\left(p_\ell^* - p_\ell^p\right)\,\mathrm{d}Q_\ell$ para los productores), el bienestar de ellos seguirá siendo más bajo que el inicial, como se ilustra en la figura 12.4.

Las magnitudes del costo social que genera un impuesto de monto t (respecto de una situación sin impuesto, de modo que $dt = t$) atribuible a los consumidores (CSC) y a los productores (CSP), corresponden aproximadamente a [2]:

$$CSC = -0{,}5 dp_\ell^c \cdot dQ_\ell \tag{12.10}$$

$$CSP = 0{,}5 dp_\ell^p \cdot dQ_\ell \tag{12.11}$$

Multiplicando y dividiendo por los precios, cambios en precios y cantidades y reordenando para formar elasticidades, podemos expresar lo anterior como:

$$CSC = -0{,}5 \frac{Q_\ell}{p_\ell} \eta_{X_\ell,p_\ell} (dp_\ell^c)^2$$

$$= -0{,}5 \frac{Q_\ell t^2}{p_\ell} \eta_{X_\ell,p_\ell} \left(\frac{\varepsilon_{Q_\ell,p_\ell}}{\varepsilon_{Q_\ell,p_\ell} - \eta_{X_\ell,p_\ell}} \right)^2 \tag{12.12}$$

$$CSP = 0{,}5 \frac{Q_\ell}{p_\ell} \varepsilon_{Q_\ell,p_\ell} (dp_\ell^p)^2$$

$$= 0{,}5 \frac{Q_\ell t^2}{p_\ell} \varepsilon_{Q_\ell,p_\ell} \left(\frac{\eta_{X_\ell,p_\ell}}{\varepsilon_{Q_\ell,p_\ell} - \eta_{X_\ell,p_\ell}} \right)^2 \tag{12.13}$$

de manera que la suma de ambos es el costo social total (CS), que corresponde aproximadamente a:

$$CS = CSC + CSP$$

$$= 0{,}5 \frac{Q_\ell t^2}{p_\ell} \frac{\eta_{X_\ell,p_\ell} \cdot \varepsilon_{Q_\ell,p_\ell}}{\varepsilon_{Q_\ell,p_\ell} - \eta_{X_\ell,p_\ell}} \tag{12.14}$$

Entonces, la magnitud del costo social y su distribución entre consumidores y productores también depende de las elasticidades de las curvas de oferta y demanda agregadas. Así, por ejemplo, si la oferta agregada es completamente inelástica el costo social es nulo, debido a que el impuesto no afecta la asignación de recursos. Lo mismo ocurre si la demanda es completamente inelástica. En el primer caso, como la oferta agregada es completamente inelástica el bienestar de los consumidores no cambia y

---

[2] Las magnitudes corresponden a las integrales de las diferencias entre demanda y oferta con el precio original. Su cálculo exacto requeriría conocer estas funciones. La aproximación que adoptamos aquí supone que ambas funciones son lineales.

es el excedente de los productores es que cae; en cambio, si la demanda es completamente inelástica el bienestar de los productores no cambia y es el excedente de los consumidores el que disminuye. Ello, independientemente de si se trata de un impuesto cobrado a consumidores o a productores.

12.3. COMERCIO INTERNACIONAL

Hasta ahora hemos analizado el equilibrio de un mercado en autarquía. Ocurre, sin embargo, que el bien ℓ puede ser también importado o exportado. Sea p_ℓ^* el precio de equilibrio en ausencia de comercio internacional; si es posible importar el bien a un precio p_ℓ' (neto de costos de transacción) menor que p_ℓ^*, entonces los consumidores se beneficiarían de la apertura al comercio internacional. Los productores, sin embargo, se verían perjudicados: para vender el bien ℓ ellos también deben cobrar el precio p_ℓ'. El excedente neto, sin embargo, aumenta: la pérdida de los productores es menor que la ganancia de los consumidores. Esto es lo que se ha denominado el **beneficio social** del comercio internacional.

La cantidad importada del bien ℓ corresponde a la diferencia entre la cantidad X_ℓ' demandada al precio p_ℓ', y la cantidad producida internamente a ese precio, Q_ℓ'. La cantidad demandada en el nuevo equilibrio es posiblemente mayor que Q_ℓ^*, porque los consumidores enfrentan un precio p_ℓ' menor que p_ℓ^*. El aumento porcentual en la cantidad consumida depende de cuánto cae el precio, y de cuán elástica es la demanda agregada:

$$\frac{X_\ell' - Q_\ell^*}{Q_\ell^*} = \eta_{X_\ell,p_\ell} \frac{p_\ell' - p_\ell^*}{p_\ell^*}. \tag{12.15}$$

En cambio, la cantidad producida internamente al precio p_ℓ' es posiblemente menor que al precio p_ℓ^*; el cambio porcentual en la cantidad producida depende de cuánto cae el precio, y de cuán elástica es oferta agregada:

$$\frac{Q_\ell' - Q_\ell^*}{Q_\ell^*} = \varepsilon_{X_\ell,p_\ell} \frac{p_\ell' - p_\ell^*}{p_\ell^*}. \tag{12.16}$$

Luego, la cantidad importada del bien ℓ es

$$X_\ell' - Q_\ell' = (\eta_{X_\ell,p_\ell} - \varepsilon_{X_\ell,p_\ell}) \frac{p_\ell' - p_\ell^*}{p_\ell^*} Q_\ell^*. \tag{12.17}$$

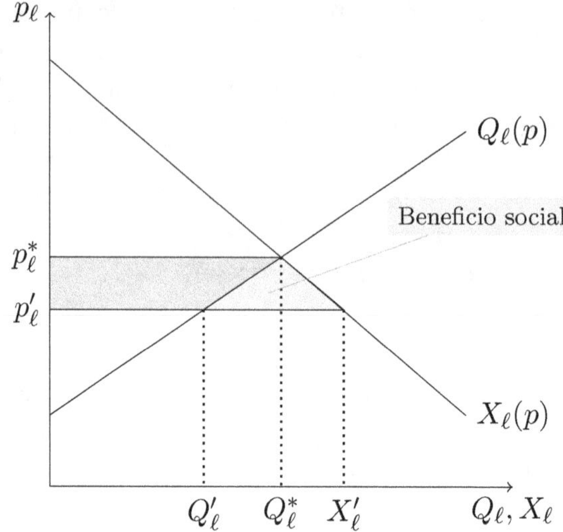

Figura 12.5 Importación del bien ℓ

Si la magnitud de la elasticidad de demanda es mayor, entonces es mayor el aumento en el consumo asociado a la reducción del precio desde p_ℓ^* hasta p_ℓ'; asimismo, mientras más alta es la elasticidad de la oferta, mayor es la reducción de la producción interna debido a esta misma reducción en el precio.

Ejercicios

1. (*) Considere una industria compuesta por empresas competitivas e idénticas. Suponga que el costo total de producción de cada empresa es de la forma: $C^* = 25 + 100q + q^2$.

   a) Describa la oferta de la industria de corto plazo (con N empresas operando), y de largo plazo (con libertad de entrada de nuevas empresas). En la descripción debe dar una expresión algebraica para la oferta de corto y largo plazo de la industria, y comparar sus elasticidades (pero no es necesario calcular elasticidades, basta con discutir por qué una elasticidad es más alta que la otra).

   b) Considere el caso en que la demanda de mercado es de la forma: $Q = 2200 - 10p$.

      1) Si inicialmente hay 100 empresas operando, ¿cuánto produce cada una, a qué precio venden y a cuánto asciende la ganancia que obtiene cada empresa?

      2) Si se permite la libre entrada de nuevas empresas, ¿cuántas empresas entrarán, y cómo cambiaría su respuesta a las tres preguntas anteriores?

2. (*) Considere a la empresa Pierdeteúna, que con una tecnología $q = \sqrt{(K + L)}$ produce 25 unidades del bien cuando los precios son $(p, w, r) = (50, 1, 5)$.

   a) Explique por qué los trabajadores alegan que el dueño de la empresa no es leal con ellos: apenas piden aumento de sueldo, quiere despedirlos a todos. (Alternativamente, caracterice las demandas por insumos).

   b) Encuentre la función de oferta de la empresa.

   c) Encuentre la función de oferta de la industria cuando hay 10 empresas idénticas a Pierdeteúna.

   d) Encuentre el equilibrio walrasiano cuando la demanda es $P = 100 - Q$. Explique por qué ese equilibrio no se sostiene en el largo plazo.

3. (*) En ausencia de cualquier tipo de subsidios o impuestos, el mercado de la leche se encuentra en equilibrio con un precio P_0 y una cantidad Q_0. El gobierno está considerando otorgar un subsidio a la leche equivalente a un 15 % del precio actual. Suponiendo que la elasticidad de la oferta es 0,8 y la de la demanda es $-0,2$, determine el efecto de este subsidio en el precio de la leche.

Comentarios bibliográficos

El análisis de bienestar basado en la medición de excedentes de productores y consumidores en equilibrio parcial, constituye una pieza fundamental de la evaluación social de proyectos. Harberger (1971) discute las bases conceptuales de este marco analítico. Fontaine (2008) presenta sus diversas aplicaciones en la evaluación social de proyectos.

Capítulo 13

Equilibrio general: intercambio

En este capítulo comenzamos a estudiar las propiedades del equilibrio competitivo para todos los mercados en forma simultánea; esto es, en equilibrio general, pero en una situación muy particular: el de una economía de intercambio puro. Una economía de intercambio puro es una economía en que no hay producción, sino que los individuos tienen dotaciones iniciales de bienes, que pueden intercambiar entre ellos, para luego consumir. La ventaja de iniciar el estudio del equilibrio general con este caso, es que nos permite entender algunos resultados importantes en el marco de un modelo simple, pequeño.

Aunque la habilidad de dibujar ofertas y demandas de la manera convencional se pierde al trabajar con todos los mercados en forma simultánea, existe otra herramienta analítica muy útil que las sustituye, introducida en el capítulo 9: la caja de Edgeworth. A diferencia de ese capítulo, en que tomábamos la disponibilidad total de bienes de la economía como punto de partida, ahora asumimos una distribución inicial de la dotación agregada entre los individuos. Esto, porque queremos mirar el funcionamiento del mercado, en que existe una asignación previa de derechos de propiedad sobre la que se define el intercambio.

Consideremos entonces el caso de dos consumidores, A y B (o dos grupos de consumidores, los de tipo A y de tipo B, donde todos los consumidores son idénticos entre sí al interior de cada grupo), que tienen dotaciones iniciales de los dos bienes $\ell = 1, 2$, y cuyas preferencias pueden ser representadas mediante funciones de utilidad cuasicóncavas, vale decir, con mapa de curvas de indiferencia convexas, o "preferencias convexas". La canasta de consumo final del consumidor $i \in \{A, B\}$ se denota $x^i = (x_{1i}, x_{2i})$, y su dotación inicial se denota $\overline{x}^i = (\overline{x}_{1i}, \overline{x}_{2i})$. Los consumidores son precio-aceptantes, enfrentando los precios p_1 y p_2 por los bienes 1 y 2, respectivamente.

Definición 27. *Decimos que una* **asignación** $\left(x^A, x^B\right)$ *es* **factible** *o* **alcanzable** *si* $x_{1A} + x_{1B} \leq \overline{x}_{1A} + \overline{x}_{1B}$ *y* $x_{2A} + x_{2B} \leq \overline{x}_{2A} + \overline{x}_{2B}$.

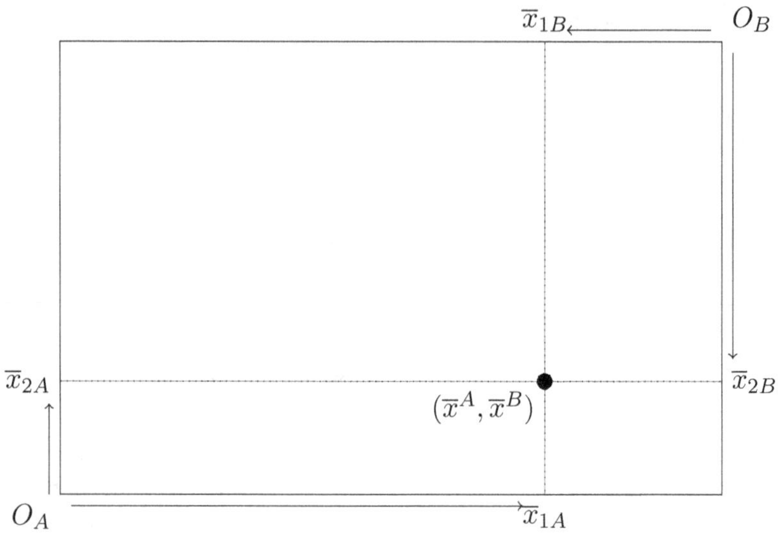

Figura 13.1 Dotación inicial en la caja de Edgeworth

Cuando consideramos asignaciones factibles que satisfacen las condiciones anteriores con igualdad (no hay desperdicio), podemos representarlas como puntos en la caja de Edgeworth, en que medimos la asignación del consumidor A desde la esquina sur-oeste, y la asignación del consumidor B en la esquina nor-este. En el eje horizontal medimos las cantidades del bien 1, y en el vertical medimos las cantidades del bien 2. Las dotaciones totales de ambos bienes determinan el tamaño de la caja de Edgeworth, como se representa en la figura 13.1.

13.1. Precios y asignación de equilibrio

Incorporemos ahora los precios p_1 y p_2, con $\frac{p_1}{p_2} \equiv p$ como la razón de precios, o precio relativo del bien 1. A partir de las dotaciones iniciales y de los precios podemos definir las restricciones presupuestarias de ambos consumidores (tal como lo hacíamos en el capítulo 1, cuando considerábamos el caso de un consumidor dotado de una canasta). En la caja de Edgeworth, las restricciones presupuestarias de ambos consumidores están sobrepuestas, ya que ambas pasan por el punto de la dotación inicial, y ambas tienen la misma pendiente (lo que se verifica constatando que se trata de ángulos alternos internos). Una vez definidas las preferencias y el conjunto de posibilidades de cada consumidor, se obtienen las demandas individuales de ambos bienes. Una propiedad importante de estas demandas es que son homogéneas de grado cero en precios p_1 y p_2. Esto se debe a que podemos reescribir la restricción presupuestaria como:

$$p\left(x_{1i} - \overline{x}_{1i}\right) + \left(x_{2i} - \overline{x}_{2i}\right) = 0 \tag{13.1}$$

Luego, si ambos precios cambian en igual proporción, la restricción presupuestaria no se ve afectada, por lo que la cantidad demandada no puede cambiar. En este caso, entonces, podemos escribir las demandas individuales como $x_{\ell i}^* = x_{\ell i}\left(p\right)$. En este contexto lo único que importa (y lo único que podemos determinar) es el precio relativo. Si partimos de la dotación inicial y trazamos ahora una curva que une las cantidades que cada consumidor querría consumir a cada precio relativo $\frac{p_1}{p_2}$, se define la **curva de oferta-demanda (O-D)**. Le llamamos curva de oferta-demanda, ya que para ciertos precios relativos el consumidor querrá consumir una mayor cantidad que su dotación en el bien 1 (será un demandante neto de este bien), mientras que para otros precios querrá consumir menos que su dotación inicial del bien 1 (será un oferente neto de este bien). Esta curva estará siempre por sobre la curva de indiferencia asociada a la dotación inicial, ya que sólo va a intercambiar si le resulta beneficioso[1].

En la figura 13.2 se ilustra parte de la curva de oferta-demanda para el consumidor A. Las líneas punteadas representan restricciones presupuestarias para el consumidor A (partiendo desde el origen O_A) para distintos precios relativos; a medida que aumenta el precio relativo del bien 1, la cantidad demandada de dicho bien disminuye en la medida en que el efecto sustitución domina al efecto ingreso. En el caso ilustrado en la figura, el consumidor 1 es un vendedor neto del bien 1, por lo que al aumentar p_1/p_2 el efecto sustitución tiene el signo opuesto al efecto ingreso si el bien es normal: por efecto sustitución cae la cantidad consumida de dicho bien, mientras que por efecto ingreso ella aumenta.

Tal como adelantáramos en el capítulo 10, en una economía de intercambio definimos el **equilibrio walrasiano** como una lista de precios (p_1^*, p_2^*) (o un precio relativo p^*) y una asignación de cantidades consumidas denotadas por $\{(x_{1i}^*, x_{2i}^*)\}$ para cada uno de los n consumidores que satisfacen: (i) las cantidades asignadas totales de cada bien son las

---

[1] Además, dado el supuesto de convexidad de las preferencias, si la curva de oferta-demanda tiene pendiente negativa, esta pendiente es decreciente (ver contraejemplo gráficamente).

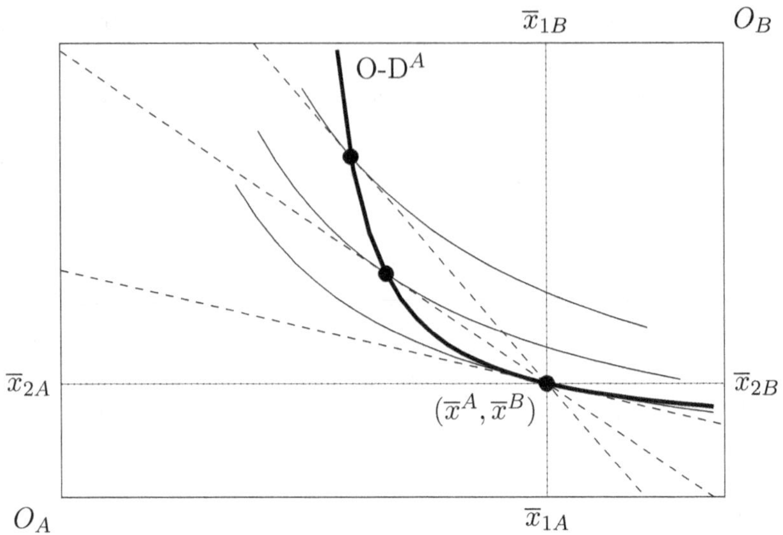

Figura 13.2 La curva oferta-demanda del consumidor A

que cada consumidor querría comprar a los precios vigentes (es decir, $x_{\ell i}^* = x_{\ell i}(p^*)$), y (ii) que la suma de las cantidades consumidas coincida con la de las dotaciones. Esto es, que

$$\sum_{i=1}^{n} x_{\ell i}(p^*) = \sum_{i=1}^{n} \overline{x}_{\ell i}, \qquad (13.2)$$

para todo ℓ.

Notemos ahora que todas las asignaciones en la caja de Edgeworth cumplen con las condiciones $x_{11} + x_{12} = \overline{x}_{11} + \overline{x}_{12}$ y $x_{21} + x_{22} = \overline{x}_{21} + \overline{x}_{22}$. Luego, las asignaciones en la caja de Edgeworth cumplen con la condición (ii). Esto implica que, si tomamos una asignación en la caja, sabemos que si uno de los consumidores es un demandante neto del bien ℓ (vale decir, consume más de lo que hay de ese bien en su dotación), el otro consumidor será un oferente neto de ℓ, y ofrecerá justamente la misma cantidad que el otro demanda. Por lo tanto, el equilibrio walrasiano se puede definir en este caso simplemente como una asignación de consumo x^* perteneciente a la caja de Edgeworth, y precio relativo p^*, tal que las cantidades establecidas en x^* son las que cada individuo querría consumir a los precios vigentes. Esto se representa en la figura 13.3.

De la definición de las curvas de oferta-demanda sabemos además que el equilibrio walrasiano ocurre al precio $\frac{p_1}{p_2} \equiv p$ en que las curvas O-D de

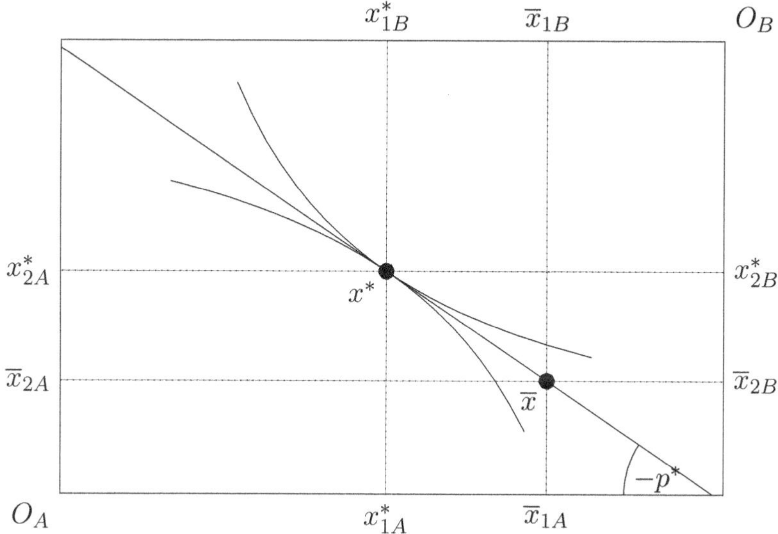

Figura 13.3 Equilibrio walrasiano en economía de intercambio

ambos consumidores se intersectan en la caja, como se ilustra en la figura 13.4. Si ambas curvas O-D tienen siempre pendiente negativa, es claro que tendremos un solo equilibrio walrasiano (dado que la pendiente de ambas curvas es negativa y decreciente, cuando se cruzan ya no se pueden volver a cruzar otra vez). Si el efecto ingreso es mayor que el efecto sustitución, la pendiente de la curva O-D puede pasar a ser positiva a partir de un determinado punto. Si las curvas O-D de ambos individuos tienen esta propiedad, entonces podemos tener más de un equilibrio walrasiano, como se muestra en la figura 13.5.

Para que exista (al menos) un equilibrio walrasiano, basta que la función de utilidad sea continua, cuasicóncava y fuertemente monótona (no saciedad: si aumenta el consumo de al menos un bien sin disminuir el de ningún otro, el individuo prefiere la nueva canasta), y que la dotación agregada de todos los bienes sea positiva. La intuición detrás de estas condiciones es la siguiente: si consideramos solamente el bien 1 (recordando que cuando este mercado está en equilibrio, el mercado del bien 2 también lo está por la ley de Walras), sabemos que hay algún precio como p_{alto} en que hay un exceso de oferta (por ejemplo, podemos considerar el precio que corresponde a la *TMSS* más alta entre *TMSS*^{A} y *TMSS*^{B} en la dotación inicial); asimismo, debe haber un precio como p_{bajo} en que hay exceso de demanda (por ejemplo, el menor entre *TMSS*^{A} y *TMSS*^{B}

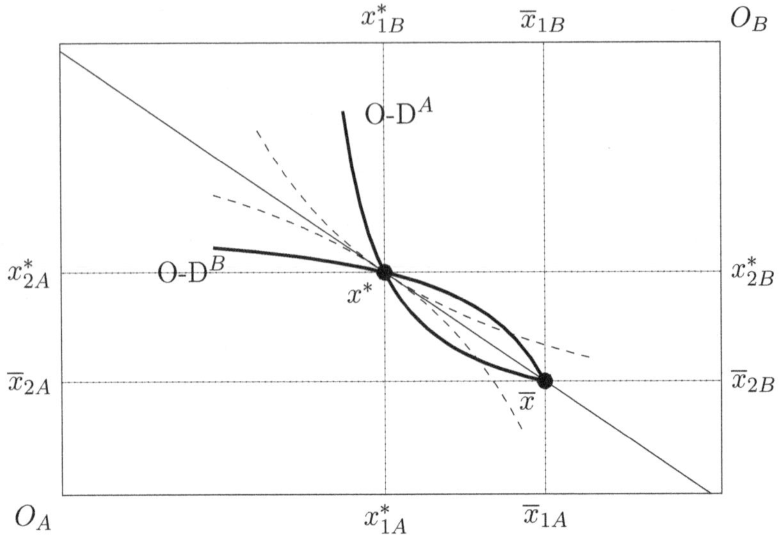

Figura 13.4 Equilibrio walrasiano y curvas de oferta-demanda

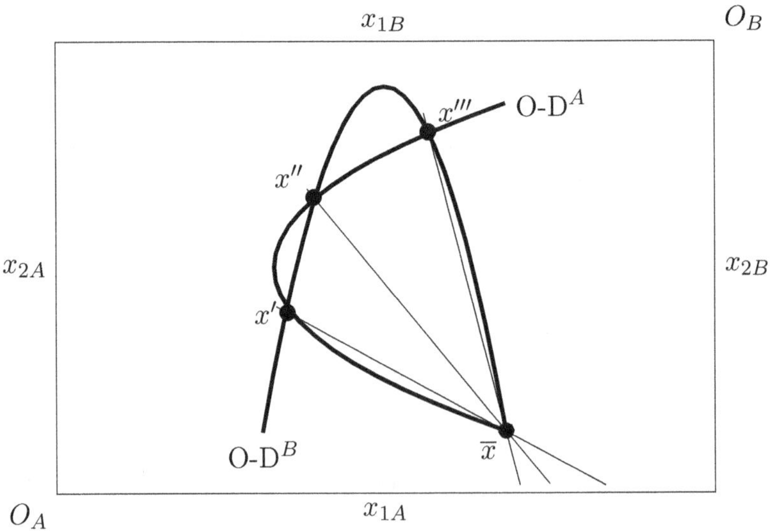

Figura 13.5 Un ejemplo de equilibrios múltiples

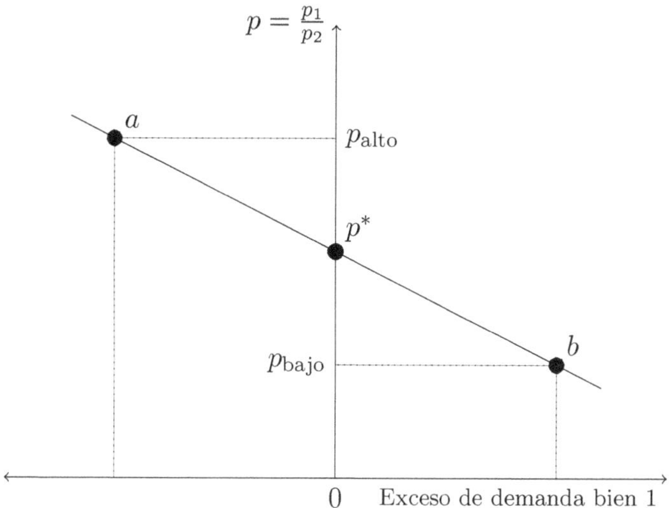

Figura 13.6   Existencia de un equilibrio walrasiano

en la dotación inicial). Esta situación se representa en la figura 13.6.

La continuidad y cuasiconcavidad de la función de utilidad asegura que las demandas son continuas, y ello permite imaginar que al unir los puntos a y b en el gráfico anterior, lo haremos mediante una función continua, y que por lo tanto debe cruzar al eje vertical en algún punto (el punto en que lo cruza es el precio de equilibrio, p^*). En el caso en que hay más de un equilibrio walrasiano, como el que veíamos antes, vamos a tener que al unir puntos como el a y el b mediante una función continua, ésta cruza al eje vertical más de una vez: en el ejemplo anterior lo cruzaba en tres puntos, como se refleja en la figura 13.7.

¿Qué propiedades tienen los tres equilibrios walrasianos encontrados en las figuras 13.5 y 13.7? Consideremos el punto x'. En el gráfico se aprecia claramente que si consideramos un precio relativo $p' < p < p''$, tendremos un exceso de oferta por el bien 1, de modo que p_1/p_2 tenderá a bajar más aún. Si consideramos un precio $p'' < p < p'''$, tendremos un exceso de demanda por el bien 1, de modo que p_1/p_2 tenderá a subir más aún. Luego, (x'', p'') es un equilibrio inestable. Lo contrario ocurre con los puntos (x', p') y (x''', p'''), que sí son estables (para verificarlo, tome precios menores que p' y precios mayores que p''', y verifique que el precio tiende al del equilibrio inicialmente considerado). Se verifica entonces que los precios de equilibrio que se encuentran en tramos en que la función de

317

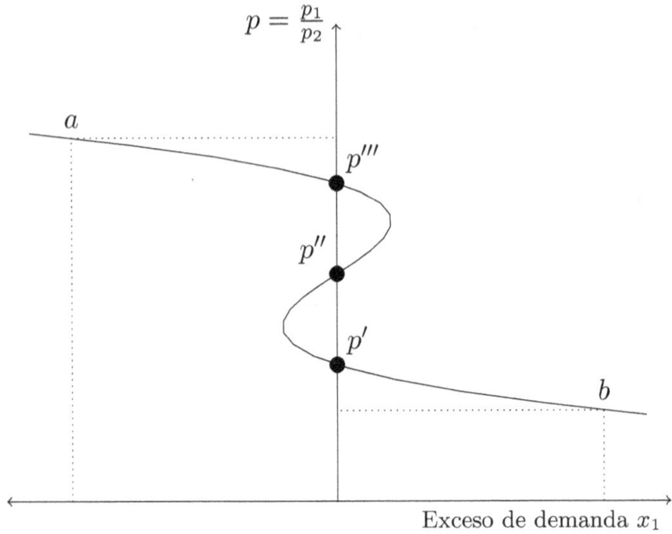

Figura 13.7   Existencia de tres precios de equilibrio

exceso de demanda tiene pendiente negativa son estables, mientras que aquellos que se encuentra en el tramo en que la función de exceso de demanda tiene pendiente positiva, son inestables.

13.2.   Primer teorema del bienestar

En esta sección presentamos una propiedad sumamente importante de la asignación de recursos que se alcanza en un equilibrio walrasiano, a saber, que es eficiente u óptima en el sentido de Pareto, según se definió en la sección 9.3:

Teorema 28 (primer teorema del bienestar). *La asignación de recursos que se alcanza en un equilibrio walrasiano es óptima en el sentido de Pareto.*

En efecto, en la sección 9.3.b obteníamos una caracterización de las asignaciones eficientes de bienes entre dos consumidores, a saber, que toda unidad de cada bien sea consumida por alguien, y que las tasas marginales de sustitución entre ambos individuos fuesen iguales.[2] Por su parte,

---

[2] Esta caracterización es válida en el caso en que ambos consumidores tienen funciones de utilidad crecientes, cuasicóncavas y diferenciables. El primer teorema del bienestar, no obstante, se cumple en condiciones más generales.

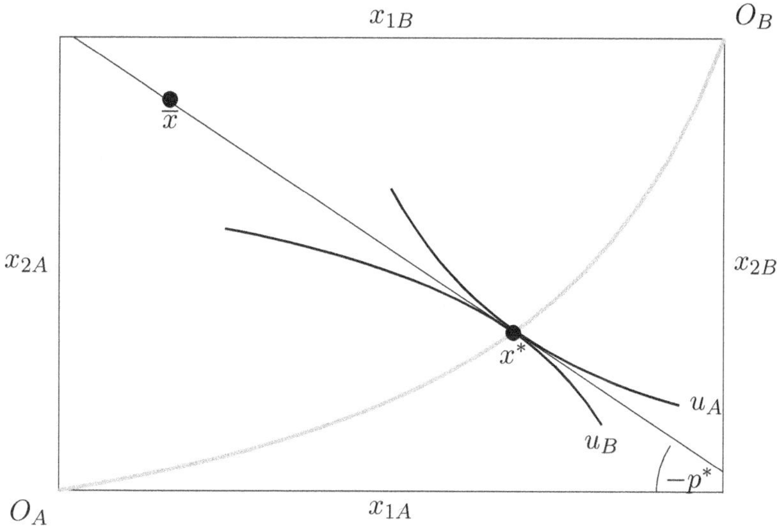

Figura 13.8 La asignación de equilibrio es eficiente
Al precio relativo p^*, los consumidores intercambian sus dotaciones $\overline{x}$ por sus canastas favoritas dentro de las que pueden comprar, x^*. Pero x^* está en la curva de contrato.

en el equilibrio la oferta de cada bien se iguala a la demanda, lo que significa que toda unidad existente es demandada –para su consumo– por algún consumidor. Más aún, la canasta escogida es tal que la tasa marginal de sustitución subjetiva es igual a la relación de precios; pero como todos enfrentan los mismos precios, se sigue que

$$TMS_A = TMS_B.$$

Esto se aprecia en la figura 13.8.

Al subconjunto compuesto por todas las asignaciones en la curva de contrato en que ninguno de los dos consumidores obtienen un nivel de utilidad menor que el inicial (antes de intercambiar), le llamaremos **curva de contrato restringida**. Es claro que luego del intercambio voluntario que acabe con todas las posibilidades mutuamente beneficiosas, se alcanzará algún punto de la curva de contrato restringida. Eso es precisamente lo que ocurre en un equilibrio walrasiano si no hay saciedad en el consumo.

Prescindiendo de la diferenciabilidad, podemos aún obtener este resultado notando que en un equilibrio walrasiano, la canasta que cada individuo recibe es la que él demanda a los precios de equilibrio, y por lo tanto, la que le permite alcanzar el máximo nivel de utilidad posible (o bienestar, según el axioma 0). Es decir, en la asignación de equilibrio ambos consumidores están en la frontera de su conjunto de posibilidades de consumo. Luego, cualquier canasta de consumo que deje a un consumidor estrictamente mejor, necesariamente se encuentra fuera de su conjunto de posibilidades de consumo. Pero asignar a este consumidor una canasta que lo deje fuera de su conjunto de posibilidades de consumo requiere asignar al otro individuo una canasta que lo deje por debajo de la frontera de su conjunto de posibilidades de consumo, lo que claramente representaría una pérdida de utilidad para él. Entonces, la única forma de que ambos estén mejor que en su asignación de equilibrio involucra usar más recursos de los que hay, es decir, no es factible.

13.3. Segundo teorema del bienestar

El teorema anterior es tremendamente importante, porque nos asegura que en una economía competitiva una asignación x^* de equilibrio no admite mejoras paretianas. Es decir, no hay otra asignación factible que permita a todos los consumidores alcanzar un nivel de utilidad más alto que el que alcanzarían en la asignación de equilibrio, ni tampoco que permita a algunos aumentar su utilidad sin disminuir la de otros. El alcance de dicho teorma, sin embargo, es limitado. En efecto, dadas las dotaciones iniciales, denotadas por $\overline{x} = \{(\overline{x}_{1i}, \overline{x}_{2i})\}$, el conjunto de asignaciones factibles que no admiten mejoras paretianas contiene (normalmente) muchas asignaciones; el primer teorema del bienestar sólo nos indica que x^* es una de ellas, pero no se pronuncia acerca de las otras asignaciones que también pertenecen al conjunto de Pareto.

Considere una asignación $x' = \{(x'_{1i}, x'_{2i})\}$ perteneciente al conjunto de Pareto, con $x' \neq x^*$. Una pregunta relacionada, pero diferente a la del primer teorema del bienestar, es la siguiente: ¿es posible que x' sea alcanzada como asignación de equilibrio en una economía competitiva? La respuesta es, bajo ciertas condiciones, afirmativa. En particular, si la función de utilidad de cada consumidor es continua, no hay saciedad y las curvas de indiferencia son (estrictamente) convexas, entonces al redistribuir las dotaciones iniciales de los consumidores, de modo que la nueva dotación sea x' (es decir, entregándole (x'_{1i}, x'_{2i}) a cada individuo i), la asignación de equilibrio resultante será justamente x'. Para verificar lo anterior, note que si x' pertenece al conjunto de Pareto, entonces dicha

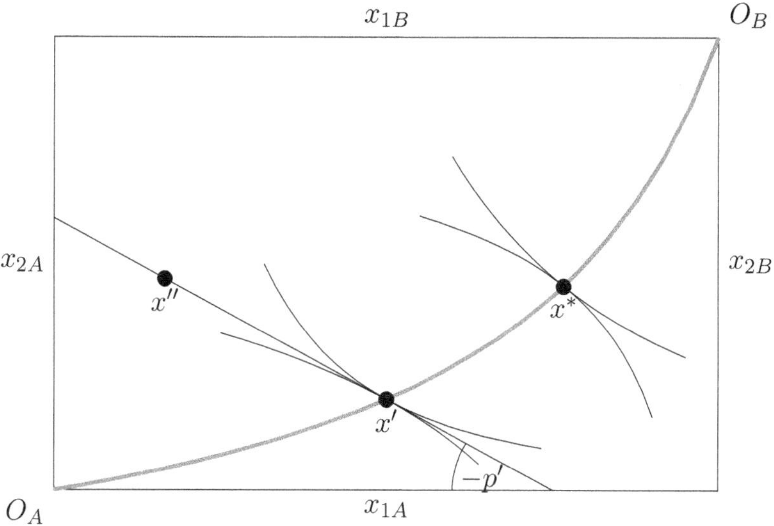

Figura 13.9   Redistribución de dotaciones

asignación es factible, por lo que:

$$\sum_{i=1}^{n} x'_{\ell i} = \sum_{i=1}^{n} \overline{x}_{\ell i} \tag{13.3}$$

para todo ℓ, y además en ese punto las *TMSS* de ambos consumidores son idénticas. Luego, si se considera un precio relativo p' igual a dicha *TMSS*, sabemos que p' y x' forman un equilibrio walrasiano de esta economía con dotaciones x'.

Más aún, si se redistribuye la dotación inicial de modo que la nueva dotación $x'' = \{(x''_{1i}, x''_{2i})\}$ sea factible, y que cumpla que

$$p'_1 x''_{1i} + p'_2 x''_{2i} = p'_1 x'_{1i} + p'_2 x'_{2i} \tag{13.4}$$

para todo i, también será posible alcanzar la asignación x' como asignación de equilibrio. En la figura 13.9 se muestra una asignación como esta. Este resultado es el que se conoce como el **segundo teorema del bienestar**.

Es importante recordar que el criterio de Pareto no nos permite ordenar las distintas asignaciones que pertenecen al conjunto de Pareto: todas ellas son eficientes, pero no podemos decir si unas son más o menos preferidas por la sociedad que otras usando dicho criterio. Ahora bien, suponga que mediante algún otro criterio (por ejemplo, el de Bentham o el de Rawls) se escoge dentro de todas las asignaciones eficientes una que es la óptima para la sociedad. La importancia del segundo teorema del bienestar es que nos indica que si x' es dicha asignación, entonces x' puede ser alcanzada como asignación de equilibrio en una economía competitiva. Note que la manera en que se lograría alcanzar dicha asignación no es por la vía de poner impuestos o subsidios discriminatorios (es decir, sólo para algunos individuos) al consumo, lo que distorsionaría los precios relativos e impediría lograr una asignación eficiente. En cambio, se lograría por la vía de redistribuir de manera adecuada las dotaciones de los individuos. Esto no significa que los precios no cambien al hacer la redistribución de dotaciones: posiblemente tendrá como consecuencia que el precio de equilibrio (p') sea distinto al que se alcanzaría en ausencia de redistribución. Pero todos los consumidores enfrentarán los mismos precios, lo que sí permitirá que la asignación de equilibrio alcanzada sea eficiente.

La utilidad práctica de este resultado, sin embargo, está limitada por la dificultad de implementar una redistribución de dotaciones. En cambio, lo común es que lo que se puede redistribuir sea algo afectado o definido por decisiones de las personas, como los ingresos laborales, o las ganancias de las empresas. Cuando esto ocurre, se afectan (o "distorsionan", en el lenguaje común de la profesión) las decisiones individuales y con ello el desempeño (eficiencia) de la economía.

Uno de los grandes desafíos de la política social es el diseño de un instrumento que permita transferir recursos a los más desposeídos, con el menor impacto posible sobre la actividad económica. Por una parte, la entrega de transferencias directas condicionadas en que el ingreso del individuo o la familia sea menor que un cierto umbral, puede en el margen afectar sus decisiones laborales. Recuérdese, por ejemplo, la discusión en el primer capítulo (subsección 1.3.c) acerca del efecto de la existencia de una transferencia sobre el salario de reserva, cuando la condicionalidad de la transferencia opera como un costo fijo asociado a trabajar. Por otra parte, la entrega de transferencias indirectas, como por ejemplo los subsidios al empleo, tienen la desventaja de la falta de focalización, toda vez que no todos los receptores pertenecen al grupo objetivo.

EJERCICIOS

1. (*) Considere una economía en la que hay 50 unidades del bien 1 y 100 del bien 2 para repartir entre las personas A y B, cuyas preferencias están dadas por:

$$
\begin{aligned}
u^A &= \min\left\{x_1^A, x_2^A\right\} \\
u^B &= x_1^B + \ln x_2^B
\end{aligned}
$$

   a) Encuentre el conjunto de asignaciones eficientes, o curva de contrato (un gráfico ayuda).

   b) Verifique que si las dotaciones iniciales son:

	x_1	x_2
A	0	100
B	50	0

   se alcanza un equilibrio walrasiano a los precios $\frac{p_1}{p_2} = 99$. Es decir, verifique que si A y B enfrentan dichos precios, al maximizar cada uno su utilidad sujeto a su restricción presupuestaria, se encontrará que la cantidad *total* demandada de x_1 será 50, y la cantidad *total* demandada de x_2 será 100. ¿Es un óptimo paretiano?

2. (*) Francisca usa un lápiz (L) y una hoja (H) para hacer cada dibujo, mientras que Benjamín prefiere tirar cosas a sus compañeros en lugar de dibujar –por cierto, cualquier cosa es igualmente buena para eso. Así, sus preferencias están dadas por $U^F = \min\{L, H\}$ y $U^B = L + H$, respectivamente. La profesora tiene 10 hojas y 5 lápices para repartir.

   a) Encuentre todas las asignaciones eficientes, y dibújelas en una caja de Edgeworth. AYUDA: más vale pensar que calcular.

   b) Suponga que la profesora se "equivoca" –después de todo, ella no tomó este curso– y le entrega 7 hojas y 4 lápices a Benjamín, y el resto a Francisca. Determine todos los trueques posibles que dejarían a ambos mejor.

   c) Compruebe que si la relación de precios es $\frac{P_H}{P_L} = 1$, se obtiene un equilibrio. Compruebe, asimismo, que la asignación de recursos resultante es óptima en el sentido de Pareto. ¿Significa esto que, en este simplificado mundo sin costos de transacción, da igual la distribución inicial de recursos, puesto que el intercambio siempre la llevará a un punto eficiente?

3. (*) Juan Fernando y Chileó son dos islas cercanas, cada una ocupada por un único habitante. En Juan Fernando sólo hay langostas, mientras que en Chileó sólo papas. En un mes, el fernandino atrapa 100 langostas,

mientras el chileoeño cosecha 500 papas. Curiosamente, ambas personas tienen idénticas preferencias por langostas (x_1) y papas (x_2), dadas por:

$$u(x_1, x_2) = x_1 x_2$$

Imagine por simplicidad que no existen costos de transacción ni de transporte entre ambas personas/lugares.

a) Encuentre la curva de contrato; esto es, el conjunto de asignaciones eficientes. Explique su procedimiento. Grafique.

b) Encuentre el equilibrio walrasiano de esta economía.

c) Verifique que la asignación encontrada en b) es eficiente; es decir, corresponde a un punto de la curva de contrato. ¿Es esto una particularidad de este ejemplo?

d) ¿Es el equilibrio walrasiano una predicción razonable de lo que sucederá en esta situación? ¿Cambia su respuesta si en lugar de uno, cada isla tiene un millón de habitantes idénticos?

4. (**) Imagine una economía de intercambio compuesta por dos (tipos de) individuos, A y B. Las preferencias de A y B se representan mediante las siguientes funciones de utilidad: $u^A = x_1^A \left(x_2^A\right)^{1/2}$; $u^B = \left(x_1^B\right)^{1/2} x_2^B$. Las dotaciones (denotadas por $\omega^i = \left(\omega_1^i, \omega_2^i\right)$) de A y B son respectivamente: $\omega^A = (100, 0)$; $\omega^B = (0, 150)$

a) Encuentre y caracterice lo más posible el conjunto de Pareto o curva de contrato de esta economía.

b) Encuentre el equilibrio walrasiano de esta economía, dadas las dotaciones iniciales indicadas en el enunciado. Muestre (algebraicamente) que la asignación encontrada pertenece al conjunto de Pareto (primer teorema del bienestar).

c) Escoja cualquier otro punto del conjunto de Pareto, e indique una forma de llegar a él a través del equilibrio competitivo, proponiendo transferencias entre los individuos que lo hagan posible (segundo teorema del bienestar).

5. (**) En una economía existen sólo dos consumidores, A y B, con las siguientes dotaciones iniciales de X e Y: $\omega^A = (10, 20)$; $\omega^B = (5, 5)$. La funciones de utilidad de A y B son de la forma:

$$\begin{aligned} u^A &= (x^A)^{0,5}(x^A)^{0,5} \\ u^B &= (x^B)^{0,5}(y^B)^{0,5} \end{aligned}$$

El gobierno de este país deja que los consumidores A y B intercambien voluntariamente X e Y entre sí, pero quiere tomar la siguiente medida: redistribuir ingresos quitando cinco unidades de Y al individuo A (de su dotación inicial), entregándoselas al individuo B. Analice cómo cambia

324

el equilibrio final con la aplicación de esta medida, comparando con el equilibrio final que se alcanzaría sin aplicarla. Muestre en un gráfico y justifique claramente su respuesta.

6. (**) En una isla sureña, en la que sólo hay dos bienes: trigo (x_1) y pasas (x_2), viven dos personas: Alfa y Beta. Sus preferencias se representan por:

$$u_\alpha(x_1, x_2) = \frac{1}{4}\ln x_1 + \frac{1}{4}\ln x_2$$
$$u_\beta(x_1, x_2) = x_1^3 x_2^3$$

a) Si Alfa y Beta contaran en total (es decir, entre ambos) con 100 unidades de x_1 y 200 de x_2, ¿cuáles serían las asignaciones eficientes (en el sentido de Pareto) de pasas y trigo? Explique claramente. Grafique.

b) Si la asignación (dotación) original de recursos fuera:

	Alfa	Beta
Trigo (x_1)	90	10
Pasas (x_2)	20	180

¿Cuál sería el conjunto de asignaciones a las que no se podría llegar a través de un proceso de negociación voluntario entre Alfa y Beta? Explique claramente. Grafique.

c) Encuentre las demandas (netas) de trigo y pasas para cada persona, en función de los precios p_1 y p_2, asociadas a la dotación descrita en b).

d) Encuentre el equilibrio (walrasiano) asociado a la dotación descrita en b). Grafíquelo.

e) Compruebe que la asignación encontrada en d) es una de las encontradas en a). ¿Por qué esto le sorprende (o no lo sorprende)?

f) ¿Le parece que su respuesta a d) es una predicción razonable de lo que va a ocurrir en la isla? ¿Puede imaginar alguna otra predicción, quizás igualmente razonable? Explique claramente.

7. (**) Considere una economía de intercambio (esto es, sin producción) compuesta de dos personas, A y B, que valoran el consumo de dos bienes, x_1 y x_2. A tiene 200 unidades del bien 1 y 600 del bien 2; B tiene 600 unidades del bien 1 y 600 del 2. Ambos tienen preferencias representables por medio de la función de utilidad:

$$u(x_1, x_2) = \text{mín}\{x_1, x_2\}$$

a) Encuentre el conjunto de mejoras paretianas respecto de la dotación inicial. Ilústrelo en una caja de Edgeworth. Explique.

b) Encuentre el conjunto de asignaciones eficientes. Ilústrelo en una caja de Edgeworth. Explique.

c) De acuerdo al primer teorema del bienestar, ¿qué asignaciones no se pueden conseguir en un equilibrio walrasiano?

d) Encuentre el conjunto de equilibrios walrasianos. (Ayuda: son muchos equilibrios; el camino del razonamiento debiera ser superior al del cálculo mecánico para encontrarlos). Ilústrelo en una caja de Edgeworth. Explique.

e) ¿Tiene sentido usar al equilibrio walrasiano como noción de equilibrio en este contexto?

f) Si en lugar de transar en mercados anónimos a precios dados, A le hiciera una oferta a B del estilo "tómalo o déjalo", y si B tuviera buenas razones para creer que no hay posibilidades de futuras negociaciones, ¿cuál cree que será el resultado? Es decir, ¿qué oferta hará A? ¿La aceptará B?

8. (***) Considere una economía compuesta por dos (tipos de) consumidores, A y B. Las preferencias de estos consumidores se pueden representar mediante las siguientes funciones de utilidad:

$$
\begin{aligned}
u^A &= \min\left\{x_1^A, x_2^A\right\} \\
u^B &= x_1^B \left(x_2^B\right)^2
\end{aligned}
$$

Las dotaciones iniciales de ambos individuos son las siguientes: $\omega^A = (80, 20)$ y $\omega^B = (20, 80)$.

a) Dibuje en la caja de Edgeworth la curva de oferta-demanda del consumidor A (recuerde que la curva de oferta-demanda muestra la cantidad consumida del consumidor para cada precio $p \equiv \frac{p_1}{p_2}$, dada la dotación inicial). ¿Cómo será entonces la asignación en el equilibrio walrasiano?, ¿puede ser de equilibrio una solución en que $x_1^A \neq x_2^A$? Justifique.

b) Encuentre la asignación y precio p de equilibrio walrasiano. Explique su procedimiento.

Capítulo 14

Precios de activos financieros

Este capítulo explota el modelo de la economía de intercambio desarrollado en el capítulo 13 para entender la formación de precios de activos financieros. Un activo o instrumento financiero es una promesa de entrega de recursos en el futuro, acaso condicional en la ocurrencia de ciertos eventos, que se intercambia por recursos en el presente. Algunos activos son promesas específicas, detalladas e incondicionales. Este es el caso de los instrumentos de renta fija, como los bonos de empresas, los pagarés, los efectos de comercio o los depósitos bancarios. Un bono, por ejemplo, típicamente especifica un calendario definido de fechas en las cuales el promitente o emisor del instrumento se compromete a pagar cantidades determinadas de dinero, expresadas en alguna unidad de cuenta (pesos, unidades de fomento o alguna moneda extranjera). Otros activos, como los de renta variable, son promesas menos precisas. Por ejemplo, una acción es una promesa de pago de dividendos, cuyo monto y fecha no están especificados a priori, sino que se decidirán al término de cada ejercicio contable, dependiendo de las condiciones del momento.

Hay, por consiguiente, dos dimensiones que son esenciales en la comprensión de lo que es un activo financiero, y cuya consideración es ineludible si se quiere entender su precio: el tiempo, porque las promesas se hacen en el presente, pero su cumplimiento ocurre (o no) en el futuro, y la incertidumbre, porque lo pagado puede diferir de lo prometido o porque las condiciones que gatillan un pago pueden darse o no (por ejemplo, una póliza de seguro).

En la sección 14.1 se interpreta a la dotación inicial de los consumidores como un perfil de flujos de recursos que se reciben a lo largo de la vida, y se estudia el intercambio de promesas de pago libres de riesgo, que se cumplen con probabilidad 1. Las secciones siguientes interpretan la dotación inicial de los consumidores como un perfil de flujos contingentes, en que los individuos no saben de cuántos recursos dispondrán en el futuro.

El intercambio de activos financieros se entiende como el intercambio de perfiles de pago con mayor o menor riesgo.

Cabe destacar que en ambos casos estamos en presencia de aplicaciones del modelo discutido en el capítulo anterior. Los resultados que obtuvimos en el caso general, en consecuencia, se aplican aquí. En particular, el primer teorema del bienestar es válido: la asignación del equilibrio walrasiano es eficiente, y por tanto el equilibrio de los mercados de activos también lo es.

14.1. Valor del tiempo

Describimos el problema de elección del ahorro y el consumo como uno en que un individuo dotado de un perfil de consumo intertemporal $(\bar{c}_0, \bar{c}_1)$ –esto es, que puede en principio consumir hasta $\bar{c}_0$ unidades de cuenta en el primer período ($t = 0$, el presente), y hasta $\bar{c}_1$ en el segundo ($t = 1$, el futuro)–, puede prometer la entrega de cantidades arbitrarias de unidades de cuenta en el futuro –siempre y cuando sea capaz de cumplir su promesa– y recibir a cambio un pago. Si pensamos en un crédito, el prestamista es el comprador de la promesa de pago, y quien se endeuda es el emisor. Si pensamos en un depósito bancario, el banco es el emisor de la promesa de pago, y el depositante el comprador. Así, podemos llamarle al comprador de la promesa *ahorrante*, y al vendedor *deudor*.

Enfrentando precios dados, y fijando como unidad de cuenta el consumo presente, el precio al que se transa en el mercado la promesa de entrega de una unidad de cuenta en el futuro es de p_1 unidades de cuenta en el presente. La tasa de retorno neta que obtiene un comprador de tal promesa es de:

$$r = \frac{1}{p_1} - 1 \tag{14.1}$$

Equivalentemente, $p_1 = \frac{1}{1+r}$. La **tasa de interés** define el precio al cual se intercambian recursos entre ambas fechas.

Puesto en una caja de Edgeworth, lo que tenemos son dos individuos, A y B, que posiblemente tienen dotaciones diferentes (es decir, distintos perfiles de ingreso a lo largo de la vida), y que además también pueden diferir en sus preferencias. En la figura 14.1 se observa el perfil de consumo que alcanzarían si cada individuo i consumiera su dotación inicial $(\bar{c}_{0i}, \bar{c}_{1i})$.

328

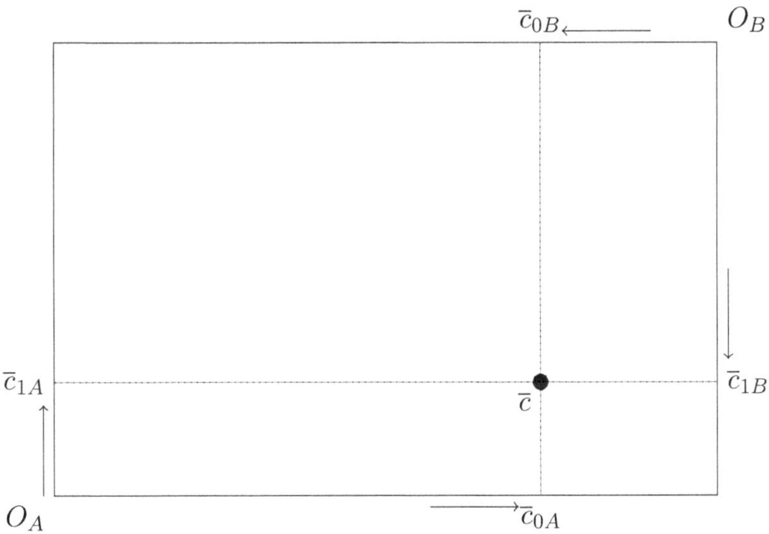

Figura 14.1 Caja de Edgeworth: consumo contingente

Si comercian, uno de ellos tomará el papel de prestamista y el otro de deudor. En equilibrio la tasa de interés debe dejar a ambos deseando tomar parte en la misma transacción. Así, por ejemplo, en la figura 14.2 el consumidor 1 consume $c_{0A}^* < \overline{c}_{0A}$ unidades en $t = 0$, ahorrando un monto $s_A = \overline{c}_{0A} - c_{0A}^*$, monto que coincide con la deuda del consumidor 2, $d_B = c_{0B}^* - \overline{c}_{0B}$.

Es común que las preferencias muestren un cierto sesgo hacia el presente. Le llamamos **tasa de impaciencia** ρ_i del individuo i a la siguiente cantidad:

$$\rho_i \equiv \left.\frac{\partial u_i/\partial c_0}{\partial u_i/\partial c_1}\right|_{c_0=c_1} - 1 \tag{14.2}$$

En palabras, la tasa de impaciencia es la tasa marginal de sustitución entre consumo presente y futuro menos 1, evaluada en un perfil de consumo constante. Si la tasa de impaciencia es igual a la tasa de interés, el individuo escogerá un perfil de consumo constante. En cambio, si es mayor que la tasa de interés, entonces el individuo preferirá consumir más en el presente que en el futuro. Si ahorra o desahorra depende también de cómo es su perfil inicial de ingresos. Considere por ejemplo una preferencia aditivamente separable en c_0 y c_1 representada mediante la

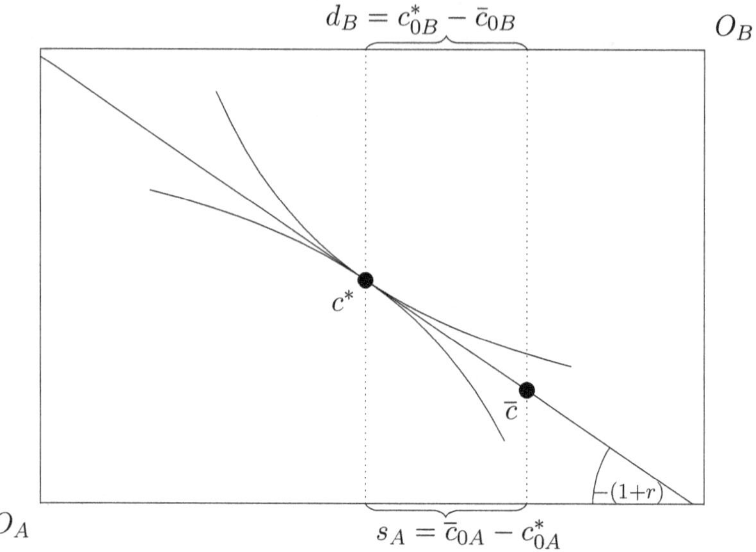

Figura 14.2 Equilibrio walrasiano y consumo intertemporal

siguiente función de utilidad sobre planes de consumo (c_0, c_1):

$$u\,(c_0, c_1) = \phi\,(c_0) + \delta\phi\,(c_1) \tag{14.3}$$

donde ϕ es cóncava y $\delta \in [0, 1]$ es el **factor de descuento**. Si $\delta < 1$, una unidad de consumo es valorada en $t = 0$ más si se materializa en el mismo $t = 0$ que si se materializa en $t = 1$. En este caso, la tasa de impaciencia es simplemente $\frac{1-\delta}{\delta}$. Si $\delta = 1$ no hay impaciencia, puesto que una unidad de consumo se valora igual en $t = 0$, independientemente del momento en que se reciba. Si $\delta = 0$, en cambio, la tasa de impaciencia es infinita. Un menor factor de descuento implica una mayor tasa de impaciencia.

En una economía con dos individuos con factores de descuento δ_A y δ_B respectivamente, y en que la dotación agregada en los dos períodos es la misma, la asignación eficiente de los recursos depende de la relación entre δ_A y δ_B. Si ambos individuos tienen igual factor de descuento δ, el conjunto de asignaciones eficientes es uno en que su nivel de consumo es constante a través del tiempo (aunque puede diferir entre ellos). En este caso, la tasa de interés de equilibrio será $\frac{1-\delta}{\delta}$. Si, en cambio, $\delta_A > \delta_B$, el conjunto de asignaciones eficientes es uno en que el primer individuo consume menos en $t = 0$ que en $t = 1$, y lo contrario ocurre con plan de consumo del segundo individuo. La tasa de interés de equilibrio, a su vez, necesariamente estará entre $\frac{1-\delta_A}{\delta_A}$ y $\frac{1-\delta_B}{\delta_B}$.

Ejercicio 22. Suponga que la dotación agregada es mayor en el primer período que en el segundo. Caracterice el conjunto de asignaciones eficientes cuando $\delta_A = \delta_B$. ¿Cómo será la tasa de interés de equilibrio en este caso? $\qquad\square$

Así, las ganancias del intercambio dependen de qué tan disímiles son los perfiles de ingreso y de qué tan disímiles son las preferencias.

14.2. Valor del riesgo

Decíamos que un activo es una promesa de pago en alguna fecha futura determinada, y cuyo valor depende de la ocurrencia de ciertos eventos. En este sección se extiende este análisis a un contexto con incertidumbre. Por ejemplo, tanto el valor de la acción de una compañía de seguros, como el dividendo que pague, dependen en buena medida de la siniestralidad registrada en el año; esto es, del total de pérdidas de los asegurados que la compañía debe cubrir. En general, el valor de cualquier promesa de pago depende de una serie de factores que inciden en la capacidad del emisor de cumplir con su compromiso.

De esta manera, tomamos el modelo de una economía de intercambio y reinterpretamos las canastas de bienes como perfiles de pago contingentes en una economía de un solo bien. Así, los individuos están dotados del derecho a consumir un número determinado de unidades del único bien en un estado, y otro número (en principio distinto) de unidades en otro estado, lo que se puede representar en una caja de Edgeworth. Pensemos, tal como en la sección 8.4 (el problema de la cartera), en un caso simple en que:

- Existen sólo dos períodos: $t = 0$, el "presente", y $t = 1$, el "futuro".

- Se visualizan para el futuro sólo dos escenarios o estados de la naturaleza, $s = 1, 2$.

- Hay dos activos, 1 y 2. Sea r_{sk} el pago o valor del activo k en el escenario s. Los pagos de los activos disponibles pueden representarse en una matriz R, cuyas filas indican el estado de la naturaleza y cuyas columnas el activo, de manera que

$$R = \begin{pmatrix} r_{11} & r_{12} \\ r_{21} & r_{22} \end{pmatrix}.$$

Ejemplo 14. Consideremos los siguientes activos:

$$R = \begin{pmatrix} 5 & 1 \\ 0 & 4 \end{pmatrix}.$$

Esta matriz indica que existen dos activos (porque tiene dos columnas) y dos estados (dos filas). En el primer estado, el activo 1 paga cinco unidades de cuenta, mientras que el 2 sólo una; en el segundo, el primer activo no paga nada, mientras que el segundo cuatro unidades de cuenta.

$\square$

Denotamos por:

- x_k^i la cantidad comprada (si es positiva) o vendida (si es negativa) del activo k por el individuo i.

- p_k el precio del activo k en $t = 0$.

14.2.a. Activos puros

En esta sección se argumenta que un activo ordinario se puede entender como un paquete de componentes más pequeños, que llamaremos activos puros. Al comprar una cartera, el inversionista en realidad está comprando un paquete de tales activos puros, y tal como en el problema de la dieta (véase la sección 1.3.e), el valor de ese paquete se puede entender como el valor de la suma de sus componentes individuales.

Definición 29. *Un **activo puro** es una promesa de pago de una unidad de cuenta en un estado y nada en el otro estado.*

En el ejemplo 14, el activo que paga uno en el primer estado y cuatro en el segundo puede entenderse como una cartera que contiene una unidad del activo puro que paga en el primer estado, y cuatro unidades del activo puro que paga en el segundo.

Denotamos por $\hat{x}_s^i$ la cantidad comprada (si es positiva) o vendida (si es negativa) del activo puro que paga en el estado s por el individuo i, y por $\hat{p}_s$ el precio en $t = 0$ del activo puro que paga en el estado s.

Una cartera de x_1 unidades del activo ordinario 1 y de x_2 unidades del 2 contiene en realidad $r_{11}x_1 + r_{12}x_2$ unidades del activo puro 1, y $r_{21}x_1 + r_{22}x_2$ unidades del activo puro 2. Así, el problema del inversionista puede escribirse de dos maneras equivalentes:

$$\max_{x_1,x_2} u\left(c_1,c_2\right) \qquad (14.4)$$

$$\text{sujeto a:}$$

$$x_1 p_1 + x_2 p_2 \leq W$$
$$c_1 = r_{11}x_1 + r_{12}x_2$$
$$c_2 = r_{21}x_1 + r_{22}x_2$$

o bien:

$$\max_{\hat{x}_1,\hat{x}_2} u\left(c_1,c_2\right) \qquad (14.5)$$

$$\text{sujeto a:}$$

$$\hat{x}_1 \hat{p}_1 + \hat{x}_2 \hat{p}_2 \leq W$$
$$c_1 = \hat{x}_1$$
$$c_2 = \hat{x}_2$$

En la primera formulación el individuo compra una cartera de activos ordinarios (x_1, x_2), y por esa vía indirectamente está comprando una cartera de activos puros. En la segunda, el individuo compra directamente una cartera de activos puros. En este caso, si queremos saber qué cartera de activos ordinarios es la que consigue ese perfil de consumo sólo resolvemos el sistema:

$$c_1 = r_{11}x_1 + r_{12}x_2, \qquad (14.6a)$$
$$c_2 = r_{21}x_1 + r_{22}x_2. \qquad (14.6b)$$

Observe que el problema también puede escribirse de manera simplificada como:

$$\max_{c_1,c_2} u\left(c_1,c_2\right) \qquad (14.7)$$

$$\text{sujeto a:}$$

$$c_1 \hat{p}_1 + c_2 \hat{p}_2 \leq W$$

O, en el caso en que el individuo está dotado de un perfil contingente de flujos $(\bar{c}_1, \bar{c}_2)$ (y no de dinero, o de activos), la restricción se escribe:

$$c_1 \hat{p}_1 + c_2 \hat{p}_2 \leq \bar{c}_1 \hat{p}_1 + \bar{c}_2 \hat{p}_2 \qquad (14.8)$$

Volviendo al ejemplo 14, los precios de los activos 1 y 2 debieran satisfacer:

$$p_1 = 5\hat{p}_1 + 0\hat{p}_2 \tag{14.9a}$$

$$p_2 = 1\hat{p}_1 + 4\hat{p}_2 \tag{14.9b}$$

Observe que en este caso si supiéramos los precios de los activos ordinarios podríamos deducir los precios de los activos puros implícitos, puesto que contamos con un sistema de dos ecuaciones lineales en dos incógnitas. Por ejemplo, si $p_1 = 2$ y $p_2 = 2{,}4$, deducimos que $\hat{p}_1 = 0{,}4$ y $\hat{p}_2 = 0{,}5$. Así, tenemos que:

Conclusión. Si conocemos los precios de los activos puros podemos calcular los precios de los activos ordinarios, y viceversa.

14.2.b. La distribución eficiente del riesgo

Hasta el momento hemos descrito el comercio de activos con preferencias generales sobre perfiles de consumo contingente. En el capítulo 8, en cambio, discutimos una clase particular de preferencias bajo incertidumbre, la función de utilidad esperada (ecuación 8.4).

Si todos los individuos tienen preferencias Von Neumann Morgenstern y comparten las mismas creencias (esto es, si todos le asocian las mismas probabilidades a cada estado), entonces podemos caracterizar de manera bastante completa a las asignaciones eficientes de perfiles de consumo.

El punto de partida es el hecho de que en una asignación eficiente, todos comparten la misma tasa marginal de sustitución. Por otro lado, si todos los individuos tienen preferencias Von Neumann Morgenstern, entonces sus tasas marginales de sustitución ($TMSS$) son de la forma:

$$TMSS^i = \frac{\pi_1^i \, u_i'\left(c_1^i\right)}{\pi_2^i \, u_i'\left(c_2^i\right)} \tag{14.10}$$

Más aún, si todos los individuos tienen las mismas creencias, entonces:

$$\frac{\pi_1^A}{\pi_2^A} = \frac{\pi_1^B}{\pi_2^B} \tag{14.11}$$

y la condición de igualación de las tasas marginales de sustitución queda:

$$\frac{u_A'\left(c_1^A\right)}{u_A'\left(c_2^A\right)} = \frac{u_B'\left(c_1^B\right)}{u_B'\left(c_2^B\right)} \tag{14.12}$$

Por otro lado, observe que si la función Bernoulli $u_i(c)$ es cóncava, entonces $u_i'(c)$ es una función decreciente, por lo que:

$$\frac{u_i'\left(c_1^i\right)}{u_i'\left(c_2^i\right)} \gtreqless 1 \iff u_i'\left(c_1^i\right) \gtreqless u_i'\left(c_2^i\right) \iff c_1^i \lesseqgtr c_2^i \tag{14.13}$$

En palabras, para cualquier consumidor averso al riesgo la razón de utilidades marginales del consumo en el estado 1 respecto del 2 es mayor que 1 si y sólo si consume menos en el primer estado que en el segundo, y es menor que 1 si y sólo si consume más en el primer estado que en el segundo.

Luego, en una asignación eficiente todos los consumidores se ubicarán en el mismo lado de la línea de certeza; esto es, todos "apuestan" al mismo estado. Esto significa que los consumos de todos los individuos están correlacionados positivamente y de manera fuerte.

De la misma manera, si uno tiene un perfil de consumo libre de riesgo, entonces el otro también.

Decimos que en una economía existe **riesgo agregado** si la dotación agregada es distinta en ambos estados, y que no existe en caso contrario.

Si en la economía no existe riesgo agregado, y si todos los individuos son aversos al riesgo (esto es, si todos consideran al riesgo como un mal), es intuitivo que las asignaciones eficientes dejen a todos los individuos con un perfil de consumo libre de riesgo. En efecto, vemos que si todos consumen un perfil libre de riesgo, entonces la cantidad total de consumo a repartir entre los individuos va a ser la misma en ambos estados, y por otro lado se dará la condición de igualación de tasas marginales de sustitución, por lo que tal asignación de recursos es eficiente, como se observa en la curva de contrato de la figura 14.3.

Ejercicio 23. Caracterice la curva de contrato en una economía sin riesgo agregado, y en que los dos individuos que la componen son: (i) neutrales al riesgo; (ii) amantes del riesgo. $\square$

Conversamente, si existe riesgo agregado, entonces aun cuando todos los individuos scan aversos al ricsgo no cs cficicntc quc todos tcngan pcrfiles de consumo libres de riesgo, porque en ese caso se estarían desperdiciando recursos. En efecto, no hay forma de encontrar una asignación en que todos los individuos consuman un perfil libre de riesgo, y en que en cada

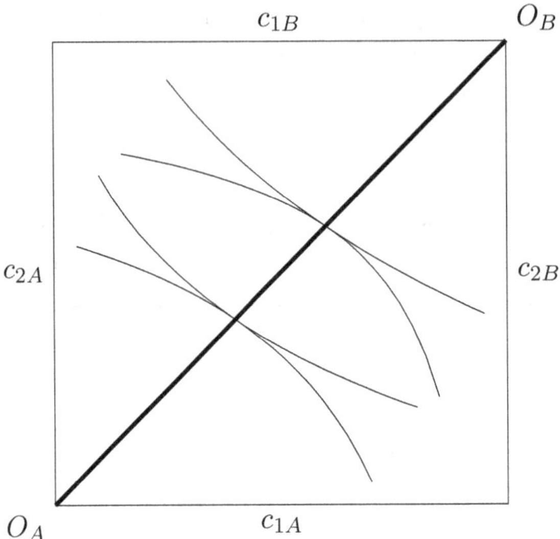

Figura 14.3 Ausencia de riesgo agregado y curva de contrato

estado el consumo agregado coincida con la dotación agregada. Suponga por ejemplo que el individuo 1 consume el perfil **b** y el individuo 2 el perfil **b'** en la figura 14.4; ambos perfiles de consumo están sobre la línea de certeza de cada individuo (y por lo tanto, la *TMSS* es $\frac{\pi_1}{\pi_2}$ en los dos), pero el consumo total es menor a la dotación en el estado 1, y mayor en el estado 2. Más aún, veíamos que todos los individuos tenían una *TMSS* mayor (menor) que 1 al mismo lado de la línea de certeza, por lo que necesariamente en una asignación eficiente todos "apuestan" al mismo estado. Así, la asignación **a** de la figura 14.4 es una asignación eficiente, en que ambos individuos consumen más en el estado 1, el estado de mayor abundancia. Se sigue que habiendo riesgo agregado, la asignación eficiente del riesgo es una en que todos toman algo de riesgo, y todos tienen perfiles de consumo con mayor concentración en el estado de mayor abundancia agregada. Todos tienen los mismos estados malos y los mismos estados buenos.

Toda esta discusión supone igualdad de creencias. Si, en cambio, un individuo es "más optimista" respecto de la ocurrencia de un estado que el otro, entonces ambos podrían estar de acuerdo en apostar a estados distintos. Se podría dar, por ejemplo, que aun cuando no existiera riesgo agregado, las asignaciones eficientes consideraran a ambos tomando algún grado de riesgo. Esto, puesto que en este caso sobre la línea de

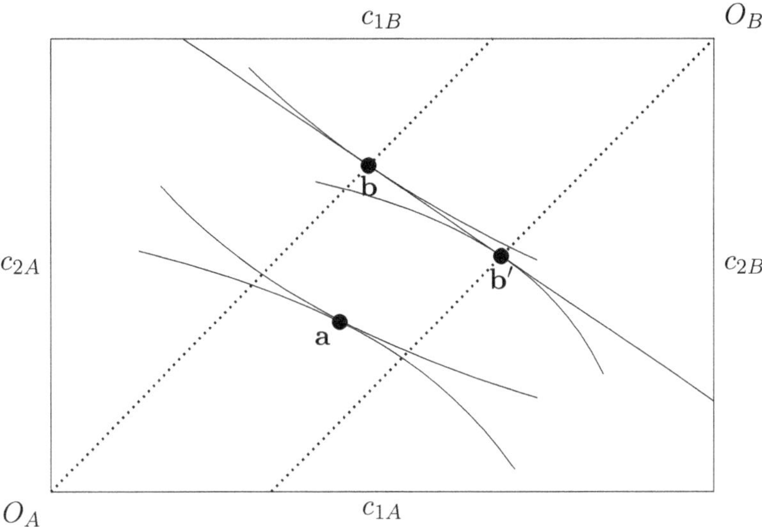

Figura 14.4 Distribución eficiente del riesgo cuando hay riesgo agregado

certeza la *TMSS* (que corresponde a π_1^i/π_2^i para cada i) ya no es igual para todos los individuos.

14.2.c. Precios de equilibrio

En esta sección explotamos el primer teorema del bienestar para deducir propiedades de los precios de equilibrio de los activos puros implícitos a partir de las propiedades de las asignaciones eficientes.

En primer lugar, en el caso de creencias homogéneas y sin riesgo agregado, la razón de precios de los activos puros debe ser igual a la razón de probabilidades. Esto, porque sabemos que en equilibrio se dará una asignación eficiente (primer teorema del bienestar); y sabemos que cualquier asignación eficiente en este caso deja a todos con un perfil de consumo libre de riesgo. Para que en equilibrio se demande un perfil de consumo libre de riesgo, por otro lado, debe ser cierto que la razón de precios es igual a la razón de probabilidades porque en la línea de certeza todos los individuos tienen *TMSS* iguales a la razón de probabilidades. Así, los precios de mercado son tales que la restricción presupuestaria reproduce la línea de juegos justos (véase la sección 8.2).

En segundo lugar, si existe riesgo agregado, sabemos que en una asignación eficiente todos consumen más en el estado de mayor abundancia. Para que esto sea así, la razón de precios de estados debe ser menor que la razón de probabilidades (entendiendo al estado de mayor abundancia como el del numerador de estas razones). Luego, los precios de mercado son tales que la restricción presupuestaria no es la línea de juegos justos. En ese sentido, los precios contienen un premio por la toma de riesgos.

EJERCICIOS

1. (*) Considere una economía con dos individuos. Uno de ellos es neutral al riesgo, mientras que el otro es averso al riesgo. Sus dotaciones (iniciales) de consumo en el estado 1 y 2 respectivamente son:

$$A \quad : \quad (c_1, c_2) = (100, 50)$$
$$B \quad : \quad (c_1, c_2) = (100, 50)$$

Las funciones de utilidad (esperada) de A y B son:

$$U^A \;=\; 0,5c_1 + 0,5c_2$$
$$U^B \;=\; 0,5\sqrt{c_1} + 0,5\sqrt{c_2}$$

   a) Explique intuitivamente por qué la asignación inicial no es eficiente.

   b) Imagine que ellos pueden transar activos puros. ¿Cuál sería el precio y la asignación de equilibrio de estos activos? Fundamente claramente su respuesta.

2. Considere una economía con dos individuos, ambos aversos al riesgo. Hay dos estados de la naturaleza: el estado 1, en que el tipo de cambio es alto, y el estado 2, en que el tipo de cambio es bajo. El individuo A es un exportador, por lo que gana más en el estado 1 que en el estado 2. El individuo B, en cambio, es un importador, y gana más en el estado 2 que en el estado 1. Suponga que no hay riesgo agregado, y que ambos individuos asignan la misma probabilidad de ocurrencia al estado 1, que llamaremos π_1.

   a) ¿Cómo es la asignación eficiente en esta economía? ¿Necesita conocer la función de utilidad para responder? Fundamente claramente.

   b) Imagine que ellos pueden transar activos puros. Explique cómo y por qué el precio relativo de equilibrio de los activos puros depende de π_1. Entonces, si usted quisiera saber cuál es la expectativa de devaluación de la moneda, discuta brevemente qué información (de precios de mercado) le serviría para ese propósito y por qué.

3. (*) Existen dos estados ($s = 1, 2$), un bien y dos individuos ($i = A, B$), con funciones de la forma:

$$u_i\left(c_1^i, c_2^i\right) = \pi_1^i lnc_1^i + \pi_2^i lnc_2^i$$

A tiene 100 unidades del bien en el estado 1 y nada en el 2; B tiene x unidades del bien en el estado 2, y nada en el 1.

   a) Suponga que $x = 200$ y que $\pi_1^A = \pi_1^B = \frac{1}{3}$.

   1) Encuentre las asignaciones eficientes de perfiles de consumo contingente.

2) Encuentre las demandas por activos puros de A y de B.

3) Encuentre el equilibrio walrasiano. Verifique que la asignación de equilibrio es una de las eficientes.

4) Explique por qué en equilibrio ninguno de los individuos escoge un perfil de consumo libre de riesgo.

5) Calcule las probabilidades neutrales al riesgo, y compárelas con las probabilidades efectivas. Explique.

b) Suponga que $x = 100$ y que $\pi_1^A = \pi_1^B$.

1) Encuentre las asignaciones eficientes de perfiles de consumo contingente.

2) Encuentre las demandas por activos puros de A y de B.

3) Encuentre el equilibrio walrasiano. Verifique que la asignación de equilibrio es una de las eficientes.

4) Explique por qué en equilibrio ambos individuos escogen un perfil de consumo libre de riesgo.

c) Suponga que $x = 200$ y que $\pi_1^A = 1$ y $\pi_1^B = 0$.

1) Encuentre las asignaciones eficientes de perfiles de consumo contingente.

2) Encuentre las demandas por activos puros de A y de B.

3) Encuentre el equilibrio walrasiano. Verifique que la asignación de equilibrio es una de las eficientes.

4) Explique por qué en equilibrio ninguno de los individuos escoge un perfil de consumo libre de riesgo.

4. (**) Considere el problema de un inversionista que puede comprar los activos 1 y 2 a los precios $q_1 = 1$ y $q_2 = x$, para lo que dispone de 100 unidades de cuenta (UC). El activo 1 paga UC 2 en el estado $s = 1$ y UC 1 en el estado $s = 2$, mientras que el activo 2 paga UC 2 en el estado $s = 1$ y UC 4 en el estado $s = 2$.

a) Encuentre la ecuación de la frontera de posibilidades de consumo (o "restricción presupuestaria" del consumidor en el plano (c_1, c_2)).

b) Verifique que si los precios de los activos puros *fueran*:

$$\begin{pmatrix} \hat{q}_1 \\ \hat{q}_2 \end{pmatrix} = \begin{pmatrix} \frac{2}{3} - \frac{1}{6}x \\ -\frac{1}{3} + \frac{1}{3}x \end{pmatrix}$$

entonces el conjunto de posibilidades de consumo sería exactamente el encontrado en a).

c) Explique por qué los precios de los activos puros de hecho *deberían* ser los descritos en a).

d) Observe que el activo 2 paga (en algún sentido) el doble que el activo 1. En efecto, hay estados en los que el activo 1 paga UC 1 y UC 2, mientras que hay estados en los que el activo 2 paga UC 2 y UC 4. ¿Por qué no podemos concluir que el activo 2 deba valer el doble que el activo 1?

COMENTARIOS BIBLIOGRÁFICOS

La aplicación del modelo de equilibrio general al análisis de los mercados de activos nace con los estudios de Kenneth Arrow (Arrow, 1964) y Gérard Debreu, por lo que genéricamente se le conoce como modelo Arrow-Debreu. Modelos clásicos de valoración de activos, como el CAPM (Lintner, 1965; Mossin, 1966; Sharpe, 1964) y el modelo binomial de valoración de opciones (Cox et al., 1979), pueden entenderse como casos particulares de éste.

Capítulo 15

Equilibrio general: producción

En este capítulo analizamos el equilibrio general de una economía con producción. En una economía de intercambio la pregunta que surge es cómo se asignan los bienes entre consumidores. En este caso, agregamos dos preguntas interrelacionadas: cuánto se produce de cada uno de los bienes, y cómo se asignan los recursos (insumos) disponibles en la producción de ellos. Podríamos agregar además la pregunta de cuántos insumos se ofrecen en esta economía; sin embargo, por simplicidad supondremos que existe una dotación fija de insumos en la economía.

En este caso, entonces, analizamos el mercado de bienes y el mercado de insumos simultáneamente. Estos mercados se relacionan entre sí de varias formas. En primer lugar, los dueños de los recursos productivos (insumos) y de las empresas son a su vez consumidores. En otras palabras, el ingreso con que cuentan los consumidores está determinado por el valor de su dotación de insumos, y por las ganancias obtenidas en las empresas en que ellos tienen parte de la propiedad. En segundo lugar, los precios de los insumos determinan el costo de producción de los bienes.

Una preocupación importante es la del Primer Teorema del Bienestar, a saber, si la asignación de recursos que se alcanza en equilibrio es o no eficiente. Comenzamos, entonces, por estudiar el problema de Pareto, para luego analizar el equilibrio.

15.1. Eficiencia: problema general

15.1.a. La caja de Edgeworth y el conjunto de asignaciones eficientes

En esta sección caracterizaremos el conjunto de asignaciones eficientes de producción y consumo en una economía con dos factores de producción en dotaciones fijas, que se pueden asignar a dos sectores productivos. Las

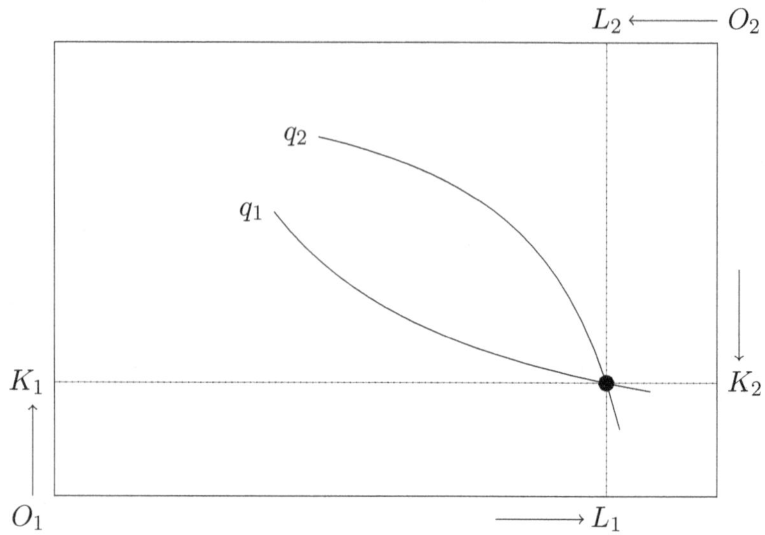

Figura 15.1 Caja de Edgeworth: producción

dotaciones de trabajo y capital se denotan por $\overline{L}$ y $\overline{K}$ respectivamente, y determinan el conjunto de asignaciones factibles en esta economía, las que se representan en la caja de Edgeworth de producción: al situar a la empresa (o sector) que produce el bien 1 en el origen sur-oeste, y a la empresa (o sector) que produce el bien 2 en el nor-este, obtenemos la caja que se muestra en la figura 15.1. Cualquier punto dentro de esta caja es una asignación factible de insumos. Dada una asignación de insumos, el máximo nivel de producción de cada sector viene determinado por cada respectiva función de producción: $F(L_1, K_1)$ en el sector 1 y $G(L_2, K_2)$ en el sector 2. Luego, si tomamos cualquier asignación en la caja, el nivel de producción en cada sector es el indicado por la isocuanta que pasa por el punto que representa dicha asignación, como se muestra en la figura 15.1. Por último, esta producción se asigna a los consumidores $i \in \{A, B\}$, donde cada consumidor i consume un nivel x_{1i} del bien 1 y x_{2i} del bien 2.

Pero la asignación de insumos que se muestra en la figura 15.1 no es eficiente, ya que es posible aumentar la producción de al menos uno de los dos bienes sin disminuir la producción del otro, lo que a su vez implica que puede aumentar el bienestar de al menos un miembro de la economía sin perjudicar a los demás (simplemente entregándole la producción adicional a dicho individuo). En efecto, el conjunto de asignaciones eficientes

344

u óptimas en el sentido de Pareto, se obtiene al resolver el problema de maximización de utilidad de un individuo, sujeto a que la utilidad del otro no se reduzca por debajo de un nivel $\overline{u}$, tomando en cuenta la dotación de factores y la tecnología disponible para transformar factores en productos finales. Matemáticamente:

Problema (de Pareto, con producción).

$$\max_{x_{1A},x_{2A},x_{1B},x_{2B},L_1,K_1,L_2,K_2} u_A(x_{1A}, x_{2A})$$

$$\text{sujeto a } u_B(x_{1B}, x_{2B}) \geq \overline{u}_B,$$
$$x_{1A} + x_{1B} \leq F(L_1, K_1),$$
$$x_{2A} + x_{2B} \leq G(L_2, K_2) \text{ y}$$
$$L_1 + L_2 \leq \overline{L},$$
$$K_1 + K_2 \leq \overline{K},$$

con condiciones de no negatividad en todas las variables de decisión. $\square$

El lagrangeano será entonces de la forma:

$$\begin{aligned}
\mathcal{L} = {} & u_A(x_{1A}, x_{2A}) + \lambda(u_B(x_{1B}, x_{2B}) - \overline{u}_B) \\
& + \mu_1(F(L_1, K_1) - x_{1A} - x_{1B}) \\
& + \mu_2(G(L_2, K_2) - x_{2A} - x_{2B}) \\
& + \gamma_L(\overline{L} - L_1 - L_2) + \gamma_K(\overline{K} - K_1 - K_2). \quad (15.1)
\end{aligned}$$

En una solución interior se satisfacen las condiciones de primer orden del problema anterior. A partir de las condiciones para las cantidades a consumir obtenemos la **condición de eficiencia en el consumo**:

$$\frac{\partial u_A/\partial x_{1A}}{\partial u_A/\partial x_{2A}} = \frac{\partial u_B/\partial x_{1B}}{\partial u_B/\partial x_{2B}} \quad (15.2)$$

Esto es, la tasa marginal de sustitución subjetiva (*TMSS*) del consumo debe ser igual para ambos consumidores. El conjunto de asignaciones de consumo que satisfacen esta condición corresponde a la curva de contrato o conjunto de Pareto en la caja de Edgeworth de consumo, para niveles de producción arbitrarios de los bienes 1 y 2. Intuitivamente, si esta condición no se satisface podemos aumentar el bienestar de un individuo sin perjudicar al otro por la vía de reasignar la producción, de modo de darle más unidades del bien 1 al consumidor que tiene una *TMSS* más alta, ya que él está dispuesto a dar más unidades del bien 2 para consumir una unidad adicional del bien 1 que lo que el otro individuo exige como mínimo.

A partir de las condiciones para L_j y K_j con $j = 1, 2$ obtenemos la **condición de eficiencia en la producción**:

$$F_L/F_K = G_L/G_K, \tag{15.3}$$

esto es, la tasa marginal de sustitución técnica ($TMST$) de factores debe ser igual en ambos sectores. El conjunto de asignaciones que satisfacen esta condición se denomina curva de contrato o conjunto de Pareto en la caja de Edgeworth de producción, para dotaciones fijas de los factores K y L. Si esta condición no se satisface sabemos que podemos aumentar la producción de un bien sin reducir la del otro, por la vía de reasignar los factores entregándole más unidades de L al sector con una $TMST$ más alta.

Por último, al combinar las distintas condiciones, como por ejemplo x_{1i}, x_{2i}, L_1 y L_2, obtenemos la **condición de eficiencia mixta**:

$$\frac{\partial u_i/\partial x_{1i}}{\partial u_i/\partial x_{2i}} = G_L/F_L \tag{15.4}$$

Lo que esta última condición indica es que las tasas marginales de sustitución subjetiva de los consumidores (iguales entre sí por eficiencia en el consumo) debe igualarse a la tasa a la cual se transforman unidades del bien 2 en unidades del bien 1, que corresponde a la **tasa marginal de transformación** (TMT). En efecto, si tomamos unidades de trabajo del sector 2 y las llevamos al sector 1 (todo lo demás constante), por cada unidad de L sabemos que la reducción en la producción del bien 2 es de G_L unidades, y el aumento en la producción del bien 1 es de F_L unidades. Entonces, para aumentar por esta vía la producción del bien 1 en una unidad es necesario reducir la producción del bien 2 en G_L/F_L unidades. Similarmente, se podrían transformar unidades del bien 2 en unidades del bien 1 por la vía de mover unidades de K, a una tasa G_K/F_K; si hay eficiencia en la producción, estas dos maneras de transformar unidades del bien 2 en bien 1 son equivalentes. Intuitivamente, lo que requiere esta condición de eficiencia es que la tasa a la cual los consumidores están dispuestos a sustituir unidades del bien 2 por bien 1 sea igual a la tasa a la cual la tecnología permite transformar unidades del bien 2 en bien 1.

346

Las combinaciones de q_1 y q_2 que se obtienen al evaluar los distintos puntos de la curva de contrato de producción se representan en la **curva de transformación o frontera de posibilidades de producción**. La pendiente de la curva de transformación, dq_2/dq_1, se obtiene diferenciando totalmente la función de producción en ambos sectores:

$$dq_1 = F_L dL_1 + F_K dK_1 \tag{15.5a}$$

$$dq_2 = G_L dL_2 + G_K dK_2 \tag{15.5b}$$

donde F_L, F_K, G_L y G_K corresponden a las productividades marginales de los factores L y K en los sectores 1 y 2 respectivamente. Pero $L_1 + L_2 = \overline{L}$ (constante) y $K_1 + K_2 = \overline{K}$ (constante), por lo que podemos escribir dq_2/dq_1 como:

$$\frac{dq_2}{dq_1} = \frac{G_L dL_2 + G_K dK_2}{F_L dL_1 + F_K dK_1} = -\frac{G_L dL_2 + G_K dK_2}{F_L dL_2 + F_K dK_2}, \tag{15.6}$$

ocupando las condiciones $dL_1 = -dL_2$ y $dK_1 = -dK_2$. Pero la condición de eficiencia en la producción indica que

$$\frac{G_L dL_2}{F_L dL_2} = \frac{G_K dK_2}{F_K dK_2},$$

por lo que el valor absoluto de la pendiente de la curva de transformación de hecho coincide con G_L/F_L, que corresponde a la tasa marginal de transformación, como era esperable.

Ejemplo 15. Considere una economía con $\overline{K}$ unidades de capital y $\overline{L}$ unidades de trabajo, con $\bar{K} = \bar{L}$, y en que las funciones de producción agregada de los dos bienes que existen están dadas por:

$$q_1 = \left(\sqrt{K_1} + \sqrt{L_1}\right)^2$$
$$q_2 = \sqrt{K_2 L_2}$$

En este caso, la eficiencia en la producción exige que $K_1 = L_1$ y $K_2 = L_2$, de forma que la curva de contrato es simplemente la diagonal de la caja de Edgeworth de producción. La curva de transformación, por otra parte, se obtiene notando que la eficiencia en la producción implica que $q_1 = 4K_1$ y $q_2 = K_2 = \overline{K} - K_1$, de modo que podemos escribir $q_1 = 4\left(\overline{K} - q_2\right)$. Es decir, la frontera de posibilidades de producción es lineal, y la tasa marginal de transformación es constante e igual a $\frac{1}{4}$. En efecto, en cualquier asignación en la curva de contrato tenemos que $\frac{K_1}{L_1} = \frac{K_2}{L_2} = 1$, de modo que $F_L/G_L = 2/0{,}5 = 4$. $\qquad\square$

15.2. Equilibrio: problema general

Consideremos una economía compuesta por n consumidores, indexados por i, cada uno con una dotación de insumos $\{\overline{K}_i, \overline{L}_i\}$ y con derechos sobre una fracción α_{ij} de las ganancias de la empresa j, de entre las m empresas existentes. Suponemos perfecta movilidad de factores entre sectores, lo que asegura que la remuneración a los factores es igual en ambos sectores. Como vimos en el capítulo 10, el consumidor i escoge:

$$\max_{x_{1i}, x_{2i}} u\left(x_{1i}, x_{2i}\right) \tag{15.7}$$

$$\text{sujeto a } x_{1i}p_1 + x_{2i}p_2 \leq w_L\overline{L}_i + w_K\overline{K}_i$$

$$+ \sum_{j=1}^{m} \alpha_{ij}\pi_j^*(p_1, p_2, w_L, w_K)$$

En la expresión anterior, $\pi_j^*\left(p_1, p_2, w_L, w_K\right)$ corresponde a la ganancia de la empresa j enfrentada a los precios p_1, p_2, w_L, w_K. Luego, es necesario resolver primero el problema de la empresa, para obtener esta función de ganancia, y con ella determinar el conjunto de posibilidades de consumo de cada individuo i. Una vez que tenemos la ganancia de cada empresa, podemos deducir las funciones de demanda de cada uno de los individuos, así como las funciones de exceso de demanda para encontrar el equilibrio walrasiano. En resumen, para resolver el equilibrio walrasiano debemos proceder en el siguiente orden:

1. Resolver el problema de la empresa, para obtener las funciones de demanda de factores, de oferta de bienes y la función de ganancias.

2. Resolver el problema de los consumidores, para obtener las funciones de demanda de bienes.

3. Encontrar los precios de equilibrio.

Tal como vimos en el capítulo 10, la ley de Walras nos indica que sólo podemos encontrar precios relativos. Por otra parte, en el capítulo 13 vimos que para asegurar la existencia de (al menos) un equilibrio walrasiano en una economía de intercambio, es necesario que las funciones de exceso de demanda sean continuas. Al agregar producción, lo anterior sigue siendo cierto. Pero si las funciones de demanda son continuas, el requisito de continuidad de las funciones de exceso de demanda se transforma en un requisito acerca de las funciones de oferta de bienes, y por lo tanto, acerca de la tecnología de producción.

15.3. Equilibrio: el caso de los rendimientos constantes a escala

Al considerar una tecnología de rendimientos constantes a escala –es decir, una función de producción homogénea de grado 1–, de hecho se simplifica bastante el análisis. Hay dos propiedades de este tipo de funciones que son particularmente útiles: (i) el pago de los factores agota el producto, y (ii) la productividad marginal de cada factor depende de la razón de uso de factores K/L (y no del nivel). En efecto, si denotamos por $F(K, L)$ la función de producción que caracteriza la tecnología agregada, el teorema de Euler implica que:

$$F_L L + F_K K = q$$

$$\Leftrightarrow pF_L L + pF_K K = pq \tag{15.8}$$

donde F_L y F_K corresponden a la productividad marginal de los factores L y K respectivamente, y q al nivel de producto. Luego, si a cada factor se le paga el valor de su producto marginal (de modo que $w_z = pF_z$), podemos concluir que el pago a los factores agota el valor del producto:

$$w_L L + w_K K = pq \tag{15.9}$$

En otras palabras, la ganancia de las empresas es nula. Esto tiene como consecuencia que la restricción presupuestaria de los consumidores depende sólo de sus dotaciones de insumos y los precios de los bienes, sin importar cómo sea la distribución de los derechos sobre las ganancias de las empresas.

Por otra parte, la homogeneidad de grado 1 de F nos permite reescribir esta función de producción como:

$$q = F(L, K) = Lf(\frac{K}{L}), \tag{15.10}$$

donde f es una función que tiene como argumento la **razón de uso de factores** K/L. Ya sabemos que, al ser homotética, la tasa marginal de sustitución técnica entre factores (o la razón de productividades marginales) depende sólo de la razón de uso de factores K/L. Más aún, en el caso de la función de producción homogénea de grado 1, la productividad marginal de cada factor por separado depende sólo de la razón de uso:

$$F_L = f\left(\tfrac{K}{L}\right) - \frac{K}{L} f'\left(\tfrac{K}{L}\right) \tag{15.11a}$$

$$F_K = f'\left(\tfrac{K}{L}\right) \tag{15.11b}$$

donde F_L y F_K corresponden a las productividades marginales de los factores L y K respectivamente. Si además la productividad marginal de cada factor es decreciente, podemos concluir que $\frac{\partial F_L}{\partial (K/L)} > 0$ y que $\frac{\partial F_K}{\partial (K/L)} < 0$; esto es, si aumenta la razón de uso $\frac{K}{L}$, aumenta la productividad marginal de L y cae la productividad marginal de K y viceversa. Para verificar esto, note que

$$\frac{\partial F_K}{\partial (K/L)} \frac{\partial (K/L)}{\partial K} = F_{KK} \tag{15.12}$$

Por tanto, la segunda derivada se puede escribir como:

$$f''\left(\tfrac{K}{L}\right) = \frac{\partial F_K}{\partial (K/L)} = L F_{KK} \tag{15.13}$$

Esta segunda derivada es negativa si la productividad marginal del capital es decreciente:

$$\frac{\partial F_L}{\partial (K/L)} = -\frac{K}{L} f''\left(\tfrac{K}{L}\right) > 0 \text{ y}$$
$$\frac{\partial F_K}{\partial (K/L)} = f''\left(\tfrac{K}{L}\right) < 0. \tag{15.14}$$

Entonces, en el caso de rendimientos constantes a escala escribiremos F_L y F_K como funciones de la razón de uso $\frac{K}{L}$ directamente, sabiendo que $\frac{\partial F_L(K/L)}{\partial (K/L)} > 0$ y que $\frac{\partial F_K(K/L)}{\partial (K/L)} < 0$.

Por último, sabemos que en este caso la oferta de la empresa es completamente elástica. Más aún, si el precio de un bien es mayor a su costo marginal de producción, la empresa querrá aumentar indefinidamente su nivel de producción, mientras que si es menor, no producirá nada. Luego, si en equilibrio se produce de ambos bienes, el precio de cada bien debe ser igual a su costo marginal de producción. Dado que el costo marginal es una función de los precios de los insumos, en presencia de rendimientos constantes a escala la determinación del equilibrio se reduce entonces a determinar el precio de equilibrio de los insumos.

15.3.a. Un caso simple: economía con un sector productivo

Si consideramos inicialmente una economía en que hay un solo sector productivo, el equilibrio es muy fácil de caracterizar: si no hay saciedad,

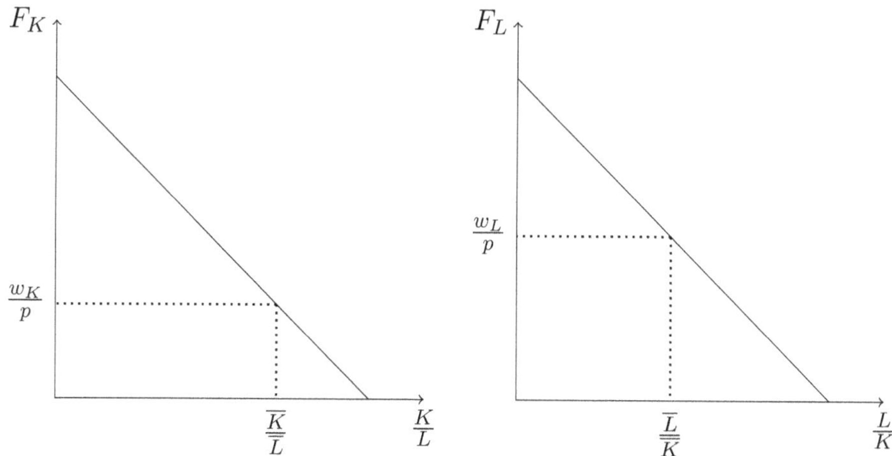

Figura 15.2 El caso de un sector productivo

los consumidores demandarán todo lo que se produce del único bien en esta economía, y si la productividad marginal de los factores es positiva, la dotación total de factores se asignará a la producción de dicho bien. Es por esto que la maximización de ganancias de la empresa implica que, en equilibrio, la remuneración real para los factores K y L debe satisfacer:

$$\frac{w_L}{p} = F_L\left(\frac{\overline{K}}{\overline{L}}\right) \tag{15.15a}$$

$$\frac{w_K}{p} = F_K\left(\frac{\overline{K}}{\overline{L}}\right) \tag{15.15b}$$

Pero $F_L(\overline{K}/\overline{L})$ y $F_K(\overline{K}/\overline{L})$ están determinados por la dotación total de factores en la economía. Luego, las remuneraciones reales de equilibrio w_L/p y w_K/p son únicas, como se observa en los gráficos de la figura 15.2.

En este caso resulta sencillo analizar el efecto que tiene un cambio en la dotación de un factor sobre el pago a los dos factores. Suponga por ejemplo que se produce una inmigración de trabajadores (todos ofreciendo una unidad de L). La producción total crece y el pago total real al capital también, ya que aumenta la productividad marginal y por lo tanto el pago a cada unidad de capital, w_K/p.

Sin embargo, no es claro lo que ocurre con el pago total real al trabajo. En primer lugar, note que $\overline{L}/\overline{K}$ ha aumentando, por lo que la productividad marginal de L disminuye, lo que hace caer el precio real del factor, w_L/p. Luego, el poder de compra y el bienestar individual de los dueños de trabajo que originalmente residían en este país disminuyen. A pesar de lo anterior, el efecto sobre el pago total real al trabajo es ambiguo, dependiendo de si es más fuerte la caída en w_L/p o el aumento en $\overline{L}$.

Ahora bien, la razón del pago total al factor L y K corresponde a

$$\frac{w_L\overline{L}}{w_K\overline{K}} = \frac{F_L\overline{L}}{F_K\overline{K}} = \frac{F_L/F_K}{\overline{K}/\overline{L}} \tag{15.16}$$

Sabemos que producto del aumento en $\overline{L}$ la razón $\frac{F_L}{F_K}$ cae, así como también cae la razón $\frac{\overline{K}}{\overline{L}}$, por lo cual no podemos decir a priori si

$$\frac{F_L\overline{L}}{F_K\overline{K}} = \frac{F_L/F_K}{\overline{K}/\overline{L}}$$

aumenta o disminuye. No obstante, si conocemos la elasticidad de sustitución directa, podemos saber cuál de los dos cambios es más grande: si la elasticidad de sustitución

$$\sigma = \frac{\triangle\,\%\,(K/L)}{\triangle\,\%\,(F_L/F_K)}$$

es mayor que uno, sabemos que el cambio porcentual en $\overline{K}/\overline{L}$ es mayor que el cambio porcentual en F_L/F_K, por lo que $F_L\overline{L}/F_K\overline{K} = F_L/F_K/\overline{K}/\overline{L}$ aumenta (ya que el denominador cae más que el numerador), y viceversa. La intuición de este resultado es que mientras más sustitución hay entre capital y trabajo, menor es el cambio en el precio relativo de los factores necesario para que aumente el uso de trabajo, adecuándose a la mayor oferta existente.

Ejemplo 16. Imagine una economía en que hay dos factores productivos, L y K, que se utilizan en un sector que produce con una tecnología descrita por $F(L,K) = \sqrt{LK}$, de modo que $F_L = \frac{1}{2}\sqrt{K/L}$ y $F_K = \frac{1}{2}\sqrt{L/K}$, y el pago total real a cada factor es $\frac{1}{2}\sqrt{LK}$. Si la dotación inicial de trabajo y de capital es la misma, de 100 unidades cada una, en equilibrio el pago real a ambos factores será $w_L/p = w_K/p = 1/2$ y el pago total real a cada factor será 50. Si la dotación de trabajo aumenta a 110 unidades, por ejemplo, entonces el pago real al trabajo caerá a 0,48, y el pago real al capital aumentará 0,52. El pago total real a cada factor aumenta a 52,4, sin embargo, de modo que la razón $w_L\overline{L}/w_K\overline{K}$ no se ve afectada. Esto se debe a que la elasticidad de sustitución es unitaria en este caso. $\qquad\square$

15.3.b. El problema de la asignación de factores: el caso con dos sectores productivos

Al considerar una economía con dos sectores de producción la caracterización del equilibrio es más compleja, puesto que se hace necesario analizar cómo se asignarán los factores en los dos sectores. Más aún, en el caso particular de las funciones de producción con rendimientos constantes a escala, sabemos que la oferta no está definida. Luego, la función de exceso de demanda no está definida en el mercado de bienes. Ahora bien, si conjeturamos que existe un equilibrio en que se producen ambos bienes, podemos escribir el precio de los bienes como el costo marginal de producción, que es una función del precio de los insumos.

Ejemplo 17. Considere una función de producción Cobb-Douglas, de la forma

$$F\left(L,K\right) = L^{\alpha}K^{1-\alpha}.$$

El costo marginal de producción será entonces

$$w_L^{\alpha} w_K^{1-\alpha} \left(\frac{1}{1-\alpha}\right)\left(\frac{1-\alpha}{\alpha}\right)^{\alpha},$$

igual al precio del bien si la producción del bien es positiva en equilibrio.

$\square$

Con ello es posible escribir la demanda de bienes en función de los precios de los insumos. En equilibrio la cantidad producida debe ser igual a la cantidad demandada de cada bien. Al preguntarnos cuánto se demanda de cada factor para producir la cantidad demandada del bien, la demanda por factores sí queda determinada. Por tanto, podemos resolver el equilibrio buscando el precio de factores al cual el exceso de demanda de factores es nulo.

En efecto, si bien la demanda no condicionada de factores no está definida, la demanda condicionada sí lo está. Luego, para cada sector podemos evaluar la demanda condicionada de cada factor en el nivel total demandado del bien en cuestión, y así obtener la demanda total de dicho factor a esos precios. Al restarle la dotación total de dicho factor en la economía obtenemos la función de exceso de demanda del factor, y podemos resolver el equilibrio buscando los precios a los cuales el exceso de demanda es nulo. Por ejemplo, al considerar el factor L escribiríamos la función de exceso de demanda como

$$L_1^*\left(\left(\textstyle\sum_{i=1}^n x_{1i}\right), w_L, w_K\right) + L_2^*\left(\left(\textstyle\sum_{i=1}^n x_{2i}\right), w_L, w_K\right) - \sum_{i=1}^n \overline{L}_i, \quad (15.17)$$

donde $L_j^*(q_j, w_L, w_K)$ denota la cantidad demandada del factor L por la empresa que produce el bien j, si ella produce una cantidad q_j y los precios de los factores L y K son w_L y w_K respectivamente.

Más aún, sabemos que la demanda condicionada de factores es homogénea de grado cero en precios de factores: si w_L y w_K cambian en la misma proporción, el precio relativo de factores no cambia, y por lo tanto tampoco cambia el uso de factores (para un nivel fijo de producción). Es decir, $L_j^*(q_j, w_L, w_K)$ se podría reescribir en función del precio relativo de factores, $L_j^*(q_j, {}^{w_L}\!/_{w_K})$.

Ejemplo 18. En el caso de la función de producción Cobb-Douglas, de la forma $F(L,K) = L^\alpha K^{1-\alpha}$, la demanda condicionada por trabajo es $L^* = q\left(\frac{w_K}{w_L}\frac{\alpha}{1-\alpha}\right)^{1-\alpha}$. $\qquad\square$

Asimismo, la demanda de los consumidores también es homogénea de grado cero en precios de factores: si w_L y w_K cambian en la misma proporción, no cambia el conjunto de posibilidades de consumo de cada individuo, por lo que tampoco cambia su decisión de compra de bienes. Es decir, la demanda agregada del bien también se podría reescribir en función del precio relativo de factores. Sabemos por la ley de Walras que si hay dos insumos, al verificar que el exceso de demanda es nulo en uno de ellos, también lo es en el otro, dado que estamos imponiendo un exceso de demanda nulo de ambos bienes; en otras palabras, sólo se podrá resolver el equilibrio para encontrar precios relativos, y no precios en nivel.

En las secciones que siguen se caracteriza el equilibrio y se hace un análisis de estática comparativa para el caso de producción con rendimientos constantes a escala. Como se discutió en el capítulo 10, el supuesto de tecnología agregada de retornos constantes es consistente con dos situaciones diferentes: una en que la función de producción de cada empresa individual es homogénea de grado 1, y otra en que las empresas individuales tienen una tecnología que no es de retornos constantes a escala, pero la oferta agregada es horizontal en ausencia de efectos externos (en el nivel de costo medio mínimo de cada empresa, lo que corresponde a la oferta de largo plazo de una industria con tecnología perfectamente replicable y en que no hay límite a la entrada de nuevas empresas).

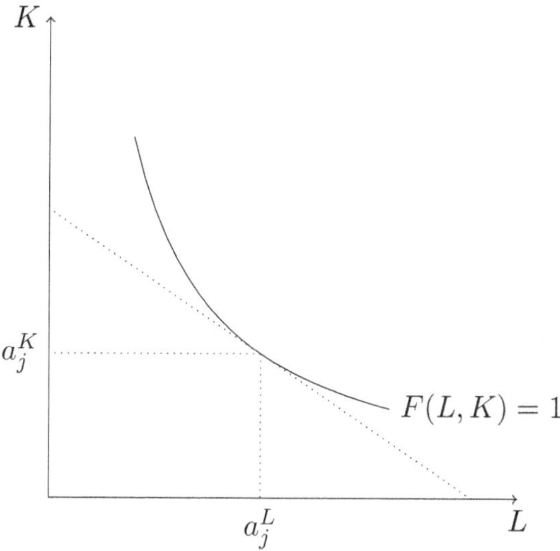

Figura 15.3 Isocuanta unitaria

15.4. CARACTERIZACIÓN DEL EQUILIBRIO

Considere el caso de una economía de dos sectores que utilizan dos factores productivos con una tecnología de rendimientos constantes a escala. Nuevamente suponemos que hay una dotación (fija) de trabajo y de capital en la economía, $\overline{L}$ y $\overline{K}$ respectivamente. Al considerar isocuantas convexas, dado un precio relativo de factores w_L/w_K, la razón de uso óptima en cada sector es única e independiente del nivel de producto deseado. Esto, debido a que la función de producción en ambos sectores es homotética. La cantidad de trabajo y capital que se contrataría en el sector j para producir una unidad de producto está determinada por la combinación de L_j y K_j en que la $TMST_j$ es igual a w_L/w_K en la isocuanta unitaria; esto es, la isocuanta correspondiente al nivel de producción $q_j = 1$. Denotamos estas cantidades por $a_j^L(w_L/w_K)$ y $a_j^K(w_L/w_K)$, como se muestra en la figura 15.3. El supuesto de rendimientos constantes a escala implica que para cualquier nivel de producción q_j se utilizarán $q_j a_j^L(w_L/w_K)$ unidades de L y $q_j a_j^K(w_L/w_K)$ unidades de K.

15.4.a. La curva de costo unitario

A su vez, denotamos como $c_j\left(w_L, w_K\right)$ el costo unitario, es decir, al costo asociado a producir una unidad en el sector j. Entonces, esta función corresponde a:

$$c_j\left(w_L, w_K\right) = w_L a_j^L\left(\frac{w_L}{w_K}\right) + w_K a_j^K\left(\frac{w_L}{w_K}\right) \tag{15.18}$$

Dado el supuesto de homogeneidad de grado 1 de la función de producción, sabemos que tanto el costo medio como el costo marginal son constantes, por lo que $c_j\left(w_L, w_K\right) = CMe_j = CMg_j$. Más aún, sabemos además que $c_j\left(w_L, w_K\right)$ es una función homogénea de grado 1: si el precio de ambos factores se multiplica por λ, no se afecta $a_j^L(w_L/w_K)$ ni $a_j^K(w_L/w_K)$, de modo que el costo unitario simplemente se multiplica por λ.

Por otra parte, por el lema de Shephard (teorema de la envolvente) sabemos que:

$$\frac{\partial c_j\left(w_L, w_K\right)}{\partial w_L} = a_j^L\left(\frac{w_L}{w_K}\right) \tag{15.19a}$$

$$\frac{\partial c_j\left(w_L, w_K\right)}{\partial w_K} = a_j^K\left(\frac{w_L}{w_K}\right) \tag{15.19b}$$

Para saber qué forma tiene la curva de contrato, debemos definir cuál de los dos sectores utiliza en mayor intensidad el factor trabajo. Decimos que la producción del bien 1 es **relativamente más intensiva en el uso del factor L** que la producción del bien 2, si se cumple que:

$$\frac{a_1^L\left(\frac{w_L}{w_K}\right)}{a_1^K\left(\frac{w_L}{w_K}\right)} > \frac{a_2^L\left(\frac{w_L}{w_K}\right)}{a_2^K\left(\frac{w_L}{w_K}\right)} \tag{15.20}$$

para todo par $\left(w_L, w_K\right)$. Es decir, decimos que el sector 1 es relativamente más intensivo en trabajo si para cualquier par de precios de factores, es cierto que en el sector 1 se utiliza una razón de uso K/L más baja. Durante esta sección mantendremos siempre el supuesto de que la producción del bien 1 es relativamente más intensiva en trabajo.

Si tomamos todas las combinaciones de w_L y w_K tales que el costo unitario es constante, $\bar{c}$, podemos formar una curva de nivel como en la

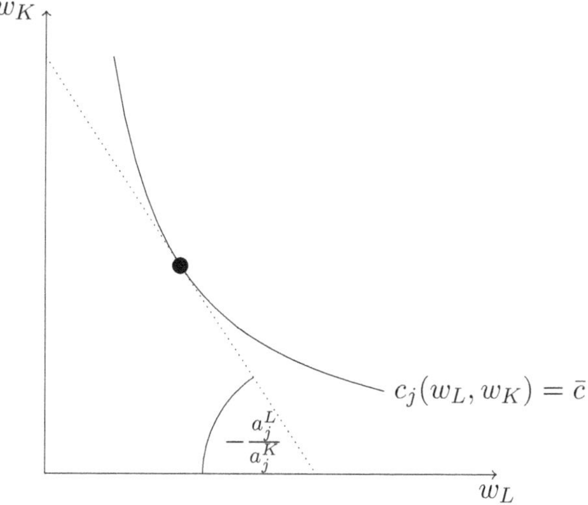

Figura 15.4 Curva de costo unitario

figura 15.4. Como se indica en la figura, la pendiente de esta curva es $-a_j^L(\frac{w_L}{w_K})/a_j^K(\frac{w_L}{w_K})$, lo que se obtiene a partir del lema de Shephard:

$$c_j\left(w_L, w_K\right) = \bar{c} \tag{15.21}$$

$$\Rightarrow \frac{\partial c_j\left(w_L, w_K\right)}{\partial w_L}\mathrm{d}w_L + \frac{\partial c_j\left(w_L, w_K\right)}{\partial w_K}\mathrm{d}w_K = d\bar{c} = 0 \tag{15.22}$$

$$\Rightarrow \frac{\mathrm{d}w_K}{\mathrm{d}w_L} = -\frac{\left(\frac{\partial c_j(w_L, w_K)}{\partial w_L}\right)}{\left(\frac{\partial c_j(w_L, w_K)}{\partial w_K}\right)} = -\frac{a_j^L\left(\frac{w_L}{w_K}\right)}{a_j^K\left(\frac{w_L}{w_K}\right)} \tag{15.23}$$

Es claro que la pendiente de esta curva de nivel es negativa. Además, la curva de nivel es convexa: al movernos a través de la curva de nivel en la dirección sur-este, aumenta w_L/w_K, y por lo tanto disminuye la razón $a_j^L(\frac{w_L}{w_K})/a_j^K(\frac{w_L}{w_K})$ (se usa relativamente menos trabajo y más capital para producir una unidad del bien: esto se debe a la convexidad de la isocuanta, que asegura que el efecto sustitución es siempre negativo).

Entonces, para cualquier par (w_L, w_K), la curva de nivel para el costo unitario en el sector 1 será más inclinada que en el sector 2, ya que $\frac{\mathrm{d}w_K}{\mathrm{d}w_L} = -a_j^L(\frac{w_L}{w_K})/a_j^K(\frac{w_L}{w_K})$ será mayor en valor absoluto. Lo anterior se muestra en la figura 15.5. A su vez, la curva de contrato estará siempre por debajo de la diagonal, como en la figura 15.6.

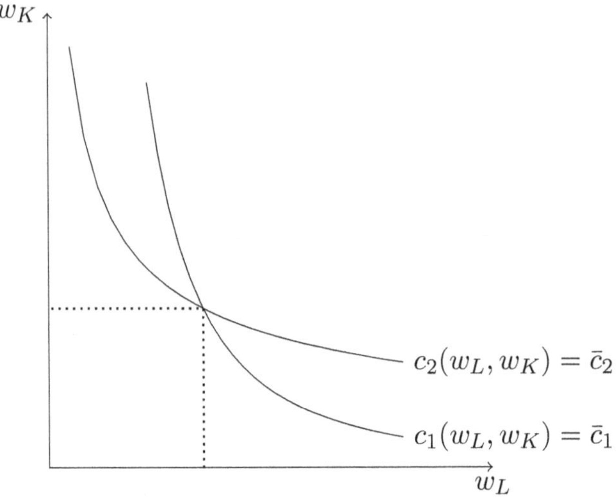

Figura 15.5 Intensidad de uso y curvas de costo unitario

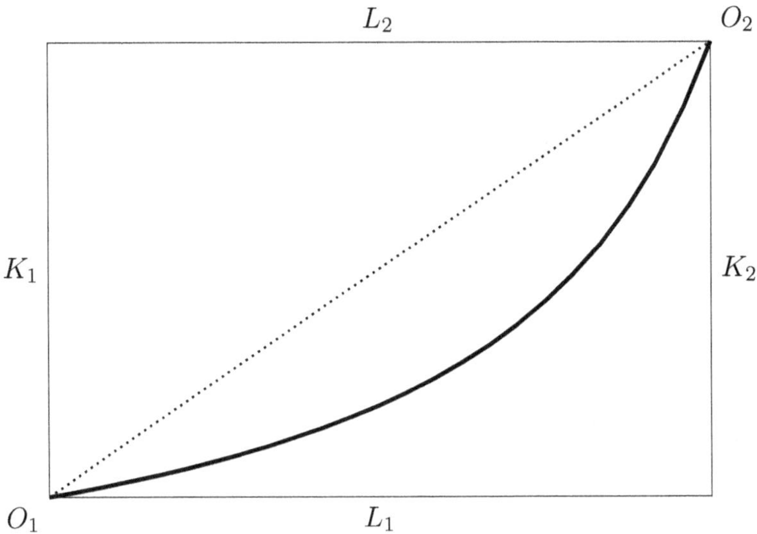

Figura 15.6 Intensidad de uso y curva de contrato

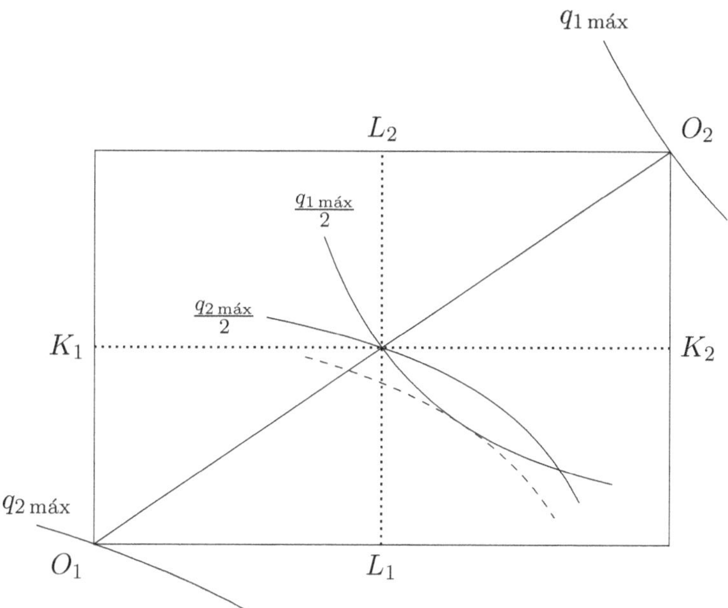

Figura 15.7 Concavidad de curva de transformación

15.4.b. La curva de transformación

Por otra parte, si la intensidad de uso relativa de factores es distinta entre sectores, la frontera de posibilidades de producción o curva de transformación será cóncava. Gráficamente, verificamos lo anterior notando que si consideramos el máximo nivel de producción de 1 que es posible alcanzar en esta economía (utilizando la dotación total de L y K en la producción de 1), que denotamos $q_{1\,\text{máx}}$, al reducir ambos factores en igual proporción en este sector la producción se reduce a $q_{1\,\text{máx}}/2$; asimismo, si consideramos el máximo nivel de producción del bien 2 que es posible alcanzar en esta economía, $q_{2\,\text{máx}}$, al reducir ambos factores en igual proporción en este sector la producción se reduce a $q_{2\,\text{máx}}/2$. Pero cuando se utiliza la mitad de los factores en el sector 1 y la otra mitad en el sector 2, vemos que es posible alcanzar una asignación de producción distinta de $q_{1\,\text{máx}}/2$, $q_{2\,\text{máx}}/2$, con la producción de al menos uno de ellos más alta, como se observa en la figura 15.7. La frontera de posibilidades de producción no es lineal, sino cóncava, como en la figura 15.8.

Recuerde que en general la pendiente de la curva de transformación,

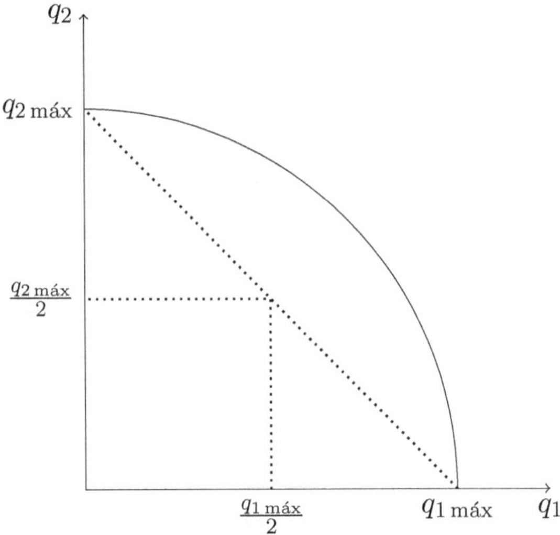

Figura 15.8 Curva de transformación

dq_2/dq_1, corresponde a:

$$\frac{dq_2}{dq_1} = \frac{G_L dL_2 + G_K dK_2}{F_L dL_1 + F_K dK_1}.$$ (15.24)

En ausencia de distorsiones, la movilidad de factores entre sectores asegura que ambos sectores enfrentan los mismos precios de factores. La minimización de costos de cada empresa asegura que en equilibrio el uso de factores será tal que el precio del factor se iguale a λ_j (multiplicador de Lagrange en el sector j, que corresponde al costo marginal de producción, $c_j(w_L, w_K)$, por teorema de la envolvente) multiplicado por la productividad marginal de dicho factor. Luego, podemos escribir la TMT como:

$$TMT = \frac{G_L dL_2 + G_K dK_2}{F_L dL_2 + F_K dK_2} = \frac{\frac{w_L}{\lambda_2} dL_2 + \frac{w_K}{\lambda_2} dK_2}{\frac{w_L}{\lambda_1} dL_2 + \frac{w_K}{\lambda_1} dK_2}$$

$$= \frac{\frac{w_L}{\lambda_2} dL_2 + \frac{w_K}{\lambda_2} dK_2}{\frac{w_L}{\lambda_1} dL_2 + \frac{w_K}{\lambda_1} dK_2} = \frac{\lambda_1}{\lambda_2};$$ (15.25)

pero como $\frac{\lambda_1}{\lambda_2} = \frac{c_1(w_L, w_K)}{c_2(w_L, w_K)}$, obtenemos:

$$TMT = \frac{c_1(w_L, w_K)}{c_2(w_L, w_K)}.$$ (15.26)

Se concluye entonces que si se producen ambos bienes en equilibrio, la TMT será igual al precio relativo de los bienes.

15.4.c. Determinación de precios de factores cuando los precios de los bienes son exógenos

Consideremos inicialmente el caso en que los precios de los bienes son fijos: por ejemplo, los bienes son transados internacionalmente, y su precio internacional no se ve afectado por la producción de esta economía. Entonces, la producción de los bienes 1 y 2 se vende en el mercado internacional (y los dueños de factores compran bienes en el mercado internacional también). Supondremos, sin embargo, que los factores K y L no son transables internacionalmente (y se encuentran en dotaciones fijas), por lo que su precio se determina internamente.

Conjeturamos que hay un equilibrio interior, es decir, en que se produce algo de ambos bienes (la economía no se especializa en la producción). En este caso, una condición necesaria para que un par de precios de factores (w_L^*, w_K^*) forme parte de un equilibrio interior, es que el costo unitario (o costo marginal) sea igual al precio en cada sector:

$$c_1(w_L^*, w_K^*) = p_1^* \qquad (15.27a)$$

$$c_2(w_L^*, w_K^*) = p_2^* \qquad (15.27b)$$

Gráficamente, los precios de factores que forman parte del equilibrio walrasiano se encuentran buscando los precios de factores (w_L^*, w_K^*) en que las curvas de costo unitario en los niveles p_1^* y p_2^* de los dos sectores se intersectan, como se muestra en la figura 15.9. Más aún, estos precios de factores de equilibrio son únicos, ya que las curvas de nivel no se pueden cruzar más de una vez. Para verificar que estos precios (w_L^*, w_K^*) son los únicos que pueden formar parte de un equilibrio interior, basta notar que a cualquier otro par (w_L, w_K) que siga formando parte de la curva de nivel p_1^* para el bien 1, ya no forma parte de la curva de nivel p_2^* para 2.

Ahora bien, para que estos precios (w_L^*, w_K^*) efectivamente formen parte de un equilibrio interior, debe ser cierto que las razones de uso resultantes son factibles, dada la dotación de factores. Es decir, debe ser cierto que:

$$\frac{a_1^L\left(\frac{w_L^*}{w_K^*}\right)}{a_1^K\left(\frac{w_L^*}{w_K^*}\right)} > \frac{\overline{L}}{\overline{K}} > \frac{a_2^L\left(\frac{w_L^*}{w_K^*}\right)}{a_2^K\left(\frac{w_L^*}{w_K^*}\right)} \qquad (15.28)$$

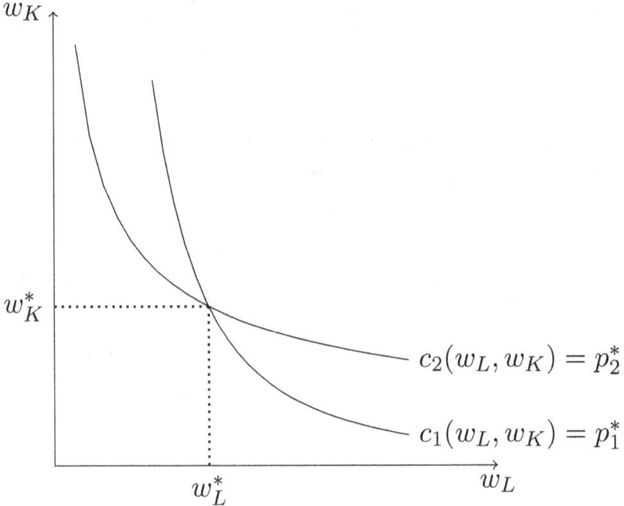

Figura 15.9 Precios de equilibrio en modelo de 2×2

En efecto, si ambas razones de uso fueran mayores que $\frac{\overline{L}}{\overline{K}}$, existiría un exceso de demanda por L, y viceversa. La dotación de factores sólo es importante en la determinación de los precios de factores de equilibrio en la medida en que determinan si hay o no un equilibrio interior; pero si este equilibrio existe, los precios de factores de equilibrio dependen sólo de las tecnologías (que determinan la forma de las curvas de nivel para el costo unitario) y de los precios de los bienes, pero no de las dotaciones de factores.

La cantidad producida de los bienes 1 y 2 se determina al encontrar el único punto perteneciente a la curva de contrato en que las razones de uso de los bienes coinciden con

$$\frac{a_1^L\left(\frac{w_L^*}{w_K^*}\right)}{a_1^K\left(\frac{w_L^*}{w_K^*}\right)} \quad \text{y} \quad \frac{a_2^L\left(\frac{w_L^*}{w_K^*}\right)}{a_2^K\left(\frac{w_L^*}{w_K^*}\right)},$$

respectivamente. En la caja de Edgeworth de la figura 15.10 vemos que hay un único punto perteneciente a la curva de contrato en que las razones de uso los sectores 1 y 2 coinciden con

$$\frac{a_1^L\left(\frac{w_L^*}{w_K^*}\right)}{a_1^K\left(\frac{w_L^*}{w_K^*}\right)} \quad \text{y} \quad \frac{a_2^L\left(\frac{w_L^*}{w_K^*}\right)}{a_2^K\left(\frac{w_L^*}{w_K^*}\right)},$$

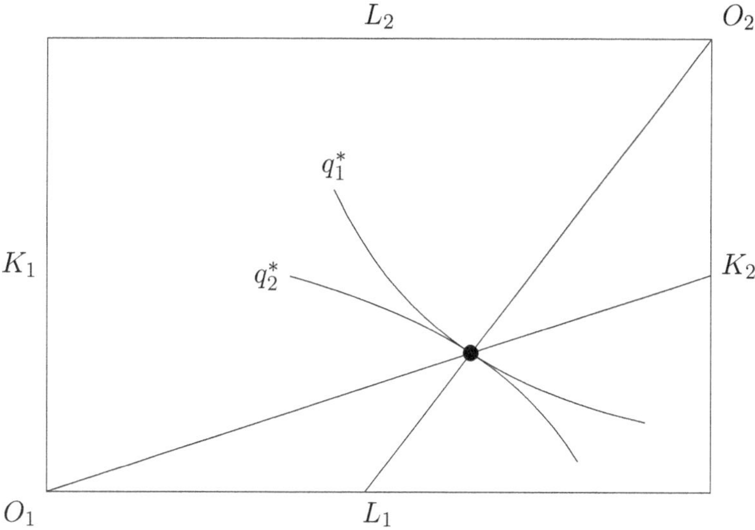

Figura 15.10 Producción de equilibrio en modelo de 2×2

respectivamente; el nivel de producción de los bienes 1 y 2 para las isocuantas que pasan por dicho punto es el nivel de producción de equilibrio. Estos niveles de producción son los mismos que se encuentran al igualar la TMT al precio relativo de bienes p_1^*/p_2^* en la curva de transformación.

Suponga que a los precios p_1^* y p_2^* tenemos un equilibrio interior con precios de factores w_L^* y w_K^*. Note que, dada la homogeneidad de grado 1 de las funciones de costo unitario, si los precios de los bienes se multiplicaran por λ, los precios de factores de equilibrio también se multiplicarían por el mismo λ. Es decir, si p_1^*/p_2^* no cambia, tampoco cambia w_L^*/w_K^*.

15.4.d. Determinación simultánea de precios de factores y de bienes en economía cerrada

En economía abierta el análisis anterior es completo, por cuanto los precios se determinan externamente, por lo que se pueden suponer constantes, y el consumo se determina separadamente de la producción (las diferencias entre ambos constituyen el comercio internacional). Sin embargo, en el caso en que los precios de bienes ya no se determinan de manera exógena se hace necesario conocer también las preferencias de los consumidores: en una economía cerrada la demanda por bienes determina el nivel de producción de equilibrio. Aun así, sigue siendo cierto

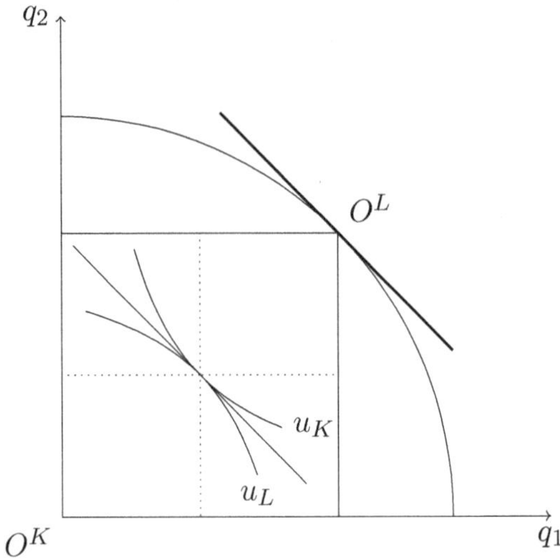

Figura 15.11   Consumo y producción de equilibrio en economía cerrada

que los precios de factores de equilibrio deben satisfacer la condición de igualdad del costo unitario con el precio del bien, por lo que una vez determinados los precios de los bienes de equilibrio, la determinación gráfica de los precios de factores de la figura 15.9 sigue siendo válida. Lo que no se ve en dicho gráfico es cómo se determinan los precios de los bienes.

A manera de ilustración, supongamos que podemos separar a los consumidores entre los dueños de trabajo y los dueños del capital. Ubicaremos a los dueños del capital en el origen sur-oeste de la caja de Edgeworth de consumo (O^K) y los dueños del trabajo en el origen nor-este (O^L). Las dimensiones de la caja de Edgeworth de consumo ahora no vienen determinadas por dotaciones iniciales de los bienes 1 y 2 (que suponemos son nulas), sino por la producción total de dichos bienes que se determina en la curva de transformación, como se muestra en la figura 15.11.

Para que el precio relativo de los bienes sea de equilibrio, debe ser cierto que a dicho precio la cantidad total consumida sea igual a la cantidad total producida en ambos sectores. La cantidad total producida, dado un precio relativo $p_1/p_2 \equiv p$ se determina en la curva de transformación. La cantidad total consumida se determina en la caja de Edgeworth de consumo, donde las restricciones presupuestarias de los consumidores se

364

determinan de acuerdo a su capacidad de compra de los dos bienes, es decir, de acuerdo a w_L/p_1 y w_L/p_2 en el caso de los dueños del trabajo, y w_K/p_1 y w_K/p_2 en el caso de los dueños del capital. Dado que el pago de los factores agota el producto, y que todos los consumidores enfrentan el mismo precio p, una vez determinada la restricción presupuestaria de los dueños del capital queda inmediatamente determinada la restricción presupuestaria de los dueños del trabajo, y viceversa.

Note que al agregar producción, el ajuste de los precios toma en consideración dos dimensiones: ante un exceso de demanda por el bien 1 (y un exceso de oferta por el bien 2, por ley de Walras), un aumento en el precio relativo p lleva a una reducción en la demanda por el bien 1 (suponiendo que el efecto sustitución domina al efecto ingreso); al agregar producción, el aumento en p lleva además a que aumente la producción del bien 1, aumentando la capacidad de compra de los dueños del trabajo y reduciendo la capacidad de compra de los dueños del capital (por teorema de Stolper-Samuelson). Este cambio en la producción ayuda también a que se reduzca el exceso de demanda por el bien 1. La única complicación adicional es que ahora los dueños del trabajo tienen un efecto ingreso positivo, lo que los lleva a aumentar algo su consumo del bien 1; pero por otra parte, los dueños del capital tienen un efecto ingreso negativo, por lo que disminuyen su consumo del bien 1.

15.5. Estática comparativa

En esta sección se analiza cómo cambia la asignación y precios de equilibrio al modificarse algún parámetro. Inicialmente se considera el caso de una economía abierta que enfrenta precios de bienes, en que los precios de los factores se determinan endógenamente. Posteriormente se considera el caso en que los precios de los bienes también se determinan endógenamente. Todo el análisis se realiza en el contexto del modelo de dos factores y dos sectores con rendimientos constantes a escala caracterizado en la sección anterior.

15.5.a. Precio de bienes exógeno

Efecto de cambio en el precio de un bien

Al aumentar el precio de un bien, va a cambiar la producción de los dos bienes y con ello se deben ajustar los precios de factores y el nivel de uso de factores en ambos sectores.

Suponga por ejemplo que aumenta el precio del bien 1 de p_1^* a p_1'. Si se mantienen los precios de factores originales las empresas querrán producir más del bien 1 que antes (dado que ahora $c_1(w_L, w_K) < p_1'$), por lo que querrán contratar más de ambos factores. Para ello el sector 2 debe liberar factores. Sin embargo, dado que el sector 1 es más intensivo en trabajo, requiere relativamente más trabajo del que usa el sector 2. Entonces, debe ocurrir que los nuevos precios de factores de equilibrio lleven a que disminuya el uso relativo de trabajo en ambas industrias: en el sector 1 debe aumentar $\frac{K}{L}$ para que no requiera tanto más trabajo del que el sector 2 libera, y en el sector 2 la razón $\frac{K}{L}$ también debe aumentar, dado libera relativamente más trabajo del que estaba usando. Pero para que ambas empresas quieran aumentar el uso relativo de capital, debe caer el precio relativo de este factor. Más aún, dado que p_2 no ha cambiado, para que en el sector 2 se siga produciendo debe ser cierto que ese aumento en $\frac{w_L}{w_K}$ ocurre con un aumento en w_L y una reducción en w_K.

A continuación se enuncia el teorema de Stolper-Samuelson, que formaliza el resultado señalado:

Teorema 30 (Stolper-Samuelson). *En el modelo de 2×2, un aumento en el precio del bien j lleva a que el precio de equilibrio del factor utilizado más intensivamente en el sector j aumente, y que el precio del otro factor caiga (suponiendo equilibrio interior antes y después del cambio).*

Gráficamente, el teorema anterior se verifica notando que al aumentar p_1 por ejemplo, si el sector 1 es relativamente más intensivo en trabajo debe aumentar w_L y caer w_K, como se observa en la figura 15.12.

Nuevamente el producto se determina en la caja de Edgeworth, notando que en el nuevo equilibrio ambos sectores usan relativamente menos trabajo que en el equilibrio inicial: $\dfrac{a_1^L\left(\frac{w_L^*}{w_K^*}\right)}{a_1^K\left(\frac{w_L^*}{w_K^*}\right)}$ y $\dfrac{a_2^L\left(\frac{w_L^*}{w_K^*}\right)}{a_2^K\left(\frac{w_L^*}{w_K^*}\right)}$ caen (esto se debe a que aumenta el precio relativo del trabajo, por lo que el efecto sustitución lleva a que se reduzca su uso relativo). Tal como se observa en la figura 15.13, la producción del bien 1 aumenta y la de 2 cae, como era esperable dado el aumento en p_1. Este resultado es además consistente con la concavidad de la curva de transformación: un aumento en $\frac{p_1}{p_2}$ (que corresponde a la TMT) es consistente con un aumento en la producción del bien 1 y una caída de la producción del bien 2.

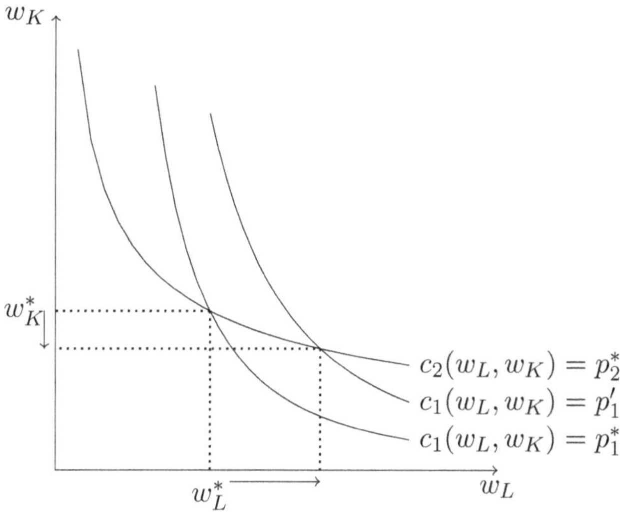

Figura 15.12 Aumento en precio del trabajo producto de un aumento en el precio del bien 1

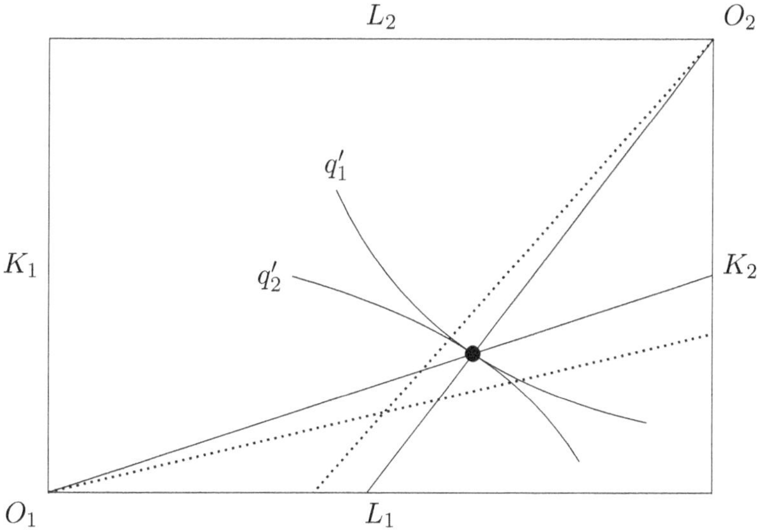

Figura 15.13 Cambio en los niveles de producción producto de un cambio en el precio del bien 1

Formalmente, este resultado se puede demostrar de la siguiente forma:

Las condiciones para el equilibrio son:

$$c_1\left(w_L, w_K\right) = p_1 \qquad (15.29\text{a})$$
$$c_2\left(w_L, w_K\right) = p_2 \qquad (15.29\text{b})$$

Diferenciando estas condiciones obtenemos:

$$\frac{\partial c_1\left(w_L, w_K\right)}{\partial w_L}dw_L + \frac{\partial c_1\left(w_L, w_K\right)}{\partial w_K}dw_K = dp_1 \qquad (15.30\text{a})$$
$$\frac{\partial c_2\left(w_L, w_K\right)}{\partial w_L}dw_L + \frac{\partial c_2\left(w_L, w_K\right)}{\partial w_K}dw_K = dp_2 \qquad (15.30\text{b})$$

Pero aplicando el lema de Shephard, podemos reescribir estas nuevas condiciones como:

$$a_1^L dw_L + a_1^K dw_K = dp_1 \qquad (15.31\text{a})$$
$$a_2^L dw_L + a_2^K dw_K = dp_2 \qquad (15.31\text{b})$$

Luego, si aumenta p_1, manteniendo p_2 constante, obtenemos:

$$\frac{dw_L}{dp_1} = \frac{a_2^K}{a_1^L a_2^K - a_1^K a_2^L} \qquad (15.32\text{a})$$
$$\frac{dw_K}{dp_1} = -\frac{a_2^L}{a_1^L a_2^K - a_1^K a_2^L} \qquad (15.32\text{b})$$

pero dado el supuesto que hemos hecho acerca de las intensidades de uso:

$\dfrac{a_1^L\left(\frac{w_L}{w_K}\right)}{a_1^K\left(\frac{w_L}{w_K}\right)} > \dfrac{a_2^L\left(\frac{w_L}{w_K}\right)}{a_2^K\left(\frac{w_L}{w_K}\right)}$,sabemos que $a_1^L a_2^K - a_1^K a_2^L > 0$. Luego,obtenemos:

$$\frac{dw_L}{dp_1} > 0 \quad \text{y} \quad \frac{dw_K}{dp_1} < 0.$$

Es decir, si aumenta p_1, aumenta w_L y cae w_K, mientras que si cae p_1, cae w_L y aumenta w_K (y análogamente si hubiera aumentado p_2: tendríamos un aumento en w_K y una disminución en w_L; demostrar).

Los resultados previos se representan gráficamente en la figura 15.14. En ella vemos que al aumentar el precio relativo del bien 1 aumenta el precio relativo del trabajo (o en general, del factor en que éste es

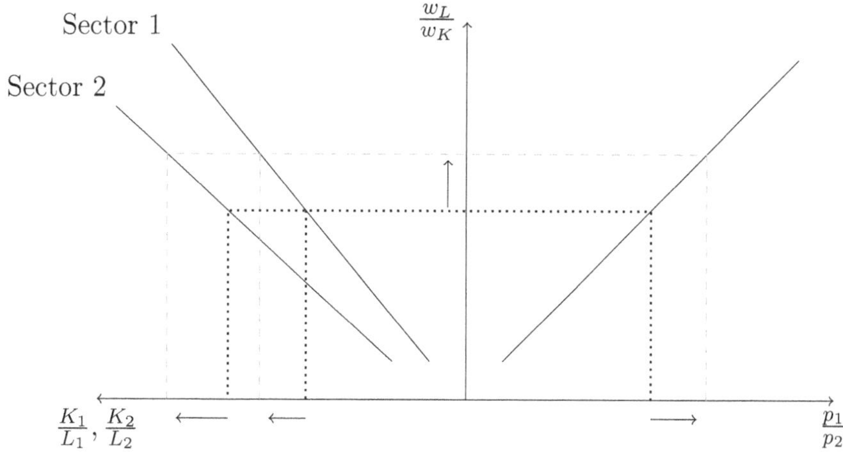

Figura 15.14 Representación del Teorema de Stolper-Samuelson

intensivo; diagrama del lado derecho), y por lo tanto disminuye el uso relativo de trabajo en ambas industrias, o aumenta la razón $\frac{K}{L}$.

Para analizar el efecto que tiene un cambio en el precio de un bien sobre el bienestar de los dueños del trabajo y del capital en principio necesitaríamos conocer sus preferencias. Sin embargo, si no hay saciedad y crece el conjunto de posibilidades de consumo sí podemos afirmar que el bienestar del consumidor aumenta, y viceversa.

El efecto que tiene este cambio sobre el bienestar de los dueños del capital es claro: por un lado cae la remuneración al capital, w_K, y por otro lado aumenta el precio de un bien y se mantiene constante el precio del otro bien, de modo que su conjunto de posibilidades de consumo se reduce. Luego, debe ser cierto que el bienestar de los dueños del capital se reduce debido al aumento en el precio del bien 1.

El efecto que tiene este cambio sobre el bienestar de los dueños del trabajo depende de si es más fuerte el aumento en w_L o en p_1. Verificaremos que el aumento en el precio del factor es proporcionalmente mayor que el aumento en p_1, por lo que el bienestar de los dueños del trabajo aumenta: tanto $\frac{w_L}{p_1}$ como $\frac{w_L}{p_2}$ aumentan, por lo que su conjunto de posibilidades de consumo crece.

Para verificar que el aumento en w_L es proporcionalmente más alto que el aumento en p_1 basta notar que el uso relativo del trabajo cayó en el sector 1, por lo que la productividad marginal del trabajo debe haber aumentado. Luego, para mantener la condición de óptimo de la empresa:

$$\frac{w_L}{p_1} = F_L \left(L/K \right) \tag{15.33}$$

debe ser cierto que $\frac{w_L}{p_1}$ aumentó. Es decir, debe ser cierto que w_L aumentó proporcionalmente más que p_1.

Efecto del cambio en la dotación de un factor

Al aumentar la dotación de un factor, se debe ajustar el uso de factores en ambos sectores. En una economía en que los precios de los bienes están fijos (como es el caso de la economía abierta que hemos estado considerando), en solución interior sabemos que el precio relativo de los factores depende sólo de la tecnología y de los precios de los bienes, y no de la dotación de factores. Luego, en este caso el aumento en la dotación de un factor no altera el precio relativo de los factores, sino que el exceso de oferta de dicho factor que inicialmente se podría generar se absorbe aumentando el tamaño del sector que es intensivo en el uso de dicho factor. A continuación se enuncia el Teorema de Rybcszynski, que establece formalmente este resultado:

Teorema 31 (Rybcszynski). *En el modelo de 2×2 con precios de los bienes fijos, un aumento en la dotación de un factor lleva a que aumente la producción del bien que utiliza más intensivamente dicho factor, y caiga la producción del bien que lo utiliza menos intensivamente (suponiendo equilibrio interior antes y después del cambio).*

Para obtener este resultado basta notar que, dado que no han cambiado los precios de los bienes ni la tecnología, el equilibrio se sigue dando con los mismos precios de factores y las mismas razones de uso del equilibrio inicial. Supongamos que lo que ha aumentado es la dotación de trabajo. Luego, para absorber la mayor cantidad de trabajo en la economía manteniendo las mismas razones de uso en cada industria, debe ser cierto que se expande la industria que usa relativamente más trabajo, y se contrae la que utiliza relativamente menos trabajo. Notamos que podemos escribir:

$$\overline{L} = L_1 + L_2 \tag{15.34}$$

$$\Rightarrow \frac{\overline{L}}{\overline{K}} = \left(\frac{L_1}{K_1} \right) \left(\frac{K_1}{\overline{K}} \right) + \left(\frac{L_2}{K_2} \right) \left(\frac{K_2}{\overline{K}} \right) \tag{15.35}$$

370

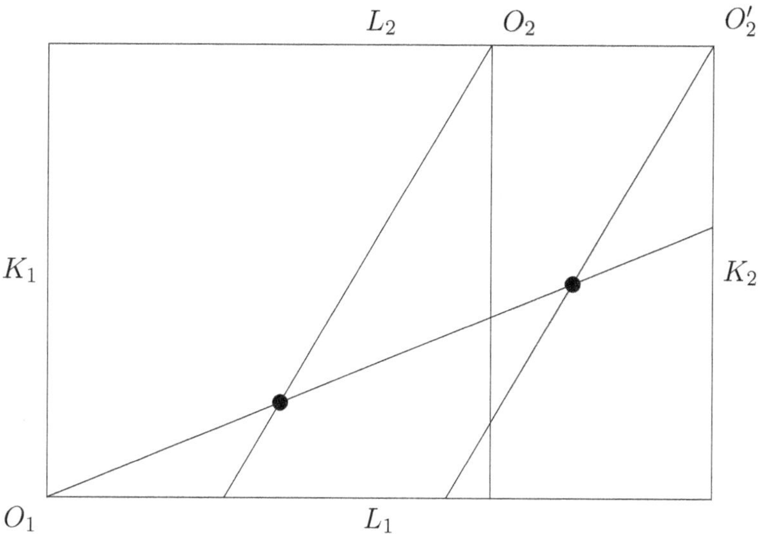

Figura 15.15 Teorema de Rybcszynski

La única manera de que $\frac{L_1}{K_1}$ y $\frac{L_2}{K_2}$ se mantengan constantes a pesar de el aumento en $\frac{\overline{L}}{\overline{K}}$, es que aumente el peso que se da a $\frac{L_1}{K_1}$: dado que $\frac{L_1}{K_1} > \frac{L_2}{K_2}$, un mayor peso a la primera lleva a que aumente el promedio ponderado de ambas (que es justamente $\frac{\overline{L}}{\overline{K}}$):

$$\frac{\overline{L}}{\overline{K}} \uparrow = \left(\frac{L_1}{K_1}\right)\left(\frac{K_1}{\overline{K}} \uparrow\right) + \left(\frac{L_2}{K_2}\right)\left(\frac{K_2}{\overline{K}} \downarrow\right) \tag{15.36}$$

En términos gráficos, lo anterior se representa en la figura 15.15.

15.5.b. Precio de bienes endógeno

Efecto del cambio en el precio de un bien

El análisis previo del Teorema de Stolper-Samuelson se realizó suponiendo que los precios de los bienes estaban determinados exógenamente, lo que no ocurre en este caso. Pero aún sigue siendo cierto que, para que p_1^*, p_2^*, w_L^* y w_K^* formen parte de un equilibrio walrasiano, se deben cumplir las dos condiciones que enunciábamos anteriormente:

$$c_1\left(w_L^*, w_K^*\right) = p_1^* \tag{15.37a}$$
$$c_2\left(w_L^*, w_K^*\right) = p_2^* \tag{15.37b}$$

371

Luego, la única diferencia respecto del caso anterior es que p_1^* y p_2^* ya no son fijos, sino determinados internamente. Ahora bien, si partimos de una lista de precios de equilibrio, y (por alguna razón no especificada) se produce un alza en el precio del bien 1, llegamos exactamente a la misma conclusión anterior: w_L debe aumentar, w_K debe caer, y el bienestar de los dueños del trabajo sube mientras que el de los dueños del capital aumenta. El análisis gráfico es exactamente el mismo.

Pero dado que los precios de los bienes no están fijos, además ahora podemos ir también en la otra dirección: si aumenta el precio relativo de L, debe aumentar el precio relativo del bien 1 (o en general, del bien cuya producción es relativamente más intensiva en L). En efecto, dada la homogeneidad de grado 1 en las funciones de producción a ambos sectores, sabemos que p_1 y p_2 dependen sólo de los precios de factores. Derivando la condición de óptimo $p_j = c_j\left(w_L, w_K\right)$, obtenemos:

$$dp_j = \frac{\partial c_j\left(w_L, w_K\right)}{\partial w_L} dw_L + \frac{\partial c_j\left(w_L, w_K\right)}{\partial w_K} dw_K \qquad (15.38)$$

donde j nuevamente puede corresponder al bien 1 ó 2. Pero por el lema de Shephard podemos reescribir lo anterior como:

$$dp_1 = a_1^L dw_L + a_1^K dw_K \qquad (15.39a)$$
$$dp_2 = a_2^L dw_L + a_2^K dw_K \qquad (15.39b)$$

Entonces, podemos escribir $\frac{dp_1}{p_1} - \frac{dp_2}{p_2}$ como:

$$\frac{dp_1}{p_1} - \frac{dp_2}{p_2}$$
$$= \frac{dw_L}{w_L}\left(\frac{w_L a_1^L}{p_1} - \frac{w_L a_2^L}{p_2}\right) + \frac{dw_K}{w_K}\left(\frac{w_K a_1^K}{p_1} - \frac{w_K a_2^K}{p_2}\right) \qquad (15.40)$$

Pero el pago a los factores agota el producto, por lo que $\frac{w_K a_1^K}{p_1} = 1 - \frac{w_L a_1^L}{p_1}$ y $\frac{w_K a_2^K}{p_2} = 1 - \frac{w_L a_2^L}{p_2}$. Luego, podemos escribir la expresión anterior como:

$$\frac{dp_1}{p_1} - \frac{dp_2}{p_2} = \left(\frac{dw_L}{w_L} - \frac{dw_K}{w_K}\right)\left(\frac{w_L a_1^L}{p_1} - \frac{w_L a_2^L}{p_2}\right) \qquad (15.41)$$

Finalmente, el supuesto de que el bien 1 es más intensivo en trabajo implica a su vez que $\frac{w_L a_1^L}{p_1} - \frac{w_L a_2^L}{p_2} > 0$. En efecto,

$$\frac{a_1^L\left(\frac{w_L}{w_K}\right)}{a_1^K\left(\frac{w_L}{w_K}\right)} > \frac{a_1^L\left(\frac{w_L}{w_K}\right)}{a_1^K\left(\frac{w_L}{w_K}\right)} \tag{15.42}$$

$$\Leftrightarrow \frac{\frac{w_L}{p_1} a_1^L\left(\frac{w_L}{w_K}\right)}{\left(1 - \frac{w_L}{p_1} a_1^L\left(\frac{w_L}{w_K}\right)\right)} > \frac{\frac{w_L}{p_2} a_2^L\left(\frac{w_L}{w_K}\right)}{\left(1 - \frac{w_L}{p_2} a_2^L\left(\frac{w_L}{w_K}\right)\right)} \tag{15.43}$$

Se concluye que si $\left(\frac{dw_L}{w_L} - \frac{dw_K}{w_K}\right) > 0$ (es decir, si aumenta el precio relativo de L), entonces $\left(\frac{dp_1}{p_1} - \frac{dp_2}{p_2}\right) > 0$ (aumenta p). En otras palabras, un aumento en el precio relativo de un factor lleva a un aumento en el precio relativo del bien cuya producción es relativamente más intensiva en dicho factor, y viceversa.

Efecto del cambio en la dotación de un factor

El teorema de Rybcszynski se refiere al cambio en la producción asociado al cambio en la dotación de un factor, manteniendo precios constantes. Luego, como primera etapa del análisis, el teorema de Rybcszynski es perfectamente correcto en el caso de una economía cerrada. La diferencia respecto del caso de una economía abierta, es que ahora debemos continuar el análisis, preguntándonos si los precios de los bienes efectivamente deberían mantenerse constantes en equilibrio.

Para responder esta pregunta en forma exacta, necesitamos conocer las preferencias de los consumidores. Pero para entender la dirección del cambio basta con suponer que los trabajadores que han inmigrado demandan de ambos bienes. Dado que con los precios antiguos encontramos que la producción del bien 1 aumentaba y la del bien 2 disminuía, se infiere que debe existir un exceso de demanda por el bien 2 a estos precios. Luego, el precio relativo p debe caer. Pero ya sabemos que esto provoca una caída en el precio relativo del factor en que el bien 1 es relativamente más intensivo. Entonces, debe aumentar el uso relativo de trabajo en ambos sectores, disminuyendo por esa razón la productividad marginal del trabajo y su salario real, y aumentando la productividad marginal del capital y su remuneración real. Es decir, el bienestar de los dueños del trabajo que originalmente residían en este país disminuye, y el de los dueños del capital aumenta.

15.6. Eficiencia y equilibrio

15.6.a. Primer teorema del bienestar

En la sección 15.1 se describieron las condiciones para que la asignación de recursos sea óptima en el sentido de Pareto, o eficiente. En esta sección se muestra que en ausencia de distorsiones la asignación de equilibrio satisface estas condiciones, de modo que es eficiente. Este resultado es el **primer teorema del bienestar**.

En efecto, de la maximización de ganancia de cada empresa sabemos que en cada sector se iguala el valor del producto marginal de cada factor con su precio. Esto es:

$$p_1 F_L = w_L \qquad (15.44a)$$

$$p_1 F_K = w_K \qquad (15.44b)$$

$$p_2 G_L = w_L \qquad (15.44c)$$

$$p_2 G_K = w_K \qquad (15.44d)$$

A su vez, de la maximización de utilidad de cada consumidor sabemos que su $TMSS$ es igual al precio relativo de los bienes. El cumplimiento de la condición de eficiencia en el consumo se obtiene de manera inmediata.

A partir de las condiciones 15.44a, 15.44b, 15.44c y 15.44d podemos verificar que en equilibrio la $TMST$ de ambos sectores será la misma, de modo que se cumple la condición de eficiencia técnica:

$$\frac{F_L}{F_K} = \frac{w_L}{w_K} = \frac{G_L}{G_K} \qquad (15.45)$$

A su vez, tomando las condiciones 15.44a y 15.44c, o alternativamente las condiciones 15.44b y 15.44d, podemos verificar que en equilibrio la TMT es igual al precio relativo de los bienes:

$$\frac{G_L}{F_L} = \frac{p_1}{p_2} = \frac{G_K}{F_K} \qquad (15.46)$$

y dado que este precio relativo es igual a su vez a la $TMSS$ de los consumidores, sabemos que se cumple la condición de eficiencia mixta.

15.6.b. Impuestos

Al incorporar impuestos (o subsidios) al análisis, vemos que ya no necesariamente la asignación de equilibrio será eficiente. Es evidente que al poner impuestos diferentes para distintos consumidores se pierde la eficiencia en el consumo. A continuación analizaremos el efecto que tienen diferentes combinaciones de impuestos, pero siempre parejos entre consumidores.

Un impuesto al consumo o producción del bien j de tasa t_j genera una brecha entre el precio pagado por el consumidor, p_j^c y el precio recibido por el productor p_j^p, de acuerdo con:

$$p_j^c = (1 + t_j)\, p_j^p \qquad (15.47)$$

Un impuesto al uso del factor z en el sector j de tasa t_{zj} introduce una brecha entre el precio pagado a dicho factor por el productor j, w_{zj}^p, y el precio recibido por el dueño de dicho factor, w_{zj}^c. En equilibrio debe ser cierto que el precio recibido por los dueños de cada factor es igual en ambos sectores, sin embargo. Luego, en este caso tenemos:

$$w_{zj}^p = (1 + t_{zj})\, w_z^c. \qquad (15.48)$$

La maximización de ganancia de cada empresa j implica que se cumplen las siguientes condiciones en equilibrio:

$$p_1^p F_L = w_{L1}^p \qquad (15.49\text{a})$$
$$p_1^p F_K = w_{K1}^p \qquad (15.49\text{b})$$
$$p_2^p G_L = w_{L2}^p \qquad (15.49\text{c})$$
$$p_2^p G_K = w_{K2}^p \qquad (15.49\text{d})$$

Asimismo, la maximización de utilidad de cada consumidor implica que para todo consumidor i se satisface:

$$TMSS^i = \frac{p_1^c}{p_2^c} \qquad (15.50)$$

Impuesto parejo en ambos sectores

La existencia de un impuesto al consumo o la producción de ambos bienes de igual tasa no altera las condiciones de eficiencia, por lo que la

asignación sigue siendo óptima en el sentido de Pareto. En efecto, dado
que no hay impuesto al uso de factores y que sigue siendo cierto que

$$\frac{p_1^c}{p_2^c} = \frac{(1+t_1)\,p_1^p}{(1+t_2)\,p_2^p} = \frac{p_1^p}{p_2^p}$$

vemos que las tres condiciones de eficiencia se mantienen. Algo similar
ocurre si se pone un impuesto de igual tasa a todos los factores en los dos
sectores. Note que esto no significa que el nivel de producción y consumo
de ambos bienes ni el precio relativo de equilibrio no cambie: ello sólo
será cierto si las demandas de bienes no se ven afectadas por el menor
ingreso de los consumidores (que puede ser parcial o totalmente compen-
sado por las transferencias y consumo del gobierno). Si no se modifica la
asignación de recursos, de modo que el uso relativo de factores no cambia, tampoco cambiará el pago real al trabajo y al capital efectuado por
los productores. El pago real recibido por los consumidores, sin embargo,
será menor, puesto que el precio pagado por ellos es mayor que el precio
recibido por los productores.

Impuesto en un solo sector

Si, en cambio, existe únicamente un impuesto al consumo o la producción
de uno de los dos bienes, la asignación resultante ya no será eficiente.
Consideremos por ejemplo el caso de un impuesto al consumo del bien 1.
En este caso, a partir de las condiciones 15.49a, 15.49b, 15.49c y 15.49d
podemos verificar que en equilibrio la $TMST$ de ambos sectores será la
misma, de modo que se cumple la condición de eficiencia técnica:

$$\frac{F_L}{F_K} = \frac{w_L}{w_K} = \frac{G_L}{G_K} \tag{15.51}$$

Esto es, la nueva asignación sigue formando parte de la curva de contrato,
de manera que la producción aún está en la frontera de posibilidades de
producción.

Asimismo, tomando las condiciones 15.49a y 15.49c, o alternativamente
las condiciones 15.49b y 15.49d, podemos verificar que en equilibrio la
TMT es igual al precio relativo de los bienes enfrentado por los productores:

$$\frac{G_L}{F_L} = \frac{p_1^p}{p_2} = \frac{G_K}{F_K}. \tag{15.52}$$

Sin embargo, la $TMSS$ de los consumidores es igual al precio relativo de los bienes enfrentado por los consumidores, que no es igual al enfrentado por los productores. Luego, tenemos:

$$TMT < \frac{(1+t_1)\,p_1^p}{p_2} = \frac{p_1^c}{p_2} = TMSS, \qquad (15.53)$$

de modo que ya no se cumple la condición de eficiencia mixta: la producción aún está en la frontera de posibilidades de producción, pero en un nivel que no es el eficiente al considerar las preferencias de los consumidores. En este caso posiblemente disminuirá la cantidad producida del bien 1 y aumentará la cantidad producida del bien 2. Esto modificará la razón de uso de factores, y el precio relativo de los mismos, como indica el teorema de Stolper-Samuelson: si el bien 1 es intensivo en L, entonces caerá el precio relativo del trabajo, y aumentará la razón $\frac{K}{L}$ en ambos sectores, con el consiguiente cambio en el pago real a los factores. Algo similar ocurre si se pone un impuesto a los dos factores en un solo sector.

Impuesto al uso de un solo factor

A diferencia del caso anterior, un impuesto a sólo un factor en ambos sectores productivos no altera la eficiencia en la asignación de recursos. Este resultado se debe a que en este modelo se supone que la oferta de factores es completamente inelástica (las dotaciones de factores son fijas). Si no fuera así, un impuesto discriminador a un solo factor sí afectaría la eficiencia.

Impuesto a un factor en un sector productivo

El último caso a considerar es el de un impuesto a un factor en un sector productivo. En este caso veremos que ya no se cumple la condición de eficiencia en la producción, de manera que la asignación resultante ya no forma parte de la curva de contrato de producción. Por esta misma razón, la producción ya no estará sobre la frontera de posibilidades de producción; más aún, la tasa a la que se transforman las unidades del bien 2 en unidades del bien 1 en equilibrio ya no corresponde a la pendiente de la frontera de posibilidades de producción.

Consideremos por ejemplo el caso de un impuesto al trabajo sólo en el sector 1 de tasa t_{L1}. A partir de las condiciones 15.49a, 15.49b, 15.49c y 15.49d podemos verificar que en equilibrio la $TMST$ de ambos sectores ya no será igual, por lo que no se cumple la condición de eficiencia técnica:

$$\frac{F_L}{F_K} = \frac{w^p_{L1}}{w_K} \neq \frac{w^c_L}{w_K} = \frac{G_L}{G_K} \tag{15.54}$$

En particular, vemos que $TMST_1 > TMST_2$. Esto es, la nueva asignación no forma parte de la curva de contrato en la caja de Edgeworth de producción. Más aún, tomando las condiciones 15.49a y 15.49c, vemos que el precio relativo de los bienes enfrentado por los productores ya no es igual a $\frac{G_L}{F_L}$:

$$\frac{p_1}{p_2} = (1 + t_{L1}) \frac{G_L}{F_L} \tag{15.55}$$

Note que ya no es cierto que $\frac{G_L}{F_L} = \frac{G_K}{F_K}$. De hecho, la tasa a la cual se transforman unidades del bien 2 en unidades del bien 1 en equilibrio es ahora:

$$\begin{aligned}
\frac{G_L dL_2 + G_K dK_2}{F_L dL_2 + F_K dK_2} &= \frac{\frac{w_L}{p_2} dL_2 + \frac{w_K}{p_2} dK_2}{\frac{w^p_{L1}}{p_1} dL_2 + \frac{w_K}{p_1} dK_2} \\
&= \frac{p_1}{p_2} \frac{w^c_L dL_2 + w_K dK_2}{w^c_L (1 + t_{L1}) dL_2 + w_K dK_2} \\
&< \frac{p_1}{p_2}
\end{aligned} \tag{15.56}$$

Es por ello que, aunque los consumidores y productores enfrentan los mismos precios relativos de bienes, la asignación resultante ya no satisface la condición de eficiencia mixta.

Nuevamente lo más posible es que la producción del bien 1 caiga. Sin embargo, dado que la asignación ya no forma parte de la curva de contrato, no es posible utilizar el teorema de Stolper-Samuelson para determinar la dirección en que cambia el pago real a los factores. Si disminuye la producción en el sector 1 debe ser cierto que la razón de uso de factores $\frac{K}{L}$ cae en el sector 2, pero en el sector 1 podría aumentar o disminuir (ya no es cierto que ambas se deben mover en la misma dirección, puesto que los dos sectores ya no enfrentan los mismos precios relativos de factores).

Ejercicios

1. (*) Considere una economía con un sector de producción (X), en que se utilizan dos factores (K y L). Las dotaciones de K y L en la economía son fijas. El sector X está compuesto por empresas competitivas e idénticas, con funciones de producción homogéneas de grado 1, con $\sigma > 1$ (siendo σ la elasticidad de sustitución) y productividad marginal de los factores positiva y decreciente. Si disminuye la dotación de trabajo en la economía (con la dotación de K constante); ¿qué ocurre con la producción total de X, el pago real a cada unidad de trabajo y capital, el pago total al trabajo y el pago total al capital? Fundamente claramente cada una de sus respuestas.

2. (*) Considere una economía cerrada, compuesta por dos sectores (X e Y) y dos factores de producción (K y L). Suponga que ambos sectores están compuestos por empresas competitivas e idénticas, existe perfecta movilidad de factores entre sectores, y no hay impuestos ni subsidios. Las funciones de producción en cada uno de estos dos sectores se pueden escribir como:

$$X = K_X^{3/4} L_X^{1/4} \qquad Y = K_Y^{2/3} L_Y^{1/3}$$

Si se produce un aumento en la dotación de L, el bienestar de los trabajadores no puede aumentar. Comente, fundamentando claramente su respuesta, y apoyando su respuesta con gráficos.

3. (**) Considere una economía caracterizada por un sector, compuesto por empresas competitivas e idénticas que producen x con una función de producción de la forma $x = \left(\sqrt{K} + \sqrt{L} \right)^2$. Las dotaciones totales de factores en esta economía es $\overline{L} = 400$ y $\overline{K} = 100$.

   a) Encuentre las remuneraciones reales *de equilibrio*, $\frac{w_L}{p}$ y $\frac{w_K}{p}$, y la cantidad total producida *en equilibrio*.

   b) Encuentre la elasticidad de sustitución entre factores, σ, y a partir de ella indique qué esperaría usted que ocurriera con el pago total real al trabajo y al capital si aumentara la dotación de K en esta economía. Fundamente.

4. (**) Considere una economía con dos sectores de producción que producen x e y respectivamente, utilizando dos factores, K, y L. Las empresas (que son competitivas) producen con funciones de producción de la forma: $x = K^{1/4} L^{3/4}$ en el sector x, e $y = K^{3/4} L^{1/4}$ en el sector y. Las dotaciones de factores son $\overline{L} = 100$ y $\overline{K} = 100$.

   a) Demuestre que para cualquier precio relativo de factores $\frac{w_L}{w_K}$ la razón de uso K/L es más alta en el sector y que en el sector x.

   b) Derive los costos unitarios en cada sector. Represente en un solo gráfico (en el plano $w_L - w_K$) las curvas de nivel del costo unitario de los sectores x e y (para niveles cualquiera, como por ejemplo los que se alcanzan con $w_L = w_K = 1$). No es necesario que el gráfico sea exacto, pero sí debe ser cuidadoso en que la forma de las curvas represente correctamente la situación descrita (indicando a qué sector corresponde cada curva de nivel y por qué).

   c) Suponga que producto de una catástrofe natural se destruye parte importante del capital en esta economía, de modo que ahora $\overline{K} = 50$. Si la economía enfrenta precios internacionales por los bienes x e y, discuta qué ocurrirá con los precios de equilibrio de ambos factores, con la razón de uso K/L de equilibrio en cada sector, y con el bienestar de los dueños del trabajo y los dueños del capital. Discuta también qué ocurrirá con la cantidad producida de x e y, apoyando su respuesta en gráficos. En su respuesta suponga que hay un equilibrio interior antes y después del cambio en la dotación.

5. (***) Considere una economía con dos sectores de producción que producen x e y respectivamente, utilizando los factores K y L. Las empresas son tomadoras de precios. Los precios de los bienes se determinan en el mercado internacional. Las funciones de producción en los sectores x e y son de la siguiente forma:

$$x = K^{0,25} L^{0,75}$$
$$y = K^{0,75} L^{0,25}$$

   a) Derive el costo marginal o unitario de producción en cada sector.

   b) Demuestre que si el precio internacional de x es el doble del precio de y (es decir, si $p_x = 2p_y$), entonces en el equilibrio debe ser cierto que w_L es cuatro veces mayor que w_K.

   c) Muestre que la razón de costos marginales $\frac{CMg_x}{CMg_y}$ depende únicamente de los precios relativos de factores $\left(\frac{w_L}{w_K}\right)$, y relacione este resultado con el teorema de Stolper-Samuelson. Al relacionar este resultado con el teorema, debe indicar explícitamente qué dice el teorema, y cómo este resultado lo confirma o no.

6. (***) Considere un modelo de dos sectores (X e Y) y dos factores de producción (K y L). Suponga que ambos sectores están compuestos por empresas competitivas e idénticas, existe perfecta movilidad de factores entre sectores, y no hay impuestos ni subsidios. Las funciones de producción en cada uno de estos dos sectores se pueden escribir como:

$$X = K_X^{1/2} L_X^{1/2}; \qquad Y = K_Y^{2/3} L_Y^{1/3}$$

Las dotaciones de K y L en la economía son fijas, y corresponden a $\overline{K} = 300$ y $\overline{L} = 100$.

a) Encuentre el precio relativo del trabajo (w_L/w_K) mínimo y máximo consistente con la tecnología y dotaciones de factores descritas.

b) Si el precio relativo del trabajo (w_L/w_K) es 2; ¿cuántas unidades de K y L se estarán contratando en el sector X e Y respectivamente?

c) Si aumenta el precio relativo del trabajo a 3; ¿qué ocurrirá con la cantidad contratada de K y L en ambos sectores, con la producción de X e Y, y con el bienestar de trabajadores y capitalistas? Explique claramente la intuición de cada una de sus respuestas.

Capítulo 16

Externalidades y bienes públicos

Cuando discutimos el comportamiento del consumidor (capítulos 2, 3 y 4) supusimos que éste tomaba en cuenta, o valoraba, todas las consecuencias de su actuar al tomar sus decisiones. La única consecuencia de que una familia consumiera la canasta (x_1, x_2) era que ella obtendría una satisfacción de $u(x_1, x_2)$; ese acto no afectaría a ninguna otra persona o entidad en la economía. Existen, sin embargo, innumerables situaciones en que esto no es así. Por ejemplo:

- Antibióticos.— Cuando una persona consume antibióticos pero interrumpe prematuramente el tratamiento, es posible que sobrevivan bacterias en su organismo que, habiendo sido expuestas al medicamento, desarrollen resistencia. Esa inmunidad será transmitida a otras personas. Quienes reciban a las bacterias resistentes se verán perjudicadas por el comportamiento del primer paciente, porque, gracias a él, ese antibiótico ya no tendrá efectividad en ellos.

- Calentamiento global.— La liberación de gases invernadero a la atmósfera normalmente ocurre como subproducto o consecuencia indeseada de la quema de combustibles fósiles para calentar nuestras casas o impulsar nuestros automóviles e industrias. La escala a la que esto se ha hecho ha tenido efectos sobre el clima del planeta, derritiendo los hielos polares, aumentando el nivel de los océanos, etc. Estas consecuencias, positivas para algunas pocas comunidades y negativas para muchas otras, no solamente las obtienen los liberadores originales del carbón, sino que todos los habitantes del planeta.

Igualmente, en el análisis de la empresa con fines de lucro (capítulos 5 y 6) supusimos que sus acciones solamente la afectaban a ella. Más aún, implícitamente también supusimos que las decisiones de la empresa le preocupaban a sus dueños solamente a través de las utilidades que produjeran. Pero considere las siguientes situaciones:

- Contaminación.— La producción de bienes típicamente produce desechos o residuos, como gases liberados en la atmósfera, o químicos que contaminan el suelo y el agua. Esa transformación del ambiente suele afectar las posibilidades o directamente la utilidad de otras personas en la sociedad.

- Polinización.— Los insectos colaboran con la reproducción de las plantas. Por lo mismo, los criadores de abejas producen un beneficio a los agricultores de campos vecinos, mejorando los rendimientos de su producción.

Estos ejemplos retratan la dimensión social de nuestras vidas: lo que hacemos tiene repercusiones más allá de la esfera inmediata de nuestro interés personal, sea o no que estemos concientes de ello.

En general, entonces, decimos que existe una **externalidad** cuando el bienestar de un individuo se ve afectado directamente por las acciones de otro. En este capítulo estudiaremos la manera en que la existencia de externalidades afecta las conclusiones sobre bienestar que obteníamos en el contexto de una economía operando con mercados perfectamente competitivos. Más adelante (capítulo 17) también estudiaremos otras situaciones en que las externalidades juegan un rol esencial.

Formalmente, decimos que existe una **externalidad en el consumo** si la cantidad de un bien que uno consuma es un argumento en la función de utilidad de al menos algún otro consumidor. En el caso de dos productores, existe una **externalidad en la producción** si la cantidad que una empresa use de uno o más insumos, o su nivel de producción, es un argumento de la función de producción de al menos alguna otra empresa. También podemos pensar en que el uso de algún insumo afecte directamente la función de utilidad de un consumidor, o que el consumo de un bien afecte la función de producción de una empresa; en tales casos hablamos de externalidades de consumo a producción y de producción a consumo, respectivamente.

Cabe enfatizar que hablamos propiamente de externalidades cuando se afectan funciones de utilidad y/o de producción de forma directa. Cuando los efectos se producen indirectamente, a través de precios (afectando la utilidad indirecta y la función de ganancias), hablamos de **externalidades pecuniarias**. Por ejemplo, uno se ve perjudicado cuando mucha gente escoge el mismo lugar y fecha para veranear que uno, porque se encarece. O cuando los productores de un país reemplazan el petróleo por biogás como fuente de energía, los precios de los productos agrícolas aumentan, porque de la misma tierra ahora se consigue energía además de alimentos. Cuando eso pasa, los habitantes de los lugares que se descontaminan reciben una externalidad positiva en la forma de aire limpio (cuyo consumo directamente afecta su utilidad), y una externalidad pecuniaria negativa en la forma de mayores precios de alimentos, empobreciéndolos. En este capítulo no nos referiremos a las externalidades pecuniarias.

Por otra parte, le llamamos **bien público** a un bien o servicio que no presente rivalidad en su consumo. Decimos que una manzana no es un bien público sino privado, porque no puede ser consumida por dos personas a la vez: si una la consume, la manzana ya no está disponible para la otra. Los consumidores potenciales de la manzana son *rivales* en este sentido. En contraste, un concierto o un partido de fútbol son bienes públicos: que una persona lo disfrute no impide que otra también lo haga. La misma unidad de concierto o partido puede ser consumida por dos o más personas. De igual forma, son ejemplos de bienes públicos:

- Las obras de arte. El mismo cuadro, la misma escultura, la misma partitura, la misma grabación, pueden ser apreciados por muchas personas.

- El cálculo infinitesimal, la teoría económica, y el conocimiento en general. El que una persona domine las técnicas y conceptos de una disciplina no impide que muchos otros también lo hagan. Su aprendizaje, en cambio, es un bien privado: el tiempo y energía aplicados al estudio no están disponibles para otras actividades.

- La defensa nacional. Todos los habitantes de un pueblo se salvan de sufrir atrocidades cuando una invasión extranjera es repelida.

- La infraestructura pública. Los mismos caminos, aeropuertos y red de tendido eléctrico, pueden ser utilizados por miles de personas.

- El lenguaje. El que una mente contenga una cierta asociación de conceptos, símbolos y sonidos, no impide que millones más también la tengan. De hecho, la utilidad del lenguaje proviene de su uso compartido. Lo propio es cierto de otras costumbres y convenciones sociales.

La rivalidad en el consumo no es en general una propiedad binaria, sino que en diversos ejemplos podemos pensar en una graduación, en un continuo. La misma carretera puede ser usada por muchos automovilistas, sí, pero si hay demasiados, se crea congestión, afectando la calidad del servicio que se consigue para cada uno; además, cada vehículo que transita produce algún desgaste, aunque sea mínimo, rivalizando por tanto con usuarios potenciales futuros. De este modo, la clasificación entre bienes públicos y privados no es siempre evidente, y requiere una mirada cuidadosa en cada aplicación. Por lo mismo, a veces es útil pensar en **bienes públicos locales**: aquellos que en una zona geográfica limitada, o entre un grupo limitado de personas, no existe rivalidad. Una plaza, por ejemplo, es gozada por un vecindario, pero no por la ciudad completa.

A nivel conceptual, es posible pensar en un bien público como en un caso particular de una externalidad. Si una alumna enciende la estufa de la sala, ella disfruta de una temperatura más agradable en su ambiente; a su vez, esa misma temperatura también es disfrutada por sus compañeros. Entonces, si el bien 1 es la temperatura ambiental y los compañeros son A y B, entonces $x_{1A} = x_{1B} = x_1$, y $u_A = u_A(x_1, x_{2A})$ y $u_B = u_B(x_1, x_{2B})$: el que ambos consuman la misma unidad del bien, al no rivalizar, puede pensarse como que exista una externalidad recíproca en el consumo del bien 1. Por esta razón discutimos ambos temas en el mismo capítulo.

16.1. Revisión del primer teorema del bienestar

En el análisis del equilibrio competitivo obteníamos como conclusión importante el Primer Teorema del Bienestar, tanto para una economía de intercambio (sección 13.2) como para una economía con producción (15.6.a), que indicaba que cuando los consumidores y productores pueden decidir cuánto comprar de cada uno de los bienes o servicios que ellos consumen o usan, cualquier asignación de equilibrio es óptima en el sentido de Pareto. Este resultado se obtiene observando que si la asignación de equilibrio le entrega a cada consumidor su canasta favorita dentro de las que pueden alcanzar (dados los precios enfrentados) y le pide a cada productor que produzca exactamente la cantidad que quisiera entregar del bien, y que lo haga exactamente con la combinación de insumos que prefiere (a los precios vigentes), no puede existir otra asignación a la vez factible y mejor en el sentido de Pareto: mejorar el bienestar de un consumidor requeriría darle una canasta más cara, y por tanto inalcanzable. En efecto, cada individuo escoge la cantidad del bien o servicio en que se iguala el beneficio marginal (sea utilidad marginal, para los consumidores, o valor del producto marginal, para los productores) a su precio, que reflejará a su vez el costo marginal del mismo.

El caso de las externalidades (y los bienes públicos en el extremo) no cabe en este contexto, ya que en estos casos algún agente se ve afectado por la acción de otro agente, acción que el primero no puede elegir ni afectar directamente. Así, por ejemplo, un fumador pasivo es perjudicado por el humo de un fumador activo, pero el primero no elige recibir ese humo (no lo compra); un productor de frutas se beneficia de la polinización de las abejas del vecino sin necesariamente elegirlo (sin pagar por ello), y se ve perjudicado por la congestión vial que producen los demás productores (quienes no pagan por producir congestión), etc. Luego, una parte de la asignación de equilibrio para cada uno de estos agentes no es elegida por ellos, por lo que no necesariamente es la óptima individualmente, y por lo tanto tampoco será óptima en el sentido de Pareto la asignación completa. Es por esto que decimos que Primer y Segundo Teoremas del Bienestar aplican a bienes privados en ausencia de externalidades y bienes públicos.

16.1.a. Externalidades

El problema general de las externalidades puede incluir externalidades en el consumo y en la producción. En general, preocupa cualquier caso en que la decisión de un individuo (consumidor o empresa) afecta la utilidad o la tecnología de otro(s). Preocupa porque al tomar sus decisiones, los individuos consideran sólo los costos y beneficios privados de los bienes y servicios; sin embargo, las condiciones de eficiencia que se obtienen en presencia de externalidades reflejan la necesidad de igualar el beneficio marginal social al costo marginal social de estos.

Problema de Pareto y condiciones de eficiencia

Recordemos el problema de Pareto en ausencia de externalidades: buscamos la asignación que maximiza la utilidad de un individuo, sujeto a que la utilidad del otro no se reduzca por debajo de un nivel $\overline{u}$, tomando en cuenta la dotación de factores y la tecnología disponible para transformar factores en productos finales. El lagrangeano era de la forma:

$$
\begin{aligned}
\mathcal{L} = u_A(x_{1A}, x_{2A}) + \lambda(u_B(x_{1B}, x_{2B}) - \overline{u}_B) \\
+ \mu_A(F(L_1, K_1) - x_{1A} - x_{1B}) \\
+ \mu_B(G(L_2, K_2) - x_{2A} - x_{2B}) \\
+ \gamma_L(\overline{L} - L_1 - L_2) + \gamma_K(\overline{K} - K_1 - K_2). \quad (16.1)
\end{aligned}
$$

Podríamos modelar externalidades de varios tipos, pero en cualquier caso ocurre lo mismo: al encontrar las condiciones de primer orden del problema de Pareto veremos que ya no se obtienen las mismas condiciones de eficiencia que resultaban en ausencia de externalidades. En ausencia de externalidades las condiciones de primer orden del problema de Pareto para una solución interior eran de la forma:

- Derivando respecto de cada bien $x_{\ell i}$:

$$\frac{\partial u_A}{\partial x_{\ell A}} - \mu_\ell = 0$$

$$\lambda \frac{\partial u_B}{\partial x_{\ell B}} - \mu_\ell = 0,$$

de modo que al considerar estas condiciones para distintos bienes e individuos obteníamos la condición de eficiencia en el consumo:

$$\frac{\partial u_A/\partial x_{\ell A}}{\partial u_A/\partial x_{\ell' A}} = \frac{\partial u_B/\partial x_{\ell B}}{\partial u_B/\partial x_{\ell' B}}.$$

- Derivando respecto de cada factor L_j o K_j:

$$\mu_1 \frac{\partial F}{\partial L_1} - \gamma_L = 0 \text{ y } \mu_1 \frac{\partial F}{\partial K_1} - \gamma_K = 0$$

$$\mu_2 \frac{\partial G}{\partial L_2} - \gamma_L = 0 \text{ y } \mu_2 \frac{\partial G}{\partial K_2} - \gamma_K = 0,$$

de modo que al considerar estas condiciones para distintos sectores e insumos obteníamos la condición de eficiencia en la producción:

$$\frac{\partial F/\partial L_1}{\partial F/\partial K_1} = \frac{\partial G/\partial L_2}{\partial G/\partial K_2}.$$

- Y por último, al combinar las derivadas respecto de distintos bienes para un individuo i y respecto de un factor para los sectores que producen los distintos bienes obteníamos la condición de eficiencia mixta:

$$\frac{\partial u_i/\partial x_{\ell i}}{\partial u_i/\partial x_{\ell' i}} = \frac{\partial G/\partial L_2}{\partial F/\partial L_1}$$

A continuación veremos cómo en distintos ejemplos la presencia de externalidades modifica estas condiciones, alterando las condiciones de eficiencia: ya sea la condición de eficiencia en el consumo, en la producción, o mixta se verá afectada.

388

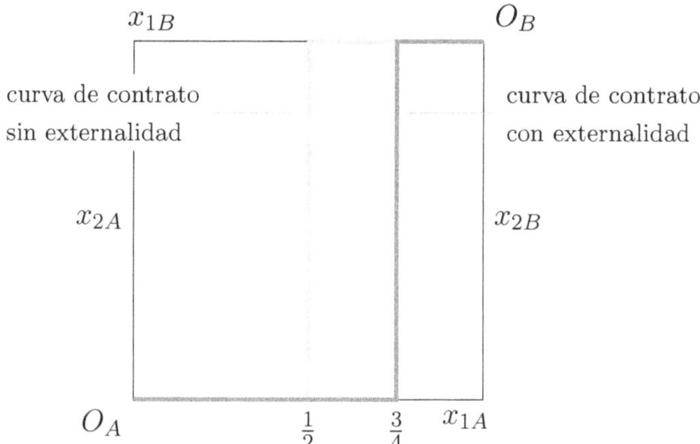

Figura 16.1 Externalidad en el consumo del bien 1
Los datos son los del ejemplo 19: B se beneficia del consumo que A haga del
bien 1. Siendo cuasilineales las funciones de utilidad, la curva de contrato es
vertical como en el ejemplo 13, pero otorgándole más del bien 1 a A.

Ejemplo 19 (externalidad en consumo). Considere el problema de repartir 1 unidad de cada bien (1 y 2) entre las personas A y B. Suponga
que B se beneficia del consumo del bien 1 de A. Específicamente, las
funciones de utilidad son

$$u_A(x_{1A}, x_{2A}) = \sqrt{x_{1A}} + x_{2A}$$
$$u_B(x_{1A}, x_{1B}, x_{2B}) = \sqrt{x_{1A}x_{1B}} + x_{2B}.$$

En ausencia de la externalidad, las asignaciones eficientes le darían la
mitad del bien 1 a cada persona –siendo cuasilineales las funciones de
utilidad, cualquier división del bien 2 es eficiente–. En cambio, el problema de Pareto con la externalidad tiene la solución $x_{1A} = 3/4$: el valor del
consumo del bien 1 por parte de A es ahora mayor, porque B también
se beneficia de él. Las asignaciones eficientes se ilustran en la figura 16.1

Externalidad que recae sobre el consumidor i.— La utilidad de
un consumidor i depende de la cantidad de bienes (x_{1i}, x_{2i}) que él compra
para su propio consumo, pero también puede depender del consumo de
algún bien ℓ de otro consumidor i' (ejemplo: cantidad de cigarros que
fuma la persona con quien vive).

Así, si la utilidad del individuo A depende del consumo del bien ℓ del individuo B tendríamos $u_1(x_{1A}, x_{2A}, x_{\ell B})$, de modo que al derivar respecto

de $x_{\ell B}$ aparecerá un término nuevo:

$$\lambda \frac{\partial u_B}{\partial x_{\ell B}} + \frac{\partial u_A}{\partial x_{\ell B}} - \mu_\ell = 0.$$

Luego, al considerar las condiciones de primer orden para distintos bienes e individuos obtenemos una nueva condición de eficiencia en el consumo:

$$\frac{\partial u_A/\partial x_{\ell A}}{\partial u_A/\partial x_{\ell' A}} = \frac{\partial u_B/\partial x_{\ell B}}{\partial u_B/\partial x_{\ell' B}} + \frac{\partial u_A/\partial x_{\ell B}}{\partial u_A/\partial x_{\ell' A}}. \tag{16.2}$$

En términos de la tasa marginal de sustitución subjetiva, que corresponde a $TMSS_{\ell\ell'}^i = \frac{\partial u_i/\partial x_{\ell i}}{\partial u_i/\partial x_{\ell' i}}$, la condición (16.2) se puede reescribir como:

$$TMSS_{\ell\ell'}^A \left(1 - \frac{\partial u_A/\partial x_{\ell B}}{\partial u_A/\partial x_{\ell A}}\right) = TMSS_{\ell\ell'}^B \tag{16.3}$$

Al comparar con el equilibrio walrasiano, vemos ahora una diferencia. El individuo A no puede elegir $x_{\ell B}$, y el individuo B no toma en cuenta la externalidad que produce sobre A al decidir cuánto consumir de dicho bien. Eso es problemático, ya que al tomar sus decisiones de consumo ambos individuos igualarán (en una solución interior) su tasa marginal de sustitución subjetiva al precio relativo $p_\ell/p_{\ell'}$. Esto significa que la asignación de equilibrio satisface:

$$\frac{\partial u_A/\partial x_{\ell A}}{\partial u_A/\partial x_{\ell' A}} = \frac{\partial u_B/\partial x_{\ell B}}{\partial u_B/\partial x_{\ell' B}} = \frac{p_\ell}{p_{\ell'}},$$

por lo que evidentemente dicha asignación no es óptima en el sentido de Pareto en tanto $\partial u_A/\partial x_{\ell B} \neq 0$. Esto es, no se cumple el Primer Teorema del Bienestar.

Alternativamente, la utilidad del consumidor i podría depender de la producción de una empresa j, y por consiguiente, del uso de insumos por dicha empresa (ejemplo: trabajadores o máquinas que emiten ruidos molestos). En este caso, si la utilidad del individuo A depende del uso de trabajo de la empresa 1 tendríamos $u_A(x_{1A}, x_{2A}, L_1)$, de modo que al derivar respecto de L_1 también aparecerá un término adicional:

$$\mu_1 \frac{\partial F}{\partial L_1} + \frac{\partial u_A}{\partial L_1} - \gamma_L = 0,$$

lo que alterará las condiciones de eficiencia en la producción y mixta, con la consecuencia de que nuevamente la asignación de equilibrio resultante no será óptima en el sentido de Pareto debido a que el individuo no puede afectar el nivel de L_1, y la empresa no toma en cuenta la externalidad que le genera al decidir cuánto contratar de dicho insumo.

Externalidad que recae sobre la empresa j.— La función de producción en el sector j depende de la cantidad de factores (L_j, K_j) que contrata para su producción, pero también puede depender de la producción de otra empresa j, y por consiguiente de su uso de insumos (ejemplos: uso de camiones que congestionan las vías de acceso al puerto).

Si la función de producción en el sector que produce el bien 1 depende del uso de trabajo en el sector 2 tendríamos $F(L_1, K_1, L_2)$. Entonces, al derivar respecto de L_2 se obtiene la condición:

$$\mu_2 \frac{\partial G}{\partial L_2} + \mu_1 \frac{\partial F}{\partial L_2} - \gamma_L = 0,$$

por lo que al considerar las condiciones de primer orden para distintos sectores e insumos obtenemos una nueva condición de eficiencia en la producción:

$$\frac{\partial F/\partial L_1}{\partial F/\partial K_1} = \frac{\partial G/\partial L_2}{\partial G/\partial K_2} + \frac{\partial F/\partial L_2}{\partial F/\partial K_1}. \tag{16.4}$$

En términos de tasas marginales de sustitución técnica, $TMST_{LK}^1 = \frac{\partial F/\partial L_1}{\partial F/\partial K_1}$ y $TMST_{LK}^2 = \frac{\partial G/\partial L_2}{\partial G/\partial K_2}$, la condición (16.4) se puede reescribir como:

$$TMST_{LK}^1 \left(1 - \frac{\partial F/\partial L_2}{\partial F/\partial L_1}\right) = TMST_{LK}^2. \tag{16.5}$$

Nuevamente, dado que la empresa 1 no puede afectar el nivel L_2 y la empresa 2 tampoco toma en cuenta la externalidad que le genera al usar dicho insumo, la asignación de equilibrio no será eficiente. En efecto, al tomar sus decisiones de contratación de insumos, cada empresa igualará (en una solución interior) su tasa marginal de sustitución técnica al precio relativo de factores $\frac{w_L}{w_K}$. Pero eso significa que la asignación de equilibrio satisface:

$$\frac{\partial F/\partial L_1}{\partial F/\partial K_1} = \frac{\partial G/\partial L_2}{\partial G/\partial K_2} = \frac{w_L}{w_K},$$

por lo que no se cumple la condición de eficiencia en la producción si $\partial F/\partial L_2 \neq 0$.

En cada caso particular debemos analizar cuál es la fuente y sobre qué individuo recae la externalidad para entender cómo se alteran las condiciones de optimalidad paretiana. Pero la consecuencia en todos los casos es la misma: en presencia de externalidades la asignación de equilibrio resultante ya no será óptima en el sentido de Pareto.

16.1.b. Bienes Públicos

El caso de los bienes públicos es el de los bienes de consumo no rival.

Problema de Pareto y condiciones de eficiencia

La utilidad de cada individuo depende de la disponibilidad total del bien público, x_{1T}, y de su consumo del bien privado, x_{2i}. El problema de Pareto en este caso tendrá asociado un lagrangeano de la forma:

$$
\begin{aligned}
\mathcal{L} = u_A\left(x_{1T}, x_{2A}\right) + \lambda\left(u_B\left(x_{1T}, x_{2B}\right) - \overline{u}_B\right) & \\
+ \mu_1\left(F\left(L_1, K_1\right) - x_{1T}\right) & \\
+ \mu_2\left(G\left(L_2, K_2\right) - x_{2A} - x_{2B}\right) & \\
+ \gamma_L\left(\overline{L} - L_1 - L_2\right) + \gamma_K\left(\overline{K} - K_1 - K_2\right) & \quad (16.6)
\end{aligned}
$$

con restricciones de no-negatividad.

Las condiciones de primer orden para una solución interior serán de la forma:

- Derivando respecto de x_{1T}:

$$
\frac{\partial u_A}{\partial x_{1T}} + \lambda \frac{\partial u_B}{\partial x_{1T}} - \mu_A = 0,
$$

y respecto de x_{2i} cada cada individuo i:

$$
\frac{\partial u_A}{\partial x_{2A}} - \mu_B = 0
$$

$$
\lambda \frac{\partial u_B}{\partial x_{2B}} - \mu_B = 0.
$$

Ya no obtenemos una condición de eficiencia en el consumo como antes.

- Derivando respecto de cada factor L_j o K_j:

$$
\mu_1 \frac{\partial F}{\partial L_1} - \gamma_L = 0 \;\text{ y }\; \mu_1 \frac{\partial F}{\partial K_1} - \gamma_K = 0
$$

$$
\mu_2 \frac{\partial G}{\partial L_2} - \gamma_L = 0 \;\text{ y }\; \mu_2 \frac{\partial G}{\partial K_2} - \gamma_K = 0,
$$

de modo que al considerar estas condiciones para distintos sectores e insumos obtenemos la condición de eficiencia en la producción tal como antes:

$$
\frac{\partial F/\partial L_1}{\partial F/\partial K_1} = \frac{\partial G/\partial L_2}{\partial G/\partial K_2}.
$$

- Por último, al combinar las derivadas respecto de distintos bienes para los dos individuos i y respecto de un factor para los sectores que producen los distintos bienes obtenemos una nueva condición de eficiencia mixta:

$$\frac{\partial u_A/\partial x_{1T}}{\partial u_A/\partial x_{2A}} + \frac{\partial u_B/\partial x_{1T}}{\partial u_B/\partial x_{2B}} = \frac{\partial G/\partial L_2}{\partial F/\partial L_1}$$

Esta condición se conoce como **Regla de Samuelson**.

En términos de tasas marginales de sustitución subjetiva, que corresponden a $TMSS_{12}^i = \frac{\partial u_i}{\partial x_{1T}}/\frac{\partial u_i}{\partial x_{2i}}$, y de tasa marginal de transformación, que corresponde a $TMT_{12} = \frac{\partial G}{\partial L_2}/\frac{\partial F}{\partial L_1} = \frac{\partial G}{\partial K_2}/\frac{\partial F}{\partial K_1}$, la regla de Samuelson se puede reescribir como

$$TMSS_{12}^1 + TMSS_{12}^2 = TMT_{12}. \tag{16.7}$$

Intuitivamente, si todos nos beneficiamos del bien público, la provisión eficiente de este requiere que lo que entre todos estamos dispuestos a entregar del bien privado para consumir una unidad adicional del bien público se iguale a lo que la tecnología exige que entreguemos del bien privado para producir esa unidad adicional. En otras palabras, el beneficio total de esa unidad extra (que es la suma del beneficio marginal de todos los consumidores, ya que todos se benefician de ella) se debe igualar a su costo marginal. Esta es la razón por la que decimos que en caso de bienes públicos lo relevante es la suma vertical (no horizontal) de demandas. Note que no importa qué insumo consideremos para obtener esta condición, porque la eficiencia exige que la tasa a la cual se transforma un bien en otro sea la misma independientemente de si se hace traspasando unidades de trabajo o unidades de capital (eficiencia técnica).

No necesariamente existe un único nivel x_{1T}^* que satisfaga la regla de Samuelson. En el caso particular en que la función de utilidad de los consumidores es cuasilineal, con $u_i(x_{1i}, x_{2T}) = b_i \ln x_{1T} + x_{2i}$, la tasa marginal de sustitución de cada consumidor es $TMST_{12}^i = \frac{b_i}{x_{1T}}$; luego, la asignación óptima satisface

$$\frac{b_1}{x_{1T}} + \frac{b_2}{x_{1T}} = TMT_{12}.$$

Entonces, si fuera posible transformar una unidad del bien privado en una unidad del bien público a una tasa constante c, el nivel de provisión del bien 1 óptimo en el sentido de Pareto sí sería único e igual a $x_{1T}^* = b_1 + b_2/c$.

Ejercicio 24. Suponga que la función de utilidad de los consumidores es Cobb-Douglas, con $u_i(x_{1i}, x_{2T}) = x_{1T}x_{2i}$. Usando la regla de Samuelson, obtenga una expresión para la asignación x^*_{1T} eficiente, y muestre que aunque fuera posible transformar una unidad del bien privado en una unidad del bien público a una tasa constante c, el nivel de provisión del bien 1 óptimo en el sentido de Pareto no sería único. $\square$

Para analizar si la asignación resultante sin intervención del Estado es óptima en el sentido de Pareto debemos verificar si satisface la regla de Samuelson.

Suponga que cada consumidor debe decidir cuánto comprar del bien público, pagando un precio p_1 por cada unidad, pero que ambos se benefician del total, x_{1T}. Sea x_{1i} la cantidad comprada del bien público por el individuo i; entonces, $x_{1T} = x_{1A} + x_{1B}$. Cada individuo escoge entonces una "canasta" (x_{1i}, x_{2i}) que satisface las siguientes condiciones de KKT:

$$\frac{\partial u_i}{\partial x_{1T}} - \lambda p_1 \leq 0 \ \text{con} \ \left(\frac{\partial u_i}{\partial x_{1T}} - \lambda p_1 \right) x_{1i} = 0$$

$$\frac{\partial u_i}{\partial x_{2i}} - \lambda p_2 \leq 0 \ \text{con} \ \left(\frac{\partial u_i}{\partial x_{2i}} - \lambda p_2 \right) x_{2i} = 0,$$

pero donde las utilidades marginales son evaluadas en $(x_{1A} + x_{1B}, x_{2i})$.

Entonces, una asignación de equilibrio podría tener a un individuo aportando a la provisión del bien público y el otro no. Suponga por ejemplo que el individuo A escoge $x^*_{1A} = 0$ (gastando todo su ingreso en el bien 2, con $x^*_{2A} = m_1$), y el individuo B escoge $x^*_{1B} > 0$ y $x^*_{2B} > 0$. Esa asignación podría ser de equilibrio si se cumplieran las condiciones de KKT anteriores al evaluar las utilidades marginales del individuo 1 en (x^*_{1B}, m_1); esto es, si su tasa marginal de sustitución subjetiva evaluada en ese punto fuera menor que $\frac{p_1}{p_2}$. Y simultáneamente tendrían que cumplirse las condiciones de KKT anteriores al evaluar las utilidades marginales del individuo 2 en (x^*_{1B}, x^*_{2B}); esto es, si su tasa marginal de sustitución subjetiva evaluada en ese punto fuera igual a p_1/p_2. Note que en este caso el individuo A no estaría contribuyendo en la provisión del bien público (no compra nada), pero porque el individuo B ya está contribuyendo para que ambos consuman $x_{1T} = x^*_{1B}$ (no porqué él no esté dispuesto a pagar por la primera unidad). Este fenómeno se conoce como fenómeno del "polizón" o *free rider*. Como la TMT_{12} corresponde a la razón de costos marginales (que a su vez se iguala a p_1/p_2 en equilibrio, ya que las empresas también optimizan), obtenemos:

$$TMSS_{12}^{B} = TMT_{12},$$

por lo que la asignación de equilibrio no satisface la regla de Samuelson si $TMSS_{12}^{A} \neq 0$.

Alternativamente, en la asignación de equlibrio ambos podrían estar aportando en la provisión del bien público, de manera que $x_{1A}^{*} > 0$, $x_{2A}^{*} > 0$, $x_{1B}^{*} > 0$ y $x_{2B}^{*} > 0$. Esa asignación podría ser de equilibrio si se cumplieran las condiciones de KKT anteriores al evaluar las utilidades marginales del cada individuo i en $(x_{1A}^{*} + x_{1B}^{*}, x_{2i}^{*})$; esto es, si la tasa marginal de sustitución subjetiva de cada individuo evaluada en ese punto fuera igual a p_1/p_2. Nuevamente, como la TMT_{12} también se iguala a p_1/p_2 en equilibrio, como en el caso anterior, obtenemos:

$$TMSS_{11}^{B} + TMSS_{12}^{B} = 2TMT_{12},$$

por lo que la asignación de equilibrio tampoco satisface la regla de Samuelson.

16.2. Asignación eficiente en presencia de externalidades

En la literatura se ha discutido mucho sobre distintas formas de introducir incentivos o regulaciones con el objetivo de lograr una asignación eficiente en presencia de externalidades. Las ventajas y desventajas de cada alternativa dependen del nivel de información disponible y de los costos de transacción involucrados.

Introducir incentivos para una asignación eficiente en el sentido de Pareto cuando hay externalidades requiere que los costos o beneficios que estas generan sean internalizados por quienes las producen. Una primera forma de introducir incentivos es a través de asignar derechos de propiedad por los bienes afectados (derecho al aire libre de humo o de ruidos molestos en el primer ejemplo, o a circular sin congestión en el segundo) de modo que los individuos puedan cobrar por la externalidad que les generan. Así, quien genera la externalidad al usar un bien o servicio igualará el costo marginal al beneficio marginal social de este, puesto que el costo incluye ahora el cobro de quien es afectado por su uso. De hecho, el **Teorema de Coase** indica que en realidad sin importar a quién se otorgue el derecho, si no hay costos de transacción es posible lograr la asignación eficiente. Así, si en el primer ejemplo se otorgara a los fumadores el derecho a ensuciar el aire, serían los no fumadores quienes tendrían que pagarles a los primeros para que dejen de hacerlo, pero aún así se podría lograr una asignación eficiente de los recursos: lo que dejan de pagarle por dejar de fumar será ahora considerado como parte del costo de fumar; luego, nuevamente quien genera la externalidad al usar un bien o servicio igualará el costo marginal al beneficio marginal social de este. El problema de esta solución es que en muchos casos los costos de transacción son tan grandes que resulta difícil que quienes son afectados por la externalidad puedan cobrar a quienes la generan de acuerdo al costo (o pagar de acuerdo al beneficio) de la externalidad.

Una segunda forma de introducir incentivos es hacerlo por la vía de impuestos o subsidios que reflejen el costo o beneficio generado por la externalidad. Un impuesto con estas características se denomina **impuesto pigouviano**. En el caso de la externalidad que recae sobre el consumidor A descrito antes, si se pone impuesto de tasa $t_{\ell B} = -\frac{\partial u_A/\partial x_{\ell B}}{\partial u_A/\partial x_{\ell A}}$ solamente al consumo del bien ℓ del individuo B, el individuo A (que no paga impuesto) iguala:

$$TMSS^A_{\ell\ell'} = \frac{p_\ell}{p_{\ell'}},$$

mientras que el individuo B escogerá la cantidad $x_{\ell B}$ que satisface:

$$TMSS^B_{\ell\ell'} = \frac{p_\ell}{p_{\ell'}}(1 + t_{\ell B}).$$

Luego, por construcción obtenemos:

$$TMSS^A_{\ell\ell'}(1 + t_{\ell B}) = TMSS^A_{\ell\ell'}\left(1 - \frac{\partial u_A/\partial x_{\ell B}}{\partial u_A/\partial x_{\ell A}}\right) = TMSS^B_{\ell\ell'},$$

y por lo tanto se logra una asignación eficiente de recursos, ya que la asignación de equilibrio con este impuesto satisface la ecuación (16.3).

De manera similar, podemos encontrar la tasa de impuesto que permite alcanzar una asignación eficiente en el caso de la externalidad que recae sobre la empresa 1 descrito antes. Si se pone impuesto de tasa $t_{L2} = -(\partial F/\partial L_2)/(\partial F/\partial L_1)$ al uso del trabajo en la empresa 2, la asignación de equilibrio con este impuesto satisface:

$$TMST^1_{LK}(1 + t_{L2}) = TMST^1_{LK}\left(1 - \frac{\partial F/\partial L_2}{\partial F/\partial L_1}\right) = TMST^2_{LK},$$

por lo que se cumple la condición (16.5) y se logra una asignación óptima en el sentido de Pareto.

Asimismo, se puede desincentivar el uso de trasporte privado para reducir la congestión y contaminación con un impuesto al uso de transporte privado, o alternativamente, subsidiando el transporte público. Se puede incentivar el uso de tecnologías limpias con un subsidio a dichas tecnologías o con un impuesto al uso de tecnologías contaminantes. Lo importante es afectar el precio relativo enfrentado por quienes compran los bienes o servicios que generan la externalidad para incentivarlos a reducir el uso de aquellos que producen una externalidad negativa, o aumentar el uso de los que producen una externalidad positiva. El desafío para implementar correctamente un impuesto con estas características es obtener la información necesaria para fijar el nivel del impuesto o subsidio, de manera que efectivamente refleje el costo o beneficio generado por la externalidad.

Posibles regulaciones incluyen restricciones y fijación de cuotas que fijen el nivel de producción o uso de bienes y servicios en su nivel óptimo en el sentido de Pareto. El desafío para implementar correctamente una regulación como esta es nuevamente obtener la información necesaria para fijar el nivel óptimo de la cuota. Existen casos en que se combinan algunas de estas alternativas; por ejemplo, por la vía de imponer cuotas totales de emisión de contaminantes, y asignar o licitar derechos de emisión transables que posteriormente se pueden comprar y vender en el mercado.

Ejercicios

1. (*) Considere una economía de intercambio compuesta por dos individuos, A y B, con idénticas dotaciones de bienes, dadas por $(\overline{x}_{1i}, \overline{x}_{2i}) = (100, 100)$. Las preferencias por los bienes 1 y 2 de los dos individuos se pueden representar mediante las siguientes funciones de utilidad:

$$u_A(x_{1A}, x_{2A}) = x_{1A} + 2\alpha\sqrt{x_{2A}}$$
$$u_B(x_{1B}, x_{2B}) = x_{1B} + 2\sqrt{x_{2B}}.$$

   a) Suponga inicialmente que $\alpha = 1$ es un parámetro exógeno.

      i. Encuentre y describa el conjunto de Pareto (o curva de contrato) de esta economía.

      ii. Encuentre el equilibrio competitivo de esta economía, y verifique si la asignación de equilibrio pertenece al conjunto de Pareto.

      iii. ¿Qué efecto tendría un cambio en α en este caso? Justifique.

   b) Suponga en cambio que $\alpha = \frac{\sqrt{x_{2B}}}{10}$ (el consumo de B genera una externalidad sobre A).

      i. Ahora la utilidad de A depende de la acción de B. Obtenga la demanda de A en este caso (en función de x_{2B}), y explique su resultado.

      ii. Obtenga la cantidad consumida por A y B si el precio relativo es el calculado antes (esto es, si $p_1/p_2 = 10$). ¿Es esta una asignación de equilibrio? ¿Es esta asignación óptima en el sentido de Pareto? Compare con sus resultados en a)ii. y explique.

      iii. (***) Identifique un nivel de impuesto o subsidio que permitiría alcanzar la eficiencia paretiana en este caso. Justifique su respuesta.

2. (**) Considere una economía abierta con dos sectores, $j \in \{1,2\}$. El sector j produce el bien j con tecnología de rendimientos constantes a escala, usando los factores L_j (trabajo) y K_j (capital). Las dotaciones de factores son $\overline{L} > 0$ y $\overline{K} > 0$.

   La razón de uso es $\frac{K_1^*(w_L, w_K, q_1)}{L_1^*(w_L, w_K, q_1)} = 2\frac{w_L}{w_K}$ en el sector 1 y $\frac{K_2^*(w_L, w_K, q_2)}{L_2^*(w_L, w_K, q_2)} = \frac{1}{2}\frac{w_L}{w_K}$. Los precios de los bienes (exógenos) son p_1^* y p_2^*.

   a) Explique cómo la asignación de bienes y factores y los precios de factores de equilibrio dependen de la distribución de las dotaciones (es decir, de la distribución de $\overline{L}_i$ y $\overline{K}_i$ entre distintos individuos $i \in \{1, 2, 3, ..., n\}$). Fundamente su respuesta.

b) Suponga que la producción del bien 1 genera una externalidad negativa sobre el sector 2; es por esto que se pone impuesto de tasa t_1 a la producción del bien 1.

   i. ¿Es posible lograr una asignación óptima en el sentido de Pareto con un impuesto a la producción del bien en este caso? Explique por qué, y en caso afirmativo indique cómo debería determinarse el nivel de t_1.

   ii. Explique por qué el precio que reciben los productores del bien 1 baja a $\frac{p_1^*}{1+t_1}$; ¿qué espera usted que pase con el precio relativo de factores, la utilización de factores y la producción de los bienes 1 y 2? Fundamente su respuesta.

Parte IV

JUEGOS E INFORMACIÓN

Capítulo 17

Equilibrio de Nash

17.1. Introducción

En la parte III estudiamos el equilibrio competitivo, en que la interrelación entre los distintos individuos que componen la economía se produce en forma anónima, y en que, a excepción de las externalidades y los bienes públicos, todos los efectos de las decisiones ajenas le afectan a cada uno exclusivamente a través de los precios. Más aún, en este mundo walrasiano ninguno de los individuos tiene la capacidad de modificar los precios a los que vende o compra bienes, servicios, activos o insumos. Pero esta representación no cubre todas las situaciones que encontramos en la realidad. Considere, por ejemplo, un monopolio: el único vendedor de hecho puede escoger el precio al cual vender (o comprar, en el caso de un único comprador o monopsonio); este caso se estudió en cierto detalle en el capítulo 7. El oligopolio, por su parte, es otro caso a considerar, en que hay unos pocos productores, y donde el comportamiento de un individuo está directamente conectado al comportamiento de otros: si bien en este caso los productores no enfrentan una demanda completamente elástica, la ganancia asociada a las distintas acciones posibles está fuertemente afectada por la elección que hagan sus competidores. O bien, al final del capítulo 16 discutíamos la posibilidad de que la influencia directa de decisiones de un individuo sobre otro los llevara a negociar arreglos mutuamente beneficiosos. En situaciones como estas, la teoría del equilibrio debe hacerse cargo explícitamente de la **interacción estratégica** entre los distintos individuos. La rama de la teoría de equilibrio que lidia con estas situaciones es la teoría de juegos, que este capítulo introduce.

En efecto, en este capítulo nos concentramos en el problema de la elección de un grupo de individuos, en el que cada uno de ellos debe decidir sobre algún aspecto del problema, pero en el que todos se ven afectados, directa o indirectamente, por las decisiones del resto de los miembros del grupo. Es, entonces, un mundo de externalidades.

Consideremos una situación en la que intervienen $i = 1, 2, ..., n$ individuos. Cada uno de ellos tiene un problema de decisión; esto es, cada individuo i debe escoger un curso de acción a_i dentro de un conjunto de planes factibles A_i. En general, podemos pensar en dos clases de situación:

1. Las decisiones del resto afectan *directamente* las preferencias y/o el bienestar del individuo. Cada individuo tiene preferencias definidas no sólo sobre la parte de la decisión que le compete directamente, sino también sobre las del resto. Formalmente, diríamos que tiene preferencias sobre las posibilidades de todos, esto es, $\succsim_i$ ordenaría a $A_1 \times ... \times A_i \times .... \times A_n$ y **no sólo** a A_i, aun cuando su decisión sólo se refiera a A_i. En el caso en que exista una función de utilidad que represente a esa preferencia, sería de la forma:

$$u_i \left(a_1, ..., a_i, ..., a_n\right)$$

   Éste sería el caso, por ejemplo, de un condominio en que todos prefieren que las casas estén pintadas de colores armónicos, de la misma gama. Preferencias distintas sobre los colores serían una fuente de conflicto, pero probablemente existe un alto valor de cooperar para lograr la armonía. Decimos que situaciones de esta naturaleza, en que el bienestar de los individuos depende directamente de las decisiones de los otros, se caracterizan por la **interacción estratégica**, y su discusión es el tema de estudio de la **teoría de los juegos**.

2. Las decisiones del resto afectan *indirectamente* las preferencias y/o el bienestar del individuo, por la vía de alterar sus posibilidades. Formalmente, diríamos que aun cuando las preferencias de cada uno están definidas exclusivamente sobre el ámbito de su decisión, esto es, para cada $i \in I$ la función de utilidad es de la forma $u_i\left(a_i\right)$, las posibilidades de cada individuo están determinadas por las decisiones del resto: $A_i = f\left(a_1, ..., a_{i-1}, a_{i+1}, ..., a_I\right)$. Este es el caso, por ejemplo, de una economía en competencia perfecta cuando no hay externalidades. Son decisiones ajenas, por ejemplo, el pavimentar o no una calle, o el llenarla de semáforos y lomos de toro o dejarla despejada. Aun cuando el bienestar de una persona dependa solamente del tiempo que se demore en ir de un punto a otro, cuánto tiempo sea factible que se demore depende de si la calle fue pavimentada, y de si está despejada o llena de obstáculos.

Aunque la línea divisoria entre ambos tipos de problema sea a veces difícil de trazar, al menos desde un punto de vista conceptual se diferencian en un aspecto crucial: la información. En el primer caso, el individuo necesita pronosticar qué harán los demás antes de tomar su propia decisión, toda vez que la consecuencia es el resultado conjunto de las decisiones de todos, y por lo mismo, también pronosticar el efecto que la propia decisión tendrá en el comportamiento ajeno. Esto es, el problema tiene una dimensión estratégica insoslayable. En cambio, en el segundo caso no hay nada que predecir, puesto que el conocimiento del problema comporta el conocimiento de las posibilidades. Como las decisiones ajenas afectaron las posibilidades, son conocidas, y no hay nada que el individuo pueda hacer para revertirlas. Por esta razón, en la primera clase de situaciones todas las decisiones se deben analizar en conjunto, mientras que en la segunda es posible analizar las decisiones individuales separadamente, para luego analizar su efecto agregado.

Esta diferencia es de hecho tan profunda desde la perspectiva analítica, que los conceptos de equilibrio son de naturaleza diferente. En el caso de situaciones sociales con interacción estratégica, la noción de equilibrio más común es la del **equilibrio de Nash** y sus refinamientos; en el caso de situaciones sin interacción estratégica, la noción apropiada es la del equilibrio de Walras (o walrasiano).

Existen diversos modelos para representar y analizar situaciones con interacción estratégica. Los dos más importantes son la forma normal o estratégica, y la forma extensiva o dinámica.

17.2. JUEGOS EN FORMA NORMAL

La forma normal o estratégica de un juego supone que todo lo que se requiere para entender una situación social es saber quiénes intervienen en ella, cuáles son sus funciones de utilidad, y cuáles son sus acciones (o estrategias) disponibles. Un juego en forma normal consiste de:

1. Una lista de jugadores, $i = 1, ..., n$. (Quiénes juegan)

2. Sus espacios de acción o conjuntos de estrategias disponibles, A_1, ..., A_n. (Qué pueden hacer)

3. Sus funciones de utilidad: $u_i(a_1, ..., a_n)$ para cada $i = 1, ..., n$. (Qué prefieren)

Es esencial entender por qué la función de utilidad depende de las acciones de todos y no sólo las propias. Con ese fin, revisaremos a continuación algunos ejemplos.

El primero y más conocido es el **dilema del prisionero**. Existen diversas versiones, pero la descripción típica considera a dos prisioneros sospechosos de un crimen que son interrogados en celdas separadas. La policía no tiene evidencia suficiente para obtener una condena, por lo que necesita que confiesen. Basta que uno de los dos confiese para que ambos sean condenados. Sin embargo, si uno confiesa y el otro no, se le rebaja la condena a quien confesó en premio por su cooperación. Si ninguno confiesa, quedan libres. Esto se expresa en la siguiente matriz de pagos, que explicita la utilidad de cada jugador dependiendo de las acciones de ambos. La primera entrada es la del jugador 1 ($J1$), quien escoge la fila, y la segunda del jugador 2 ($J2$), que escoge columnas.

Juego 1: El dilema del prisionero

$J1 \backslash J2$	Confesar	No confesar
Confesar	$0, 0$	$15, -5$
No confesar	$-5, 15$	$10, 10$

En el ejemplo, claramente cada prisionero jerarquiza los escenarios de la siguiente forma: la situación más preferida es que el otro no confiese pero uno sí; la segunda en preferencia es que ninguno confiese, la tercera es que ambos confiesen, y lo peor que el otro confiese y uno no. La interacción estratégica se ve, entonces, en que la evaluación de cada acción depende de lo que haga el otro jugador, y eso es recíproco.

Un segundo ejemplo es la **batalla de los sexos**. Se trata de una pareja que por alguna razón no se puso de acuerdo en dónde ir el sábado en la noche, y no se puede comunicar. Cada uno quisiera encontrarse con el otro en alguno de los lugares que frecuentan, el boxeo y la ópera. Si de alguna manera pudieran asegurarse de que ambos van a ir al mismo lugar, ella preferiría que fuese en la ópera y él que fuese en el boxeo. Pese a esa diferencia en sus gustos, ambos prefieren estar con el otro a estar solos. Esta situación se resume en la siguiente matriz de pagos.

Juego 2: La batalla de los sexos

Él$\backslash$ella	Boxeo	Ópera
Boxeo	$2, 1$	$0, 0$
Ópera	$0, 0$	$1, 2$

En la batalla de los sexos, el problema es uno de coordinación: los intereses de ambos están más o menos alineados, y lo que necesitan es una manera de ponerse de acuerdo. En el dilema del prisionero, en cambio, la confesión beneficia a uno y daña al otro. Sin embargo, es posible también que ambos pierdan.

Una tercera situación de interés es el juego papel, piedra o tijeras (en chileno, "cachipún"). Este juego difiere de los anteriores en que es completamente competitivo, en el sentido de que no existe forma de que uno gane sin que el otro pierda. A situaciones de esta naturaleza se les llama **juegos de suma cero** o constante.

Juego 3: Papel, piedra, tijeras (cachipún)

	Papel	Piedra	Tijeras
Papel	$0,0$	$1,-1$	$-1,1$
Piedra	$-1,1$	$0,0$	$1,-1$
Tijeras	$1,-1$	$-1,1$	$0,0$

Ofrecemos un último ejemplo que será desarrollado en profundidad en el capítulo siguiente, fundamentalmente para no dejar la idea equivocada de que un juego es una matriz de pagos, o de que el análisis de los juegos es posible sólo cuando el conjunto de acciones disponible a cada jugador es reducido. En el **duopolio de Cournot**, dos empresas producen un bien homogéneo, que tiene una demanda total de $P = a - bQ$, donde Q es la producción total, es decir, $Q = q_1 + q_2$. El costo total de producción de cada jugador i es $C_i = cq_i$. Por alguna razón, no es posible para ninguno de ellos saber cuánto producirá el otro, sino que más bien cada uno tomará su producción y la "rematará" simultáneamente con el otro, obteniendo por unidad el precio indicado en la función de demanda. La utilidad de cada jugador es, entonces, su nivel de ganancias:

Juego 4: Duopolio de Cournot

$$u_i(q_1, q_2) = [a - b(q_1 + q_2) - c]\, q_i$$

La pregunta última que queremos responder es cómo va a actuar cada uno de estos individuos en cada una de estas situaciones, es decir, en cada situación queremos predecir el comportamiento del grupo.

17.3. Mejor respuesta y equilibrio de Nash

En todas estas situaciones, entonces, cómo le vaya a cada jugador depende de la decisión que tome su oponente. Siendo el actuar del oponente desconocido, podemos aplicar lo desarrollado en el capítulo 8 e imaginar que cada jugador enfrenta un problema de decisión bajo incertidumbre. Los estados de la naturaleza son las acciones de que dispone el oponente.

En el dilema del prisionero, por ejemplo, el jugador 1 puede atribuir una probabilidad p a que su oponente confiese, y $(1 - p)$ a que no lo haga. La utilidad esperada de cada una de las acciones que tiene a su disposición, entonces, sería:

$$U(\text{confesar}) = p * 0 + (1 - p) * 15$$
$$= 15 - 15p, \tag{17.1}$$

$$U(\text{no confesar}) = p * (-5) + (1 - p) * 10$$
$$= -15p + 10. \tag{17.2}$$

Un jugador que maximice utilidad esperada escogerá confesar si:

$$15 - 15p \geq -15p + 10 \tag{17.3}$$

lo que es una tautología. De esta forma, sin importar qué probabilidad le atribuye a que su oponente confiese, le conviene confesar, como se ilustra en la figura 17.1.

Esta es una característica distintiva del dilema del prisionero: ambos jugadores tienen una estrategia dominante y, por tanto, es claro cómo dos individuos racionales se comportarán.

Definición 32. *La **estrategia** a^* **es dominante** para el jugador 1 si $u_1(a^*, a_2) \geq u_1(a', a_2)$ para toda otra acción propia $a' \in A_1$, y para toda acción del oponente a_2.*

Esto, sin embargo, no es muy frecuente. En la mayoría de las situaciones con interacción estratégica, lo que se crea que el oponente hará es un ingrediente importante de la decisión.

Por ejemplo, consideremos la batalla de los sexos, en particular la decisión de ella. Por cierto ella no sabe adónde va a ir él. Si ella le atribuye una

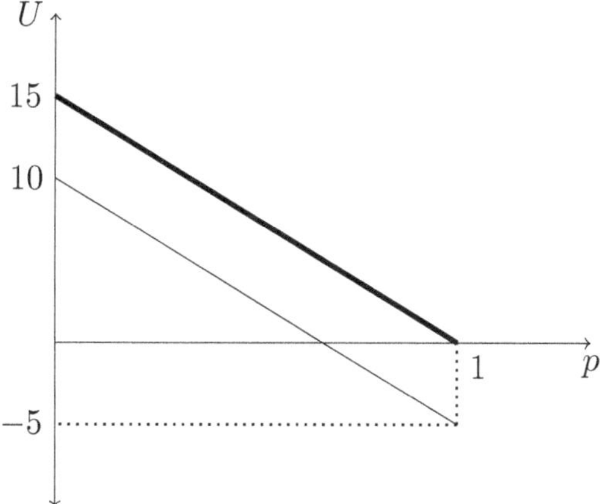

Figura 17.1 Utilidad esperada de confesar (línea gruesa) y de no confesar (línea delgada) en función de p

probabilidad p a que él vaya al boxeo, entonces su evaluación de las opciones es como sigue:

$$U_{Ella}(\text{boxeo}) \ = \ p * 1 + (1 - p) * 0 = p$$
$$U_{Ella}(\text{ópera}) \ = \ p * 0 + (1 - p) * 2 = 2 - 2p$$

En la figura 17.2 vemos que la utilidad de ir al boxeo es mayor si le asocia una probabilidad mayor que $\frac{2}{3}$ de que él vaya también allá; de lo contrario, irá a la ópera.

Definición 33. *La **función de mejor respuesta** indica la estrategia que maximiza la utilidad esperada de un jugador en función de lo que piense que su oponente hará.*

Así, la mejor respuesta de ella está dada por:

$$a^*_{Ella}(p) = \left\{ \begin{array}{lll} \text{boxeo} & si & p > \frac{2}{3} \\ \text{cualquiera} & si & p = \frac{2}{3} \\ \text{ópera} & si & p < \frac{2}{3} \end{array} \right.$$

Observe que en el caso en que $p = \frac{2}{3}$, ella está indiferente entre cualquiera de sus acciones. En consecuencia, también estaría indiferente entre, por ejemplo, ir al boxeo o tirar una moneda al aire y dejarlo en manos del azar. Pero la moneda no era parte del conjunto de acciones inicialmente disponible. Por eso, necesitamos un nuevo término: **estrategia**.

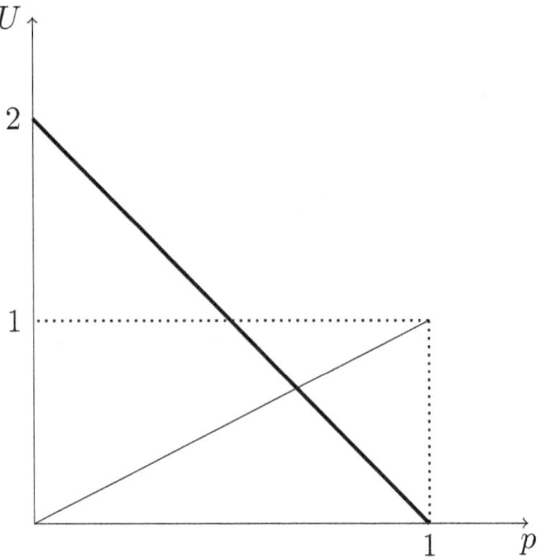

Figura 17.2 Utilidad esperada de ella en boxeo (línea delgada) u ópera (línea gruesa) en función de p

Por estrategia entenderemos un plan completo para el juego: qué hacer en cada momento en que se deba decidir algo. Diremos que el jugador emplea una **estrategia mixta** si su decisión es "aleatoria"; esto es, si no decide directamente la acción, sino una regla de azar. Diremos que escoge una **estrategia pura** si cada decisión corresponde a una acción particular.

Llamémosle q a la probabilidad de que ella vaya al boxeo. Entonces, como se ilustra en la figura 17.3, su mejor respuesta está dada por:

$$q^*\left(p\right) = \begin{cases} 1 & si & p > \frac{2}{3} \\ \text{cualquiera} & si & p = \frac{2}{3} \\ 0 & si & p < \frac{2}{3} \end{cases} \qquad (17.4)$$

El mismo procedimiento muestra que la función de mejor respuesta de él (que se ilustra en la figura 17.4) es la siguiente:

$$p^*\left(q\right) = \begin{cases} 1 & si & q > \frac{1}{3} \\ \text{cualquiera} & si & q = \frac{1}{3} \\ 0 & si & q < \frac{1}{3} \end{cases} \qquad (17.5)$$

Si cada jugador es racional en el sentido de que hace lo mejor que puede basado en sus creencias (axioma 0), es posible descartar la posibilidad

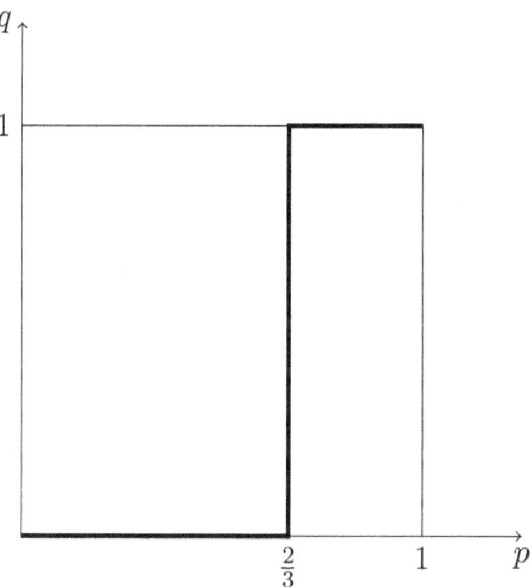

Figura 17.3   Mejor respuesta de ella en función de p

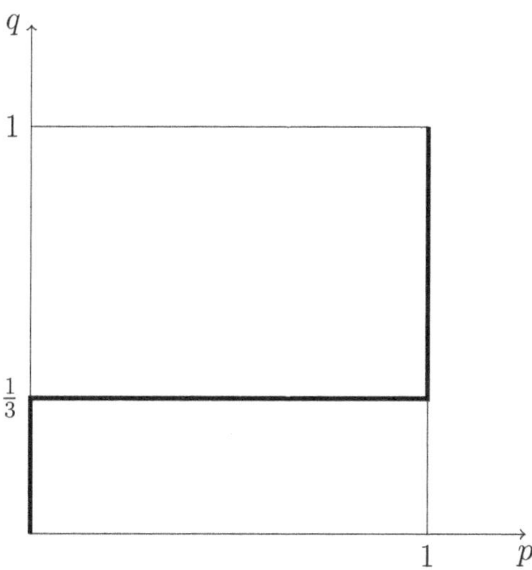

Figura 17.4   Mejor respuesta de él en función de p

de observar una cantidad enorme de pares o perfiles de estrategias (p, q). Más aún, si cada uno sabe que el otro es racional, puede ocupar esa información para acotar sus dudas sobre lo que el otro hará.

El **equilibrio de Nash** es sin duda la principal noción de equilibrio en juegos como los descritos:

Definición 34. *Un **equilibrio de Nash** es un perfil de estrategias con la propiedad de que ningún jugador quiere cambiar unilateralmente su decisión; esto es, un par de estrategias (posiblemente mixtas) (α_1^*, α_2^*) tal que:*

$$U_1(\alpha_1^*, \alpha_2^*) \geq U_1(\alpha_1', \alpha_2^*) \qquad \forall \alpha_1' \tag{17.6}$$

$$U_2(\alpha_1^*, \alpha_2^*) \geq U_2(\alpha_1^*, \alpha_2') \qquad \forall \alpha_2' \tag{17.7}$$

O equivalentemente,

$$\alpha_1^* \in \arg\max_{\alpha_1} U_1(\alpha_1, \alpha_2^*) \tag{17.8}$$

$$\alpha_2^* \in \arg\max_{\alpha_2} U_2(\alpha_1^*, \alpha_2) \tag{17.9}$$

La idea es que ningún jugador tenga incentivos a desviarse de lo que está haciendo, lo que ocurriría si su estrategia fuera subóptima. El equilibrio, entonces, encierra en cierto modo una noción de estabilidad. Observe que, de acuerdo a la definición, cada jugador debe jugar una mejor respuesta a la estrategia de su oponente.

Así, en la batalla de los sexos podemos identificar los equilibrios de Nash juntando los gráficos de las mejores respuestas, y viendo dónde coinciden, como se ilustra en la figura 17.5. Existen tres intersecciones: $(p, q) = (0, 0)$; esto es, ambos van al boxeo con probabilidad cero (y por lo tanto se encuentran en la ópera); $(p, q) = (1, 1)$, donde ambos van al boxeo con certeza, y $(p, q) = \left(\frac{2}{3}, \frac{1}{3}\right)$, en que cada uno va a su lugar favorito con probabilidad dos tercios.

Los primeros dos equilibrios ocurren, entonces, en estrategias puras: en un equilibrio determinado, cada uno sabe adónde irá el otro y por lo tanto va al mismo lugar. Tanto ir a la ópera con probabilidad 1, como ir al boxeo con probabilidad 1, son equilibrios, porque dada la anticipación de lo que el otro hará, cada jugador sólo puede perder probando una acción o estrategia diferente.

Que una situación sea de equilibrio, y por tanto que cada jugador juegue una mejor respuesta, no significa que tenga la mayor utilidad imaginable,

412

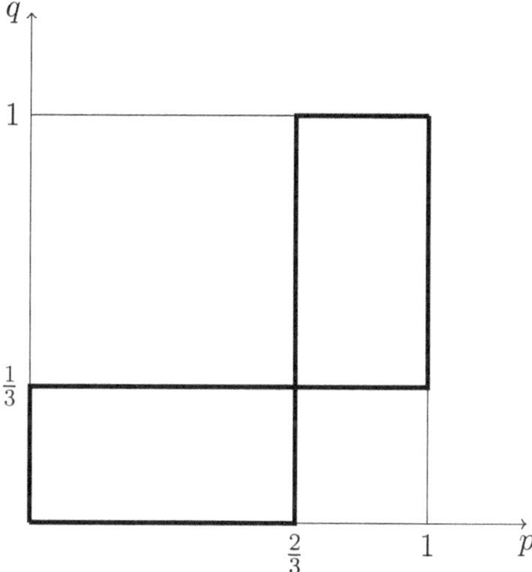

Figura 17.5 Equilibrio de Nash en la batalla de los sexos

sino sólo que no puede mejorarla sin que medie también una acción del otro jugador. Por ejemplo, cuando ambos van a la ópera, él desearía que hubiesen ido al boxeo. Pero para conseguirlo no bastaba que él decidiera ir al boxeo, sino que también necesitaba que ella lo hiciera.

El tercer equilibrio ocurre en estrategias mixtas. No está determinado de antemano qué harán; de hecho, nadie sabe ni siquiera adónde terminará yendo. Siguiendo esas estrategias, se encontrarán en el boxeo con probabilidad $\frac{2}{3}\frac{1}{3} = \frac{2}{9}$, en la ópera con probabilidad $\frac{1}{3}\frac{2}{3} = \frac{2}{9}$, y con probabilidad $\frac{5}{9}$ no se encontrarán. Cada uno obtiene una utilidad esperada de:

$$\frac{2}{9} * 2 + \frac{2}{9} * 1 + \frac{5}{9} * 0 = \frac{2}{3}$$

la menor de los tres equilibrios. Por supuesto estarían de acuerdo en "cambiar de equilibrio", y sin embargo, este perfil de estrategias es un equilibrio porque ningún jugador puede, *unilateralmente*, conseguir algo mejor.

Una manera simple de encontrar equilibrios de Nash consiste en marcar en la matriz de pagos las mejores respuestas, como se indica abajo:

413

Juego 2: La batalla de los sexos

Él\ella	Boxeo	Ópera
Boxeo	$\underline{2},\underline{1}$	$0,0$
Ópera	$0,0$	$\underline{1},\underline{2}$

Cuando hay coincidencia en una casilla, el perfil de acciones al cual corresponde es un equilibrio de Nash en estrategias puras. Este método no permite, sin embargo, encontrar los equilibrios en estrategias mixtas. No obstante, entrega pistas. Ocurre que el número de equilibrios es típicamente (o para ser precisos, casi seguramente) impar; esto es, los ejemplos en que hay un número par de equilibrios son tremendamente raros. Entonces, al encontrar dos equilibrios en estrategias puras, $(a_1, a_2) = (\text{boxeo}, \text{boxeo})$ y $(a_1, a_2) = (\text{ópera}, \text{ópera})$, existe base para sospechar seriamente la existencia de un equilibrio más. En cambio, en el dilema del prisionero no, porque existe un solo equilibrio en estrategias puras.

Un resultado importante es que, cuando consideramos un juego estratégico finito (en que el número de acciones disponibles para cada jugador es finito), α^* es un equilibrio de Nash en estrategias mixtas del juego si y sólo si cada acción a las que se le asigna probabilidad positiva en α_i^* es una mejor respuesta a α_{-i}^*. La intuición de este resultado es bastante sencilla: si se le asigna probabilidad positiva a una acción que no es mejor respuesta para el jugador i dada la estrategia de los demás, entonces él podría asignarle una menor probabilidad a dicha acción y más a las que sí son mejores respuestas, y con eso aumentaría su utilidad, aun con las estrategias de los otros jugadores fijas, por lo que α_i^* no sería una mejor respuesta a α_{-i}^*. Esto significa que en un equilibrio de Nash en estrategias mixtas toda acción a la que se le asigna probabilidad positiva debe entregar el mismo nivel de utilidad (para una estrategia dada de los demás). Es por ello que, para buscar el equilibrio de Nash en estrategias mixtas, lo que hacemos es buscar probabilidades tales que cada jugador esté indiferente entre una acción y otra, dado lo que hacen los demás. Así por ejemplo, en la batalla de los sexos, donde p y q corresponden a la probabilidad de que él vaya al boxeo y ella vaya al boxeo respectivamente, encontramos el equilibrio de Nash en estrategias mixtas igualando la utilidad de ir al boxeo y la ópera para ambos:

$$U_{Ella}(\text{boxeo}) = p = 2 - 2p = U_{Ella}(\text{ópera})$$

$$\Rightarrow p^* = \frac{2}{3}, \tag{17.10}$$

$$U_{\acute{E}l}(\text{boxeo}) = 2q = 1 - q = U_{\acute{E}l}(\text{ópera})$$

$$\Rightarrow q^* = \frac{1}{3}. \tag{17.11}$$

Ejercicio 25. Utilizando los procedimientos antes descritos, encontrar el o los equilibrios de Nash en el Juego 3 (cachipún). Interprete el resultado obtenido: ¿cuál sería su predicción respecto de la frecuencia con que los jugadores escogerán piedra, papel y tijera en este juego? ¿Existirá algún patrón sistemático en la elección? Por ejemplo, si un jugador ha jugado dos veces y eligió papel y piedra, ¿podría usted argumentar que la tercera escogerá tijera con seguridad? □

EJERCICIOS

1. (*) En el juego "gallina", un representante de cada bando conduce un auto en dirección a su oponente. Si sólo uno se desvía antes de chocar, el que se mantuvo en el camino gana, obteniendo 7 utiles, mientras el perdedor 2. Si ambos se desvían, el juego se declara en empate, y ambos obtienen 6 utiles. Si ninguno se desvía también empatan, pero debido al costo del choque cada uno obtiene 0 utiles.

   a) Represente el juego en forma estratégica, y encuentre el (los) equilibrio(s) de Nash.

   b) ¿Cuál le parece una predicción razonable del resultado de este juego. Explique intuitivamente su razonamiento.

   c) ¿Cómo cambia esta predicción si uno de los equipos arregla el auto de manera que no tenga volante? Explique claramente.

2. (*) Considere la siguiente situación: hay dos cadenas de cines que se quieren instalar en la misma ciudad. La ciudad es suficientemente chica como para que, si se instala sólo una, ella obtiene ganancias (y la otra no gana nada), pero si se instalan ambas, las dos obtienen pérdidas. Si ninguna de las dos se instala, ninguna gana nada.

   a) Represente la situación descrita en una matriz de pagos (suponiendo que ambas eligen simultáneamente), con pagos de 100 para la que se instala sola, y de -20 si se instalan ambas.

   b) Encuentre el o los equilibrios de Nash de este juego, tanto en estrategias puras como mixtas, explicando brevemente su procedimiento (no es necesario que expliqué qué hizo, sino por qué).

3. (**) Dos países mantienen una disputa sobre un territorio cuyo valor es $22, y están considerando iniciar una guerra. De iniciarse, cada país debe escoger cuántos recursos invertir en la guerra. Para ser concretos, imagine que el país Chico puede invertir $0, $10 ó $20, mientras que el país Grande puede invertir $0, $10, $20 ó $30. El país que más invierta gana la guerra (y por ende el territorio), mientras que si invierten lo mismo, se lo reparten en partes iguales.

   a) Escriba la matriz de pagos de este juego.

   b) Encuentre los óptimos paretianos. Explique.

   c) Explique por qué ninguno de ellos es un equilibrio de Nash; es decir, por qué en este caso la paz es eficiente pero improbable. Más aún, explique por qué en este juego no puede haber un equilibrio en estrategias puras.

   d) Encuentre el equilibrio de Nash es estrategias mixtas. Explique claramente su procedimiento.

416

4. (**) Suponga que los criminales prefieren cometer más crímenes mientras menos carabineros hay patrullando, mientras que los carabineros prefieren patrullar más mientras más crímenes se han cometido. En particular, imagine que los carabineros deben decidir si patrullan o no, mientras los criminales potenciales deben decidir si cometen un crimen o no. Si los criminales cometen un crimen y los carabineros no patrullan, obtienen pagos de 4 y 1 respectivamente. Si cometen un crimen pero los carabineros patrullan, obtienen 1 y 2. Si no cometen un crimen, obtienen 3 y 4 si los carabineros no patrullaron, o 2 y 3 si sí patrullaron.

    a) Dibuje el juego en forma normal, donde los criminales escogen filas y los carabineros escogen columnas.

    b) Encuentre todos los equilibrios de Nash (en estrategias puras y mixtas). Explique.

    c) Imagine que se aumentan las penas a los criminales, de manera que en el caso en que un criminal comete un crimen y los carabineros patrullan (y por tanto, lo capturan), los pagos cambian a 0 y 2 en lugar de 1 y 2. ¿Afecta esto la estrategia de los criminales? Explique.

COMENTARIOS BIBLIOGRÁFICOS

Nash planteó su noción de equilibrio a mediados del siglo XX (Nash, 1950). Su desarrollo posterior fue vertiginoso, llegando a fines del siglo XX a ocupar un lugar en el análisis económico tan importante como la teoría del equilibrio general. Su introducción permitió abordar preocupaciones antiguas, así como el estudio de nuevos temas, expandiendo los alcances de la disciplina. Una enumeración no exhaustiva incluye: bienes públicos, negociación, subastas, crimen, información, contratos, oligopolio, elección social y votación, y evolución. Algunos de ellos los revisaremos en los próximos capítulos. Osborne (2004) ofrece una introducción completa y accesible a la teoría no cooperativa de juegos moderna.

Capítulo 18

Juegos dinámicos y equilibrio perfecto en subjuegos

18.1. Juegos en forma extensiva

En muchas situaciones, las decisiones no son simultáneas, sino secuenciales. Como veremos a continuación, la secuencia o dinámica puede tener un efecto profundo en el equilibrio.

Por ejemplo, si en la batalla de los sexos ella pudiera mandar un recado al otro, avisándole adónde va a ir, entonces no es razonable pensar que ellos van a ir al boxeo, ni mucho menos que vayan a dudar hacia dónde ir. Esto, porque él prefiere ir adónde se encuentre con ella, y como no hay posibilidad de "discutir", sino que sólo recibe su recado, *de facto* ella elige el lugar.

Una manera de representar esta situación es a través de la **forma extensiva del juego**, que considera no sólo la lista de participantes o jugadores, sus funciones de utilidad y sus conjuntos de acciones posibles, sino también la secuencia en que las decisiones se toman, ilustradas comúnmente en un árbol, como se ilustra en la figura 18.1.

El árbol del juego está compuesto de un **nodo inicial**, el círculo blanco, que denota el comienzo del juego, con una decisión de algún jugador (en el ejemplo, el 2); diversos **nodos**, los círculos negros, con las decisiones que el mismo u otros jugadores toman a continuación, y en conocimiento de las decisiones previas. El conjunto de **ramas** que nace de un nodo contiene a las acciones disponibles del jugador con el turno en ese momento. Al final de toda secuencia de ramas, se indica el **pago** o utilidad que recibe cada jugador bajo esa especificación de acciones tomadas, o historia del juego.

Observe que este ejemplo también se pudo haber escrito como un juego en forma estratégica. La diferencia con el juego simultáneo analizado antes radica en que él es ahora llamado a actuar en dos escenarios distintos: él

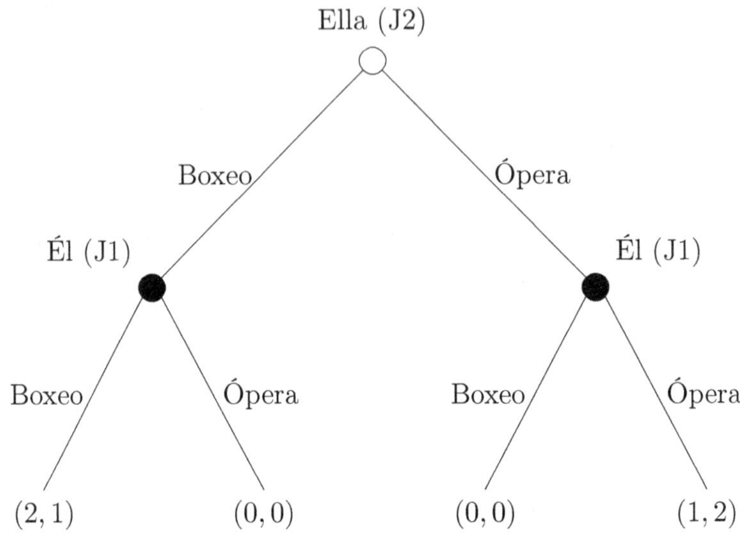

Figura 18.1 Forma extensiva del juego: batalla de los sexos

debe escoger adónde ir sabiendo que ella irá a la ópera, o bien sabiendo que ella irá al boxeo. Como su decisión no necesita ser la misma en ambos casos, él debe escoger de hecho una **estrategia**; es decir, un plan completo para el juego: qué hacer en cada momento en que se deba decidir algo. En esta caso, la estrategia debe contener una respuesta a "ella dice ópera" y otra a "ella dice boxeo".

De manera que si este juego lo analizamos en forma normal, ella escoge acciones o estrategias simples {boxeo, ópera}, y él escoge estrategias o planes de mayor complejidad, en respuesta a su acción: {(boxeo si ella dice boxeo, boxeo si ella dice ópera), (boxeo si ella dice boxeo, ópera si ella dice ópera), (ópera si ella dice boxeo, boxeo si ella dice ópera), (ópera si ella dice boxeo, ópera si ella dice ópera)}. Abreviando, $S_{Ella} = \{B, O\}$ y $S_{Él} = \{bb, bo, ob, oo\}$, donde en cada par, la primera entrada se refiere a su respuesta a ella yendo al boxeo y la segunda a la ópera. La matriz de pagos es la que se muestra en la tabla.

Como se aprecia en la matriz de pagos, este juego tiene tres equilibrios de Nash en estrategias puras: (B, bb), (O, bo) y (O, oo).

i) (B, bb): Si ella anticipara que él irá al boxeo independientemente del lugar que ella le indique, ella preferiría también ir al boxeo. A su vez, si ella va al boxeo, él prefiere también ir al boxeo (y es irrelevante el

Juego 2': La batalla de los sexos secuencial

Él \ Ella	B	O
bb	$\underline{2},\underline{1}$	$0,0$
bo	$\underline{2},1$	$\underline{1},\underline{2}$
ob	$0,\underline{0}$	$0,0$
oo	$0,0$	$\underline{1},\underline{2}$

anuncio de qué hubiera hecho si ella hubiera anunciado algo distinto).

ii) (O, bo): Si ella anticipara que él iría adonde ella le diga, preferiría ir a la ópera. A su vez, si ella va a la ópera, él prefiere también ir a la ópera (y es irrelevante el anuncio de qué hubiera hecho si ella hubiera anunciado algo distinto).

iii) (O, oo): Si ella anticipara que él iría a la ópera independientemente de lo que ella le diga, entonces ella preferiría ir a la ópera. A su vez, si ella va a la ópera, él prefiere también ir a la ópera (y es irrelevante el anuncio de qué hubiera hecho si ella hubiera anunciado algo distinto).

Observe que hay algo extraño en la justificación de estos equilibrios. Por ejemplo, en (B, bb) ella va al boxeo porque cree que él va a ir al boxeo independientemente de lo que ella haga. Ciertamente él puede prometerlo y tratar de convencerla de que así lo hará, pero ella debería entender que esa promesa no vale mucho[1]. En efecto, si ella no le hiciera caso y fuera a la ópera de todos modos, él tendría que escoger entre cumplir su palabra (e ir solo al boxeo) u olvidarse de su promesa y juntarse con ella en la ópera. Pero esta última alternativa es preferida. En otras palabras, la amenaza de ir al boxeo aunque ella vaya a la ópera no es creíble. Esto, por cierto, en un sentido retórico, puesto que la estrategia no es un conjunto de promesas o amenazas, sino una conjetura de un jugador sobre el comportamiento de otro. Un equilibrio de Nash pide que esta conjetura sea correcta, pero sólo en aquellas partes que en la trayectoria del equilibrio se comprueban. Por ejemplo, para el equilibrio (B, bb) notamos que en la trayectoria de equilibrio ella va al boxeo, por lo que la conjetura "él irá al boxeo si ella va al boxeo", que es la única que se comprueba en el equilibrio, es correcta. Por esa razón decimos que (B, bb) es un equilibrio de Nash. Sin embargo, si estuviéramos fuera de la

---

[1] Se podría contraargumentar que tal interpretación supone que los jugadores no son personas honorables, que respeten su palabra. En tal sentido, es necesario recordar que la función de utilidad describe completamente al jugador: si faltar a su palabra le causa desutilidad, entonces esa pérdida ya está incorporada de manera implícita en los pagos.

trayectoria de equilibrio (es decir, si ella no fuera al boxeo), la conjetura "él irá al boxeo si ella va a la ópera" no sería correcta, lo que resulta extraño, puesto que el equilibrio se sostiene también en esta parte de la estrategia de él.

La noción del **equilibrio perfecto en subjuegos** recoge esta idea: un equilibrio perfecto en subjuegos es un conjunto de conjeturas sobre los planes completos del juego, donde todas las conjeturas son correctas, incluyendo aquellas que nunca se podrán comprobar porque están fuera de la trayectoria de equilibrio. Por ejemplo, el par de estrategias (B, bb) no es equilibrio perfecto en subjuegos, porque la conjetura "él irá al boxeo si ella va a la ópera" –que nunca se podrá comprobar si ella escoge B– no es correcta. Dicho de otro modo, un equilibrio perfecto en subjuegos es un equilibrio en que las "promesas" y "amenazas" implícitas en las estrategias son creíbles, por cuanto cada jugador preferiría actuar del modo especificado en ellas si fuese llamado a hacerlo.

Definición 35. *Un **equilibrio perfecto en subjuegos** es un perfil de estrategias con la propiedad de que ningún jugador quiere cambiar unilateralmente su estrategia, y en que **cada parte de cada estrategia es una mejor respuesta en su respectivo nodo**.*

En el ejemplo, de los tres equilibrios de Nash en estrategias puras, el único creíble es el (O, bo): él va a ir adonde ella le diga, y cualquier otra promesa o amenaza no debe ser creída.

Una forma de encontrar los equilibrios perfectos en subjuegos en la forma extensiva, consiste en empezar desde el último jugador (el que tiene el turno final), marcando su mejor respuesta a las posibles acciones de sus antecesores, y luego volver hacia atrás, al jugador cuyo turno es inmediatamente anterior. Para marcar la mejor respuesta del penúltimo jugador, tomamos en cuenta que él puede anticipar la respuesta del último jugador a cada una de sus acciones. Es decir, sólo debe comparar los pagos asociados a las acciones del último jugador que son una mejor respuesta a su propia acción. Y así sucesivamente, procedemos hasta llegar al primer jugador, al comienzo del juego. Este método se llama **inducción hacia atrás**: partimos desde el último jugador revisando cuál es su mejor respuesta en cada nodo, y tomando en cuenta eso, vamos retrocediendo en el árbol hasta el nodo inicial.

Así por ejemplo, en el juego de la batalla de los sexos secuencial, ilustrado en la figura 18.1, empezamos con el último jugador (él), y vemos cuál

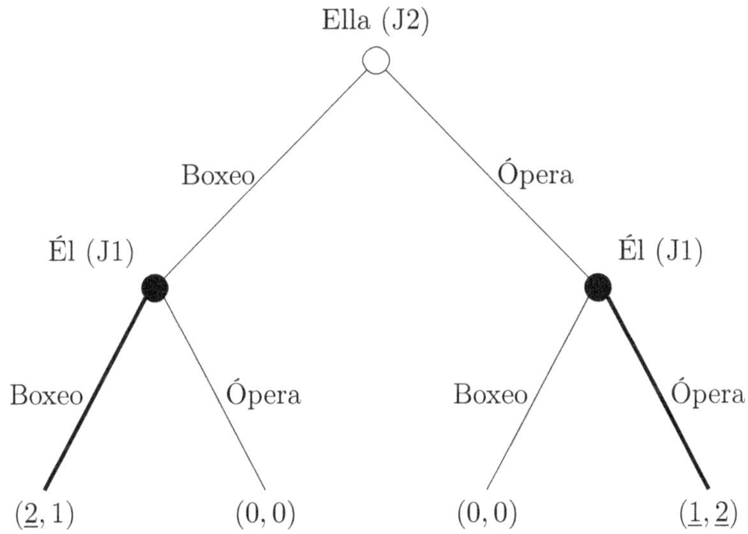

Figura 18.2 Equilibrio perfecto en subjuegos por inducción hacia atrás

es su mejor respuesta: boxeo si ella dice boxeo, y ópera si no. Luego, para evaluar los pagos de ella y marcar su mejor respuesta, tomamos en cuenta que él escogerá boxeo si ella dice boxeo y ópera si no, y por lo tanto comparamos el pago de 1 (si ambos van al boxeo) y 2 (si ambos van a la ópera). Como era de esperar, en este caso ella escoge ópera. En la figura 18.2 se ilustra este procedimiento, en que se marca con una línea gruesa la acción que escogerá él ante las distintas acciones posibles de ella, de modo que ella evalúa los pagos asociados a esas dos líneas gruesas solamente para elegir su mejor respuesta.

El equilibrio perfecto en subjuegos es la noción más importante de equilibrio para juegos en forma extensiva, así como el equilibrio de Nash lo es para juegos estratégicos. Es claro que un equilibrio perfecto en subjuegos es un equilibrio de Nash, por lo que decimos que la noción de perfección en subjuegos refina a la de Nash. Cuál es la noción adecuada de equilibrio depende, sin embargo, en gran medida del juicio del analista enfrentado a un problema puntual.

Cabe resaltar que el juego en que la decisión es simultánea también se puede representar en la forma extensiva. Para ello, conectamos con una línea punteada todos los nodos en los cuales el jugador considera posible encontrarse, como se ilustra en la figura 18.3. Así, en la primera versión

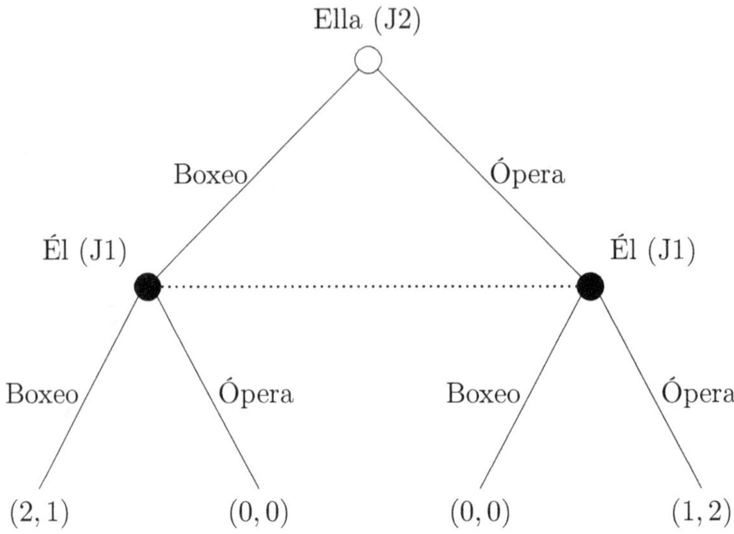

Figura 18.3 Forma extensiva de un juego no secuencial

del juego, en que él no sabe adónde fue ella, los dos nodos en que él debe
escoger le parecen uno solo: es el mismo **conjunto de información**. En
todos los nodos dentro de un conjunto de información, el jugador sabe lo
mismo y tiene las mismas acciones disponibles. El jugador sabe en qué
conjunto de información se encuentra, pero no en qué nodo particular.

Las formas estratégica y extensiva de un juego son dos representaciones
de una misma situación. Aunque la forma estratégica permite considerar
la secuencia de las jugadas, y aunque la forma extensiva permite considerar juegos en que todas las decisiones son simultáneas o desinformadas de
las decisiones ajenas, la forma extensiva enfatiza los aspectos dinámicos
del juego de manera especial.

Para fundamentar esa aseveración recurrimos al juego de **negociación
del ultimátum**. En su versión más simple, dos personas se reparten
una torta. Las reglas establecen que el jugador 1 debe ofrecer la mitad
al jugador 2, o nada. El jugador 2 decide si acepta o no la proposición.
Si la acepta, entonces la torta se reparte de acuerdo a lo ofrecido. Si la
rechaza, pierden la torta, como se ilustra en la forma extensiva del juego
en la figura 18.4. La forma estratégica se ilustra a continuación.

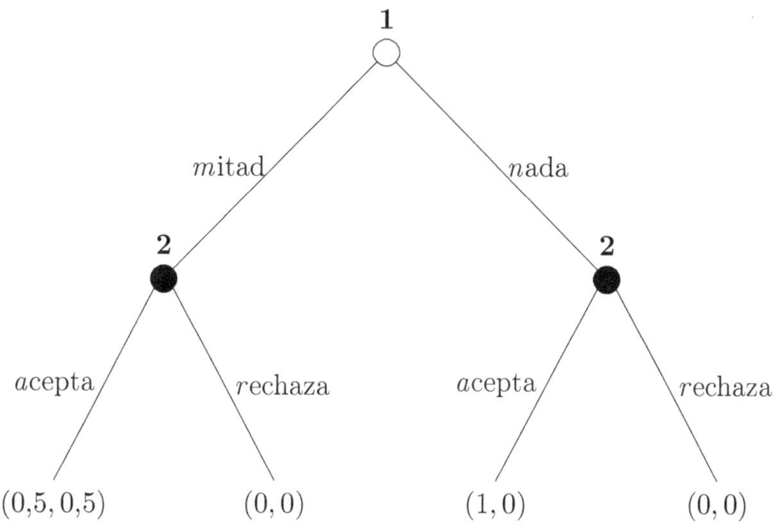

Figura 18.4 Negociación del ultimátum

Juego 5: Negociación del ultimátum

	aa	ar	ra	rr
Mitad	0,5, 0,5	0,5, 0,5	0, 0	0, 0
Nada	1, 0	0, 0	1, 0	0, 0

Este juego tiene cuatro equilibrios de Nash en estrategias puras. En uno de ellos, (Nada, rr) el jugador 2 promete que rechazará cualquier oferta, por lo cual el jugador 1 está indiferente entre todas sus opciones, lo que no parece razonable. Tampoco parece razonable, como se indica en (Nada, ra), que el jugador 2 prometa que rechazará la oferta de media torta y aceptará la de nada. Ninguno de estos dos equilibrios es perfecto en subjuegos.

18.2. JUEGOS REPETIDOS

Muchas situaciones se desarrollan repetidamente a lo largo del tiempo. Por ejemplo, la empresa produce periódicamente, algunos clientes tienen lealtad a la marca, el senador se presenta a la reelección, etc. Desde un punto de vista conceptual, estos casos corresponden a juegos dinámicos, toda vez que cada vez que la situación se repite existe una historia conocida de repeticiones anteriores. Lo interesante de esto es que las estrategias podrían tomar en cuenta esa historia, lo que abre un abanico inmenso de posibilidades para la manera en que los jugadores pueden interactuar. Por ejemplo, si la batalla de los sexos se repitiera indefinidamente, entonces quizás esa pareja podría ir al boxeo en las fechas pares y a la ópera en las fechas impares. O, quizás de mayor interés, el recuerdo de lo ocurrido permite que cada jugador amenace con represalias o con premios a su oponente en un intento por afectar su comportamiento.

Por ejemplo, si el dilema del prisionero se repitiera indefinidamente, quizás podrían ocupar una estrategia del siguiente tenor: yo no confesaré nunca, salvo que alguna vez tú lo hayas hecho. En ese caso, confesaré para siempre. Esta estrategia promete lealtad, condicional en que nunca se haya traicionado esa confianza. Pero si ambos usaran esa estrategia, ¿lograrían llegar a un óptimo paretiano?

En un equilibrio de Nash, cada jugador se pregunta qué es lo mejor que puede conseguir dada la estrategia del oponente. La evaluación de la utilidad requiere en este caso, sin embargo, explicitar la manera en que cada jugador evalúa la historia completa del juego; esto es, cómo agregar los pagos recibidos período a período. El camino más común es el de suponer una función de utilidad aditiva con descuento, de la forma:

$$U = (1 - \delta) \sum_{t=0}^{\infty} \delta^t u_t \tag{18.1}$$

donde t indexa el tiempo, u_t es el pago en la repetición t y $\delta \in (0, 1)$ es el factor o **tasa de descuento**. Observe que a mayor δ, más importante es el futuro.

Si el otro ocupara la estrategia descrita, entonces el prisionero compararía cómo le iría siguiendo esa estrategia o desviándose. Seguirla le entregaría una utilidad de:

$$(1 - \delta)\left(10 + \delta 10 + \delta^2 10 + ...\right) = 10 \tag{18.2}$$

porque si ambos son leales en cada oportunidad, nunca hay alguien confesando. En cambio, si por ejemplo un prisionero se desviara, y en lugar de mantenerse leal confesara, entonces tendría una ganancia de corto plazo pero un castigo eterno:

$$(1 - \delta)\left(15 + \delta * 0 + ...\right) = 15\left(1 - \delta\right) \tag{18.3}$$

426

Luego, las estrategias en cuestión constituyen un equilibrio de Nash si:

$$10 \geq 15\,(1 - \delta)$$

$$\Leftrightarrow \delta \geq \frac{1}{3} \tag{18.4}$$

La repetición del juego abre, entonces, la oportunidad de la cooperación en este juego, cambiando dramáticamente el resultado –siempre y cuando los jugadores sean lo suficientemente pacientes. Sin embargo, el equilibrio de Nash del juego de una ronda es también un equilibrio del juego repetido infinitas veces. Por ejemplo, si ambos ocupan la estrategia de confesar al comenzar el juego, y seguir confesando si en la ronda anterior el oponente confesó, entonces es sencillo verificar que ambos prefieren confesar cada vez que les toca decidir. Es así como la repetición abre la posibilidad de la cooperación, pero no la fuerza.

Quizás más sorprendente es el siguiente resultado: en el juego repetido un número finito de veces el único equilibrio posible es la repetición del equilibrio del juego de una ronda, si suponemos que los jugadores no creen promesas que sus emisores no tienen incentivos a cumplir. Esto es, en el único equilibrio perfecto en subjuegos vemos una repetición de lo que ocurre en el juego de una ronda, sin importar cuántos períodos haya. Para verlo, observe que en la última repetición del juego no existe futuro, por lo que el comportamiento debe depender de los pagos del período y no sustentarse en promesas o amenazas. Esto a su vez implica que ninguna promesa de hacer algo distinto en el último período puede ser creíble en el antepenúltimo, de manera que también en el antepenúltimo período el resultado del juego no puede estar influenciado por lo que pudiera ocurrir a futuro. Es claro que el razonamiento se extiende hacia todos los períodos, incluyendo el primero.

Este resultado es paradójico; de hecho, se le conoce como la paradoja de la cadena de tiendas, puesto que fue enunciado en el contexto de la lucha de un monopolista (una cadena de tiendas) que enfrenta la amenaza de entrada secuencial de diversos competidores en cada una de las zonas geográficas en que opera. Aplicado a este contexto, el resultado anterior indica que no es creíble que el monopolista vaya a pelear por mantener el monopolio, puesto que independientemente de qué haya ocurrido en el resto de los territorios, cuando quede sólo uno por disputar preferirá no incurrir en el costo de la pelea. Sabiendo esto, el antepenúltimo competidor potencial entrará, y así sucesivamente. Observe, sin embargo, que este resultado paradójico descansa completamente en el supuesto de que la fecha de término del juego es conocida de antemano. En cambio, si se sabe que el juego acabará pero no se sabe exactamente cuándo, es posible imaginarlo como un juego infinitamente repetido en que la tasa de descuento considera la probabilidad de término. Por el argumento del párrafo anterior, en este caso la cadena de tiendas podría defender su monopolio.

18.2.a. Aplicación: negociación con ofertas alternadas

Retomamos el juego de la negociación del ultimátum, pero esta vez suponemos que el rechazo de una oferta no conduce al final del juego, sino a una contraoferta de su oponente. En particular, suponga que dos personas deben repartir un bien de valor unitario, y llevan a cabo un proceso de negociación en que van realizando de modo secuencial ofertas que pueden ser aceptadas o rechazadas por el otro jugador, caso este último en que quien rechaza podría tener la opción de hacer una contraoferta. Veremos que las preferencias de los individuos, la secuencia en que se lleva a cabo el proceso de negociación y las reglas mismas del proceso afectarán el resultado final. Considere inicialmente el caso de una negociación en dos etapas, en que el jugador 1 empieza haciendo una oferta que indica qué proporción del bien obtiene cada jugador. Denotaremos dicha oferta por $\mathbf{x} = (x_1, x_2)$, donde x_1 corresponde a la proporción del bien que obtiene el jugador 1, y $x_2 = 1 - x_1$ a la proporción que se lleva el jugador 2. Al final del período, el jugador 2 debe decidir si acepta o rechaza la oferta: en el primer caso, cada jugador i obtiene x_i, mientras que en el segundo caso ambos obtienen cero. Es claro al resolver por inducción hacia atrás que este juego tiene un solo equilibrio perfecto en subjuegos posible: anticipando que el jugador 2 aceptará cualquier oferta, el jugador 1 ofrece $\mathbf{x} = (1, 0)$, de modo que él se lleva todo.

Suponga que modificamos el juego antes descrito agregando la posibilidad de que el jugador 2 haga una contraoferta $\mathbf{y} = (y_1, y_2)$ en caso de rechazar la primera oferta, y que en el período siguiente el jugador 1 debe decidir si aceptar este contraoferta, obteniendo y_i cada jugador i, o rechazarla, obteniendo ambos cero. Resolviendo nuevamente por inducción hacia atrás, vemos que el resultado del juego cambia completamente: anticipando que el jugador 1 aceptará cualquier contraoferta en el período final, si el jugador 2 debe hacer una contraoferta, siempre escogerá $\mathbf{y} = (0, 1)$. Más aún, en el período anterior el jugador 2 rechazará cualquier oferta distinta de $\mathbf{x} = (0, 1)$. Esto último es también anticipado por el jugador 1 en el primer período, de manera que hace una oferta $\mathbf{x} = (0, 1)$ y es el jugador 2 quien se lleva todo. Generalizando este resultado, podemos concluir que es el último que hace la oferta quien siempre se queda con todo.

Ejercicio 26. Analice cómo cambian los resultados anteriores si modificamos las reglas de la negociación de la siguiente forma: en caso de que el jugador que tiene el último turno en el juego rechace la última oferta, el jugador 1 se lleva una fracción $\alpha \in (0, 1)$ y el jugador 2 una fracción $1 - \alpha$ del bien. O alternativamente, si ellos se llevan la misma fracción $\beta \in (0, 0{,}5)$. $\qquad\square$

Todo el análisis previo supone que una fracción k recibida hoy es valorada igual que la misma fracción k recibida en un período futuro. Sin embargo, si consideramos una función de utilidad aditiva con descuento, de la forma:

$$U = (1 - \delta) \sum_{t=0}^{\infty} \delta^t u_t \tag{18.5}$$

con $\delta \in (0, 1)$, sabemos que al evaluar la historia completa del juego, un pago recibido en t se agregará con descuento δ^t en U. Esto equivale suponer que una fracción k recibida en el período t es valorada en $\delta_i^t k$ por el jugador i en $t = 0$, donde $\delta_i \in (0, 1)$ es la tasa de descuento del jugador i. Es así como el momento en que los jugadores reciben la fracción del bien que les corresponde pasa a ser relevante al momento de evaluar sus distintas estrategias disponibles.

Resolviendo el juego por inducción hacia atrás, vemos que el jugador 2 anticipa que el jugador 1 aceptará cualquier contraoferta en $t = 1$, por lo que nuevamente hace una contraoferta $\mathbf{y} = (0, 1)$, que sería valorada en $(0, \delta_2)$ al ser aceptada. Entonces, el jugador 1 en el primer período anticipa que el jugador 2 de hecho rechazará cualquier oferta inicial con $x_2 \leq \delta_2$, de modo que en el primer período hace una oferta $x = (1 - \delta_2, \delta_2)$, que es aceptada por el jugador 2. Es así como la impaciencia del jugador 2 permite al jugador 1 obtener una parte del bien, a pesar de no ser el último que hace una oferta.

Más aún, si extendemos este juego en un período adicional, permitiendo que el jugador 1 haga una última contraoferta $\mathbf{z} = (z_1, z_2)$ en caso de rechazar la del jugador 1, vemos que si el jugador 1 tiene una tasa de descuento menor que 1 (es decir, es impaciente), el jugador 2 puede obtener algo de la negociación a pesar de no ser el último que realice una oferta. Esto, porque ahora es el jugador 1 quien anticipa que el jugador 2 aceptará cualquier oferta en $t = 2$, de modo que hace una contraoferta $\mathbf{z} = (1, 0)$, que sería valorada (en $t = 0$) en $(\delta_1^2, 0)$ al ser aceptada. A su vez, el jugador 2 anticipa en $t = 1$ que el jugador 1 rechazará cualquier contraoferta con $y_1 \leq \delta_1$, de modo que le haría una contraoferta $\mathbf{y} = (\delta_1, 1 - \delta_1)$ que sería valorada en $(\delta_1^2, \delta_2 (1 - \delta_1))$ (en $t = 0$) al ser aceptada. Pero en el período inicial el jugador 1 anticipa todo esto, y hace una oferta $\mathbf{x} = (1 - \delta_2 (1 - \delta_1), \delta_2 (1 - \delta_1))$ que es aceptada inmediatamente por el jugador 2. Así, si δ_1 es menor que 1, el jugador 2 puede obtener algo de la negociación.

Resulta interesante analizar qué ocurre si de hecho el horizonte del juego (del proceso de negociación) es infinito; es decir, si siempre existe la posibilidad de hacer una contraoferta al oponente. En este caso, ya no es posible resolver por inducción hacia atrás, puesto que ya no hay un último período. Pero podemos aprovechar la estructura del juego para entender cuál será el equilibrio en este caso. En primer lugar, notamos que cualquier subjuego es de horizonte infinito. Luego, si tomamos cualquier subjuego que comienza con el jugador 1 haciendo una oferta, será idéntico en cuanto a acciones disponibles y orden de preferencias de los jugadores al juego completo. Igualmente, si tomamos cualquier subjuego que comienza en un nodo en que el jugador 2 debe decidir si aceptar o rechazar una oferta, éste será idéntico al subjuego que comienza en el segundo nodo del juego, y así sucesivamente. Esto permite imaginar que las estrategias de equilibrio serán estacionarias, es decir, que en cualquier momento en que le toque hacer una oferta al jugador 1 hará la misma oferta $\mathbf{x}$, y en cualquier momento en que le toque decidir si aceptar o no una oferta, utilizará el mismo criterio. Lo propio es cierto para el jugador 2, con una oferta $\mathbf{y}$.

Se puede verificar que el siguiente par de estrategias forma un equilibrio perfecto en subjuegos:

$$\text{Jugador 1: hace oferta } \mathbf{x}^* = \left(\frac{1 - \delta_2}{1 - \delta_1 \delta_2}, \frac{\delta_2 (1 - \delta_1)}{1 - \delta_1 \delta_2} \right)$$

$$\text{y acepta cualquier oferta con } y_1 \geq \frac{\delta_1 (1 - \delta_2)}{1 - \delta_1 \delta_2}$$

$$\text{Jugador 2: hace oferta } \mathbf{y}^* = \left(\frac{\delta_1 \left(1 - \delta_2 \right)}{1 - \delta_1 \delta_2}, \frac{1 - \delta_1}{1 - \delta_1 \delta_2} \right)$$

$$\text{y acepta cualquier oferta con } x_2 \geq \frac{\delta_2 \left(1 - \delta_1 \right)}{1 - \delta_1 \delta_2}$$

En efecto, dada la estrategia del jugador 2, en cualquier momento en que el jugador 1 se vea llamado a hacer una oferta, puede ofrecer $\mathbf{x}^*$, lo que será aceptado por el jugador 2, u ofrecer $\mathbf{x}' \neq \mathbf{x}^*$. Si ofrece $\mathbf{x}'$ con $x_2' > x_2^*$, el jugador 2 aceptará la oferta, pero el jugador 1 obtendrá menos que con la oferta $\mathbf{x}^*$. Si ofrece $\mathbf{x}'$ con $x_2' < x_2^*$, el jugador 2 rechazará la oferta, y le hará una contraoferta $\mathbf{y}^*$, con la cual también obtendría menos que lo que obtendría (inmediatamente) con la oferta $\mathbf{x}^*$. Similarmente, se puede verificar que la mejor oferta que puede hacer el jugador 2 es $\mathbf{y}^*$. Por último, dada la estrategia del jugador 2, en cualquier momento en que el jugador 1 deba decidir si aceptar o rechazar una oferta $\mathbf{y}^*$, puede aceptarla, obteniendo $\frac{\delta_1(1-\delta_2)}{1-\delta_1\delta_2}$, o rechazarla para hacer una contraoferta $\mathbf{x}^*$ que sería aceptada, obteniendo $\frac{1-\delta_2}{1-\delta_1\delta_2}$ en el período siguiente. Luego, estaría indiferente entre aceptar o rechazar, por lo que se verifica que el par de estrategias antes descritas sí forman un equilibrio perfecto en subjuegos.

Note que en este equilibrio el primer jugador que juega hace una oferta que es aceptada inmediatamente. Así, si el primero que juega es el jugador 1, él obtiene una (pequeña) ventaja por ese hecho: obtiene $\frac{1-\delta_2}{1-\delta_1\delta_2}$, mayor que lo que obtendría si fuera el jugador 2 el que iniciara la negociación (caso en que obtendría $\frac{\delta_1(1-\delta_2)}{1-\delta_1\delta_2}$ en equilibrio). Note además que si δ_i fuera 1 (el jugador i no fuera impaciente, pero el otro sí), entonces él se llevaría todo. Si ambos jugadores fueran igualmente pacientes, con $\delta_i = \delta$, el pago del jugador que inicia el juego sería $\frac{1}{1+\delta}$ y el del otro jugador sería $\frac{1-\delta}{1+\delta}$.

18.3. JUEGOS DE UNA POBLACIÓN Y EQUILIBRIO EVOLUTIVO

Los juegos son situaciones sociales, de grupos de individuos. Estos individuos no se limitan a los *homo sapiens*. Por ejemplo, en biología evolutiva interesa entender qué características de una especie perdurarán y cuáles cambiarán. Estas características se refieren tanto a la forma física de los individuos (su morfología) como a sus hábitos y costumbres. La visión es que distintas características producen distintas posibilidades de sobrevivencia y crecimiento de una determinada población, en un determinado medio. Si consideramos una población homogénea, por ejemplo interesa averiguar si el pavo real macho mantendrá su cola larga, o si ésta se achicará.

La manera de modelar estas situaciones es considerando la dinámica de la evolución de la población que sigue principios darwinianos. La población ensaya nuevas características a través de la mutación: los hijos se parecen a los padres, pero no son iguales. Las mutaciones exitosas son las que producen mayor bienestar (entendido como la capacidad de procrear), y generan mayor descendencia. Las características exitosas, entonces, son seleccionadas por el proceso evolutivo, a expensas de las otras características. Ya sea por la mayor capacidad reproductiva (en el caso de las características morfológicas) o por la vía de la imitación, las características exitosas crecen, hasta dominar la población. En este sentido, una característica o estrategia es **evolutivamente estable** si la invasión de la población por parte de (un conjunto pequeño de) mutantes no amenaza la sobrevivencia de la característica. En cambio, la amenaza sería real si la mutación fuese exitosa.

Considere el siguiente ejemplo: dos pájaros de una misma especie se enfrentan a una presa. Pueden "ser amables", compartiéndola, actuando pacíficamente como palomas. Pueden también "ser prepotentes", luchando por la presa completa, como los halcones. Si una paloma se enfrenta a un halcón, no hay pelea y el halcón se lleva la presa. Pero si dos halcones se enfrentan, entonces luchan por la presa a un costo de c para cada uno, de acuerdo a la siguiente matriz:

Juego 6: Halcón o paloma

J1\J2	Paloma	Halcón
Paloma	$0{,}5, 0{,}5$	$0, 1$
Halcón	$1, 0$	$0{,}5\,(1-c), 0{,}5\,(1-c)$

Observe que ninguno de los dos pájaros, en esta interpretación, escoge nada. Cada individuo nace agresivo o nace pacífico; su comportamiento simplemente obedece a su naturaleza. La matriz de pagos no indica preferencias, sino capacidad de sobrevivencia del individuo dependiendo de sus características innatas. Si tuviéramos que representar el comportamiento de cada individuo, diríamos que el tipo paloma siempre prefiere no pelear, mientras que el tipo halcón siempre prefiere pelear. Esto es, a través de la evolución algunos individuos pueden desarrollar un gusto por la paz y otros un gusto por la agresión. Su "bienestar", medido por su capacidad de sobrevivencia, difiere de su "preferencia", violando el axioma 0. La pregunta es, entonces, si alguno de esos dos tipos de gusto tiene mayores posibilidades de sobrevivir.

Es claro que una estrategia que no es una mejor respuesta a sí misma no puede ser evolutivamente estable. Si todos los individuos en la población la usan, el que no sea una mejor respuesta significa que la mutación hacia la mejor respuesta será seleccionada. Se sigue, entonces, que un equilibrio evolutivo estable debe ser un equilibrio de Nash. En cambio, no todo equilibrio de Nash debe ser evolutivamente estable.

En el ejemplo, si $c < 1$, la única estrategia evolutivamente estable es la de halcón. En efecto, si una fracción ε de la población se desvía y escoge la estrategia "paloma", las utilidades esperadas asociadas a cada estrategia son:

$$
\begin{aligned}
\text{Paloma:} \quad & 0{,}5\varepsilon + (1 - \varepsilon)(0) \\
\text{Halcón:} \quad & \varepsilon + 0{,}5(1 - \varepsilon)(1 - c)
\end{aligned}
\tag{18.6}
$$

puesto que enfrentaría a una paloma con probabilidad ε (por simplicidad se supone que la población es de tamaño infinito). El halcón tiene una mayor utilidad si:

$$
\varepsilon + 0{,}5(1 - \varepsilon)(1 - c) > 0{,}5\varepsilon + (1 - \varepsilon)(0)
$$
$$
\Leftrightarrow \varepsilon > \frac{(c - 1)}{c}
\tag{18.7}
$$

lo que ocurre de todos modos, porque $\varepsilon > 0$.

En cambio, si el costo de pelear es muy alto ($c > 1$), es posible que ambas estrategias sean estables, de modo que convivan en la población individuos de ambos tipos. En efecto, observe que si λ es la fracción de la población que usa la estrategia "paloma", entonces palomas y halcones tienen las mismas capacidades reproductivas (esto es, utilidad) si:

$$
\lambda + 0{,}5(1 - \lambda)(1 - c) = 0{,}5\lambda + (1 - \lambda)(0)
$$
$$
\Leftrightarrow \lambda = 1 - \frac{1}{c} > 0
\tag{18.8}
$$

La teoría de la evolución, si bien tiene larga data en economía, se separa de ésta en algo sustancial: el axioma 0. En lugar de tomar como dadas las preferencias de los individuos, las explica como el resultado de un proceso continuo de ensayo y error de una sociedad, en que cada individuo se comporta como puede, con el carácter e inclinaciones con que nació, y en que ese comportamiento fijo determina, en el medio en que le tocó vivir, sus posibilidades de éxito.

Un ejemplo de ideas evolutivas en economía es la discusión sobre si las empresas maximizan o no sus ganancias. Un argumento de corte evolutivo sugiere que en el largo plazo deberían hacerlo, porque los empresarios con tales inclinaciones causan empresas con mayores excedentes, y son los excedentes los que permiten la sobrevivencia de la empresa. Quienes "más" maximicen ganancias tendrían mayores posibilidades de sobrevivir, y se multiplicarían en la población.

Ejercicios

1. (*) Imagine dos vecinos (don Juan y don José), cuyas casas son idénticas. La riqueza de ambos depende del valor de sus casas: inicialmente ambos tienen una riqueza de 100. Don Juan quiere aumentar el valor de su casa por la vía de agrandar su jardín, moviendo la reja que delimita ambos jardines para quitarle un pedazo a don José. Si don Juan mueve la reja y don José no hace nada para volver a ponerla en su lugar, el valor de la casa de don José disminuye a 90, y el de la casa de don Juan aumenta a 110, pero le cuesta 5 mover la reja, de modo que su riqueza queda en 105. Una vez que don Juan mueve la reja, a don José le cuesta mucho (15) volver a ponerla en su lugar original (ya que don Juan toma sus precauciones y la asegura con base de concreto), de modo que la riqueza de don José es de 85 si vuelve a poner la reja en su lugar, y la riqueza de don Juan, de 100.

   a) Grafique este juego secuencial en forma extensiva (árbol de juego), y en un cuadro o matriz de resultados que contenga todas las posibles estrategias de don José. Encuentre todos los posibles equilibrios de Nash en la matriz de resultados (sean o no equilibrios prefectos).

   b) Don José amenaza a don Juan diciéndole: "Si me mueve la reja del jardín, yo la volveré a poner en su lugar". ¿Es creíble dicha amenaza, por qué (explique)?

   c) Explique qué relación tiene su respuesta a la pregunta en b) con el concepto de equilibrio perfecto. ¿Cómo cambia su respuesta de a) si se descartan los equilibrios de Nash que entrañan amenazas no creíbles? Explique brevemente.

   d) Para evitar este tipo de conflictos entre vecinos, el municipio decide imponer una multa a quien mueva la reja para robar jardín a sus vecinos (don Juan en este caso). ¿Cuál es la mínima multa que debe cobrar la municipalidad para asegurar que don Juan prefiera no mover su reja? Explique.

2. (**) Cristóbal intenta persuadir a Isabel de financiar su proyecto. Le pide que le preste los \$100 que necesita, a cambio de la promesa de devolución de \$200 en dos años más. Argumenta que su proyecto convertirá los \$100 en \$500 en ese período, sin riesgo alguno. En lo que sigue, imagine que Cristóbal tiene razón en relación al proyecto, y que la tasa de descuento de ambos es 0.

   a) Plantee un juego en forma extensiva en que Isabel decide si presta o no, y Cristóbal decide si devuelve o no el préstamo. Encuentre la forma normal (estratégica) de ese juego.

   b) Encuentre el equilibrio de Nash en la forma normal. ¿Es perfecto en subjuegos?

    c) Explique por qué en esta situación no se puede conseguir el óptimo paretiano. ¿Cambia su conclusión si de alguna forma se introduce un castigo por incumplimiento de promesas? ¿Cuál es el mínimo castigo que permite conseguir el óptimo paretiano en equilibrio?

3. (*) Dos personas deben negociar para repartirse una torta de tamaño 1. El primero de ellos (jugador 1) empieza haciendo una oferta $\mathbf{x} = (x_1, x_2)$. El otro (jugador 2) puede aceptar la oferta, caso en que cada jugador i obtiene una fracción x_i de la torta, o rechazarla y hacer una contraoferta $\mathbf{y} = (y_1, y_2)$, que a su vez el jugador 1 puede aceptar (recibiendo una fracción y_i de la torta cada jugador i) o rechazar. Un pedazo de tamaño k en el período t es valorado en $\delta_i^t k$ en $t = 0$, con $\delta_i \in (0{,}5, 1)$. Luego, una oferta $\mathbf{x}$ aceptada en $t = 0$ es valorada en (x_1, x_2) en $t = 0$, mientras que una contraoferta $\mathbf{y}$ aceptada en $t = 1$ es valorada en $(\delta_1 y_1, \delta_2 y_2)$ en $t = 0$. En caso en que ninguna oferta sea aceptada, ambos obtienen un pago de 0.

    a) Indique cuál sería el equilibrio perfecto en subjuegos (EPS) de este juego. Explique cuidadosamente.

    b) Suponga que aparece un tercer individuo que pone las reglas de la negociación. Él quiere inducir con dichas reglas que el bien se reparta equitativamente (es decir, que cada uno obtenga 0,5). Para ello, suponga que este individuo dice que en caso que el acuerdo no sea inmediato (es decir, en caso que el jugador 2 rechace la oferta $\mathbf{x}$), se pierde una parte π de la torta, de modo que una contraoferta $\mathbf{y}$ aceptada es valorada sólo en $(\delta_1 (1 - \pi) y_1, \delta_2 (1 - \pi) y_2)$ en $t = 0$.

        1) ¿Cuál debe ser el valor de π que debe imponer para lograr su objetivo de reparto equitativo? ¿Cómo depende su respuesta del valor de δ_1 y δ_2 y por qué? Explique cuidadosamente.

        2) Suponga que este tercer individuo podría elegir el orden en que se lleva a cabo el proceso de negociación. Si él quiere elegir un π lo más bajo posible, ¿cuál de los dos jugadores tendría que empezar haciendo la primera oferta? Explique con cuidado.

4. (**) María y Pedro participan en el siguiente experimento: existe una torta que se intenta distribuir entre ambos. A María se le pide que escriba en un papel qué porcentaje de la torta quiere para sí: un 50 % (la mitad) o un 80 % (cuatro quintos). A Pedro se le pide que escriba en un papel si acepta o no la propuesta de María. Ninguno conoce la respuesta del otro. Si Pedro acepta la propuesta, entonces la torta se reparte de acuerdo a lo que María propuso (ya sea 50 % para cada uno, o bien 20 % para Pedro y 80 % para ella). Si Pedro la rechaza, entonces ninguno consigue nada.

    a) Caracterice este juego en forma estratégica o normal, construyendo su matriz de pagos.

$b)$ Encuentre el (los) equilibrio(s) de Nash de este juego. Explique por qué ésa sería una predicción razonable de lo que ocurriría en esta situación.

$c)$ Suponga en cambio que a Pedro se le da a conocer la oferta de María antes de decidir si la acepta o rechaza. Imagine, más aún, que Pedro ocupa la siguiente estrategia: él aceptaría con certeza la oferta equitativa (50 %-50 %), pero aceptaría la oferta desigual (80 %-20 %) sólo con una probabilidad de 50 % (esto es, aceptaría si al tirar una moneda al aire saliera cara y rechazaría si saliera sello). ¿Qué oferta le conviene hacer a María si Pedro ocupa esa estrategia? ¿Cuál es el valor esperado del pedazo que le toca a cada uno de ellos?

$d)$ Dibuje la forma extensiva de este juego bajo la variante introducida en $c)$; esto es, cuando Pedro decide qué hacer sabiendo lo que María hizo. Encuentre el equilibrio perfecto en subjuegos.

$e)$ Compare los pagos que ambos jugadores consiguen empleando las estrategias de $c)$ con las del equilibrio perfecto en subjuegos encontrado en $d)$. ¿Por qué $c)$ no es una predicción razonable? Explique claramente.

5. (***) Un cliente hambriento entra a un restorán en busca de buena comida y buena atención. Un mozo un tanto flojo quisiera descansar y recibir buenas propinas. El cliente puede dejar una propina generosa (G) o miserable (M). El mozo puede brindar una atención excelente (E) o lamentable (L). Sus preferencias se expresan en las siguientes jerarquías:

(a_1, a_2)	Cliente (jugador 1)	Mozo (jugador 2)
GE	2°	2°
GL	4°	1°
ME	1°	4°
ML	3°	3°

$a)$ Construya dos funciones de utilidad, una para el cliente y otra para el mozo, que representen sus respectivas preferencias.

$b)$ Explique por qué ambas pueden, de hecho, ser representadas por muchas otras funciones de utilidad. ¿Cuáles?

$c)$ Construya una matriz de pagos que represente al juego estratégico en que ambos jugadores toman sus decisiones de manera simultánea. Utilice las funciones de utilidad que construyó en $a)$, llame al cliente "jugador 1" y al mozo "jugador 2", y ubique al jugador 1 de manera que escoja filas y al 2 de forma que escoja columnas en la matriz.

$d)$ Encuentre todos los perfiles de acciones (a_1, a_2) eficientes. Explique.

e) Encuentre todos los equilibrios de Nash. Explique. En particular, ¿por qué no es de equilibrio tener una atención excelente y dejar una propina generosa?

f) Suponga que el mozo mueve primero; esto es, el cliente escoge qué propina dar después de ver cómo lo atendió el mozo. ¿Cambia esto la conclusión anterior? Es decir, ¿toman decisiones distintas los jugadores en el equilibrio perfecto en subjuegos de este juego dinámico que en el equilibrio de Nash encontrado en *e)*?

g) ¿Cambiaría su conclusión si el juego se repitiera infinitamente? En particular, suponga que el cliente vuelve al restorán con probabilidad π, que existen n mozos en el restorán de manera que la probabilidad de toparse con el mismo es $\frac{1}{n}$, y que la función de utilidad de cada jugador es de la forma:

$$U_i = (1 - \delta) \sum_{t=0}^{\infty} \delta^t u_{it}$$

donde δ es la probabilidad de jugar nuevamente el mismo juego, con el mismo mozo, en la ronda siguiente; esto es, $\delta = \frac{\pi}{n}$.

1) ¿Para qué valores de δ se puede conseguir en un equilibrio de Nash del juego repetido infinitas veces que el mozo brinde una atención excelente (E) y que el cliente deje una propina generosa (G)?

2) Explique, entonces, por qué ese comportamiento es más probable en pueblos chicos y con restoranes pequeños.

h) Suponga, en cambio, que cada ronda corresponde a lo que ocurre en una generación. Existe en cada ronda un grupo de mozos interactuando con un grupo de clientes. Todos viven sólo un período, pero sus hijos y los hijos de sus hijos, etc., juegan eternamente el mismo juego. ¿Qué ocurriría si en una generación se produce una mutación, de acuerdo a la cual mozos y clientes valoran la reciprocidad? Esto es, los clientes gozan siendo generosos con mozos que atienden bien, y gozan castigando con propinas miserables a los que no, y por otro lado los mozos gozan atendiendo bien a clientes generosos, y atendiendo mal a clientes tacaños. Sin realizar cálculo alguno, ¿qué podría decir sobre las posibilidades de sobrevivencia (o estabilidad evolutiva) de estrategias como estas?

Comentarios bibliográficos

La literatura de juegos repetidos se ha desarrollado en torno a los "teoremas de tradición oral" (*folk theorems*), que caracterizan qué clase de resultados se puede obtener en equilibrio si los jugadores son suficientemente pacientes. Aplicaciones notables de esta teoría son la negociación, la reputación y los contratos implícitos o relacionales. Una revisión exhaustiva y cuidadosa de esa literatura (aunque también avanzada) se presenta en Mailath and Samuelson (2006).

Por su parte, el modelo de negociación de ofertas alternadas aparece en Rubinstein (1982). Se ha estudiado la negociación en ambientes más complejos: con incertidumbre, con información asimétrica, con factores de descuento heterogéneos, con oportunidades externas cambiantes. Un resumen (aunque avanzado) de la literatura se presenta en Muthoo (1999).

Capítulo 19

Oligopolio

Veíamos en el capítulo 10 que en una economía perfectamente competitiva, ningún consumidor ni ningún productor tiene poder de negociación, esencialmente porque existe un sustituto perfecto para cualquiera de los participantes en el mercado. En este capítulo estudiamos mercados en los que los productores tienen poder de mercado en algún grado, pero manteniendo la competencia perfecta entre demandantes.

La herramienta analítica básica es la noción de equilibrio de Nash. Los juegos que veremos a continuación intentan capturar aspectos esenciales de la interacción estratégica entre productores. Qué aspectos resulten de mayor importancia, como veremos, depende de hecho de cuál sea el detalle de la situación. No tenemos, entonces, una teoría del oligopolio, sino una colección de casos.

19.1. El modelo de Cournot

Probablemente el modelo de Cournot (Cournot, 1838) es simultáneamente el modelo de oligopolio más popular y el más antiguo. De hecho, data de la primera mitad del siglo XIX, precediendo en más de cien años al desarrollo de la teoría de juegos.

Su estructura es muy sencilla: se plantea un mercado con n empresas idénticas, cada una con costos totales proporcionales a su producción $C_i = cq_i$. La demanda total (que existe porque los consumidores son tomadores de precio) está dada por $P = a - bQ$. La producción total cuando existen n empresas es de $Q_n = \sum_{i=1}^{n} q_i = nq$, siendo q el número promedio de unidades producidas por empresa.

Con esta descripción, deducimos que la función de pagos del oligopolista

i está dada por:

$$u_i(q_1, ..., q_n) = \left[a - b \left(q_i + \sum_{j \neq i} q_j \right) - c \right] q_i \qquad (19.1)$$

La interacción estratégica se aprecia en el hecho de que las decisiones de los competidores afectan directamente las ganancias de cada empresa. La mejor decisión del empresario i depende de las decisiones tomadas por el resto.

En el juego planteado por Cournot, cada empresa escoge independientemente su producción, y la vende en el mercado. Implícitamente se supone que la fecha en que se decide la producción es anterior a la fecha en que se materializa la venta, de manera que al vender se "remata"el total de la producción, Q. Habiendo competencia perfecta entre consumidores, el precio de venta está dado por $a - bQ$ –el precio del equilibrio walrasiano. La pregunta es, entonces, qué cantidad decidiría producir cada empresa. Observe que al momento de la venta, no podrá cambiar ni su producción ni la del resto, por lo que es intuitivo pensar que debería tomar como un dato la producción del resto. La mejor respuesta del jugador i cuando hay n jugadores se obtiene de:

$$\max_{q_i} u_i(q_1, ..., q_n) \qquad (19.2)$$

La CPO del problema es:

$$\frac{\partial u_i}{\partial q_i} = a - 2bq_i - b \sum_{j \neq i} q_j - c = 0 \qquad (19.3)$$

Es claro que la función de pagos es cóncava en q_i, por lo que la CPO es necesaria y suficiente para el óptimo. Rearreglando, conseguimos la función de mejor respuesta de i:

$$q_i^* = \frac{a - c}{2b} - \frac{1}{2} \sum_{j \neq i} q_j \qquad (19.4)$$

Consideremos el caso del duopolio (dos empresas). Las funciones de mejor respuesta de las empresa 1 y 2, que se observan en la figura 19.1, son de la forma:

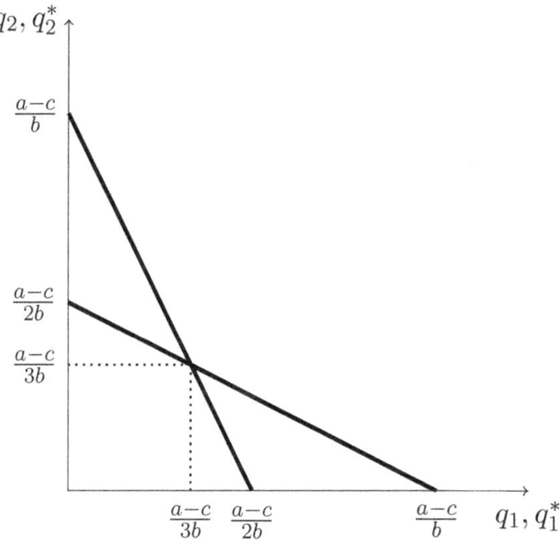

Figura 19.1 Funciones de mejor respuesta de las empresas 1 (línea gruesa) y 2 (línea delgada) y equilibrio de Nash en duopolio de Cournot

$$q_i^* = \frac{a-c}{2b} - \frac{1}{2}q_j \qquad (19.5)$$

En equilibrio ambas empresas deben estar produciendo su mejor respuesta, por lo que las cantidades de equilibrio corresponden al punto en que ambas curvas de mejor respuesta se intersectan en la figura 19.1. En otras palabras, en un equilibrio de Nash debe ocurrir que la cantidad que produce la empresa 2 es la mejor respuesta a lo que produce la empresa 1, que a su vez es la mejor respuesta a lo que está produciendo la 2. Luego, las cantidades de equilibrio se pueden obtener fácilmente reemplazando q_i y q_j por q_i^* y q_j^* en las funciones de mejor respuesta:

$$q_i^* = \frac{a-c}{2b} - \frac{1}{2}\left(\frac{a-c}{2b} - \frac{1}{2}q_i^*\right) \qquad (19.6)$$

Despejando, obtenemos:

$$q_i^* = \frac{a-c}{3b} \qquad (19.7)$$

de modo que la producción total es $Q = \frac{2}{3}\frac{a-c}{b}$ y el precio es $P = \frac{a+2c}{3}$.

En el caso general con n empresas, el análisis es análogo al anterior. El equilibrio de Nash corresponde a la intersección de las funciones de mejor respuesta; esto es, al sistema de n ecuaciones de la forma de (19.4). Sumando sobre los individuos, la producción de la industria es:

$$Q_n = \sum_{i=1}^{n} q_i = n\frac{a-c}{2b} - \frac{1}{2}\sum_{i=1}^{n}\sum_{j\neq i} q_j \tag{19.8}$$

Resolviendo la suma, obtenemos:

$$Q_n = n\frac{a-c}{2b} - \frac{n-1}{2}\sum_{i=1}^{n} q_i = n\frac{a-c}{2b} - \frac{n-1}{2}Q_n \tag{19.9}$$

y despejando Q_n obtenemos la cantidad total producida en equilibrio:

$$Q_n = \frac{n}{1+n}\frac{(a-c)}{b}. \tag{19.10}$$

Entonces, en equilibrio cada empresa produce $q_i^* = \frac{1}{n+1}\frac{a-c}{b}$ unidades, las que vende al precio $P_n = \frac{a+cn}{n+1}$, obteniendo ganancias de:

$$\pi_i = \left(\frac{a+cn}{n+1} - c\right)\frac{1}{n+1}\frac{a-c}{b} = \frac{(a-c)^2}{b(n+1)^2} \tag{19.11}$$

estrictamente positivas. Esto es, pese a ninguna empresa agrega nada especial a la industria –conocimientos, capacidad empresarial, etc.–, todas y cada una de ellas goza de una determinada renta. El precio se mantiene en equilibrio por sobre el costo medio de producción porque en esencia cada oligopolista goza de un pequeño monopolio, al enfrentar una demanda residual. En efecto, si examinamos la función de ganancias, vemos que podemos escribirla como:

$$u_i(q_1, ..., q_n) = \left[\left\{a - b\left(\sum_{j\neq i} q_j\right)\right\} - bq_i - c\right] q_i \tag{19.12}$$

Esta es la misma función de pagos que tendría un monopolista que enfrentara la curva de demanda $P = \left\{a - b\left(\sum_{j\neq i} q_j\right)\right\} - bq_i$, donde el nivel de producción del resto de los oligopolistas está dado para cada uno de ellos.

La estática comparativa del modelo de Cournot es intuitiva: el equilibrio de un mercado oligopólico está a medio camino entre el monopólico y el perfectamente competitivo. La producción es mayor que la del monopolio, pero menor que la que habría bajo competencia perfecta. El precio es menor que el monopólico, pero aún está sobre el costo medio y marginal. El oligopolista obtiene ganancias, pero la suma de las ganancias es menor que la ganancia del monopolista. De hecho, observe que el modelo de Cournot nos entrega el resultado del monopolio cuando $n = 1$, y el de competencia perfecta cuando $n \to \infty$:

$$\lim_{n \to 1} P_n = \frac{a + c}{2} \tag{19.13}$$

$$\lim_{n \to 1} Q_n = \frac{1}{2}\frac{a - c}{b} \tag{19.14}$$

$$\lim_{n \to 1} \pi_i = \frac{(a - c)^2}{4b} \tag{19.15}$$

$$\lim_{n \to \infty} P_n = c \tag{19.16}$$

$$\lim_{n \to \infty} Q_n = \frac{a - c}{b} \tag{19.17}$$

$$\lim_{n \to \infty} \pi_i = 0 \tag{19.18}$$

En este modelo, entonces, el grado de competencia se puede medir directamente por el número de empresas que conforman la industria. Este modelo es de hecho una piedra angular del paradigma estructura-conducta-desempeño, que dominó a la disciplina de organización industrial en sus comienzos. En términos simples, este paradigma establece que la **estructura** del mercado (monopólica, oligopólica o competitiva) determina a la **conducta** de las empresas (cantidades producidas, precios cobrados), y éstas al **desempeño** del mercado en términos de eficiencia. Desde esta perspectiva, el análisis de una industria parte por medir su grado de concentración; esto es, cuántas empresas son responsables de la mayor parte de la producción. Indicadores comunes son la participación de mercado de las mayores 3 o 5 empresas, y el índice de Herfindahl, definido por:

$$H = \sum_{i=1}^{n} \alpha_i^2 \tag{19.19}$$

donde α_i es la participación de mercado –medida en puntos porcentuales; esto es, $\alpha_i \in [0, 100]$– del productor i. Por ejemplo, si hay dos productores idénticos, el índice alcanza un valor de $50^2 + 50^2 = 5.000$. La máxima concentración, 100, está asociada a un índice de 10.000. En la legislación antimonopolios de EE.UU., por ejemplo, se considera preocupante un índice de concentración superior a 1.000.

19.2. El modelo de Bertrand

El libro de Augustin Cournot en que expone su modelo, fue publicado en 1838. No se le dio mayor importancia sino hasta después de que Joseph Bertrand, otro matemático francés, publicara en 1883 una crítica al trabajo de Leon Walras en que incluyó también una crítica al modelo de Cournot y desarrolló una variante (Bertrand, 1883). Una caricatura de la crítica de Bertrand es la siguiente: todas las conclusiones del modelo de Cournot dependen de un supuesto injustificado; a saber, que las empresas escogen la cantidad que quieren vender. Si, en cambio, escogieran el precio de venta, entonces con dos productores sería suficiente para obtener el resultado perfectamente competitivo (lo que está en completa sintonía con nuestra discusión del capítulo 10).

En efecto, el modelo de Cournot tiene completo sentido sólo en la situación que describimos en su oportunidad, en que la producción se escoge antes que la venta, no cabiendo en el momento de la venta la posibilidad de reaccionar frente al comportamiento de los competidores. Más aún, habiendo incurrido en el costo de producción, no tiene incentivos a destruir parte de la producción para mejorar el precio, sino por el contrario, a ofrecerla inelásticamente.

Pensemos en una situación distinta. La producción no toma demasiado tiempo, de manera que cada empresa puede, dependiendo de las condiciones de comercialización, adaptar con facilidad su escala productiva. Simplificando, suponemos que el ajuste es de hecho instantáneo. Es perfectamente posible imaginar, en este contexto, un juego en que cada empresa anuncia un precio y ajusta su producción de forma de satisfacer su demanda. En ese caso, la elección del precio se obtiene de:

$$\max_{p_i} u_i(p_1, ..., p_n) \tag{19.20}$$

Por su parte, los consumidores comprarían al vendedor que ofreciera el menor precio. Luego, si la demanda está dada por $P = a - bQ$, entonces la cantidad vendida al precio P es $\frac{1}{b}(a - P)$, quedando:

$$u_i(p_1, ..., p_n) =$$

$$\begin{cases} (p_i - c)\frac{1}{b}(a - p_i) & \text{si } p_i < \min\{p_1, ..., p_{i-1}, p_{i+1}, ..., p_n\} \\ \frac{1}{n^*}(p_i - c)\frac{1}{b}(a - p_i) & p_i = \min\{p_1, ..., p_{i-1}, p_{i+1}, ..., p_n\} \\ 0 & \text{si } p_i > \min\{p_1, ..., p_{i-1}, p_{i+1}, ..., p_n\} \end{cases} \tag{19.21}$$

446

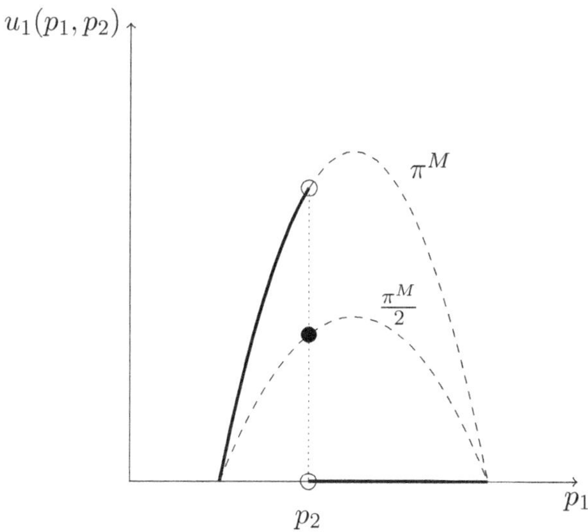

Figura 19.2   Funciones de pago en duopolio de Bertrand

donde n^* es el número de oligopolistas que venden al precio mínimo. En la figura 19.2 se ilustra esta función de pagos para la empresa 1 en el caso del duopolio, donde π^M representa la ganancia que obtendría un monopolista cobrando el precio p_1. Observe que esta función de pagos es discontinua en p_i: si el empresario i cobra un precio estrictamente menor que todos sus competidores, se queda con el mercado completo. Si cobra el mismo precio que el más barato de sus competidores, empatándolo, entonces se divide el mercado en partes iguales. En cambio, si cobra un precio superior, no puede vender unidad alguna. Es sencillo entender entonces que cada oligopolista tiene un tremendo incentivo a vender más barato que el resto, porque cobrando un precio marginalmente menor que el de su competencia se queda con todo el mercado. Esto es cierto para cualquier precio que le dé ganancias; vale decir, para $p_i \geq c$. Este juego tiene, entonces, un único equilibrio de Nash: todos los empresarios cobran c (el precio de competencia perfecta).

Consideremos nuevamente un duopolio, ahora en el contexto del modelo de Bertrand. Las funciones de mejor respuesta son en este caso de la forma:

$$
p_i^* \begin{cases} = \frac{a+c}{2} & \text{si} \quad p_j > \frac{a+c}{2} \\ = p_j - \varepsilon & \text{si} \quad c < p_j \leq \frac{a+c}{2} \\ \in [c, \infty) & \text{si} \quad p_j \leq c \end{cases} \tag{19.22}
$$

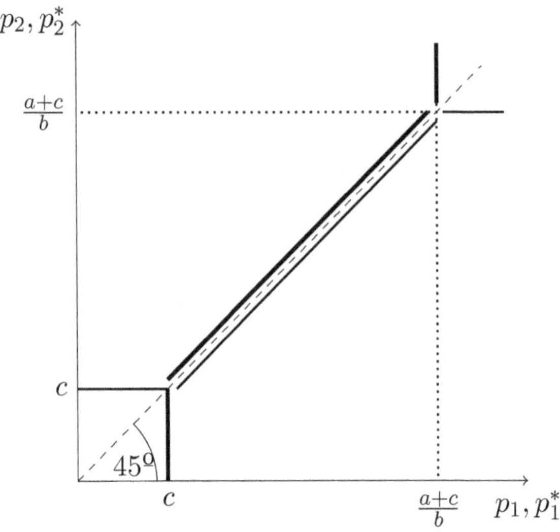

Figura 19.3 Mejores respuestas de las empresas 1 (línea gruesa) y 2 (línea delgada) y equilibrio de Nash en duopolio de Bertrand

donde ε es el valor de la moneda de menor denominación.

Si el precio que fija el competidor es mayor que el precio monopólico $\left(\frac{a+c}{2}\right)$, la mejor respuesta es fijar el precio monopólico, quedándose con todo el mercado y obteniendo la mayor ganancia posible, $\frac{(a-c)^2}{4b}$. Si el precio que fija el competidor es mayor que el costo marginal, aunque menor que el precio de monopolio, de todos modos le conviene fijar un precio levemente inferior para quedarse con todo el mercado. Por último, si el competidor cobra un precio inferior o igual al costo marginal, ya no le conviene fijar un precio menor, por lo que está indiferente entre cobrar cualquier precio mayor o igual a c, obteniendo una ganancia nula. Estas curvas de mejor respuesta se muestran en la figura 19.3.

Tal como se observa en la figura, el único equilibrio posible es cuando ambas empresas cobran $p_i^* = c$.

Este modelo es interesante por diversas razones. Una de ellas es que nos enseña claramente que los detalles de la situación —en particular, de las características del proceso productivo— pueden ser determinantes para entender la naturaleza del equilibrio. Esto significa que un razonamiento como el del paradigma estructura-conducta-desempeño no puede tener aplicabilidad universal. En este modelo, por ejemplo, bastan dos productores (una estructura duopolística) para conseguir un desempeño eficiente, rompiendo completamente la asociación entre número de productores y grado de competencia que era tan nítida en el modelo de Cournot.

Más aún, si modificamos el escenario anterior para considerar el caso en que hay dos competidores potenciales, pero en que uno de ellos tiene un menor costo, en equilibrio operará una sola empresa, pero acaso muy limitada en su capacidad para ejercer su poder monopólico. Supongamos por ejemplo que la empresa 1 tiene un menor costo, de modo que $c_1 < c_2$. Las funciones de mejor respuesta son las siguientes:

$$p_i^* \begin{cases} = \frac{a+c_i}{2} & \text{si} \quad p_j > \frac{a+c_i}{2} \\ = p_j - \varepsilon & \text{si} \quad c_i < p_j \leq \frac{a+c_i}{2} \\ \in [c_i, \infty) & \text{si} \quad p_j \leq c_i \end{cases} \qquad (19.23)$$

Luego, si $c_2 < \frac{a+c_1}{2}$ en equilibrio la empresa 1 cobrará un precio levemente inferior a c_2, quedándose con todo el mercado, como se observa en la figura 19.4. Aunque en este mercado habrá un solo vendedor, éste no puede explotar su poder monopólico cobrando el precio monopólico[1].

19.3. EL MODELO DE STACKELBERG

Heinrich von Stackelberg sugirió una variante del modelo de Cournot (Von Stackelberg, 1934) que, quizás sorpresivamente, tiene consecuencias importantes sobre el resultado. Formalmente el juego propuesto por Cournot es estático, ya que todos los jugadores escogen al mismo tiempo la cantidad a producir. Stackelberg estudió el caso en que uno de los jugadores (al que llamamos líder) mueve primero, es decir, en que el juego es secuencial. Cuando el seguidor mueve, la cantidad del líder es a la vez conocida e inmutable. Sucede que en el equilibrio perfecto en subjuegos el líder goza de mayor participación de mercado y mayores utilidades, pese a que ambos tengan los mismos costos de producción y vendan al mismo precio.

En cfecto, en esta situación se pierde la simetría del caso analizado por Cournot. Para fijar ideas, digamos que el jugador 1 es el líder y el 2 el

---

[1] Compare con el ejemplo del monopolista con amenaza de entrada del capítulo 7 (ecuación 7.10).

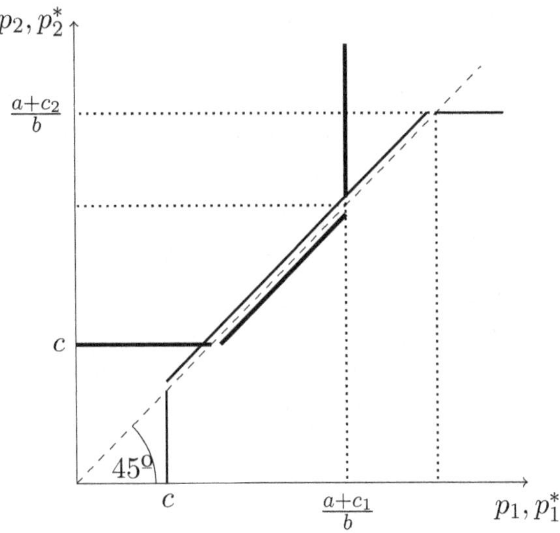

Figura 19.4 Mejores respuestas de las empresas 1 (línea gruesa) y 2 (línea delgada) y equilibrio de Nash en duopolio de Bertrand con costos diferentes

seguidor. Cuando toca el turno de escoger la cantidad al seguidor, lo hace conociendo la cantidad escogida por el líder. El seguidor, entonces, debe naturalmente tomar como dada la situación en la que el líder lo pone, y juega su mejor respuesta a ella. El seguidor reacciona de acuerdo a:

$$q_2^* = \frac{a-c}{2b} - \frac{1}{2}q_1 \qquad (19.24)$$

Ahora bien, dado que el líder conoce la influencia que su decisión tendrá en el comportamiento de su competidor, al tomar su decisión puede anticipar la respuesta del seguidor. Es decir, el líder no toma la cantidad del jugador 2 como dada, sino como una función de la cantidad que él mismo escoja. Luego, su decisión no es como en el caso de Cournot una mejor respuesta a la cantidad del jugador 2, sino a su función de mejor respuesta (o función de reacción):

$$\max_{q_1} u_1(q_1, q_2) = [a - b(q_1 + q_2) - c]q_1 \qquad (19.25)$$

$$\text{sujeto a} \quad q_2^* = \frac{a-c}{2b} - \frac{1}{2}q_1$$

Equivalentemente:

$$\max_{q_1} u_1(q_1, q_2) = \left(a - b \left(q_1 + \frac{a-c}{2b} - \frac{1}{2}q_1 \right) - c \right) q_1 \qquad (19.26)$$

De esta función objetivo obtenemos el óptimo. La CPO es:

$$a - b \left(2q_1 + \frac{a-c}{2b} - \frac{1}{2}2q_1 \right) - c = 0 \qquad (19.27)$$

La producción de la empresa líder en equilibrio es:

$$q_1^* = \frac{1}{2}\frac{(a-c)}{b} \qquad (19.28)$$

A su vez, en equilibrio el jugador 2 produce:

$$q_2^* = \frac{a-c}{2b} - \frac{1}{2}\frac{1}{2}\frac{(a-c)}{b} = \frac{1}{4}\frac{(a-c)}{b} \qquad (19.29)$$

que corresponde a la mitad que el líder. El líder, consecuentemente, gana el doble que el seguidor. La producción agregada y el precio de venta son respectivamente:

$$Q = \frac{1}{2}\frac{(a-c)}{b} + \frac{1}{4}\frac{(a-c)}{b} = \frac{3}{4b}(a-c) \qquad (19.30)$$

$$P = a - b\left(\frac{3}{4b}(a-c) \right) = \frac{a+3c}{4} \qquad (19.31)$$

Luego, la ganancia del líder y el seguidor corresponden a:

$$u_1 = \frac{1}{2}\frac{(a-c)}{b}\left(\frac{a+3c}{4} - c \right) = \frac{1}{8}\frac{(c-a)^2}{b} \qquad (19.32)$$

$$u_2 = \frac{1}{4}\frac{(a-c)}{b}\left(\frac{a+3c}{4} - c \right) = \frac{1}{16}\frac{(c-a)^2}{b} \qquad (19.33)$$

La ganancia que obtiene el líder en este caso es mayor que la que obtendría en el duopolio de Cournot, mientras que la ganancia del seguidor es menor. A su vez, la producción total es más alta y el precio es menor, por lo que los consumidores se ven beneficiados.

Para obtener este resultado, es fundamental suponer que en el momento en que el seguidor mueve, la cantidad del líder es conocida e inmutable.

Si la producción aún no se ha llevado a cabo, este supuesto puede ser difícil de defender. Esto, debido a que el equilibrio encontrado no es un equilibrio de Nash del juego estático: si el líder pudiera modificar su cantidad al observar la cantidad escogida por el seguidor, querría disminuirla (es decir, la cantidad prometida por el líder en $t = 0$ no es una mejor respuesta a la cantidad escogida en $t = 1$ por el seguidor en el equilibrio de Stackelberg). El problema entonces para el líder es cómo hacer creíble que no va a modificar la cantidad escogida inicialmente. Un ejemplo en que la decisión de producción se hace creíble, es cuando el líder puede invertir en maquinarias con valor de reventa nulo en $t = 0$. En ese caso, en $t = 1$ el costo del capital es un costo hundido, por lo que el costo marginal de producción del líder cae, de modo que la producción escogida en $t = 0$ ahora sí es su mejor respuesta a la cantidad escogida por el seguidor en $t = 1$.

Entonces, en el juego dinámico no es la ubicación temporal de las movidas lo que en realidad importa, sino la información con que cuenta cada jugador, y la flexibilidad que la situación le confiere a cada uno para revisar sus decisiones. La ventaja del líder proviene de la posibilidad de anticiparse a su oponente, escogiendo de hecho lo que éste hará (dentro del conjunto de decisiones descrito en su mejor respuesta). Esto es completamente asimétrico: cuando el seguidor escoge, ya la decisión del líder está tomada y es irrevocable ("los dados están echados"). El líder tiene una ventaja estratégica crucial.

19.4. Colusión y carteles

En los modelos de Cournot, Bertrand y Von Stackelberg, no se admite la posibilidad de que los empresarios actúen coordinadamente, ya sea por un acuerdo explícito o por algún otro mecanismo. Si fuese posible, por ejemplo, en el caso de un duopolio que los competidores se sentaran a conversar, dos cosas son absolutamente claras: (1) podrían aumentar sus ganancias si actuaran unidos, y (2) si uno de ellos coopera, el otro tendría incentivos a no cumplir su parte del acuerdo. Piénsese, por ejemplo, en un acuerdo para fijar cuotas máximas de producción. Si ambos las cumplen podrían elevar el precio, aumentando sus ganancias si las cuotas se han escogido juiciosamente. Sin embargo, el mayor margen unitario de ganancias es una tentación para vender más. La cooperación entre los duopolistas requeriría para funcionar, entonces, de algún mecanismo de control o monitoreo del cumplimiento de los acuerdos tomados.

La esencia del problema de la colusión es precisamente que se trata de un "dilema del prisionero": si bien ambos ganarían con el acuerdo, tienen incentivos a desviarse. Si ninguno cumple el acuerdo, entonces compiten entre ellos –por ejemplo, como en Cournot o como en Bertrand. Por otro lado, el mejor acuerdo al que pueden llegar consiste en actuar como monopolio –por definición, en ese caso tendrían las máximas ganancias que son factibles. En un duopolio simétrico, los productores acordarían cuotas de producción iguales a la mitad del producto del monopolio. En general, en un cartel simétrico cada miembro del cartel produciría un enésimo del producto del monopolio, consiguiendo un enésimo de las ganancias del monopolio cada uno. En el ejemplo de la demanda lineal y costos constantes, eso sería:

$$\pi_i^C = \frac{1}{n}\pi^M = \frac{1}{n}\frac{(a-c)^2}{4b} \tag{19.34}$$

Observe, sin embargo, que si sólo un productor se desvía, ganaría más que manteniéndose en el acuerdo. Por ejemplo, podría cobrar un precio menor y quedarse con todo el mercado, ganando aproximadamente las utilidades del monopolista por una fecha. Alternativamente, si todos reaccionan siempre para vender al mismo precio, podría jugar la mejor respuesta del modelo de Cournot:

$$q_i^* = \frac{a-c}{2b} - \frac{1}{2}\left(\frac{n-1}{n}\frac{1}{2}\frac{a-c}{b}\right) \tag{19.35}$$

porque los miembros que siguen el acuerdo se atienen a la cuota de $\frac{1}{n}\left(\frac{1}{2}\frac{a-c}{b}\right)$. Cuál sea la mejor desviación depende, como hemos visto, del detalle de la industria que consideremos. El punto común es, sin embargo, que en cualquier caso conviene burlar el acuerdo si los demás lo respetan.

Por esta razón, la única forma de que el acuerdo colusivo sea viable es que los miembros del cartel tengan herramientas para castigar a los que no lo respeten. Una manera de modelar esta situación es a través de un juego infinitamente repetido. En un juego infinitamente repetido, existe la posibilidad de amenazar a los miembros del cartel con competir duramente si alguien se desvía, por ejemplo a través de una guerra de precios (Bertrand). Si la amenaza es creída, entonces impone un costo a desviarse: no gozar de los privilegios de la colusión por algún período de tiempo. El peor castigo posible es no cooperar nunca más.

En el caso de Bertrand, esto significa conseguir ganancias de 0 en toda fecha posterior a la desviación. Así, cada miembro del cartel sopesaría la ganancia de corto plazo contra los privilegios perdidos para siempre. Por ejemplo, si δ es el factor de descuento, tendríamos que el acuerdo colusivo es viable si:

$$\sum_{t=0}^{\infty} \delta^t \frac{1}{n} \frac{(a-c)^2}{4b} \geq \frac{(a-c)^2}{4b} + \sum_{t=1}^{\infty} \delta^t * 0 \qquad (19.36)$$

Esta condición se satisface si y solo si:

$$\delta \geq 1 - \frac{1}{n} \qquad (19.37)$$

Así, el cartel sería viable si sus miembros fuesen suficientemente pacientes. No ceder a la tentación de corto plazo es una inversión para conseguir la colaboración del resto en el futuro. La inversión es valiosa si el empresario no es demasiado cortoplacista. Observe, por otra parte, que a medida que más productores haya, más difícil es que se mantenga el cartel, toda vez que se requiere de un mayor grado de paciencia de parte de cada uno de ellos como para que el castigo de la fase competitiva sea lo suficientemente disuasivo.

Ejercicio 27. Considere el caso de un cartel con n miembros, pero en que la ganancia en la fase de castigo (si alguno se desvía del acuerdo colusivo) es la del oligopolio de Cournot. ¿Cuál es el nivel crítico de δ a partir del cual el acuerdo se mantiene?, ¿es mayor o menor que el δ crítico para el caso de Bertrand, $\delta^* = 1 - \frac{1}{n}$?, ¿por qué? □

19.5. Entrada

En la discusión de los modelos de las secciones previas hemos supuesto implícitamente que la entrada a la industria está bloqueada: bajo cualquier circunstancia hay n y sólo n competidores. Este supuesto es el que permitía en el modelo de Cournot que hubiesen rentas incluso en el largo plazo. Este supuesto es crucial también en el caso del cartel: si los productores actuales tienen éxito en explotar su poder de mercado, subiendo el precio de venta por encima de los costos, es esperable que otros productores sean atraídos a la industria. En un escenario de libertad completa a la entrada, entonces, el cartel podría mantenerse sólo por un tiempo limitado. Más aún, la expectativa de la disolución eventual del cartel limita severamente las posibilidades de castigo a los que se desvían, dificultando todavía más su existencia.

Piénsese, por ejemplo, en un mercado con un único productor, y con una tecnología de rendimientos constantes a escala libremente disponible para cualquiera. ¿Tiene esa empresa algún poder de mercado? Si no existen costos de instalarse (lo que está implícito en la descripción de la tecnología), y no toma demasiado tiempo instalar una nueva planta, la respuesta es negativa: aun siendo el único en el mercado, la amenaza de entrada es suficiente para obligarlo a mantener precios cercanos a los costos medios, puesto que en caso contrario atraería competidores. La empresa única, entonces, no necesariamente tiene poder de mercado. Nuevamente llegamos a la conclusión de que el grado de concentración de la industria no está directamente relacionado con su desempeño, ya que la competencia potencial es de hecho suficiente en ciertos casos para obtener el resultado de competencia perfecta.

A la inversa, si la entrada está bloqueada, aun cuando haya muchos productores es posible obtener un desempeño ineficiente. Un ejemplo clásico en la literatura es el de los taxis en la ciudad de Nueva York. El municipio otorga un número limitado de permisos transferibles (en la forma de medallones) para operar taxis en la ciudad. Cualquiera que quisiera operar un taxi podría hacerlo: sólo necesita comprar en el mercado secundario un medallón, o esperar una nueva venta primaria de medallones por parte de la municipalidad. ¿Se trata de una industria perfectamente competitiva? No, al menos en términos de su desempeño. Ponerle un costo a la entrada es limitarla parcialmente. De hecho, la municipalidad podría, escogiendo un número apropiado de medallones, replicar el resultado de un monopolio. Entre taxistas existe competencia perfecta; pero eso sólo asegura que la municipalidad no comparta con ellos sus rentas monopólicas. Ejemplos de este estilo abundan en el ejercicio de las profesiones: la prohibición de ejercer para médicos extranjeros, la prohibición de hacer clases en colegios a personas sin título de profesor, etc. Cada colegio profesional intenta –y muchas veces tiene éxito en– limitar la entrada en su industria.

Existen, asimismo, industrias con restricciones a la entrada impuestas por el Estado. El ejemplo de la ciudad de Nueva York es precisamente eso. La banca es otro ejemplo notable, en que en esencia lo que la autoridad económica busca es que las utilidades monopólicas que se consiguen al ejercer el poder de mercado sean un incentivo suficiente para que los banqueros eviten asumir riesgos excesivos, fomentando de esa manera la estabilidad de la industria.

En suma, el grado de concentración, o el número de competidores, pueden dar pistas del desempeño de una industria sólo cuando la entrada de nuevos competidores es, por alguna razón, imposible o difícil. Si la entrada es libre tanto desde la perspectiva legal como tecnológica, entonces el desempeño de la industria debiera ser cercano al competitivo.

Ejemplos distintos de barreras a la entrada, de origen tecnológico, son el de las restricciones de capacidad y el de las inversiones específicas.

Ejercicios

1. (*) Considere una industria compuesta por dos empresas, A y B, que producen un producto homogéneo. La empresa A tiene un costo marginal de producción de 10, y la empresa B tiene un costo marginal de producción de 15. La demanda de mercado por este producto es de la forma:

$$P = 100 - 2Q = 100 - 2\left(q_A + q_B\right)$$

Encuentre las funciones de mejor respuesta de la empresa A y la B, y el equilibrio de Nash bajo los supuestos de Cournot. Compare sus resultados con los que obtendría si las empresas se comportaran bajo los supuestos de Bertrand (no es necesario encontrar el equilibrio en este último caso, basta plantear cuál es, y explicar cómo y por qué difieren).

2. (**) Dos productores operan en un mercado con demanda total:

$$P = 20 - Q$$

Sus costos totales son 0, independientemente del volumen producido. Su variable de decisión es la cantidad a producir, y el precio resultante es el indicado por la función de demanda (supuesto de Cournot).

Suponga que ambos productores acuerdan limitar la producción de manera de aumentar sus ganancias conjuntas al máximo posible, repartiéndose el mercado en partes iguales (es decir, acuerdan producir $\frac{q^M}{2}$ cada uno, donde q^M es la cantidad monopólica).

   a) Complete la siguiente matriz de pagos, en el que la estrategia "se desvía" se refiere a producir una cantidad distinta a la acordada (la mejor posible para quien se desvía).

		Duopolista 2	
		Mantiene acuerdo	Se desvía
Duopolista 1	Mantiene acuerdo		
	Se desvía		

   b) Encuentre el (los) equilibrio(s) de Nash en estrategias puras. Discuta.

3. (**) Imagine dos empresas constructoras (1 y 2) que tienen dos terrenos adyacentes, en los que ambas quieren construir un edificio de iguales características. Ambas saben que enfrentan una demanda por sus departamentos con pendiente negativa: para vender más departamentos, deben cobrar un precio más bajo para atraer a un nuevo comprador. Suponga que esta demanda es de la forma $P = 1.000 - Q$, donde $Q = q_1 + q_2$ es la cantidad total de departamentos.

Ambas empresas son idénticas: el costo marginal (por cada nuevo departamento) es \$100, de modo que el costo total para la empresa i es: $C_i^* = 100q_i$.

Suponga que ambas empresas eligen simultáneamente la cantidad de departamentos a construir, y el precio se determina en la demanda.

a) Encuentre la mejor respuesta de cada una de estas empresas y el equilibrio de Nash resultante.

b) Suponga ahora que la construcción involucrara además un costo fijo F, suficientemente pequeño para que en el equilibrio encontrado en a) ambas empresas obtuvieran ganancias (aun después de pagar el costo fijo). Si ambas empresas producen, el costo fijo se duplica, lo que es costoso para la sociedad (sería más conveniente que una sola empresa construyera el doble de departamentos); sin embargo, si se deja a una sola empresa producir, se va a comportar como monopolio, lo que también tiene un costo para la sociedad.

Si usted fuera un ente regulador (gobierno), y debe determinar qué es más conveniente para la sociedad, y según eso decidir si dejar que produzca una sola empresa o ambas, ¿cómo lo haría? Obtenga una respuesta explícita (en qué caso le conviene dejar a una o a las dos empresas), expresando su respuesta en términos de F.

4. (**) Dos empresas venden productos parecidos pero no idénticos, de manera que sus demandas están dadas por:

$$P_1 = A - q_1 - sq_2 \text{ y } P_2 = A - q_2 - sq_1$$

donde $s \in [0, 1]$ es un "coeficiente de similaridad" constante. Por simplicidad, suponga que los costos de producción son 0 para cada empresa.

a) Encuentre las funciones de reacción de cada empresa cuando toman como dada la cantidad producida por su rival. Grafique ambas funciones, primero suponiendo que $s = 0$ y luego que $s = 1$. Explique.

b) Verifique que el único equilibrio de Cournot-Nash es:

$$q_1 = q_2 = \frac{A}{2 + s}$$

c) Explique intuitivamente el hecho de que el óptimo individual sea producir menos cuando los productos son más parecidos.

5. (**) En una isla hay dos pueblos, Norte y Sur, conectados a través de un tren. A medio camino hay una estación. Sin embargo, la línea está dividida en dos tramos. El tramo 1, que va desde Norte hasta la estación, pertenece al Sr. Norambuena, mientras que el tramo 2, desde la estación hasta Sur, pertenece a la Sra. Sureña. La demanda total por transporte

en ambas direcciones está dada por $Q = a - b(P_1 + P_2)$, donde P_1 es el precio cobrado en el tramo 1 y P_2 en el 2. El costo marginal del transporte es 0.

a) Determine el equilibrio del mercado de transporte si el Sr. Norambuena toma como dado el precio cobrado por la Sra. Sureña, y viceversa.

b) Encuentre el equilibrio que se obtendría si ambos tramos fueran de propiedad de un solo dueño.

c) Compare sus respuestas en a) y b). ¿Corresponde su resultado a lo que habitualmente se obtiene en la teoría del oligopolio? ¿Por qué?

6. (**) Marco, un navegante genovés, y Polo, un navegante veneciano, planean viajar a la India a traer pimienta negra para abastecer el mercado italiano. Ambos saben de la existencia del otro, pero no observan sus decisiones. La demanda por pimienta negra en Italia está dada por:

$$P_I = 600 - \frac{1}{2}Q_I$$

Marco tiene un barco con capacidad para 1.500 unidades, mientras Polo para 1.700. El costo total del viaje para cada uno es de \$9.000, independiente del volumen transportado; ellos consiguen la cantidad que quieran de pimienta al precio total (no unitario) de \$2.800.

a) Encuentre y caracterice las funciones de mejor respuesta, si cada uno toma como dado lo que traerá el otro. Grafique.

b) Encuentre el equilibrio de Cournot. Justifíquelo.

c) Imagine que Marco se asesora con Leonardo, un sabio que anticipa perfectamente lo que Polo hará. Suponga, más aun, que Polo sabe de esto, y Marco sabe que Polo sabe, etc. ¿Cómo se altera el equilibrio como resultado de esto?

d) Encuentre un equilibrio de Bertrand. Explique.

e) ¿Cuál de estas nociones de equilibrio le parece más razonable en esta situación en particular? Explique claramente.

Imagine que en la situación anterior, Marco y Polo fusionan sus negocios para crear Marcopolo S.A., una sociedad con fines de lucro. La fusión no sólo los consagra como el monopolista en el mercado italiano, sino también en el mercado francés, caracterizado por una demanda

$$P_F = 300 - Q_F$$

El costo de transporte entre cualquier lugar de Italia y cualquier lugar de Francia es \$0 para Marcopolo, pero cualquier otra persona tendría un costo de \$c por unidad

a) Determine lo máximo que Marcopolo podría ganar cobrando el mismo precio en todas partes.

b) Determine lo máximo que Marcopolo podría ganar discriminando precios. Explique claramente.

Capítulo 20

Contratos y riesgo moral

20.1. Introducción

El análisis de los capítulos anteriores suponía que todos los jugadores contaban con la misma información al momento de jugar. En los próximos dos capítulos extenderemos este análisis para incorporar la posibilidad de que exista **información asimétrica**: la posibilidad de que uno o más jugadores desconozca información relevante acerca del juego que sí es conocida por otro jugador. La asimetría en la información se puede deber a la incapacidad de uno o más jugadores de observar la acción que otro jugador llevó a cabo en alguna etapa anterior del juego. En ese caso, decimos que existe un problema de información imperfecta, acción oculta o **riesgo moral**. Este tipo de asimetría de la información es el que será abordado en este capítulo. Otra forma de información asimétrica es la que surge por la incapacidad de uno o más jugadores de observar características importantes de sus oponentes. Ese es el caso de un problema de información incompleta o **selección adversa**, el que será abordado en el capítulo siguiente.

El problema del riesgo moral ha sido ampliamente estudiado en la literatura, en especial en su aplicación en el mercado laboral. En presencia de riesgo moral no es claro cuál será la productividad marginal del trabajador, ya que su esfuerzo no es directamente observable o verificable. En este capítulo analizaremos cómo el diseño de diferentes formas de pago, o contratos, puede modificar el resultado de la interacción entre un principal (dueño de la empresa, en esta aplicación) y un agente o delegado (trabajador) en un ambiente con incertidumbre en que no es posible hacer un contrato en que el pago al delegado sea contingente en su nivel de esfuerzo debido a que éste no es verificable. En otras palabras, analizaremos cómo el diseño del contrato puede afectar el nivel de esfuerzo que el trabajador escoge, y por tanto, su productividad marginal.

La estructura del juego es entonces la siguiente: el principal (jugador 1) puede diseñar un contrato que define cuál es el pago que recibirá el delegado en cada estado que sea posible de verificar. Luego de observar el contrato, el delegado (jugador 2) debe decidir si acepta participar, y en caso afirmativo, qué nivel de esfuerzo realizar. El concepto de solución que utilizaremos es el de **equilibrio perfecto en subjuegos**, estudiado en el capítulo 18.

20.2. Riesgo moral e incentivos: el problema general

Supondremos que luego que el delegado o agente lleva a cabo su acción (esfuerzo, que denotaremos por e), el principal sólo observa el resultado final. Ese resultado final puede corresponder al ingreso por ventas, en el caso de una empresa. En otras aplicaciones el resultado relevante podría ser el nivel de calidad del producto comprado (caso en que el principal es el comprador, quien no observa el esfuerzo puesto por el proveedor o prestador de servicio), el gasto médico que debe reembolsar un seguro de salud (caso en que el principal es la compañía de seguros, que no observa el esfuerzo que hace el asegurado por controlar su gasto), el nivel de recaudación de impuestos (caso en que el principal es el gobierno, quien no observa el esfuerzo realizado por la oficina de recaudación), etc.

Hay n estados de la naturaleza posibles; denotaremos por x_s el resultado final en el estado s. La probabilidad con que se da un resultado x_s condicional en un determinado nivel de esfuerzo se denota por $Pr\,(x_s|e) \equiv p_s^e$. Los estados son mutuamente excluyentes, de modo que para cada nivel de esfuerzo e debe ser cierto que:

$$\sum_{s=1}^{n} p_s^e = 1 \tag{20.1}$$

Si luego de observar el resultado el principal pudiera inferir directamente cuál fue el nivel de esfuerzo realizado por el delegado, en la práctica la inobservabilidad (directa) de e no tendría ninguna consecuencia. Por ejemplo, si la probabilidad de obtener un resultado alto con esfuerzo bajo fuera cero, al igual que la probabilidad de obtener un resultado bajo con esfuerzo alto, bastaría observar el resultado para inferir el nivel de esfuerzo del delegado. Consideraremos el caso en que ello no es cierto.

En cada estado posible, la utilidad del principal será una función de su nivel de consumo, u_P, que asumiremos creciente y cóncava. El principal diseña el contrato de manera de maximizar su utilidad esperada U_P. Entonces, si u_P es estrictamente cóncava, el principal es averso al riesgo, mientras que si u_P es lineal, el principal es neutral al riesgo. A lo largo del capítulo mantendremos, por simplicidad, el supuesto de que el principal es neutral al riesgo.

La utilidad del delegado, a su vez, depende de su nivel de consumo c y del esfuerzo e realizado. Siguiendo la literatura, supondremos que la utilidad del delegado en cada estado posible es separable en esos dos argumentos, de la forma:

$$u_D = u(c) - c(e) \tag{20.2}$$

ambas funciones crecientes. El delegado maximiza su utilidad esperada U_D. El agente decide si aceptar o no el contrato, y en caso afirmativo cuánto esfuerzo realizar, de manera de maximizar su utilidad esperada. La concavidad de u será la que indica si el delegado es averso (si es estrictamente cóncava) o neutral al riesgo (si es lineal). En la primera parte de este capítulo consideraremos el caso en que hay dos niveles de esfuerzo posibles, $e \in \{A, B\}$, con $A > B$.

20.3. DOS NIVELES DE ESFUERZO Y DOS ESTADOS

Supondremos inicialmente que el resultado x puede tomar dos valores, $x \in \{x_1, x_2\}$, con $x_2 > x_1$. Para simplificar la notación, denotaremos la probabilidad de obtener x_1 condicional en el esfuerzo alto por p^A, y condicional en esfuerzo bajo por p^B. Supondremos $p^A < p^B$, de modo que la probabilidad de obtener un resultado bajo es menor si el delegado realiza un esfuerzo alto. Este supuesto admite la posibilidad de (aunque no asegura, como veremos a continuación) que lo óptimo para el principal sea diseñar un contrato con un pago condicional en el resultado, con el objetivo de inducir un esfuerzo alto del delegado. En este contrato el pago al delegado (o salario) será w_1 si el resultado es x_1 y w_2 si el resultado es x_2.

El nivel de consumo del principal en el estado s es la diferencia entre el resultado y el pago al delegado en dicho estado, $c_s = x_s - w_s$. Al suponer que el principal es neutral al riesgo, obtenemos curvas de indiferencia lineales en el plano $c_1 - c_2$, con pendiente $-\frac{p^e}{1-p^e}$ para cada $e \in \{A, B\}$. Es decir, si el delegado hace un esfuerzo alto se obtiene una pendiente

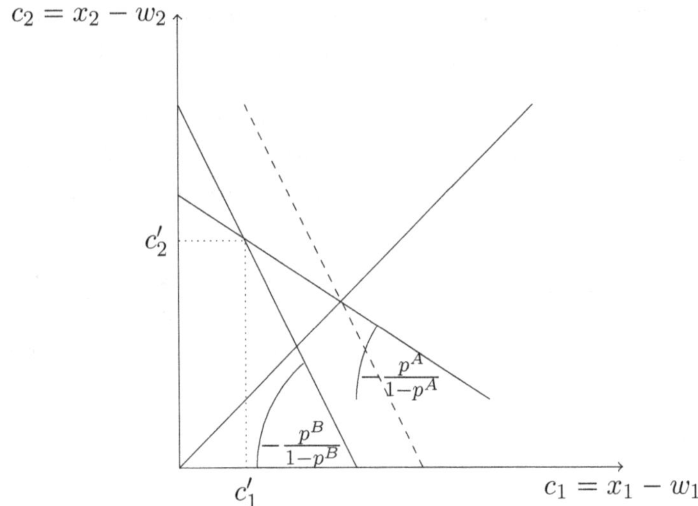

Figura 20.1 Curvas de indiferencia del principal

más baja en valor absoluto que si el delegado hace un esfuerzo bajo, como se observa en la figura 20.1. Note, sin embargo, que al cambiar la probabilidad cambia el mapa de curvas de indiferencia, por lo que el nivel de utilidad esperada asociado a dos curvas de indiferencia alcanzadas con diferentes niveles de esfuerzo (y probabilidades) no se puede comparar directamente.

Considere por ejemplo un perfil de consumo fijo con $c_1 < c_2$; en ese caso, la utilidad esperada del principal será más alta si el delegado hace esfuerzo alto, puesto que esto conlleva una mayor probabilidad de conseguir el nivel de consumo más alto (y ocurre lo contrario si $c_1 > c_2$). En cambio, si consideramos un perfil de consumo sin riesgo, la utilidad esperada del principal es independiente de la probabilidad (y por lo tanto independiente del nivel de esfuerzo realizado por el delegado). Así, con el perfil de consumo fijo (c_1', c_2') de la figura 20.1, la utilidad esperada del principal es mayor cuando el delegado realiza esfuerzo alto.

Aun cuando las curvas de indiferencia que pasan por (c_1', c_2') en la figura 20.1 pertenecen a dos mapas de curvas de indiferencia distintos, sí es posible verificar gráficamente que la utilidad esperada del principal es mayor con esfuerzo alto que con esfuerzo bajo en este caso. Para ello basta comparar el punto en que las curvas de indiferencia con esfuerzo alto y bajo respectivamente cortan a la línea de certeza: esos perfiles de consumo cierto entregarían al principal el mismo nivel de utilidad que el perfil (c_1', c_2'). En el caso de la figura, vemos que el punto en que la curva de indiferencia con esfuerzo alto corta a la línea de certeza es preferido (ya que tiene asociado un ingreso cierto más alto, y por lo tanto una utilidad más alta) al punto en que la curva de indiferencia con esfuerzo bajo corta a la línea de certeza. En efecto, para alcanzar con esfuerzo bajo el mismo nivel de utilidad esperada que obtendría con esfuerzo alto y el perfil (c_1', c_2'), los perfiles de consumo del principal deberían ser los de la curva de indiferencia discontinua marcada en la figura 20.1.

Por otra parte, el consumo del delegado en el estado s es simplemente el pago que recibe en dicho estado, $c_s = w_s$. Si el delegado es averso al riesgo, las curvas de indiferencia en el plano $c_1 - c_2$ serán convexas, con pendiente $-\frac{p^e}{1-p^e}\frac{u'(c_1)}{u'(c_2)}$ para cada $e \in \{A, B\}$. Entonces, la pendiente de las curvas de indiferencia del delegado es también $-\frac{p^e}{1-p^e}$ sobre la línea de certeza. Nuevamente se generan dos mapas de curvas de indiferencia distintos, uno con $p_1 = p^A$ y el otro con $p_1 = p^B$. Pero al comparar los niveles de utilidad esperada del delegado con esfuerzo A y B respectivamente no sólo las probabilidades son distintas, sino además los costos. Es por ello que aun al considerar un perfil fijo de consumo cierto (caso en que la diferencia de probabilidades no afecta), la utilidad esperada del delegado será más alta con esfuerzo bajo. Sólo si consideramos un perfil de consumo con salario mayor, el delegado podría estar indiferente entre realizar esfuerzo alto y bajo. Es así como en la figura 20.2, al considerar un perfil fijo de ingreso cierto $(\bar{c}_1, \bar{c}_2)$ tal que el delegado obtiene utilidad $\bar{u}$ con esfuerzo bajo, él obtendría una utilidad menor con esfuerzo alto. Sólo con un salario más alto es posible alcanzar el mismo nivel de utilidad $\bar{u}$ si el esfuerzo es alto; esto es, se requiere un mayor salario para compensar el mayor costo por realizar esfuerzo alto.

20.3.a. El caso del esfuerzo verificable

Como referencia, analicemos primero qué ocurriría si el esfuerzo fuera verificable. En ese caso, el principal podría ofrecer un pago fijo al delegado, pero condicional en un nivel de esfuerzo. Es decir, podría ofrecerle pago fijo $w_1 = w_2 = w_A$ con la condición de que realice esfuerzo alto (y cero si no cumple esta condición), o podría ofrecerle un pago $w_1 = w_2 = w_B$ si requiere esfuerzo bajo. Sea $\underline{u}$ el nivel de utilidad que puede obtener el delegado en su mejor alternativa disponible (es decir, su utilidad de reserva). Para cada nivel de esfuerzo el nivel de w que maximizaría la

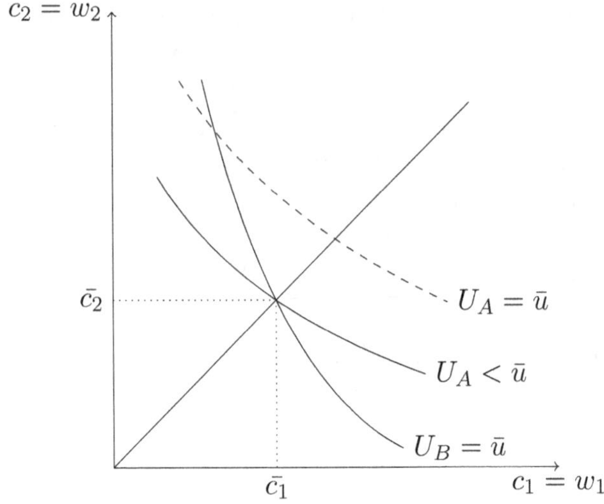

Figura 20.2 Curvas de indiferencia del delegado

utilidad del principal sería aquel que deja al delegado con $\underline{u}$:

$$w_A = u^{-1}\left(\underline{u} + c\left(A\right)\right) \tag{20.3a}$$

$$w_B = u^{-1}\left(\underline{u} + c\left(B\right)\right) \tag{20.3b}$$

Notando que los pagos w_s determinan la forma en que se reparte el resultado x_s entre el principal y el delegado en cada estado s, podemos describir la situación en una caja de Edgeworth, con el delegado en el origen inferior izquierdo y el principal en el origen superior derecho, como en la figura 20.3. Note, sin embargo, que en principio algún w podría ser negativo (situación en que el delegado debería pagarle al principal en ese estado), por lo que la asignación podría quedar "fuera de la caja". En esta figura se muestran los niveles w_A y w_B que maximizan la utilidad esperada del principal, sujeto a la condición de que el delegado acepte la oferta.

El principal escogerá pedir esfuerzo alto y pagar w_A si y sólo si la ganancia esperada que obtiene si el delegado realiza esfuerzo alto y él paga w_A es mayor que aquella que obtiene si el delegado hace esfuerzo bajo y él paga w_B. En otras palabras, el principal escoge pedir esfuerzo alto si y sólo si el mayor resultado esperado asociado al esfuerzo alto compensa el mayor costo en que debe incurrir para lograr que el delegado acepte

466

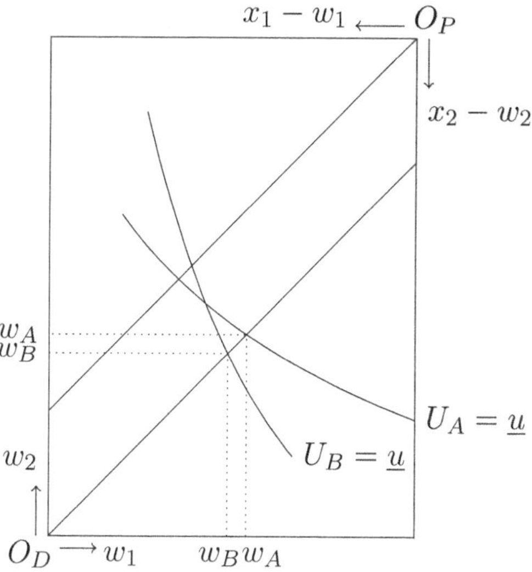

Figura 20.3 Contrato con esfuerzo verificable en la caja de Edgeworth

hacer esfuerzo alto:

$$\left(p^B - p^A\right)\left(x_2 - x_1\right) \geq u^{-1}\left(\underline{u} + c\left(A\right)\right) - u^{-1}\left(\underline{u} + c\left(B\right)\right) \qquad (20.4)$$

En el ejemplo de la figura 20.3 sí es óptimo para el principal pedir esfuerzo alto, aunque ello le exija pagar un salario mayor. Para verificar lo anterior basta comparar el nivel en que corta la línea de certeza del principal la curva de indiferencia con pendiente $-\frac{p^A}{1-p^A}$ que pasa por $(x_1 - w_A, x_2 - w_A)$, con el nivel en que lo hace la curva de indiferencia con pendiente $-\frac{p^B}{1-p^B}$ que pasa por $(x_1 - w_B, x_2 - w_B)$, como en la figura 20.4.

En el caso del delegado neutral al riesgo, la condición 20.4 simplemente requiere que el mayor resultado esperado asociado al esfuerzo alto compense la diferencia entre $c\left(A\right)$ y $c\left(B\right)$. En cualquiera de los dos casos (con delegado averso o neutral al riesgo) si se cumple la condición 20.4 no sería eficiente (óptimo en el sentido de Pareto) que el delegado hiciera esfuerzo bajo. Más aún, si el delegado es averso al riesgo y el principal neutral al riesgo, la distribución eficiente del riesgo es una en que el delegado queda sin incertidumbre; esto es, una en que w es fijo.

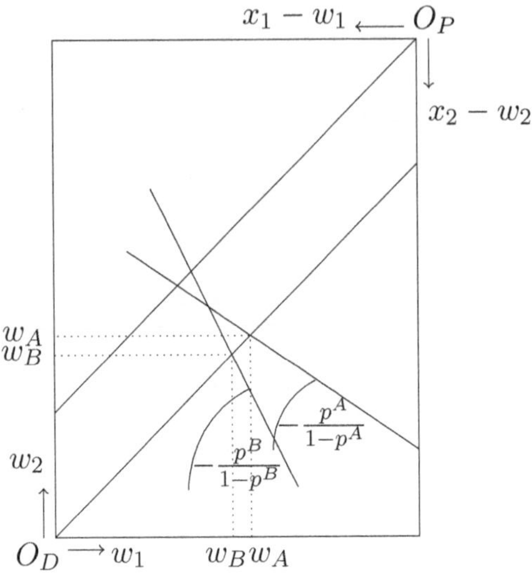

Figura 20.4 Utilidad del principal con esfuerzo verificable

20.3.b. Equilibrio perfecto en subjuegos: el contrato óptimo para el principal cuando el esfuerzo no es verificable

Al resolver por inducción hacia atrás, debemos empezar por preguntarnos qué hará el delegado al observar el contrato diseñado por el principal.

El delegado aceptará participar en la transacción sólo si la utilidad que puede obtener realizando alguno de los dos niveles de esfuerzo (el que le resulte más atractivo) es mayor que $\underline{u}$:

$$\max_{e \in \{A,B\}} \{p^e u(w_1) + (1 - p^e) u(w_2) - c(e)\} \geq \underline{u} \qquad (20.5)$$

Por otra parte, el delegado escogerá hacer esfuerzo alto si la utilidad asociada a dicho nivel de esfuerzo es mayor:

$$p^A u(w_1) + \left(1 - p^A\right) u(w_2) - c(A)$$
$$\geq p^B u(w_1) + \left(1 - p^B\right) u(w_2) - c(B) \qquad (20.6)$$

Esta condición se puede reescribir como:

$$\left(p^B - p^A\right)\left(u(w_2) - u(w_1)\right) \geq c(A) - c(B) \qquad (20.7)$$

A partir de esta condición se desprende inmediatamente que con un pago fijo no se puede inducir esfuerzo alto: si $u(w_2) = u(w_1)$ el delegado siempre escogerá esfuerzo bajo.

Contrato óptimo para inducir esfuerzo alto

Luego, si el principal quisiera inducir con su contrato que el delegado escoja esfuerzo alto, debe ofrecer niveles de w_1 y w_2 diferentes, y tales que se cumplan las condiciones 20.5 y 20.6. La condición 20.5 es una **restricción de participación**, mientras que 20.6 es una **restricción de compatibilidad de incentivos**. El problema del principal en ese caso sería entonces escoger entre todos los pares (w_1, w_2), o contratos con pago variable, el que maximiza su utilidad esperada. Esto es, su problema es el siguiente:

$$\max_{w_1, w_2} p^A (x_1 - w_1) + \left(1 - p^A\right)(x_2 - w_2) \tag{20.8}$$

sujeto a:

$$p^A u(w_1) + \left(1 - p^A\right) u(w_2) - c(A) \geq \underline{u}$$

$$\left(p^B - p^A\right)(u(w_2) - u(w_1)) \geq c(A) - c(B)$$

Escribimos el lagrangeano como:

$$\mathcal{L} = p^A (x_1 - w_1) + \left(1 - p^A\right)(x_2 - w_2) +$$
$$\lambda \left(p^A u(w_1) + \left(1 - p^A\right) u(w_2) - c(A) - \underline{u}\right) +$$
$$\gamma \left(\left(p^B - p^A\right)(u(w_2) - u(w_1)) - c(A) + c(B)\right) \tag{20.9}$$

Tenemos las siguientes CPO:

$$-p^A + \lambda p^A u'(w_1) - \gamma \left(p^B - p^A\right) u'(w_1) = 0 \tag{20.10a}$$

$$p^A - 1 + \lambda \left(1 - p^A\right) u'(w_2) + \gamma \left(p^B - p^A\right) u'(w_2) = 0 \tag{20.10b}$$

Note que a estas condiciones hay que agregar las condiciones de KKT para λ y γ.

Podemos reescribir estas CPO como:

$$\lambda p^A - \gamma \left(p^B - p^A\right) = \frac{p^A}{u'(w_1)} \tag{20.11a}$$

$$\lambda \left(1 - p^A\right) + \gamma \left(p^B - p^A\right) = \frac{1 - p^A}{u'(w_2)} \tag{20.11b}$$

Sumando estas dos condiciones obtenemos:

$$\lambda = \frac{p^A}{u'(w_1)} + \frac{1-p^A}{u'(w_2)} \tag{20.12}$$

de modo que sabemos que λ es positivo, puesto $u' > 0$. Esto es, la condición de participación es activa en el óptimo. Note que si el delegado fuera neutral al riesgo, λ sería $\frac{1}{u'}$. Es decir, si $u(w) = w$ entonces $\lambda = 1$.

Por otra parte, podemos despejar γ para obtener:

$$\gamma = \left(\lambda - \frac{1}{u'(w_1)}\right)\frac{p^A}{p^B - p^A} = \left(\frac{1}{u'(w_2)} - \lambda\right)\frac{1-p^A}{p^B - p^A} \tag{20.13}$$

En el caso del delegado averso al riesgo, γ sería cero sólo si w fuera constante (de modo que $\frac{1}{u'(w_1)} = \frac{1}{u'(w_2)} = \lambda$), lo que no permitiría inducir esfuerzo alto. Luego, la restricción de compatibilidad de incentivos también es activa en el óptimo en este caso. Para encontrar w_1 y w_2 bastaría con resolver el sistema de ecuaciones que se forma al considerar las restricciones de participación y compatibilidad de incentivos con igualdad.

A partir de las condiciones de primer orden, podemos concluir que w_1 debe ser menor que w_2. En efecto, w_1 y w_2 deben satisfacer respectivamente:

$$\frac{1}{u'(w_1)} = \lambda + \gamma\left(1 - \frac{p^B}{p^A}\right) \tag{20.14a}$$

$$\frac{1}{u'(w_2)} = \lambda + \gamma\left(1 - \frac{1-p^B}{1-p^A}\right) \tag{20.14b}$$

y dado que $p^A < p^B$, las expresiones anteriores nos indican que $u'(w_2) < u'(w_1)$, o $w_1 < w_2$. En otras palabras, al nivel de resultado que está asociado a un menor esfuerzo se le asigna un menor pago en el contrato óptimo. Así por ejemplo, en la figura 20.5 todos los pares (w_1, w_2) que pertenecen al área achurada gris (tanto los del área achurada más clara como los del área más oscura) satisfacen la restricción de participación. Pares (w_1, w_2) como los del área achurada gris oscura, por otra parte, satisfacen la restricción de compatibilidad de incentivos: en todos ellos es cierto que con esfuerzo alto se obtiene una utilidad esperada mayor o igual que $\underline{u}$, mientras que con esfuerzo bajo se obtiene una utilidad esperada menor o igual que $\underline{u}$, de manera que el delegado prefiere realizar esfuerzo alto a realizar esfuerzo bajo.

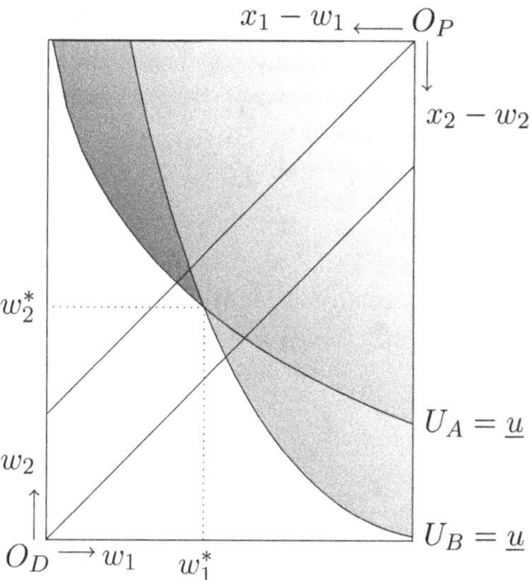

Figura 20.5 Contrato para inducir esfuerzo alto en el caso de esfuerzo no verificable

Más aún, si la restricción de participación es activa, los únicos contratos que además satisfacen la restricción de compatibilidad de incentivos son aquellos que están en la frontera inferior del área achurada gris oscura: con todos esos pares (w_1, w_2) la utilidad esperada con esfuerzo alto es $\underline{u}$, mientras que con esfuerzo bajo es menor. Dentro de ellos, el par (w_1^*, w_2^*) es aquel en que la utilidad del principal es la máxima; en ese contrato el delegado está indiferente entre realizar esfuerzo alto o bajo, de modo que ambas restricciones son activas.

Cuando el delegado es neutral al riesgo, en cambio, es claro que $\gamma = 0$, puesto que $\lambda = \frac{1}{u'}$. Es decir, en este caso la única restricción activa es la de participación, ya que el principal está indiferente entre cualquier contrato que deje al delegado con su utilidad de reserva, siempre y cuando se cumpla la restricción de compatibilidad de incentivos. Note que esta última condición sigue exigiendo que w_1 sea menor que w_2, tal como cuando el agente es averso al riesgo. La diferencia es que en el caso del agente neutral al riesgo la restricción de compatibilidad de incentivos se puede cumplir con holgura y aún ser óptimo para el principal.

Suponga que aumenta la utilidad de reserva. Ahora el nuevo contrato óptimo tendrá un mayor pago en ambos estados. En efecto, para satisfacer la restricción de participación con un nivel de $\underline{u}$ mayor, necesariamente debe aumentar el pago en al menos uno de los dos estados. Pero si originalmente la restricción de compatibilidad de incentivos 20.7 se satisfacía con igualdad con el contrato (w_1^*, w_2^*), dicha restricción ya no se cumpliría si sólo aumentara w_1. Por otra parte, si sólo aumentara w_2 la restricción se cumpliría, pero sin igualdad. La única manera en que la restricción 20.7 puede seguir cumpliéndose con igualdad es con un aumento tanto en w_1 como en w_2. Note, sin embargo, que si el delegado es averso al riesgo el pago en ambos estados no aumentará en igual magnitud. Esto, porque si u es cóncava y aumentan tanto w_1 como w_2, su diferencia también debe aumentar para que $u(w_2) - u(w_1)$ permanezca constante y la restricción 20.7 se siga cumpliendo con igualdad.

Comparación de ganancias: induciendo esfuerzo alto y bajo

Si el principal quisiera inducir esfuerzo bajo, bastaría con pagar un sueldo fijo cumpliendo con la restricción de participación del delegado. El contrato óptimo sería simplemente uno con $w_1 = w_2 = w_B$, tal como en el caso en que el esfuerzo es verificable. En la figura 20.6 se muestran los dos contratos posibles: el que paga w_1^* en el estado 1 y w_2^* en el estado 2, para inducir esfuerzo alto, y el que paga el mismo nivel w_B en ambos estados, y que induce esfuerzo bajo del delegado. En este ejemplo al principal le conviene inducir esfuerzo alto. Para verificar esto basta comparar la curva de indiferencia del principal con pendiente $-\frac{p^A}{1-p^A}$ que pasaría por el punto $(x_1 - w_1^*, x_2 - w_2^*)$, con aquella de pendiente $-\frac{p^B}{1-p^B}$ que pasaría por el punto $(x_1 - w_B, x_2 - w_B)$. Recuerde que para comparar los niveles de utilidad de dos curvas de indiferencia del principal que provienen de dos familias de probabilidades distintas es necesario comparar el punto en que dichas curvas cortan a la línea de certeza del principal. En el caso graficado en la figura la curva de indiferencia del principal asociada al contrato con esfuerzo alto tiene un mayor nivel que aquella asociada al esfuerzo bajo.

Si el esfuerzo fuera observable y el principal pagara un salario w_A como el de la figura 20.3, la utilidad del principal con esfuerzo alto sería más alta. Para verificar esto, basta notar que la curva de indiferencia del principal asociada al esfuerzo alto con pagos (w_A, w_A) sería paralela a la curva de indiferencia del principal con esfuerzo alto y pagos (w_1^*, w_2^*), pero tangente a la curva de indiferencia de nivel $\underline{u}$ del delegado en la línea de certeza.

472

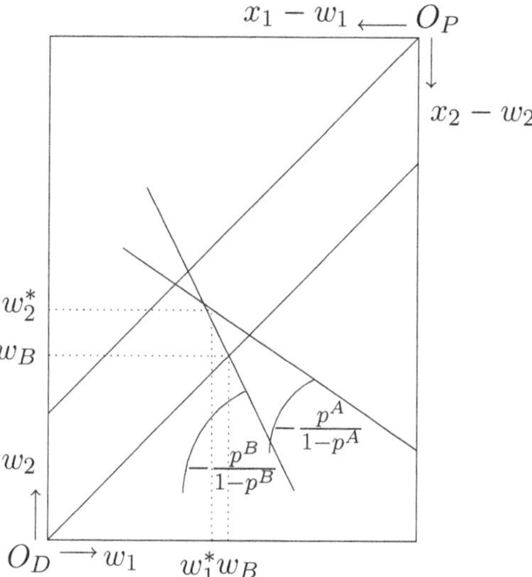

Figura 20.6 Utilidad del principal con esfuerzo no verificable

Lo anterior sugiere que podría darse una situación en que fuera óptimo para el principal pedir esfuerzo alto si el esfuerzo es verificable, y dejar de serlo si no lo es. Es decir, la existencia de información asimétrica en su forma de riesgo moral puede no sólo afectar la forma en que se distribuye el resultado x (es decir, afectar el diseño del contrato), sino que adicionalmente puede afectar el nivel de esfuerzo y el resultado de equilibrio.

20.3.c. Eficiencia

El contrato óptimo descrito en la sección anterior entrega al delegado un pago contingente en el resultado. Al analizar la eficiencia de la asignación resultante, tenemos que considerar dos dimensiones diferentes.

La primera se refiere al esfuerzo resultante: si en ausencia de información asimétrica lo óptimo sería que se realice esfuerzo alto, ¿se logra implementar este mismo nivel de esfuerzo en presencia de información asimétrica? En otras palabras, ¿es óptimo para el principal diseñar un contrato que induzca esfuerzo alto en presencia de información asimétrica, cuando sí lo era en su ausencia?

La segunda se refiere a la distribución del riesgo: si el principal es neutral al riesgo y el delegado es averso, la distribución óptima del riesgo deja al principal asumiendo todo el riesgo (y al delegado con un pago fijo). En presencia de información asimétrica, sin embargo, la única forma de inducir esfuerzo alto es traspasando parte del riesgo al delegado. Ese costo de eficiencia es el costo de la información asimétrica.

Estas dos dimensiones de la eficiencia están conectadas entre sí. En efecto, en el caso del delegado averso al riesgo, al existir riesgo moral él debe asumir parte del riesgo en caso que el contrato sea diseñado para inducir un esfuerzo alto manteniendo su nivel de utilidad en $\underline{u}$. Esto exige al principal a pagarle un premio por riesgo (premio que en el caso de información simétrica no era necesario pagar), por lo que hace más caro para el principal la elección del contrato diseñado para obtener esfuerzo alto. Es decir, es posible imaginar una situación en que la elección óptima para el principal sería pagar un salario w_A y pedir esfuerzo alto si éste fuera observable, pero a su vez sería pagar w_B y aceptar esfuerzo bajo si éste ya no fuera observable.

Al introducir más restricciones al problema, es posible que la eficiencia se vea afectada también por ello. Así, por ejemplo, podemos imaginar una situación en que el contrato óptimo paga un salario $w_1 < 0$ si el resultado es bajo, y un salario $w_2 > 0$ si el resultado es alto. Si no es posible establecer contratos con pagos negativos, lo que se conoce como **condición de responsabilidad limitada**, es posible que se haga aún más costoso inducir esfuerzo alto, y que ello impida que la transacción se realice. Note que en un caso como este tendríamos que poner una restricción de no-negatividad en los pagos w_1 y w_2 para resolver, y podría ocurrir que se llegara a una solución de esquina con $w_1 = 0$ (y $w_2 > 0$).

20.4. DOS NIVELES DE ESFUERZO Y MÁS DE DOS ESTADOS

En la sección anterior consideramos el problema de un principal que debe diseñar un contrato cuando el esfuerzo del delegado no es observable, y lo que sí se observa es el resultado, que puede timar dos valores. En esta sección se muestra brevemente cómo cambia este análisis si se incorporan más estados; esto es, si el resultado puede tomar más de dos valores diferentes.

Supondremos que x puede tomar n valores, $x \in \{x_1, x_2, ..., x_n\}$ con $x_1 < x_2 < ... < x_s$, donde la probabilidad con que ocurre el estado s si el delegado realiza un nivel de esfuerzo $e \in \{A, B\}$ es p_s^e. En principio, entonces, el contrato podría contemplar n niveles de w diferentes, uno para cada estado, que denotaremos genéricamente por w_s.

Reescribiendo la utilidad esperada del principal y del delegado, obtenemos el siguiente lagrangeano:

$$\mathcal{L} = \sum_{s=1}^{n} p_s^A \left(x_s - w_s \right) + \lambda \left(\sum_{s=1}^{n} p_s^A u \left(w_s \right) - c \left(A \right) - \underline{u} \right) +$$
$$\gamma \left(\sum_{s=1}^{n} p_s^A u \left(w_s \right) - \sum_{s=1}^{n} p_s^B u \left(w_s \right) - c \left(A \right) + c \left(B \right) \right) \quad (20.15)$$

Obtenemos la siguiente CPO para cada s:

$$-p_s^A + \lambda p_s^A u' \left(w_s \right) - \gamma \left(p_s^B - p_s^A \right) u' \left(w_s \right) \;=\; 0 \qquad (20.16)$$

Note que a estas condiciones hay que agregar las condiciones de KKT para λ y γ.

Entonces, podemos escribir estas CPO como:

$$\lambda p_s^A - \gamma \left(p_s^B - p_s^A \right) = \frac{p_s^A}{u' \left(w_s \right)} \qquad (20.17)$$

Podemos sumar a través de s y obtener:

$$\lambda = \sum_{s=1}^{n} \frac{p_s^A}{u' \left(w_s \right)} \qquad (20.18)$$

lo que nos permite concluir que λ es positivo, de modo que la condición de participación es activa en el óptimo. Tal como en el caso anterior, si el delegado fuera neutral al riesgo λ sería $\frac{1}{u'}$. Es decir, si $u \left(w \right) = w$ entonces $\lambda = 1$.

Por otra parte, podemos despejar γ para obtener:

$$\gamma = \left(\lambda - \frac{1}{u' \left(w_s \right)} \right) \frac{p_s^A}{p_s^B - p_s^A} \quad \text{para todo } s \qquad (20.19)$$

Nuevamente, esto nos permite concluir que en el caso del delegado averso al riesgo, $\gamma > 0$, por lo que la restricción de compatibilidad de incentivos también es activa en el óptimo en este caso. Para encontrar cada w_s bastaría con resolver el sistema de ecuaciones que se forma al considerar las restricciones de participación y compatibilidad de incentivos con igualdad, en conjunto con las condiciones de primer orden.

Para analizar cuál es la relación entre los distintos pagos w_s es necesario conocer la relación entre las distintas fracciones $\frac{p_s^B}{p_s^A}$, que se denominan **razones de verosimilitud**. En efecto, cada w_s debe satisfacer la siguiente igualdad:

$$\frac{1}{u'(w_s)} = \lambda + \gamma\left(1 - \frac{p_s^B}{p_s^A}\right) \tag{20.20}$$

En el caso de dos estados, el supuesto de $p^B > p^A$ implicaba que $\frac{p^B}{p^A} > \frac{1-p^B}{1-p^A}$ lo que bastaba para saber que $w_1 > w_2$. Si ahora suponemos que $\frac{p_1^B}{p_1^A} > \frac{p_2^B}{p_2^A} > ... > \frac{p_n^B}{p_n^A}$, de modo que la razón de verosimilitud $\frac{p_s^B}{p_s^A}$ cae a medida que aumenta s, entonces podemos afirmar también que el pago w_s aumenta a medida que aumenta s. Esto es, en este caso también se asociaría un mayor salario con un resultado más alto. Este supuesto se conoce como el supuesto de **razón de verosimilitud monótona**. Si esta condición no se cumpliera, obtendríamos como resultado que el salario no necesariamente aumenta cuando mejora el resultado del principal. Esta no es una anomalía, sino que refleja que la razón por la cual los pagos se vinculan a los resultados en un contrato de incentivos es justamente para proveer incentivos, y no para repartir ganancias. Luego, los mayores pagos estarán asociados a los estados que son más indicativos de esfuerzo alto, y no necesariamente a los que tienen mejores resultados.

20.5. Esfuerzo y resultado continuos: el caso del delegado neutral al riesgo

Cuando incorporamos más de un nivel de esfuerzo se mantiene la misma estructura del problema descrito antes: para inducir un determinado nivel de esfuerzo e^*, la compatibilidad de incentivos requiere que dicho nivel sea preferido por sobre cualquier otro nivel posible por el delegado. En esta sección se presenta un caso simple para ilustrar cómo incorporar esta restricción en el caso en que tanto el resultado como el esfuerzo son variables continuas. Para ello supondremos que estas dos variables se relacionan de la siguiente forma:

$$x = e + v \tag{20.21}$$

donde v es un error aleatorio de media 0. Note que esto implica que la probabilidad de obtener un resultado $x \geq a$ condicional en el nivel de esfuerzo es más alta a medida que dicho nivel de esfuerzo aumenta.

476

Suponga que el principal debe diseñar un contrato lineal, de la forma:

$$w = \alpha + \beta x \tag{20.22}$$

Por tanto, si suponemos que $u(w) = w$, y dado que para el delegado el esfuerzo es una variable de decisión (no es desconocido), y que $E(v) = 0$, el problema del delegado será:

$$\max_{e} \alpha + \beta e - c(e) \tag{20.23}$$

La condición de primer orden de este problema de maximización indica que el nivel óptimo de esfuerzo satisface:

$$\beta = c'(e) \tag{20.24}$$

y la condición de segundo orden exige que $c''(e) \geq 0$. Luego, el esfuerzo óptimo es función de β, y mientras mayor es β, más alto es el esfuerzo realizado (ya que un β mayor se iguala a un costo marginal más alto con esfuerzo más alto dado que el costo marginal es creciente). Escribiremos el esfuerzo óptimo como $e^*(\beta)$.

La restricción de participación en este caso será:

$$\alpha + \beta e^*(\beta) - c(e^*(\beta)) \geq \underline{u} \tag{20.25}$$

mientras que la restricción de compatibilidad de incentivos asociada a un nivel de esfuerzo dado requiere simplemente que dicho nivel de esfuerzo sea $e^*(\beta)$. Esto es, el principal debe diseñar un contrato anticipando que el delegado escogerá su nivel óptimo de esfuerzo dado β. Note que el nivel de α no afecta el esfuerzo escogido por el delegado, sino sólo es relevante para el cumplimiento de la restricción de participación. En otras palabras, el cumplimiento de la restricción de compatibilidad de incentivos sólo tiene relación con la pendiente de la función de pagos, y no con su nivel.

Se sigue que el problema del principal se puede escribir como:

$$\max_{\alpha, \beta} E(e^*(\beta) + v - \alpha - \beta(e^*(\beta) + v)) \tag{20.26}$$

sujeto a:

$$\alpha + \beta e^*(\beta) - c(e^*(\beta)) \geq \underline{u}$$

Dado que $E(v) = 0$ y que el principal puede anticipar el nivel de esfuerzo del delegado para cada nivel de β, el lagrangeano es:

$$\mathcal{L} = e^*(\beta) - \alpha - \beta e^*(\beta) + \lambda(\alpha + \beta e^*(\beta) - c(e^*(\beta)) - \underline{u}) \tag{20.27}$$

La CPO para α indica directamente que $\lambda = 1$, de modo que la restricción de participación es activa (como era esperable). La condición de primer orden para β, por otra parte, es:

$$(1 - \beta) \frac{\partial e^*}{\partial \beta} - e^* (\beta) + \lambda \left(\beta \frac{\partial e^*}{\partial \beta} + e^* (\beta) - c' (e^*) \frac{\partial e^*}{\partial \beta} \right) = 0 \quad (20.28)$$

pero dado que $\lambda = 1$ y que $c' (e^*) = \beta$, esta condición se reduce a:

$$(1 - \beta) \frac{\partial e^*}{\partial \beta} = 0 \qquad (20.29)$$

o $\beta = 1$. Se concluye entonces que el contrato óptimo al principal es un contrato de la forma $w = \alpha + x$. Note que con este contrato todo el beneficio de un mayor resultado lo lleva el delegado; para que el principal tenga un beneficio positivo (o cero), debe ser cierto entonces que α es negativo (o cero). Este es el caso de una franquicia: el delegado paga por el derecho a vender el bien, pero se queda con todo el beneficio de las ventas[1].

Note que este contrato es óptimo porque el delegado es neutral al riesgo, de modo que no hay costo asociado a transferirle todo el riesgo del negocio a él. Si fuera averso al riesgo, existiría una tensión entre el objetivo de darle los incentivos correctos al delegado y reducirle la incertidumbre, lo que posiblemente llevaría a un contrato con $\beta < 1$ y α positivo (y con un menor nivel de esfuerzo).

20.6. Riesgo moral y seguros

En las secciones anteriores se analizó el problema del riesgo moral que se puede presentar en el cuando se diseña un contrato para delegar una tarea. En ese caso, decíamos que para inducir esfuerzo alto lo óptimo es transferir una parte del riesgo del principal al delegado, haciendo el pago al delegado contingente en el resultado del principal, cuando si éste está estocásticamente relacionado con el esfuerzo del delegado. En este contexto, ya no es óptimo que el delegado tenga certidumbre en sus pagos, aun cuando él sea averso al riesgo y el principal sea neutral. Es natural preguntarse si en presencia del problema de riesgo moral es óptimo que las compañías de seguro provean un seguro de cobertura completa a sus asegurados.

---

[1] Este tipo de contrato se analiza en más detalle en Lazear (1995).

El riesgo moral en el contexto de seguros puede presentarse en dos formas: es posible que el esfuerzo del asegurado afecte la probabilidad de ocurrencia del siniestro, o que afecte el monto del gasto a reembolsar por la compañía de seguros. Ejemplo del primer caso sería el de un automovilista que es menos cuidadoso al manejar al tener un seguro de accidentes, pues sabe que la compañía reparará gratuitamente el automóvil, aumentando la probabilidad de accidente. Ejemplo del segundo caso es el de un paciente que realiza exámenes más costosos o se atiende con médicos o en clínicas más caras en caso de enfermedad, porque el precio que él enfrenta por estas prestaciones de salud es cero, aumentando el monto que debe reembolsar la compañía de seguros (sin necesariamente aumentar la probabilidad de enfermarse). En esta sección revisaremos brevemente el primer caso, y veremos que el análisis es análogo al de diseño de contratos.

Suponga que la compañía de seguros debe escoger la prima del seguro, p, y el monto de la indemnización en caso de siniestro, z. Sea π^A la probabilidad de ocurrencia del siniestro cuando el asegurado realiza esfuerzo alto, y π^B cuando él realiza esfuerzo bajo (de modo que $\pi^A < \pi^B$), L el monto de la pérdida en caso de siniestro es L y w_0 la riqueza inicial del asegurado (antes de pagar la prima y de ocurrir el posible siniestro). Si la utilidad del delegado en el estado s es de la forma $u(w_s) - c(e)$, donde w_s es el valor de la riqueza en ese estado, la restricción de participación será de la forma:

$$\text{máx}_{e \in \{A,B\}} \{\pi^e u(w_0 - p - L + z)$$
$$+ (1 - \pi^e) u(w_0 - p) - c(e)\} \geq \underline{u} \quad (20.30)$$

La restricción de compatibilidad de incentivos para inducir esfuerzo alto, por otra parte, será de la forma:

$$\pi^A u(w_0 - p - L + z) + \left(1 - \pi^A\right) u(w_0 - p) - c(A)$$
$$\geq \pi^B u(w_0 - p - L + z) + \left(1 - \pi^B\right) u(w_0 - p) - c(B) \quad (20.31)$$

Es claro que si se quiere inducir esfuerzo alto y el esfuerzo es costoso, es necesario que el automovilista quede con parte del riesgo (no darle cobertura completa), lo que es análogo a pagar un sueldo variable a un trabajador. En efecto, la restricción de compatibilidad de incentivos se puede reescribir como:

$$\left(\pi^B - \pi^A\right)\left(u(w_0 - p) - u(w_0 - p - L + z)\right) \geq c(A) - c(B) \quad (20.32)$$

y dado que $\left(\pi^B - \pi^A\right) > 0$ y que $c(A) - c(B) > 0$, se desprende que $u(w_0 - p)$ debe ser mayor que $u(w_0 - p - L + z)$, o en otras palabras, que $L > z$. El análisis gráfico en este caso sería similar al realizado para el caso del diseño de contrato de trabajo de las secciones anteriores (donde w_1 correspondería a $(w_0 - p - L + z)$ y w_2 correspondería a $(w_0 - p)$).

Ejercicios

1. (*) Considere el problema de un emprendedor que tiene un nuevo producto para vender, pero no tiene tiempo para hacer él las ventas. Él sabe que si este producto se da a conocer y se promociona bien, existe una alta probabilidad de lograr ventas altas ($x_1 = 10.000$) y una probabilidad muy baja de lograr ventas bajas ($x_2 = 100$). Sin embargo, si ese esfuerzo de promoción no se hace, la probabilidad de ventas altas decae mucho. Así, las probabilidades de obtener x_1 y x_2 condicional en esfuerzo alto ($e = A$) y bajo ($e = B$), respectivamente, son las que se muestran en el siguiente cuadro:

	$e = A$	$e = B$
$Pr\,(x_1|e)$	0.8	0.4
$Pr\,(x_2|e)$	0.2	0.6

Este emprendedor puede contratar como vendedor a uno de dos candidatos posibles (al candidato 1 o al candidato 2). Las funciones Bernoulli de los candidatos 1 y 2 respectivamente son de la forma:

$$u_1 = \begin{cases} \sqrt{w} - 10 & \text{si } e = A \\ \sqrt{w} & \text{si } e = B \end{cases} \quad ; \quad u_2 = \begin{cases} w - 300 & \text{si } e = A \\ w & \text{si } e = B \end{cases}$$

y sus niveles de utilidad de reserva son $\underline{u}_1 = 10$ y $\underline{u}_2 = 100$.

a) El caso del esfuerzo verificable. Suponga que el esfuerzo es observable y verificable.

   Muestre que el emprendedor está indiferente entre contratar a cualquiera de los dos candidatos.

b) El caso del esfuerzo no observable. Suponga que el esfuerzo ya no es verificable, y que el emprendedor puede diseñar un contrato con pagos contingentes en x, donde los pagos si las ventas son altas (w_1) y bajas (w_2) pueden tomar cualquier valor.

   1) Encuentre el contrato óptimo a ofrecer al trabajador 1, fundamentando claramente cada uno de sus pasos.

   2) Encuentre un contrato óptimo a ofrecer al trabajador 2, fundamentando claramente cada uno de sus pasos.

   3) ¿A qué trabajador prefiere contratar el emprendedor? Explique la intuición económica de su respuesta.

c) El caso de la responsabilidad limitada. Suponga que el esfuerzo sigue siendo no verificable, pero ahora hay una restricción legal que exige al emprendedor pagar un salario no negativo.

481

¿A qué trabajador prefiere contratar el emprendedor? Explique la intuición económica de su respuesta.

2. (**) Un inversionista contrata a un administrador para que ejecute un proyecto. El proyecto retorna R si es exitoso, y 0 en caso contrario. La probabilidad de éxito del proyecto es igual al nivel de esfuerzo $e \in [0,1]$ que despliegue el administrador. El esfuerzo solamente es observable por el administrador, y para él tiene un costo de $c(e) = \frac{1}{2}ce^2$. Tanto el administrador como el inversionista son neutrales al riesgo. Un contrato tiene la forma (w_R, w_0), donde w_R es el pago en caso de éxito, y w_0 en caso de fracaso; ambos pagos deben ser no negativos.

   a) Encuentre el contrato óptimo en función de R y de c. Explique.

   b) Calcule el nivel de esfuerzo eficiente cuando el esfuerzo es observable, y compare con el encontrado en a). Discuta.

3. (**)Hay dos niveles de producto posibles, por un valor de 50.000 y de 25.000, respectivamente. El delegado puede escoger entre tres niveles de esfuerzo. La distribución de probabilidad sobre resultados está dada por:

	25.000	50.000	$c(e)$
e_1	$\frac{1}{4}$	$\frac{3}{4}$	40
e_2	$\frac{1}{2}$	$\frac{1}{2}$	20
e_3	$\frac{3}{4}$	$\frac{1}{4}$	5

donde la última columna indica el costo del esfuerzo para el delegado $c(e)$. Las funciones Bernoulli están dadas por $u_P = x - w$ y $u_D = \sqrt{w} - c(e)$. El delegado tiene una utilidad de reserva de 120.

   a) Encuentre el contrato óptimo para cada nivel de esfuerzo del delegado en el caso de información simétrica.

   b) Encuentre el contrato óptimo en la situación de riesgo moral. ¿Qué nivel de esfuerzo escoge el principal?

   c) Comente sus resultados en lo relativo al riesgo moral y a los incentivos.

4. (*)Un profesor debe escoger los requisitos para que sus alumnos aprueben su curso. Los alumnos pueden escoger dos niveles de esfuerzo (horas de estudio): 10 y 20. El profesor quiere que los alumnos aprendan lo más posible, por lo que quiere incentivarlos a hacer esfuerzo alto. Sin embargo, el profesor sólo puede observar el puntaje de los alumnos en las pruebas (resultado que denotaremos con r, y supondremos que puede tomar un valor $\bar{r}$ o $\underline{r}$), que está imperfectamente correlacionado con el esfuerzo (y aprendizaje, que suponemos es sinónimo de esfuerzo, para simplificar).

Así, la probabilidad con que obtienen resultado $\bar{r}$ condicional en esfuerzo bajo y alto es $\Pr\left(|\bar{r}\,10\right) = 0{,}2$ y $\Pr\left(|\bar{r}\,20\right) = 0{,}8$ respectivamente. Suponga que la utilidad (función Bernoulli) de cada alumno es:

$$u_A\left(e, n\right) = \sqrt{2n} - \frac{e}{10}$$

donde $n \in [1, 7]$ es la nota y e es el esfuerzo realizado por el alumno. El alumno tiene una utilidad de reserva $u_R = 1$ (si decide botar el ramo obtiene dicho nivel de utilidad).

a) Suponga que el profesor escoge la nota en caso de resultado bajo (nota que denotaremos $\underline{n}$), y en caso de resultado alto (nota que denotaremos $\bar{n}$) de modo que la restricción de participación y compatibilidad de incentivos se cumplan sin holgura. ¿Qué notas debería escoger?

b) Dado que poner una mayor nota no es costoso para el profesor, él podría escoger cualquier combinación de $\underline{n}$ y $\bar{n}$ que cumpla con las restricciones de participación y compatibilidad de incentivos (con o sin holgura). ¿Cuál de estas combinaciones maximizaría la utilidad esperada de los alumnos? Fundamente claramente.

COMENTARIOS BIBLIOGRÁFICOS

Edward Lazear (1995) presenta otros temas relacionados al análisis de la gestión de recursos humanos y economía laboral. En particular, él no sólo analiza en detalle el diseño de contratos con pagos fijos y variables en un modelo estático, sino que analiza además los incentivos a lo largo de la carrera laboral. Al considerar un modelo dinámico, surgen otros mecanismos para proveer incentivos en el juego repetido, como es la posibilidad de alzas salariales contingentes en resultados anteriores, o la posibilidad de perder el empleo si los resultados no reflejan un nivel de esfuerzo alto. Se analiza además el rol de las compensaciones en un contexto de trabajo en equipo, así como el rol de la evaluación de desempeño y otros temas relacionados. Inés Macho-Stadler y David Pérez-Castrillo (2001) presentan un análisis con mayor nivel de detalle y complejidad de la economía de la información y contratos.

Capítulo 21

Selección adversa y equilibrio bayesiano perfecto

21.1. Introducción

Este capítulo extiende las herramientas de análisis de situaciones sociales desarrolladas en los capítulos 17 y 18, para considerar explícitamente el efecto que tiene sobre el resultado del juego la ignorancia de los jugadores respecto de características importantes de sus oponentes. Ejemplos de tales situaciones son:

- El subastador que desconoce la disposición a pagar de los oferentes.

- El comprador de un automóvil que ignora su calidad.

- El inversionista que desconoce la capacidad técnica del administrador del fondo mutuo.

- El empleador que ignora la productividad de los candidatos a un puesto.

En algunas de estas situaciones, la duda sobre las preferencias de los oponentes son importantes sólo en tanto dificultan la predicción de su comportamiento. Esto ocurre en una subasta, en que una vez que el subastador vende un objeto las características del comprador le son indiferentes. En ese caso la utilidad del desinformado depende del precio al cual logra vender el objeto –lo que depende indirectamente de las características de los potenciales compradores–, pero no depende directamente de las características del comprador final. En cambio, en otras situaciones la utilidad del desinformado depende directamente de esas características de su oponente. Por ejemplo, la calidad del bien comprado afecta el bienestar del comprador más allá del precio que pudiera cerrar la negociación.

El enfoque que se emplea aquí se enmarca en el paradigma bayesiano, según el cual toda incertidumbre, toda duda en la mente de los jugadores se plasma en una lista de estados de la naturaleza (tal como veíamos en el capítulo 8), sobre la que los jugadores tienen creencias probabilísticas que se actualizan en el transcurso del juego a medida que reciben información, y en conformidad con las estrategias de equilibrio. Así, pensamos en una lista de "tipos" para cada jugador. En analogía con el concepto de estado de la naturaleza, un "tipo" es una descripción completa de cómo es el jugador sobre el que se tienen dudas. Por ejemplo, si en la batalla de los sexos él no está seguro de si ella prefiere el boxeo o la ópera, decimos que él considera posible que ella sea de cualquiera de dos tipos: el primero, que prefiere la ópera, y el segundo, que prefiere el boxeo. La lista de tipos entonces contiene todas las maneras en que el jugador ignorante imagina puede ser su oponente.

La heterogeneidad de dudas, por su parte, se modela como heterogeneidad en la información que los jugadores tienen al momento de decidir. En el ejemplo del párrafo anterior, él no está seguro sobre las preferencias de su oponente, pero ella sí se conoce a sí misma. La modelación contempla una movida inicial de la Naturaleza (el jugador 0), que es observada por el informado (ella) y no es observada por el desinformado (él).

Respecto de las creencias o probabilidades, imaginamos una creencia "inicial", anterior al comienzo del juego, que es actualizada de acuerdo con la regla de Bayes conforme el juego se desarrolla y los jugadores van observando las decisiones, tanto de la Naturaleza como del resto de los jugadores.

Así, un **juego bayesiano** es un juego en forma extensiva que parte con una movida en que la Naturaleza escoge tipos para cada jugador, y en que la ignorancia se explica porque el jugador ignorante no "observó" la elección de la Naturaleza. A la movida de la Naturaleza puede seguirle un juego estático (como por ejemplo, la batalla de los sexos, o una subasta a sobre cerrado), o un juego dinámico o secuencial. En este capítulo se examinan dos casos de juego secuencial de dos jugadores: en uno –que llamaremos **juego de señalización**– el informado mueve primero; en el otro –que llamaremos **juego de autoselección**– el desinformado mueve primero.

21.2. Señalización

Cuando el informado mueve primero, se abre la posibilidad de que sus decisiones reflejen, ya sea en parte o completamente, la información que

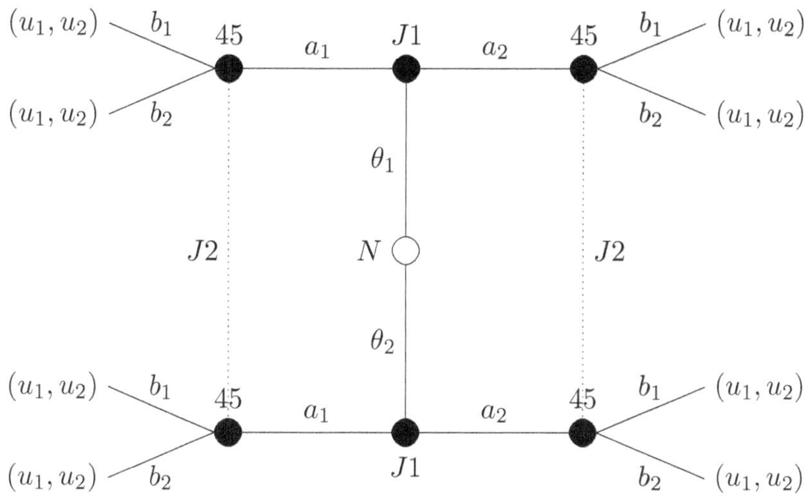

Figura 21.1 Juego de señalización

posee. Sus decisiones, en este sentido, pueden "señalizar" o reflejar su tipo.

Formalmente, el juego se describe por los jugadores, sus pagos y el árbol que define cuándo deben jugar, qué saben al momento de decidir, y qué pueden hacer. En un juego de señalización, la Naturaleza mueve primero, escogiendo un tipo ($\theta \in \Theta$) para el jugador informado ($J1$). Éste mueve a continuación, escogiendo una acción ($a \in A$). Finalmente mueve el desinformado ($J2$) habiendo visto la elección del informado, pero no la de la Naturaleza. Así, el desinformado se encuentra en uno de los conjuntos de información posibles, el que corresponde a haber visto que $J1$ escogió una acción a. En cualquier caso, no vio cuál θ escogió la Naturaleza. En cada conjunto de información, entonces, escoge una acción ($b \in B$).

La forma extensiva asociada se ilustra en la figura 21.1 para el caso de un juego en que hay dos tipos posibles para el jugador informado, y en que cada jugador tiene dos acciones a su disposición. Recuerde que una estrategia para un jugador es una especificación de qué hacer en cada situación en que le pudiera tocar jugar. En este caso, la estrategia del informado especifica qué hacer (si a_1 ó a_2) cuando la Naturaleza escogió θ_1, y qué hacer cuando escogió θ_2. De este modo, manteniendo ese orden el jugador 1 tiene cuatro estrategias a su disposición: a_1a_1, a_1a_2, a_2a_1 y a_2a_2. Por su parte, la estrategia del desinformado especifica qué hacer (si b_1 ó b_2) cuando el informado escogió a_1, y qué hacer cuando escogió

a_2. Note que en el primer caso, el conjunto de información contiene el nodo que corresponde a la historia en que la Naturaleza escogió θ_1 y el informado a_1, y también el nodo en que estas decisiones fueron θ_2 y a_1. Algo similar ocurre con el segundo caso. En consecuencia, el desinformado también tiene cuatro estrategias a su disposición: $b_1 b_1$, $b_1 b_2$, $b_2 b_1$ y $b_2 b_2$, donde en cada par la primera entrada se refiere a su respuesta frente a a_1, y la segunda frente a a_2.

Alternativamente, las estrategias se pueden describir en términos de probabilidades. Así, la estrategia del jugador informado especifica con qué probabilidad escogerá a_1 cuando vea θ_1, y con qué probabilidad lo hará cuando vea θ_2: $(\Pr(a_1 | \theta_1), \Pr(a_1 | \theta_2))$, en que se entiende que las probilidades de a_2 son las complementarias. Por ejemplo, la estrategia $a_1 a_2$ se escribiría $(1, 0)$.

Nos interesa analizar un equilibrio en que los jugadores escogerían siempre una acción que maximice su utilidad esperada. Ahora bien, la probabilidad de cada consecuencia está evaluada al momento de la elección, tomando en cuenta toda la información que se tenga hasta ese momento. En particular, la decisión de la Naturaleza afecta los pagos del jugador desinformado, pero éste no sabe cuál fue. Tiene, entonces, creencias probabilísticas al respecto. Usando la **regla de Bayes**, sin embargo, vemos que la creencia del desinformado está conectada con las estrategias que el informado y la Naturaleza ocupan:

$$\Pr(\theta_1 | a_1) = \frac{\Pr(a_1 | \theta_1) \Pr(\theta_1)}{\Pr(a_1 | \theta_1) \Pr(\theta_1) + \Pr(a_1 | \theta_2) \Pr(\theta_2)} \quad (21.1)$$

$$\Pr(\theta_1 | a_2) = \frac{\Pr(a_2 | \theta_1) \Pr(\theta_1)}{\Pr(a_2 | \theta_1) \Pr(\theta_1) + \Pr(a_2 | \theta_2) \Pr(\theta_2)} \quad (21.2)$$

Esta ecuación relaciona la creencia a posteriori (la probabilidad condicional) con la creencia a priori (la probabilidad incondicional) sobre el tipo. La creencia a posteriori es la creencia a priori actualizada con la información que se recibió sobre la decisión del informado.

Por ejemplo, si la Naturaleza escoge a ambos tipos con igual probabilidad, y si el informado ocupa la estrategia $a_1 a_2$ (es decir, $\Pr(a_1 | \theta_1) = 1$ y $\Pr(a_1 | \theta_2) = 0$), la deducción del desinformado si ve que se escogió a_1 será:

$$\Pr(\theta_1 | a_1) = \frac{1 * \frac{1}{2}}{1 * \frac{1}{2} + 0 * \frac{1}{2}} = 1$$

En efecto, el observar la acción a_1 revela que el informado es de tipo θ_1 porque su estrategia especifica que sólo en ese caso escogerá a_1.

En un caso como éste, decimos que la estrategia es **separadora**: cuando la decisión es distinta para cada tipo, el observar la decisión revela el tipo. Son estrategias separadoras $a_1 a_2$ y $a_2 a_1$; no importa qué es lo que se decida en cada caso, desde el punto de vista informacional lo que importa es que se escojan cosas distintas.

En el otro extremo, si el informado toma la misma decisión cuando es de un tipo o de otro, su comportamiento no permite inferir nada acerca de su tipo. Así, por ejemplo, si el informado escoge la estrategia $a_1 a_1$ (es decir, $\Pr\left(a_1 \mid \theta_1\right) = 1$ y $\Pr\left(a_1 \mid \theta_2\right) = 1$), entonces el desinformado concluye al ver a_1:

$$\Pr\left(\theta_1 \mid a_1\right) \;=\; \frac{1 * \frac{1}{2}}{1 * \frac{1}{2} + 1 * \frac{1}{2}} = \frac{1}{2}$$

que es lo mismo que pensaba antes de observar la decisión: $\Pr\left(\theta_1 \mid a_1\right) = \Pr\left(\theta_1\right)$. En este caso decimos que la estrategia es **agrupadora**.

Los casos anteriores son los extremos desde la perspectiva informacional: la acción revela todo, o no revela nada. En situaciones más generales, por ejemplo si existen más de dos tipos, y algunos tipos escogen una acción y otros otra, la estrategia es parcialmente separadora (o parcialmente reveladora). Otra situación intermedia ocurre cuando el informado ocupa estrategias mixtas. Por ejemplo, de la ecuación 21.1 se desprende que observar a_1 es evidencia en favor de θ_1 si el tipo θ_1 es más propenso que el tipo θ_2 a escoger a_1:

$$\Pr\left(\theta_1 \mid a_1\right) > \Pr\left(\theta_1\right) \iff \Pr\left(a_1 \mid \theta_1\right) > \Pr\left(a_1 \mid \theta_2\right)$$

Por otra parte, la ecuación 21.1 define la creencia actualizada solamente cuando la información en que se condiciona se consideraba posible *ex-ante*. Por ejemplo, si la estrategia que ocupa el informado es $a_1 a_1$, entonces el desinformado considera imposible que su oponente escoja la acción a_2. En este caso, $\Pr\left(a_2\right) = \Pr\left(a_2 \mid \theta_1\right)\Pr\left(\theta_1\right) + \Pr\left(a_2 \mid \theta_2\right)\Pr\left(\theta_2\right) = 0$ y la ecuación 21.2 se indetermina. Lo que ocurre es que la regla de Bayes no restringe la creencia a posteriori cuando los eventos observados son imposibles. Sin embargo, la manera en que el jugador interprete lo observado determinará su comportamiento. En efecto, la racionalidad de la decisión solamente se puede juzgar en referencia a una interpretación de lo sucedido. Estas ideas son recogidas en el concepto de equilibrio bayesiano perfecto:

Definición 36. *Un **equilibrio bayesiano perfecto** es un perfil de estrategias y un sistema de creencias, tales que:*
•Cada acción especificada en cada estrategia maximiza la utilidad esperada del jugador que decide, condicional en la historia observada y en la estrategia que ocupa el resto, y donde
•La probabilidad condicional coincide con la actualización bayesiana de la creencia a priori según 21.1 y 21.2, toda vez que esté definida.

En otras palabras, un perfil de estrategias forma parte de un equilibrio bayesiano perfecto si y sólo si ningún jugador quiere cambiar unilateralmente su estrategia, y cada parte de cada estrategia es una mejor respuesta en su respectivo conjunto de información. El sistema de creencias de equilibrio, por otra parte, asigna una probabilidad a cada nodo dentro de cada conjunto de información usando la actualización bayesiana de la creencia a priori si es posible.

De esta manera, en un equilibrio bayesiano perfecto no sólo las partes de cada estrategia que pertenecen a la trayectoria de equilibrio deben ser óptimas, sino también las que no pertenecen a ella. Por ejemplo, en un equilibrio en que la estrategia del jugador 1 es $a_1 a_1$, la parte de la estrategia del jugador 2 que indica qué hará si observa a_1 debe ser la que maximiza su utilidad esperada, y también la parte que indica la acción que escogería si observara a_2 (aunque nunca se observe a_2 en la trayectoria de equilibrio). La estrategia del jugador 1, por otra parte, debe contener la acción que sería su mejor respuesta a la estrategia del jugador 2 si fuera del tipo θ_1, y la acción que sería mejor respuesta a la estrategia del jugador 2 si fuera del tipo θ_2.

Consideremos el siguiente ejemplo:

Ejemplo 20 (vino-leche). Un forastero entra en un bar. En la barra un lugareño lo observa. El lugareño es especial: le gusta provocar peleas, pero solamente cuando cree que tiene las de ganar. En su mente hay dos posibilidades: el forastero es un tipo rudo, contra el cual perdería, o bien es un tipo débil, al que le ganaría. Desgraciadamente no es posible saber de qué tipo es solamente mirándolo. Pero el forastero sabe que los rudos y los débiles no sólo se diferencian en sus habilidades en la pelea, sino también en sus gustos por bebidas: mientras los débiles prefieren la leche, los rudos prefieren el vino. En suma, los pagos son así: el forastero

490

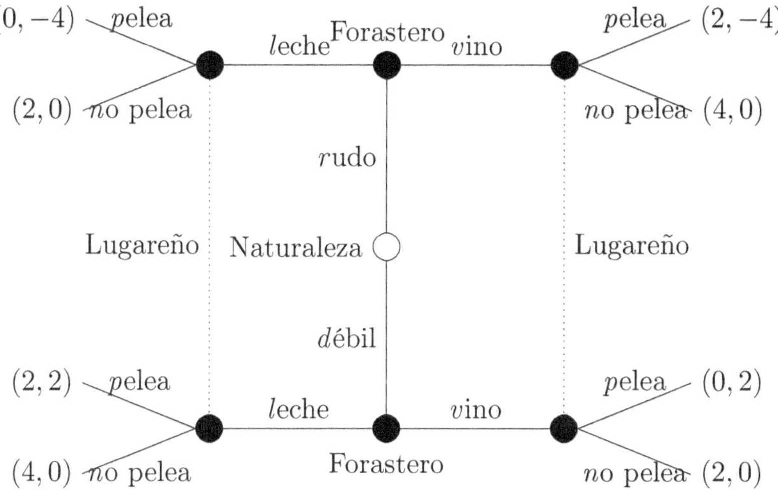

Figura 21.2   Vino o leche

obtiene 4 utiles si pide su bebida favorita y sólo 2 si pide la otra, y pierde 2 utiles si se ve envuelto en una pelea. El lugareño, en cambio, si empieza una pelea y gana obtiene 2 utiles, mientras que si la pierde obtiene -4 utiles. La forma extensiva del juego se ilustra en la figura 21.2, en que la Naturaleza es el jugador 0 (N), el forastero el jugador 1 ($J1$) y el lugareño el jugador 2 ($J2$). Entre paréntesis se muestran los pagos de los jugadores 1 y 2, respectivamente: (u_1, u_2). La incertidumbre del lugareño se muestra en las líneas punteadas que unen los nodos laterales, en que el lugareño observa lo que el forastero pide, pero no sabe qué escogió la Naturaleza. En el nodo de la izquierda ve que pidió leche, en el de la derecha que pidió vino, y en ambos casos considera posible que la Naturaleza haya escogido un rudo (nodos superiores) o un débil (nodos inferiores).

$\square$

Este juego tiene una estructura muy particular, que de hecho es característica de todo juego bayesiano: la estrategia del forastero incluye una decisión para el tipo rudo y una decisión para el tipo débil. En el juego hay un solo forastero, y naturalmente éste es de un solo tipo, y por consiguiente un solo jugador es quien debe tomar una decisión. Sin embargo, acá debemos especificar el comportamiento de las dos encarnaciones posibles (en la mente del ignorante) de forastero, la ruda y la débil, porque el comportamiento del lugareño se justificará en última instancia en lo que piense que el forastero hará, lo que es en principio contingente en su tipo. En este sentido, un juego bayesiano es un juego real expandido para acomodar partes imaginarias: todas las posibilidades que los jugadores, debido a su ignorancia, contemplan en su mente.

En concreto, el (rol de) forastero tiene cuatro estrategias posibles: que tanto el rudo como el débil pidan vino (vv), que el rudo pida vino y el débil leche (vl), que el rudo pida leche y el débil vino (lv), y que ambos pidan leche (ll). Por su parte, el lugareño tiene también cuatro estrategias posibles: pelear si el forastero pide leche y no pelear si pide vino (pn), hacerlo al revés (np), no pelear en ningún caso (nn), o pelear en ambos casos (pp). Suponga que la Naturaleza escoge al tipo rudo con 40 % de probabilidad.

Primero exploraremos la posibilidad de que exista un equilibrio en que cada tipo de forastero pide su bebida favorita: vl. Tratándose de una estrategia separadora, el lugareño deduce que quien pide vino es fuerte, y quien pide leche es débil, por lo que en el primer caso se abstiene de empezar una pelea (pelear con un rudo le reporta -4 utiles mientras no pelear 0), y en el segundo se anima a hacerlo (pelear con un débil le reporta 2 utiles, y no pelear 0). Esto significa que la mejor respuesta del lugareño frente a la estrategia vl es la estrategia pn. Comprobamos que vl sea una mejor respuesta frente a pn. En efecto, el débil está indiferente entre pedir leche y ganarse una pelea o pedir vino y ahorrarse la pelea, porque el costo de la pelea compensa exactamente el valor de disfrutar de su bebida favorita. Por su parte, el fuerte evidentemente prefiere pedir vino, porque no sólo esa es su bebida favorita, sino que además se ahorra la pelea.

Ahora bien, también existe un equilibrio agrupador en que ambos piden vino. Decíamos que el débil está indiferente entre pedir vino y leche cuando el lugareño emplea la estrategia pn, y por lo mismo bien podría pedir vino, camuflándose detrás del fuerte con el objeto de evitar la pelea. Tratándose de un equilibrio agrupador, cuando el lugareño observa que el forastero pide vino, no aprende nada y evalúa sus posibilidades de ganar con las probabilidades a priori. Un 60 % de probabilidad de éxito no es suficiente, y se abstiene de pelear. En cambio, si observara que el forastero pide leche (cosa que no ocurre en equilibrio), la regla de Bayes no definiría su creencia. Especificamos entonces de manera exógena una probabilidad q de fuerte condicional en leche, que refleja la interpretación del lugareño en este escenario contrafactual. En este caso, el lugareño decide pelear si la utilidad esperada es mayor que la de no pelear: $q\left(-4\right) + (1-q)2 > 0$, es decir, si $q < \frac{1}{3}$. En efecto, para que el lugareño se anime a pelear debe pensar que es poco probable que quien pidió leche sea fuerte.

En general, la manera como procedemos para encontrar un equilibrio bayesiano perfecto en un modelo de señalización es la siguiente:

- Conjeturamos que una estrategia particular del jugador informado es la que ocupa en un equilibrio. En el caso con dos tipos y dos acciones para cada jugador, una estrategia del jugador 1 sería un par $(\Pr(a_1 \,|\, \theta_1), \Pr(a_1 \,|\, \theta_2))$.

- Describimos las creencias que son consistentes con dicha estrategia del jugador 1, usando regla de Bayes si es posible. En el caso de dos tipos y dos acciones, estas creencias serían $(\Pr(\theta_1 \,|\, a_1), \Pr(\theta_1 \,|\, a_2))$.

- Usando las creencias antes descritas, obtenemos la estrategia óptima del jugador 2. En el caso de dos tipos y dos acciones, esta estrategia especifica qué haría si observara a_1, y que haría si observara a_2. Esta estrategia óptima puede quedar en función de $q \in [0,1]$, una creencia fuera del equilibrio.

- Verificamos si la estrategia del jugador informado que se conjeturó inicialmente es óptima, dada la estrategia del jugador 2 recién obtenida. En caso afirmativo, decimos que el perfil de estrategias de ambos jugadores, junto con las creencias descritas, forman un equilibrio bayesiano perfecto. Será un equilibrio agrupador si la estrategia de equilibrio del jugador informado ($J1$) es agrupadora, y separador si su estrategia es separadora.

Ejercicio 28. Usando el procedimiento descrito, demuestre que también existe un equilibrio agrupador en que ambos tipos de forastero piden leche, describiendo completamente este equilibrio. Demuestre además que no existe otro equilibrio separador. $\qquad\square$

La forma normal de este juego se muestra en la tabla. Cada celda indica la utilidad esperada del forastero y del lugareño, respectivamente, en donde las probabilidades son las inducidas por cada perfil de estrategias. Por ejemplo, consideremos el perfil (vl, pn). La Naturaleza escoge al tipo rudo con $40\,\%$ de probabilidad; el rudo escoge vino con probabilidad 1, y el lugareño escoge pelear con probabilidad 0 en respuesta al vino. De esta manera, con $40\,\%$ de probabilidad los pagos obtenidos son $(4,0)$. Un análisis similar permite concluir que con $60\,\%$ de probabilidad los pagos son $(2,2)$, de forma que el valor esperado de los pagos es de $(2{,}8,\,1{,}2)$, que se indica en el cuadro.

Juego 6: Vino-leche, forma normal

	pp	pn	np	nn
vv	0.8;-0.4	2.8;0	0.8;-0.4	2.8;0
vl	2;-0.4	2.8;1.2	3.2;-1.6	4;0
lv	0;-0.4	1.2;-1.6	0.8;1.2	2;0
ll	1.2;-0.4	1.2;-0.4	3.2;0	3.2;0

Observe que este juego tiene tres equilibrios de Nash en estrategias puras: (vv, pn), (vl, pn) y (ll, np). Note que hay también un equilibrio bayesiano perfecto asociado a cada uno de estos perfiles de estrategias que forman un equilibrio de Nash: los dos equilibrios agrupadores (con perfiles de estrategias (vv, pn) y (ll, np) respectivamente, junto a los sistemas de creencias asociados), y el equilibrio separador (con perfil de estrategias (vl, pn)). En general, todo perfil de estrategias que forma parte de un equilibrio bayesiano perfecto del juego forma también un equilibrio de Nash del juego. Pero la afirmación conversa no es válida: como veremos en la siguiente aplicación, no todo perfil de estrategias que constituye un equilibrio de Nash puede formar parte de un equilibrio bayesiano perfecto.

21.2.a. Aplicación: el problema de la calidad y garantías

Akerlof (1970) señala que la práctica de entregar garantías surge con el objetivo de resolver el problema de la incertidumbre acerca de la calidad del producto. Considere el caso de un consumidor que puede comprar (c) o no comprar (n) un bien durable a un productor, el que puede ser de tipo alto (θ_1) o bajo (θ_2). Un productor de tipo θ_1 vende un producto que falla con una probabilidad de 5 %, mientras que uno de tipo θ_2 vende uno que falla con probabilidad de 60 %. A priori el consumidor cree que enfrenta a un productor de tipo θ_1 con una probabilidad de 50 %.

El consumidor valora el bien en \$120 si funciona bien (es decir, si no falla, o si fallando es reparado), y en \$50 si falla y no es reparado. El precio de venta es de \$100, y el costo de producción es de \$80 para ambos tipos de productor. El productor puede escoger ofrecer el bien con (g) o sin garantía (s). Si ofrece la garantía y el producto falla, entonces debe repararlo a un costo de \$60. La forma extensiva del juego se muestra en la figura 21.3.

En primer lugar, analizaremos la posibilidad de que exista un equilibrio

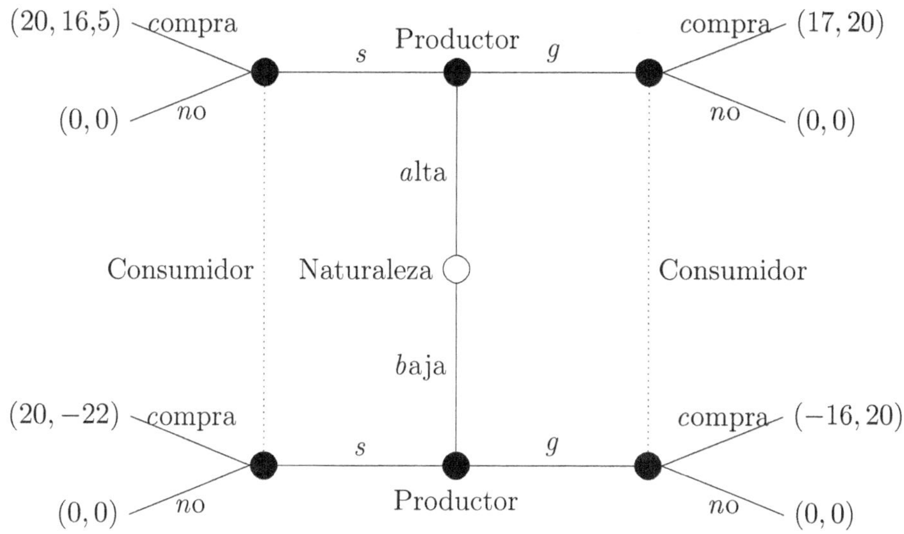

Figura 21.3 Garantía como señal de calidad

bayesiano perfecto separador en que la garantía es señal de calidad (es decir, en que el productor de tipo alto ofrece garantía y el de tipo bajo no: gs). En un equilibrio de este tipo, el consumidor deduce que el productor es de tipo alto si observa que vende con garantía, y que no lo es si vende sin garantía. Entonces, la mejor respuesta del consumidor es nc: sólo comprar a un productor que ofrece garantía. A su vez, se verifica que la mejor respuesta del productor es vender con garantía si es de tipo alto (si no ofreciera garantía no le comprarían, y en cambio puede vender con garantía obteniendo 17) y vender sin garantía si es de tipo bajo (ya que vender con garantía le reportaría una pérdida de 16). Luego, el perfil de estrategias (gs, nc) forma un equilibrio bayesiano perfecto.

Ahora bien, en este ejemplo además existe un equilibrio de Nash en que ningún tipo de productor ofrece garantía y el consumidor no compra, independientemente de que se haya ofrecido o no garantía. Ocurre, sin embargo, que este perfil de estrategias no puede formar parte de un equilibrio bayesiano perfecto. En efecto, si el consumidor se enfrentara a un productor que vende con garantía prefiere comprar, sin importar sus creencias fuera del equilibrio. Esto es, independientemente de la probabilidad que el consumidor asigne a que el productor sea de tipo alto, siempre prefiere comprar a no comprar: comprar a un productor que ofrece garantía es estrategia dominante.

21.3. Señalización competitiva

En muchas aplicaciones queremos modelar la interacción en un juego de señalización entre dos jugadores, pero en un ambiente competitivo. Considere el caso en que el jugador desinformado (jugador 2) compite con otros jugadores similares; en este caso, la competencia entre ellos podría modelarse agregando más jugadores al modelo. Note, sin embargo, que si un jugador 2 hace una oferta al jugador 1 que le permitiría obtener una ganancia positiva, un competidor podría hacerle una oferta más atractiva y esa ganancia del jugador 2 no se materializaría. Luego, en equilibrio la ganancia del jugador 2 que se obtiene producto de transar con el jugador 1 no puede ser positiva.

Lo que resulta más simple, entonces, es no modelar la competencia explícitamente, sino imponer como condición que el jugador desinformado esté indiferente entre transar o no con el jugador informado. En muchos casos esta condición se traduce directamente en una condición de ganancia nula del jugador desinformado. Esta es la manera como abordaremos el modelo de señalización en el mercado laboral de Spence a continuación, en que un trabajador ($J1$) es contratado por una empresa competitiva ($J2$) que desconoce su productividad.

21.3.a. Aplicación: señalización en el mercado laboral

Considere una versión simplificada del modelo de Spence (1973). Suponga que la productividad de un trabajador puede ser alta (caso en que decimos que el trabajador es del tipo θ_1) o baja (tipo θ_2), la que es conocida por el trabajador pero no por el posible empleador. La creencia a priori del empleador es $\Pr(\theta_1) = p$, y es actualizada de acuerdo a la regla de Bayes luego de observar el nivel de educación e escogido por el trabajador, obteniéndose una creencia a posteriori $\Pr(\theta_1 \,|\, e)$.

Suponga que el resultado de la empresa x (nivel de producción o ingreso por ventas, por ejemplo) depende de la habilidad y del nivel de educación del trabajador, de modo que para cualquier e fijo es cierto que $x(e, \theta_1) > x(e, \theta_2)$. La competencia entre empleadores exige que la ganancia esperada de la empresa sea nula. Es decir, exige que el pago de la empresa a un trabajador con educación e sea igual al valor esperado del resultado:

$$w(e) = \Pr(\theta_1 \,|\, e)\, x(e, \theta_1) + \Pr(\theta_2 \,|\, e)\, x(e, \theta_2) \qquad (21.3)$$

	$x(e,\theta_1)$	$x(e,\theta_2)$	$c(e,\theta_1)$	$c(e,\theta_2)$
e_1	150	100	20	20
e_2	150	100	40	80

Cuadro 21.1 Señalización en mercado laboral

Es necesario entonces establecer cuáles son las creencias asociadas a cada nivel de educación e (aunque este nivel nunca sea escogido en equilibrio) para que $w(e)$ esté correctamente definido. Más aún, como veremos en el ejemplo a continuación, las creencias fuera del equilibrio resultan fundamentales para poder establecer si un perfil de acciones es de equilibrio o no, y por lo tanto ellas forman parte de la definición misma del equilibrio (y deben ser explícitamente expuestas).

Por otra parte, la utilidad del trabajador depende del pago $w(e)$ que recibe, y del costo c de educarse. El costo de escoger el nivel de educación e para el trabajador depende de su tipo. En particular, se supone que el costo marginal es menor para el trabajador de habilidad alta:

$$\frac{\partial c(e,\theta_1)}{\partial e} < \frac{\partial c(e,\theta_2)}{\partial e} \tag{21.4}$$

Para simplificar se supone además que el trabajador es neutral al riesgo, y que su utilidad es aditivamente separable:

$$u(e,\theta) = w(e) - c(e,\theta) \tag{21.5}$$

El suponer que es menos costoso aumentar e para un trabajador de mayor habilidad es lo que hace posible la existencia de un equilibrio separador, en que la elección de un nivel de educación alta permite señalizar su tipo al trabajador más hábil y obtener un pago acorde con su habilidad. Esto, pues al ser menos costoso escoger un nivel de educación alto para el trabajador más hábil, se hace creíble que sólo él lo haga.

Suponga por ejemplo que $p = 0{,}5$ y que hay sólo dos niveles de educación posibles, e_1 y e_2, con $e_1 < e_2$. Los valores de x y c asociados a los distintos tipos y niveles de educación se indican en el cuadro 21.1.

Analizaremos primero un posible equilibrio agrupador en que ambos trabajadores escogen e_1. El pago al trabajador debería ser $w(e_1) = 125$ en equilibrio, puesto que al observar e_1 la creencia a posteriori sigue siendo $p = 0{,}5$. Para verificar si e_1 es la elección óptima para ambos tipos de trabajadores, sin embargo, también es necesario establecer cuál sería el pago al trabajador si se observara e_2 (lo que no ocurre nunca en equilibrio). Suponga que de observar e_2 la empresa interpretaría que el trabajador es poco hábil ($\Pr(\theta_1 \,|e_2) = 0$), y le paga por tanto $w(e_2) = 100$. En ese caso, es claro que el equilibrio agrupador se sostiene: dadas esas creencias y pagos asociados, tanto para θ_1 como para θ_2 es óptimo escoger e_1. Si en cambio la observación de un nivel de educación e_2 fuera interpretada por la empresa como proveniente de un trabajador hábil ($\Pr(\theta_1 \,|e_2) = 1$), el equilibrio agrupador ya no se sostiene, puesto que $w(e_2) = 150$ y sólo para el trabajador θ_2 es óptimo escoger e_1. Sea $q = \Pr(\theta_1 \,|e_2)$. Entonces, $w(e_2) = 100 + 50q$, de modo que para cualquier $q < 0{,}9$ ambos individuos escogerán e_1. El equilibrio agrupador en que ambos tipos de trabajadores escogen e_1 se sostiene con cualquier $q < 0{,}9$.

Por otra parte, es posible verificar que existe un equilibrio separador en que el trabajador θ_1 escoge e_2 y el trabajador θ_2 escoge e_1. En efecto, en un equilibrio como este la creencia a posteriori estaría completamente definida a partir de la regla de Bayes para los dos niveles de educación e, y los pagos serían $w(e_1) = 100$ y $w(e_2) = 150$. Dados estos pagos, la elección óptima para θ_1 es e_2, mientras que para θ_2 la elección óptima es e_1. Note que en este equilibrio el trabajador de habilidad alta escoge un nivel de educación alto, lo que es costoso pero no aumenta su productividad, ya que x depende de θ pero no de e en este ejemplo. Es decir, la educación sólo tiene un rol como señal en este ejemplo (y nunca se escogería e_2 en ausencia de selección adversa). Si la educación es productiva, en cambio, tendremos para cada θ fijo que $x(e_1, \theta) < x(e_2, \theta)$, por lo que la educación ya no tiene un rol como señal solamente.

21.4. Autoselección

A diferencia de los modelos de señalización, en que es el jugador informado quien primero escoge su acción y puede con ello entregar información al desinformado, en un modelo de autoselección es este último quien mueve primero. En este caso, entonces, no hay espacio para que el desinformado actualice sus creencias en el transcurso del juego. Ahora, si bien el desinformado desconoce el tipo del informado durante todo el transcurso del juego, él sí conoce las preferencias de cada tipo, y puede utilizar ese conocimiento para anticipar cómo reaccionará el informado ante su elección. En un juego de autoselección, la Naturaleza mueve primero, escogiendo un tipo ($\theta \in \Theta$) para el jugador informado ($J1$). El jugador desinformado ($J2$) mueve a continuación, y finalmente mueve el informado, conociendo la elección del desinformado.

Suponga que la elección del jugador 2 es un conjunto (o menú) de contratos, C. Así, por ejemplo, un contrato $c \in C$ podría especificar la prima e indemnización (o la prima y el deducible) de un seguro, o el pago al trabajador en cada estado de la naturaleza. Si el jugador 2 escoge sólo un contrato, entonces la única decisión del jugador 1 es aceptar o rechazar el contrato. Si, en cambio, el jugador 2 escoge un conjunto C con más de un contrato, el jugador 1 no sólo debe decidir aceptar o no alguno de ellos, sino cuál de ellos aceptar en caso afirmativo. Un equilibrio en que el jugador 2 escoge varios contratos, y cada tipo de jugador 1 escoge un contrato diferente, es un equilibrio separador. En un caso como este, decimos que cada tipo se autoselecciona en un contrato diferente, y el jugador 2 puede anticiparlo. Por otra parte, un equilibrio en que el jugador 1 siempre escoge lo mismo, es un equilibrio agrupador. Nuevamente, sería posible observar también equilibrios parcialmente agrupadores (o parcialmente separadores), si por ejemplo hay más de dos tipos y algunos de ellos coinciden en su elección de c y otro(s) no.

Considere el caso de un juego con dos tipos, $\Theta = \{\theta_1, \theta_2\}$ con un equilibrio separador. Sea c_1 el contrato que en equilibrio es escogido por θ_1 y c_2 el contrato que en equilibrio es escogido por θ_2. Para verificar que efectivamente este es un equilibrio separador, se deben satisfacer dos condiciones para el jugador 1: una restricción de participación, y una restricción de compatibilidad de incentivos o de autoselección. La primera condición requiere que la utilidad de θ_1 con el contrato c_1 sea mayor que la utilidad de reserva, y lo mismo para θ_2 con c_2. La segunda condición es que el jugador de tipo θ_1 efectivamente prefiera c_1 por sobre c_2, y que el de tipo θ_2 prefiera c_2 sobre c_1.

21.5. AUTOSELECCIÓN COMPETITIVA

Tal como en los modelos de señalización, muchas aplicaciones de modelos de autoselección consideran a jugadores desinformados operando en mercados competitivos. Nuevamente introducimos la competencia incorporando en la definición del equilibrio que no puede haber otro desinformado que pueda hacer una oferta atractiva para el desinformado que impida que la elección de $J2$ se materialice. Esta restricción trae como primera consecuencia (pero no única, como veremos en la aplicación a continuación) que la ganancia del jugador desinformado producto de transar con el jugador informado debe ser nula en equilibrio.

21.5.a. Aplicación: autoselección en el mercado de seguros

Rothschild y Stiglitz (1976) analizan un mercado competitivo de seguros, en que las compañías de seguro ($J2$) desconocen el riesgo (tipo) de cada consumidor o asegurado potencial ($J1$). Suponga que hay dos tipos de consumidores con un perfil de consumo contingente inicial ($W_0, W_0 - L$): en el estado 2 ocurre un siniestro que reduce su riqueza inicial en L. La diferencia entre ambos tipos de consumidores es en la probabilidad de ocurrencia de siniestro: el tipo θ_1 es de riesgo bajo, mientras que el tipo θ_2 es de riesgo alto. Luego, la probabilidad de ocurrencia de siniestro es π_2^1 para los consumidores θ_1 y $\pi_2^2 > \pi_2^1$ para θ_2. Aun si ambos tipos de individuos tuvieran la misma función Bernoulli, sus mapas de curvas de indiferencia serían diferentes: la pendiente de las curvas de indiferencia sobre la línea de certeza (que corresponde a $-\frac{\pi_1}{\pi_2}$) es menor en valor absoluto para los individuos de riesgo alto que para los individuos de riesgo bajo.

Un contrato de seguro que promete una indemnización z en caso de ocurrencia del siniestro a cambio de una prima p (contrato denotado por $\langle z, p \rangle$) es actuarialmente justo si $p = \pi_2 z$, como se define en el capítulo 8. Si las compañías de seguro pudieran identificar a los individuos de alto y bajo riesgo y cobrarles primas diferentes, la prima actuarialmente justa sería mayor para los individuos de alto riesgo que para los individuos de bajo riesgo. Más aún, si ofrecieran contratos de la forma $\langle L, \pi_2^1 L \rangle$ y $\langle L, \pi_2^2 L \rangle$ a θ_1 y θ_2 respectivamente, donde L es la pérdida en caso de siniestro, ambos tipos de individuos querrían comprar ese seguro.

En presencia de información asimétrica, sin embargo, las compañías de seguro no pueden identificar a los consumidores de alto y bajo riesgo. Si las compañías siguen ofreciendo los contratos $\langle L, \pi_2^1 L \rangle$ y $\langle L, \pi_2^2 L \rangle$, todos los individuos escogerán el primero, ya que este último promete la misma indemnización a un menor costo que el primero. La ganancia esperada de las compañías sería negativa en un caso como ese, por lo que dicho par de contratos no puede ser de equilibrio.

Considere un contrato $\langle L, \overline{p} \rangle$ con prima $\overline{p} = \overline{\pi}_2 L$, donde $\overline{\pi}_2 = \alpha \pi_2^1 + (1 - \alpha) \pi_2^2$ y α es la proporción de individuos θ_1 en la población. Esta prima permitiría a la compañía obtener ganancia nula si todos los consumidores aceptaran el contrato. En la figura 21.4 se muestra este contrato agrupador (cuyo perfil de consumo es el indicado con el círculo) con las curvas de indiferencia para los tipos θ_1 y θ_2 asociadas a él, denotadas por $u^1_{\langle L,\overline{p}\rangle}$ y $u^2_{\langle L,\overline{p}\rangle}$ respectivamente. Las dos rectas discontinuas son las líneas de juego justo para los individuos de riesgo bajo y alto (con pendiente $-\frac{\pi_1}{\pi_2}$, de acuerdo al riesgo de cada uno), que serían las que formarían sus respectivos conjuntos de posibilidades si a cada uno se le cobrara una prima actuarialmente justa. Es claro que θ_2 aceptaría el contrato agrupador $\langle L,\overline{p}\rangle$, ya que pagaría una prima incluso menor que su prima actuarialmente justa. No es claro, sin embargo, que θ_1 lo acepte. En primer lugar, θ_1 no lo aceptaría si su utilidad esperada con este seguro es menor que sin seguro; es decir, si la proporción de individuos de alto riesgo $(1-\alpha)$ es muy alta. Aun cuando α sea grande (como en la figura), la competencia entre compañías impide la existencia de un equilibrio agrupador en que todos los individuos tomen el contrato $\langle L,\overline{p}\rangle$. En efecto, otra compañía podría ofrecer un contrato de seguro con cobertura incompleta que sea atractivo para θ_1 y no para θ_2: cualquier contrato que entregue un perfil de consumo contingente en el área achurada de la figura sólo es atractivo para los consumidores de riesgo bajo, y deja a la compañía de seguros que lo ofrece con ganancia no negativa. Luego, el contrato agrupador $\langle L,\overline{p}\rangle$ ya no es viable, pues la compañía de seguros que lo ofrece perdería a todos los clientes de riesgo bajo y tendría una ganancia esperada negativa. De hecho, no hay equilibrio agrupador posible.

Considere, en cambio, el siguiente conjunto de contratos: un seguro de cobertura completa $\langle L,p^2\rangle$, con $p^2=\pi_2^2 L$, y un seguro de cobertura incompleta $\langle z^I,p^I\rangle$ preferido sobre $\langle L,p^2\rangle$ sólo por los individuos de riesgo bajo. En ese caso, los individuos de distinto tipo se autoseleccionarán en seguros diferentes: los de bajo riesgo (θ_1) aceptan el contrato $\langle z^I,p^I\rangle$ y los de alto riesgo (θ_2) el contrato $\langle L,p^2\rangle$, dando a conocer su tipo (antes desconocido) a las compañías de seguros a través de su elección de contrato de seguro. Más aún, si hay un equilibrio, este debe ser un equilibrio separador en que θ_2 toma el contrato $\langle L,p^2\rangle$, y θ_1 toma un contrato de cobertura incompleta $\langle z^S,p^S\rangle$ actuarialmente justo, tal que θ_2 está indiferente entre ambos contratos. En la figura 21.5 se indican con un círculo los perfiles de consumo que entregados por ambos contratos, además de la curva de indiferencia para el tipo θ_2 asociada a ellos, denotada por $u^2_{\langle L,p^2\rangle}=u^2_{\langle z^S,p^S\rangle}$. En efecto, el contrato $\langle z^S,p^S\rangle$ es estrictamente preferido por θ_1 sobre cualquier otro $\langle z^I,p^I\rangle$ que no sea atractivo para θ_2 y

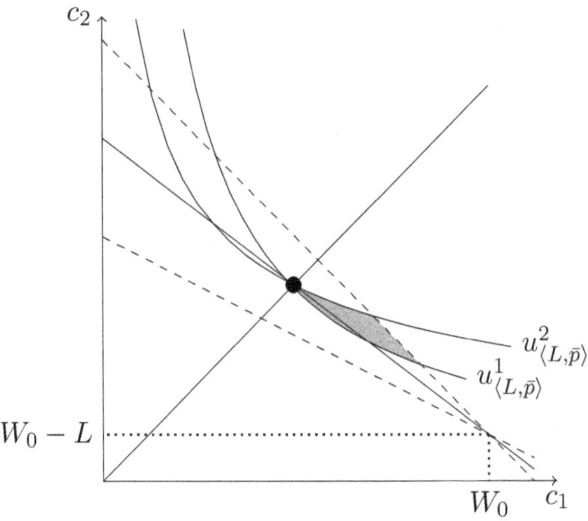

Figura 21.4 Inviabilidad del equilibrio agrupador

que deje a la compañía que lo ofrece con ganancia no negativa si atrae sólo a los consumidores de bajo riesgo. Luego, otra compañía podría ofrecer $\langle z^S, p^S \rangle$ y atraer a todos los asegurados de riesgo bajo haciendo a $\langle z^I, p^I \rangle$ inviable.

El par de contratos $\langle z^S, p^S \rangle, \langle L, p^2 \rangle$ (el primero aceptado por los consumidores tipo θ_1, y el segundo por aquellos tipo θ_2) pueden formar parte de un equilibrio. Sin embargo, podría ocurrir también que este par de contratos sea inviable, si existe otro contrato más atractivo que cualquiera de estos dos para ambos tipos de consumidores, y que deje a la compañía de seguros que lo ofrezca con ganancia no negativa. Así por ejemplo, si α es muy grande, el contrato agrupador $\langle L, \bar{p} \rangle$ podría hacer inviable el equilibrio separador. En un caso como este, simplemente no habría equilibrio.

Note que en un equilibrio separador como el antes descrito, θ_2 obtiene el mismo nivel de utilidad esperada que tendría en competencia si la información fuera simétrica, puesto que contrata un seguro de cobertura completa actuarialmente justo, de acuerdo a su alto riesgo. Son los consumidores de riesgo bajo (θ_1) quienes incurren en el costo informacional, quedando con un contrato menos preferido que aquel que podrían conseguir si la información fuera simétrica. En efecto, los consumidores de bajo riesgo deben incurrir en el costo de quedar con un perfil de consumo

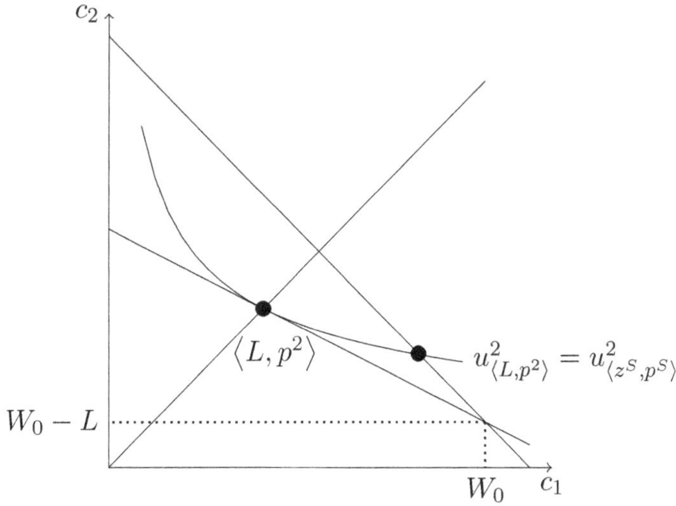

Figura 21.5 Contratos en equilibrio separador

riesgoso, al contratar un seguro de cobertura incompleta. Esa es la única manera en que pueden "separarse" de los individuos más riesgosos y pagar una prima actuarialmente justa de acuerdo a su menor probabilidad de ocurrencia del siniestro. Esta es la ineficiencia que genera la existencia de información asimétrica.

21.5.b. Aplicación: selección adversa en el mercado de trabajo

Considere nuevamente el problema del diseño de un contrato de trabajo en presencia de información asimétrica considerado en el capítulo 20, pero ahora en el contexto de selección adversa. Suponga que las empresas (neutrales al riesgo) se enfrentan con dos tipos de trabajadores potenciales: el tipo θ_1 es de alta productividad, mientras que el tipo θ_2 es de productividad baja. Más aún, suponga que hay un único nivel de esfuerzo posible, por lo que no hay problema de riesgo moral.

El resultado de cada empresa puede tomar dos valores, $x \in \{x_1, x_2\}$, con $x_2 > x_1$. La probabilidad de obtener x_1 depende del tipo: es p_1^1 para θ_1 y p_1^2 para θ_2, con $p_1^1 < p_1^2$, de manera que es menos probable que θ_1 obtenga un resultado bajo. En presencia de información simétrica, si los trabajadores son aversos al riesgo, la distribución óptima de riesgo considera un pago fijo para el trabajador y que las empresas asuman todo el riesgo. La competencia entre empresas requiere que su ganancia esperada sea nula, independientemente del tipo de trabajador contratado. En consecuencia, el pago al trabajador tendría que ser $p_1^1 x_1 + p_2^1 x_2$ para θ_1 y $p_1^2 x_1 + p_2^2 x_2$ para θ_2. Pero el pago a θ_1 es mayor que el pago a θ_2, de modo que en presencia de información asimétrica θ_2 querría adoptar también el contrato diseñado para θ_1.

Tal como en la aplicación de la sección anterior, es posible verificar que un contrato agrupador con un pago fijo (pago de acuerdo a la productividad promedio en la población) no puede ser de equilibrio: siempre existe otra empresa que puede ofrecer un contrato atractivo sólo para los trabajadores de productividad alta. Asimismo, se puede verificar que el único equilibrio separador posible es uno en que θ_2 recibe un pago fijo $p_1^2 x_1 + p_2^2 x_2$, tal como recibiría en presencia de información simétrica, mientras que θ_2 se autoselecciona en un contrato con pago contingente en el resultado (recibiendo un pago más alto si el resultado es x_2). Este contrato debe satisfacer dos condiciones para formar parte del equilibrio separador: la primera es que la ganancia esperada de la empresa si contrata a θ_1 debe ser también cero; la segunda es que θ_2 debe estar indiferente entre tomar el contrato de pago fijo $p_1^2 x_1 + p_2^2 x_2$ y el contrato de pago contingente diseñado para θ_1.

Note que en el equilibrio separador propuesto el trabajador menos productivo queda con el mismo contrato (e igual utilidad esperada) que tendría en presencia de información simétrica; es el trabajador más productivo el que debe incurrir en el costo informacional, aceptando un contrato con pago variable para poder "separarse" del trabajador menos productivo. Esta distribución ineficiente del riesgo, en que el trabajador averso al riesgo asume parte del riesgo a pesar de que su contraparte es neutral al riesgo, es el costo de la existencia de información asimétrica.

En el capítulo 20 se analizó cómo la existencia de contratos de trabajo con pago variable puede inducir al delegado a realizar esfuerzo alto en presencia de riesgo moral, resolviendo el problema de la inobservabilidad del esfuerzo. En este capítulo vemos que la existencia de contratos de trabajo con pago variable también se puede explicar por la presencia de selección adversa en el mercado del trabajo. Así, un contrato que promete un pago alto si el resultado es alto no sólo permite proveer los incentivos para que un delegado realice un esfuerzo alto aun cuando éste no sea observable, sino además permite a la empresa atraer trabajadores productivos si ellos tienen una mayor probabilidad de lograr un resultado alto.

Ejercicios

1. (*) El humorista Bob Hope decía que un banco es una institución que le presta dinero a aquél que no lo necesita. Por ejemplo, suele poner como condición para entregar un préstamo el dejar un activo en garantía de un valor mayor que el del préstamo. ¿Puede explicar esta práctica con un argumento de selección adversa?

2. (**) En esta pregunta todos los jugadores son pavos reales (miembros de la especie *pavo cristatus*). La naturaleza hace al macho fuerte o débil con iguales probabilidades. Al macho –sin importar su tipo– le gusta aparearse por sobre todas las cosas. Desafortunadamente para él, sin embargo, es la hembra la que decide si se aparea o no. La hembra, por su parte, prefiere aparearse con un macho fuerte, porque éste tiene mejores posibilidades que uno débil de cuidarla a ella y a sus crías. Sin embargo, ella no puede distinguir al fuerte del débil; en cambio, la única información que tiene al momento de decidir es el tamaño de la cola de su (siempre dispuesto) pretendiente. El macho, entonces, escoge el tamaño de su cola; sí, imagine para los propósitos de esta pregunta que el macho puede escoger tener una cola larga o una corta. La cola larga, sin embargo, es costosa porque debilita al macho y lo hace más vulnerable frente a los depredadores.

   En particular, la hembra obtendría 8 utiles si se apareara con un macho fuerte de cola corta; 6 utiles si se apareara con un macho fuerte de cola larga; 0 utiles si no se aparea; -6 utiles si se apareara con un débil de cola corta, y -8 utiles si se apareara con un débil de cola larga. El macho, por su parte, gana 8 utiles si se aparea, 0 utiles si no se aparea, y el número de utiles que pierde al escoger una cola larga depende de su tipo: al macho fuerte le cuesta 6 utiles, mientras que al macho débil le cuesta 10 utiles. Esta información se resume en la figura 21.6.

   Este juego tiene tres equilibrios de Nash en estrategias puras, como se puede apreciar en la matriz de pagos:

	AA	AN	NA	NN
LL	$0,-1$	$0,-1$	$-8,0$	$-8,0$
LC	$5,0$	$1,3$	$1,-3$	$-3,0$
CL	$3,0$	$-1,-4$	$-1,4$	$-5,0$
CC	$8,1$	$0,0$	$8,1$	$0,0$

   a) Explique por qué los pagos de las estrategias (LC,NA) son $(1,-3)$.

   b) Muestre que existe un equilibrio bayesiano perfecto en que la cola larga se ocupa como señal de fortaleza.

   c) Observe que existen dos equilibrios de Nash en que ambos tipos de macho escogen una cola corta. ¿Qué creencias fuera del equilibrio

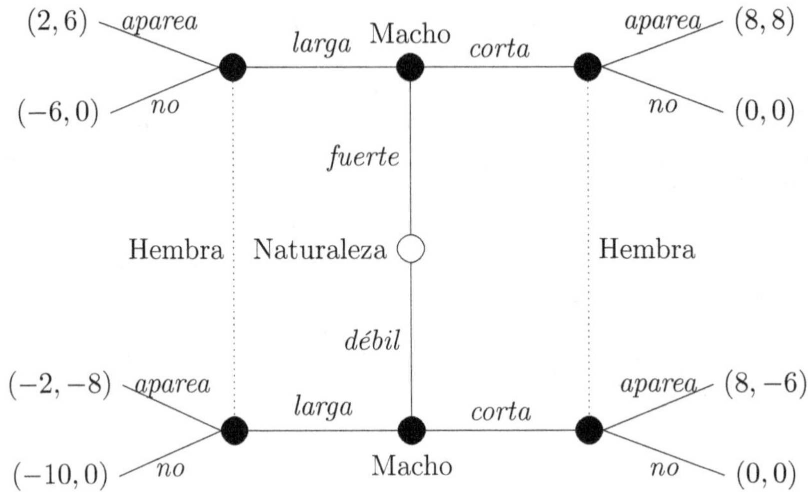

Figura 21.6   El pavo real

harían que cada uno de estos equilibrios de Nash fuera también un equilibrio bayesiano perfecto?

d) Muestre que el perfil de estrategias (CL, NA) es un óptimo de Pareto y que, sin embargo, no es un equilibrio de Nash. Comente.

3. (**) A partir de la preocupación por atraer a los mejores alumnos a la carrera de pedagogía, se han hecho algunas propuestas para diseñar una carrera docente en que se premie el buen desempeño de los profesores exitosos en Chile.

Imagine que hay dos tipos de personas, las personas tipo A y tipo B, con una fracción α de los primeros en la población. Cada persona conoce su tipo, pero nadie más lo conoce. Las personas tipo A son más motivadas y trabajadoras que las personas tipo B, por lo que saben que en cualquier carrera que escojan les va a ir bien. En particular, si una persona escoge pedagogía, puede obtener buenos resultados con probabilidad $\pi^A = 0,8$ si es de tipo A, o con probabilidad $\pi^B = 0,5$ si es del tipo B. Si escoge otra carrera, puede obtener una utilidad de $\underline{u}^A = 80$ si es del tipo A y $\underline{u} = 50$ si es del tipo B, donde la función Bernoulli de cada uno es de la forma $u(w) = \sqrt{w}$.

Imagine inicialmente que el objetivo de quien diseña el plan de carrera docente es minimizar el costo esperado en pago de salarios.

a) Indique cuál sería el contrato que se debería ofrecer a quienes escogen pedagogía si sólo se quisiera atraer a las personas tipo B a esta carrera. Explique brevemente.

b) Suponga que sólo se quiere atraer a las personas tipo A a la carrera de pedagogía. Escriba las restricciones de participación y compatibilidad de incentivos correspondientes a este problema, y muestre que un contrato que ofrece un pago de $w_1 = 10.000$ si obtiene buenos resultados, y $w_2 = 0$ si tiene malos resultados, sí satisface estas condiciones. Explique brevemente.

$c)$ Suponga que se quiere atraer a ambos tipos de personas a la carrera de pedagogía.

    1) Muestre que un contrato que ofrece un pago fijo de $w = 2.500$ junto con otro contrato que ofrece un pago de $w_1 = 10.000$ si obtiene buenos resultados y $w_2 = 0$ si obtiene malos resultados logran este objetivo (con las personas de distinto tipo autoseleccionándose en los distintos contratos).

    2) Considere un contrato que ofrece un pago fijo de $w = 2.601$ (dejando con utilidad de 51 a las personas tipo B) junto con otro contrato que ofrece un pago de $w_1 < 10.000$ si obtiene buenos resultados y $w_2 > 0$ si obtiene malos resultados. Encuentre los valores de w_1 y w_2 que satisfacen las restricciones de participación y compatibilidad de incentivos, de modo que las personas tipo B se autoseleccionen en el contrato de pago fijo de $w = 2.601$ y las personas tipo A se autoseleccionen en el contrato de pago variable, y muestre que hay valores de α para los cuales este par de contratos resulta mejor (menos costoso en valor esperado) que el par de contratos de la pregunta anterior. Explique brevemente.

$d)$ Ahora suponga que el objetivo de quien diseña el contrato no es minimizar el costo esperado, sino maximizar la diferencia entre el beneficio y el costo esperado, donde el beneficio es el nivel de aprendizaje de los alumnos. Suponga que las personas tipo A logran que los alumnos aprendan más, ¿cómo tendría que ser la diferencia entre el nivel de aprendizaje de los alumnos para que lo óptimo fuera atraer sólo a personas tipo A a la carrera de pedagogía, o sólo a los tipo B? ¿Por qué podría ser bueno diseñar un par de contratos con que se atraiga a ambos tipos de personas? Explique claramente.

Comentarios bibliográficos

El argumento de autoselección, y el análisis de las dificultades que este fenómeno puede producir en el funcionamiento de los mercados, fue planteado originalmente en Akerlof (1970). Por su parte, el argumento de que la educación puede servir como instrumento de comunicación en una sociedad de individuos que escogen estratégicamente los mensajes que emiten aparece por primera vez en el trabajo de Spence (1973).

El concepto de señalización ha sido ocupado en una gama muy amplia de temas. En economía financiera, por ejemplo, se ha ofrecido como argumento para la preferencia por ciertas formas de financiamiento sobre otras. Así, Myers and Majluf (1984) presentan una situación en que los ejecutivos están mejor informados que los inversionistas externos sobre la situación real de una empresa. Sus decisiones de financiamiento, entonces, pueden actuar como señal, transmitiendo la información que originalmente sólo tenían los ejecutivos. Un equilibrio posible es que los ejecutivos decidan emitir acciones para financiar un nuevo proyecto sólo cuando estas estén sobrevaloradas, gatillando entonces el anuncio de la emisión una caída en el precio de las acciones.

Riley (2001) da una perspectiva de los primeros 25 años de esta literatura. Él tituló su trabajo *Silver Signals*, en un juego de palabras indicando por una parte que se trataba de bodas de plata (los 25 años), pero por otra –y fundamentalmente– porque el estado de la literatura merece plata pero no oro. Esto, porque existe una cantidad enorme de preguntas por responder en relación con los refinamientos basados en introspección: ¿qué creencias son razonables para mantener fuera del equilibrio?

Apéndice A

Apéndice matemático

A.1. Concavidad y convexidad

A.1.a. Una variable

Decimos que una función real de una variable $f(x)$ es **cóncava** si todas las rectas tangentes a ella pasan por encima suyo; si, en cambio, todas pasan por debajo, decimos que es **convexa**. Por "encima" en realidad queremos decir "no por abajo"; cuando la función comparta sólo el punto de tangencia con su tangente diremos que es **estrictamente cóncava**. Lo mismo ocurre con la convexidad. Así, la recta es el límite entre ambas definiciones: la recta es cóncava y convexa a la vez (ella es su propia tangente, en todos los puntos), pero no estrictamente cóncava ni estrictamente convexa.

Consideremos un punto x^*. Si $f(x)$ es diferenciable en x^*,[1] entonces existe una única recta tangente a ella en x^*, cuya pendiente es $f'(x^*)$.

---

[1] $f(x)$ no es diferenciable en x^* cuando los límites de $f(x)$ al acercarse por la izquierda y la derecha de x^* difieren:

$$\lim_{x \to x^*_-} \frac{f(x) - f(x^*)}{x - x^*} \neq \lim_{x \to x^*_+} f\frac{f(x) - f(x^*)}{x - x^*}$$

En ese caso, si le llamamos a al menor de esos límites y b al mayor, por definición sabemos que en la vecindad de x^*:

$$\frac{f(x) - f(x^*)}{x - x^*} \in [a, b]$$

El conjunto $[a, b]$ recibe el nombre de **subdiferencial** de f en x^*, y se denota por $\partial f(x^*)$. La función es diferenciable en el punto, por lo tanto, cuando el subdiferencial tiene un único elemento (es decir, es un singleton).
Si la función no es diferenciable, aún podemos decir que es cóncava si sus "tangentes" están por encima de ella, entendiendo por tangente cualquier recta con alguna pendiente $m \in [a, b]$.

La recta tangente a $f(x)$ en x^* tiene la ecuación:

$$T(x|x^*) = n + mx \qquad (A.1)$$

donde:

$$m = f'(x^*)$$
$$n = f(x^*) - f'(x^*)x^*$$

Por otro lado, la recta tangente a $f(x)$ en x^* está por encima de $f(x)$ en el punto x si $T(x|x^*) \geq f(x)$. Así, cuando $f(x)$ es diferenciable, decir que $f(x)$ es cóncava equivale a decir que para todo x^* se cumple que:

$$T(x|x^*) \geq f(x) \qquad \forall x \qquad (A.2)$$

Reescribiendo, tenemos:

$$f(x^*) - f'(x^*)x^* + f'(x^*)x \geq f(x) \quad \forall x, x^*$$
$$\Leftrightarrow f(x^*) + f'(x^*)(x - x^*) \geq f(x) \quad \forall x, x^*$$

Ahora bien, del teorema de Taylor sabemos que toda función real puede ser aproximada mediante polinomios. En particular, de una expansión de Taylor de segundo orden en torno a un punto x^* tenemos:

$$f(x) \approx f(x^*) + f'(x^*)(x - x^*) + \frac{1}{2}f''(x^*)(x - x^*)^2$$

Luego, f es cóncava si $\forall x, x^*$:

$$f(x^*) + f'(x^*)(x - x^*) \geq f(x^*) + f'(x^*)(x - x^*) + \frac{1}{2}f''(x^*)(x - x^*)^2$$

esto es:

$$f''(x^*) \leq 0 \qquad \forall x^* \qquad (A.3)$$

Tenemos entonces la siguiente caracterización de concavidad:

Teorema 37. $f : \mathbb{R} \to \mathbb{R}$ *diferenciable dos veces es cóncava si y sólo si* $\forall x^*$:

$$f''(x^*) \leq 0$$

La caracterización de la concavidad estricta es más intrincada. De la expansión de Taylor deducimos que si $f''(x^*) < 0$, entonces $f(x) < T(x|x^*)$ para todo $x \neq x^*$ en la vecindad. Sin embargo, esta condición no es necesaria. Por ejemplo, la función $f(x) = -x^4$ es estrictamente cóncava en $x = 0$ pese a que $f''(0) = 0$ (de hecho, sus tres primeras derivadas). Si consideráramos una expansión de cuarto orden, tendríamos:

$$f(x) \approx f(x^*) + f'(x^*)(x - x^*) + \frac{1}{2}f''(x^*)(x - x^*)^2$$
$$+ \frac{1}{6}f'''(x^*)(x - x^*)^3 + \frac{1}{24}f''''(x^*)(x - x^*)^4$$

Entonces, si:

$$\frac{1}{2}f''(x^*)(x - x^*)^2 + \frac{1}{6}f'''(x^*)(x - x^*)^3 + \frac{1}{24}f^{(iv)}(x^*)(x - x^*)^4 < 0$$

sabríamos que la función es estrictamente cóncava. En el ejemplo,

$$\frac{1}{2}0(x - 0)^2 + \frac{1}{6}0(x - 0)^3 + \frac{1}{24}(-24)(x - 0)^4 = -(x - 0)^4 < 0$$

Pero nuevamente se trata de una condición suficiente, por cuanto podemos encontrar ejemplos en que la concavidad estricta la podemos comprobar sólo con la sexta derivada, etc.

Otra caracterización útil surge de observar que si miramos una recta paralela a la tangente pero más baja, vemos que ésta está por debajo de todos los puntos comprendidos entre los que cortan a la recta. En efecto, tomemos una recta $R(x|x^*) \equiv T(x|x^*) - c$, donde $c > 0$ es una constante. Sean $\bar{x}$ y $\hat{x}$ dos puntos tales que:

$$f(x) = R(x|x^*) \tag{A.4}$$

con $\bar{x} < \hat{x}$. Entonces, para todo $x \in (\bar{x}, \hat{x})$,

$$f(x) > R(x|x^*)$$

Observe que si $x \in [\bar{x}, \hat{x}]$, entonces existe $\lambda \in [0,1]$ tal que $x = \lambda\bar{x} + (1 - \lambda)\hat{x}$. Luego, podemos escribir:

$$f(\lambda\bar{x} + (1 - \lambda)\hat{x}) \geq R(\lambda\bar{x} + (1 - \lambda)\hat{x}|x^*) \quad \forall \lambda \in [0,1] \tag{A.5}$$

Pero:

$$R(\lambda\bar{x} + (1 - \lambda)\hat{x}|x^*) = T(\lambda\bar{x} + (1 - \lambda)\hat{x}|x^*) - c$$
$$= f(x^*) + f'(x^*)(\lambda\bar{x} + (1 - \lambda)\hat{x} - x^*) - c$$

que puede ser escrita como:

$$R\left(\lambda\bar{x}+(1-\lambda)\,\hat{x}\,|x^*\right)=\lambda\left(f\left(x^*\right)+f'\left(x^*\right)\left(\bar{x}-x^*\right)-c\right)$$
$$+(1-\lambda)\left(f\left(x^*\right)+f'\left(x^*\right)\left(\hat{x}-x^*\right)-c\right)$$

Ahora bien, $\bar{x}$ y $\hat{x}$ satisfacen (A.4), por lo que:

$$f\left(\bar{x}\right)=f\left(x^*\right)+f'\left(x^*\right)\left(\bar{x}-x^*\right)-c$$
$$f\left(\hat{x}\right)=f\left(x^*\right)+f'\left(x^*\right)\left(\hat{x}-x^*\right)-c$$

Luego, la ecuación (A.5) puede escribirse como:

$$f\left(\lambda\bar{x}+(1-\lambda)\,\hat{x}\right)\geq\lambda f\left(\bar{x}\right)+(1-\lambda)\,f\left(\hat{x}\right)\quad\forall\lambda\in[0,1]$$

Resumiendo:

Teorema 38. $f:\mathbb{R}\to\mathbb{R}$ *diferenciable una vez es cóncava si y sólo si* $\forall\lambda\in[0,1]$ *y* $\forall\bar{x},\hat{x}:$

$$f\left(\lambda\bar{x}+(1-\lambda)\,\hat{x}\right)\geq\lambda f\left(\bar{x}\right)+(1-\lambda)\,f\left(\hat{x}\right)$$

De hecho, esta caracterización es válida aun cuando f no es diferenciable (y por lo tanto es más general que la anterior). En ese caso, nuestra recta de referencia es cualquiera de la familia de tangentes en x^*; es decir, rectas cuya pendiente esté en el subdiferencial de f en x^*.

A.1.b. El caso multivariado

Cuando $f:\mathbb{R}^n\to\mathbb{R}$, decimos que la función es cóncava si los hiperplanos ("rectas" en n dimensiones) tangentes están por encima de ella. Si $f(x)$ es diferenciable en $\mathbf{x}^*$, el hiperplano tangente en $\mathbf{x}^*$ está dado por:

$$T\left(\mathbf{x}|\mathbf{x}^*\right)=f\left(\mathbf{x}^*\right)+\sum_{i=1}^{n}\frac{\partial f\left(\mathbf{x}^*\right)}{\partial x_i^*}\left(x_i-x_i^*\right)$$

A su vez, la expansión de Taylor de segundo orden de la función en torno al punto $\mathbf{x}^*$ está dada por:

$$f\left(\mathbf{x}\right)\approx f\left(\mathbf{x}^*\right)+\sum_{i=1}^{n}\frac{\partial f\left(\mathbf{x}^*\right)}{\partial x_i^*}\left(x_i-x_i^*\right)+\frac{1}{2}\sum_{i=1}^{n}\frac{\partial^2 f\left(\mathbf{x}^*\right)}{\partial^2 x_i^*}\left(x_i-x_i^*\right)^2$$

Que en notación matricial queda:

$$f\left(\mathbf{x}\right) \approx f\left(\mathbf{x}^*\right) + \nabla f\left(\mathbf{x}^*\right)^T \left(\mathbf{x} - \mathbf{x}^*\right) + \frac{1}{2}\left(\mathbf{x} - \mathbf{x}^*\right)^T H_f\left(\mathbf{x}^*\right)\left(\mathbf{x} - \mathbf{x}^*\right)$$

$$= T\left(\mathbf{x}|\mathbf{x}^*\right) + \frac{1}{2}\left(\mathbf{x} - \mathbf{x}^*\right)^T H_f\left(\mathbf{x}^*\right)\left(\mathbf{x} - \mathbf{x}^*\right)$$

donde $\nabla f\left(\mathbf{x}^*\right)$ es la **gradiente** de f en el punto $\mathbf{x}^*$ (el vector de primeras derivadas) y $H_f\left(\mathbf{x}^*\right)$ el **hessiano** de f en $\mathbf{x}^*$ (la matriz de segundas derivadas). La función $f\left(x\right)$ está débilmente por debajo de su hiperplano tangente si $\left(\mathbf{x} - \mathbf{x}^*\right)^T H_f\left(\mathbf{x}^*\right)\left(\mathbf{x} - \mathbf{x}^*\right) \leq 0$. Recordemos que:

Definición 39. *Si* $\mathbf{A}$ *una matriz simétrica de* $n \times n$, *entonces* $\mathbf{A}$ *se dice:*

- *$\boldsymbol{Definida\ negativa}$ si el producto $\mathbf{y}^T \mathbf{A} \mathbf{y}$ es negativo para cualquier $\mathbf{y} \in \mathbb{R}^n$.*

- *$\boldsymbol{Semi\text{-}definida\ negativa}$ si el producto $\mathbf{y}^T \mathbf{A} \mathbf{y}$ es no positivo para cualquier $\mathbf{y} \in \mathbb{R}^n$.*

- *$\boldsymbol{Semi\text{-}definida\ positiva}$ si el producto $\mathbf{y}^T \mathbf{A} \mathbf{y}$ es no negativo para cualquier $\mathbf{y} \in \mathbb{R}^n$.*

- *$\boldsymbol{Definida\ positiva}$ si el producto $\mathbf{y}^T \mathbf{A} \mathbf{y}$ es positivo para cualquier $\mathbf{y} \in \mathbb{R}^n$.*

- *$\boldsymbol{Indefinida}$ si no satisface ninguna de las condiciones anteriores.*

De esta forma, la condición de concavidad de f en $\mathbf{x}^*$ está atada a la definición negativa de su hessiano.

Definición 40. *Sea* $\mathbf{A}$ *una matriz cuadrada de* $n \times n$, *entonces:*

- *Un **menor** de orden k de $\mathbf{A}$ es el determinante de la matriz generada eliminando $(n - k)$ filas y columnas.*

- *El **menor** es **principal** si las filas y columnas eliminadas son las mismas; denotamos por M_k a los menores principales de orden k.*

- *El **menor principal** es **líder** si las filas y columnas eliminadas son las últimas $(n - k)$. Denotamos por D_k al menor principal líder de orden k; líder de orden k hay uno solo.*

Las siguientes caracterizaciones son muy útiles:

Lema 41. *Sea* $\mathbf{A}$ *una matriz de* $n \times n$, *sea* M_k *un menor principal de orden k, y D_k el $k-$ésimo menor principal líder $(k = 1, ..., n)$.*

- **A** es definida negativa si y sólo si $(-1)^k D_k > 0$ para $k = 1, ..., n$.

- **A** es definida negativa si y sólo si todos sus valores propios son negativos.

- **A** es semi-definida negativa si y sólo si $(-1)^k M_k \geq 0$ para todo M_k, para $k = 1, ..., n$.

- **A** es semi-definida positiva si y sólo si $M_k \geq 0$ para todo M_k, para $k = 1, ..., n$.

- **A** es definida positiva si y sólo si $D_k > 0$ para $k = 1, ..., n$.

- **A** es definida positiva si y sólo si todos sus valores propios son positivos.

Tal como en el caso univariado, que H_f sea negativa definida es una condición suficiente pero no necesaria para la concavidad estricta de f. Por ejemplo, la función $f(x_1, x_2) = \sqrt{x_1 x_2}$ es estrictamente cóncava en $(1,1)$, toda vez que el hiperplano tangente es mayor que la función en cualquier punto $(x_1, x_2) \neq (1,1)$:

$$\sqrt{x_1 x_2} < \frac{1}{2}x_1 + \frac{1}{2}x_2$$

$$\Leftrightarrow x_1 - 2\sqrt{x_1 x_2} + x_2 = \left(\sqrt{x_1} - \sqrt{x_2}\right)^2 > 0$$

Sin embargo, su hessiano es:

$$H_f = \begin{pmatrix} -\frac{1}{4} & \frac{1}{4} \\ \frac{1}{4} & -\frac{1}{4} \end{pmatrix}$$

con menores principales $D_1 = -\frac{1}{4} < 0$ y $-D_2 = 0$, por lo que no es definido negativo. De igual forma, podemos caracterizar a f en términos de combinaciones convexas de dos puntos $\bar{\mathbf{x}}$ y $\hat{\mathbf{x}}$:

$$f\left(\lambda\bar{\mathbf{x}} + (1-\lambda)\hat{\mathbf{x}}\right) \geq \lambda f\left(\bar{\mathbf{x}}\right) + (1-\lambda)f\left(\hat{\mathbf{x}}\right) \quad \forall \lambda \in [0,1]$$

Resumiendo, tenemos que f es **cóncava** en $\mathbf{x}^*$ si el hessiano H_f evaluado en $\mathbf{x}^*$ es semi-definido negativo. f es **cóncava** en $S \subset \mathbb{R}^n$ si y sólo si:

1. f es cóncava en todo $\mathbf{x} \in S$, o equivalentemente,

2. $(\forall \lambda \in [0,1])(\forall \bar{\mathbf{x}}, \hat{\mathbf{x}} \in S)$

$$f\left(\lambda\bar{\mathbf{x}} + (1-\lambda)\hat{\mathbf{x}}\right) \geq \lambda f\left(\bar{\mathbf{x}}\right) + (1-\lambda)f\left(\hat{\mathbf{x}}\right)$$

Una condición suficiente (aunque no necesaria) para que f sea **estrictamente cóncava** en $\mathbf{x}^*$ es que el hessiano H_f evaluado en $\mathbf{x}^*$ sea definido negativo. f es **estrictamente cóncava** en $S \subset \mathbb{R}^n$ si y sólo si:

1. f es estrictamente cóncava en todo $\mathbf{x} \in S$, o equivalentemente,

2. $(\forall \lambda \in (0,1))\,(\forall \bar{\mathbf{x}}, \hat{\mathbf{x}} \in S)$

$$f\left(\lambda \bar{\mathbf{x}} + (1-\lambda)\,\hat{\mathbf{x}}\right) > \lambda f\left(\bar{\mathbf{x}}\right) + (1-\lambda)\,f\left(\hat{\mathbf{x}}\right)$$

f es **convexa** en $\mathbf{x}^*$ si el hessiano H_f evaluado en $\mathbf{x}^*$ es semi-definido positivo. f es **convexa** en $S \subset \mathbb{R}^n$ si y sólo si:

1. f es convexa en todo $\mathbf{x} \in S$, o equivalentemente,

2. $(\forall \lambda \in [0,1])\,(\forall \bar{\mathbf{x}}, \hat{\mathbf{x}} \in S)$

$$f\left(\lambda \bar{\mathbf{x}} + (1-\lambda)\,\hat{\mathbf{x}}\right) \leq \lambda f\left(\bar{\mathbf{x}}\right) + (1-\lambda)\,f\left(\hat{\mathbf{x}}\right)$$

Una condición suficiente (aunque no necesaria) para que f sea **estrictamente convexa** en $\mathbf{x}^*$ es que el hessiano H_f evaluado en $\mathbf{x}^*$ sea definido positivo. f es **estrictamente convexa** en $S \subset \mathbb{R}^n$ si y sólo si:

1. f es estrictamente convexa en todo $\mathbf{x} \in S$, o equivalentemente,

2. $(\forall \lambda \in (0,1))\,(\forall \bar{\mathbf{x}}, \hat{\mathbf{x}} \in S)$

$$f\left(\lambda \bar{\mathbf{x}} + (1-\lambda)\,\hat{\mathbf{x}}\right) < \lambda f\left(\bar{\mathbf{x}}\right) + (1-\lambda)\,f\left(\hat{\mathbf{x}}\right)$$

A.1.c. Cuasiconcavidad

Veíamos que una característica de las funciones cóncavas es que al mezclar dos puntos se "sube", en el sentido que la altura de la función es mayor que la altura promedio de esos puntos. Una noción más suave pide que la función crezca en el sentido que la altura de la mezcla sea mayor que la menor de las alturas de los puntos mezclados:

Definición 42. $f : \mathbb{R}^n \to \mathbb{R}$ *es **cuasicóncava** si*

$$(\forall \bar{\mathbf{x}}, \hat{\mathbf{x}} \in \mathbb{R}^n)\,(\forall \lambda \in [0,1]) :$$
$$f\left(\lambda \bar{\mathbf{x}} + (1-\lambda)\,\hat{\mathbf{x}}\right) \geq \min\left\{f\left(\bar{\mathbf{x}}\right), f\left(\hat{\mathbf{x}}\right)\right\}$$

*La cuasiconcavidad es **estricta** si la desigualdad anterior es estricta.*

Observe que $\lambda f(\bar{\mathbf{x}}) + (1-\lambda) f(\hat{\mathbf{x}}) \geq \min\{f(\bar{\mathbf{x}}), f(\hat{\mathbf{x}})\}$, por lo que una función cóncava debe ser cuasicóncava.

Un resultado interesante es que cualquier transformación monótona creciente aplicada sobre una función cóncava resulta en una función cuasicóncava. Así, si $g : \mathbb{R} \to \mathbb{R}$ es creciente y f es cóncava, entonces $h \equiv g \circ f$ es cuasicóncava (estricta si f es estrictamente cóncava). En efecto,

$$h\left(\lambda\bar{\mathbf{x}} + (1-\lambda)\hat{\mathbf{x}}\right) = g\left(f\left(\lambda\bar{\mathbf{x}} + (1-\lambda)\hat{\mathbf{x}}\right)\right)$$
$$\geq g\left(\lambda f(\bar{\mathbf{x}}) + (1-\lambda) f(\hat{\mathbf{x}})\right)$$

por concavidad de f. Suponga que $f(\bar{\mathbf{x}}) \leq f(\hat{\mathbf{x}})$, de modo que:

$$\min\{f(\bar{\mathbf{x}}), f(\hat{\mathbf{x}})\} = f(\bar{\mathbf{x}}).$$

Asimismo, $\min\{h(\bar{\mathbf{x}}), h(\hat{\mathbf{x}})\} = h(\bar{\mathbf{x}})$ porque g es creciente. Entonces, $\lambda f(\bar{\mathbf{x}}) + (1-\lambda) f(\hat{\mathbf{x}}) \geq f(\bar{\mathbf{x}})$. Pero siendo g creciente, lo anterior implica que $g\left(\lambda f(\bar{\mathbf{x}}) + (1-\lambda) f(\hat{\mathbf{x}})\right) \geq g\left(f(\bar{\mathbf{x}})\right) = h(\bar{\mathbf{x}})$, por lo que obtenemos:

$$h\left(\lambda\bar{\mathbf{x}} + (1-\lambda)\hat{\mathbf{x}}\right) \geq g\left(\lambda f(\bar{\mathbf{x}}) + (1-\lambda) f(\hat{\mathbf{x}})\right)$$
$$\geq g\left(f(\bar{\mathbf{x}})\right) = h(\bar{\mathbf{x}}).$$

A.2. OPTIMIZACIÓN

El problema general de optimización se refiere a la búsqueda de los valores más altos o más bajos que una función f alcanza en un determinado conjunto.

Es útil recordar que una función real $f : X \to Y$ es una relación que asocia a un valor $x \in X$ un único número real $y \in \mathbb{R}$. Se escribe $y = f(x)$. X es el dominio de la función e $Y \subset \mathbb{R}$ su recorrido.

El máximo [2] de una función es el elemento $f(x^*) \in \mathbb{R}$ que satisface lo siguiente:

$$f(x^*) > f(x) \quad \forall x \in X, \text{ con } x \neq x^* \tag{A.6}$$

En este caso, $x^* \in \mathbb{R}$ es el argumento de la maximización de f, denotado $x^* = \arg\max f(x)$.

---

[2] En general, es posible que exista más de un máximo o mínimo, por lo que correspondería hablar de "un" y no "el", y la condición se satisfaría con desigualdad débil y no estricta. Sin embargo, para efectos de esta exposición relajaremos el supuesto de unicidad sólo al final del capítulo.

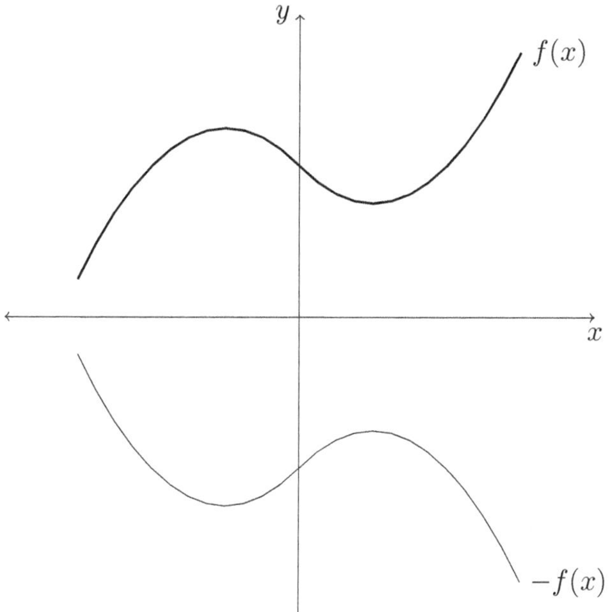

Figura A.1 $-f(x)$ es el espejo de $f(x)$

El mínimo de una función, por su parte, es el elemento $f(x^\star) \in \mathbb{R}$ que satisface:

$$f(x^*) < f(x) \quad \forall x \in X, \text{ con } x \neq x^*$$

En este caso, $x^* \in \mathbb{R}$ es el argumento de la minimización de f, denotado $x^* = \arg\min f(x)$.

Es importante distinguir entre la función y su argumento. En un problema de optimización, la función recibe el nombre de objetivo.

Observe que $-f(x)$ es el "reflejo" de $f(x)$, donde la línea del agua está en el 0. Por ejemplo, la Figura (A.1) ilustra el gráfico de $f(x) = x^2 - x + 1$ y su "reflejo" $-x^2 + x - 1$.

Así, es inmediato verificar que si $x^* = \arg\min f(x)$, entonces $x^* = \arg\max\{-f(x)\}$. En virtud de ello, es posible concentrarse exclusivamente en la maximización.

En lo que sigue, supondremos que f es una función diferenciable.

517

A.2.a. Maximización sin restricciones

Empezamos analizando un problema del tipo:

$$\max_{x \in X} f(x) \tag{A.7}$$

Como mencionamos anteriormente, si $f(x^*)$ es el máximo, no puede haber otro $f(x)$ de mayor valor en ninguna parte. En particular, localmente, es decir, en la vecindad de x^*. Esto permite usar la derivada de la función para facilitar la búsqueda de máximos. El método de búsqueda de un máximo utilizando el cálculo explota esta observación de la siguiente forma: si x^* es un máximo, entonces cualquier movimiento infinitesimal en cualquier dirección debiera traer como consecuencia un menor valor de y.

En el caso más sencillo de una función de una variable, sabemos que y aumenta o disminuye en respuesta a una alteración marginal en x de acuerdo a:

$$dy = \frac{\partial f}{\partial x}dx = f'(x)dx$$

Luego, resulta inmediato que un máximo debe satisfacer:

$$\frac{\partial f}{\partial x} = f'(x) = 0 \tag{A.8}$$

Si esto no fuese así, siempre podríamos encontrar al menos una dirección en la cual conseguiríamos aumentar y. En efecto,

$$dy > 0 \Rightarrow \frac{\partial f}{\partial x}dx > 0$$

de manera que si $\frac{\partial f}{\partial x} > 0$, con un movimiento a la derecha de x^* $(dx > 0)$ se consigue una mejora en el objetivo, y si $\frac{\partial f}{\partial x} < 0$, basta con moverse infinitesimalmente a la izquierda de x^* $(dx < 0)$ para mejorar. La condición A.8 se conoce como **condición de primer orden** (en adelante, CPO).

Pero por supuesto esto no es suficiente, porque la misma condición puede ser usada para evitar una caída de y $(dy < 0)$. Por ejemplo, la función $y = sen(x)$ tiene una primera derivada igual a 0 en $\frac{\pi}{2}$ y en $-\frac{\pi}{2}$, y obviamente -1 no es el máximo, como se aprecia en el gráfico:

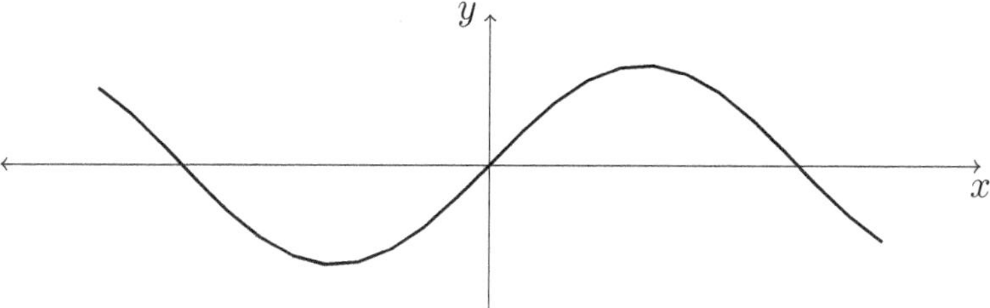

Figura A.2 La función seno(x)

Lo que falta es verificar que al moverse en cualquier dirección, el valor de y caiga. Aquí aparece la segunda observación crucial: la variación de y debe ocurrir a tasas decrecientes, es decir:

$$d^2y = \frac{\partial^2 f}{\partial x^2}\,(dx)^2 = f''(x)\,(dx)^2 < 0 \qquad (A.9)$$

¿Por qué? Observe el gráfico de izquierda a derecha ($dx > 0$) en el tramo en cuestión (para x alrededor de $-\frac{\pi}{2}$). Las diferenciales son negativas y decrecientes, luego positivas y crecientes. Esto tiene que ser así alrededor de un mínimo: a su izquierda deben haber valores mayores, luego la diferencial en cualquiera de esos puntos debe ser negativa; y a tasas decrecientes para hacer una transición "suave" hacia la diferencial positiva (de lo contrario, la función no sería diferenciable en el punto. Esta salvedad debiera dejar claro que este método no es útil en toda circunstancia). Es decir, alrededor de un mínimo la diferencial debe ir creciendo; en otras palabras, la segunda diferencial debe ser positiva. Simétricamente, al aproximarse a un máximo se tienen diferenciales positivas y decrecientes y luego negativas y crecientes: alrededor de un máximo la diferencial debe ir cayendo; en otras palabras, la segunda diferencial debe ser negativa. Así, podemos distinguir un mínimo de un máximo por el signo de la segunda diferencial en el punto. La condición A.9 se conoce como **condición de segundo orden** (en adelante, CSO).

La CPO es necesaria, pero no suficiente (recuerde que un mínimo también la satisface) para obtener un **máximo local interior**. Es suficiente para un máximo local interior que ambas se satisfagan simultáneamente.

Enfatizamos la palabra local porque la búsqueda se restringió a la vecindad del punto. Es posible que otros puntos satisfagan ambas condiciones; el máximo global en ese caso se obtiene por comparación directa de los valores de $f(x)$ entre los candidatos.

Enfatizamos también la palabra interior, porque es posible que el máximo en un dominio acotado ocurra en los extremos. Por ejemplo, el máximo de $3x^2 + 1$ en el intervalo $[0, 1]$ ocurre en el punto $x = 1$. En este punto no se cumplen ni la condición de primer orden ni la de segundo y sin embargo es un máximo, de lo que se desprende que estas condiciones no pueden considerarse necesarias ni suficientes en cualquier caso.

Con más de una variable, la intuición se mantiene. La única diferencia es que no basta con chequear una dimensión, sino que se hace necesario verificar movimientos en toda dirección posible. Así, cuando:

$$y = f(x_1, x_2, ..., x_n)$$

la función objetivo no cambia si las variaciones en las distintas direcciones se compensan mutuamente. La CPO es:

$$dy = \frac{\partial f}{\partial x_1}dx_1 + \frac{\partial f}{\partial x_2}dx_2 + ... + \frac{\partial f}{x_n}dx_n = 0 \qquad \text{(A.10)}$$

$$= \sum_{i=1}^{n} f_i dx_i = 0,$$

mientras que la CSO es:

$$d^2y = \frac{\partial^2 f}{\partial x_1^2}\left(dx_1\right)^2 + \frac{\partial^2 f}{\partial x_1 \partial x_2}dx_1 dx_2 + ... + \frac{\partial^2 f}{\partial x_1 \partial x_n}dx_1 dx_n$$

$$+ \frac{\partial f}{\partial x_2 \partial x_1}dx_2 dx_1 + \frac{\partial^2 f}{\partial x_2^2}\left(dx_2\right)^2 + ... + \frac{\partial^2 f}{\partial x_n \partial x_2}dx_2 dx_n$$

$$+ \frac{\partial f}{\partial x_n \partial x_1}dx_n dx_1 + \frac{\partial^2 f}{\partial x_n \partial x_2}dx_n dx_2 + ... + \frac{\partial^2 f}{\partial x_n^2}\left(dx_n\right)^2 < 0$$

es decir:

$$d^2y = \sum_{i=1}^{n}\sum_{j=1}^{n} f_{ij} dx_i dx_j < 0 \qquad \text{(A.11)}$$

Como antes, un punto $\mathbf{x}^* \in \mathbb{R}^n$ (x en negrita denota un vector, y sin negrita un escalar) es un máximo de $f(\mathbf{x}) = f(x_1, x_2, ..., x_n)$ si desviaciones infinitesimales no cambian el valor del objetivo: $dy = 0$. En la ecuación A.11, vemos que esto se cumple al moverse en cualquier dirección si todas las primeras derivadas parciales de la función son 0; es decir, la CPO es:

$$\frac{\partial f}{\partial x_1} = 0$$

$$\frac{\partial f}{\partial x_2} = 0$$

$$\vdots$$

$$\frac{\partial f}{x_n} = 0 \tag{A.12}$$

Por su parte, la CSO es ligeramente más compleja de verificar. Consideremos primero lo que ocurre al mover una variable a la vez. Como las direcciones aparecen en forma cuadrática (dx^2), es claro que la única forma de cumplir la condición es que las segundas derivadas propias sean negativas $(f_{ii} < 0)$, como antes. Pero al considerar movimientos de dos o más variables a la vez, nos empezamos a encontrar con nuevas condiciones. Así, por ejemplo, en el caso de dos variables,

$$d^2 y = f_{11}\left(dx_1\right)^2 + 2f_{12}dx_1dx_2 + f_{22}\left(dx_2\right)^2 < 0$$

Esto debe cumplirse para cualquier dirección que escojamos, por ejemplo las siguientes:

$$dx_1 = 0 \Rightarrow d^2 y = f_{22}\left(dx_2\right)^2 < 0 \Rightarrow f_{22} < 0$$

$$dx_2 = 0 \Rightarrow d^2 y = f_{11}\left(dx_1\right)^2 < 0 \Rightarrow f_{11} < 0$$

$$dx_1 = \sqrt{-f_{22}}, dx_2 = \sqrt{-f_{11}}$$

$$\Rightarrow d^2 y = -f_{11}f_{22} + 2f_{12}\sqrt{f_{11}f_{22}} - f_{22}f_{11} < 0$$

$$\Rightarrow f_{12} < \sqrt{f_{11}f_{22}}$$

La forma arbitraria en que escogimos esta última dirección puede hacer dudar de si no hay más implicancias del requisito $d^2 y < 0$; la verdad es que no. Consideremos primero las direcciones en que $dx_1 dx_2 \geq 0$:

$$f_{12} < \sqrt{f_{11}f_{22}} \Rightarrow$$

$$f_{11}\left(dx_1\right)^2 + 2f_{12}dx_1dx_2 + f_{22}\left(dx_2\right)^2$$

$$< f_{11}\left(dx_1\right)^2 + 2\sqrt{f_{11}f_{22}}dx_1dx_2 + f_{22}\left(dx_2\right)^2$$

$$= -\left(\sqrt{-f_{11}}dx_1 - \sqrt{-f_{22}}dx_2\right)^2$$

$$< 0$$

Por otra parte, si $dx_1 dx_2 < 0$, tenemos:

$$f_{12} < \sqrt{f_{11} f_{22}} \Rightarrow$$
$$f_{11} (dx_1)^2 - 2 f_{12} dx_1 dx_2 + f_{22} (dx_2)^2$$
$$< f_{11} (dx_1)^2 - 2\sqrt{f_{11} f_{22}} dx_1 dx_2 + f_{22} (dx_2)^2$$
$$= -\left(\sqrt{-f_{11}} dx_1 + \sqrt{-f_{22}} dx_2 \right)^2$$
$$< 0$$

Una manera compacta de escribir la condición anterior es que la matriz de segundas derivadas (o hessiano H_f) sea negativa definida:

$$H_f = \begin{pmatrix} f_{11} & f_{12} \\ f_{21} & f_{22} \end{pmatrix} \quad \text{neg. def.}$$

Recuerde que una matriz H_f es negativa definida si sus menores principales líderes alternan signo, empezando en negativo. Recuerde también que los menores principales líderes son los determinantes de las matrices que se forman eliminando filas y columnas de la matriz principal. El primer menor principal líder es D_1, que se obtiene borrando las últimas $n-1$ filas y columnas de la matriz principal; luego, partiendo del extremo superior izquierdo, D_1 es la primera entrada de la matriz principal. El segundo menor se forma agregando al primero la fila y la columna contiguas (D_2; borramos sólo las últimas $n-2$ filas y columnas de la matriz principal). El tercero de la misma forma, a partir del segundo, y así sucesivamente.

Por ejemplo, en el caso de dos variables, H_f negativa definida se traduce en:

$$D_1 = f_{11} < 0$$
$$D_2 = \begin{vmatrix} f_{11} & f_{12} \\ f_{21} & f_{22} \end{vmatrix} > 0 \Leftrightarrow f_{11} f_{22} - (f_{12})^2 > 0$$

Observe que la condición $f_{22} < 0$ también se deduce de la condición anterior:

$$f_{11} f_{22} > (f_{12})^2 \quad \wedge \quad f_{11} < 0$$
$$\Rightarrow f_{22} < \frac{(f_{12})^2}{f_{11}} < 0$$

De manera que la expresión "H_f negativa definida" es una forma compacta de decir "$f_{11}, f_{22} < 0$ y $f_{12} < \sqrt{f_{11} f_{22}}$" en el caso de dos variables. En el caso general en que hay n variables, la condición de segundo orden es "H_f negativa definida", expresión que sintetiza una serie de requisitos sobre las derivadas cruzadas de f. Observe que $dy = \begin{pmatrix} f_1 \\ f_2 \end{pmatrix}' \begin{pmatrix} dx_1 \\ dx_2 \end{pmatrix}$ y $d^2 y = \begin{pmatrix} dx_1 \\ dx_2 \end{pmatrix}' \begin{pmatrix} f_{11} & f_{12} \\ f_{21} & f_{22} \end{pmatrix} \begin{pmatrix} dx_1 \\ dx_2 \end{pmatrix}$. Como el problema de optimización se trata de "jugar" con los movimientos $\begin{pmatrix} dx_1 \\ dx_2 \end{pmatrix}$ de modo de obtener una condición sobre y, es natural que la solución se exprese en términos de la gradiente $\begin{pmatrix} f_1 \\ f_2 \end{pmatrix}$ y el hessiano $\begin{pmatrix} f_{11} & f_{12} \\ f_{21} & f_{22} \end{pmatrix}$. En general, escribimos $dy = \nabla f(\mathbf{x})^T d\mathbf{x}$ y $d^2 y = d\mathbf{x}^T H_f(\mathbf{x}) d\mathbf{x}$.

Resumen 1. *Para un máximo interior local, las condiciones de primer orden (condición necesaria) y de segundo orden (condición suficiente) son:*
(1) (CPO) gradiente de f igual a 0.
(2) (CSO) hessiano de f negativo definido.

Ejemplo 21. La función $20 x_1 x_2 - x_1^2 x_2^2$ satisface la condición de primer orden en $\{x_1 = 0, x_2 = 0\}$ y en $\left\{ x_1 = \frac{10}{x_2}, x_2 = x_2 \right\}$. La figura A.3 ilustra a esta función f en sus tres dimensiones, y proyecta su gradiente en la base. $\square$

A.2.b. Maximización con restricciones

La maximización con restricciones se refiere al mismo problema anterior, con la salvedad de que la búsqueda se restringe a un subconjunto propio del dominio original de la función. Para facilitar la exposición, normalmente se distinguen dos clases de restricciones: de igualdad y de desigualdad. La restricción de desigualdad es la más general, y corresponde a acotar arbitrariamente el dominio de la función objetivo. La de igualdad es aquella en la que el conjunto de puntos en los que se permite buscar pueden expresarse por medio de una función del tipo $g(x_1, x_2, ..., x_n) = b$. Siguiendo la práctica común, comenzaremos por esta última.

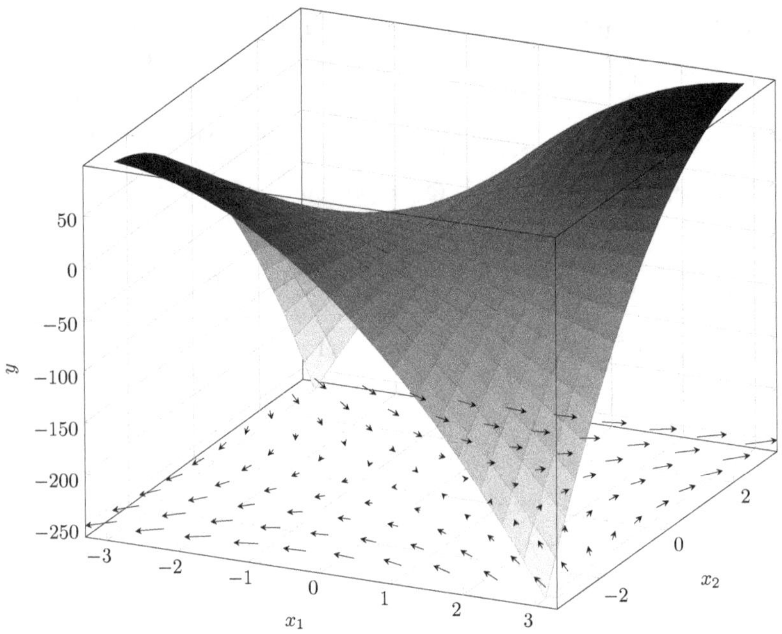

Figura A.3   Una función de dos variables y su gradiente

Restricciones de igualdad

Para abordar este problema hay en general dos estrategias posibles; la elección se hace sencillamente por conveniencia.

La primera estrategia reduce la dimensión del problema. En efecto, el problema inicial

$$\max_{\mathbf{x}\in\mathbb{R}^n} f(x_1, x_2, ..., x_n)$$
$$\text{sujeto a}: b = g(x_1, x_2, ..., x_n) \tag{A.13}$$

se transforma obteniendo de $b = g(x_1, x_2, ..., x_n)$ una expresión para alguna variable, digamos $x_2 = h(x_1, x_3, ..., x_n; b)$, y reemplazándola en la función objetivo para obtener:

$$\max_{\mathbf{x}\in\mathbb{R}^{n-1}} f(x_1, h(x_1, x_3, ..., x_n), ..., x_n) \tag{A.14}$$

El nuevo problema se trata como lo explica la sección anterior. Este método es sencillo, pero a veces puede resultar impracticable por la imposibilidad de despejar una variable de la restricción, o simplemente

524

engorroso. En ocasiones, el segundo método es preferido porque entrega información adicional sobre las características del óptimo que es útil en determinadas aplicaciones.

La segunda estrategia, conocida como el **método de Lagrange**, de hecho aumenta la dimensión del problema al transformarlo en:

$$\max_{\mathbf{x}\in\mathbb{R}^n} f(x_1, x_2, ..., x_n) + \lambda\left[b - g(x_1, x_2, ..., x_n)\right] \qquad (A.15)$$

donde el escalar λ es considerado como una variable más al obtener las condiciones de primer orden –pero no es una variable más, como veremos más adelante. Observe lo siguiente:

1. Si la restricción es de hecho satisfecha, la nueva función $\mathcal{L} = f(x_1, x_2, ..., x_n) + \lambda\left[b - g(x_1, x_2, ..., x_n)\right]$ alcanza el mismo máximo que el objetivo inicial.

2. Al considerar a λ como una variable de elección, la condición de primer orden va a exigir la satisfacción de la restricción: $\frac{\partial \mathcal{L}}{\partial \lambda} = b - g(x_1, x_2, ..., x_n) = 0$. De esta manera se fuerza que cualquier solución de la maximización de la nueva función (conocida como "el lagrangeano") pertenezca al conjunto de puntos admisible.

La condición de primer orden es la misma (y por las mismas razones) que en la sección anterior; vale decir, la gradiente de $\mathcal{L}$ debe ser nula, pues de lo contrario podríamos encontrar formas de aumentar f. En el caso de dos variables, las CPO son las siguientes:

$$\frac{\partial \mathcal{L}}{\partial x_1} = f_1 - \lambda g_1 = 0$$

$$\frac{\partial \mathcal{L}}{\partial x_2} = f_2 - \lambda g_2 = 0$$

$$\frac{\partial \mathcal{L}}{\partial \lambda} = b - g(x_1, x_2) = 0$$

de las dos primeras, obtenemos:

$$\lambda = \frac{f_1}{g_1} = \frac{f_2}{g_2}$$

La condición de segundo orden, en cambio, es diferente. La razón es que al restringir la búsqueda a los puntos que satisfagan $g(x_1, x_2, ..., x_n) = b$, de hecho nos ahorramos las restricciones asociadas a las direcciones que actualmente son inadmisibles.

Consideremos primero el caso de dos variables. Al añadir la restricción $g(x_1, x_2) = b$, reducimos la dimensión del problema en uno. Utilizando el primer método propuesto para resolver este problema de optimización, tendríamos que despejar de la restricción x_2 en función de x_1 (y del parámetro b, que omitiremos en la notación). Llamemos a la función implícita resultante h, de modo que despejando obtenemos la función $x_2 = h(x_1)$. Decíamos que podemos resolver el problema reemplazando $x_2 = h(x_1)$ en la función objetivo original, de modo que obtenemos

$$f(x_1, x_2) = f(x_1, h(x_1)) = F(x_1).$$

Claramente, si queremos maximizar $F(x_1)$, obtenemos las siguientes condiciones de primer y segundo orden:

$$CPO \quad : \quad \frac{\partial F}{\partial x_1} = F_1 = 0$$

$$CSO \quad : \quad \frac{\partial^2 F}{\partial x_1^2} = F_{11} < 0$$

Pero recordando que $F(x_1) = f(x_1, h(x_1))$ obtenemos:

$$\frac{\partial F}{\partial x_1} = F_1 = f_1(x_1, h(x_1)) + f_2(x_1, h(x_1)) h_1(x_1)$$

$$\frac{\partial^2 F}{\partial x_1^2} = F_{11}$$

$$= f_{11} + f_{12}h_1 + f_{21}h_1 + f_{22}(h_1)^2 + f_2 h_{11}$$

$$= f_{11} + 2f_{12}h_1 + f_{22}(h_1)^2 + f_2 h_{11}$$

Además, sabemos que $x_2 = h(x_1)$ cumple con la restricción $g(x_1, x_2) = b$, por lo que obtenemos:

$$g_1 dx_1 + g_2 dx_2 = 0$$

$$\Rightarrow \frac{dx_2}{dx_1} = \frac{\partial h(x_1)}{\partial x_1} = h_1 = -\frac{g_1}{g_2}$$

Por último, dado que:

$$h_1 = -\frac{g_1(x_1, x_2)}{g_2(x_1, x_2)} = -\frac{g_1(x_1, h(x_1))}{g_2(x_1, h(x_1))}$$

526

obtenemos:

$$h_{11} = -\left[\frac{g_2\left(g_{11} + g_{12}h_1\right) - g_1\left(g_{21} + g_{22}h_1\right)}{\left(g_2\right)^2}\right]$$

$$= -\left[\frac{g_2\left(g_{11} + g_{12}\left(-\frac{g_1}{g_2}\right)\right) - g_1\left(g_{21} + g_{22}\left(-\frac{g_1}{g_2}\right)\right)}{\left(g_2\right)^2}\right]$$

$$= -\frac{1}{\left(g_2\right)^2}\left[g_2 g_{11} - g_{12}g_1 - g_1 g_{21} + \frac{g_{22}\left(g_1\right)^2}{g_2}\right]$$

$$= -\frac{1}{\left(g_2\right)^2}\left[g_2 g_{11} - 2g_1 g_{12} + \frac{g_{22}\left(g_1\right)^2}{g_2}\right]$$

Entonces, F_{11} es:

$$F_{11} = f_{11} + 2f_{12}h_1 + f_{22}\left(h_1\right)^2 + f_2 h_{11}$$

$$= f_{11} + 2f_{12}\left(-\frac{g_1}{g_2}\right) + f_{22}\left(-\frac{g_1}{g_2}\right)^2$$

$$- \frac{f_2}{\left(g_2\right)^2}\left[g_2 g_{11} - 2g_1 g_{12} + \frac{g_{22}\left(g_1\right)^2}{g_2}\right]$$

que puede ser reescrita como:

$$F_{11} = \frac{1}{\left(g_2\right)^2}\left(f_{11}\left(g_2\right)^2 - 2g_1 g_2 f_{12} + f_{22}\left(g_1\right)^2 - f_2 g_2 g_{11} + \right.$$

$$\left. 2f_2 g_1 g_{12} - \frac{f_2 g_{22}\left(g_1\right)^2}{g_2}\right)$$

Luego, la la condición de segundo orden es:

$$F_{11} = \left(\frac{1}{\left(g_2\right)^2}f_{11}\left(g_2\right)^2 - 2g_1 g_2 f_{12} + f_{22}\left(g_1\right)^2 - \lambda g_{11}\left(g_2\right)^2\right.$$

$$\left. + 2\lambda g_{12}g_1 g_2 - \lambda g_{22}\left(g_1\right)^2\right)$$

$$= \frac{1}{\left(g_2\right)^2}\left[g_2^2\left(f_{11} - \lambda g_{11}\right) - 2g_1 g_2\left(f_{12} - \lambda g_{12}\right) + g_1^2\left(f_{22} - \lambda g_{22}\right)\right] < 0$$

lo que corresponde a pedir exclusivamente $\left|\overline{H}_{\mathcal{L}}\right| > 0$, donde

$$\overline{H}_{\mathcal{L}} \equiv \begin{pmatrix} 0 & g_1 & g_2 \\ g_1 & \mathcal{L}_{11} & \mathcal{L}_{12} \\ g_2 & \mathcal{L}_{21} & \mathcal{L}_{22} \end{pmatrix} = \begin{pmatrix} 0 & g_1 & g_2 \\ g_1 & f_{11} - \lambda g_{11} & f_{12} - \lambda g_{12} \\ g_2 & f_{12} - \lambda g_{12} & f_{22} - \lambda g_{22} \end{pmatrix}$$

es el hessiano orlado (o con bordes) de $\mathcal{L}$, puesto que se construye agregándole un "borde" al hessiano de f.

Así, en el caso de dos variables hay una sola condición de segundo orden, puesto que la búsqueda se reduce a una línea, tal como en el caso de optimización sin restricciones en una variable.

Ahora bien, con más de dos variables (o en general, si m es el número de restricciones, con $n - m \geq 2$), el problema obviamente se complica porque ya no se busca en una línea, sino en conjuntos más complicados y surgen restricciones adicionales. La condición de segundo orden en el caso general se puede escribir en términos de los menores principales líderes del hessiano orlado $\overline{H}_{\mathcal{L}}$. En general, entonces, tenemos:

Resumen 2 (Optimización con restricciones de igualdad). *El problema:*

$$\max_{x_1,\dots,x_n} f\left(x_1, \dots, x_n\right) \quad \text{sujeto a}$$

$$b_1 = g_1\left(x_1, \dots, x_n\right)$$

$$\vdots$$

$$b_m = g_m\left(x_1, \dots, x_n\right)$$

con el lagrangeano asociado:

$$\mathcal{L} = f\left(x_1, \dots, x_n\right) + \sum_{j=1}^{m} \left[b_j - g_j\left(x_1, \dots, x_n\right)\right]$$

tiene como solución:
(1) (CPO) gradiente de $\mathcal{L}$ igual a 0.
(2) (CSO) $(-1)^r \, \overline{D}_r\left(\mathbf{x}^*\right) > 0$ para cada $r \in \{m+1, \dots, n\}$, donde cada $\overline{D}_r\left(\mathbf{x}^*\right)$ es el menor principal líder de orden r evaluado en $\mathbf{x}^*$ del hessiano orlado definido como:

$$\overline{H}_{\mathcal{L}}\left(\mathbf{x}\right) = \begin{pmatrix} \mathbf{0}_{m\times m} & \nabla g\left(\mathbf{x}\right)^{T}_{m\times n} \\ \nabla g\left(\mathbf{x}\right)_{n\times m} & H_{\mathcal{L}}\left(\mathbf{x}\right)_{n\times n} \end{pmatrix}$$

(con $H_{\mathcal{L}}\left(\mathbf{x}\right)$ matriz de segundas derivadas de $\mathcal{L}$ respecto de $\mathbf{x}$, y $\nabla g\left(\mathbf{x}\right)$ gradiente de g, o vector de primeras derivadas).

Esto es, los últimos $(n - m)$ menores principales (líderes) del hessiano orlado alternan signo, empezando con el signo de $(-1)^{m+1}$.[3]

---

[3] Es decir, si hay una restricción, el primer determinante es positivo; si hay dos, el primero es negativo, y así sucesivamente.

528

El hessiano orlado, para el caso de n variables y m restricciones, corresponde a:

$$\overline{H}_{\mathcal{L}} = \begin{pmatrix} 0 & \cdots & 0 & \frac{\partial g^1}{\partial x_1} & \cdots & \frac{\partial g^1}{\partial x_n} \\ \vdots & & \vdots & \vdots & & \vdots \\ 0 & \cdots & 0 & \frac{\partial g^m}{\partial x_1} & \cdots & \frac{\partial g^m}{\partial x_n} \\ \frac{\partial g^1}{\partial x_1} & \cdots & \frac{\partial g^m}{\partial x_1} & \frac{\partial^2 \mathcal{L}}{\partial x_1^2} & \cdots & \frac{\partial^2 \mathcal{L}}{\partial x_1 \partial x_n} \\ \vdots & & \vdots & \vdots & & \vdots \\ \frac{\partial g^1}{\partial x_n} & \cdots & \frac{\partial g^m}{\partial x_n} & \frac{\partial^2 \mathcal{L}}{\partial x_1 \partial x_n} & \cdots & \frac{\partial^2 \mathcal{L}}{\partial x_n^2} \end{pmatrix}$$

Note que n sigue siendo el número de variables, y el menor de orden r se obtiene borrando $n - r$ filas y columnas. Así, si $n = 3$ y $m = 1$, el menor principal líder de orden $m + 1$ (denotado por $\overline{D}_{m+1}$) es el determinante de la submatriz que se obtiene borrando la última fila y columna de $\overline{H}_{\mathcal{L}}$. En cambio, si $n = 2$ y $m = 1$, para obtener $\overline{D}_{m+1}$ no se borra ninguna fila ni columna a $\overline{H}_{\mathcal{L}}$.

Ejemplo 22. Considere el caso en que $n = 3$ y $m = 1$. Entonces, el hessiano orlado (en notación más compacta) es:

$$\overline{H}_{\mathcal{L}} = \begin{pmatrix} 0 & g_1 & g_2 & g_3 \\ g_1 & \mathcal{L}_{11} & \mathcal{L}_{12} & \mathcal{L}_{13} \\ g_2 & \mathcal{L}_{21} & \mathcal{L}_{22} & \mathcal{L}_{23} \\ g_3 & \mathcal{L}_{31} & \mathcal{L}_{32} & \mathcal{L}_{33} \end{pmatrix}$$

y los menores principales líderes (empezando por D_1, en que borramos las últimas $n - 1$ filas y columnas de $\overline{H}_{\mathcal{L}}$) son:

$$\overline{D}_1 = \begin{vmatrix} 0 & g_1 \\ g_1 & \mathcal{L}_{11} \end{vmatrix}, \quad \overline{D}_2 = \begin{vmatrix} 0 & g_1 & g_2 \\ g_1 & \mathcal{L}_{11} & \mathcal{L}_{12} \\ g_2 & \mathcal{L}_{21} & \mathcal{L}_{22} \end{vmatrix}, \quad \overline{D}_3 = \begin{vmatrix} 0 & g_1 & g_2 & g_3 \\ g_1 & \mathcal{L}_{11} & \mathcal{L}_{12} & \mathcal{L}_{13} \\ g_2 & \mathcal{L}_{21} & \mathcal{L}_{22} & \mathcal{L}_{23} \\ g_3 & \mathcal{L}_{31} & \mathcal{L}_{32} & \mathcal{L}_{33} \end{vmatrix}.$$

En este caso, entonces, la CSO exige que los últimos dos menores principales del hessiano orlado alternen signo, empezando con signo positivo. Esto es, $\overline{D}_2 > 0$ y $\overline{D}_3 < 0$. $\qquad \square$

Es importante notar que el multiplicador de Lagrange tiene la interpretación del aporte de una unidad del recurso restringido al objetivo:

$$\frac{d\mathcal{L}(\mathbf{x}^*)}{db} = \sum_{i=1}^{n} \left.\frac{\partial f(\mathbf{x})}{\partial x_i}\right|_{\mathbf{x}^*} \frac{\partial x_i^*}{\partial b} + \lambda - \lambda \left[\sum_{i=1}^{n} \left.\frac{\partial g(\mathbf{x})}{\partial x_i}\right|_{\mathbf{x}^*} \frac{\partial x_i^*}{\partial b}\right]$$

$$= \lambda + \sum_{i=1}^{n} \frac{\partial x_i^*}{\partial b} \left[\left.\frac{\partial f(\mathbf{x})}{\partial x_i}\right|_{\mathbf{x}^*} - \lambda \sum_{i=1}^{n} \left.\frac{\partial g(\mathbf{x})}{\partial x_i}\right|_{\mathbf{x}^*}\right]$$

$$= \lambda$$

donde el último paso surge de observar que en $\mathbf{x}^*$ la condición de primer orden se satisface. De manera que el valor del multiplicador nos entrega información sobre qué tan valioso es el recurso limitante.

Cabe resaltar que el método de Lagrange no transforma un problema de optimización de n variables en otro problema normal de optimización de $n + m$ variables. En efecto, λ **no es** una variable regular en la optimización. Observe que si lo fuera, se podría hacer crecer ilimitadamente el valor de $\mathcal{L}$ simplemente escogiendo valores de $\mathbf{x}$ que dieran $[b - g\left(x_1, ..., x_n\right)] > 0$ para luego hacer $\lambda \to \infty$. Es decir, si λ fuese una variable de decisión, el problema no tendría solución. El lagrangeano es simplemente una manera conveniente de recopilar la información.

Restricciones de desigualdad

Finalmente, analizamos el problema de la forma:

$$\max_{\mathbf{x} \in \mathbb{R}^n} f(x_1, x_2, ..., x_n) \text{ sujeto a}$$

$$b^1 \geq g^1(x_1, x_2, ..., x_n)$$

$$\vdots$$

$$b^m \geq g^m(x_1, x_2, ..., x_n)$$

en que el conjunto de restricciones nuevamente reduce el dominio de la función, pero no limitadas a funciones, sino que ahora permitiendo la delimitación de áreas (o volúmenes, o lo que corresponda de acuerdo a la dimensión del problema).

Consideremos primero el caso de una restricción. En general, dos cosas pueden suceder: o la restricción se cumple con igualdad, o lo hace con desigualdad estricta. Cuando el óptimo irrestricto se encuentra dentro

530

del área encerrada por la restricción, decimos que la restricción se satisface "con holgura", y el hecho de que exista no altera en absoluto el problema. En cambio, cuando el óptimo irrestricto se encuentra fuera de lo permitido por las restricciones, lo natural es que la restricción se satisfaga con igualdad.

Lo anterior está estrechamente relacionado con el valor del multiplicador de Lagrange: si la restricción se satisface con holgura, entonces un pequeño aumento en la restricción no afecta en absoluto el máximo valor alcanzable (pues de hecho "ya sobraba"), de manera que el multiplicador es 0. Si no se satisface con holgura, ese hecho debiera reflejarse en el valor de λ.

Esta idea se puede expresar complementando el método de Lagrange. El problema:

$$\mathcal{L} = f(x_1, x_2, ..., x_n) + \sum_{j=1}^{m} \lambda_j \left[b^j - g^j(x_1, x_2, ..., x_n) \right]$$

tiene como condición de primer orden lo siguiente:

$$\frac{\partial \mathcal{L}}{\partial x_i} = f_i - \sum_{j=1}^{m} \lambda_j g_i^j = 0$$

$$\frac{\partial \mathcal{L}}{\partial \lambda_j} = b^j - g^j(x_1, x_2, ..., x_n) \geq 0,$$

$$\text{con holgura complementaria } \lambda_j \frac{\partial \mathcal{L}}{\partial \lambda_j} = 0$$

La condición de holgura complementaria (en adelante, c.h.c.) resume lo señalado anteriormente: o $\lambda_j = 0$, es decir, la restricción no es operativa, en cuyo caso es perfectamente posible que $b^j - g^j(x_1, x_2, ..., x_n) < 0$, o bien $\lambda_j > 0$; vale decir, la restricción afecta el máximo valor alcanzable del objetivo y, por tanto, debe satisfacerse con igualdad. Observe que si todas las restricciones se satisfacen con holgura, obtenemos la misma condición de gradiente nula que en un problema de optimización sin restricciones.

Este conjunto de condiciones se conoce como **condiciones de Karush-Kuhn-Tucker** (en adelante, KKT), y el método en general se nombra de la misma forma.

Respecto de las condiciones de segundo orden, baste decir que dependen de si las restricciones se satisfacen con o sin holgura y, por tanto, se prosigue como se describe en las secciones anteriores.

Ocurre que en general las condiciones de KKT no son ni necesarias ni suficientes para la obtención de un máximo. Sin embargo, las excepciones son tremendamente inusuales y pueden ser identificadas por no satisfacer la siguiente condición:

$$dg(x^*) \leq 0$$

De manera que si esto se cumple, las condiciones son necesarias. Si además la función objetivo es cóncava y el conjunto de posibilidades es convexo, entonces son también suficientes.

Una restricción que es muy frecuente en aplicaciones en economía es la de no negatividad de las variables de elección:

$$\max_{\mathbf{x} \in \mathbb{R}^n} f(x_1, x_2, ..., x_n) \text{ sujeto a}$$

$$0 \leq x_1, x_2, ..., x_n$$

Éste es un caso particular del anterior, pero su forma simple permite una solución que prescinde de los multiplicadores, usando la siguiente condición de KKT:

$$\frac{\partial f}{\partial x_i} \leq 0 \quad \text{c.h.c.} \quad x_i \frac{\partial f}{\partial x_i} = 0$$

Si ambas clases de restricciones se dan simultáneamente, tenemos que el problema:

$$\max_{\mathbf{x} \in \mathbb{R}^n} f(x_1, x_2, ..., x_n) \text{ sujeto a}$$

$$b^1 \geq g^1(x_1, x_2, ..., x_n)$$

$$\vdots$$

$$b^m \geq g^m(x_1, x_2, ..., x_n)$$

$$0 \leq x_1, x_2, ..., x_n$$

tiene asociado el lagrangeano:

$$\mathcal{L} = f(x_1, x_2, ..., x_n) + \sum_{j=1}^{m} \lambda_j \left[b^j - g^j(x_1, x_2, ..., x_n) \right]$$

que tiene como condiciones de KKT:

$$\frac{\partial \mathcal{L}}{\partial x_i} = f_i - \sum_{j=1}^{m} \lambda_j g_i^j \leq 0 \quad \text{c.h.c.} \quad x_i \frac{\partial \mathcal{L}}{\partial x_i} = 0$$

$$\frac{\partial \mathcal{L}}{\partial \lambda_j} = b^j - g^j(x_1, x_2, ..., x_n) \geq 0 \quad \text{c.h.c.} \quad \lambda_j \frac{\partial \mathcal{L}}{\partial \lambda_j} = 0$$

A.2.c. Estática comparativa

El problema que abordamos a continuación es preguntarnos qué ocurre tanto con el punto óptimo como con el valor maximizado del objetivo cuando alguno de los parámetros del objetivo se modifica.

En efecto, sea:

$$\begin{pmatrix} x_1^*(a) \\ \vdots \\ x_n^*(a) \end{pmatrix} = \arg\max f(x_1, ..., x_n; a)$$

y el óptimo $y^* = f(x_1^*, ..., x_n^*; a) = \max_{\mathbf{x} \in \mathbb{R}^n} f(x_1, ..., x_n; a)$; vale decir, el valor maximizado de f para un nivel dado de a.

Nos preguntamos:

1. ¿Cómo cambian las variables óptimas al cambiar el parámetro?

2. ¿Cómo cambia el nivel del objetivo alcanzado?

La primera pregunta es lo que tradicionalmente se entiende por estática comparativa, y se centra en el signo (y ocasionalmente magnitud) de funciones de la forma:

$$\frac{\partial x_i^*(a)}{\partial a}$$

La segunda pregunta se refiere al máximo. Sobre el particular, usaremos intensivamente el siguiente resultado:

Teorema 43 (de la envolvente).

$$\frac{\partial y^*}{\partial a} = \frac{\partial f(x_1^*, ..., x_n^*; a)}{\partial a}$$

Demostración. En efecto,

$$\frac{\partial y^*}{\partial a} = \sum_{i=1}^{n} \frac{\partial f(x_1^*, ..., x_n^*; a)}{\partial x_i^*} \frac{\partial x_i^*}{\partial a} + \frac{\partial f(x_1^*, ..., x_n^*; a)}{\partial a}$$

pero por condiciones de primer orden,

$$\frac{\partial f(x_1^*, ..., x_n^*; a)}{\partial x_i^*} \;=\; 0 \quad \forall i = 1, ..., n$$

Reemplazando en la ecuación anterior se obtiene el resultado buscado.

$\square$

Este resultado es tremendamente importante porque permite simplificar notoriamente el análisis de las características del óptimo. En particular, nos dice que todos los efectos secundarios que el cambio en el parámetro provoca sobre la elección del óptimo son cero (puesto que de lo contrario no nos encontraríamos en el óptimo en primera instancia). Observe que ya usamos previamente esta idea para interpretar el multiplicador lagrangeano.

Ejercicio 29. Demuestre que en un problema de maximización con restricciones, el teorema de la envolvente indica que

$$\frac{\partial y^*}{\partial a} = \frac{\partial \mathcal{L}(x_1^*, ..., x_n^*, \lambda_1^*, ..., \lambda_m^*; a)}{\partial a}$$

donde a corresponde a un parámetro del problema. $\quad\square$

A.3. Funciones homogéneas

Una función $f(x_1, ..., x_n)$ se dice **homogénea de grado** r si satisface:

$$f(\lambda x_1, ..., \lambda x_n) = \lambda^r f(x_1, ..., x_n)$$

Este tipo de funciones presentan una serie de propiedades especiales, como la que se enuncia en el siguiente teorema:

Teorema 44. *[Euler] Si la función* $y = f(x_1, ..., x_n)$ *es homogénea de grado* r, *entonces* $\sum\limits_{i=1}^{n} \frac{\partial f(x_1,...,x_n)}{\partial x_i} x_i = ry.$

Demostración. Derivando respecto de λ la expresión:

$$f(\lambda x_1, ..., \lambda x_n) = \lambda^r f(x_1, ..., x_n)$$

obtenemos:

$$\frac{\partial f\left(\lambda x_1, ..., \lambda x_n\right)}{\partial\left(\lambda x_1\right)}x_1 + ... + \frac{\partial f\left(\lambda x_1, ..., \lambda x_n\right)}{\partial\left(\lambda x_n\right)}x_n = r\lambda^{r-1}f\left(x_1, ..., x_n\right)$$

Evaluando en $\lambda = 1$:

$$\sum_{i=1}^{n}\frac{\partial f\left(x_1, ..., x_n\right)}{\partial x_i}x_i = rf\left(x_1, ..., x_n\right) = ry$$

$\square$

A continuación se presenta otra demostración del teorema, para el caso de una función con dos argumentos, que enfatiza la relación que hay entre derivadas parciales y razón de uso (x_2/x_1) en el caso de las funciones homogéneas.

Sabemos que en este caso la definición de homogeneidad implica que $f\left(\lambda x_1, \lambda x_2\right) = \lambda^r f\left(x_1, x_2\right)$; si tomamos $\lambda = \frac{1}{x_1}$, obtenemos que:

$$f\left(1, \frac{x_2}{x_1}\right) = \left(\frac{1}{x_1}\right)^r f\left(x_1, x_2\right),$$

de lo que se desprende lo siguiente:

$$f\left(x_1, x_2\right) = x_1^r f\left(1, \frac{x_2}{x_1}\right) \equiv x_1^r g\left(\frac{x_2}{x_1}\right)$$

$$\Rightarrow f_1 = \frac{\partial f\left(x_1, x_2\right)}{\partial x_1} = rx_1^{r-1}g\left(\frac{x_2}{x_1}\right) - x_2 x_1^{r-2}g'\left(\frac{x_2}{x_1}\right)$$

$$\Rightarrow f_2 = \frac{\partial f\left(x_1, x_2\right)}{\partial x_2} = x_1^{r-1}g'\left(\frac{x_2}{x_1}\right)$$

Luego, si computamos $\frac{\partial f(x_1,x_2)}{\partial x_1}x_1 + \frac{\partial f(x_1,x_2)}{\partial x_2}x_2 = f_1 x_1 + f_2 x_2$ obtenemos lo enunciado en el teorema:

$$f_1 x_1 + f_2 x_2 = rx_1^r g\left(\frac{x_2}{x_1}\right) - x_2 x_1^{r-1}g'\left(\frac{x_2}{x_1}\right) + x_2 x_1^{r-1}g'\left(\frac{x_2}{x_1}\right)$$

$$= rx_1^r g\left(\frac{x_2}{x_1}\right)$$

$$= rf\left(x_1, x_2\right) = ry$$

Otra propiedad interesante de este tipo de funciones es que la razón de los aportes marginales de x_1 y x_2 depende sólo de su uso relativo, y no del nivel de cada uno por separado (es decir, $\frac{f_1}{f_2}$ depende sólo de $\frac{x_1}{x_2}$ y no de x_1 ó x_2 individualmente). En efecto, tenemos:

$$\frac{f_1}{f_2} = \frac{r x_1^{r-1} g\left(\frac{x_2}{x_1}\right) - x_2 x_1^{r-2} g'\left(\frac{x_2}{x_1}\right)}{x_1^{r-1} g'\left(\frac{x_2}{x_1}\right)}$$

$$= \frac{r g\left(\frac{x_2}{x_1}\right)}{g'\left(\frac{x_2}{x_1}\right)} - \left(\frac{x_2}{x_1}\right)$$

Esta propiedad se presenta en un conjunto más amplio de funciones, que incluye a las funciones homogéneas y cualquier transformación creciente de una función homogénea. Estas funciones se denominan **funciones homotéticas**.

Ejercicios

1. Usted desea construir un vaso de papel, sin tapa, de forma cilíndrica, de radio r y altura h. Para ello cuenta con una hoja de papel de 20 por 20 centímetros, de la que debe recortar la base (un círculo de diámetro $2r$) y el lado (un rectángulo, uno de cuyos lados envuelve la base, mientras el otro lado da la altura). Su objetivo es diseñar el vaso con mayor volumen posible. Recuerde que el volumen de un cilindro es $V = \pi r^2 h$, donde h es su altura y r el radio.

   a) Plantee el problema a resolver. Explique.

   b) Resuélvalo por el método de KKT. Sea claro en explicar su procedimiento, y no olvide condiciones de segundo orden.

   c) ¿Cuánto aumentaría el volumen del vaso si tuviera un pedazo de papel de 21×20 centímetros? ¿Y si fuera de 20×21 centímetros?

2. Considere el problema

$$\text{máx } 4x_1 + x_2 - x_1^2$$
$$\text{sujeto a } 2x_1 + x_2 \leq 5$$
$$2x_1 - x_2 \leq 3$$
$$x_1, x_2 \geq 0$$

   a) Muestre en un gráfico el conjunto en el que se puede buscar; esto es, los puntos que satisfacen las desigualdades.

   b) Dibuje curvas de nivel de la función objetivo.

   c) Basado en lo anterior, ¿en qué parte(s) del conjunto de posibilidades cree usted que es más probable que se encuentre el óptimo? Explique su razonamiento.

   d) Resuelva el problema por el método de KKT (pero sin olvidar su razonamiento anterior).

3. Considere el problema:

$$\max_{x_1, x_2} (x_1 - 2)^2 + (x_2 - 2)^2$$
$$\text{sujeto a } x_1 + x_2 \leq L$$
$$x_1, x_2 \geq 0$$

donde $L > 0$.

   a) Plantee las condiciones de KKT.

   b) Encuentre los puntos que las satisfacen.

   c) Verifique el cumplimiento de las condiciones de segundo orden que corresponda, y determine el (los) máximo(s) global(es).

4. Las siguientes ecuaciones corresponden a la demanda y oferta internas de paltas:

$$P_d = 200 - 2Q_d$$
$$P_o = 2Q_o$$

El precio internacional es P^*. Plantee para cada una de las siguientes preguntas, un problema de optimización tal que su solución sea la respuesta. Especifique claramente todas las restricciones que corresponda.

   a) ¿Qué tarifa a las importaciones maximiza la recaudación fiscal?

   b) ¿Qué tarifa a las importaciones maximiza el excedente total?

   c) ¿Qué tarifa a las importaciones maximiza el excedente de los productores locales?

5. Considere el problema:

$$\max_{x_1,x_2} y = x_1^3 x_2 \sqrt{\frac{4}{3} - x_2^2 - x_1^2}$$

   a) Plantee las CPO.

   b) Encuentre los puntos que las satisfacen.

   c) Utilice las CSO para escoger el máximo. ¿Es el máximo encontrado un máximo global?

6. Considere el problema:

$$\max_{x_1,x_2} y = x_1 + \sqrt{x_2}$$
$$\text{sujeto a} \quad m \geq 20x_1 + x_2$$
$$0 \leq x_1, x_2$$

   a) Plantee las condiciones de primer orden.

   b) Resuelva para el caso en que $m > 100$, verificando el cumplimiento de las condiciones de segundo orden.

   c) Resuelva para el caso en que $m < 100$.

   d) Determine en cuánto mejoraría el máximo si se aumentara m en una unidad, si el m original fuese:

   1) $m = 25$

   2) $m = 150$

Índice temático

Óptimo
    de Pareto, 232

Activo
    ordinario, 332
    puro, 332
Agente (o delegado), 462
Agente representativo, 282, 287
Apropiación
    completa, 265
    incompleta, 265
Apuesta justa, *véase* Juego justo
Asignación
    alcanzable, 311
    Factible, 234
Atributos
    de los activos, 40
    modelo de, 37
Aversión al riesgo, 201, 208
    absoluta, 205
    relativa, 205
Axioma
    de elección, 4, 5
    de preferencias, 4
    de preferencias reveladas, 112, 283
    fundamental del bienestar, 42

Bayes
    regla de, 488
Bernoulli
    función de utilidad, 197
    concavidad de, 205
    transformación, 203
Bertrand
    modelo de, 446
Bien, 11
    inferior, 62
    mal, 11
    neutro, 11, 62
    normal, 62
    público, 385
Bienestar, 41
    del consumidor, 81
    Primer Teorema del, 262
    segundo teorema, 321
    social, 223
Bienestarismo, 254

Cartera, 40, 331
Coherencia intertemporal, 43
Condición
    de primer orden, 518
    de segundo orden, 519
Condición de no cierre, 138
Conjunto
    de información, 424
    de posibilidades, 4
Consecuencialismo, 253
Consumidor representativo
    normativo, 286
    positivo, 286
Consumo
    contingente, 198, 334

intertemporal, 34, 328
Contratos, 461, 499
   con pago variable, 469, 504
   menú de, 499
Convexidad
   curva de indiferencia, 14
      y cuasiconcavidad, 23
      y preferencias reveladas, 118
Costo
   de oportunidad, 17, 26, 30, 133
   función de mínimo, 135
   marginal, 135
   medio, 136
   unitario, 136, 356, 361
Cournot
   agregación de, 64
   modelo de, 407, 441
Creencias, 194, 486
   a priori, 488
   y regla de Bayes, 488
Curva
   de contrato, 237, 335, 345
   de demanda, 56
   de indiferencia, 12
   de oferta, 138
   de oferta-demanda, 313
   de transformación, 347, 359

Delegado, 462
   averso al riesgo, 463
   neutral al riesgo, 471, 476
Demanda
   agregada, 270, 281
   compensada o hicksiana, 55
   de factores
      condicionada, 135, 152
      no condicionada, 137, 160
   ordinaria o marshalliana, 53
Dilema del prisionero, 406

Discriminación de precios, 182
   de segundo grado, 186
   de tercer grado, 184
   perfecta (o de primer grado), 182
Disposición a pagar, 82, 182, 186, 236
   definición, 25

Economía
   con producción, 343
   de intercambio, 271, 311
   de la conducta, 44
Edgeworth
   caja de, 234, 235, 328, 331, 344, 466
Efecto
   escala, 141, 160
   ingreso, 58
   sustitución, 58, 141, 160
Eficiencia, 231, *véase* Óptimo de Pareto, *véase* Óptimo de Pareto, 473
Elasticidad
   cruzada, 61, 156, 165
   de sustitución, 132
   ingreso, 62
   precio, 61, 153, 164
Engel
   agregación de, 63
Equilibrio
   agrupador, 493, 499
   general, 271
   parcial, 271
   separador, 493, 499, 502
Equilibrio bayesiano
   perfecto, 490
Equilibrio de Nash, 412, 443, 447, 494
   bayesiano perfecto, 493

perfecto en subjuegos, 422,
462
Equilibrio walrasiano
de largo plazo, 293
de un mercado, 269
de una economía
con producción, 275
de intercambio, 272, 313
general, 271
parcial, 271
unicidad, 315
Equivalente cierto, 208
Escala
economías de, 136
rendimientos a, 128, 141
Esfuerzo, 463
no verificable, 468
verificable, 465
Estado de la naturaleza, 195
Estrategia
agrupadora, 489, 493
definición, 409
dominante, 408
mixta, 410
pura, 410
separadora, 489, 493
Euler
teorema de, 66, 349, 534
Excedente
del consumidor, 100, 263
marshalliano, 298
del vendedor, 263
marshalliano, 91
Excedente del consumidor
marshalliano, 82
Excendete
del productor, 298
Externalidad
en el consumo, 384
en la producción, 384

Factor
de descuento, 330
inferior, 157
normal, 157
Factores
q-anticomplementarios, 127
q-complementarios, 127, 162,
165
Fisher-Hirshleifer
teorema de separación, 36
Frontera de posibilidades, 347, 359,
376
Función
de exceso de demanda, 270
de gasto mínimo, 56
de mejor respuesta, 409
de producción, 126
cóncava, 140
cuasicóncava, 135
homogénea, 129
de utilidad, 10
cuasicóncava, 16
homogénea, 66, 534
homotética, 130, 536
Función de producción
agregada, 287

Gasto
función de mínimo, 56

Harberger
Arnold, 250, 297
triángulo de, 301
triángulos de, 250
Hicks
simetría de, 65
Homogeneidad
de la demanda, 66
de la función de producción,
129

definición de, 66, 534

Impuesto, 303
Incentivos, 469
    compatibilidad de, 469
Incertidumbre, *véase* Riesgo, 193, 331
Indice de precios
    Laspeyres, 96
    Paasche, 96
    y preferencias reveladas, 116
Indiferencia
    curva de, 12
    relación de, 5
Inducción hacia atrás, 422, 468
Información
    asimétrica, 461
    conjunto de, 424
    imperfecta, 461
    incompleta, 461
Interacción estratégica, 404
Isocosto, 133
Isocuanta, 126, 131
    unitaria, 355

Juego
    bayesiano, 486
    de autoselección, 486
    de señalización, 486
    forma extensiva, 419
    forma normal, 405
    justo, 200
Juegos justos
    línea de, 201

Kaldor
    mejora de, 241
Karush-Kuhn-Tucker (KKT)
    condiciones, 531
    método de, 531

Línea
    de certeza, 199, 335
    de juegos justos, 200, 501
Lagrange
    método de, 525
Largo plazo
    equilibrio, *véase* Equilibrio walrasiano

Marshall
    leyes de, 167
Modelo de 2×2, 355
Monopolio, 175
    discriminador, *véase* Discriminación de precios
    fuentes de, 180
    natural, 181
Monopsonio, 175, 178

Neuroeconomía, 44

Oferta
    agregada, 270, 292
    de la empresa, 138
    de trabajo, 27
Oligopolio, 441

Pareto
    óptimo de, 231, 232
    conjunto de, 237, 345
    mejora de, 232
    problema de, 387
Preferencia
    por la variedad, 14
    revelada directamente, 111
    revelada indirectamente, 111
Preferencias
    lexicográficas, 9, 13
    relación de, 4, 6
Prima de seguro, *véase* Seguro
Principal-Agente, 462

Productividad, 127
    marginal, 127
    media, 127
Progreso técnico, 126, 129

Racionalidad, 194
    axioma de, 5
Razón de uso
    de insumos, 349
Razón de verosimilitud, 476
Reserva
    salario de, 31
    utilidad de, 465, 499
Restricción
    de autoselección, 499
    de compatibilidad de incentivos, 469, 477
    de participación, 469, 477, 499
    presupuestaria, 17, 26
        intertemporal, 35
Riesgo
    actitudes frente a, *véase* Aversión al riesgo
    agregado, 335
Riesgo moral, 461
Roy
    identidad de, 59
Rybcszynski
    teorema de, 370

Saciedad, 12
Salario, 463
    de mercado, 28
    de reserva, 31
Seguro, 208
    cobertura de, 208, 501
    indemnización de, 210, 500
    prima de, 208
        actuarialmente justa, 212, 500

Selección adversa, 461
Shephard
    lema de, 59, 153, 357
Slutsky
    ecuación de, 58
Stackelberg
    modelo de, 449
Stolper-Samuelson
    teorema de, 366

Tasa
    de descuento, 426
    de impaciencia, 329
    de interés, 36, 328
    de retorno, 328
Tasa marginal
    de transformación (TMT), 346
Tasa marginal de sustitución
    de mercado (TMSM), 17, 133
    subjetiva (TMSS), 12, 30, 345
    técnica (TMST), 131, 346
Teorema
    de Euler, 66, 349, 534
    de Fisher-Hirshleifer, 36
    de Rybcszynski, 370
    de Stolper-Samuelson, 366
Teoremas
    del bienestar, 321, 374

Util, 7
Utilidad
    cardinal, 11, 225
    Cobb-Douglas, 70
    cuasilineal, 71, 243, 285
    de reserva, 465, 499
    esperada, 196
    función de, 7, 10
    indirecta, 56
    Leontief, 67
    lineal, 69

ordinal, 11
proporciones fijas, 67
sustitución perfecta, 69
transferible, 245

Valor
actual neto (VAN), 36
del producto marginal, 140,
179
presente, 34
Variación
compensatoria, 83
equivalente, 88

Walras
equilibrio de, 269, 271, 272,
275, 313
Ley de, 273
ley de, 315

BIBLIOGRAFÍA

AKERLOF, G. A. (1970): "The market for"lemons": Quality uncertainty and the market mechanism," *The Quarterly Journal of Economics*, 488–500. 494, 507

ALCHIAN, A. A. (1950): "Uncertainty, Evolution, and Economic Theory," *The Journal of Political Economy*, 58, 211–221. 149

ARROW, K. J. (1964): "The Role of Securities in the Optimal Allocation of Risk-bearing," *The Review of Economic Studies*, 31, 91–96. 341

AZQUETA, D. (1994): *Valoración económica de la calidad ambiental*, McGraw-Hill (Madrid). 91

BECKER, G. (1959): "Union restrictions on entry," *The public stake in union power*, 209–24. 190, 191

BENTHAM, J. (1824): *An introduction to the principles of morals and legislation*, en J. S. Mill and J. Bentham, Utilitarianism and Other Essays, Harmandsworth: Penguin. 51

BERTRAND, J. (1883): "Review of Walras' Theorie Mathématique de la Recherche Sociale and Cournot's Recherches Sur les Principles Mathématiques de la Theorie des Richesses," *Journal des Savants*, 68, 449–508. 446

COURNOT, A. (1838): *Recherches sur les principes mathématiques de la théorie des richesses/par Augustin Cournot*, L. Hachette. 441

COX, J. C., S. A. ROSS, AND M. RUBINSTEIN (1979): "Option pricing: A simplified approach," *Journal of Financial Economics*, 7, 229–263. 341

DEBREU, G. (1954): "Representation of a preference ordering by a numerical function," *Decision Processes*, 159–165. 80

——— (1959): *Theory of value*, Yale Univ. Pr. 80

Demsetz, H. (1968): "Why Regulate Utilities?" *Journal of Law and Economics*, 11, 55–65. 191

——— (2002): "Two systems of belief about monopoly," *Mergers and Acquisitions: Inplications for policy*, 167. 191

Dutta, P. K. and R. Radner (1999): "Profit Maximization and the Market Selection Hypothesis," *The Review of Economic Studies*, 66, 769–798. 149

Fontaine, E. R. (2008): *Evaluación social de proyectos*, Pearson-Prentice Hall. 310

Harberger, A. C. (1971): "Three Basic Postulates for Applied Welfare Economics: An Interpretive Essay," *Journal of Economic Literature*, 9, 785–797. 310

Hicks, J. R. and R. G. D. Allen (1934): "A Reconsideration of the Theory of Value. Part I," *Economica*, 1, 52–76. 51

Hirshleifer, J. (1958): "On the Theory of Optimal Investment Decision," *The Journal of Political Economy*, 66, 329–352. 220

——— (1961): "Risk, The Discount Rate, and Investment Decisions," *The American Economic Review*, 51, 112–120. 220

——— (1965): "Investment Decision Under Uncertainty: Choice-Theoretic Approaches," *The Quarterly Journal of Economics*, 79, 510–536. 220

——— (1966): "Investment Decision under Uncertainty: Applications of the State-Preference Approach," *The Quarterly Journal of Economics*, 80, 252–277. 220

Hirshleifer, J. y A. G. (1994): *Microeconomía, Teoría y Aplicaciones*, Prentice Hall Hispanoamericana. XIII

Jehle, G. and P. Reny (2001): *Advanced microeconomic theory*, Pearson Education India. XIII

Jevons, W. S. (1871): *The theory of political economy*, Reprints of Economic Classics, August Keller. 51

Kreps, D. (1990): *A course in microeconomic theory*, Harvester Wheatsheaf New York. XIII

LAYARD, P., A. WALTERS, AND A. WALTERS (1978): *Microeconomic theory*, McGraw-Hill New York. 171

LAZEAR, E. (1995): *Personnel economics*, MIT Press. 478, 483

LINTNER, J. (1965): "The valuation of risk assets and the selection of risky investments in stock portfolios and capital budgets," *The Review of Economics and Statistics*, 13–37. 341

MACHO-STADLER, I., J. PÉREZ-CASTRILLO, AND R. WATT (2001): *An introduction to the economics of information: incentives and contracts*, Oxford University Press, USA. 483

MAILATH, G. AND L. SAMUELSON (2006): *Repeated games and reputations: long-run relationships*, Oxford University Press, USA. 439

MAKOWSKI, L. AND J. M. OSTROY (2001): "Perfect Competition and the Creativity of the Market," *Journal of Economic Literature*, 39, pp. 479–535. 261

MARSHALL, A. (2009): *Principles of Economics*, Cosimo Classics, unabridged eighth edition ed. 80

MAS-COLELL, A., M. WHINSTON, AND J. GREEN (1995): *Microeconomic theory*, Oxford University Press, New York. XIII

MENGER, C. (1871): *Principles of economics*, Traducción del alemán por James Dingwall y Bert Hoselitz, 1976. Reimpreso en 1994 por Libertarian Press. 51

MOSSIN, J. (1966): "Equilibrium in a capital asset market," *Econometrica*, 34, 768–783. 341

MUTHOO, A. (1999): *Bargaining theory with applications*, Cambridge University Press. 439

MYERS, S. AND N. MAJLUF (1984): "Corporate financing and investment decisions when firms have information that investors do not," *Journal of Financial Economics*, 13, 187–221. 508

NASH, J. (1950): "Equilibrium points in n-person games," *Proceedings of the National Academy of Sciences of the United States of America*, 36, 48–49. 417

OSBORNE, M. (2004): *An introduction to game theory*, Oxford University Press New York, NY. 417

RADNER, R. (1995): "Economic survival," *Frontiers of research in economic theory: the Nancy L. Schwartz Memorial Lectures, 1983-1997*, 183–209. 149

RILEY, J. G. (2001): "Silver Signals: Twenty-Five Years of Screening and Signaling," *Journal of Economic Literature*, 39, 432–478. 508

ROTHSCHILD, M. AND J. STIGLITZ (1976): "Equilibrium in competitive insurance markets: An essay on the economics of imperfect information," *The quarterly journal of economics*, 629–649. 500

RUBINSTEIN, A. (1982): "Perfect Equilibrium in a Bargaining Model," *Econometrica*, 50, 97–109. 439

SAVAGE, L. (1954): *The foundations of statistics*, Wiley, New York. 219

SCHOTTER, A. (2008): *Microeconomics: a modern approach*, Cengage Learning. XIII

SHARPE, W. (1964): "Capital asset prices: A theory of market equilibrium under conditions of risk," *The Journal of Finance*, 19, 425–442. 341

SLUTSKY, E. (1915): "On the Theory of the Budget of the Consumer," *Giornale degli Economisti*, 51, 1–26. 80

SPENCE, M. (1973): "Job Market Signaling," *The Quarterly Journal of Economics*, 87, pp. 355–374. 496, 507

VARIAN, H. (1992): *Microeconomic analysis*, vol. 506, Norton, New York. XIII

——— (2005): *Microeconomía intermedia: un enfoque actual*, Barcelona: Antoni Bosch Editor. XIII

VON NEUMANN, J. AND O. MORGENSTERN (1947): "Theory of games and economic behavior. Princeton," *NJ: Princeton University*. 219

VON STACKELBERG, H. (1934): *Marktform und gleichgewicht*, J. Springer. 449

WALRAS, L. (1874): *Elements of Pure Economics*, Traducción del francés por William Jaffé, 1984. Orion Editions. 51